Hintergründe & Infos

① Kvarner-Bucht – Küstenland

② Kvarner-Bucht – Inseln

③ Zentralkroatien

Kleiner Wanderführer

UNTERWEGS MIT LORE MARR-BIEGER

Seit 1983 bereise ich diese Region, das einstige Jugoslawien, das heutige Kroatien. Nach so langer Zeit kann man schon von Leidenschaft sprechen. In der Tat

gibt es für mich kein schöneres Meer, auch die üppige, vielfältige Natur und die grandiose Bergwelt, aber auch die Städte mit ihrem Kulturerbe und interessant gestalteten Museen haben es mir angetan. Dieses Land bietet auf kleinstem Raum sehr große Abwechslung. Vor allem in der Nebensaison genieße ich ausgiebige Wander- und Mountainbiketouren und zum Entspannen die warme, türkis leuchtende Adria in der beschaulichen Einsamkeit einer Bucht. Aber auch die geschichtsträchtigen, idyllischen Altstadtplätze faszinieren mich und bieten, wie u. a. in Zagreb, besten Kunst- und Kulturgenuss.

Auch die malerischen Inseln, die ich besonders liebe, sind heute keine Abenteuer mehr – sie sind bestens erschlossen und die Fähren pendeln fast rund um die Uhr.

Seit über 30 Jahren bin ich in diesem Land mit seinen gastfreundlichen Menschen auch für Reiseführer unterwegs, um umfassend alle Neuerungen zu Lande und zu Wasser für Sie zu recherchieren.

Eine schöne Reise ins Land der „Tausend Inseln und Möglichkeiten" wünscht Ihnen

Lore Marr-Bieger

Text und Recherche: Lore Marr-Bieger **Lektorat:** Carmen Wurm **Redaktion:** Heike Dörr **Layout:** Susanne Beigott, Mirko Graf **Karten:** Theresa Flenger, Judit Ladik **Fotos:** siehe Fotonachweis S. 9 **GIS-Consulting:** Rolf Kastner **Grafik S. 10/11:** Johannes Blendinger **Covergestaltung:** Karl Serwotka **Covermotive:** oben: Zagreb – Hauptplatz Trg bana Jelačića (Lore Marr-Bieger); unten: Insel Cres – Badebucht Uvala Sv. Blaž (Lore Marr-Bieger); gegenüberliegende Seite: Senj – Blick gen Krk (Lore Marr-Bieger)

7. KOMPLETT ÜBERARBEITETE UND AKTUALISIERTE AUFLAGE 2018

KVARNER-BUCHT

ZENTRALKROATIEN · ZAGREB

LORE MARR-BIEGER

Kleiner Wanderführer   390

Alle Wanderung mittels GPS kartiert. Download der GPS-Tracks inkl. Waypoints unter: http://mmv.me/43852

Kartenverzeichnis

Zeichenerklärung für die Karten und Pläne

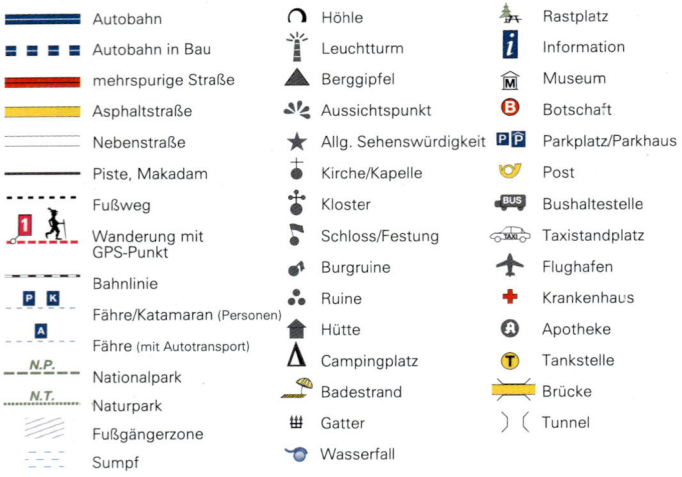

Autobahn	Höhle	Rastplatz
Autobahn in Bau	Leuchtturm	Information
mehrspurige Straße	Berggipfel	Museum
Asphaltstraße	Aussichtspunkt	Botschaft
Nebenstraße	Allg. Sehenswürdigkeit	Parkplatz/Parkhaus
Piste, Makadam	Kirche/Kapelle	Post
Fußweg	Kloster	Bushaltestelle
Wanderung mit GPS-Punkt	Schloss/Festung	Taxistandplatz
Bahnlinie	Burgruine	Flughafen
Fähre/Katamaran (Personen)	Ruine	Krankenhaus
Fähre (mit Autotransport)	Hütte	Apotheke
Nationalpark	Campingplatz	Tankstelle
Naturpark	Badestrand	Brücke
Fußgängerzone	Gatter	Tunnel
Sumpf	Wasserfall	

Alles im Kasten

Was haben Sie entdeckt?

Haben Sie eine gemütliche Konoba, eine schöne Wanderung oder ein nettes Hotel entdeckt? Wenn Sie Ergänzungen, Verbesserungen oder neue Tipps zum Buch haben, lassen Sie es uns bitte wissen!

Schreiben Sie an: Lore Marr-Bieger, Stichwort „Kvarner-Bucht & Zentralkroatien c/o Michael Müller Verlag GmbH | Gerberei 19, D – 91054 Erlangen
lore.marr-bieger@michael-mueller-verlag.de

Vielen Dank!

Die Autorin dankt der Kroatischen Zentrale für Tourismus (Zagreb), sowie den kroatischen Tourismusverbänden in dieser Region für ihre Unterstützung.

Fotonachweis

Alle Fotos von Lore Marr-Bieger, außer: Adriatic Dolphin Project, Veli Lošinj: S. 25 (oben, mitte, unten) | N.P. Nord-Velebit: S. 150

 Mit dem grünen Blatt haben unsere Autoren Betriebe hervorgehoben, die sich bemühen, regionalen und nachhaltig erzeugten Produkten den Vorzug zu geben.

1 Kvarner-Bucht – das Küstenland → S. 76

Die Natur entlang der Küsten ist vielfältig und beeindruckend und eine Verlockung für Wanderer, Mountainbiker, Kletterer und Paraglider: ob in den Naturparks der Küstengebirge Učka und dem langen Velebit oder in den Nationalparks Risnjak, an den Plitvicer Seen, im Nord-Velebit-Gebirge oder den gigantischen Schluchten des Paklenica. Imposant sind auch die Höhlen Cerovačka pećine bei Gračac und der Zrmanja-Canyon. Kulturbegeisterte besuchen die Museen der Hafenstadt Rijeka sowie das Tesla-Museum des gleichnamigen Erfinders bei Gospić. Zum Verweilen prunken die k.-u.-k.-Seebäder an der Opatija sowie Crikvenica und Novi Vinodolski Riviera mit Traditionsherbergen und Villen, aber auch lauschige kleine Orte.

Zentralkroatien?

Zagreb

Koprivnica
Hlebine
Bjelovar
Virovitica
Garešnica
Slatina
Vočin
N.T. Papuk
utina
Lipik
Novska
Požega

② **Kvarner-Bucht – die Inseln** → S. 178

Die Kvarner-Inseln Cres, Lošinj, Krk, Rab und Pag sowie die kleinen autofreien Inseln Susak, Unije und Ilovik bieten herrliche Sand-, Kies- und Felsbuchten und ein glasklares Meer zum Schnorcheln und Tauchen. Auch Wanderer finden hier wunderschöne Pfade. Auf Besichtigung warten malerische, venezianisch geprägte Altstädte in Mali Lošinj mit seiner tief eingeschnittenen Bucht, im alten Osor mit der Kathedrale oder in Cres. Das trutzige Krk lockt mit dem Kastell der Frankopanen und dem alten Weinort Vrbnik auf seinem Hügel. Das hübsche Rab auf seiner Halbinsel prunkt seit über 120 Jahren mit seinen vier Türmen, lauschigen Gassen und besten Badebuchten rundum.

③ **Zentralkroatien** → S. 318

Zagreb versprüht neben Tradition unbändige Moderne: Neben der mittelalterlich geprägten Oberstadt mit der Kathedrale warten Museen, v. a. für Kunstliebhaber; ebenso Cafés, Jazzlokale oder die Diskotheken am Jarun-See. Besuchenswert sind auch die Barockstadt Varaždin oder die Vier-Flüsse-Stadt Karlovac, die Burgen Veliki Tabor, Trakošćan, Ozalj, Čakovec und Sisak. Galerien der Naiven Kunst finden sich in Koprivnica und Hlebine. Naturfreunde fahren in das von Kaskaden eingehüllte Slunj oder in die Naturparks Medvednica, Žumberak-Samobor, den Geopark Papuk oder in den Naturpark Lonjsko polje. Weinfreunde finden um Kutejevo und Kutina edle Tröpfchen.

Die Vorschau

Kaffeehauskultur, Gründerzeitpaläste, Museen – Zagreb

Die Hauptstadt Kroatiens liegt durch das ausgebaute Autobahnnetz nicht mehr abseits, sondern ist Mittelpunkt und Drehscheibe des Landes. Zagreb bietet eine Fülle an sehenswerten Museen und Galerien, hat eine ausgeprägte Musik- und Kunstszene und ist eingehüllt in unzählige Parks, durch die man gemütlich schlendern kann. Zagrebs Altstadt ist klein und überschaubar, die Laufwege zu den Sehenswürdigkeiten sind relativ kurz, zudem rattert die Straßenbahn fast rund um die Uhr durch die Straßen und bringt Nachtschwärmer, für die es zahllose Clubs und Bars gibt, bequem und preiswert zu ihrer Unterkunft.

Städte, Burgen und Paläste – Küste und Landesinneres

Die **Opatija Riviera** lockt seit dem 19. Jh. mit prachtvollen Seebädern, mildem Klima, subtropischer Vegetation und dem hoch aufragenden Učka-Gebirge im Hintergrund. Die quirlige Handelsmetropole **Rijeka** prunkt mit Architektur des italienischen „Novecento" und sehenswerten Museen – die Großstadt ist Ausgangspunkt für die Schiffsreise gen Süden. Entlang des Vinodol-Küstengebirges werben Touristen- und Badeorte wie **Crikvenica** und **Novi Vinodolski** mit buntem Sport- und Unterhaltungsprogramm. Weiter südlich, zu Füßen des Velebit-Gebirges, wird es ruhiger, die Küste steiler. Das mittelalterliche **Senj** mit seiner trutzigen Festung Nehaj liegt am Weg, am Südende **Starigrad Paklenica**, bekannt durch den Nationalpark und das gute Klettergebiet. Große Burgen und wehrhafte Anlagen finden sich auch in der Region um Zagreb, der **Zagorje**, und in Richtung ungarischer Grenze – imposante Bastionen wie **Veliki Tabor** oder **Čakovec**, die zur Türkenabwehr und Grenzsicherung errichtet wurden. Auch

Märchenschlösser wie **Trakošcan** oder schmucke Städtchen wie **Varaž-din** und **Samobor** finden sich hier. **Karlovac** wurde ebenso wehrhaft und sogar in Sternform errichtet, in der Umgebung warten weitere trutzige alte Burgen wie in **Ozalj** oder in **Sisak**, aber auch **Slunj**, eine Idylle mit herrlichen Wasserfällen. Naive Kunst weltbekannter Künstler findet man in **Koprivnica** und **Hlebine**. Auch **Bjelo-var** ist ein nettes Städtchen.

Üppiges Grün und Mondlandschaft – die Inselwelt

Von Ferne wirken die Kvarner-Inseln wie Mondlandschaften: karstige Bleiche im Adriablau, im Innern von würzig duftender Macchia, teilweise von Wald und Feldern bedeckt. Obwohl in der Kvarner-Bucht die viel besuchten „Inselriesen" liegen, beschränkt sich der Tourismus auf wenige Orte, sodass die Landschaft bisher weitgehend unberührt blieb.

Die Insel Krk ist mit 16.500 Bewohnern und 410 km2 Fläche die größte der Kvarner-Inseln, zugleich die größte des Adriatischen Meeres. Eine Brücke verbindet sie mit dem Festland. Karstigkahl und üppig-grün ist Krk, mit Hotels, Campingplätzen, Sportangeboten und Jachthäfen und dem Flughafen touristisch sehr gut erschlossen. Touristenzentren sind Krk, Punat, Baška, Njivice und Malinska. Auch Wanderer und Mountainbiker finden auf der bergigen Insel ihr Revier.

Die **Insel Cres**, zweitgrößte Insel der Kvarner-Gruppe, erstreckt sich auf über 407 km², steinig und würzig duftend. Nur 3300 Menschen leben auf der eher provinziellen Insel mit den Städten Cres und Osor als Zentren. Eine gut ausgebaute Straße verbindet die kleinen Ortschaften und schön gelegenen Campingplätze. Hotels gibt es kaum, dafür viele Privatunterkünfte. Auch hier locken schöne Wander- und Mountainbiketouren.

Die Vorschau

Steinmäuerchen durchziehen die **Insel Pag**, eine bleiche und karstige Schönheit auf 285 km2 mit rund 8450 Bewohnern, im Süden durch eine Brücke mit dem Festland verbunden. An ihrer zergliederten Küste reihen sich unzählige Badebuchten, schön gelegene Campingplätze, Hotels, Pensionen. Jugendlichen ist die Pager Bucht mit ihren Beachpartys ein Begriff. Doch es gibt noch etliche stille Winkel, wo man hausgemachten Schafskäse oder gedörrte Feigen genießen kann. Zentren sind die Orte Pag, Novalja und Povljana.

Grün und mit 8500 Einwohnern auf nur 94 km^2 relativ dicht besiedelt ist die **Insel Rab**, die über 125 Jahre Tourismusgeschichte feiert. Gut ausgestattete Hotels und Pensionen, Campingplätze, Jachthäfen, ein großes Kulturangebot, das Museumsstädtchen Rab und vor allem die Sandstrände sind Anziehungskraft genug, um die Insel in der Hochsaison aus den Fugen geraten zu lassen. Das Klima ist sehr mild und sonnenreich, ein gutes Erholungsziel also auch für die Nachsaison und den Winter. Sportlich Aktive finden ein 180 km langes präpariertes Wegenetz zum Mountainbiken und Wandern.

Die üppig bewachsene, 75 km^2 große **Insel Lošinj** ist Zuhause für über 8000 Menschen. Das milde Klima machte die Insel schon Anfang des 20. Jh. zu einer beliebten Kurregion und vielleicht fand man seinen „Schatten" in einer der prachtvollen Seefahrer-Villen, die bis heute an die Blütezeit der Lošinjer Segelschifffahrt erinnern. Hotels, Pensionen und Campingplätze gibt es in Fülle und aussichtsreiche Berge, die zur Erkundung locken. Lošinj ist aber auch ein guter Ausgangspunkt für Bootsausflüge zu vielen vorgelagerten Inseln:

Die autofreien **kleinen Kvarner-Inseln** laden zu Kurztrips, aber mit Pensionen und Restaurants auch zu beschauli-

chen Urlaubstagen ein. **Unije** bietet sich für Wanderungen zu entlegenen, auch sandigen Badebuchten an. **Susak** lockt mit Sandstrand und kräftigem Inselwein. Ebenso lebhaft ist es an den Stränden von **Ilovik**, vor allem auch bei Bootsbesitzern beliebt durch den windgeschützten Kanal.

Berge, Flüsse, Wasserfälle – Natur- und Nationalparks

Schützend steht der **Naturpark Učka** mit seinen 1400 m hohen Bergen hinter der Opatija Riviera – bestes Gebiet für Wanderer, konditionierte Mountainbiker und Paraglider.

Unbekannter, bei Wanderern jedoch sehr beliebt, ist der bis zu 1500 m hohe **Nationalpark Risnjak**. Nur eine Autostunde von Rijeka entfernt, zählt er zu den unberührtesten und waldreichsten Gebieten Kroatiens.

Ebenfalls fast nur von Einheimischen besucht wird der dicht bewaldete **Naturpark Medvednica**, der sich oberhalb der Hauptstadt erhebt und zum Wandern und vor allem konditionierte Mountainbiker lockt. Auch im nahen, westlich der Hauptstadt gelegenen **Naturpark Samobor-Žumberak**, einer weinreichen, hügeligen und von schönen Wäldern überzogenen Landschaft, findet man meist nur Zagreber. Nur Storchenliebhabern bekannt ist der **Naturpark Lonjsko polje**, südlich von Sisak entlang der Sava gelegen, der zu den größten mitteleuropäischen Schwemmgebieten zählt. Im nördlichsten kroatischen Dreieck, in der **Međimurje**, liegt der von Flussauen geprägte **Regionalpark Mura-Drava**. Weinliebhaber kennen vielleicht die Berge um **Kalnik** oder die **Moslavačka gora** um **Kutina**, ebenfalls Naturschutzgebiete, wo u. a. autochthone Weine wachsen.

Bekannter ist der bereits in Slawonien liegende **Natur- und Geopark Papuk** – vor allem bei Weintrinkern – in der

Die Vorschau

hügeligen Landschaft wachsen die landesweit beliebten Weißweine *Graševina*.

Weltbekannt hingegen und zum Weltkulturerbe erklärt ist der **Nationalpark Plitvicer Seen**, der mit seinen durch Wasserfälle verbundenen 16 Seen auf rund 30.000 ha ein unvergessliches Naturerlebnis bietet!

Auch der **Naturpark Velebit**, ein sich knapp 150 km entlang der Küste erstreckendes und imposant erhebendes Gebirge, ist ein Erlebnis. Gleich zwei Nationalparks sind hier zu finden: Der **Nationalpark Nord-Velebit**, der Wandertouren mit herrlicher Weitsicht inmitten einer vielfältigen Fauna und Flora bietet, zudem auf der Velebit-Westseite das Bärenrefugium bei **Kuterevo**, wo man hautnah Braunbären erleben kann. Fast am Südrand des Velebit wartet der **Nationalpark Paklenica**. Neben herausfordernden Klettertouren im Felsmassiv kann man eindrucksvolle Wanderungen durch Karst-

schluchten unternehmen – einst imposante Winnetou-Filmkulissen. Ebenfalls filmerprobt sind der türkis leuchtende **Canyon Zrmanja** und die nahen, landesweit größten Grotten bei Gračac, die **Cerovačke pećine**, die noch im Naturpark liegen.

Fels, Kies und Sand – unendliche Badebuchten

Die Kvarner-Festlandsküste und vor allem die Küsten der vielen Inseln locken mit glasklarem, türkis schimmerndem Meer zum Baden, Schnorcheln und Tauchen. An Touristenorten warten meist gepflegte Feinkies-, teils auch Sandstrände, mit Liegestuhl-, Sonnenschirm- und Wassersportgeräteverleih und den Cafés, Eisdielen und Konobas im Hintergrund – meist wehen die „Blauen Flaggen", die selbst an bevölkerten Stränden bestes Wasser garantieren. Wer es ruhiger mag, packt den Rucksack und läuft entlang der Küste auf nach Kräutern

duftenden Pfaden zu abgelegenen felsgesäumten Kiesbuchten, oft auch schön schattig durch überhängende Aleppokiefern. Vor allem Jugendliche lieben auch die Felsen, von denen man direkt ins kühle Nass springen kann.

Beliebte Feinkiesstrände finden sich um **Baška** auf der Insel Krk. Bekannt sind auch der 2 km lange, gepflegte Feinkiesstrand des Städtchens **Crikvenica** und die schönen Badeplätze rund um die **Inseln Cres** und **Lošinj** und um **Mošćenička Draga**.

Und es gibt sie doch, die kroatischen Sandstrände! Den längsten und flach abfallenden Sandstrand, den sog. Paradiesstrand, findet man auf der **Insel Rab** bei Lopar, er ist allerdings in der Hochsaison völlig überlaufen – aber abseits gibt es noch viele weitere sandige Badeplätze. Auch die **Insel Pag** ist vor allem rund um die Pager Bucht und um Povljana mit kinderfreundlichen sandigen Badeplätzen verwöhnt. Auch die kleinen Eilande wie **Susak** und **Unije** weisen Sandstrände auf – viele weitere Inseln und Buchten können selbst entdeckt und verschwiegen genutzt werden.

Wellness und Kurorte

Wellness pflegte in Kroatien schon der reiche k.-&-k.-Adel in prachtvollen Palästen bei mildem, gesundheitsförderndem Klima – ob an den Rivieras von **Opatija** oder **Crikvenica**, wo auch heute noch heilsame Thalasso-Anwendungen geboten werden. Ebenso beliebt waren und sind die Luftkurorte **Rab**, **Mali** und **Veli Lošinj**. Salinenschlamm, mit dem man ungeniert und gratis kuren kann, gibt es auf den Inseln **Pag** und **Krk**. Im Landesinneren warten Thermalbäder in der waldreichen Region um Zagreb, u. a. **Varaždinske Toplice**, **Tuheljske Toplice** und **Krapinske Toplice**. Zudem die großen Spa- und Wellnesscenter in vielen komfortablen Hotels.

N.P. Plitvicer Seen – Holzpfade führen durch die imposante Wasserlandschaft

Hintergründe & Infos

Steckbrief Kroatien

Fläche: Festlandsfläche 56.594 km^2, territoriale Gewässer 31.067 km^2.

Inseln und Riffe: Rund 1244 Inseln, die größten kroatischen Inseln sind Krk und Cres; bewohnte Inseln gibt es 67.

Küstenlänge: 5835 km, davon Festlandsküste 1777 km, 4058 km Insel- und Riffküste.

Hauptstadt: Zagreb, ca. 780.000 Einwohner.

Bevölkerung: ca. 4,3 Mio. Einwohner.

Religion: Die Mehrheit der Bevölkerung ist römisch-katholisch.

Sprache: Landessprache ist Kroatisch; in den Touristenzentren wird deutsch, englisch und italienisch gesprochen.

Politisches System: Parlamentarische Demokratie.

Klima: Drei Klimazonen prägen Kroatien – kontinental, alpin und mediterran.

National- und Naturparks: fast 10 % des Landes stehen unter Naturschutz; **Nationalparks**: im Norden der Brijuni-Archipel, Risnjak, Nord-Velebit, Plitvicer Seen und Paklenica-Schlucht; in Mitte u. Süden der Archipel Kornati, Krka-Wasserfälle, Mljet.

Naturparks: im Norden Učka und Velebit; in Mitte u. Süden Vransko jezero, Telašćica, Biokovo und Lastovo; im Landesinneren Medvednica, Žumberak-Samoborsko gorje, Papuk und die Sumpfgebiete Kopački rit, Lonjsko polje. Zudem etliche **Regionalparks**.

Zeitzone: Mitteleuropäische Zeit.

Währung: Kuna (KN), 1 € beträgt ca. 7,409 KN, 1 KN beträgt ca. 0,135 € (Aug. 2017).

Telefonvorwahl Kroatien: 00385

Zagreb – die Markuskirche (Sv. Marko) mit kroatischem Wappen in der Oberstadt

Klima und Reisezeit

Die Kvarner-Bucht und die Küste haben *mediterranes Klima* – mit warmen Sommern mit geringen Niederschlägen. Der Regen kommt im Herbst, die Winter sind mild. Im Jahresdurchschnitt steigen die Temperaturen weder extrem an noch fallen sie extrem ab – beste Bedingungen für einen gelungenen Urlaub. Mit einer Ausnahme: Wenn die *Bora* vom Velebit-Gebirge in den Küstenraum hinunterbläst, sind kurzzeitige Temperaturstürze die Folge. Weht im Sommer der *Maestral*, ein angenehm erfrischender Wind, vom Meer, ist mit klarem, schönem Wetter zu rechnen. Im Frühjahr und Herbst bringt der warme *Jugo* Wolken und Regen. Im Landesinneren herrschen ganzjährig durch den kalten Nordostwind deutlich kühlere Temperaturen, die bereits ab Spätherbst für Frost und Schnee sorgen. Zagreb ist dagegen gesegnet mit milden Wintern – es wird durch das Mittelgebirge Medvednica geschützt – und hat relativ heiße Sommermonate. Kontinentalklima hingegen herrscht im Hinterland der Küste.

Die Badesaison beginnt im Mai/Juni, dann steigen die Wassertemperaturen auf durchschnittlich 20 °C und bleiben bis Ende September an der Küste konstant zwischen 20 °C und 24 °C. Auch in den heißesten Monaten Juli und August sorgt das mediterrane Klima für erträgliche Temperaturen. Nachts wird es nicht zu kalt (zwischen 18 °C und 20 °C), tagsüber steigt das Quecksilber bis auf 30 °C.

Beste Reisezeit für die Kvarner-Region sind die Monate Mai, Juni und September bis Mitte Oktober. Im Juli und August herrscht Hochbetrieb – für die vielen ausländischen Touristen und auch die Einheimischen ist Ferienzeit. Für Zagrebbesucher sind gerade diese beiden Monate bestens. Für den Velebit und zum Wandern sind die schönsten blütenreichsten Monate Ende Mai bis Juli und natürlich der Herbst bis in den Oktober.

Die aktuellen Wetterprognosen vor Ort erfahren Sie u. a. an Marinas, Hotels, Campingplätzen und Touristinformationen sowie im Internet u. a. unter www.meteo.hr (→ Wissenswertes von A bis Z, Nachrichten/Medien).

Klimatabelle von Rijeka (Durchschnittswerte)				
	Ø Lufttemperatur (Min./Max. in °C)		Ø Wassertemperatur (in °C)	Ø Tage mit Niederschlag	Ø Stunden mit Sonnenschein
April	10	17	13	4	6
Mai	14	23	17	6	8
Juni	18	26	20	4	8
Juli	20	28	22	5	11
Aug.	19	28	24	3	9
Sept.	16	25	22	7	8
Okt.	12	19	19	8	5

Winde

An der kroatischen Adria blasen die Winde aus allen Himmelsrichtungen. Die wichtigsten sind *Bora (bura)*, *Jugo* und *Maestral*.

Bora: Sie kann das ganze Jahr auftreten, kommt aus nordnordöstlicher und ostnordöstlicher Richtung und weht vom Land zum Meer, im Winter ist sie häufiger und stärker. Der trockene, kalte Wind tritt plötzlich auf, schwillt zum Sturm an und bläst in unregelmäßigen Windstößen. Mit Geschwindigkeiten von bis zu 180 km/h fegen dann eiskalte Böen vom Gebirge herab und höchste Vorsicht ist geboten. Besonders stark tritt die Bora im Bereich der Nord-Adria auf. Achtung bei Segeltörns, aber auch beim Auto- und Motorradfahren! Unterarten der Bora sind die **Tramontana**, die ebenfalls aus Norden, häufiger aber im südlichen Adria-Raum weht, sowie der **Levant**, *istočnjak;* er bläst schwächer und regelmäßiger als die Bora und ist eine Art Mischung aus Bora und Jugo.

Jugo: Ein feucht-warmer Wind von gleichbleibender Stärke aus südsüdöstlicher und ostsüdöstlicher Richtung. Innerhalb von 36 bis 48 Stunden wird er etappenweise stärker, bringt Wolken, unruhige See und Regen.

Der **Lebič** bläst aus südwestlicher, der **Punenat** aus westlicher Richtung. Beide halten nur kurze Zeit an.

Maestral: Der Maestral ist ein „Schönwetterwind". Er bläst aus nordwestlicher Richtung und im Sommer vom Meer zum Land. Seine Stärke hängt vom Temperaturunterschied zwischen Meer und Land ab, doch weht er regelmäßig. Er beginnt gegen 9 Uhr, ist gegen 14 Uhr am stärksten und endet vor Sonnenuntergang.

Der **Burin** kommt aus nordöstlicher Richtung, ist schwächer als der Maestral und weht nachts vom Land her.

Newera *(Neverin)*: Diese fast schon launische Winddame, deren Auftritt sich im Wesentlichen auf den nordadriatischen Raum beschränkt, ist ebenfalls nicht zu unterschätzen und vor allem nicht auf den Tag vorhersehbar. Die Newera bringt örtlich begrenzte unwetterartige Stürme, auch Hagel oder extreme Regengüsse. Warnende Vorzeichen sind extreme Hitze und Schwüle, Sturmwolken, Luftdruckabfall, Temperaturanstieg und ein Sinken der relativen Luftfeuchtigkeit. Besonders gefährdet sind dann vor allem kleine Boote, die nicht schnell genug den sicheren Hafen erreichen. Daher die Wetterprognosen unbedingt beachten!

Flora

Zum besonderen Reiz des Mittelmeerraums trägt sicherlich die üppige Welt der Pflanzen bei, die in Kroatien um einiges vielfältiger und artenreicher ist als bei uns in Mitteleuropa.

Die Adriaküste ist von Karst, Macchia und von subtropischer Vegetation geprägt. Die Inseln bestehen hauptsächlich aus *Kalkstein.* Kalkstein ist wasserlöslich; seine horizontalen Schichten wurden in geologischer Vorzeit aus dem Erdinnern hochgeschoben und gebrochen – *Karst* entstand. Aber auch der Mensch hat zur Verkarstung der Landschaft beigetragen: durch Rodung der Wälder. Die nunmehr haltlose Erde wurde vom Regen weggespült und von starken Winden abgetragen, sodass der Kalkstein zu seiner heutigen, typischen Form verwitterte – Karren, Schratten, Rillen, Wannen, Löcher blieben übrig. Durch die Spalten drang Wasser in die unterirdischen Schichten und spülte all die Höhlen aus, in denen sich später Tropfsteine entwickelten.

Von den einst riesigen Flaumeichenwäldern sind nur noch Waldflecken übrig geblieben, die den steinigen Boden bedecken. Den größten Baumbestand bilden heute die wieder aufgeforsteten Aleppokiefern oder Seestrandföhren.

Die vom mediterranen Klima begünstigte Flora hat für Pflanzenliebhaber aus unseren Regionen eine besondere Anziehungskraft. Das Klima – lange Regenzeit im Winter, kaum Fröste, mehrmonatige heiße Trockenperiode im Sommer – bewirkt spezielle Wachstumszyklen: Im Herbst, mit dem Einsetzen der Regenfälle, beginnen die Pflanzen zu wachsen. Bis auf wenige Arten, die auch im Winter blühen, setzt die Blüte im April und Mai mit dem Ende der Regenperiode ein. Die Sommerhitze lässt die Blütenpracht schnell wieder verschwinden – es sei denn, die Pflanzen bekommen durch Küstennähe oder künstliche Wasserzugabe mehr Feuchtigkeit. Bäume und Sträucher überleben die Trockenzeit dank ihres tief reichenden Wurzelwerks. An krautigen Pflanzen überleben nur die einjährigen, die sich noch schnell durch Samenabwurf fortpflanzen, sowie die Knollenpflanzen, die sich, wie bei uns, zurückziehen und nach dem sogenannten Winterschlaf mit der Regenperiode wieder austreiben. Im Spätsommer schließlich präsentiert sich die Pflanzenwelt mit Früchten und Blättern wieder in ihrer ganzen Farbenpracht.

Wälder: Ausgedehnte Wälder befinden sich im Landesinneren, u. a. in den Nationalparks Risnjak und Plitvicer Seen und auch in den Naturparks Medvednica, Učka, Samobor-Žumberak, Papuk und Velebit-Gebirge, wo Buchen, Kiefern und Tannen wachsen. Auf den Inseln gedeihen keine dichten, urwüchsigen Wälder mehr; sie wurden durch Forste mit Seestrandföhren- oder Aleppokieferbeständen ersetzt, die oft von Macchia-Unterwuchs begleitet werden. Vereinzelt treten immergrüne Steineiche, Flaumeiche, orientalische Hainbuche, Rotbuche, Zedernwacholder, Pinie, Schwarzkiefer, Lorbeerbaum und Johannisbrotbaum auf.

Enzian ▲
Schachbrettblume und Eselsdistel ▼
Zistrose ▼ ▼
Alpenveilchen und Feige ▼ ▼ ▼

Macchia: Die Macchia ist eine Landschaftsform, die durch menschliches Einwirken entstand – vor allem durch Rodung der immergrünen Wälder seit der Antike und später durch ständige Holzentnahme: Die Pflanzen lieferten nützliche Produkte wie Brennholz, Holzkohle, Harz, Gummi, Farben und Fasern. Aber auch Ziegen- und Schafverbiss richtete viel Schaden an.

Meist ist die Macchia dicht und undurchdringlich. 2 m und höher sind die Sträucher, die oft ledrige Blätter haben und deren Schönheit man eigentlich nur im Frühling betrachten kann. In dieser Jahreszeit verwandelt sich die Landschaft in ein duftendes Blütenmeer – weiß und rosafarben blüht die Zistrose, weiß bis zartrosa die Baumheide, dazwischen leuchten die Gelbtöne verschiedener Ginsterarten und all die Blüten der Knollengewächse. Im Verlauf des Jahres wird die Macchia farbloser und zeigt sich nur in ihrer Gesamtheit als graugrüner Kontrast zu den Felsen. Allerdings duftet sie dann, denn durch die niederbrennende Sonne werden all die ätherischen Öle aus den Blättern freigegeben. Oft atmen wir sie tief ein und genießen ihr „würziges" Aroma. Im Spätherbst lebt die Macchia noch einmal kurz auf: Die orangeroten Früchte des Erdbeerbaums, das kräftige Rot des Mastixstrauches, das Blau des Wacholders und der Ölbaumgewächse leuchten in ganzer Pracht.

Garigue: Diese Vegetationsart tritt in heißen, trockenen Gebieten mit felsigem und flachgründigem Boden auf. Hier halten sich nur kleine Sträucher bis 0,5 m Höhe. Die meisten Pflanzen sind aromatisch, einige haben Dornen: Es sind vor allem unsere Gewürzkräuter wie Thymian, Bohnenkraut, Rosmarin, Salbei und Lavendel, aber auch Knollenpflanzen wie Krokus, Schwertlilie, Hyazinthe, Schachblume, Affodill, Immortelle, Wolfsmilchgewächse und viele Orchideenarten. Besonders im Frühling, nach der Regenzeit, kann man ihnen fast beim Wachsen und Erblühen zuschauen.

Felsentrift: Hier wurde durch Mensch und Tier jede Vegetation fast vollständig zerstört – der kahle Fels tritt zutage. Trotzdem halten sich in den Felsritzen noch kleine, aber farbenprächtige Pflanzen wie Anemone, Alpenveilchen, Schwertlilie, spanische Winde, Gamander, Backenklee, Thymian, Affodillenarten und dornige Wolfsmilch.

Feuchtgebiete und Sumpf: Im Landesinneren findet man diese in den vielen Flussauen von Sava, Drava, Kupa und Korana. Der Naturpark *Lonjsko polje* ist das größte mitteleuropäische Schwemmland, hier wachsen Weiden, Eichen sowie Sumpf- und Feuchtwiesenpflanzen. Kleiner ist das Flussauengebiet bzw. Regionalpark zwischen Mura und Drava in der Međimurje, im nordöstlichsten Eck Kroatiens.

Kultur- und Zierpflanzen: Durch Handelsbeziehungen mit teils sehr weit entfernten Ländern gelangten auch exotische Pflanzen nach Kroatien und wurden hier heimisch – so z. B. Oliven, Feigen und Granatäpfel aus dem Orient. Die Araber brachten Zitrusgewächse wie die Apfelsine aus China mit. Eukalyptusarten und Akazien stammen aus Australien und die unechte Dattelpalme von den Kanarischen Inseln. Agave, Bougainvillea, Rizinus, der Feigenkaktus, Oleander und die Tamariske wurden aus den tropischen Zonen Amerikas eingeführt. Auf einigen Inseln mit sandigem Untergrund pflanzte man Bambusrohr als Windschutz und zur Verhinderung der Bodenerosion an.

All diese Pflanzen, die Städte und Dörfer verschönern, sind heute aus Kroatien kaum mehr wegzudenken.

Fauna

Wegen der spärlichen Besiedelung der Inseln und des fast menschenleeren Küstengebirges leben hier zahlreiche Tierarten weitgehend ungestört, ebenso in den vielen Flussauen und Schwemmgebieten im Inland.

An der Küste und auf den Inseln begegnet man auf Schritt und Tritt Eidechsen, die sich in der Sonne aalen und durchs Gebüsch rascheln. Sie haben sich von Insel zu Insel ganz unterschiedlich und unabhängig voneinander entwickelt. Die prächtigste ist die bis zu einem halben Meter lange *Smaragdeidechse* mit ihrem leuchtenden Grün. Der *Mauergecko,* eine kleine Echse, ist harmlos, obwohl man ihn Tarantula nennt – er klettert lediglich die Wände hoch. Der *Scheltopusik* sieht wie eine Schlange aus, zählt aber ebenfalls zu den Echsen.

Geht man auf schmalen Pfaden durch die Macchia spazieren, verheddert man sich oft in prachtvollen Spinnennetzen, doch die meisten *Spinnen* sind harmlos.

Augenfällig ist die Vielfalt der *Käfer* und *Schmetterlinge.* Vom Nachtpfauenauge über den Schwalbenschwanz und Apollo bis zum gemeinen Blutströpfchen – überall flattert, hüpft, surrt und leuchtet es in allen Farben.

Zahlreich sind auch die *ganzjährig heimischen Vogelarten:* Es gibt Meisen, Lerchen, Stieglitze, Wachteln, Zaunkönige, Amseln, Krähen.

Zugvögel, die im Sommer an der Küste und auf den Inseln nisten, sind Nachtigall, Schwalbe, Wiedehopf, Kuckuck und Turteltaube.

An *Greifvögeln* gibt es den Habicht und den Sperber. In entlegenen Gebieten findet man Wanderfalken, Eulen, Uhus und Steinkäuze. Manchmal bekommen die Inseln auch Besuch von Adlern und Königsgeiern, die im Küstengebirge leben. Die sehr

Storch ▲
Steinadler ▲ ▲
Velebit-Gebirgseidechse ▼

seltenen Gänsegeier gibt es u. a. auf den Inseln Cres und Privić. Der Schlangenadler gehört zu den Greifvögeln und ernährt sich von Schlangen und Eidechsen. Der Steinadler lebt im Velebit-Gebirge, aber auch auf Cres und Lošinj. Beliebte Jagdobjekte sind *Hühnervögel,* wie die reichlich vorhandenen Fasane und Rebhühner. An Sümpfen und Gewässern findet man *Wildgänse* und *Wildenten,* natürlich die Möwe und viele andere *Wasservögel.*

Schildkröten, die einem früher oft begegneten, sind heute leider nur noch selten zu sehen.

Marathonflieger mit Adlerblick: der Gänsegeier

Er hat eine Spannweite bis 2,80 m, fliegt bis zu 120 km/h schnell und kann täglich Hunderte von Kilometern zurücklegen. Geradeaus erspäht er seine Beute bis zu 12 km weit, von oben sieht er bis zu 6 km tief. Der Gänsegeier *(Gyps fulvus)* wird etwa 60 Jahre alt und zählt mit maximal 15 kg Körpergewicht zu den größten Vögeln der Erde.

Seinen Horst baut der Gänsegeier im nördlichen Bereich der Insel Cres sowie auf Krk und Privić auf steil abfallenden Klippen, teils nur 10 m über dem Meer. Das Weibchen legt pro Jahr, meist im Dezember, nur ein Ei, das geschlüpfte Vögelchen bleibt danach noch vier Monate im sicheren Horst und lässt sich füttern. Erst dann wird ihm in weiteren 1–2 Monaten von den Eltern das Fliegen und die Nahrungssuche beigebracht.

So durchtrainiert fliegen die Teenager-Geier dann gleich ganz allein nach Norden in den Alpenraum und von dort anschließend Richtung Süden bis nach Afrika. Wird der Vogel nach etwa fünf Jahren geschlechtsreif, sucht er sich seinen Lebenspartner und kehrt mit ihm in die alte Heimat zurück, manchmal sogar auf den gleichen Felsvorsprung, auf dem er geschlüpft ist,

um seinen eigenen Horst zu bauen. Gänsegeier sind streng geschützt und leisten einen wertvollen Beitrag zur Beseitigung von Tierkadavern, wie Schafe, Füchse, Hasen, von denen sie ausschließlich leben. Auf Cres sind es hauptsächlich die Schafe, mit denen sie im Verbund leben. Die toten Tiere beseitigen sie fein säuberlich und verhindern dadurch die Ausbreitung von Infektionskrankheiten.

Es ist herrlich, diese majestätischen Vögel am Himmel kreisen zu sehen.

Gänsegeier-Projekte finden sich in Beli (Insel Cres) und Sv. Juraj bei Senj (→ dort).

Zum Vergleich: ▲ die Braungefleckte Echse   ▼ die gefährliche Hornviper

Hornotter oder Hornviper (vipera ammodytes) – eine gefährliche Sonnenanbeterin

Auf den Inseln und im Küstengebirge ist diese Giftschlange keine Seltenheit. Wer die Gepflogenheiten dieses Tieres kennt, kann sich schützen. Bei Temperaturen unter 25 °C, d. h. meist im Frühjahr und Herbst, sucht die Schlange die Sonne, um sich zu wärmen. Sie kann dann mitten im Weg liegen oder an einem Steinmäuerchen. Ihrer Vipernatur entsprechend weicht sie bei Geräuschen nur sehr langsam oder auch gar nicht aus, d. h. immer darauf achten, wohin man steigt! Bei hohen Tagestemperaturen versteckt sich die Viper in den Steinmäuerchen (Achtung beim Rasten!) und kommt dann nur morgens oder abends aus ihrem Plattenbau. Im Spätsommer wird sie zum Climber, um der Sonne näher zu kommen, aber auch um ihre Jungen zur Welt zu bringen. Sie und auch die „Kleinen" halten sich dann auf Gebüsch oder niederem Baumgeäst auf, nun heißt es wirklich achtsam sein, denn ein Biss in Hals oder Kopf kann tödlich sein. Wichtig ist es deshalb, behutsam durch die Natur zu laufen, zudem lange Kleidung, evtl. Hut und gutes Schuhwerk zu tragen.

Viele der hier lebenden *Schlangen* wie Wasserschlangen, Blindschleichen, Eidechsennattern, Katzennattern, Zornnattern und Leopardnattern sind, obwohl sie der Volksmund als Giftschlangen bezeichnet, völlig ungefährlich. Vor der Hornviper und – seltener – der Kreuzotter sollte man aber auf der Hut sein – sie sind in der Tat giftig.

Fast nie sind dagegen *Braunbären, Wölfe, Wildkatzen* und *Luchse* zu sehen, die in den entlegenen Winkeln der Nationalparks Risnjak, Plitvicer Seen und Nord-Velebit und des Naturparks Velebit leben.

Sehr häufig findet man *Hasen* und *Kaninchen, Erdhörnchen, Steinmarder, Damhirsche* und *Wildschweine*.

Im Meer tummelt sich verschiedenartigstes *Wassergetier:* Seebarsch, Steinbutt, Seezunge, Makrele, Thunfisch, Aal, Sardelle, Tintenfisch, Drachenkopf, Scholle, Languste. Hummer, Austern und Muscheln werden gezüchtet. In tieferen Gewässern gibt es kleine *Haie* und man sieht munter springende *Delfine,* vor allem im Gebiet Kvarnerić. Wer möchte, kann das Delfinprojekt „Blue World" aktiv oder passiv unterstützen (→ Insel Lošinj/Veli Lošinj). Eine weitere Rarität ist die *Meeresschildkröte,* die sich ebenfalls in Cres-Lošinjer Gewässern aufhält und akut vom Aussterben bedroht ist. Rar sind auch die bei der Insel Pag gesichteten *Mittelmeermönchsrobben* – sie gehören zu den seltensten und bedrohtesten Tierarten Europas.

An den **Flüssen** und in den **Sumpfgebieten** herrscht eine völlig andere Vegetation. Neben den Plagegeistern wie Stechmücken und Bremsen hört man viele Frösche quaken, viele Vögel, auch Zugvögel nutzen die Gebiete zum Nisten. Es gibt wunderschöne Libellen und viele verschiedene Süßwasserfische. Der Naturpark *Lonjsko polje* mit 50.600 ha zählt zu den besterhaltenen Feuchtbiotopen Europas; hier wachsen ausgedehnte Eichenwälder und hier leben und brüten neben vielen Wildenten und Reiherarten vor allem der Weiß- und Schwarzstorch, auch das „Europäische Storchendorf" Čigoč liegt dort. Den Winter verbringt Adebar jedoch lieber in Afrika.

Wer Glück hat, sieht auch Delfine springen …

Beeindruckende Kulisse – Ruinen des Benediktinerklosters in Osor (11. Jh.)

Kroatische Geschichte im Überblick

Jungsteinzeit: Seit dem 6. Jt. v. Chr. leben in den Küstengebieten der östlichen Adria Ackerbauern und Viehzüchter. Bekannt geworden ist die *Danilo-Kultur,* die zur Gruppe der Bandkeramiker gehört. Ein berühmtes Gefäß aus der Umgebung von *Šibenik* zeigt das erste Segelschiff, das jemals dargestellt wurde.

Illyrien: Seit dem 2. Jt. v. Chr. werden die östliche Adriaküste und weite Teile des Hinterlands von den indogermanischen *Illyrern* bewohnt. Im 8. Jh. dringen die Griechen zur Küste vor und gründen dort Handelsniederlassungen. Die Illyrer werden ins Hinterland abgedrängt, die Griechen aber müssen sich gegen Angriffe und Seeräuberei der illyrischen Stämme zur Wehr setzen. Römische Truppen kommen zu Hilfe und schlagen 229 v. Chr. im ersten illyrischen Krieg die Truppen der Königin *Teuta.* Rom führt noch sechs weitere Kriege, bevor Illyrien dem Reich einverleibt wird. Das effiziente römische Verwaltungssystem und die Romanisierung von Sprache und Kultur tragen bald Früchte: Illyrische Soldaten stellen im 3. und 4. Jh. den Hauptteil des Heeres und sind ein bedeutender Machtfaktor. Allein sechs römische Kaiser gehen aus Illyrien hervor.

Kroatien entsteht: Im 6. Jh. n. Chr. lassen sich die *Kroaten,* ein südslawischer Großstamm, in Dalmatien und Istrien nieder. Einen ersten, über den Stammesverband hinausgehenden kroatischen Staat gründet Fürst *Trpimir.* 788 besetzt *Karl der Große* Istrien, 806 gerät ganz Kroatien vorübergehend unter fränkischen Einfluss. Die Kroaten wehren sich mit Erfolg. Fürst *Branimir* begründet die Unabhängigkeit Kroatiens. Er festigt seine Herrschaft durch enge Kontakte mit der katholischen Kirche in Rom. Die frühe *Christianisierung* des Landes dokumentieren die

Bischofssitze in Trogir und Zadar. Erster König wird 925 Fürst *Tomislav,* der die kroatischen Gebiete vereint. Deren Grenze entspricht etwa der heutigen Landesgrenze. Der Papst erkennt Fürst *Tomislav* 925 als König der Kroaten an.

Im 10. Jh. wird Kroatien um Dalmatien erweitert. Mit der Eroberung einiger dalmatinischer Küstenstädte und Inseln im Jahr 1000 festigt jedoch die aufstrebende *Handelsmacht Venedig* ihren Einfluss im Mittelmeerraum. Noch gelingt es König *Krešimir,* Kroatiens Macht zu erhalten, doch nach der Ermordung des letzten Königs *Zvonimir,* dem Schwager des ungarischen Königs *Koloman,* geht Kroatiens Unabhängigkeit verloren. Streitigkeiten unter den Adelsgeschlechtern verhindern die Wahl eines Nachfolgers. 1102 lässt sich Koloman zum kroatischen König krönen.

Kroatien vergeht: Ende des 13. Jh. geraten die ersten Küstenstädte Istriens unter venezianische Herrschaft. Als im Jahr 1330 auch noch Pula eingenommen wird, kommt der größte Teil Istriens für rund 500 Jahre zu Venedig. Konkurrent um die dalmatinischen Städte ist Ungarn. Die Rivalität zwischen Ungarn und Italien zieht sich über Jahrhunderte und die Küstenstädte wechseln immer wieder den Besitzer – Zadar allein achtmal. Anfang des 15. Jh. gibt sich das durch Türkenangriffe geschwächte Ungarn geschlagen. 1409 kauft Venedig dem ungarischen König *Ladislaus* für 100.000 Dukaten Zadar und ganz Dalmatien ab. Ab 1421 beherrschen die Venezianer Dalmatien mit Ausnahme von Ragusa, dem heutigen Dubrovnik.

Kroatien als Vorposten der Christenheit: Als Konstantinopel 1453 in türkische Hände fällt, hat das christliche Abendland einen gemeinsamen Feind. 1529 steht Sultan *Süleyman der Prächtige* mit seinem Heer vor den Toren Wiens. Kroatien wird zum „Vorposten der Christenheit" und eine groß angelegte Grenzsicherung unter Führung Österreichs wird in Angriff genommen. Die Kroaten bewähren sich als tapfere Kämpfer und tragen die Hauptlast im Kampf gegen die Türken. Trotz der oft unbesiegbar erscheinenden türkischen Heeresmacht fällt Zagreb nie in türkische Hand, wohl aber Budapest – und das für 150 Jahre.

Trsat (Rijeka) – der Habsburger Adler

Kroatien aber bleibt auch in dieser Zeit der Türkenabwehr größere Eigenständigkeit verwehrt. Als „Kronland" Ungarns verliert es Ende des 18. Jh. seine letzte Souveränität – u. a. wird an den kroatischen Schulen Ungarisch zum Pflichtfach. Von Österreich ist keine Hilfe zu erwarten, die Habsburger haben Kroatien sogar um seinen istrischen und dalmatinischen Besitz erleichtert und diesen unter ihre Verwaltung gestellt. Der Status quo wird festgeschrieben, als 1867 Österreich Doppelmonarchie wird, die Auseinandersetzung mit den Wünschen Kroatiens aber den Ungarn überlässt. Der im folgenden Jahr beschlossene ungarisch-kroatische Ausgleich erweist sich dabei als gänzlich unbefriedigend. Die Hoffnungen, die manche Kroaten auf eine von Erzherzog *Franz Ferdinand* vielleicht gewünschte Dreiteilung setzen, müssen nach dessen Ermordung am Vorabend des Ersten Weltkrieges begraben werden.

Der Erste Weltkrieg: Am 28. Juni 1914 ermordet *Gavrilo Princip* im Auftrag der serbischen Geheimorganisation „Schwarze Hand" den österreichischen Thronfolger *Franz Ferdinand* und seine Frau. Trotz fehlender Beweise für eine Mitwisserschaft der serbischen Regierung stellt Österreich am 23. Juli ein auf 48 Stunden befristetes Ultimatum, dessen Anerkennung die Aufgabe der serbischen Souveränität bedeutet hätte und das die Serben trotzdem nur in einem Punkt ablehnen. Am 28. Juli, dem Tag der Kriegserklärung Österreich-Ungarns an Serbien, beschießen Truppen der Donaumonarchie die serbische Hauptstadt Belgrad. Der Erste Weltkrieg hat begonnen.

Der Weltkrieg verändert die Staatenkarte Südosteuropas. Die österreichisch-ungarische Doppelmonarchie zerfällt, das Osmanische Reich verliert den größten Teil seines Territorialbesitzes und wird nach der Reform *Kemal Atatürks* zur türkischen Republik. Der erste jugoslawische Staat entsteht – das *Königreich der Serben, Kroaten und Slowenen* (SHS). Bei seiner Gründung 1918 sind künftige Konflikte schon vorprogrammiert. Nach außen sorgt die im *Vertrag von Rapallo* (1920) festgelegte Grenzziehung zu Italien für Spannungen – Istrien bleibt italienisch, ebenso Zadar, die Inseln Cres und Lošinj. Nach innen machen die Serben von Anfang an deutlich, dass sie in dem neuen Staat das Sagen haben wollen.

Früh brechen Gegensätze auf. Die kulturellen und konfessionellen Unterschiede sind zu groß, das wirtschaftliche Nord-Süd-Gefälle zwischen Kroatien/Slowenien und Serbien ist zu stark. Hinzu kommt die zentralistische Ausrichtung der Politik, die von Serbien bestimmt und auf das ganze neue Königreich übertragen werden soll. Nach den Wahlen von 1920, bei denen die neu gegründete *Kommunistische Partei* auf Anhieb drittstärkste Fraktion wird, wird eine entsprechende Verfassung ausgearbeitet. In Kroatien besitzt die Bauernpartei unter *Stjepan Radić* die Mehrheit. Er und seine Mitstreiter wettern lautstark gegen den serbischen Vormachtsanspruch – jedoch nur außerhalb der parlamentarischen Gremien.

Die Kommunistische Partei wird 1921 wieder verboten. Der Bauernparteiführer und Anti-Zentralist Radić, dessen Partei zweitstärkste Kraft geworden ist, gibt 1925 seinen Widerstand gegenüber dem Parlament auf und seine Anhänger nehmen ihre Sitze ein. 1928 wird Radić im Parlament von einem Anhänger Groß-Serbiens und Mitglied der Radikalen Partei erschossen. Damit erreicht der Konflikt seinen Höhepunkt. Kroaten und Serben stehen sich unversöhnlich gegenüber, die konstitutionelle Monarchie ist schwer erschüttert.

Per Dekret löst König *Alexander Karadjordjević* (König Alexander I.) im Januar 1929 das Parlament auf und setzt die Verfassung außer Kraft. Die Parteien werden aufgelöst, strenge Staatsschutz- und Pressegesetze eingeführt. Es gibt nur noch Verwaltungsbezirke, in denen aber noch immer die Serben bevorzugt werden. Der königliche Diktator Alexander gibt seinem Reich auch einen neuen Namen: *Jugoslawien*.

Bereits 1928 gründet der Führer der kroatischen Rechtspartei, *Ante Pavelić,* eine faschistische Geheimorganisation, die *Ustaša*. Pavelić leitet sie aus dem Exil und hat die Abtrennung Kroatiens zum Ziel. 1934 gelingt es der *Ustaša*, in Zusammenarbeit mit der Geheimorganisation IMRO, König Alexander bei einem Besuch in Marseille zu ermorden. Es war eine Schreckenskunde und erinnerte an die Ermordung des Thronfolgers Franz Ferdinand und den Beginn des Ersten Weltkrieges. *König Alexander I.* stand für die Einheit auf dem Balkan und gab Europa Sicherheit. Bis 1939 leitet der Finanzfachmann *Stojadinović* die Regierungsgeschäfte.

Der Zweite Weltkrieg: Nach dem Sturz von Stojadinović Anfang 1939 wird ein Ausgleich mit Kroatien versucht. Die Kroaten sollen sich selbst verwalten dürfen und erhalten fünf Ministerposten. Der Beginn des Zweiten Weltkriegs mit dem Überfall *Hitlers* auf Polen 1939 zerstört die neue Politik im Keim. Anfang April 1941 greifen Hitlers Truppen an, das Königreich zerbricht. Die bedingungslose Kapitulation erfolgt am 17. April.

Nur für Kroatien gelingt es Ante Pavelić, am 10. April einen „Unabhängigen Staat" ausrufen zu lassen, der von *Hitler* und *Mussolini* geduldet wird. Die Ustaša-Führung bedankt sich mit einem Staat, in dem Mord und Terror herrschen. Gezielt werden Juden verfolgt und wird Jagd auf orthodoxe Serben gemacht, die fast ein Drittel der Bevölkerung stellen. Der Übertritt zum katholischen Glauben rettet vielen das Leben und manchmal sogar das Eigentum. Nur vereinzelt protestiert die katholische Kirche gegen die Verfolgung der Serben, die erzwungenen Kirchenübertritte und die Einrichtung von Konzentrationslagern.

Jugoslawien unter Tito: Der Kroate *Josip Broz*, seit 1937 Generalsekretär der seit 1921 verbotenen Kommunistischen Partei Jugoslawiens (KPJ), nimmt im Untergrund den Namen *Tito* an. Seine Partisanen genießen in der Bevölkerung großes Ansehen. Unter der Parole „Befreiung der Völker Jugoslawiens" gelingt es Tito und den Partisanen schon 1941, größere Gebiete unter ihre Kontrolle zu bringen. Ende 1942 führt Tito etwa 150.000 Mann, bei Kriegsende sind es 700.000. Mit Unterstützung der Roten Armee erobert er im Oktober 1944 Belgrad, die letzten Kämpfe dauern bis ins Frühjahr 1945. Die außenpolitischen Erfolge Titos zeigen sich in Waffenlieferungen der Alliierten und in seiner Anerkennung als alliierter Befehlshaber. So liefern die Alliierten auch die besiegten Ustaša-Verbände an Tito aus. Die Partisanen rächen sich teilweise blutig an den Faschisten. Der Führung und Ante Pavelić gelingt die Flucht.

In den Wahlen zur Nationalversammlung erringt die gemeinsame Volksfront-Liste 90 % der Stimmen. Die verfassungsgebende Versammlung ruft im November 1945 die *Föderative Volksrepublik Jugoslawien* aus, die 1963 in *Sozialistische Föderative Republik Jugoslawien* umbenannt wurde. So entstehen die Volksrepubliken *Serbien, Kroatien, Slowenien, Bosnien-Herzegowina, Mazedonien* und *Montenegro.* Sie erhalten eigene Verfassungen und Parlamente; die Regionen *Kosovo* und *Wojwodina* bekommen autonomen Status. Dem Bund fällt neben Außenpolitik, Verteidigung und Verkehrswesen auch die Wirtschaftsplanung zu. Zu ersten Verstaatlichungen von Banken, Bergwerken und Grundbesitz über 45 ha kommt es noch 1945, alle anderen für den Staat wichtigen Unternehmen werden im Dezember 1946 in Staatsbesitz überführt. Die Kollektivierung der Landwirtschaft erweist sich als wirtschaftlicher Fehlschlag – bereits 1956 sind 91 % der landwirtschaftlich genutzten Flächen wieder in bäuerlichem Privatbesitz.

Die KPJ ist die einzige kommunistische Partei Osteuropas, die ohne direkte Mithilfe der Sowjetunion an die Macht gelangt und großes Ansehen in der Bevölkerung genießt. Im Juni 1948 wird Jugoslawien aus der *Kominform* (Nachfolgerin der Kommunistischen Internationale) ausgeschlossen, weil der Nationalismus Titos Stalins Führungsanspruch im Wege steht.

Die Folge ist eine Wirtschaftsblockade durch die kommunistischen Staaten und der Abbruch der Beziehungen zur UdSSR. Stattdessen wird Jugoslawien nun von den USA und den Westmächten durch großzügige finanzielle und wirtschaftliche Hilfe unterstützt. Der eigene Weg Jugoslawiens zeigt sich außenpolitisch in einer Annäherung an die NATO-Staaten Griechenland und Türkei (*Balkanpakt* 1953). Dezentralisierungsmaßnahmen und die Einführung der Arbeiterselbstverwaltung prägen die Innenpolitik und finden 1953 Eingang in die Verfassung. Durch die Abkehr von zentralistischen Prinzipien und die Stärkung der Eigenverantwortung in Planung, Investition, Produktion und Marktteilnahme sollen die Betriebe marktwirtschaftlich konkurrieren können. Nach dem Tod der Integrationsfigur *Tito* am 4. Mai 1980 treten die Eigeninteressen der Teilrepubliken wieder in den Vordergrund.

Jugoslawien zerfällt: In den 1980er-Jahren geraten die wirtschaftlichen Probleme – galoppierende Inflation und eine hohe Arbeitslosigkeit – außer Kontrolle. Zwei Lager stehen sich gegenüber: Auf der einen Seite der hoch entwickelte slowenische Norden, der mit seinem Anteil von nur acht Prozent an der Gesamtbevölkerung ein Fünftel des Exports erwirtschaftet. Er ist, unterstützt von Kroatien, nicht mehr bereit, den bankrotten Selbstverwaltungssozialismus weiterhin zu finanzieren. Auf der anderen Seite stehen die serbischen Zentralisten in Partei und Armee, die auf dirigistische Maßnahmen setzen und den Kurs der Reformer auf mehr Marktwirtschaft ablehnen.

Kroatien macht sich selbstständig: Anfang 1989 bilden sich aus den Kreisen verfolgter Wissenschaftler und Schriftsteller die Parteien *Kroatischer Sozialliberaler Bund* und *Kroatische Demokratische Union*. Anfang 1990 wird das Mehrparteiensystem legalisiert, nach den Wahlen wird *Dr. Franjo Tuđman* Präsident, sein Ziel war, die Kroaten zur Unabhängigkeit zu führen. Im Mai des gleichen Jahres wird die souveräne *Republik Kroatien* gegründet.

In der Verwaltung werden Serben durch Kroaten und die kyrillische Schrift durch die lateinische ersetzt. Im Polizeiamt von Knin bricht am 17. August 1990 der Serbenaufstand gegen die neue Rechtsordnung aus. Die nationalistisch orientierten und bisher autonom lebenden Serben aus der *Krajina*, einem Landstrich Kroatiens, fordern die Wiederherstellung der Autonomie und den Anschluss an Serbien, obwohl es keine gemeinsame Grenze gibt. Der Balkankrieg nimmt seinen Anfang. Die Jugoslawische Volksarmee rückt an, um die Krajina-Serben zu verteidigen. Die Kroaten werden entwaffnet. Die Entwicklung zerstört jeden Gedanken an ein weiteres gemeinsames Wirtschaften und Zusammenleben.

Am 25. Mai 1991 erklärt Kroatien seine Unabhängigkeit (heutiger Nationalfeiertag) und am 8. Oktober werden alle staatsrechtlichen Beziehungen mit Jugoslawien beendet. Im Dezember 1991 wird die Verfassung der jungen Demokratie verabschiedet. Im Januar 1992 wird die Republik Kroatien völkerrechtlich anerkannt, im Mai 1992 Mitglied der Vereinten Nationen.

In sämtlichen Regionen wird gekämpft und Kroatien muss Gebiete abgeben. Die Serben dringen im Norden bis Slawonien und im Süden bis Zadar vor und blockieren die Landverbindung

Historisches Museum, Zagreb

zwischen Nord- und Südkroatien. Dalmatinische Städte werden bombardiert; es trifft Zadar, Šibenik, Split und Dubrovnik.

Die Krajina und drei weitere vorwiegend serbische Gebiete werden zu Uno-Schutzzonen. Doch die Uno-Truppen müssen tatenlos mit ansehen, wie das Morden weitergeht. Die Entwaffnung der serbischen Milizen und die Wiedereingliederung kroatischer Bewohner misslingt.

Im Januar 1993 durchqueren kroatische Panzer und schwere Artillerie die Waffenstillstandslinie und dringen in die Krajina ein. Die serbische Regierung kündigt sofortige Mobilmachung an, da der Schutz der Serben durch die UN nicht mehr gewährleistet ist. Die Friedenstruppen retten sich in sicheres Gebiet. Es entbrennen neue Kämpfe, in deren Verlauf Kroatien fast alle von den Serben eroberten Gebiete zurückgewinnt.

Der Preis des erbarmungslosen vierjährigen Kriegs, von der Bevölkerung Heimatkrieg genannt: Hunderttausende von Toten, Verletzten und Traumatisierten, ebenso viele Vertriebene und Flüchtlinge, zerstörte historica Bauwerke, Fabriken, Dörfer, Städte.

Am 12. November 1995 wird das *Abkommen von Erdut* unterzeichnet, im Dezember 1995 wird der *Friedensvertrag von Dayton,* der sich vor allem auf Bosnien-Herzegowina bezog, geschlossen. In Kroatien kehrt wieder Ruhe ein. Der Tourismus, der dringend benötigtes Geld bringt, ist im nördlichen Adriaraum seit 1995 wieder in vollem Gang.

Politisch vollzieht sich ebenfalls eine Umstrukturierung. Der Tod des langjährigen Staatspräsidenten Tuđman im Dezember 1999 bringt die politische Neuorientierung: Die Präsidentschaftswahl gewinnt 2000 *Stipe Mesić* (*SDP*, Kroatische Volkspartei), erneut im Jahr 2005. Im Jahr 2010 übernimmt *Ivo Josipović* (SDP) das fünfjährige Amt. Die Ministerwahl Ende 2011 gewinnt *Zoran Milanović* (SDP), er gilt als Erfolg versprechend im Umgang mit Korruption, Reformierung des Steuer-, Gesundheits- und Rentensystems, auch soll verbliebenes Staatseigentum privatisiert und der Monopolherrschaft entgegengewirkt werden.

Seit Juli 2013 ist Kroatien im EU-Verbund und seit 2015 auch Schengen-Außengrenze, d. h. es wird und muss verschärft kontrolliert werden. Seit 2015 ist *Kolinda Grabar-Kitarović* (parteilos, wird von der *HDZ* unterstützt) die neue Präsidentin im fünfjährigen Amt. Ministerpräsident wird 2016 für nur wenige Monate der Finanzexperte *Tihomir Orešković* (parteilos, unterstützt von *HDZ* und *MOST*). Die vorgezogene Parlamentswahl gewinnt im Oktober 2016 der Jurist *Andrej Plenković* mit der Koalition *HDZ-MOST*.

Kroatien konnte 2017 16 Mio. Touristen verzeichnen und zählt zu den beliebtesten europäischen Urlaubsländern.

Der Uskoke Ivan Lenković

ACI Cres liegt geschützt in schöner Lage – beste Ausgangsposition für einen Bootstörn

Anreise

Kroatien liegt vor unserer Haustür: Von München ist Nordkroatien in rund 70 Min. per Flugzeug erreicht – die schnellste, bequemste und nicht immer die teuerste Art des Reisens, vor allem für Norddeutsche empfehlenswert. Angenehm ist die Anreise auch per Bahn, nur nicht ganz so schnell – rund 8 bis 9 Std. benötigt der Zug von München bis Zagreb oder Rijeka. Ein Reisebus, die billigste planmäßige und auch direkte Variante, braucht je nach Abfertigung und Stopps von München nach Rijeka knapp 8 Std., meist als Nachtfahrt. Zu Ferienbeginn muss man allerdings mit Wartezeiten an der Grenze und am Tauerntunnel rechnen.

Mit dem eigenen Fahrzeug

Wer seinen Urlaub flexibel und unabhängig gestalten möchte, mit Familie und mit viel Gepäck reist, dem bringt sein Fahrzeug größtmögliche Bewegungsfreiheit.

Entfernungen ca.: München–Salzburg 140 km, Salzburg–Villach 180 km, Villach–Ljubljana 120 km, Ljubljana–Rijeka 130 km, Ljubljana–Zagreb 136 km, Maribor–Zagreb 120 km, Zagreb–Rijeka 150 km.

Papiere Autofahrer benötigen die üblichen Papiere (Personalausweis oder Reisepass, Führerschein, Fahrzeugschein) und das Nationalitätenschild. Die Grüne Versicherungskarte ist nicht mehr vorgeschrieben (nur für Schweizer), vereinfacht das Verfahren im Schadensfall aber wesentlich.

Warnwesten Das Mitführen sowie das Tragen derselben ist bei einem Unfall überall vorgeschrieben.

Autobahnen Mautpflichtig in der Schweiz, Italien, Österreich, Slowenien und Kroatien.

Abblendlicht Auch tagsüber ist das Fahren mit Abblendlicht in Slowenien und Kroatien (im Winterhalbjahr) vorgeschrieben.

Die schnellste Anreiseroute führt über die Tauernautobahn (A 10) und die mautpflichtigen Tunnels (Tauern und Katschberg) der Radstätter Tauern (11,50 €) und
dann durch den ebenfalls mautpflichtigen Karawankentunnel (7,20 €) nach Sloweni-
en. Auch für Gespannfahrer kein Problem (alternativ ist die Bahnverladung möglich).

Route Autobahn München – Salzburg –
Villach – Karawankentunnel (slow.
Grenze); Autobahn Bled – Ljubljana – Postojna –
Landstraße Rupa (kroat. Grenze). Autobahn
nach Rijeka.

Tauernschleuse Bahnverladung Böck-
stein-Mallnitz (www.oebb.at): bei Werfen
Abzweig von der A 10 über Badgastein nach
Böckstein. Ganzjähriger Betrieb, stündl. von
6.20 bis 22.20 Uhr gen Süden (nach Norden
von 5.50 bis 21.50 Uhr); in der Hauptsaison Sa
und So alle 30 Min., Fahrzeit 11 Min., Fahrpreis einfach für Pkw und Motorrad je 17 €.

Nützliche Infos für unterwegs

Autobahngebühren

Schweiz: Vignette (Plakette) für ein Kalenderjahr (1. Dez. des Vorjahres bis 31.
Jan. des Folgejahres) pauschal 40 CHF (ca. 36,39 €), ist Pflicht auf Autobahnen
und autobahnähnlichen Straßen.

Österreich: Vignette (Pickerl) auf Autobahnen und Schnellstraßen, Preis abhängig vom Gültigkeitszeitraum. Pkw (Motorrad): 10 Tage 8,80 € (5,10 €), 2
Monate 25,70 € (12,90 €), 1 Kalenderjahr 85,70 € (34,10 €).

Italien: Autobahngebühren (www.autostrade.it), Preis abhängig von den ge-
fahrenen Kilometern und dem Hubraum oder Achsabstand. Beispiel Klasse A
(Pkw/Motorrad) Brenner – Triest (484 km) ca. 35 €.

Slowenien: Vignette auf Autobahnen und Schnellstraßen, Preis abhängig vom
Gültigkeitszeitraum. Pkw (Motorrad): 7 Tage 15 € (7,50 €), 1 Monat 30 € (für Motorrad nur 6-Monats-Vignette für 30 €), 1 Kalenderjahr 110 € (55 €).

Kroatien: → Unterwegs in Kroatien/Informationen.

Notrufnummern

Internationaler Notruf: ✆ 112 (dann Weiterschaltung)
Schweiz: Polizei ✆ 117, Unfallrettung ✆ 144, Feuerwehr ✆ 118
Österreich: Polizei ✆ 133, Unfallrettung ✆ 144, Feuerwehr ✆ 122
Italien: Polizei/Unfallrettung ✆ 113, Feuerwehr ✆ 115
Slowenien: Polizei ✆ 113, Feuerwehr/Rettungsdienst ✆ 112
Kroatien: Polizei ✆ 192, Unfallrettung ✆ 194, Feuerwehr ✆ 193, Seenotret-
tung ✆ 9155, Pannenhilfe ✆ 1987 (vom ausländ. Mobiltelefon ✆ +385/1987)

Gute Alternative zur stauanfälligen Tauernautobahn ist die 300 km lange Pyhrn-
Autobahn mit gebührenpflichtigen Tunnels (13 €). Sie verbindet Suben (dt.-österr.
Grenze) und Spielfeld/Šentilj (Grenzübergang Slowenien). Zudem ist man auf
dieser Strecke auch schnell in Zagreb.

Route Über Autobahnen: Regensburg –
Passau – Wels – Bosruck- u. Gleinalm-
Tunnel – Spielfeld – Maribor – Zagreb.

Tipp Wer die slowenische Maut sparen
möchte: Ab slow. Grenzübergang Landstraße
Maribor – Ptuj – Donji Macelj (kroat. Grenzübergang) – Autobahn Zagreb.

Eine ebenfalls gute, aber stauanfällige Route für den südwestdeutschen Raum und für Schweizer (welche die Einsparung der Vignette in Slowenien ermöglicht) führt durch Österreich und Italien auf der Autobahn bis Triest:

Route Autobahn München – Innsbruck – Brennerpass/Brennerautobahn – Trient – Vicenza (oder Verona) – Venedig – Triest – Koper – Landstraße Rupa – Autobahn Rijeka.

Ohne Vignette durch Slowenien Am Autobahnende Triest nicht auf die slowenische Autobahn A 1, sondern auf die Landstraße SS 202 und weiter auf die SS 14 nach Kozina, weiter nach Rupa (kroat. Grenzübergang) – Autobahn Rijeka.

Mit der Eisenbahn

Von Deutschland bzw. von München fährt der *Eurocity* mehrmals täglich über Salzburg, Villach, Ljubljana (meist umsteigen) und weiter nach Rijeka oder Zagreb (ca. 9:40 bzw. 8:36 Std. Fahrzeit; Fahrpreis einfach 79,90 bzw. 89,90 €). Bestens ist für beide Städte der direkte *Euronight* ab 39 €. Jährlich bietet die Deutsche Bahn neben den Euro-Spezial-Tickets auch weitere unterschiedliche Spartarife für alle Altersgruppen an. Rechtzeitiges Informieren ist sinnvoll und kostensparend. Österreicher fahren u. a. günstig mit der Sparschiene (ab 19 €) Wien/Süd–Maribor–Ljubljana.

Fahrradversand: Inzwischen ist bei den meisten Zugverbindungen eine Fahrradmitnahme möglich, jedoch reservierungspflichtig – am besten langfristig planen.

Deutsche Bahn AG (DB), www.bahn.de.
Österreichische Bundesbahnen (ÖBB), www.oebb.at.
Schweizer Bundesbahnen (SBB), www.sbb.ch.
Italienische Staatsbahnen (FS), www.ferroviedellostato.it.
Slowenische Eisenbahnen (SZ), www.slo-zeleznice.si.
Kroatische Eisenbahnen (HŽ), www.hzpp.hr.
Reservierung/Buchung: Zu Hauptreisezeiten und um Spartarife zu ergattern, sollte man frühzeitig buchen! Infos: www.bahn.de oder telefonisch unter 0180/59 96-633 (auch Radfahrerhotline!).

Mit dem Bus

Der langjährige Dschungel im Busverkehr hat sich zugunsten einiger Großanbieter gelichtet. Nach wie vor fährt der **Europabus der Deutschen Touring GmbH** (Eurolines) mit den meisten Linien; ab deutschen Großstädten fährt er flächendeckend alle Großstädte in Slowenien und Kroatien an. Des Weiteren sind mit Fahrten am Markt u. a. der **IC-Bus** und neuerdings auch der **Flixbus**, der sich den südosteuropäischen Raum erobert. Die Rückreise sollte immer bestätigt werden.

Fahrtzeiten/Preise Die Fahrtzeiten betragen von München nach Rijeka bzw. fast zeitgleich nach Zagreb ca. 7:30 bis 8 Std., teils muss in Ljubljana umgestiegen werden, es gibt aber auch Direktverbindungen. Die Preise sind angepasst und betragen ab rund 30 € für beide Städte, abhängig von Nachfrage und Saison und sind für alle Buslinien ungefähr gleich.

Gepäckgebühren Das Reisegepäck ist auf max. 2 Gepäckstücke (in Koffermaßen) und ein Gratis-Handgepäck pro Person begrenzt. Pro Gepäckstück sind 3 € beim Fahrer zu entrichten (bei freier Kapazität für das dritte Gepäckstück 5 €.)

Reservierung in Deutschland Eurolines (Deutsche Touring GmbH), Service-Hotline ☎ 06196/2078-501, www.eurolines.de. Verkaufsstellen in allen Großstädten bei DTG-Ticketcenter, Touring-Agenturen, DER-Reisebüros, Deutsche-Bahn-Reisebüros.

Flixbus (www.www.flixbus.de), teilweise können auch Fahrräder mitgenommen werden.

IC-Bus (www.bahn.de).

Reservierung in Kroatien In jedem größeren Ort, meist am Busbahnhof oder bei Autotrans (www.autotrans.hr); mehr dazu (→ Reiseteil). Am Zielort muss eine Rückreservierung mind. 24 Std. vor Abfahrt getätigt werden (gebührenpflichtig! 20 KN). Eine telefonische Rückreservierung ist nur in Ausnahmefällen von Ende Juni bis Mitte Sept. möglich unter ✆ 091/4009-600 (mobil).

Mit dem Flugzeug

Von allen großen deutschen Flughäfen gibt es in der Regel ganzjährig mindestens 1- bis 4-mal täglich Linienflüge mit Croatia Airlines nach Zagreb, Weiterflüge u. a. nach Rijeka oder Zadar. Zur Saison (ab März/April bis Sept./Okt.) gibt es von vielen deutschen Flughäfen auch preiswerte Direktflüge an die Küste nach Rijeka, Pula und Zadar, v. a. mit Germanwings, Tuifly und Lufthansa. *Achtung*, jährliche Fluglinienänderungen sind möglich; bei den Billigfluglinien kommen etliche Gebühren, teils auch für das Gepäck, hinzu.

Flugreisende können mit einer **freiwilligen Emissionsabgabe** Klimaschutzprojekte unterstützen, u. a. bei *Atmosfair*. Der Emissionsausstoß eines Hin- und Rückflugs von Frankfurt nach Rijeka beträgt 428 kg CO_2, die Abgabe liegt bei 10 €. Informationen unter www.atmosfair.de.

Preise Je nach Jahreszeit und Nachfrage schwanken die Preise gewaltig.

Fluggesellschaften Croatia Airlines (www.croatiaairlines.hr): mehrmals tägl. Linienflüge von vielen deutschen, österreichischen und Schweizer Flughäfen nach Zagreb; in der Saison Direktflüge u. a. Rijeka, Zadar. Viele günstige und gute Angebote bei rechtzeitiger Buchung: u. a. Hin- u. Rückflug ab Frankfurt nach Zagreb 1:30 Std.) ab ca. 125 €, nach Zadar ab ca. 146 €.

Lufthansa (www.lufthansa.com): viele Linienflüge nach Zagreb, in der Saison auch u. a. nach Rijeka ab ca. 300 € hin und zurück. Lufthansa fliegt im Verbund mit Germanwings, Eurowings und Croatia Airlines, d. h. die Flüge werden auch von diesen Airlines durchgeführt.

Tuifly (www.tuifly.com): von etlichen deutschen Flughäfen nach Zagreb, Rijeka und Zadar.

Eurowings-Germanwings (www.eurowings.de), preiswerte Flüge im Sommer, u. a. nach Rijeka und Zagreb.

Zagreber Flughafen, ein wichtiges Drehkreuz für Mittel- und Osteuropa

Trajekts verbinden die Inseln mit dem Festland (hier: Festlandshafen Brestova)

Unterwegs in Kroatien

Mit dem eigenen Fahrzeug

Für Autofahrten in Kroatien gibt es zwei Hauptrouten – entlang der malerischen Küstenstraße (Jadranska-Magistrale) oder durch das Hinterland auf der Autobahn A 1. Auch Zentralkroatien ist bestens mit Autobahnen versorgt.

Achtung Bora!

Wenn der Fallwind Bora bläst, geht teilweise nichts mehr auf den Straßen. Darauf sollten sich Autofahrer und Reisende einstellen, sich rechtzeitig informieren und ihre Reiserouten ändern oder eine Pause einlegen und den Wind abklingen lassen. Bei diesem kräftigen Nordostwind, der vor allem in der Vor- und Nachsaison auftritt, wird die Autobahn um das Tunnel Sv. Rok, d. h. der Streckenabschnitt ab Ausfahrt Sv. Rok und Maslenica, gesperrt (über Autobahnleuchtschriften wird ebenfalls hingewiesen) und es muss über die Nationalstraße bis Gračac (E 50) und weiter bis Obravac (E 27) umfahren werden – für Gespannfahrer kein Vergnügen. Auch kann die Brücke zur Insel Krk gesperrt werden! Der Küstenabschnitt zwischen Senj und Karlobag ist ebenfalls stark gefährdet, das Auto wird hin und her gedrückt, auch kann Gestein dann die Straßen behindern.

Auch der Schiffsverkehr wird eingestellt oder die Routen werden verändert, denn auch die großen Schiffe können bei meterhohem Wellengang nicht in den Häfen anlegen! Flüge können ebenfalls gestrichen werden!

Es ist daher notwendig, sich rechtzeitig bei den jeweiligen Stellen, d. h. den Fluggesellschaften, Fähragenturen wie Jadrolinija und bei den Touristinformationen zu informieren.

Die Anfahrtswege innerhalb Kroatiens haben sich für diejenigen, die Richtung Zadar möchten, sehr vereinfacht und beschleunigt. Auch bietet die im Hinterland verlaufende Autobahntrasse für viele Reisende sicherlich bisher unentdeckte Weiten und eine grandiose Bergwelt, die man bei fast schnurgerader Autobahnführung genießen kann. Wer von der A 1 an die Kvarner- und Norddalmatinische Küste stoßen möchte, kann von Karlovac nach Rijeka fahren, von der Ausfahrt Žuta Lokva nach Senj, von der Ausfahrt Gospić nach Karlobag, von der Ausfahrt Maslenica nach Starigrad Paklenica, zur Insel Pag oder weiter bis Zadar. Ein Blick auf die Straßenkarte genügt, um sich eine Reiseroute zusammenzustellen. Immer wieder ein Highlight ist jedoch die malerische Küstenstraße.

Entlang der Küstenstraße (E 65) – ein Highlight!

Die Jadranska-Magistrale verläuft entlang der Küste von Rijeka nach Dubrovnik (608 km) und ist teilweise als Panoramastraße, d.h. mit Parkflächen an schönen Aussichtspunkten, ausgebaut. Diese beeindruckende Küstenstraße, erbaut unter dem jugoslawischen Präsidenten Josip Broz Tito in den 1950er- und 1960er-Jahren, erstreckt sich in ihrer Gesamtlänge von Ankaran (Slowenien) über Istrien und Rijeka bis nach Ulcinj (Montenegro). Innerhalb Kroatiens sind es noch 658 km.

Die E 65 zählt zu den schönsten Küstenstraßen Europas – und das mit Recht: hoch aufragend das Küstengebirge, tiefblau und meist tief unterhalb der Straße das Meer mit der nahen Inselkette, an der Strecke mittelalterliche Hafenstädte und Dörfer. Der schönste, zum Teil aber auch kurvenreichste Streckenabschnitt liegt zwischen *Rijeka* und *Zadar* (226 km). Hoch über dem Meer verläuft die Straße am Velebit-Gebirge entlang und überwindet etliche Schluchten, besonders bizarr die Strecke zwischen Senj und Karlobag (→ Kasten „Achtung Bora!“).

Blick auf die Inselwelt

Für die Kvarner-Region nicht mehr relevant, aber dennoch kurz erwähnt: Die Strecke weiter Richtung Süden, zwischen *Zadar* und *Split* (162 km), verläuft zum Großteil ohne Kurven in Meeresnähe. Einen Besuch lohnen die mittelalterlichen Städte Šibenik, Primošten und Trogir sowie die Krka-Wasserfälle. Zwischen *Split* und *Dubrovnik* (220 km) ist der Streckenabschnitt entlang der reizvollen Makarska-Riviera nochmals sehr kurvenreich. Wer Zeit hat, sollte sich die Stadt Makarska ansehen oder einen Abstecher ins Biokovo-Gebirge unternehmen.

Informationen für Kraftfahrer in Kroatien

Kroatisches Autobahnnetz Von Rupa (kroat.-slow. Grenzübergang) nach Rijeka (A 7); von Rijeka nach Zagreb (A 6/A 1); von Macelj (slow. Grenze) über Krapina nach Zagreb (A 2); von Goričan (ung. Grenze) über Varaždin nach Zagreb (A 4); von Zagreb über Karlovac (A 6) und dann auf der A 1 über Zadar in den Süden (Ende aktuell bei Ploče). Das Hinterland Slawonien ist von Zagreb über die A 3 ebenfalls bis hinter Slavonski Brod (Grenze Bosnien-Herzegowina) erschlossen.

Straßenzustand- und Hindernisse Über fertige Autobahnbauabschnitte informieren im Internet **www.kroatien.hr**, **www. autoweb.hr** oder auch **www.hak.hr**.

Der einst gefährliche Belag der Küstenstraße wurde erneuert – Vorsicht ist immer noch auf Nebenstrecken geboten!

Nicht zu unterschätzen und für Autolenker und v. a. für Motorradfahrer und Radler ist die *Bora*, ein Fallwind (→ Kasten „Achtung Bora!"), zudem muss mit Umleitungen (A 1) gerechnet werden.

Zur Zeit der Weinernte fahren viele Traktoren – v. a. auf den Inseln darauf achten.

Personaldokumente Für die Einreise nach Kroatien und einen Aufenthalt bis zu 3 Monaten benötigen Deutsche, Österreicher und Schweizer einen gültigen Personalausweis oder Reisepass (trotz Schengen-Abkommen weiterhin Grenzkontrollen!). Seit dem 26.6.2012 benötigen auch Kinder einen eigenen Ausweis!

Kraftfahrzeugdokumente Führerschein und Fahrzeugschein. Nach Unfällen mit sichtbaren Karosserieschäden sollte man sich von der Polizei eine Schadensbestätigung *(Potvrda)* ausstellen lassen.

Mautgebühren Alle kroatischen Autobahnen sind gebührenpflichtig. Pkws: Zagreb–Maslenica (243 km) 112 KN, Zagreb–Rijeka (144 km) 70 KN, Krker-Brücke 35 KN.

Kraftstoff Überall erhältlich. Tankstellen sind an den wichtigsten Straßen nonstop geöffnet, Zahlung in Euro, mit EC-Karte und Kreditkarte ist problemlos möglich. Infos unter www.hak.hr.

Kraftstoffpreise pro Liter Eurosuper plus (98 Oktan) ca. 1,24 €; Eurosuper (95 Okt.) 1,22 €; Eurodiesel 1,12 €; Autogas

0,55 €. Es wird auch noch verbleiter Kraftstoff verkauft. (Stand: Aug. 2017).

Höchstgeschwindigkeit Pkw und Motorräder innerhalb von Ortschaften 50 km/h, außerhalb 90 km/h; auf Schnellstraßen 110 km/h, auf Autobahnen 130 km/h; Wohnmobile bis 3,5 t auf Autobahnen 80 km/h, Wohnmobile über 3,5 t und Pkw mit Anhänger außerhalb von Ortschaften überall 80 km/h. Achtung: viele Radarkontrollen!

Abweichende Verkehrsregeln Unfälle mit Personen- oder erheblichem Sachschaden müssen der Polizei gemeldet werden. Während des gesamten Überholvorgangs muss geblinkt werden. Kolonnenspringen ist verboten. Schul- und Kinderbusse dürfen nicht überholt werden, wenn sie anhalten. Übernachten auf Straßen und Parkplätzen ist nicht erlaubt.

Promillegrenze Bei 0,5 (bis 24 Jahre 0,0!).

Lichtpflicht Auch tagsüber vom 1. Nov. bis 1. April. **Nebelleuchten** sind nur bei Sicht unter 50 m erlaubt.

Fischer bei der Arbeit

Notrufnummern Intern. Notruf **112**, Polizei **192**, Rettungsdienst **194**, Feuerwehr **193**.

Pannenhilfe Die Straßenwacht des kroatischen Automobilclubs HAK ist nonstop unter ☎ **1987** (vom ausländ. Mobil-☎ 00385/ 1987) erreichbar.

ADAC-Notruf: Über München, ☎ 089/222-222 (Fahrzeugschaden).

Kroatischer Automobilclub (ADAC-Partnerclub): **Hrvatski autoklub (HAK)**, 10010 Zagreb, Av. Dubrovnik 44, P.O. Box 240, ☎ 01/6611-999, ☎ 1987 (Pannendienst); www.hak.hr.

Tiere   EU-Heimtierausweis,   Näheres (→ Wissenswertes von A bis Z/Papiere).

Wechselkurs   Währungseinheit ist die kroatische Kuna (KN). 1 KN = 0,13 €. 1 € = 7,41 KN (Stand: Aug. 2017).

Mit der Fähre

Für viele Kroaten „das" wichtigste Verkehrsmittel. Um auf die Inseln zu kommen, muss man mit dem Auto die so genannten Trajekts benutzen. Zwischen den autofreien Inseln verkehren Personenfähren und Katamarane. Achtung! – Fahrplanwechsel zum kroatischen Schulbeginn. Infos vorab einholen, auch bei Sturm (→ Kasten „Achtung Bora!") gibt es Fahrplanänderungen oder Schiffsausfall! Fahrradmitnahme (geringer Betrag) auf Fähren problemlos möglich, ausgenommen Katamarane (keine Beförderung!).

Auto- und Personenfähren (Trajekts) zu den Inseln: Die Inseln Krk und Pag in der Kvarner-Bucht sind über eine Brücke vom Festland aus zu erreichen – trotzdem kann sich die Fähre lohnen, wenn man Umwege vermeiden will. Durch eine Brücke untereinander verbunden sind die Inseln Cres und Lošinj. Zwischen dem Festland und den Inseln gibt es regelmäßige Schiffsverbindungen (manchmal zur Hauptsaison sogar stündlich). Zudem verkehren zwischen den Inseln neben Trajekts auch Katamarane und Personenfähren. Die im Reiseteil angegebenen Preise beziehen sich auf die Hochsaison (2017), außerhalb dieser beträgt der Fahrpreis 20 % weniger.

Jadrolinija (Zentrale), 51000 Rijeka, Hafenterminal, ☎ 051/666-111, www.jadrolinija.hr. Diese Fährgesellschaft bedient die meisten Routen. Für die Insel Rab fährt **Rapska plovidba** (www.rapska-plovidba.hr).

Kurs auf Stinica

Fährverbindungen (Trajekt)

Insel Cres und Lošinj:
Brestova–Porozina, Lošinj–Zadar, Merag–Valbiska

Insel Krk: Lopar–Valbiska, Valbiska–Merag

Insel Rab: Valbiska–Lopar, Stinica (bei Jablanac)–Mišnjak

Insel Pag: Prizna–Žigljen

Zadar: nach Mali Lošinj

Personenfähren/Katamarane u. a.

Rijeka: Inseln Cres, Susak, Unije, Rab und Novalja (Insel Pag), Mali Lošinj

Mali Lošinj (Insel Lošinj):
Inseln Unije, Susak, Srakane, Ilovik, Silba, Novalja (Insel Pag) und nach Rijeka

Mit dem Bus

Das kroatische Busnetz ist sehr gut ausgebaut und für die Weiterreise empfehlenswert. Auf längeren Strecken verkehren mehrmals täglich **Expressbusse** (alle klimatisiert), z. B. nach Zagreb, Rijeka, Karlovac und Zadar, zudem auch über die Fähre zu den Inseln. Die Busse sind relativ preiswert und dementsprechend ausgelastet; es gibt verschiedene Busunternehmen, ebenfalls unterschiedliche Preise (je nach Route und Uhrzeit), **Autotrans** ist das gängigste Busunternehmen. In der Hauptreisezeit ist bei längeren Strecken eine Reservierung notwendig. Die überregionalen Busse halten zum Einstieg nur in großen, bzw. nach Reservierung auch in kleineren Orten. Aussteigen kann man meist überall, gibt man dem Busfahrer Bescheid. Zwischen den Städten gibt es zusätzlich den regionalen, oftmals stündlichen Busverkehr, in abgelegenen oder kleinen Orten seltener, an Sonn- und Feiertagen oft gar nicht. Es empfiehlt sich also, sich vorab nach dem Fahrplan, am besten bei TIC, zu erkundigen. Mehr zu Busverbindungen und Preisen (→ Reiseteil).

Busbahnhöfe liegen meist zentral in der Stadtmitte, am Hafen oder bei den Zugbahnhöfen. Fahrkarten kauft man am Busterminal, die Abfahrtszeiten sind auf Tafeln angeschrieben: Abfahrt heißt auf kroatisch *Polazak*, Ankunft *Dolazak* (auch *Odlazak*).

Informationen Der aktuelle **Fahrplan** ist an den Busterminals oder bei TIC erhältlich; Infos in Kroatien: u. a. Autotrans Info-☎ 051/660-660, www.autotrans.hr (auch in Deutsch).

Preisbeispiel Zagreb–Rijeka (190 km) bei Autotrans zwischen 2 und 2:40 Std. Fahrzeit, 72–118 KN, je nach Uhrzeit und Bus. Fahrkarten können bequem online gebucht werden.

Mit der Eisenbahn

Die Eisenbahn ist in Kroatien das billigste Transportmittel (je nach Zug), jedoch im Vergleich zum Bus sehr langsam. Auch gibt es zwischen den Küstenstädten keine Direktverbindungen; daher ist die Schiene nur für die Anreise bzw. in Zentralkroatien interessant. Eine Fahrradmitnahme ist für wenige Kuna möglich. Mehr zu Zeiten und Preisen (→ Reiseteil).

Hauptstrecke: Österreichische Grenze (Jesenice)–Ljubljana–Zidani most und weiter nach Kroatien (Zagreb–Karlovac–Rijeka) oder von Zagreb durch das Hinterland an die Küste (Zagreb–Karlovac–Gospić–Knin–Split) oder in Zentralkroatien (Zagreb–Koprivnica, Zagreb–Slavonski brod–Osjek/Vukovar).

Preisbeispiel (einfach, 2. Kl.) **Zagreb–Rijeka**: nur 3 Züge tägl., für die schnellste Verbindung (3:38 Std.) 118 KN.

Fahrradversand Nur in Zügen mit Gepäckwagen möglich. Das Fahrradticket erhält man direkt am Bahnsteig beim Schaffner (beim Gepäckwagen), es kostet wenige Kuna.

Informationen In Kroatien unter ℘ 060/333-444, www.hzpp.hr.

Mit dem Flugzeug

Wer nach Zagreb geflogen ist, kann einen Weiterflug u. a. nach Zadar nehmen. Wer frühzeitig plant, fliegt preiswert, z. B. Zagreb–Zadar (0:50 Std.) ab 40 € inkl. aller Steuern.

Der an das internationale Liniennetz angeschlossene Hauptflughafen ist in Zagreb. Weitere kleine Flughäfen, die im Linienverkehr über Zagreb und im Charterverkehr (von Deutschland aus) direkt angeflogen werden, sind für Nordkroatien u. a. Pula, Rijeka, Zadar. Vom Flughafen *(Zračna luka)* gibt es Busse und Taxis in die Städte.

Flughäfen (Zračna luka) Flughafen Zagreb, 10150 Zagreb, Pleso b. b., ℘ 01/4562-170 (Info-Tel.), 060/320-320 (Info-Tel. innerhalb Kroatiens), www.zagreb-airport.hr.

Flughafen Rijeka, 51513 Omišalj, Krk, ℘ 051/842-132 (Info-Tel.), 842-040 (Zentrale), www.rijeka-airport.hr.

Per Uspinjača in die Zagreber Oberstadt

Flughafen Pula, 52100 Pula, ℘ 052/530-105, www.airport-pula.com.

Flughafen Zadar, 23000 Zadar (Zemunik Donji), ℘ 023/205-800, www.zadar-airport.hr.

Reservierungen Inlandsflüge über **Croatia Airlines**, zentrale Reservierungs- u. Buchungsstelle in Zagreb: ℘ 01/6676-555, 062/500-505 (Hotline innerhalb Kroatiens), www.croatiaairlines.com.

In **Deutschland**: Croatia Airlines Verkaufsbüro, Schillerstr. 42–44, 60313 Frankfurt, ℘ 069/9200-520, www.croatiaairlines.com.

Mit dem Fahrrad

Die Inseln und die Flussauen eignen sich gut für Fahrrad- und Mountainbiketouren. Das Fahrradnetz ist gut ausgebaut und markiert. Für das bergige Hinterland oder einige Inseln muss man jedoch Kondition mitbringen. Lohnenswerte Gebiete für anspruchsvolle Touren sind u. a. die Gegend um Zagreb, die Zagorje, die Flusslandschaften um Čakovec, Sisak, Karlovac, die Nationalparks Risnjak, Nord-Velebit und die Plitvicer Seen sowie der gesamte Naturpark Velebit auch auf seiner Ostseite. **Fahrradvermietungen** (ca. 12–14 €/Tag) gibt es inzwischen in allen größeren Städten und Touristenorten, auch das Material ist meist in Ordnung, zumindest reicht es für kleinere Touren. **Achtung**: Möglichst die verkehrsreiche Küstenstraße meiden!

Mit dem Mietwagen

Mietautos sind inzwischen auch in Kroatien preiswert geworden, bucht man sie nicht von den großen Anbieter wie Avis, Hertz, Budget etc. Wer über diese Firmen bucht, zahlt ab ca. 35 € für einen Kleinwagen. Über die Online-Portale (u. a. www.billiger-mietwagen.de) gibt es je nach Gebiet bereits einen Wagen ab 12 €/Tag. Mieten kann man Pkws an Flughäfen, in vielen Touristagenturen, bei internationalen Autovermietern, aber auch bei kroatischen Anbietern, die etwas billiger sind (→ Reiseteil).

Der Mietvertrag sollte genau studiert werden, die Verträge unterscheiden sich von Anbieter zu Anbieter. Man kann den Wagen 1–3, 4–6 oder 7 Tage mieten. Zudem gibt es, wie bei uns, Sondertarife und Wochenendvergünstigungen, die man vor Ort erfragen muss. Auch können Reservierungen von zu Hause aus manchmal günstiger sein.

Auch **Motorräder** und **Mofas** sind über die Agenturen in fast jedem Touristort zu mieten (übrigens gilt auch in Kroatien Helmpflicht!). Ein Scooter kostet ca. 10 €/Std. und ca. 30 €/Tag.

Mit dem Taxi

Taxistände befinden sich in größeren Orten im Zentrum, an Omnibusbahnhöfen, am Hafen und an Flughäfen (→ Reiseteil). Taxiservice u. a. unter ✆ **970**, zudem gibt es fast in jeder Stadt preiswerte Taxianbieter, am besten immer bei TIC anfragen. Innerhalb der Stadt ca. 20 KN (2,70 €) Startgebühr und ca. 7 KN/km (Nacht-, Sonn- u. Feiertagszuschlag von 20 %); von Zagreb-Stadt zum Flughafen ab ca. 200 KN (ca. 27 €).

Per Taxiboot nach Vela Luka (Insel Krk)

Übernachtungsquartiere für jedes Budget warten – hier Opatija (Hotel Miramar)

Übernachten

**Das Übernachtungsangebot in der Kvarner-Region, der Lika und in Zentral-
kroatien ist groß und vielfältig – man hat die Wahl zwischen Privatunterkünften, Hotels, Appartements, einigen Jugendherbergen, zahlreichen
schön gelegenen Campingplätzen und auch Berghütten.**

In den Hochsaison-Wochen von Juli bis August (HS) und vor allem in der sogenannten Topsaison (TS) von Ende Juli bis Mitte August, wenn auch die Italiener
Ferien machen, wird es in der Kvarner-Region schwierig, eine hübsche Unterkunft
ohne Voranmeldung zu ergattern – sicherer ist es, für diese Zeit rechtzeitig vorher
zu reservieren. Für Zagreb ist dies zu Messezeiten im Frühjahr und Herbst zu empfehlen. In den anderen Wochen und Monaten dürfte es aber kein Problem sein,
auch kurzfristig eine passable Unterkunft zu finden. Die Campingplätze sind in der
Hochsaison zwar meist voll, wer aber neben seinen Camper nicht noch ein riesiges
Hauszelt aufstellen möchte, findet sicher noch ein schattiges Plätzchen.

Ein jährlich neu erscheinendes Verzeichnis der Hotels, Privatunterkünfte,
Touristischen Bauernhöfe/Agrotourismus (Agroturizam) und Campingplätze
ist über den kroatischen Touristenverband gratis erhältlich (→ Wissenswertes
von A bis Z/Informationen).

Haupt- und Nebensaisonpreise sind an der Küste üblich, in den Touristenhoch-
burgen gibt es von Anfang bis Mitte August sogar Topsaisonpreise (TS); dagegen
vermieten die Pensionen und kleinen Hotels im Landesinneren meist ganzjährig
zum gleichen Preis. Einen Aufschlag von 20 % muss man auch zu Messezeiten in
Zagreb bezahlen.

Alle Preise im Buch sind Hochsaisonpreise (HS), zudem gibt es Topsaisonpreise (TS). Zimmerpreise gelten ab 3 Tagen Aufenthalt (sonst 30 % Aufschlag). Hinzu kommt die Kurtaxe – je nach Gebiet 4 bis 7 KN.

Online-Buchungen sind auch in Kroatien sehr beliebt, gerade bei Hotels gibt es erstaunliche Pauschalen, Rabatte und Schnäppchen. Hotelpauschalen über Reiseveranstalter sind inzwischen nur manchmal billiger (jeder kann seinen eigenen Preisvergleich anstellen). Das Hotelessen entspricht bei preisgünstigen Pauschalen, also mit Halbpension (zur Hochsaison), aber oft nicht der üblichen guten landestypischen Küche.

Wer sparen muss, sollte daher in der Hochsaison lieber die preisgünstigeren, aber auch netten und vor allem oft ruhigeren **Privatunterkünfte** buchen, zudem kann man bei längerem Aufenthalt sicherlich einen günstigeren Preis aushandeln. Eine gute Auswahl bietet hier auch *Kvarner Family* (s. u.).

Wer mit dem **Fahrrad** unterwegs ist, findet auch in Kroatien meist unproblematisch eine Unterkunft, meist kann das Fahrrad in einem Schuppen oder in der Garage abgestellt werden. Ausgewiesene Fahrradunterkünfte gibt es inzwischen in allen Regionen ebenfalls immer häufiger.

Anmeldepflicht: In Kroatien muss man innerhalb von 24 Stunden polizeilich angemeldet sein. Normalerweise wird dies von Hotels, Campingplätzen und Zimmeranbietern automatisch geregelt. Wer allerdings Freunde besucht, muss die Anmeldung eigenständig bei der Polizei (Bootsbesitzer am Hafenamt oder bei der Polizei) gegen eine einmalige Gebühr von ca. 2 € tätigen.

Privatunterkünfte

In den Touristenorten vermieten viele Häuser Zimmer *(sobe)* oder Appartements *(apartman)* – Schilder weisen darauf hin. Auch die Kvarner-Region (Istrien hat sein Domus Bonus) hat nun einen Zusammenschluss von guten Privatunterkünften unter dem Logo **Kvarner Family** gegründet. Die angeschlossenen Anbieter kann man auch im Internet unter dem jeweiligen Ort aufrufen (www.kvarnerfamily.hr). Die Organisation wurde von der Gespannschaft Primorje–Gorski Kotar ins Leben gerufen und in Zusammenarbeit mit den Kvarner Tourismusverbänden umgesetzt.

Alle Privatunterkünfte werden von den Touristenagenturen vermittelt – oder man wendet sich direkt an den Vermieter. Dieser erledigt für die Gäste die Formalitäten, die sonst in der Touristeninformation anfallen, wie Registrierung und Kurtaxe. Die meisten Zimmervermieter sind registriert und bezahlen für die Vermietung eine Gebühr. Manche Vermieter versuchen natürlich, diese Gebühr zu umgehen, um ihre Zimmer steuerfrei vermieten zu können (→ Anmeldepflicht!). Privatunterkünfte sind in der Regel eine preiswerte Unterkunftsmöglichkeit. Das Frühstück (F) kostet meist ca. 5–8 € pro Person extra, manchmal wird auch Halbpension (HP) für ca. 10–18 € angeboten.

Die Privatunterkünfte sind unterteilt in Kategorien von ** bis *****, für ein Doppelzimmer (DZ) bezahlt man ab 30 € pro Tag, für Appartements ab 40 € (meist für 2 oder 4–6 Personen erhältlich). Ein Einzelzimmer (EZ) kostet ca. 30 % mehr.

Ökotourismus im Vinodol – absolute Ruhe, bestens zum Auftanken

Privatunterkünfte kann man ebenfalls über das Internet buchen, zudem präsentiert fast jeder Touristenort seine eigene Webseite mit vielen Anbietern.

Touristische Bauernhöfe/Agrotourismus und Landhäuser

Der sog. Agroturizam fasst auch in der Kvarner-Region, der Lika und Zentralkroatien Fuß. Oft werden nette Zimmer/Appartements in Natursteinhäusern angeboten, auch Landhäuser komplett, zudem kommt alles, was erzeugt wird (Käse, Fleisch, Wurst, Gemüse, Oliven, Obst und Wein), frisch auf den Tisch, teils auch biologisch angebaut. Für Familien mit Kindern eine tolle Sache, da es meist auch ein paar Tiere wie Katzen, Hunde, Hühner und vielleicht auch noch einen Esel gibt. Zudem ist meist in den umgebenden Gärten Platz zum Herumtollen. Im Durchschnitt zahlt man 15–20 € pro Person inkl. Frühstück.

Wer Ruhe sucht oder nobel wohnen möchte, mietet sich ein **Landhaus**, Stancija. Im Angebot sind einfache Natursteinhäuser bis hin zu wunderschön renovierten und komfortabel eingerichteten **Gutshöfen**, auf Wunsch auch mit Haushälterin und Koch. Die Mietpreise liegen zwischen 100 € und mehreren 1000 € pro Tag.

Hotels

Die Hotels sind in verschiedene Kategorien von ** bis ***** eingeteilt. Wie üblich sind Lage, Komfort des Hauses, Animation, Sportplätze und Fitnessprogramme, Ausstattung der Räume, Balkon und Meeresblick ausschlaggebend. Viele Hotels verfügen auch in Kroatien mittlerweile über einen Wellness- und Beautybereich und natürlich WiFi. Auch ein paar All-inclusive-Hotels kamen hinzu, was aber bei der guten Infrastruktur kaum lohnt. Die Preise bewegen sich zwischen 70 und 200 € (und weitaus mehr!) für ein Doppelzimmer (DZ). Die Preise schließen meist Frühstück ein (DZ/F). Der größte Teil der Hotels in Kroatien gehört zur Kategorie der Drei- bis Viersternehotels. Im Frühjahr und Herbst lohnen exklusive Hotels durchaus, denn sie bieten zu einem guten Preis sehr guten Service – bei wechselhafter Witterung ist ein kuscheliges Zimmer und ein nettes Spa nicht zu verachten. Auch hier ist es sinnvoll Preisvergleiche über die Internetportale zu machen.

Jugendhotels und Jugendherbergen

In den Städten im Kvarner-Raum, in Zentralkroatien und v. a. in Zagreb gibt es viele Jugendhotels, sog. **Hostels**, die preiswerte Übernachtungsmöglichkeiten vor allem in der Hochsaison bieten. Viele haben erst in den letzten Jahren eröffnet, oft in großen Privathäusern und meist im Zentrum. Sie bieten je nach Größe Einzelzimmer (EZ) und Mehrbettzimmer (2 bis 8 Betten), teils mit eigenem WC/DU oder einer Gemeinschaftsdusche. Zudem gibt es Küche, Waschmaschine, Gemeinschaftsraum, WiFi, manchmal auch einen Garten mit Grill- oder Sportplatz. Je nach Ausstattung und Lage und wie viele Personen in einem Zimmer nächtigen, kostet die Übernachtung ca. 18–30 €/Person.

Die traditionellen kroatischen **Jugendherbergen (HFHS)**, die auch dieser Organisation angeschlossen sind, gibt es landesweit ebenfalls, sie sind meist deutlich preiswerter. Ein Jugendherbergsausweis mit Passbild ist sinnvoll (am besten schon zuhause ausstellen lassen), da er Ermäßigung bringt. Hier kosten die Betten zwischen 15 und 23 €, meist mit Frühstück, es kann oft auch Halbpension gebucht werden (→ Adressen im Reiseteil).

Information   Kroatischer Jugendherbergsverband (Hrvatski ferijalni i hostelski savez), Savska 5, 10000 Zagreb ✆ 01/4829-294, www.hfhs.hr. Hier können sehr gut Online-Buchungen vorgenommen werden.

Jugendherbergsverband Nazor, www.nazor.hr oder **Internationaler Jugendherbergsverband**, www.jugendherbergen.de.

Camping

An der Küste reihen sich die Campingplätze von * bis ***** aneinander, auch die Inseln in der Kvarner-Bucht sind diesbezüglich sehr gut versorgt. Campen ist wieder „in", nicht unbedingt im Zelt, aber dafür in einem schicken Mobilheim, in Bungalows oder im eigenen Camper direkt am Meer.

Die großen Campingplätze an der Küste liegen meist in einer eigenen Bucht unter Olivenbäumen oder Strandkiefern, haben Restaurant und Supermarkt, moderne Sanitäranlagen, Kühlboxen, Grillplätze und Internetzugang, auch WiFi. Je nach Größe des Platzes gibt es Animation für Groß und Klein, Sportanlagen, Boots- und Wassersportgeräteverleih sowie Molen und Slipanlagen für Boote. Auch im Landes-

Zahlreiche Campingplätze – hier mit kopfreicher Aussicht am Kanal von Osor

inneren, vor allem an touristischen Plätzen wie u. a. den Plitvicer Seen, gibt es Campingareas. Spitzenkategorie-Campingplätze nehmen von Jahr zu Jahr zu.

Nach wie vor findet man aber viele Naturcamps ohne jeglichen Komfort. Dasselbe gilt für kleine Privatcamps, die oft mitten in den Siedlungen auf einer Wiese vor dem Haus des Inhabers platziert sind und manchmal nur über einen Wasserhahn verfügen. Aber es gibt auch nette Camps mit Meerzugang, Warmwasserduschen und quasi Familienanschluss. Freikörperkultur-Freunde können sich auf eigene FKK-Camping-plätze freuen, die immer noch zahlreich (aber abnehmend!) über die Kvarner-Inseln verteilt sind. Manche Camping-Areale gliedern sich in textile und textillose Zonen.

Auf den meisten großen Campingplätzen gibt es sog. *Mobilheime* (auch in Deluxe-Ausführung), das sind kleine Holzbungalows, meist für 4 bis 6 Personen, mit Balkon/Terrasse und eingerichteter Küche und Bad – auf jeden Fall eine tolle Sache für Familien mit Kindern. Auch *Wohnwagenvermietung* wird auf vielen Camping-plätzen angeboten. Die Lage, also direkt in vorderster Reihe am Meer oder eher weiter hinten, ist immer für den Preis entscheidend (→ Reiseteil), Automobilclub-Mitglieder erhalten Rabatte (CCI).

Die meisten Campingplätze sind vom 1. Mai bis 30. September geöffnet, einige große vom 1. April bis Ende Oktober oder teils ganzjährig. In der Hauptsaison wird es ganz schön eng, denn auch viele Einheimische verbringen ihre Ferien gern auf den Autocamps.

Über den kroatischen Tourismusverband ist die jährlich aktualisierte Gratis-Broschüre *Camping* erhältlich, die auch übers Internet abgerufen werden kann (→ Wissenswertes von A bis Z/Informationen).

Stellplätze: Um dem „Wildzelten" vorzubeugen, werden auch in Kroatien immer mehr Stellplätze für Camper (oft inkl. Strom/Wasser) v. a. in der Nähe von Städten errichtet (→ Reiseteil).

Wildes Zelten ist verboten! In touristischen Gegenden ist damit zu rechnen, auch im entlegensten Winkel, nachts von der Polizei aufgeweckt und auf den nächsten Campingplatz verwiesen zu werden. Zudem kann der Regelverstoß (v. a. in Nationalparks) Verwarnungsgeld kosten (rund 300 €!). Gleiches gilt übrigens auch für Urlauber, die in ihren Autos oder Caravans nächtigen!

Berghütten

Die kroatische Bergwelt ist zwar nicht so gut erschlossen wie die im Nachbarland Slowenien, bietet dem Wanderer dennoch in einzelnen Gebieten einfach ausgestattete **Berghütten** (Planinarske kuće oder Dom) zum Nächtigen, u. a. im Nationalpark Risnjak, im Naturpark Velebit und Nationalpark Nord-Velebit, in den Kalnik-Bergen und auch in den Naturparks Samobor-Žumberak und Medvednica und auf der Insel Lošinj. Ein üppiges Menü muss man allerdings selbst mitschleppen (z. T. nach Absprache vorbestellen), geboten werden Getränke, ein Eintopf und meist ein Schlaflager. Die Natur steht hier also im Vordergrund. Im Reiseteil finden Sie im jeweiligen Gebiet alle wichtigen Informationen. Auskünfte bzw. ein Verzeichnis über Berghütten finden Sie auf der Webseite des kroatischen Bergsteigervereins www.hps.hr/info/planinarske-kuce. Informationen über die jeweiligen Natur- und Nationalparks unter www.parkovihrvatske.hr/en/homepage und natürlich ausführlich im Reiseteil.

Hrvatski planinarski savez (Kroat. Bergsteigerverein), Kozarčeva 22, Zagreb, 01/4823-624, www.hps.hr.

Veli Lošinj (Insel Lošinj) – bester Essenslogenplatz am Hafen

Essen und Trinken

Die Küche der Kvarner-Bucht wie auch von Zentralkroatien ist von der österreichisch-ungarischen, italienischen und natürlich regionalen Kochkunst beeinflusst. Jede Region hat ihre eigenen Spezialitäten und überlieferten traditionellen Rezepte. Serviert wird dazu landesweit regionaler Weiß- oder Rotwein, oft auch autochthone Sorten. Auch Bier wird in etlichen Regionen gebraut.

An der Küste und auf den Inseln ist die Küche in der Regel von *Fisch, Krusten-* und *Schalentieren* geprägt, die in guten Lokalen fangfrisch auf den Teller kommen: neben verschiedensten Fischsorten finden vor allem die leckeren, saftigen Scampis und Thunfisch aus der Kvarner-Region großen Anklang, ebenso die im Velebit Kanal und um Inseln gezüchteten Muscheln und Austern. Im Inland serviert man Süßwasserfische, u. a. Forellen, Hechte, Wels, Barsche und Wildkarpfen.

Im Landesinneren sind Spanferkel, Wildschwein vom Grill und im Herbst Wildgerichte wie Reh und Hirsch, Truthahn, Fasan und Hase beliebte Spezialitäten. Die Kvarner-Inseln locken mit zartem Lamm oder Zicklein. Um Zagreb bietet die Wiener Küche Backhendl, Wiener Schnitzel oder gefüllten Truthahn. Auch Frischkäse und Quark sind sehr beliebt, ebenso *Štrukli*, salzig als Beilage oder süß als Dessert. Eine typische und wichtige Zutat, mit der von der Vor- bis zur Nachspeise gern verfeinert oder gewürzt wird, sind die im nahen Istrien beheimateten weißen und schwarzen Trüffeln *(tartuf)*. Der Wildspargel *(šparoge)*, der als Salat, Gemüse oder in Omeletts serviert wird, sprießt im Frühjahr überall. Sehr beliebt sind auch Pilzgerichte, z. B. mit *Gnocchi, Fuži* oder *Surliče* oder zu Fleischspeisen. Im Inland gibt es *Polenta* zu Gulasch oder Fischeintopf. Und auch Naschkatzen kommen auf ihre Kosten – sie haben die Wahl zwischen Pfannkuchen *(palačinke)*, verschiedensten

Strudeln oder Krapfen. Maronen sind ebenfalls eine Spezialität, ob geröstet, als Suppe oder im Kuchen. Um Zagreb gibt es leckere Erdbeeren, die frisch oder in verschiedensten Varianten auf den Tisch kommen. Auch Waldfrüchte wie Schwarz-, Brom- oder Himbeeren werden im waldreichen Inland verarbeitet, ob zu Törtchen oder im Ofen mit hauchzartem Teig überbacken oder auf den schmackhaften Blechkuchen. Im Reiseteil wird auf die regionalen Spezialitäten gesondert hingewiesen.

Die Lokale

Restoran (Restaurant): Ein gehobeneres Speiselokal mit großer Auswahl an Vor- und Nachspeisen, Fisch- und Fleischgerichten und internationalen Gerichten.

Riblji restoran (Fischrestaurant): Hier gibt es Meeresspezialitäten, vorwiegend Adriafische. Wer gerne Fisch isst, darf sich hier bestens aufgehoben fühlen, da die Zutaten immer frisch sind und man die Art der Zubereitung bei uns zu Hause nicht findet.

Gostiona bzw. auch **Gostionica (Gasthaus):** Sind meist Familienbetriebe. Oft kochen Wirt oder Wirtin selbst, das Essen wird aus frischen Zutaten nach Art des Hauses zubereitet. Das Ambiente reicht von einfacher ländlicher bis zur gehobenen modernen Ausstattung. In kleineren Gasthäusern beschränkt sich die Auswahl auf wenige preiswerte Fleisch- und Fischgerichte.

Konoba: Ursprünglich ein Weinkeller oder ein winziges Lokal, das Wein und ein paar Vorspeisen wie Oliven, Schinken und Käse, gelegentlich auch kleine Fischgerichte anbietet. Heute bezeichnen sich auch kleine Gostionas als Konobas und haben eine deutlich größere Essensauswahl, z. B. oft die leckeren Peka-Gerichte.

Kavana (Café) und Bife (Buffet): Im Café gibt es Kaffee, Tee, türkischen Kaffee, Torten, Gebäck, Eis, Getränke und manchmal kleine Snacks. Bifes sind mehr eine Art Bar und Treff.

Pizzeria: Auch in Kroatien ein preiswertes, schnelles Essen und eine willkommene Abwechslung zu den Fleischgerichten. Jedoch wird in den Pizzerias, im Gegensatz zu ihren deutschen Schwestern, meist tatsächlich nur Pizza angeboten (außer es heißt Restaurant/Pizzeria), dafür meist in großer Auswahl und oft auch die wohlschmeckende Holzofen-Pizza.

Vinoteka (Weingeschäft): Hier kann man vor allem Weine, Grappa und Hochprozentiges verkosten und kaufen.

Samoposlužni restaurant: Selbstbedienungsrestaurant, meist in Städten und größeren Feriensiedlungen an der Küste zu finden – ein preiswertes Esslokal.

Slastičarna: Eisdiele/Café – hier werden Espresso, Cappuccino, Kuchen, Torten und Eis serviert.

Vorspeisen und Snacks

Als Vorspeise kennt man in der Küstenregion luftgetrockneten Schinken *(pršut)* und Käse *(sir)*, meist vom Schaf oder von der Ziege. Berühmt ist der Schafskäse von der Insel Pag *(paški sir)* mit seinem würzigen Aroma. Im kühleren Landesinneren, z. B. in der Lika (Plitvicer Seen), isst man gerne auch milden Quark oder Frischkäse als Vorspeise, aber auch der Hartkäse aus dem Velebit schmeckt vorzüglich. Dazu werden Oliven oder eingelegte Zwiebeln *(kapulica)* und Weißbrot gereicht.

Eingesalzener Fisch *(usoljena riba)* ist eine ebenso beliebte Vorspeise wie Zwischenmahlzeit. Es werden hauptsächlich rohe Sardinen verwendet, die, in Öl und Essig mit Lorbeerblättern eingelegt, ein paar Wochen durchziehen. Auch Tintenfischsalat *(hobotnica)*, Bakalar (gekochter Stockfisch) oder Scampi-Cocktail sind als Appetizer beliebt. Auch Sushi-Gerichte mit Thunfisch, Muscheln und Austern sind sehr beliebt.

Marinierter Fisch *(marinirana riba)* wird in einem anderen Verfahren zubereitet: Makrelen oder Sardinen werden gebraten, dann in Essig, Öl und Zwiebeln für ein paar Tage eingelegt.

Eine bosnische Spezialität, aber auch in Kroatien eine beliebte Zwischenmahlzeit, ist *burek*, Blätterteigpasteten mit Fleischfüllung oder auch mit Apfel oder Quark. *Omelettes* mit Pilzen, Käse oder Schinken serviert jedes Restaurant.

Beliebte Vorspeisen sind auch Suppen u. a. die Minestrone *(maneštra)*, mit je nach Jahreszeit wechselnden Gemüsesorten, Gulaschsuppe *(gulaš juha)*, Fischsuppe *(brodet* oder *riblja juha)* sowie Lammsuppe *(jagječa čorba)*. Im Herbst lockt an der Opatija Riviera die leckere *Maronensuppe*.

Essenspreise: Kalte und warme Vorspeisen wie Schinken (pršut), Salat aus Meeresfrüchten, Reis- und Nudelgerichte gibt es von ca. 6–12 €, Fleischgerichte kosten rund 6–12 €, Gerichte von Meeresfrüchten ab 8 €. Fische sind eingeteilt in Klasse I (z. B. Goldbrasse, ca. 30–70 €/kg) und Klasse II (z. B. Makrelen, ca. 10–17 €/kg).

Getränke: Espresso ab 1 €, Cappuccino ab 1,50 €, Tafelwein ab ca. 7 €/Liter, Barriqueweine ab 16 € für die 0,75-Liter-Flasche, Grappa ab ca. 1,50 €. Einheimische Biere ab 1,80 € für die 0,33-Liter-Flasche.

Gerichte von Fisch und Meeresfrüchten

Charakteristisch für die Küste und die Inseln sind die Fisch- und Krustentiergerichte, die auf vielfältigste Art zubereitet werden. Gängig sind Drachenkopf, Gold- und Zahnbrasse, Petersfisch, Seezunge, Meeresspinne, Langusten, Hummer, Tintenfisch, Muscheln und Austern. Spezialtiäten aus dem Kvarner-Gebiet sind die saftigen Scampi und der Thunfisch, der weltweit exportiert wird.

Na žaru heißen die gegrillten Fische und der Holzofen, geschürt mit Olivenholz oder dem Reisig der Weinstöcke, verleiht Fischen und Schalentieren besondere Würze. Mit Knoblauch gespickte Gold- und Zahnbrassen, Seebarsche, Meeräschen, aber auch Makrelen und Sardinen werden mit Kräutern und Lorbeerblättern gewürzt und gegrillt.

Fische – fangfrisch (svježa riba) oder gezüchtet (riba iz uzgajališta)?

Auch die einst reichen kroatischen Fischfanggründe sind fast leer gefischt. Gute Fischlokale sorgen sich um ihre Existenz, da der Nachschub an fangfrischem Edelfisch im Hochsommer oft rar wird. Das macht sich auch im Preis bemerkbar (Goldbrasse ca. 300–500 KN/kg). Um Abhilfe zu schaffen, werden die Fische (hier eignen sich v. a. Goldbrassen) z. T. gezüchtet (Goldbrassen dann ca. 250–350 KN/kg), manchmal besser, manchmal schlechter (je nach Futter!) – dann ist der Geschmack eher mehlig im Gegensatz zu dem saftigen, zarten frisch gefangenen Fisch. Einige Fischarten lassen sich nicht züchten, u. a. Zahnbrassen. Es ist also in den Fischlokalen besser, nach dem täglichen Fang als nach einer bestimmten Fischsorte zu fragen!

Für den gekochten Fisch *(na lešo)* müssen Drachenkopf, Zahnbrasse oder Hechtdorsch in den Topf und werden dann in Wasser, Öl, Weinessig und mit Lorbeerblättern, Zwiebeln und Pfefferkörnern gegart.

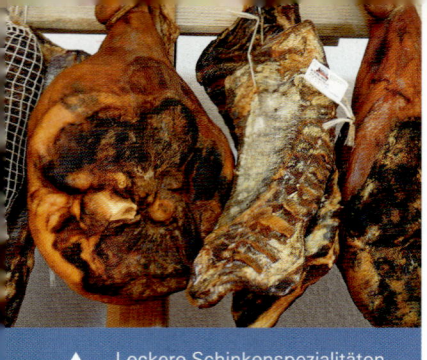

▲ Leckere Schinkenspezialitäten
▼ Wurst- und Käseplatte
▼▼ Beliebt: Muschelgerichte

Besonders lecker schmeckt die Fisch-suppe *(brodet)*, für die verschiedenste kleine Fische verwendet werden, die mit Wein, Öl, Lorbeerblättern, Zwiebeln, Petersilie und Tomatenmark lange Zeit im Topf garen. Dazu wird Maisgrieß *(pura)* gereicht. *Fischpaprikasch* heißt der leckere Binnenlandfischeintopf (→ Eintöpfe und Aufläufe).

Eine Delikatesse sind die gedünsteten Fische, z. B. Langusten *(scampi na bu-zaru)* oder gefüllte Tintenfische *(punje-ne lignje)*; sie schmoren, mit Knoblauch und Zwiebeln gespickt, in einem mit Knoblauch ausgeriebenen und mit Öl und Wein gefüllten Topf. Auf ähnliche Weise dünstet man Muscheln in Wein und viel Knoblauch. Dazu wird Weißbrot gereicht, mit dem man die leckere Soße aufsaugt. Auch im Ofen gebackener Fisch mit Kartoffeln wird gern serviert.

Schalentiere sind ein etwas teurer Ge-nuss: Hummer *(jastog)* wird gekocht und überbacken in Weißwein und Kräutern mit Hausnudeln oder Mayonnaise oder nach individuellem Wunsch serviert. Fast immer stehen Muscheln und in-zwischen auch oft Austern auf der Karte.

Gebackene und panierte Fische sind eine Variation der österreichischen Kü-che. Dazu nimmt man Sardinen oder Thunfisch *(pečena tuna)*.

Fleischgerichte

Fleischspezialitäten in der Kvarner-Region sind Lammgerichte: Lamm-suppe, Lammbraten (unter der *peka*), Lamm gekocht und auch Lamm am Spieß. Immer beliebter wird auch im Norden Kroatiens das Fleischgaren auf dem Holzkohlengrill unter der *peka* (→ Kasten). Fleischspeisen vom Holz-kohlengrill gelten als Nationalgerichte Ex-Jugoslawiens und stehen überall auf der Karte. Die bekanntesten und verbrei-tetsten sind *čevapčići* (Fleischröllchen aus gehacktem Schweine-, Hammel- oder Kalbfleisch), *ražnjiči* (gemischte Fleischspieße) und *pljeskavica* (eine Art

Hamburger). *Mixed Grill* ist eine Grillplatte mit verschiedenen Fleischgerichten – čevapčići, ražnjiči, Lamm- und Schweinekotelett sowie Leber. Um Zagreb sehr beliebt ist Truthahn (oft gefüllt mit Schinken und Käse) mit Plinsen *(Purica s mlincima)*.

Auch Frösche sind im Gorski Kotar, um Zagreb und auch an den Plitvicer Seen beliebt, gegrillt oder gekocht mit verschiedenen Saucen, zu Polenta oder Pilzen.

Wildgerichte bieten vor allem die binnenländischen Restaurants. Meist werden Hase und Wildschwein, manchmal auch Fasan serviert. Im Zagreber Raum isst man zum Wildgulasch gerne Semmelknödel *(Divljač s valjušcima)*.

Fisch- und Fleischgerichte aus der „Tonglocke"

Immer beliebter und inzwischen in vielen Lokalen erhältlich sind die am Holzofengrill unter der *Peka* gegarten Fisch- und Fleischgerichte. Die Peka, auch *Cripnja* genannt, ist eine Ton- oder Stahlglocke, die über eine Ton- bzw. Edelstahlkasserolle gestülpt und dann mit Glut und Asche bedeckt wird. Dieses langsame und schonende Garen garantiert ein saftiges und zartes Fleisch. Zubereitet werden mit dieser Garmethode *(meso pod pekom)* u. a. Lamm, Kalb, Huhn, Wildschwein, Oktopus oder gefüllte Tintenfische. Auch Kartoffeln oder Gemüse werden manchmal noch hinzugefügt. Da das Garen je nach Fleischart und -größe dauert (Wildschwein ca. 3 Std.), ist bei speziellen Wünschen eine Voranmeldung nötig.

Eintöpfe und Aufläufe

Eintöpfe werden hauptsächlich in einfachen Gostionas im Binnenland serviert; beliebt ist u. a. der Lika-Eintopf *(Lički lonac)*, der mit Lammfleisch, Gemüse und Kartoffeln zubereitet wird. Auch gefüllte Paprika stehen häufig auf der Speisekarte. Ein besonderes Schmankerl ist der *Fischpaprikasch*, ein Eintopf aus Süßwasserfischen (u. a. Karpfen, Forellen, Wels, Hecht) mit viel süßem und scharfem Paprika gewürzt und in einem Kessel über offenem Feuer gegart.

In der Zagorje oder Samobor-Region gibt es *Kotlovina*, ähnlich einer Paella, aber mit Kartoffeln und teils auch Pilzen: Auf eine große, flache Pfanne kommen Schweinsfüße, die mit Wein übergossen werden, dann folgen je nach Geschmack und Region Schweinefleischstückchen, Huhn, Kalb oder auch Wild, zudem Paprika, Tomaten, Auberginen, Bohnen, Zwiebeln und Knoblauch. Alles wird ganz langsam durchgegart.

Reis- und Nudelgerichte

Die Venezianer hinterließen Reis- und Nudelgerichte in zahlreichen Variationen, mit Meeresfrüchten, Fleisch, mit Gemüse, Pilzen oder Hackfleischsoße.

Reisgerichte *(rižoto)* werden an der Küste mit Tintenfischen (schwarz oder weiß), Muscheln oder Langusten zubereitet. Spaghetti gibt es ebenfalls in allen Varianten: mit Tomatensoße, Hackfleischsoße oder, besonders wohlschmeckend, mit Hummer, Muscheln oder Trüffeln; auch *gnocchi* (zarte Kartoffelmehlklößchen) mit Gorgonzola und Trüffeln stehen oft auf der Karte. Überhaupt spielen istrische Trüffeln in der nordkroatischen Küche eine große Rolle. Eine Nudelspezialität aus dem nahen Istrien sind *fuži* (bestimmter Nudelteig) oder *surliče* von der Insel Krk, die zu Fleisch oder Wild gereicht werden.

▲ Buttermilchtarte
▼ Feigenkuchen
▼▼ Quarkstrudel
▼▼▼ Zagreber Sachertorte

Gemüsegerichte

Eine beliebte Gemüsesorte ist Mangold *(blitva)*, der gekocht und mit Olivenöl abgeschmeckt vor allem zu Fisch gereicht wird. Gerne gegessen werden auch Bohnen oder gebackene Auberginen und Zucchini und im Frühjahr der beliebte grüne Wildspargel *(šparoge)*. Im Inland ist die Palette an Gemüsesorten noch breiter.

Beilagen

Eine Spezialität in der Kvarner-Bucht ist Maisbrei *(pura* oder *polenta)*, der zu Fischsud oder frischem Tintenfischfleisch und Makrelen gegessen wird. Die zarten *gnocchi, fuži* oder *surliče* sind auch eine leckere Beilage zu Fleisch- oder Pilzgerichten. Die Nudelfladen *mlinci* und auch die *štrukli*, mit Frischkäse gefüllter Ölteig in Salzwasser gekocht, werden gerne zu Fleisch oder Pilzen gereicht, vor allem im Inland. Neben den auch bei uns üblichen Beilagen findet man *djuveč*, Reis mit Gemüse, oder *ajwar*, ein rötliches Mus aus Tomaten, Paprika und Auberginen, das zu Grillfleisch oder *pljeskavica* gegessen wird. Gehackte Zwiebeln dürfen ebenfalls nicht fehlen. An Salaten gibt es hauptsächlich Tomaten-, Gurken- und Krautsalat.

Nachspeisen

Die Auswahl an Nachspeisen hat sich in den letzten Jahren stark erweitert, gab es doch früher nur Pfannkuchen oder Eiscreme. Heute muss man in guten Lokalen auf Tiramisú, Halbgefrorenes mit Früchten, Zabaione und saftige Kuchen aus Feigen oder Schokolade, mit Zitronen oder Orangen, nicht mehr verzichten. Einige Spezialitäten:

Palačinke – Pfannkuchen mit Marmelade, Schokolade, Walnüssen oder auch mit Eis und flambiert.

Štrukli – die gängigste Variante ist Apfel- oder Topfenstrudel. Es gibt die Strudelfüllung aber auch mit Mohn, Walnüssen, Heidelbeeren oder Pflaumen, vor allem im Landesinneren.

Štrukli od sira – Ölteig wird mit Frischkäse gefüllt und in Salzwasser gekocht. Man kann štrukli als Snack oder salzige Vorspeise essen, oder süß – mit in Butter gerösteten Semmelbröseln und Zimt-Zucker bestreut.

Režanči smakom oder **sorasima** – Mohn- oder Nussrollen aus Hefeteig.

Sladoled – Eiscreme.

Sadna kupa – Obstbecher in verschiedenen Variationen mit Sahne oder Eis.

Kremšnite – eine beliebte Nascherei: ein mit Creme oder Vanillepudding gefüllter Blätterteig, manchmal unter einem Schokoladenüberzug versteckt. Die kremšnite gibt es in Restaurants als Nachspeise oder in Eisdielen (slastičarnas).

Fritule und krуštule (in Zagreb **Uštipak**) – diese Süßspeisen-Spezialitäten werden aus Hefeteig zubereitet, in Öl (wie Krapfen) ausgebacken und mit Zucker bestreut.

Jutartica aus Zagorje – Strudelteig gefüllt mit Mohn, Walnüssen, Quark.

Getränke

Wein: Kroatien ist ein Weinland und Wein „das" Nationalgetränk. Somit sind immer die regionalen offenen Weine der jeweiligen Region zu empfehlen. Angeboten werden Weiß- und Rotweine, aber auch Roséweine und Sekt.

Nordkroatiens Spezialitäten sind der goldgelbe *Žlahtina* von der Insel Krk. Von der Insel Pag kommt der ebenfalls goldgelbe *Žutica*. Daneben werden die Weißweine *Silvanec, Pinot, Traminec, Chardonnay* und *Šipon* oder an Rotweinen *Refošk* und *Merlot* angebaut.

Im Landesinneren gedeihen ebenfalls gute Tropfen: Von den Hügeln des Samobor kommt ein süffiger Roter, der *Plešivica*. Der Landstrich Zagorje bietet auch autochthone Sorten wie *Stara krapinska belina* (Alter Krapiner Heunisch weiß), in der Region Moslavina und den Bergen um Kalnik wachsen der weiße *Škrlet* und der rote *Frankovka*. Zudem gedeihen auch *Graševina, Pinot bijeli* und *sivi* sowie *Sauvignon bijeli* und *crni*.

Etwas südlicher, an den Südlagen des hügeligen Naturparks Papuk (bereits Slawonien), liegt das größte und bekannteste Weißweinanbaugebiet Kroatiens, hier gedeihen *Graševina, Traminer* und *Raijnski Rizling*. Auch Rot- und Roséweine sind hier zu finden und auch auf Bioproduktion wird umgestellt.

Natürlich fehlen auf keiner Weinkarte in guten Restaurants die leckeren süddalmatinischen Rotweine wie *Dingač* und *Postup,* ebensowenig der istrische rote *Teran* oder weiße *Malvazija*.

Mini-Weinlexikon

Crno vino Rotwein
Bijelo vino Weißwein
Hrvatica Roséwein
Pjenusavo vino Sekt
Stolno vino Tafelwein
Kvalitetno vino Qualitätswein

Cuveno vino Auslese
Desertno vino Dessertwein
suho trocken
polusuho halbtrocken
slatko süß
poluslatko halbsüß

Gegen Durst hilft gut Gespritzter (halb Wein, halb Wasser), *bevanda* (mit stillem Wasser), *gemišt* (mit Mineralwasser) oder *Mussolini* (Rotwein mit Fanta).

Spirituosen: Der Dessertwein *prošek* ist als „vinum sanctum" (heiliger Wein) seit römischer Zeit bekannt. Überall erhältlich ist auch die Spezialität aus Zadar, der *maraskino*, ein klarer süßer Likör aus den Kernen der Weichselkirsche Maraska sowie der *Istra-Bitter*, ein Aperitif, der ähnlich wie Campari bzw. Aperol schmeckt. Lecker sind auch die Likör-Raritäten aus Mirabellen und Heidelbeeren, Feigen, Honig und auch vom Johannisbrot. An härteren Sachen findet man Spezialitäten wie den Kräuterschnaps *(travarica)* und Grappa *(lozovača, kurz loza)* und überall gibt es natürlich *šljivovica*, den Slibowitz-Pflaumenschnaps. Fast jede Gostiona hat zudem ihren eigenen Hausschnaps, der dem Gast meist auch vor oder nach dem Essen angeboten wird.

Biere *(pivo):* Es gibt viele einheimische Biere, z. B. aus Karlovac, aber auch gute slowenische und bayerische Marken.

Kaffee: Traditionell wird er als süßer türkischer *kava* serviert und in einem langstieligen Kupferkännchen zubereitet. Aber in den Cafés und Café-Bars gibt es überall echten italienischen Espresso, Cappuccino und Latte Macchiato, sowie Kakao und Tee. Der Kaffee in den meisten großen Hotels entspricht meist nicht unserem Geschmack oder kommt aus dem Automaten – an der Bar gibt es dann gegen Bezahlung einen geschmackvollen Aufputscher. Dies im übrigen sagen die Kroaten auch von unserem in Hotels angebotenen Filterkaffee!

Frankovka – ein autochthoner Wein

Sport

Zu allen hier erwähnten Sportarten finden Sie im Reiseteil unter den jeweiligen Orten detaillierte Angebote und Adressen.

Baden: Die Küste und die Inseln bieten rundum gute Badebedingungen. Der größte Teil der Küste besteht aus Fels, es gibt jedoch auch einige Buchten mit Feinkies und Kies, manchmal sogar mit Sand. In der Nähe von Touristenorten hat man begonnen,

mit Sand oder Beton künstliche Liegeflächen zu schaffen. Die für gute Wasserqualität stehende „Blaue Flagge"
weht auch an den Stränden der großen
Touristenorte wie Crikvenica, Baška
oder Rab, wo sich Zigtausende von
Menschen im Meer tummeln. Das
meist klare Meerwasser bietet in die
Tiefe oft Sichtweiten von bis zu 50 m –
Schnorchelausrüstung nicht vergessen!
Die Wassertemperaturen liegen meist
zwischen 20 und 23 °C.

Kroatien ist neben Südfrankreich das Paradies der Nudisten. Es gibt zahlreiche
Campinganlagen, die ausschließlich oder
zumindest zum Teil FKK-Anhängern offen stehen. Als einer der Ersten ließ 1936
König Eduard VIII. von England auf der
Insel Rab die Hüllen fallen. Heute gibt
es in der Kvarner-Bucht keine Insel, auf
der man nicht nackt baden kann. Auf-
fallend ist jedoch der aktuelle Trend, sich
wieder einzuhüllen.

Fahrradfahren: Die Kvarner-Bucht und
vor allem die Inseln sowie das Inland
Zagorje oder die Radwege in den
Flussauen von Sava (Naturpark Lonjsko
polje), Mura und Drava (Regionalpark
Mura-Drava) sind ideal zum Radeln
und Mountainbiken – überall wurden

Baden – an Kies- und Sandstränden

ausgewiesene Fahrradwege angelegt. Ein anspruchsvolles Gelände sind die Naturparks Velebit und Učka, aber auch Samobor-Žumberak und Medvednica. Da viele
Radwege, v. a. auf den Inseln, auch auf teils steinigem Makadam verlaufen, sollte man
am besten ein gutes Mountainbike von zu Hause mitnehmen. Mountainbikes kann
man in allen größeren Orten über Touristinformationen, Hotels und Verleihgeschäfte
mieten – pro Tag ab ca. 12 € (→ Reiseteil/Fahrrad), auch Fahrradkarten sind dort
erhältlich. City-Bikes sind nur entlang der Uferpromenaden empfehlenswert.

Fischfang: Das im Norden bis auf 50 m Tiefe klare adriatische Meer lädt zum
Fischen und Angeln ein – 365 verschiedene Fischarten soll es hier geben. Die *Fang-
mittel* sind gesetzlich festgelegt.

Für das Meer gilt: Mit Ausnahme des Angelns vom Ufer aus braucht man eine Genehmigung der zuständigen Gemeinde. Am Ufer ist ein Fang von bis zu 5 kg täglich
erlaubt. In Häfen und Naturschutzparks ist der Fischfang verboten – auch Muscheln und Krebse sind geschützt.

Fischfanggebiete sind die Gewässer rund um die Küste und die Inseln. Gefangen
werden von Nord nach Süd hauptsächlich Tintenfisch, Makrele, Goldbrasse, Brauner
Serran, Thunfisch, Drachenkopf, Meeräsche, Aal, Zahnbrasse, Gelbstriemen, große
Geisbrasse, schwarzer Schattenfisch, Muräne, Sackbrasse, Seebarbe und Rotbrasse.

Im *Inland* locken die zahlreichen Flüsse und Seen zum Angeln; es gibt Wels, Wildkarpfen, Barsch, Hecht, Barbe, Forellen. Auch hier ist eine Genehmigung erforderlich.

Informationen Bei den **Tourismusverbänden** (→ Reiseteil). Hier sind Infos für das Angeln im Meer und Süßwasser erhältlich.

HSSRM – Hrvatski savez za sportski ribolov na moru (kroat. Sportfischerei-Verband für das Meer), ☎ 01/6106-208, www.hssrm.hr.

Anspruchsvolle Klettergärten in der Paklenica-Schlucht

Freeclimbing und Klettern: Ein tolles Klettergebiet ist die Paklenica-Schlucht im gleichnamigen Nationalpark bei Starigrad-Paklenica. In dieser imposanten Bergwelt des Velebit gibt es alle Schwierigkeitsgrade. In der 1. Maiwoche treffen sich hier die weltbesten Freeclimber zum *Big Wall Street Climbing*. Weitere Reviere sind u. a. das Učka-Gebirge, die Berge bei Kalnik, der Naturpark Papuk und die Insel Pag.

Joggen: Läufer finden sicherlich überall beste Bedingungen, um in aromatischer Luft und auf schönen Wegen ihre Runden zu drehen. Wer mag, kann sich natürlich auch für Marathon-Wettbewerbe anmelden, z. B. in Zagreb oder an den Plitvicer Seen.

Kanu, Kajak, Rafting: Dazu bieten sich die Flüsse im Inland an, u. a. bei Karlovac, Sisak und Zagreb. Schön ist sicherlich auch eine Ausflugfahrt zum Fluss Zrmanja bei Obrovac (→ Starigrad-Paklenica/Umgebung). Sehr beliebt ist auch Seekajaking; Agenturen gibt es u. a. auf der Insel Rab.

Paragliden: Eine wunderschöne Art, das Land buchstäblich aus der Vogelperspektive kennenzulernen. Agenturen bieten Paragliding u. a. im Učka-Gebirge an (→ Lovran und Opatija).

Schnorcheln: Die Felsküsten sind ein Paradies für Schnorchelfreunde, krebsartiges Getier und zahlreiche Fischarten tummeln sich in den klaren Tiefen. Schnorchelausrüstung am besten von zu Hause mitnehmen!

Sportschifffahrt: Für Bootsfreunde, ob per Motor oder umweltfreundlich per Segel, ist die kroatische Küste ein ideales Revier. Sie misst insgesamt 6116 km und bietet mehrere hundert Häfen an der Küste und auf den Inseln sowie zahlreiche schöne Jachthäfen (→ Jachthäfen oder Nautik im Reiseteil). Der Nautiksport boomt! Jahr für Jahr werden die Marinas ausgebaut – die Zahl der in den kroatischen Marinas liegenden Boote unter ausländischer Flagge übersteigt die Zehntausend; ein Vielfaches davon die jährlich einlaufenden Boote. Der Skipper (Bootsführerschein Pflicht) muss die *Anmeldung* im Hafenzollamt für internationalen Verkehr (Port of Entry) vornehmen, zudem die kroatische *See-Vignette* erwerben

(Gebühr je nach Länge, ein Jahr Gültigkeit ab Kaufdatum) und die *Crewliste* angeben (es dürfen nur 2,3-mal mehr Personen auf dem Schiff sein, als angegeben; Kinder unter 12 Jahren sind davon ausgenommen). Wer auf dem Landweg einreist, muss sich ebenfalls an das Hafenamt wenden und wie oben verfahren. Beim Verlassen des Landes muss das Schiff abgemeldet werden. Internationale, ganzjährig geöffnete Häfen sind auf der Liste des Kroatischen Jachtclubs ersichtlich (ACI). Sehr beliebt sind auch Boots- und Segeltörns in der Adria. Zudem kann man sich in vielen Touristenorten ab ca. 40 € pro Tag ein 4-PS-Motorboot mieten (Bootsführerschein ist auch hierfür Pflicht!).

Infos zur Sportschifffahrt Udruženje nautičkog turizma (Verband des nautischen Tourismus), www.hgk.hr oder unter www.mmpi.hr (Ministerium für Seewesen).

ACI-Club, ☎ 051/271-288, www.aci-club.hr.

ADAC, Am Westpark 8, 81373 München. Im Internet jährlich aktualisierte Seiten unter: www.adac.de/sportschifffahrt.

Jachtcharter   Kompetente Vermittlung von Motorboot- u. Segelcharter u. a. über www.yachtcharterfinder.com und www.pitter-yachting.com.

Tipps und Plattform rund um das Segeln unter www.skippertipps.de.

Broschüre **808 Häfen und Ankerbuchten** (→ Wissenswertes von A bis Z/Literaturtipps).

Adrenalinschub an Ziplines

Seerettung ☎ 195 und ☎ 112

Surfen und Kiten: Die Adriaküste bietet Anfängern wie Profis sehr gute Bedingungen zum Surfen und zum Kite-Surfen – sehr beliebt sind Preluk bei Rijeka/Opatija (frühmorgens thermischer Wind), die Inseln Krk (Punat und Baška) und Pag (Novalja). Anfänger haben die Möglichkeit, sich in windgeschützten Buchten mit dem Brett vertraut zu machen. Surfbrettverleihe gibt es in den meisten Hotels und auf Campingplätzen, manchmal sind auch Surfschulen angegliedert.

Stand-up-Paddling (SUP): Das Stehpaddeln ist ein neuer Wassersporttrend und wird in vielen Touristenorten an der Küste und auf den Inseln angeboten.

Tauchen: Die kroatische Adria ist wegen ihrer extrem tiefen Sichtweite und des sauberen Wassers ein Tauch-Eldorado. Getaucht wird zu Wracks alter Handels- und Passagierschiffe (hierzu wird eine Extra-Gebühr von 25–40 € berechnet) – 15.000 soll es geben, in Grotten und Höhlen, zu Amphorenfeldern und an Steilwänden. Zu sehen gibt es eine bizarre Meeresflora und -fauna.

Jeder Taucher benötigt einen **Tauchausweis**, dieser ist 1 Jahr ab Ausstellung gültig und kostet 100 KN (ca. 13 €); erhältlich über Tauchclubs und spezielle Agentu-

ren. Unterschieden wird zudem in organisiertes Tauchen, also mit Tauchclub, oder individuell. Individuelles Tauchen benötigt eine zusätzliche Genehmigung, die beim Hafenamt erhältlich ist; diese kostet 2400 KN (ca. 325 €) und hat 1 Jahr Gültigkeit ab Ausstellung. In Schutzzonen darf nur mit Tauchlehrern (müssen dafür eine Konzession haben) getaucht werden.

Die Ämter informieren auch über die Sperrgebiete. Für das Unterwasserfotografieren gelten dieselben Vorschriften. Unterwasserjagd mit der Harpune ist verboten!

Nicht vergessen: **Tauchtauglichkeitszeugnis** von zu Hause mitbringen; manchmal wird das Zeugnis auch von Tauchclubs ausgestellt.

Kroatische Tauchclubzentrale (Hrvatski ronilački savez), ☎ 01/4848-765, www.diving-hrs.hr oder über **Hrvatsko podmorje**, www.ronjenjeh rvatska.com.

Die Gratis-Broschüre ist über die Tourismuszentrale erhältlich.

Auf vielen Inseln und an der Küste gibt es Tauchschulen (→ Reiseteil/Sport/Tauchen), die Schnuppertauchen oder auch einwöchige Lehrgänge anbieten. Die schönsten Tauchgebiete finden sich in entlegenen Gegenden, im Kvarner-Raum vor allem bei den Inseln Cres, Krk und Rab.

Seerettung und Tauchernotruf ☎ 9155 und ☎ 195

Poliklinik für Baromedizin Pula Oxy (Mornarička bolnica), Kochova 1/a, Pula, ☎ 052/217-877 www.oxy.hr; Mo–Fr 8–15 Uhr; außerhalb der Arbeitszeiten im Notfall ☎ 098/219-225 (mobil, Dr. Mario Franolić).

Oxy-Zweigstellen sind u. a.:

Zagreb, Avenija G. Šuška 6 (Hospital Dubrava), ☎ (+385)01/2902-300, 091/5015-556 (mobil).

Crikvenica, Gajevo šetalište 21 (Gebäude Thalassotherapia, Uferstraße), ☎ (+385)051/785-229.

Mobile Dekompressionskammer in Zadar, Obala kneza Trpimira b. b., (+385) 023/332-954; 24-St.-Notruf: ☎ 098/254-207 (mobil, Hr. Damir Velimir).

Diese Rettungsdienste sind mit Hubschrauber für Notfallhilfe und dringenden Transport ausgestattet.

Tennis: Alle komfortablen Hotels sowie Sportcenter in manchen Touristenorten verfügen über eigene Tennisplätze. Auch einige große Campingplätze haben eigene Courts, die sich aber oft in schlechtem Zustand befinden. Tenniskurse werden in ausgewiesenen Hotels angeboten, dort auch Ausrüstungsverleih; ansonsten sein Material selbst mitbringen.

Wakeboarden: Kick und Fun! Per Wasserlift mit dem Board über *pipes* jumpen kann man in Punat, Insel Krk, hier werden auch internationale Meisterschaften ausgetragen. Eine weitere Anlage ist auf der Insel Pag in der Pager Bucht.

Wandern: Schöne Wanderungen sind im Učka-Gebirge (Naturpark), im Risnjak-Nationalpark, im Velebit-Gebirge (Naturpark und Nationalpark Nord-Velebit), im Paklenica-Nationalpark, an den Plitvicer Seen (Nationalpark) und in den Naturparks Samobor-Žumberak und Medvednica bei Zagreb möglich, auch in den Bergen um Kalnik und in der Moslavina. Überall auf den Inseln kann man auf Pfaden wandern. In den National- und Naturparks sind die Wanderwege inzwischen gut markiert. Gutes Schuhwerk empfiehlt sich, für Bergtouren ist es unabdingbar. Viele Bergpfade können auch Mountainbiker nutzen.

Im **Kleinen Wanderführer** am Ende des Buches (→S. 390) habe ich Ihnen 17 schöne GPS-Wandertouren für Nordkroatien zusammengestellt und ausführlich beschrieben. Dort finden Sie auch alle notwendigen Tipps zum Wandern. Auch im Reiseteil biete ich unter der Rubrik „Wandern" weitere Tourenvorschläge an.

▼ Wakeboarder in Punat   Parasailing – Blick auf die Bucht von Rijeka ▼

Naturpark Velebit – Blick vom Berg Kiza gen Inseln Pag und Rab

Bergtouren und Berge mit herrlicher Aussicht u. a.
Insel LošinjBerg Televrin und Osoršćica-Gebirgszug
Insel KrkBerge um Baška
Insel RabBerg Kamenjak
Insel PagBerg Sv. Vid
Naturpark UčkaBerg Vojak
Nationalpark RisnjakBerge V. Risnjak, Snježnik
Nationalpark Nord-VelebitGebirgszug Velebit, Berggipfel V. Zavižan u. Alan
Naturpark VelebitGipfel Kiza und Dabarski kukovi
Naturpark MedvednicaGebirgszug Medvednica mit Berggipfel Sljeme
Naturpark Samobor-ŽumberakBerggipfel Japetić und Oštrc

Wellness und Kurorte

Wellness hat auch in Kroatien eine lange Tradition – besonders die Kvarner-Region war schon zu k.-&-k.-Zeiten mit ihren Kurorten und Seebädern begehrtes Ziel des reichen Adels, v. a. das durch seine prächtigen Villen herausragende *Opatija*. Auch heute noch setzt man u. a. in Opatija, *Crikvenica* und *Novi Vinodolski* auf die altbewährte Thalasso-Therapie (Meerwassertherapie), mit der man hier zahlreichen Leiden zu Leibe rückt. Auf der *Insel Lošinj* kurt man seit Ende des 19. Jh. im bekannten Luftkurort Mali Lošinj und v. a. in Veli Lošinj. Salzsole, Aerosole zur Inhalation sowie Heilerde und mineralische Peliode setzt man auch in *Nin* zur Therapie ein. Wer sich ohne ärztliche Aufsicht einfach nur den heilsamen Schlamm z. B. auf die schmerzenden Knie schmieren möchte, kann dies in *Pag*, auf *Krk* und *Rab* tun. Im hügeligen, wasserreichen Landesinneren, östlich von Zagreb, reihen sich die heilsamen Thermalbäder; allein in der *Zagorje* liegen 15 Kurbäder, etliche weitere um *Varaždin* und *Čakovec*, die mit zeitgemäßen Anwendungen aufwarten.

So haben auch die meisten Vier- bis Fünfsterne-Hotels sich auf ihre gesundheitsbewusste Klientel eingestellt und luxuriöse Wellness- und Beauty-Oasen geschaffen – neben den traditionellen Therapien kann man sich u. a. auch mit Ayurveda-, Thai- und Akupressurmassagen, Bädern mit Ölen und Algenpackungen, Aroma-Therapie, Anti-Stress- und Fitness-Programmen und vielem mehr verwöhnen lassen.

Touristenorte bieten große Veranstaltungsangebote (hier: Mali Lošinj, Tracht Nerezine)

Wissenswertes von A bis Z

Ärztliche Versorgung

Die ärztliche Versorgung in Kroatien entspricht europäischen Standards. Seit dem EU-Beitritt im Juli 2013 gilt nun auch hier die *Europäische Krankenversicherungskarte* (EKVK), mit der Sie bei jeder medizinischen Einrichtung ärztliche und zahnärztliche Behandlung, Heilmittel oder Krankenhausbehandlung in Anspruch nehmen können. In der Regel fallen für Medikamente wie bei uns auch Zuzahlungen zwischen 5 und 25 % der Kosten an; bei Medikamenten, die nicht auf der Positivliste stehen, bis zu 100 %.

Im Reiseteil finden Sie unter „Gesundheit" jeweils alle wichtigen Adressen.

Krankenhaus *(Bolnica)*, **Krankenstationen** *(Dom zdravlja)* oder eine **Ambulanz** *(Ambulanta)* gibt es in fast allen Städten. Im Sommer sind in Touristenorten separate Ambulanzen für Urlauber eingerichtet, auch größere Hotels und Campingplätze bieten medizinische Erstversorgung (gesprochen wird Englisch, Deutsch oder Italienisch).

Im Notfall wenden Sie sich an den deutschsprachigen ADAC-Telefondienst (s. u.), der Adresse und Telefonnummer eines deutschsprachigen Arztes vermittelt oder einen Krankentransport veranlasst. Bei *Tauchunfällen* wenden Sie sich u. a. an die **Poliklinik**

Internationale Notrufnummer ☎ 112
Polizeinotruf ☎ 192
Unfallrettung ☎ 194
ADAC-Notruf (bei Erkrankung)
☎ 089/767-676 (München), ☎ 01/3440-666 (Zagreb), ☎ 089/222-222 (München)
Poliklinik für Baromedizin u. a. in Pula, Zagreb, Crikvenica und Zadar (→ Tauchen, S. 62)

für Baromedizin Oxy im Marine-Krankenhaus (Mornarička bolnica) in Pula (s. u. und Tauchen, S. 62.).

Apotheken *(Ljekarna)* gibt es in jedem größeren Ort; sie sind meist von 8 bis 19 Uhr, samstags bis 14 Uhr (teils auch sonntags) geöffnet. Zudem gibt es einen Apotheken-Notdienst.

Tierarzt *(Veterinar):* in jedem größeren Ort; Infos unter www.veterinarstro.hr.

Diplomatische Vertretungen

Botschaften der Republik Kroatien Deutschland, Ahornstr. 4, 10787 Berlin, ✆ 030/21915-514, www.zagreb.diplo.de.

Österreich, Haubergasse 10, 1170 Wien, ✆ 01/4802-083.

Schweiz, Gurtenweg 39, P. O. Box 231 Muri/Bern, ✆ 031/9256-659.

Botschaften in Kroatien Deutsche Botschaft, 10000 Zagreb, Ul. grada Vukovara 64, ✆ 01/6300-100.

Österreichische Botschaft, 10000 Zagreb, Radnička cesta 80/IX, ✆ 01/4881-050.

Schweizer Botschaft, 10000 Zagreb, Bogovićeva 3, ✆ 01/4878-800.

Weitere Infos unter **www.mvp.hr**

Elektrizität und Trinkwasser

Die Stromspannung beträgt 220 V, 50 Hz.

Das Trinkwasser ist im ganzen Land einwandfrei und trinkbar.

Feiertage

An diesen Tagen bleiben Geschäfte und Banken geschlossen:

1. Januar: Neujahrstag	**25. Juni**: Staatsfeiertag
6. Januar: Heilige Drei Könige	**5. August**: Danksagungstag
März/April: Ostersonntag/-montag	**15. August**: Mariä Himmelfahrt
1. Mai: Tag der Arbeit	**8. Oktober**: Tag der Unabhängigkeit
40 Tage nach Ostern: Pfingstsonntag/ -montag	**1. November**: Allerheiligen
22. Juni: Tag des antifaschistischen Widerstands	**25./26. Dezember**: Weihnachtsfeiertage

Feste und Veranstaltungen

Im Juli und August bieten die größeren Städte und Touristenorte ein breit gefächertes Musik-, Theater- und Folkloreprogramm. Die Tourismusverbände geben jährlich einen Veranstaltungskalender mit genauen Spielzeiten heraus, der in den großen Touristeninformationen erhältlich ist. Weitere Informationen im Internet unter **www.croatia.hr/events**.

Detaillierte Infos (→ Ortskapitel/Veranstaltungen).

Finanzen

Währung: Kroatische Kuna (KN oder HRK) − 1 Kuna = 100 Lipa. 1 KN = 0,135 €; 1 € = ca. 7,407 KN (Stand Aug. 2017).

Die kroatische Währung ist relativ stabil und dem Euro angepasst.

Bargeld/Geldwechsel: Bargeld sollte man auf jeden Fall zumindest teilweise mitnehmen (*Achtung*: ab 10.000 € am Zoll deklarieren); der Bargeldumtausch ist in Kroatien günstiger als z. B. in Deutschland. Geldwechsel ist in Banken, Wechselstuben, Post und an Rezeptionen von Hotels und Campingplätzen möglich; zudem gibt es zahlreiche Bankomaten.

Bankkarte: In jedem Ort gibt es an Banken Geldautomaten (Bankomat), die per EC-Karte (mit Geheimzahl) bedient werden können. In Kroatien die einfachste und bequemste Art, sich Bargeld zu besorgen! Höchstbetrag pro Abhebung sind ca. 250 €. Die Gebühr beträgt mit EC-Karte ca. 4,50 € (je nach Bank), mit Kreditkarte deutlich mehr. Eine gute Alternative ist hier die Post-

Traditionelle Musikinstrumente

bank-Sparcard 3000, pro Jahr hat man 10 Auslandsabhebungen an Visa-Plus-Automaten gratis.

Kreditkarte: Alle gängigen Kreditkarten werden u. a. von Hotels, Autovermietungen, Restaurants, Tankstellen und größeren Geschäften akzeptiert. Geldabhebungen (s. o.) jedoch nicht sinnvoll!

Reiseschecks können an Banken gegen Gebühr eingelöst werden, Wartezeiten dafür sind einzukalkulieren. Vorteil: Bei Scheckverlust gibt es gegen Vorlage der Kaufbescheinigung Ersatz.

Banken sind in der Regel Mo–Fr 7–19, Sa 7–13 Uhr geöffnet; in kleineren Orten ist manchmal mittags geschlossen. Banken gibt es in Istrien an fast jeder Ecke, **Bankomaten** auch in kleinen Orten.

Zentrale Kartensperre – ☎ 0049/116-116: Sperrnummer für Karten (u. a. Bank- u. Kreditkarten, Mobiltelefon), die bei Verlust oder Missbrauch die Sperrung umfasst. Der Verein Sperr e. V. leitet die Anrufe an die zuständigen Firmen weiter (im Ausland kostenpflichtig). Natürlich muss man seine Geheimzahl oder PIN-Nummer wissen!

Informationen

Kostenloses Informationsmaterial und Auskünfte über Kroatien erhält man in Reisebüros oder bei den unten stehenden Tourismusverbänden. Es gibt Karten, Hotel- und Campingverzeichnisse, Informationen über Nautik etc. Auch das Angebot an Internet-Seiten über Kroatien ist sehr groß und umfassend. Fast jede Stadt präsentiert sich informativ und mit nützlichen Adressen. Auch Apps können vor allem zu Städten gratis heruntergeladen werden.

Tourismusverbände in Kroatien Kroatische Zentrale für Tourismus, 10000 Zagreb, Iblerov trg 10/IV, p. p. 251, ☏ 00385/1/4699-333, www.croatia.hr.

Region Kvarner: Tourismusverband, 51410 Opatija, Nikole Tesle 2, ☏ 00385/51/272-988, www.kvarner.hr.

In Deutschland Kroatische Zentrale für Tourismus, Stephanstr. 13, 60313 Frankfurt, ☏ 069/2385-350, www.croatia.hr.

Rumfordstr. 7, 80469 München, ☏ 089/223-344, kroatien-tourismus@t-online.de.

In Österreich Kroatische Zentrale für Tourismus, Liechtensteinstr. 22 a, 1090 Wien, ☏ 0043/1/5853-884, office@kroatien.at.

In der Schweiz Kroatische Zentrale für Tourismus, Seestr. 160, 8002 Zürich, ☏ 0041/43/3362-030, info@kroatien-tourismus.ch.

Internet

Auch in Kroatien präsentieren sich Firmen, Hotels und Tourismusverbände auf Internetseiten (in den Ortskapiteln angegeben). Gute Hotels verfügen meist über WiFi, gut ausgestattete Campingplätze, Marinas und Cafés sowie Altstadtplätze bieten diesen Service meist gratis. Aber es gibt auch immer noch kleinere Hotels oder Campingplätze, die nur an der Rezeption oder in der Lobby über WiFi oder Internetzugänge verfügen. Es dürfte also kein Problem sein in Kontakt mit seinen Lieben zuhause oder mit der „Welt" zu bleiben. Auch PC- und Telefonshops gibt es flächendeckend.

Hotspots gibt's fast überall

Karten

Kroatien, Freytag & Berndt, Straßenkarte mit Ortsregister. 1:250.000.

Kroatische Küste und Slowenien, RV. 1:300.000.

Seekarten Delius Klasing Sportbootkarten. *Satz 7: Adria 1 – Venedig bis Veli Drvenik*; 1:80.000, Kartendatum: WGS 84; GPS kompatibel. Delius Klasing Verlag, Bielefeld, Ausgabe 2017/2018.

Bundesamt für Seeschifffahrt und Hydrographie (BSH), *Amtliche Seekarten 1071–*

1077; 1:100.000. Die Karten decken die gesamte Küste Kroatiens ab.

Auto- und Touristische Karte, Kvarner, vom Tourismusverband. 1:150.000.

Zudem gibt es vor Ort meist sehr gute Gebiets- und Inselkarten.

Fahrrad- und Wanderkarten, flächendeckend werden Übersichtskarten ausgegeben. Sehr gutes Material gibt es vor Ort: u. a. bei den Tourismusverbänden sowie an den Eingängen u. a. zu den Naturparks Velebit und Učka, zu den Nationalparks Risnjak, Nord-Velebit und Paklenica.

Kleidung

Die Tourismuswerbung verspricht viel Sonne. Doch sollte man die Stürme nicht außer Acht lassen, die je nach Jahreszeit die Küste heimsuchen. Obwohl sich die Adriaküste gerade im Frühjahr und Spätherbst für verfrorene Mitteleuropäer anbietet, sollte man nicht aus Übermut *warme und regenfeste Bekleidung* vergessen. Für die Berge auf jeden Fall funktionale Kleidung einpacken. Unentbehrlich sind v. a. rutschfeste gute Wanderschuhe!

Literaturtipps

Weithmann, Michael W., *2000 Jahre zwischen Orient und Okzident,* Verlag Weithman von Pustet, 2000. Zusammenfassung der Spannungen zwischen Orient und Okzident.

Hösch, Edgar, *Geschichte der Balkanländer,* C. H. Beck Verlag, München 2008. Umfassendes Werk zum Verständnis der Entwicklung auf dem Balkan.

Čujić, Boris, *Paklenica,* Verlag Astroida, 7. Auflage 2017, ISBN 978-953-6912-21-6; ein guter Kletterführer, über 400 Touren im Nationalpark Paklenica.

Petzel, Michael, *Gesammelte Werke, Karl-May Filmbuch,* Karl-May-Verlag 1998; ein nettes Schmökerbuch über die Jadran-Filme, die in Plitvice, bei Rijeka und im Nationalpark Paklenica gedreht wurden.

Schönfelder, Ingrid u. Peter, *Was blüht am Mittelmeer?* Mittelmeerpflanzen nach Farbe bestimmen, 320 Seiten, 460 Abbildungen, Kosmos-Verlag.

Marčić, R. und Karlić, B., *Schlemmen an Kroatiens Küste.* Traumziele für Gourmets, Bibliothek More.

Cerha, Ruth, *Bora – -eine Geschichte vom Wind.* Frankfurter Verlagsanstalt, 2015. Ein Roman über die Insel Susak, den Wind und die Liebe.

Nautik-Literatur Beständig, Karl-Heinz, *Kroatien, Slowenien, Montenegro – 888 Häfen und Buchten,* 30. Auflage 2017/2018. Eigenverlag Beständig, Pressig, Marienstr. 7, 96332 Pressig, ☏ 09265/913240, karl-heinz. bestaendig@t-online.de oder www. 888haefen.de. Erscheint jährlich aktualisiert u. seit der 24. Auflage auch in Farbe. Standardwerk für jeden Skipper!

Beständig, Karl-Heinz, *1000 GPS Wegepunkte. Kroatien, Slowenien, Montenegro,* Eigenverlag Beständig (s. o.).

Müller, Bodo, *Kroatische Küste – Kvarner Bucht,* Edition Maritim, Hamburg 2016. Landgänge zu den besten Restaurants; Liegeplätze, Hafenbeschreibungen und wunderbare Fotos zur Einstimmung.

Minenfelder

Immer wieder werde ich von Lesern auf Landminen hingewiesen, daher ein paar Infos. In den bis 1995 umkämpften Gebieten Kroatiens und v. a. an der damaligen Frontlinie besteht in einsamen Gegenden immer noch Gefahr durch Landminen: im Gebiet Ostslawonien, im Raum Sisak und Karlovac, östlich von Ogulin, Otocac, Gospic, nordöstlich von Zadar (Gebiet in Richtung Novigradska more), im südlichen

Velebit, im Hinterland der Küste zwischen Senj und Split und in der Bergwelt südöstlich von Dubrovnik. Die Minenfelder, die oft dicht am Straßenrand verlegt wurden, sind normalerweise durch Schilder und gelbe Plastikstreifen gekennzeichnet. In diesen Gebieten also die Straßen und Wege nicht verlassen; ebenfalls sollte man leer stehende Gebäude, besonders auch beschossene und Trümmergrundstücke nicht betreten. Nähere Informationen erteilt die Minenräumanstalt *Hrvatski centar za Rasminiranje,* www.hcr.hr (in Englisch). Die Minengebiete wurden auf der Website-Karte eingezeichnet.

Nachrichten/Medien

Nachrichten/Medien: Wer wissen möchte, was zu Hause oder in aller Welt passiert, schaut heute meist auf sein Smartphone oder sein Laptop oder geht ins nächste *Internetcafé.* Wer noch in seiner Zeitung blättern möchte, geht zum *Kiosk,* der meist auch immer noch eine gute Auswahl an deutschsprachigen Zeitungen und Zeitschriften bietet. Ebenso sind in Hotels die *Sat.-TVs* mit einer Auswahl an deutschsprachigen Sendern gängig, die ebenfalls Nachrichten ausstrahlen.

Nachrichten, Wetter, Verkehrslage: Im Sommer jede volle Stunde im 2. Programm des Kroatischen Rundfunks sowie aus den Studios des Bayerischen Rundfunks, Ö 3, RAI Uno sowie Virgin Radio (englisch) und natürlich auch über die **Apps** der Automobilclubs. www.oeamtc.at oder www.hak.hr.

Wetter: Die meist zuverlässigen Wetterprognosen liegen in den Hotels, an Campingplätzen, Tourismusinformationen und v. a. in den Marinas aus.

Im Internet ist der Adria-Seewetterbericht in deutscher Sprache unter www.meteo.hr ersichtlich, zudem auf das WAP-Mobiltelefon ladbar: www.meteo.hr/mobil/jadran_n.wml.

Nur über UKW-Seefunkgeräte zu empfangen: *Radio Rijeka,* UKW-Kanal 04, 20, 24 u. 81. Sendezeiten des kroatischen Wetterberichts um 7.45, 14.45, 21.45 Uhr.

Öffnungszeiten

Es gibt keine gesetzlich geregelten Öffnungszeiten. In der Saison sind Post, Bank, Touristeninformationen und Geschäfte meist durchgehend von 7 bis 21 oder 22 Uhr geöffnet. In der Nebensaison reduzierte Öffnungszeiten. Auch an Sonntagen haben viele Geschäfte zumindest bis Mittag geöffnet. Nähere Infos dazu unter den entsprechenden Rubriken in den Ortskapiteln.

Öffnungszeiten der Kirchen: Die meisten Kirchen sind nur zur Messe oder an speziellen Kirchenfeiertagen geöffnet. Wer außerhalb dieser Zeit eine Kirche besichtigen möchte, kann im Pfarramt oder in der Touristinformation nachfragen, manchmal einfach auch im Nachbarhaus. Nach dem Besuch sollte man freundlicherweise einen Obolus hinterlassen.

Papiere

Für die Einreise nach Kroatien und einen Aufenthalt von bis zu drei Monaten benötigen Deutsche, Österreicher und Schweizer einen gültigen *Reisepass* oder einen *Personalausweis.* Seit 2012 müssen auch Kinder über einen eigenen *Kinderreisepass* verfügen. Für einen Aufenthalt von mehr als drei Monaten ist ein *Visum* erforderlich.

Auto- bzw. Motorradfahrer benötigen *Führerschein* und *Fahrzeugschein,* bei einer Fahrzeuganmietung evtl. auch den internationalen Führerschein.

Für Haustiere ist der *EU-Heimtierausweis* mit den vorgeschriebenen Impfungen (u. a. Primär-Tollwutimpfung) obligatorisch. Die Tiere müssen über einen implantierten Chip verfügen.

Post

Achtung: Wer auf ein Päckchen aus Deutschland wartet, sollte sich danach auch am Zoll, *Carina* (meist im oder neben dem Postgebäude), erkundigen – hier werden die meisten ausländischen Pakete bis zur Abholung aufbewahrt.

Die kroatischen Postämter sind mit einem schwarz-gelben Schild und der Aufschrift *(pošta)* gekennzeichnet. Hier kann man auch Geld wechseln und erhält Telefonkarten *(telefonska karta).*

Briefe (7,60 KN) und Postkarten (4,60 KN) benötigen ca. 5 Tage bzw. per Luftpost 1 bis 2 Tage (11/5,80 KN)nach Deutschland. Briefmarken gibt es außer am Postschalter auch an jedem Kiosk. Einschreiben oder Päckchen werden am Schalter abgegeben. Pakete für den Auslandsverkehr sind bis 10 kg zugelassen – internationale Paketkarte und Zollerklärung (dreifach) sind am Schalter erhältlich. Geöffnet meist Mo– Fr 7–19, Sa bis 14 Uhr, in kleinen Orten immer nur bis 14 Uhr oder kürzer.

„Croata-Krawatten" – edle Mitbringsel

Rauchen

Auch in Kroatien gilt das **Rauchverbot**; u. a. in allen öffentlichen Gebäuden, Restaurants und Diskotheken, außer es gibt Nebenräume.

Souvenirs

Lohnende Mitbringsel aus Kroatien sind die hochwertigen, kalt gepressten Olivenöle, Honig, Liköre (u. a. aus Feigen, Maraska-Kirsche, Aprikosen), regionale Rot- und Weißweine und Grappas oder die leckeren Käsesorten, ob aus der Lika oder von der Insel Pag, nicht zu vergessen natürlich der luftgetrocknete Schinken, *Pršut* (→ Zoll). Hübsch sind auch Feigen- und Knoblauchkränze oder Süßes wie die *Rabska torta* oder *Muštaćoni* (→ Insel Rab) oder die mit Grappa getränkten Feigen; fast Pralinen sind *Kuglice ob smokava* (aus

Der „Kuna" (= Marder) – einst wurde in Marderfellen bezahlt (→ S. 200)

Feigen, Walnüssen, Mandeln und Grappa). Auch ätherische Öle aus Rosmarin oder Lavendel werden überall angeboten. In Städten kann man sich mit Krawatten eindecken, die von Kroatien ihren Weg in die Geschäftswelt und feine Gesellschaft fanden. Um 1630 hatten bereits Kroatiens Soldaten eine Art Schlips um den Hals, die Franzosen fanden Gefallen und diesem Halstextil „à la Croate" und nannten es „Cravate". Die Krawattenläden *Croata* bieten ein Sortiment mit über 2000 verschiedenen Modellen, natürlich alle von Hand gemacht und aus Seide.

Telefon/Wichtige Nummern

Fast jeder Tourist ist heutzutage im Besitz eines Mobiltelefons. Wer viel telefoniert, für den lohnt sich der Kauf einer *SIM-Karte*, die in den zahlreichen Telefonläden erhältlich ist. Zudem kann man von allen größeren Hotels vom eigenen Apparat aus telefonieren. *Telefonkarten* (telefonska karta) sind mit verschieden hohen Guthaben an Zeitungskiosken, in Postämtern und Hotels erhältlich. Das Telefon- sowie Mobilfunknetz ist gut ausgebaut.

Vorwahlnummern:

Von Kroatien nach:
Deutschland 0049
Schweiz 0041
Österreich 0043
Nach Kroatien: 00385

Hinweis: Telefonnummern und Internetadressen unterliegen ständigen Änderungen – daher können wir für die Angaben im Reiseteil nicht garantieren!

Wichtige Telefonnummern

Intern. Notruf/Rettungsdienst 112
Polizei 192
Feuerwehr 193
Erste Hilfe 194
Seenotrettung 195

Tauchernotruf 9155
Pannenhilfe 1987
(vom ausländ. Mobiltel. +385/1/1987)
Inlandsauskunft 11880 u. 11888
Auslandsauskunft 11802

Trinkgeld

Ein Bedienungszuschlag ist im Preis oft nicht inbegriffen und das Gehalt von vielen kroatischen Angestellten ist sehr gering. Es bleibt dem Gast überlassen, ob er einen guten Service anerkennen möchte; üblich sind 10 % der Restaurantrechnung.

Zoll

In Kroatien gelten nun auch die Zollbestimmungen der EU-Länder. Das Schengener Abkommen ist seit 2015 in Kraft getreten, als EU-Außengrenze und aufgrund der aktuellen politischen Lage wird es weiterhin Personenkontrollen geben!

Ein-/Ausfuhr: Waren, die zum persönlichen Gebrauch gehören, können unbegrenzt ein- und ausgeführt werden. Zu deklarieren ist allerdings ein Bargeldbetrag von über 10.000 € (lt. EU-Bankengesetz, dies gilt bereits in Österreich!). Betriebsgenehmigungen für Funksprechgeräte sind im Voraus beim kroatischen Konsulat oder bei der Botschaft zu beantragen. Ansonsten sind zollfrei: 200 Zigarren, 300 Zigaretten, 10 l hochprozentige Spirituosen, 20 l bei weniger als 22 % Alkohol, 90 l Wein und 110 l Bier.

Was haben Sie entdeckt?   Haben Sie eine gemütliche Konoba, eine schöne Wanderung oder ein nettes Hotel entdeckt? Wenn Sie Ergänzungen, Verbesserungen oder neue Tipps zum Buch haben, lassen Sie es uns bitte wissen!

Schreiben Sie an: Lore Marr-Bieger, Stichwort „Kvarner-Bucht & Zentralkroatien" c/o Michael Müller Verlag GmbH | Gerberei 19, D – 91054 Erlangen lore.marr-bieger@michael-mueller-verlag.de

Veli Lošinj – Blick vom Berg Kalvarija auf das schmucke Städtchen und gen Rijeka

Reiseziele

Blick auf das Küstenland bei Sv. Juraj und gen Crikvenica im Norden

Kvarner-Bucht – das Küstenland

Die Kvarner-Bucht, eine riesige Meereseinbuchtung mit einer Inselgruppe, wird begrenzt durch die Halbinsel Istrien im Nordwesten und das Kroatische Küstenland im Osten, das sich südwärts bis zur Maslenica-Brücke zieht. Gesäumt wird die Küste von bis zu 1700 m hohen Bergzügen. Hauptorte für diese Region sind Opatija und Rijeka. An Ausflügen ins Hinterland locken eine Reihe von Natur- und Nationalparks.

Die Herkunft des Namens „Kvarner" ist nicht ganz geklärt. Wahrscheinlich leitet sich „Quarner" vom lateinischen *mare quaternarium* („vierteiliges Meer") ab, das sich durch die Anordnung der Inseln ergibt (→ Kvarner-Bucht – die Inseln).

Die malerische Küstenstraße, die „Jadranska Magistrale", einstige Lebensader neben dem Meer, wurde unter Josip Broz Tito in den 1950er- und 1960er-Jahren erbaut und inzwischen zur Panoramastraße ausgebaut; bis Dubrovnik führt sie auf einer Gesamtlänge von rund 650 km hinab, eingezwängt zwischen den hoch aufragenden Bergzügen und dem Meer – herrliche Ausblicke bieten sich auf Dörfer, Inseln oder die tief unten liegenden, vom Meer gebildeten Fjorde sowie auf eine oft menschenleere beeindruckende Landschaft. Nicht umsonst zählt sie zu Europas schönsten Küstenstraßen. Gesäumt werden diese Küstenabschnitte von den Berg-

zügen des Naturparks Učka im Norden, im Osten vom Vinodol und vom imposant aufragenden Velebit-Gebirge, einem besuchenswerten Natur- und Nationalpark. In diesem Buch wird das gesamte Gebiet im Bereich der Kvarner-Bucht beschrieben, ein Gebiet, das sich im Süden bereits Lika und Norddalmatien nennt.

Zum Bummeln laden die Kultur- und Handelsmetropole **Rijeka** sowie die Seebäder aus der k.-&-k.-Monarchie **Opatija**, **Crikvenica** und **Novi Vinodolski** ein, zudem das alte **Senj**. Viele kleine Orte mit von den Uskoken und der Frankopan-Dynastie erbauten Trutzburgen lohnen einen Besuch, beeindruckend die Landschaft, die aufgrund ihrer natürlichen Gegebenheiten keinen Raum zur menschlichen Verunstaltung lässt. Wer neben Kultur auch die Natur sucht, gerne wandert und radelt ist hier richtig. Zum Schwimmen laden klasklare Felsbuchten mit Kieseln, teils auch etwas Sand ein. An Ausflügen ins Hinterland locken der **Naturpark Učka**, **Nationalpark Risnjak**, **Nationalpark Plitvicer Seen**, **Nationalpark Nord-Velebit** und sein Botanischer Garten, das Bärenrefugium bei **Kuterevo** (Naturpark Velebit) und der **Nationalpark Paklenica**. Highlights am Ende des **Naturparks Velebit** sind der gewaltige **Zrmanja-Canyon** und die imposanten Höhlen **Cerovačke pećine** bei Gračac.

Draußen im Meer schwimmen die Hauptinseln **Cres** und **Lošinj**, **Krk**, **Rab** und **Pag**, die umgeben sind von vielen weiteren Eilanden. Je nach Wetterlage sieht man sie deutlich oder im Dunst oder in der herrlichen Abendsonne schimmern. Alle großen Inseln lassen sich von den Fährhäfen aus erreichen, die kleinen mit dem eigenen Boot oder per Taxiboot (→ Kvarner-Region – die Inseln, S. 178).

Opatija Riviera – prachtvolle und lauschige Orte säumen die Küste (hier Brseč)

Opatija Riviera

Die „Riviera von Opatija" – der 30 km lange Küstenabschnitt von Opatija bis Mošćenička Draga – war schon Ende des 19. Jh. ein wegen ihres milden Klimas europaweit bekanntes Winter- und Sommererholungsziel. Opatija, der Hauptort der Riviera, blickt heute auf über 150 Jahre Tourismusgeschichte zurück und ist zu Beginn des 21. Jh. immer noch einer der populärsten Urlaubsorte Europas.

Das Učka-Gebirge mit der höchsten Erhebung Istriens, dem 1401 m hohen Berg *Vojak*, schützt die Region vor Austrocknung und kalten Winden. Ein Hinweis auf das subtropische Klima, das Zypressen, Palmen und Agaven gedeihen lässt, ist der Ortsname Lovran – *Lovran* ist vom lateinischen Wort für Lorbeer abgeleitet. Das milde Klima der Region mit 13,3 °C mittlerer Jahrestemperatur begünstigt in der Tat das Wachstum der Lorbeerbäume, die hier bis zu 10 m hoch werden. Bei Opatija, dem früheren Winterkurort, der heute für seine Meerwassertherapie bekannt ist, beginnt die Riviera – sie ist durch die Meerengen *Srednja vrata* (Mittleres Tor) und *Vela vrata* (Großes Tor) mit dem offenen Meer verbunden.

Früher war es fast unmöglich, im Sommer in Opatija ein Hotelbett zu ergattern. Heute ist es etwas ruhiger und exklusiver geworden. Die alten Nobelherbergen wurden restauriert, vor Luxushotels und Villen stehen schicke Karossen, der Jachthafen ist voll mit eleganten Jachten. Opatija zählt heute zur selben Kategorie von Urlaubsorten wie Brighton, Nizza und San Remo, es finden sich aber auch für schmalere Geldbeutel Quartiere. Wer gut zu Fuß ist, kann von Opatija nach Volosko, auf der vor hundert Jahren erbauten Uferpromenade, dem *Lungomare*, etwa 12 km bis nach Lovran laufen oder joggen.

Bis Mošćenička Draga führt die Küstenstraße immer am Meer entlang mit Blick
auf die Insel Cres. Hinter Mošćenička Draga wird es einsam und die Küstenstraße
verläuft oberhalb des Meeres. Es folgen die kleinen Orte Brseč und Zagore, danach
kommt der Abzweig zum tief unten liegenden Fährort Brestova (Schiffsverbindung
mit der Insel Cres, → S. 103).

Opatija   Abbazia

**Kroatiens ältestes Seebad strotzt vor subtropischer Üppigkeit – herrschaftli-
che Prachtbauten versinken im Grün von Palmen und Akazien, im Blütenmeer der Kamelien und Magnolien. Opatijas extravagante Traditionsherbergen und Villen zeugen von einer Epoche, in der das Wort „Tourismus"
noch ohne den Zusatz „Massen" auskam. Das Flair dieser Zeiten kann man
bis heute genießen, allerdings nur in der Nebensaison.**

Dass es sich hier besser leben lässt als in Rijeka, ist kein Geheimnis – Opatija mit
seinen nun 15.000 Einwohnern ist schon seit 1889 Kurort. Die Učka-Bergkette
schützt den Küstenabschnitt vor kalten Nordwinden, der Jugo sorgt für ein laues
Lüftchen aus Afrika. Hier überwinterten, angezogen vom milden Klima, die Reichen und Schönen Europas, auf Opatijas rauschenden Silvesterbällen trafen sich
die Wiener Hofkreise. Die prachtvollen Villen aus dieser Zeit mit ihren reich verzierten Fassaden und viele Parks mit hübschen Blumenrabatten prägen das Stadtbild bis heute, ebenso der zu allen Jahreszeiten beschauliche *Lungomare*, die herrliche, vor über 100 Jahren von Kaiser Franz Josef I. angelegte, 12 km lange Uferpromenade, die zwischen Opatija-Volosko und Lovran am Meer verläuft.

Weniger beschaulich ist im Hochsommer die Parkplatzsuche, Opatijas Problem
Nummer eins, das aber Zug um Zug gelöst wird. Opatija versucht seine Gäste immer noch zu verwöhnen wie einst – sei es mit einem großen Kulturangebot, den

Opatija – die Stadt versteckt sich mit ihren Palästen und Kirchen im üppigen Grün

Wellnessprogrammen in vielen Kom-
forthotels oder mit guten Restaurants
und gemütlichen Cafés, die leckerste
Tortenkreationen anbieten. Und in den
Erinnerungen schwelgen kann man in
den vielen Ausstellungen zum Thema
k-&-k-Zeit. Wer es sportlich liebt, findet
im Učka-Gebirge sein Betätigungsfeld.

Geschichte

1453 wird Opatija erstmals schriftlich
erwähnt; ihren Namen erhielt die Stadt
von der früheren Abtei Jacobus ad
Palum (Abtei = *opatija*). Eine Besiedlung um die Abtei begann erst nach
Ende der französischen Besetzung
1813. Bis nach dem Ersten Weltkrieg gehörte Opatija zu Österreich-Ungarn, im
„Frieden von Rapallo" fiel die Stadt 1920
an die Italiener, die sie *Abbazia* nannten.

Bekannt wurde das gerade mal 30
Häuser zählende Fischerdorf mit dem
Bau der *Villa Angiolina,* die sich der
reiche Kaufmann Iginio Scarpa aus
Rijeka 1844 als Feriendomizil erbauen
ließ. Großzügig gewährte er namhaften
Freunden Gratisurlaube, darunter wa-

Am Park Sv. Jakov

ren auch das Kronprinzenpaar Rudolf und Stephanie oder Ban Josip Jelačić. Er veranstaltete große Feste mit legendären Feuerwerken zu Silvester – das gefiel und
sprach sich herum. Dem touristischen Ausbau von Abbazia, wie Opatija damals
hieß, verhalf die österreichische Südbahngesellschaft, die nicht nur die Eisenbahnlinie von Wien bis Rijeka-Matulije, sondern auch die ersten großen Luxusher-
bergen, wie 1884 das Quarnero (Hotel Kvarner) und 1885 das Imperial erbauen
ließ. Der Kurtourismus wurde 1889 per Dekret höchstpersönlich von Kaiser Franz
Joseph I. veranlasst – Thalassotherapien mit angesagten Medizinern fanden Gefallen und für das Amusement wurde ebenfalls gesorgt. Gekrönte Häupter, Adelige,
Schriftsteller, Musiker und schillernde Persönlichkeiten fanden sich ein – sie alle
kamen, um sich in Opatija den Winter zu verkürzen und in den Ballsälen der Stadt
ihre Feste zu feiern; besonders beliebt in Wiener Hofkreisen waren die Silvesterbäl-
le im „Kristallsaal" des Hotel Kvarner und im „Goldenen Saal" des Imperial. Anton
Tschechow fand sich hier ebenso ein wie James Joyce, der seinen Kaffee bevorzugt
im Café Imperial einzunehmen pflegte, die Ballerina Isadora Duncan, der österreichische Kaiser Franz Joseph, der mit der Wiener Schauspielerin Katharina Schratt
flirtete, der deutsche Kaiser Wilhelm II., der italienische König Umberto von Sa-
voyen, der Komponist Gustav Mahler, Giacomo Puccini, Franz Lehár ... Abbazia
begann zu boomen – prächtige Villen, je nach Geschmack und Geldbeutel, wurden
erbaut: Villen in alpenländischer Architektur, barocke Paläste, Residenzen im vene-
zianisch-gotischen und im österreichischen Jugendstil – die meisten davon stehen
noch heute, zudem wieder hübsch herausgeputzt.

Information

Tourist Card (in Opatija u. Rijeka gültig; www.touristcard.hr): 50 KN (24 Std.), 80 KN (48 Std.) und 100 KN (72 Std.), gültig jeweils ab Stempelung. Gewährt werden u. a. freier Eintritt in Museen und Galerien; Gratisbenutzung aller öffentl. Verkehrsmittel sowie des Touristenbusses; Rabatt in einigen Shops und Restaurants. Erhältlich bei TIC in Opatija und Rijeka.

Touristinformation (TIC), Maršala Tita 128, 51410 Opatija, ✆ 051/271-310, www.visit

opatija.com. Juli–Sept. Mo–Sa 8–21, So 12–20 Uhr; April–Juni Mo–Sa 8–20, So 11–18 Uhr; Okt.–Dez. Mo–Sa 8–19, So 12–17 Uhr; Jan.–März Mo–Sa 8–19 Uhr. Infos zur gesamten Riviera: www.kvarner.hr.

Agentur Katarina Line, M. Tita 75/1, ✆ 051/603-400, www.katarina-line.hr. Zimmer, Bootscharter, Kreuzfahrttickets etc.

Agentur Kvarner Touristik, M. Tita 162, ✆ 051/703-723, www.kvarner-touristik. Zimmervermittlung.

Agentur Efekt, M. Tita 216, ✆ 051/740-025. Zimmervermittlung.

Agentur Autotrans, Trg V. Gortana 4/1, ✆ 051/271-617, www.autotrans.hr. Bustickets etc.

Verbindungen

Bus   Lokaler Busbahnhof im Zentrum, Richtung Lovran alle 20 Min. (Linie 32), nach Veprinac stündl. (Linie 34), zum Poklon-Sattel nur am So 9.30 u. 14 Uhr (Nr. 33, 34, 37) und nach Rijeka. Auskunft über Autotrolley, M. Tita 200, ✆ 051/333-010.

Regionaler Busbahnhof ca. 2 km nördl. von Opatija. Tägl. Verbindungen nach Brestova und Pula, Ljubljana, Rijeka, Split u. Zagreb. Infos bei Autotrans (→ Information).

Zug   Der Bahnhof (Postaje) von Opatija liegt ca. 4 km nördl. in Matulji an der Hauptlinie Ljubljana–Rijeka (Busverbindung alle 30. Min. von Opatija nach Matulji mit Linie

33); ✆ 051/274-102. Der **Bahnhof Rijeka** ist nur 15 km entfernt, ✆ 051/213-333.

Flug Die nächstgelegenen Flughäfen sind bei Rijeka (Insel Krk, 44 km) und in Pula (85 km). Croatian Airlines Rijeka, ✆ 051/330-207. Flughafenbus (Autorolej), Abfahrt Slatina über Jelačić trg (Rijeka) zum Flughafen-Terminal für ca. 50 KN.

Taxi Überall sind Taxistände, u. a. am Busbahnhof und vor den großen Hotels.

Boot Vom kleinen Hafen unterhalb des Hotels Atlantik fahren **Taxiboote** nach Lovran und Volosko.

Weitere Basis-Infos   → Karte S. 84/85

Parken Das größte Problem in Opatija: u. a. gebührenpflichtige Plätze am Hafen, Thalassotherapie-Haus, Hotel Opatija und Tiefgarage beim Hotel Milenij

Autovermietung U. a. **Intel**, beim Hotel Adriatic, M. Tita 139, ✆ 099/2676-823 (mobil). **Modus**, M. Tita 139 (beim Hotel Admiral), ✆ 099/7328-602 (mobil) oder auch am **Flughafen Rijeka**.

Fahrradvermietung Modus, auch Scooter/Autos (→ Autovermietung). Bei **Experience Adventure Sport Shop**, Kastavska cesta 23 (5 km entfernt in Matulji), ✆ 051/277-094. Ganzjährig Mo–Sa 9–20 Uhr. Gute Auswahl, auch Reparatur.

Gesundheit Erste Hilfe, Vladimira Nazora 2, ✆ 051/271-266. **Apotheke**, M. Tita 91, ✆ 051/271-856.

Thalassotherapie-Haus, die Meerwassertherapie ist heilsam bei Lungenschäden, Herz- und Gefäßkrankheiten, Erkrankungen des Bewegungsapparates. Hier auch Wellness- und Beautyprogramme. Gegenüber Hotel Kristall, M. Tita 188, ✆ 051/202-855.

Jachthafen Marina Admiral, im gut geschützten Hafen, zum Hotel Admiral gehörend. 160 Liegeplätze zu Wasser, 40 an Land, alle mit Strom-, Wasseranschluss, guter Reparaturservice, 5-t-Kran. Alle Hotelangebote können mitgenutzt werden. Tank-

Angiolina-Park – exotische Pflanzen waren schon früher beliebte Gastgeschenke

stelle im Stadthafen, 0,5 sm entfernt. ☎ 051/710-444, www.marina-opatija.com.

Hafenkapitän: Ul. V. Cara Emina 3 (Jachthafen), ☎ 051/271-797.

Nachtleben   Tanzterrassen: z. B. **Hotel Kvarner** und **Villa Madonna** . Geöffnet meist 20.30–24 Uhr.

Disco Seven , M. Tita 125 (beim Hotel Savoy). Im Sommer tägl., sonst nur am Wochenende.

Casinos: im **Hotel Adriatic**, tägl. 21–3 Uhr, ☎ 051/719-000. **Casino Admiral** in Villa Madonna und **Casino Royal** mit Cocktailbar am Lungomare (neben Hotel Savoy).

》》 Mein Tipp: Nightlife-Cafébars: Hemingway , am Hafen. Gutes mediterranes Restaurant, riesige Bar im Wintergarten, großer offener Lounge-Bar-Bereich. Viele Events. Tägl. 8–24 Uhr, im Sommer bis 6 Uhr morgens. Ul. Zert 2, ☎ 051/272-887, www.hemigway.hr. 《《

Gegenüber direkt am Hafen beliebtes Szene-Lokal **Café-Bar Galija** mit schöner Terrasse. Tägl. 7–24, Sa/So bis 2 Uhr. Ul. Zert 3.

Als weiteres „In-Lokal" gilt die **Cafébar Monokini** mit Internet und Galerie; M. Tita (gegenüber Hotel Agava), geöffnet 7–2

Uhr. Nett ist für tagsüber und abends **Café Mimoza** , Ecke M. Tita 71/Eugena Kumićića.

Post   Ul. V. Spinčića, mit Poste restante. Mo–Sa 7.30–21 Uhr.

Veranstaltungen   Stadtfest Sv. Jakov, 25. Juli (Feier am Wochenende), mit Konzerten, Ausstellungen etc.

》》 Mein Tipp: Opatija-Karneval: Bei den bunten Straßenumzügen im Febr. marschieren neben den großen Teilnehmern auf Stelzen auch die Kleinen aus dem Kindergarten mit. Die traditionellen Masken sind aus Schaffell und Hammelhörnern gefertigt, die Masken mit großen Glocken heißen Zvončari. Am letzten Tag des Karnevals wird die *Pust-Maske* (eine Puppe aus Stroh und Lumpen) verbrannt – und damit alles Böse aus dem vergangenen Jahr. Eine Regatta mit geschmückten Segelbooten begleitet das Treiben zur See. 《《

„Unsere Welt ist Musik", April/Mai; vor allem mit viel Blechmusik.

In den Sommermonaten breites **Veranstaltungsprogramm** (www.festivalopatija.hr), u. a. „Festival der Lieder", Konzerte in der Kristallhalle (Festivalhalle), im Hotel Kvarner, in der Villa Angiolina oder auch auf dem Open-Air-Gelände (am Park-Südrand).

Kvarner-Bucht – Opatija Riviera → Karte S. 79

Essen & Trinken
- 12 Rest. Vongola
- 15 Rest. im Hotel Milenij
- 16 Rest. Laurus
- 17 Rest. Plavi Podrum
- 18 Restaurant Sv. Jakov
- 19 Rest. Miramar
- 21 Rest. Mili
- 22 Rest. Mali Raj
- 24 Rest. Kvarner
- 25 Rest. Ariston
- 28 Rest.-Cocktailbar Bevanda-Lido

Cafés
- 5 Choko-Bar
- 7 Café-Bar Monokini
- 8 Café-Bar Mimoza
- 11 Grand Café
- 15 Café Wagner
- 26 Café-Bar Hemingway

Übernachten
- 1 Villa Marija
- 2 Hotel Opatija
- 3 Stancija Kovačići
- 4 Hotel Palace-Bellevue
- 6 Hotel Astoria
- 9 Hotel Imperial
- 15 Hotel Milenij & Villen
- 16 Pension Villa Kapetanović
- 18 Hotel Sv. Jakov
- 19 Hotel Miramar
- 20 Hotel Belvedere
- 23 Villa Amalia
- 24 Hotel Kvarner
- 25 Villa Ariston
- 28 Hotel Bevanda

Nachtleben
- 7 Café-Bar Monokini
- 8 Café-Bar Mimoza
- 10 Villa Madonna
- 13 Casino Royal & Cocktailbar
- 14 Disco Seven
- 26 Café-Bar Hemingway
- 27 Café-Bar Galija

Liburnia-Jazzfestival, Mitte Juli auf den Plätzen der Stadt sowie in der Villa Angiolina.

Internationaler Malwettbewerb Mandrač, letztes Juliwochenende, am Hafen Mandrač in Volosko.

Kaiser-Nacht, Mitte Juli, u. a. mit Tanz, Ausstellungen, Kostümen, Opern.

Segelregatten, Ende Febr. bis Anf. März, im Juli und Sept. (Galijola) und 3. Nov.-Wochenende (Cup Opatija); organisiert vom Jachtclub Opatija.

Wandern/Mountainbiken Auch von Opatija aus sind herrliche Wanderungen und Mountainbiketouren ins Učka-Gebirge möglich (→ Wandern/Nach Veprinac, zudem unter Naturpark Učka und Kleiner Wanderführer/Wanderung 1).

Wellness Wellnessangebote mit Pools bieten u. a. die Hotels Milenij, Admiral, Ambassador u. Miramar. Das größte Angebot hat das Thalasso-Wellness-Center, auf 2500 m^2 (→ Gesundheit).

) Übernachten/Camping

Die Vielfalt und Kapazität an Übernachtungsmöglichkeiten in Opatija ist groß – vom Pensionszimmer bis zur Luxussuite. In letzter Zeit gab es etliche Hotelzusammenschlüsse (u. a. bei Milenij-Hotels) und es wird an weiteren, v. a. hochpreisigen Unterbringungsmöglichkeiten gebaut. Zur Topsaison (Ende Juli bis Mitte Aug.) Aufschläge von ca. 20 %. Viele Preisschnäppchen über Online-Buchungen.

Übernachten Privatzimmer ab 30 €/Pers.; **Appartements** ab 40 €/2 Pers. Luxuriöse Übernachtungen gibt es in den Villen am Lungomare; Infos über die Agenturen.

»» Mein Tipp: **** **Hotel Miramar 19**, am östl. Ortsende von Opatija am Lungomare.

Insg. 102 Zimmer in der aufwändig renovierten Villa Neptun (Haupthaus) aus k.-u.-k.-Zeiten sowie stilvollen, von einem Park umgebenen Nebengebäuden. Schöner, großzügig gestalteter Spa- u. Wellness-Bereich mit Innen- u. Außenpool, komfortable

Kvarner-Bucht – Opatija Riviera → Karte S. 79

Zimmer, Suiten und Gourmetküche. Eigener Felsbadestrand. Kurz: ein Haus zum Wohlfühlen. DZ/HP ab 240 € (inkl. Tiefgarage). Ganzjährig. Ive Kaline 11, ℘ 051/280-000, www.hotel-miramar.info. «

**** **Villa Ariston** 25, nostalgischer Bau am Ortsbeginn von Opatija am Lungomare. Schön und ruhig, eingebettet in üppiges Grün und mit Pool. Sehr gutes Restaurant mit lauschiger Terrasse (→ Essen). DZ/F ab 113 €. M. Tita 179, ℘ 051/271-379, www.villa-ariston.hr.

»» **Mein Tipp:** ***** **Hotel Milenij** 15 & Villen, rosafarbener Prachtbau mit großer Arkadenterrasse von 1886, am Lungomare bei den Meerwasserpools. Das Innere ist stilvoll und komfortabel mit neuester Technik ausgestattet; zudem verwöhnen ein schöner Spabereich (Massagen, u. a. Schoko, Hot Stone u. Lomi-Lomi-Nui; Mesotherapie, verschiedene Saunas) sowie ein Pool im Wintergarten; durch die Öffnung des Dachs wird er zum Außenpool. Sehr gutes Restaurant und exzellentes Frühstücksbüffet im prachtvollen Saal; das gute Café Wagner (s. u.) hat u. a. eigene Pralinenherstellung. Tiefgarage (ca. 15 €/Tag). DZ/F ab 149 €. Ul. M. Tita 109, ℘ 051/208-007, www.milenijhoteli.com. «

***** **Milenij Hotel Sv. Jakov** 18 (Ltg. Hotel Milenji), hübsche roséfarbene Villa mit gleichnamigem Restaurant am gleichnamigen Park. 25 gemütliche, stilvolle Zimmer, DZ/F ab 110 €; alle Einrichtungen des Hotels Milenij können mitbenutzt werden. Tiefgarage (s. o.) sowie Parkplätze ca. 8 €/Tag. Ul. M. Tita 105, ℘ 051/208-007, www.milenijhoteli.com.

***** **Hotel Bevanda** 28, exklusives Designerhotel mit großen Glasfronten direkt am Meer. Beste Sicht auch von den 10 Zimmern (DZ/F ca. 350 €); zudem gutes Restaurant, das feinste Saisonküche kredenzt, sowie eine Loungebar mit bequemen Sofas und Sesseln. Zert 8, ℘ 051/493-888, www.bevanda.hr.

**** **Remisens Premium Hotel Kvarner** 24, die ruhige, wunderschöne Lage direkt an der Uferpromenade ist hier der Trumpf. Das Hotel aus dem Jahr 1884 wurde durch seinen „Kristallsaal" berühmt – hier logierte schon Kaiser Franz Josef. DZ/F ab 178 €. Park 1. Maja 4, ℘ 051/710-444, www.remisens.com.

****** **Remiens Premium Villa Amalia 23**, neben Hotel Kvarner beim Park Angiolina an der Uferpromenade. Stilvoller Bau hinter üppig wuchernder Pflanzenwelt. Ebenfalls komplett renoviert. Superior-DZ/F ab 166 € (Meerblick ab 194 €). ☎ 051/710-444, www. remisens.com.

**** **Designerhotel Astoria 6**, erbaut 1904 von Franz Eduard. Modernes, komfortables helles Interieur mit neuester Technologie; ca. alle 5 Jahre neues Innendesign. Zimmer ab 115 €. M. Tita 174, ☎ 051/706-350, www. hotel-astoria.hr

**** **Hotel Palace-Bellvue 4**, alter komplett renovierter Prachtbau im Zentrum mit den Dependancen Bellvue (an der Durchgangsstraße) gegenüber den Meerwasserpools. Nun auch mit großem Wellnesscenter. Sehr geräumige Zimmer mit schönen Balkonen. DZ/F ab 140 €, mit schönem Balkon u. Meerblick 172 €. M. Tita 144–146, ☎ 051/ 710-444, www.remisens.com.

** **Hotel Imperial 9**, der gelbe Prachtbau steht im Zentrum an der Durchgangsstraße und schmückt sich mit einer langen Liste berühmter Gäste, von Kaiser Wilhelm, Anton Tschechow bis Josip Broz Tito. Stilvolles Inventar und der herrliche „Goldene Saal", der u. a. für Modeschauen genutzt wird; schönes Café. Einfachere, aber dafür preiswerte DZ/F ab 84 €. M. Tita 124/3, ☎ 051/710-444, www.remisens.com.

** **Hotel Opatija 2**, schöne Traditionsherberge in zentraler, aber ruhiger Lage (oberhalb vom Busbahnhof) mit großer Terrasse. Die Zimmer mit Balkon und Blick Richtung Meer sind herrlich, zudem nettes Hallenbad, genügend Parkplätze zu 12 € (Hotelgäste zahlen nur 50 %) vor der Türe. Gutes

Preis-Leistungs-Verhältnis. DZ/F mit Balkon 70 €, zur Meerseite 75 €. Gortanov trg 2/1, ☎ 051/271-388, www.hotel-opatija.hr.

** **Hotel Belvedere 20**, am Ortsende von Opatija, kurz vor Volosko am Lungomare. Schön und ruhig in einem Park gelegen. Meerwasserhallenbad, Sauna, Fitnesscenter, Tennisplätze. Schön sitzt man oberhalb des Meeres auf der Restaurantterrasse. Nebenan in der herrschaftlichen Villa Rosalia das alte Casino. DZ/F mit Meerblick ab 82 €. J. Kaline 7, ☎ 051/710-444, www. remisens.com.

**** **Villa Marija 1**, oberhalb der Umgehungsstraße am Berg mit Pool, eingebettet in Palmen. Verschieden große Appartements, u. a. 105 €/4 Pers. Nova Cesta 80, ☎ 051/703-955, www.villa-marija-opatija.com.

**** **Pension Villa Kapetanović 16**, stadtauswärts Richtung Matulji. Preiswerte Zimmer bis hin zu Suiten, kleine Wellnessoase, Terrasse mit schönem Blick und sehr gutes Restaurant. Economy-DZ/F 105 €, Suite 190 €. Nova cesta 12 a, ☎ 051/741-355, www. villa-kapetanovic.hr.

»» **Mein Tipp:** **** **Stancija Kovačići 3**, am Ostrand des Učka-Gebirges, im Ort Rukavac, liegt das renovierte, schmucke Landhaus mit 5 bestens ausgestatteten Zimmern im Nebentrakt; auch das Restaurant mit hübscher Terrasse ist lobenswert – gekocht wird verfeinerte Kvarner-Küche. DZ/F 90 €. Ostern–Okt. Rukavac 51, Matulji (Anfahrt: Matulji in Richtung Veprinac, nach ca. 1 km rechts nach Rukavac), ☎ 051/272-106, www.stancija-kovacici.hr. ««

Camping Autocamp Opatija (→ Ičići).

(Essen & Trinken   → Karte S. 84/85

Restaurants Die Hotelrestaurants bieten eine große und gute Auswahl an Gerichten. Ruhige Terrassen am Meer und gute Küche haben z. B. die Hotels **Milenij 15**, **Miramar 19**, **Kvarner 24** und **Bevanda 28**.

»» **Mein Tipp:** Restaurant **Ariston 25**, hier sitzt man sehr schön auf der lauschigen Terrasse oberhalb des Lungomare und blickt zwischen den Bäumen hindurch aufs Meer. Moderne mediterrane Küche. M. Tita 179, ☎ 051/271-379. ««

Restaurant **Mali Raj 22**, das „kleine Paradies" ist kurz vor Ičići. Die Terrasse liegt

oberhalb vom Meer und bietet einen wunderschönen Blick. Hier isst man sehr gut ital.-mediterrane Gerichte, vor allem Fischspezialitäten. M. Tita 253, ☎ 051/704-074.

Cantinetta Sv. Jakov **18**, im gleichnamigen Hotel. Sehr gute Kvarner Küche und Fischgerichte, zudem auf Vorbestellung alte Menüs von 1860 nach Rezepten von Julius Glax. Sitzplätze auf der lauschigen, mit Fackeln beleuchteten Terrasse. M. Tita 105, ☎ 051/278-007.

Restaurant **Bevanda-Lido 28**, große, überdachte Terrasse direkt am Meer mit Blick auf Rijeka. Schöne Lage und große, vielfältige Speisekarte. Zert 8, ☎ 051/701-412.

»» Mein Tipp: Restaurant Laurus , in Villa Kapetanović (stadtauswärts Richtung Matulji). Terrasse mit schönem Blick, traditionelle gute Küche. Nova cesta 12 a, ☎ 051/741-355. **««**

Restaurant Vongola ⬛, schöne Sitzmöglichkeiten bei Kerzenlicht direkt an den Meerwasserpools. Serviert werden Pasta, Fleisch- und Fischgerichte und für Kinder ist viel Platz zum Herumtollen. Kupalište Slatina (M. Tita 113), ☎ 051/711-854.

Weitere Restaurants (→ Übernachten oder Umgebung).

Restaurants in Opatija-Volosko Empfehlenswert am Hafen sind die zwei traditionellen Fischrestaurants mit Terrassen:

Restaurant Mili ⬛, Obala Frana Supila 8, ☎ 051/701-158; kurz danach **Plavi Podrum** ⬛, Obala Frana Supila 12, ☎ 051/701-223.

Restaurants in umliegenden Dörfern z. B. in Richtung Učka oder Mošćenice (→ dort). Auch hier kann man lecker speisen – und natürlich preiswerter als in Opatija.

Cafés in Opatija Café Wagner ⬛, im Hotel Milenij. Hier gibt es köstliche Kuchen und Torten aus eigener Konditorei und die leckeren Schokoriegel und Pralinen, ebenfalls aus eigener Herstellung nach Schweizer Rezeptur. Die schöne Terrasse mit Blick aufs Meer lässt jegliches Kalorienzählen vergessen. M. Tita 109.

Grand Café & Osteria (jetzt auch **Café Ugo** genannt) ⬛, gehört zum Milenij-Hotel Continental. Hier gibt's das große Schoko- u. Pralinensortiment (gleiche Konditorei wie Café Wagner). Angeschlossen ist jetzt auch eine geräumige, schön gestaltete Osteria, wo es u. a. Pizzen und Pasta gibt. Schön sitzt man unter prachtvoller Glyzinie auf dem blumengeschmückten balkonartigen Freisitz entlang des Hauses. M. Tita 83/V. Cara Emina.

Choko-Bar ⬛, hier gibt es alles, was aus Schokolade machbar ist: Getränke, Eis, Kuchen, Cocktails, Pralinen und Schokoriegel. Gemütlich versinkt man in den Sesseln unter der Veranda und genießt die Schokoträume. M. Tita.

Weitere Cafés, die auch tagsüber geöffnet haben: u. a. Galija, Hemingway (→ Nachtleben).

Prachtvolle Villen zieren Opatija

Sehenswertes

Bei den ersten Feriengästen Opatijas gehörte es bald zur guten Sitte, dem Kaufmann Scarpa von Fernreisen Pflänzchen mitzubringen. Noch heute findet man im **Angiolina-Park**, angelegt wie ein *Botanischer Garten,* die Auswüchse dieser exotischen Geschenke: einen riesigen Mammutbaum, Zedern, Eukalyptusbäume, Bambussträucher, Zitronen, die großblütige Magnolie, Kokos- und Dattelpalmen, Mispelbäume, Akazien, Agaven und die japanische Kamelie, heute das Markenzeichen des Luftkurorts. Mitten im Park die hübsche *Villa Angiolina,* beliebter Veranstaltungsort für Ausstellungen und Konzerte. Im Park liegt auch das wiederbelebte *Schweizer Haus* (Švicarska kuća) von 1875, eine ehemalige kleine Molkerei, die dann als Übernachtungsherberge hergerichtet wurde – heute wird das Haus für Ausstellungen genutzt (tägl. 8–20 Uhr, Juli/Aug. bis 22 Uhr). Ein zweiter Park, der **Margarita-Park**, liegt zwischen der Uferstraße und der Umgehungsstraße beim Hotel Opatija – ebenfalls schön, nur ein wenig kleiner.

Dem Chirurgen *Dr. Theodor Bilroth,* einem der Initiatoren des Kurtourismus in Opatija, ist die Tafel am Uferweg unterhalb der **St.-Jakob-Kirche** (Sveti Jakov) gewidmet. Die Kirche entstand 1937 durch Umbau eines älteren Vorgängerbaus aus dem Jahr 1793.

Etwas westlich davon steht der **Juraj-Šporer-Kunstpavillon**, in dem heute eine Gemäldegalerie residiert. Der 1900 gebaute Pavillon, benannt nach dem Gründer der „Gesellschaft zum Ausbau Opatijas als Bade- und Kurort", war damals eine Zuckerbäckerei.

Unweit des Pavillons auf einem Felsen am Meer hält ein Mädchen eine Möwe in der Hand – die von *Zvonko Car* geschaffene **Bronzeskulptur „Gruß an das Meer"** (1956). An ihrer Stelle stand bis 1951 die „Madonnina", eine trauernde goldene Madonna, 1891 geschaffen von dem Grazer Künstler Rathausky. Nach seiner Beinahe-Zerstörung wurde das Original restauriert und in Verwahrung genommen, eine Kopie steht heute vor der St.-Jakob-Kirche.

Blick auf den Lungomare – die schattige Uferpromenade führt bis Lovran

Am Hang, oberhalb von Opatijas Zentrum, sticht die wuchtige **Kirche Sv. Marijina navještena** (Maria Verkündigung) mit ihren zwei spitzen Kirchtürmen und Kuppeldach aus Zypressen und Palmen hervor. 1907 wurde die Kirche nach Plänen des Architekten *Carl Seidl* errichtet. Ihr Inneres zieren Sicht-Granit und Backsteinwände.

In **Erinnerung an die k.-&-k.-Monarchie** wurden in Opatija verschiedene Veranstaltungen und auch Ausstellungen ins Leben gerufen. Am zweiten Juniwochenende gibt es u. a. in der Villa Angiolina und in der Villa Amalia Musik und Kostüme aus jener Zeit zu bewundern. Ausstellungen zum Thema Habsburger Zeit gibt es im Hotel Miramar, in der Villa Jeanette mit Musik von Gustav Mahler (M. Tita 166) und im Rathaus (M. Tita 3, Mo–Fr 8–16 Uhr). Im Thalassotherapie-Haus wird die Geschichte des Gesundheitstourismus aufgezeigt.

Die Bronzeskulptur „Gruß ans Meer"

Baden und Sport

Bademöglichkeiten gibt es an den angelegten Badestränden und in den Meerwasser-Swimmingpools. Nett ist das „Strandbad", der *Lido*, mit etwas Sand, betonierter Liegefläche, Liegestuhl- und Sonnenschirmverleih, Loungebar und Surfbrettverleih – frühmorgens bis 8 Uhr gibt's besten Bora-Wind zum Surfen. Und natürlich mitten im Zentrum die großen Meerwasser-Pools, *Slatina*. Zudem gibt es am *Lungomare* (Richtung Lovran) immer wieder hübsche kleine schattige Badebuchten. Die Hotels in Meeresnähe haben eigene Badebuchten (mit eigenen Zugängen) und meist auch Pools.

Surfen: Die Bucht zwischen Opatija und Rijeka ist bestes Surfrevier, besonders frühmorgens herrschen gute Windverhältnisse, zudem ist es hier wellengeschützt.

Wandern: Sehr erholsam und wunderschön romantisch ist ein Spaziergang entlang der Uferpromenade, dem nach Lovran führenden 12 km langen *Lungomare*. Der betonierte Fußweg schlängelt sich oberhalb des Meeres entlang der Prachtvillen mit ihren Parks; zum Ausruhen laden Bänkchen ein, Pinien- und Lorbeerbäume spenden mitunter Schatten. Badesachen kann man durchaus einpacken, überall bieten sich Gelegenheiten für einen Sprung ins kühle Nass. Wer nicht mehr zurücklaufen möchte, nimmt den Bus oberhalb an der Hauptstraße (alle 20 Min.). Übrigens: Wer gerne joggt – der *Lungomare* ist eine herrliche Laufstrecke ...

Nach Veprinac: Schön ist auch die ca. 1:30-stündige Wanderung zum mittelalterlichen Örtchen Veprinac mit einigen sehenswerten Gebäuden. Hinter dem Hotel Palace biegen wir in den Veprinački put ein, der die stark befahrene Umgehungsstraße Nova cesta kreuzt und gegenüber weiter bergan führt. Bald erreichen wir die letzten Häuser, der Weg führt nun weiter durch Wald nach Veprinac (Wegmarkierung: X-Zeichen, → Veprinac).

Opatija/Umgebung

Veprinac steht an der Stelle einer einstigen Fluchtburg. Im 14. Jh. war der Ort in den Händen der Familie *Duino*, im 15. Jh. gehörte er den Walseern, dann den Habsburgern. Die alte *Stadtmauer* ist teilweise erhalten, ebenso das *Stadttor* mit *Rathaus* (Komuna). Das *Kastell*, die gotische und später barockisierte *Kapelle heilige Anna* mit Loggia und die *Stadtloggia* gegenüber sind sehenswert. Glagolitische Inschriften findet man an der Sv.-Ana-Kapelle und am Rathaus. Auf einem breiten Stufenweg erreicht man die *Pfarrkirche St. Markus* (Sv. Marko), ihr Inneres ziert ein schön geschnitztes Chorgestühl (meist verschlossen). Opatija ist von Veprinac aus zu Fuß in 1:30 Std. zu erreichen (Bus Nr. 34).

Ičići und Ika

Unmittelbar auf Opatija folgen zwei winzige ehemalige Fischerdörfer mit kleinen Häfen. Ičići war einmal der Hafen der Einwohner von Veprinac oberhalb der Küste. Der Name des am Banina-Bach liegenden Ika stammt wahrscheinlich von der illyrischen Göttin Ika. Heute sind Ičići und Ika zusammengewachsen. An der Steilküste mit hauptsächlich Fels- und sonst Kiesstrand wird jeder freie Meter zum Baden genutzt. Der große Jachthafen von Ičići prägt den Ort, im Hintergrund die Silhouette von Rijeka und das Risnjak-Gebirge. Das hübsche Wahrzeichen, die schon lange unbewohnte Jugendstilvilla Munz, unübersehbar an der Durchgangsstraße gelegen, erinnert an feudale Zeiten.

Information Tourismusverband, 51414 Ičići, Liburnijska cesta b. b., ☎ 051/704-187, www.tourism-icici.hr.

Touristagentur Marea, Poljanska cesta 1, ☎ 051/705-620, marea@ri.tel.hr. Gut organisiert.

Jachthafen ACI Marina Opatija-Ičići, geschützt hinter einer vorgezogenen Mole. 300 Liegeplätze im Wasser, 30 an Land, alle nautischen u. technischen Dienstleistungen, Nautikgeschäft, 15-t-Kran, Helling, Tankstelle 2 sm (im Stadthafen Opatija). Wäscherei, Sanitäranlagen, Supermarkt, Restaurant, Café. ☎ 051/704-004, www.aci-club.hr.

Übernachten Privatzimmer, DZ ab 30 €, Appartements ab 40 €.

*** Villa Klara, oberhalb der Hauptstraße. Familiengeführt mit 30 netten Zimmern mit Balkon und Meerblick, Terrasse mit Garten und Restaurant. DZ/F 90 €. Put za Veprinac 2, ☎ 051/704-102, www.villaklara.hr.

》》》 Mein Tipp: *** Villa Chiara, freundlicher Familienbetrieb. Ruhig, oberhalb des Ortes am Hang mit Pool, Pavillon, Grill und herrlichem Blick aufs Meer. Gut ausgestattete moderne Appartements für 2–4 Pers. ab 58 €/2 Pers. Ul. 1 maja 15, ☎ 051/708-211, www.sutanovac.com. 《《《

*** Villa Bamba, am Fischerhafen mit rund 12 Zimmern und Gemeinschaftsküche. DZ 56 €. Liburnska 13, ☎ 051/704-005, dunja.vrvilo@ri.t-com.hr.

Camping ** Autocamp Opatija, 3-ha-Camp oberhalb der Hauptstraße Ika–Ičići. Schöne Hanglage mit Terrassen, Parklandschaft, Tennisplätzen, Kinderspielplatz; Restaurant und Minimarkt; Kiesstrand und Mole – dazu muss man allerdings die Küstenstraße überqueren. Auch Bungalow- und Mobilheimvermietung. April–Okt. 6,50 €/Pers., Standplatz 7,50–10 €. Liburnijska 46, ☎ 051/704-836, www.rivijera-opatija.hr.

Essen & Trinken Restaurant Commodore, in der ACI-Marina. Gutes Fischrestaurant mit schöner Terrasse. Tägl. ab 12 Uhr. ☎ 051/704-049.

》》》 Mein Tipp: Bistro Lučica, am alten Hafen von Ičići liegt der Fischimbiss von Vlado; er wird für frische Sardinen und Meeresfrüchte gelobt. 《《《

Ebenso empfehlenswert: **Restaurant Galeb**, mit lauschiger Terrasse, Poljanska b. b. (kurz nach Agentur Marea) und **Bistro Maestral**, oberhalb im Ort, am Ende der Ul. 43. Istarske div. (Abzweig von der Liburnijska Ul., gegenüber der Marina in die Ul. Antona Dminaka, dann 5. Straße links).

Die „Orgel" in den Grotten von Postojna

Ausflug ins slowenische Höhlenlabyrinth

Von Opatija ist es nur ein Katzensprung ins slowenische Postojna, wo den Besucher ein gigantisches Höhlensystem erwartet. Die **Grotten von Postojna** (Adelsberger Grotten; Postojnska jama, Jamska cesta 30, ✆ +386/05/7000-100, www.postojnska-jama.eu) schuf der Fluss Pivka, der neben dem Höhleneingang in der Unterwelt verschwindet. Das heute bekannte Höhlensystem umfasst zwischen dem Eingang bei Postojna und der Höhle von Planina auf zwei Ebenen mehr als 21 km unterirdischer Gänge. In einem Teil der oberen, trockenen Ebene finden Führungen statt (Teile davon in rauschender Fahrt mit der Höhlenbahn), die untere Ebene mit der sprudelnden Pivka ist nur für Höhlenforscher zugänglich. Die höhleneigene Tierwelt wird im Vivarium Proteus anschaulich gemacht. In der Umgebung finden sich noch viele weitere attraktive Höhlensysteme und -schlösser, u. a. *Pivka jama, Črna jama, Otoška jama, Planinska jama* und das beeindruckende *Höhlenschloss Grad Predjama.*

Etwas weiter entfernt (40 km westlich von Opatija), aber ebenfalls einen Besuch wert ist das auf der UNESCO-Welterbeliste stehende gigantische Höhlensystem **Škocjanske jame** (St.-Kanzian-Höhlen; Škocjan 2, 6215 Divača, ✆ +386/05/7082-100, www.park-skocjanske-jame.si), das vom Canyon des Reka-Flusses durchströmt wird. Hier herrscht weniger Touristentrubel.

Mehr zu Slowenien finden Sie in unserem Reisebuch „Slowenien", 5. Auflage 2017, Lore Marr-Bieger.

Lovran – prachtvolle Villen entlang der Uferpromenade Lungomare

Lovran   *Lovrana*

Neben Opatija ist Lovran der bekannteste Fremdenverkehrsort an der Riviera Kroatiens. Lovrans alte herrschaftliche Villen verstecken sich hinter dem üppigen Grün mächtiger Bäume, im Hintergrund steigt das Učka-Gebirge an. Die Stadt verdankt ihren Namen den mächtigen Lorbeerbäumen, die entlang der schönen Uferpromenade Schatten spenden.

Mit seinen prächtigen Häusern und Villen zieht sich Lovran die Hauptstraße entlang und die Hänge hinauf – mittendrin ein kleiner mittelalterlicher Stadtkern. Die über 100 Jahre alte Uferpromenade, der *Lungomare,* verbindet die Stadt mit Opatija, der schattige Weg an den Fels- und Kiesbuchten entlang ist malerisch; zum Ausruhen stehen Bänke bereit, von denen man einen herrlichen Blick auf die Riviera und die Kvarner-Bucht genießt. Der Ortsname Lovran geht auf das antike *Lauriana* zurück, abgeleitet vom lateinischen *Laurus* – Lorbeer. Und in der Tat wachsen hier neben Pinien, Kastanien und Eichen riesige Lorbeerbäume und -sträucher. Bekannt ist Lovran übrigens auch für seine Maronenbäume, die etwas oberhalb des Ortes gedeihen – Kenner behaupten, hier wüchsen die besten Maronen. Ein guter Grund, diesen Umstand jedes Jahr mit einem mehrtägigen Maronenfest zu feiern. Und weil auch die hiesigen Kirschen die besten der Region sein sollen, gibt es im Juni ein großes Kirschenfest.

Geschichte

Der Überlieferung nach soll ein römischer Patrizier, wahrscheinlich ein Schwiegersohn des Kaisers Augustus, zu Beginn der Zeitenwende einen Sommersitz in Lovran unterhalten haben. Verschiedentlich wird Lovran auch als Schiffs- und Handelszentrum erwähnt. Zur Zeit des Kroatischen Königreichs vom 9. bis ins 11. Jh. gehörte Lovran zum Verwaltungsgebiet Liburnische Küste, das sich bis zum Raša-

Fluss erstreckte. Im 14. Jh. kam Lovran in den Besitz der Habsburger und blieb bis 1918 österreichisch – abgesehen von einer kurzen Unterbrechung von 1809 bis 1815, als Napoleon nach seinem Sieg über Österreich auch Lovran besetzt hielt.

Mitte des 19. Jh. erlebte Lovran durch den Aufstieg Opatijas zur Kurstadt eine neue Blüte – schon vor dem Ersten Weltkrieg wurden zehn Hotels, über 50 Pensionen und 80 Villen, eine moderne Infrastruktur, zwei Badeanstalten und ein Theater aus dem Boden gestampft. Der kleine mittelalterliche Stadtkern blieb trotz des Baubooms glücklicherweise erhalten.

Basis-Infos

Information Tourismusverband, 51415 Lovran, Trg Slobode 1 (neben Kirche), ✆ 051/291-740, www.tz-lovran.hr. Mitte Juni–Mitte Sept. Mo–Sa 8–20, So 9–13 Uhr; sonst Mo–Fr 8–15 u. Sa 9–13 Uhr. Gute Infos zum gesamten Gebiet.

Lovranske Vile d.o.o., Viktora Cara Emina 11, ✆ 051/294-604, www.lovranske-vile.com. Vermietung von Luxus-Villen, Wohnungen u. Zimmern am Meer und an Učka-Abhängen.

Agentur Oriana, Trg Slobode 8, ✆ 051/292-822. Juni–Sept. Zimmer u. Fahrräder.

Agentur Olinfos, organisiert Wander- u. Mountainbiketouren unterschiedlichster Länge/Schwierigkeitsgrade durchs Učka-Gebirge. Paragliden, Klettern etc. Rezine 4, ✆ 051/292-481, ✆ 091/292-4810 (mobil), www.olinfos.hr.

Verbindungen Bus, Linie 32 Rijeka–Opatija–Lovran im 20-Min.-Takt; Bushalt gegenüber Altstadteingang. Linie 36 Lovran–Liganj–Dovreć–Lovranska Draga, Bushalt Straßenbeginn in Richtung Lovranska Draga bzw. gegenüber Markt. Infos bei TIC.

Gesundheit Krankenhaus, Šet. M. Tita 1, ✆ 051/710-200. **Ambulanz**, Ulica 9. rujna 6, ✆ 051/292-080. **Apotheke**, Šet. M. Tita 46, ✆ 051/291-051.

Veranstaltungen Spargelfest, 2. April-Sa. Kirschenfest, 2. Juni-Sa. **Fischerfeste** im Sommer am Hafen. **Marunada** (Maronenfest), 3. Okt.-Woche Fr–So. **Klassikabende** im Sommer in der Georgskirche. Im Febr. wird ausgiebigst der **Karneval** gefeiert.

Wandern Entlang dem **Lungomare** von Lovran nach Opatija 9 km, ca. 1:30 Std. (bis Volosko 12 km). Ins **Učka-Gebirge** von Lovran nach Liganj in 0:45 Std., zum **Vojak-Gipfel** ca. 5 Std. Weg (roter Kreis auf weiß), Lovran–Sv. Roka–Ivulići–Kaluža–Poklon in ca. 2:30–3 Std., Lovran–Dobreć–Berg Poklon ca. 4 Std., Poklon–Vojak 1:30 Std.

Rathauseingang – St. Georg auf seinem Pferd erlegt den Drachen

Übernachten/Essen & Trinken

Übernachten Privatzimmer, großes Angebot über die Agenturen: DZ ab 30 €, Appartements ab 40 €/2 Pers. Nette Pensionen finden sich auch oberhalb von Lovran, in Richtung Lovranska Draga. Am Lungomare laden prachtvolle alte **Villen** zum Übernachten ein – die Auswahl ist riesig. Zur TS Aufschlag von 10–20 %.

Das mittelalterliche Zentrum mit Stadtplatz und altem Rathaus

*** **Pension Štanger**, ca. 1 km vor Lovran (in Richtung Mošćenička Draga). Schöner Blick übers Meer, sehr gutes Restaurant (s. u.), eigener kleiner Felsbadestrand. Gut ausgestattete DZ/F mit Balkon 114 €, Meerblick 140 €, auch Suiten. M. Tita 128, ✆ 051/291-154, www.pansion-stanger.com.

*** **Hotel Bristol**, preiswert nächtigen im alten K & k-Prachtbau mitten im Park an der Uferpromenade. Geräumige Zimmer mit kleinen, überdachten Balkonen; große Frühstücksterrasse. DZ/F ab 86 €, lohnende Meerseite 100 €. V. a. gut für die NS. Maršala Tita 27, ✆ 051/291-022, www.liburnia.hr.

*** **Hotel Lovran**, bestehend aus den Villen Beauregard und Blankenstein von 1880. 1909 wurden diese unter Federführung des österreichischen Architekten Carl Seidl erweitert und umgebaut. Ca. 30 Zimmer, 18 Appartements, gemütlich im 1950er-Jahre-Stil; kleiner Wellnessbereich. DZ/F ab ca. 100 €. Maršala Tita 19/2, ✆ 051/291-222, www.hotel-lovran.hr.

*** **Villa Magnolia**, ebenfalls ein Prachtbau (1904–1906) des Architekten Carl Seidl (s. o.) direkt an der Uferpromenade. Zimmer (2–4 Pers.) ab 125 €. Viktora Cara Emina 11, ✆ 051/294-897, www.villa-magnolia.info.

**** **Villa Eugenia**, im Zentrum, umgeben von üppigem Grün, liegt der alte, aber komfortabel ausgestattete Prachtbau von 1910; sehr gutes Restaurant, Wintergarten und kleiner Wellnessbereich. DZ/F ab 120 €. Maršala Tita 34.

**** **Hotel Villa Vera**, komfortable Zimmer/Appartements, stadtauswärts etwas oberhalb des Lungomare. Zum Relaxen gibt's einen Swimmingpool im Wintergarten und Sauna. DZ/F ab 154 €. Maršala Tita 5, www.hotel-villavera.hr.

》 Mein Tipp: **** **Villa Astra**, im gotisch-venezianischen Blumenstil, 1903 vom venezianischen Architekten Renato Renosco erbaut. Das renovierte Schmuckstück (Mitglied der Schlosshotels) steht inmitten eines palmenbestandenen Parks mit Terrasse und beheiztem Meerwasserpool am Lungomare. Stilvolle Räumlichkeiten zum Entspannen, Wellnessbereich, Tennisplatz und Privatstrand. Das Restaurant mit seinen drei Salons bietet vorzügliche Küche. Komfortable DZ/F ab 246 €. Ul. Viktora Cara Emina 11, ✆ 051/294-400, www.lovranske-vile.com. 《

Essen & Trinken   Restaurant Knezgrad, auf der Terrasse beim Hauptplatz sitzt man gemütlich. Sehr gute Fischgerichte und einheimische Küche wie Gulasch und Gnocchi. Ganzjährig ab 12 Uhr. Trg slobode 12, ✆ 051/291-838.

Restaurant **Štanger**, von der Terrasse Weitblick über die Bucht nach Rijeka. Serviert wird beste traditonelle Saisonküche mit vielen Spezialitäten (→ Übernachten).

>>> Mein Tipp: Restaurant **Villa Astra**, nach Voranmeldung speist man bestens und in zeitloser Eleganz: Slow-Food aus der fantasiereichen, den Jahreszeiten angepassten Küche verwöhnen Auge wie Gaumen. Gemüse und Früchte sind meist aus ökologischem Anbau und mit Bedacht ausgewählt, auch Käse und Fleisch sowie die Kräuter und Tees sind aus dem Učka-Gebirge. Leckerstes Naschwerk und erlesene Weine runden ein Essen ab. V.C. Emina 11, ℡ 051/294-400. **<<<**

Marunada

Das Maronenfest *Marunada*, das früher nur in Dobreć (oberhalb von Lovran) gefeiert wurde, hat sich mittlerweile zu einem regionalen Spektakel ausgeweitet. Lovran beginnt im großen Stil am Wochende Mitte Oktober, danach folgt Liganj und den Festabschluss macht Dobreć. Dann werden überall in den Hotels leckere Maronentörtchen und -kuchen sowie auf den Straßen geröstete Maronen verkauft. Dazu gibt es Theateraufführungen zum Thema Maronen mit maronengeschmückten Kindern, Musik und natürlich jede Menge Wein. Übrigens sind die Bäume allesamt in Privatbesitz. Die Maronen werden vor dem Fest vom Baum geschlagen und reifen dann in Körben nach – so halten sie sich bis zu sechs Wochen frisch.

Sind es Maronen oder Kastanien? Maronen sind frostempfindlich, in der Regel größer und vor allem essbar, da weicher und aromatischer als ihre harten Schwestern.

Sehenswertes

Lovrans mittelalterliches Zentrum betritt man durch das südliche Stadttor gegenüber dem Hafen. Zum großen Kirchplatz führen malerische Gässchen mit einfachen, aber sehr unterschiedlich gestalteten Häusern; einige haben Außentreppen, andere barocke Portale, Balkone, Gärten oder Erker. Viele sind mit Blumen geschmückt und beherbergen kleine Läden, Cafés oder Schmuckgeschäfte.

Am Kirchplatz fallen zwei Gebäude ins Auge: gegenüber dem Gotteshaus das mit einem Holzrelief über dem Steinportal geschmückte **Rathaus** – Sankt Georg, auf seinem Pferd sitzend, durchbohrt mit fester Hand den teuflischen Drachen. Ein paar Meter daneben das **Mustaćon-Haus** (Mustaćon = Schnurrbart), das mit seinem dämonisch dreinblickenden schnurrbärtigen Gesicht über dem Portal die bösen Geister und Feinde abwehren soll.

Eine Steintafel an einer Gartenmauer gegenüber dem Kirchplatz erinnert daran, dass 1845 der sächsische König *Friedrich August II.* hier zu Gast war. Auf dem Platz erhebt sich die **Kirche des heiligen Georg**. Der romanische Campanile aus dem 12. Jh. steht unverändert da, doch die Kirche des Stadtpatrons wurde wegen wiederholter Zerstörungen immer wieder umgebaut. Ihr gotisches, mit alten Fresken bemaltes Gewölbe aus dem 15. Jh. zählt zu den besterhaltenen der Region; die Malereien illustrieren das Leben Christi und die Passionsgeschichte.

Sehenswert am Hafen ist die romanische **Dreifaltigkeits-Kapelle** (Sv. Trojstva) mit spätgotischen Wandmalereien und einer Grabplatte mit glagolitischer Inschrift aus dem Jahr 1595.

Von seiner schönsten Seite erlebt Lovran, wer den **Lungomare**, die traditionsreiche, vor über 100 Jahren erbaute Uferpromenade, zu Fuß erkundet: Durch üppig bepflanzte Parkanlagen schlängelt sich der Weg vorbei an steilen Felsen Richtung Ika. Wer noch weiter will, kann auf der Promenade bis nach Opatija-Volosko laufen (von Lovran aus ca. 12 km). Oder man begibt sich oberhalb der Stadt auf Entdeckungstour, wo an den Abhängen riesige Maronenbäume gedeihen (→ Lovran/Wandern oder Učka-Gebirge).

Lovran/Umgebung

Lohnenswert ist eine Fahrt oder Wanderung hinauf ins Učka-Gebirge mit seinen hübschen Dörfern **Dobreć** und **Liganj** oder dem noch höher liegenden **Lovranska Draga** (12 km). Von dort kann man in 4:30 Std. durch schattige Wälder zum *Berg Vojak* (1401 m) aufsteigen und oben den fantastischen Ausblick über die Kvarner-Bucht und Istrien genießen (→ Lovran/Basis-Infos/Wandern; Medveja/Wandern). In Liganj ist die Verwaltung des Naturparks Učka (→ Naturpark Učka-Gebirge). Busverbindungen gibt es von Lovran bis Lovranska Draga. Eine hübsche Kurzwanderung von insgesamt 0:45 Std. Gehzeit bietet sich von Lovranska Draga zum Wasserfall **Šetnica Slap** an. Wer Glück hat, sieht sogar Erdkröten und Feuersalamander. Der Weg führt entlang des Wildbaches durch Kastanienhaine sowie Eichen- und Hainbuchenwald.

Übernachten/Essen Konoba Lovranska **Draga**, preiswertes und gutes Lokal. In der Saison ab 15 Uhr. Cesta za Lovransku Dragu 19 b, ✆ 051/292-720.

》》》 Mein Tipp: Hotel Draga di Lovrana, die alte Zollstation auf dem einstigen Schmugglerweg zählt zu den gastronomischen Topadressen des Landes. Von außen eher schlicht, besticht das Innere durch unauffällige Eleganz und Feinheit mit besten Materialien (u. a. Murano-Glas, Marmor). Durch den breit verglasten, weißen Speiseraum und von der Terrasse hat man einen herrlichen Blick auf Učka und das Meer. Schon morgens durchzieht das Haus der Duft der verschiedenen selbst gebackenen Brötchen, Fische und frisches Gemüse

liegen parat. Die Zimmer sind komfortabel und behaglich eingerichtet. DZ/F 206 €, auch Appartements. Ganzjährig. Lovranska Draga 1, ✆ 051/294-166, www.dragadilovrana.hr. 《《

***** Landhaus Oraj, wundervoll renoviertes, 200 m^2 großes Landhaus (8–10 Pers.) von 1896 mit Blick aufs Meer oberhalb von Lovranska Draga. Wer Abgeschiedenheit sucht, ist hier richtig. Neben 4 Schlafzimmern (eigene Bäder) gibt es einen Wohnraum, einen großen Speiseraum, Feuerplatz, Terrasse und einen schönen, verwilderten Garten. Das einzig „Stillose", aber Nützliche ist der kleine Plastikpool. Nach Bestellung gibt es köstliche Landhausküche. Preis auf Anfrage. www.lovranske-vile.com.

Naturpark Učka-Gebirge

Dem sanft von der Plomin-Bucht in Richtung Norden ansteigenden Bergzug ist es zu verdanken, dass an der Opatija Riviera auch im Winter milde Temperaturen herrschen, sodass die subtropische Pflanzenwelt üppig gedeihen kann. Seine höchste Erhebung, der Berg Vojak, misst 1401 m.

Das Učka-Gebirge, wegen seines 922 m hohen *Poklon-Bergsattels* auch *istrischer Olymp* genannt (Učka – lat. *mons maximus*), ist im Norden mit der *Ćićarija-Gebirgskette* verbunden; die Straße über den Poklon-Bergsattel verbindet seit alters her das istrische Hinterland mit der Kvarner-Bucht. Seit 1981 ist dieser Weg kürzer: Der Verkehr von der Nordwestküste Istriens nach Opatija und Rijeka fließt

Učka-Gebirge – der Vojak bietet fantastischen Fernblick nach allen Seiten

seitdem durch den 5 km langen Učka-Tunnel (3,80 €). Von Lovran (0 m), aber auch von Medveja, Mošćenička Draga und Opatija führen schöne Wanderwege auf den 1401 m hohen *Vojak*, den höchsten Berg im Učka-Gebirge(→ Wandervorschläge bei den jeweiligen Ortskapiteln und Kleiner Wanderführer/Wanderungen 1, 2, 3, ab S. 394). Die Pfade verlaufen durch eine unbesiedelte Gegend mit etlichen Höhlen, Wasserfällen (u. a. Šetnica Slap, → Lovran/Umgebung), einer Vielzahl an geschützten endemischen Pflanzen (u. a. die hübsche rosafarbene Učka-Glockenblume) und Tieren; Bären und Wölfe gibt es im Učka-Naturpark zwar keine mehr, aber in den heißen Monaten sollte man auf Schlangen achten (mehr Infos zu Fauna und Flora in den Kapiteln Flora und Fauna). Mountainbikefans mit Kondition können das Učka-Gebirge auf einer 200 km langen Tour umrunden.

Eine Besonderheit des Naturparks ist das **Naturdenkmal Vela Draga** mit seinen meterhoch aufragenden Kalksteintürmen an der Nordostflanke des Gebirges. Ein Lehrpfad führt in 0:20 Std. zum Aussichtspunkt des Vela-Draga-Tales; wer hinab gehen und den Kletterern an den bizarren Felsen zusehen möchte, benötigt unbedingt gutes Schuhwerk und weitere 0:30 Std. (Startpunkt ist der Parkplatz unterhalb der Tunnel-Mautstelle, Straße Richtung Vrana). Es gibt auch geführte mehrstündige Wanderungen durch den Canyon.

Den **Poklon-Sattel** erreicht man von Opatija oder Ičići aus. Auf der Strecke gibt es viele gute, preiswerte Restaurants mit schönen Terrassen und Blick über die Kvarner-Bucht. Auf dem Bergsattel steht die *Unterkunftshütte Poklon*, an der Straße die *Restaurant-Pension Učka*, wo man parken kann. Von hier ist in gut 1:30 Std. Gehzeit auf dem *Lehrpfad Plas* der 1911 erbaute Aussichtsturm (mit Info-Stelle) auf dem Vojak-Gipfel erreicht (auch per Auto erreichbar).

Ein Aufstieg zum **Vojak** ist lohnenswert, von Lovran sind es gute 5 Std. Aufstieg (rote Markierungen). Bei klarer Sicht sind im Südosten alle vier großen Kvarner-Inseln und das Velebit-Gebirge zu sehen – im Norden reicht der Blick bis in die rund 120 km entfernten Julischen Alpen mit dem Triglav! In den Sommermonaten gibt es organisierte Bus- und Wanderausflüge von Lovran und Opatija bis zum Restaurant (Infos in den Agenturen); zusätzlich pendelt an den Sonntagen im Juli und August ein Bus von Opatija ins Učka-Gebirge (→ dort).

 Wanderung 1:
Auf dem Wander- und Lehrpfad zum Berg Vojak (1401 m)   → S. 394
Leichte Wanderung durch Buchenwald vom Poklon-Sattel zum Učka-Gipfel.

Information   Naturpark Učka, Verwaltung, Liganj 42, 51415 Lovran, ☎ 051/293-753, www.pp-ucka.hr. Mo–Fr 8–16 Uhr.

Info-Punkt Vojak (Turm), zudem **Info-Punkt Poklon-Sattel** (beim Restaurant mit E-Bike-Verleih), ☎ 051/299-643. Mai–Okt. tägl. 9–17 Uhr, Juli/Aug. bis 19 Uhr.

Anfahrt zum Poklon-Bergsattel   Per **Bus** (Nr. 33, 34, 37) So 9.30 u. 14 Uhr von Opatija, zurück um 10.30 u. 15.40 Uhr. Per **Auto**: von Opatija-Ičići ca. 18 km gute, aber kurvenreiche, teils schmale Straße über Veprinac hoch; oder fast kurvenlos über Opatija-Matulji, dafür aber 8 km länger.

Anfahrt zum Vojak   Zuerst wie oben, dann vom Poklon-Bergsattel weiter, kurz nach dem Restaurant Dopo Lavoro links in schmale Asphaltstraße abzweigen, in ca. 6 km erreicht man den Parkplatz unterhalb des Aussichtsturms – von hier ist der Gipfel in ein paar Minuten erklommen.

Veranstaltungen   Učka-Fest (Učkarski Sajam), 2. So im Sept., 10–20 Uhr, am Parkplatz Poklon-Sattel. Gezeigt werden u. a. Kohle- und Käseherstellung und natürlich gibt es Essen, Trinken und Ethnomusik.

Učka-Trail, Mitte Sept., verschiedene Rennabschnitte. Info/Registrierung: www.uckatrail.com.

Wander-/Mountainbiketouren (→ Opatija, Lovran, Medveja, Mošćenička Draga u. Plomin, ebenso Busverbindungen). Mountainbiker können sich auf 200 km vergnügen, zudem gibt es die Broschüre **Učka-Bike** u. die **Wanderkarte Učka** (1:30.000), bei TIC erhältlich.

Agentur Olinfos, organ. Touren (→ Lovran).

Übernachten/Essen   Restaurant-Pension Učka, am Poklon-Bergsattel. Schöne Terrasse mit Blick über die Kvarner-Bucht. 10 Zimmer werden vermietet; Fahrradmietung und organisierte Wanderungen. Die Küche serviert gutes istrisches Essen. Vela Učka b. b., ☎ 051/516-899, www.pansion-ucka.com.

》》 Mein Tipp: Restaurant Dopo Lavoro, bekannte und gute Adresse in Vela Učka. Leckere istrische Spezialitäten wie Aufschnitt, Gnocchi, Wild, Trüffelgerichte. Sitzgelegenheiten auch vor dem Haus. Vela Učka 9, ☎ 051/299-641. 《《

Berghütte Na Poklonu, oberhalb der Straße. Ganzjährig am Wochenende bewirtschaftet; auch Übernachtungsmöglichkeiten. ☎ 051/712-785, 091/783-3564 (mobil, Fr. Marica Tomaško).

Käse-Alm, im Weiler Mala Učka.

Medveja

Der kleine Fischerort liegt direkt an der im Sommer stark frequentierten Küstenstraße. Gebadet wird am schönen Kiesstrand und in den kleinen Buchten rundum. Auf Wanderfreunde warten reizvolle Pfade hoch ins Učka-Gebirge.

Auf dem *Kap Cesara* erhebt sich die **Villa Castello** mit ihrem romanischen runden Turm, gegenüber auf dem *Kap Medveja* die **Villa Susmel** – dazwischen ein langer, sonnenverwöhnter Strand. Die Schattenseite der Strandidylle ist das Parkproblem, die Küstenstraße ist im Sommer meist zugeparkt.

Ob sich der Bär von Učka hier schon einmal blicken ließ, darf allerdings bezweifelt werden, obschon sich der Name Medveja wahrscheinlich von Medvjed (Bär) und nicht vom griechischen Medea ableitet.

> **Wanderung 2:**
> **Von Medveja über Mala Učka nach Mošćenićka Draga** → S. 397
> Mittelschwere Rundwanderung über Almen im aussichtsreichen Učka-Gebirge.

Information Touristinformation, 51415 Lovran-Medveja, Medveja b. b., ℅ 051/291-296. Mitte April–Mitte Sept. Mo–Fr 9–14.30 Uhr (Juli/Aug. auch Sa).

Verbindung Bus, von Opatija und nach Mošćenićka Draga, im 2-Std.-Takt.

Übernachten/Camping Privatzimmer ab 20 €/Pers.

*** Camping Medveja, schöner 9-ha-Platz auf bewaldeter Wiese, durch die Uferstraße von Meer und Strand getrennt. Die Anlage zieht sich in die lange Talsenke. Mit Restaurants, Disco, Bar u. Supermarkt. Tauchclub, kleiner Hafen, Windsurfen, WiFi. Stellplatz (inkl. Auto und max. 4 Pers.) ab 53 €. Auch Mobilhausvermietung u. schöne Appartements/Bungalows. Ende Mai–Mitte Okt. ℅ 051/710-444, www.remi sens.com.

Essen & Trinken Restaurant Medvejica, am Campingplatz.

Konoba Punta, Straße Richtung Kali. Klein und gemütlich; nur Mitte Juni–Mitte Sept. Medveja 33.

Konoba-Pension Kali, im Weiler Kali, ca. 600 m oberhalb von Medveja. Von der überdachten Terrasse schöner Blick aufs Meer. Hier kommen Pasta-Fans auf ihre Kosten, 10 verschiedene hausgemachte Sorten gibt es, z. B. gefüllt mit Ricotta u. Pršut in Scampisauce; zudem Lamm aus der Peka vom lodernden Holzofen. Auch leckere Souvenirs: u. a. Feigenkuchen oder Maronencreme. Auch Unterkünfte. Ganzjährig, tägl. 11–24 Uhr. Kali 39, ℅ 051/293-268, 098/563-872 (mobil), www.konobakali.hr. ■

Tauchen Am Strand gibt es Sub-Service; Tauchgänge, Kurse, Füllung. ℅ 051/272-153.

Wanderungen ins Učka-Gebirge Bei allen Wanderungen an genügend Trinkwasser und rutschfeste Schuhe denken! (→ Kleiner Wanderführer/Wanderung 2).

Wanderung Medveja (Camp)–Lovranska Draga–Wasserfall (Slap): über markierten Pfad durch Kastanien- und Hainbuchenwald in 2 Std. erreichbar. Die letzte knappe halbe Stunde verläuft schön am Bach entlang – hier wachsen u. a. Alpenveilchen und im Frühjahr blüht der Alpengoldregen.

Rundtour zum Gipfel Vojak und Mala Učka (ca. 8 Std.): Beginn ist beim Taleinschnitt,

Lauschige Badeplätzchen mit Unterwasserwelt

nördlich vom Campingplatz (rote Markierung) in Richtung Lovranska Draga. Dort bietet sich die Möglichkeit, den nördlich erhöht vom Ort liegenden Wasserfall (Slap) zu besuchen (ca. 1 Std. insg.). Der Weg muss unten fortgesetzt werden. Es geht kontinuierlich über Na Dole bis zum Sedlo bergan. Einen kurzen Gipfelbesuch auf dem Vojak sollte man nicht versäumen.

Vom Sedlo geht es auf der Rundtour nach Süden zum Mala Učka, dort kann man sich in der Käse-Alm stärken und frisches Quellwasser trinken (→ Mošćenićka Draga). Dann folgt der steile Abstieg zurück nach Medveja über Pavlinov dolac (Wegverlängerung nach Mošćenićka Draga möglich, s. o.).

Mošćenićka Draga
Porto Moschienizze

Der kleine Touristenort mit schönem Kiesstrand und Uferpromenade liegt an der kilometerlangen, viel besuchten Bucht von Draga vor den grünen Abhängen des Učka-Gebirges.

Das einstige Fischerdorf, dessen Häuser sich um den Hafen gruppieren, ist wegen seiner guten Bade- und Übernachtungsmöglichkeiten beliebt und im Sommer oft überlaufen. Dicht an dicht lagern dann die Sonnenhungrigen am sehr gepflegten Kiesstrand, wo die „Blaue Flagge" weht. Zum Bummeln lädt die baumbestandene Uferpromenade ein, die Richtung Süden zu einer weiteren Kiesbucht, der Sv.-Ivan-Bucht bei der Villa Rubin, führt. Hier tummeln sich die Taucher, die in der Nähe ihre Basis haben. In der Nebensaison allerdings ist der Ort beschaulich. Wer ein Boot hat, kann zu weiteren einsamen Buchten schippern.

Sehenswert ist im etwa 1 km nördlich gelegenen Ortsteil Sv. Petar die **Kapelle Sv. Petar** von 1454, an der Kirchentür mit glagolitischer Inschrift versehen. Sie zählt zu den ältesten dieser Gegend. Vom dazugehörigen Kloster sind nur noch Grundmauerreste zu sehen.

Von der Villa Rubin führt eine schweißtreibende Treppe mit über 700 Stufen hinauf zum mittelalterlichen Städtchen **Mošćenice** (→ Mošćenićka Draga/Umgebung). Hinauf in Richtung Učka-Gebirge führen viele unterschiedlich lange Wanderwege, u. a. der Lehrpfad „Mitsko povijesna staza" (zu den Mythen und zur Geschichte der Slawen) nach Trebišća und weiter zum Berg Perun auf 881 m.

 Wanderung 3: Von Mošćenićka Draga nach Trebišća   → S. 403
Leichte Wanderung auf dem mythisch-historischen Pfad durch das Draga-Tal.

Basis-Infos

Information   Tourismusverband/TIC, 51417 Mošćenićka Draga, Aleja Slatina b. b. (beim Parkplatz), ℡ 051/739-166, www.tz-moscenicka.hr. Juni–Sept. tägl. 8–20 Uhr, sonst Mo–Fr 8.30–14 Uhr.

Agentur Annalinea, Stari Grad 1 (Ortsmitte), ℡ 051/737-207, www.annalinea.com. Geöffnet wie TIC.

Info-Stand Annalinea, Hauptstraße (Ortszufahrt), ℡ 051/737-506. Zimmer, Ausflüge.

Verbindungen   Bushalt für **Regionalbusse** im Ort: Bus Nr. 32 nach Lovran–Rijeka (alle 3 Std., 16 KN). Bus Nr. 32a nach Mošćenice–Brseč–Zagore. **Expressbusse** (Abfahrt Hauptstr.) fast stündl. nach Pula (100 KN) und Richtung Opatija u. Rijeka (ca. 40 KN).

Gesundheit Apotheke ☎ 051/737-645; Ambulanz ☎ 051/737-608.

Veranstaltungen   Kulturprogramm von Juni bis Sept., u. a. mit Klassikkonzerten, Regattas mit alten Holzsegelbooten. Mošćenička Draga ist bekannt für seinen Karneval im Febr., bei dem „pust", eine 25 m hohe, bemalte Holzfigur, am Hafenplatz in Flammen aufgeht. **Bluesfestival,** Mitte Juli Fr–So. **Trad. Holzsegelboote-Regatta,** 2. Juliwochenende.

⊙ Übernachten/Essen & Trinken

Übernachten Großes Angebot an **Privatzimmern** und **Appartements.** Schön wohnt man an der Uferpromenade.

》 Mein Tipp: *** **Villa Kleiner,** ruhig an der Uferpromenade, familiär geführt (dtsch.-kroat. Ltg.). Mit Sauna, beheiztem Pool und schönem terrassierten Garten. Nette, geräumige Zimmer/Appartements mit Balkon/Terrasse und Blick aufs Meer. 80 €/2 Pers. (Okt.–April 70 € inkl. Frühstück). Ganzjährig geöffnet. Fam. Kleiner, Šetalište 25. travnja 28, ☎ 051/737-544, www.villa-kleiner.com. 《

*** **Villa Privileggio,** 2-stöckiger Neubau im Ort mit komfortabel ausgestatteten Zimmern. DZ/F mit Balkon ca. 100 €. Potok 5 a, ☎ 051/271-271, www.villa-privileggio.hr.

*** **Villa Pinia,** umgeben vom üppigen Garten an der Uferpromenade. Hier gibt es 5 nette Appartements. Šetalište 25. travnja 24, ☎ 051/737-657.

*** **Hotel Mediteran,** direkt am Strand; die Einrichtungen von Hotel Marina können mitbenutzt werden. Schön sind die DZ/F mit Balkon u. Meerblick für 120 €. Juni–Anf. Sept. Trg Slobode 1, ☎ 051/710-444, www.remisens.com.

**** **Hotel Marina,** abseits vom Strand. Großes Meerwasserhallenbad, ansprechendes 5-Elemente-Wellness-Spacenter, Fitnessbereich, Tennis, Tauchcenter, Fahrradverleih. DZ/HP ab 124 €. März–Okt. Aleja Slatina 2, ☎ 051/710-444, www.remisens.com.

*** **Villa Rubin,** schöne Lage, direkt am Strand Sv. Ivan. Zimmer/Appartements, Restaurant/Pizzeria. Leider sehr einfache DZ/F und Balkon 90 €. Ende März–Sept. Šetalište 25. travnja 37, ☎ 051/737-637, www.villa-rubin.com.

Übernachten außerhalb 》 Mein Tipp: *** **Villa Iris,** im kleinen Weiler Donji Kraj, ca. 4 km in Richtung Lovran. Sehr gut ausgestattete Zimmer mit Wintergarten, umgeben von einem üppig wuchernden Garten und mit herrlichem Meerblick. Rund 200 m sind es bis zum Strand. DZ/F 96 €. Fam. Ibric (kroat.-schweiz. Ltg.), Donji Kraj 11, ☎ 051/737-805, www.villairis.ch. 《

Camping *** **Autocamp Draga,** schattiges 2,2-ha-Gelände (Ortsbeginn). Teils ebenes, teils terrassiertes Gelände. Supermarkt. Pro Pers. 7,80 €, Parzelle 18 €. Mitte April–Mitte Okt. ☎ 051/737-523, www.autocampdraga.com.

Essen & Trinken Zahlreiche Cafés/Eisdielen entlang der Uferpromenade.

Konoba Benito, serviert Fischgerichte und schmackhafte Kalamari auf der Terrasse – schöner Blick auf den Hafen, die dümpelnden Boote und gen Strand. ☎ 051/737-502.

Konoba Žijavica, schönes Sitzen direkt an der Uferpromenade oder im gemütlichen modernen Innern. Vom jungen Team gibt's Saisonküche; leckere Vorspeisenplatten, Oktopus-Carpaccio, hausgemachte Fuži oder Mönchsfisch in Malvazija. April–Okt. Šetalište 25. travnja 2, ☎ 051/737-243.

》 Mein Tipp: Restaurant Johnson, Spitzenlokal mit gemütlicher Terrasse und Wintergarten. Nur aus besten Zutaten kreieren die Brüder Dean & Dragan Jurdana ihre schmackhaften Fisch- u. Fleischgerichte sowie die verführerischen Desserts; ausgewählte Weine. Ostern–Okt. Majčevo 29 b (Straßenbeginn Richtung Mošćenice), ☎ 051/737-578. 《

Bistro Sportsko, neben dem Campingplatz. Ganzjährig.

Mehr zu Istrien finden Sie in unserem Reisehandbuch „**Istrien**" von Lore Marr-Bieger, 5. Auflage 2017.

Kvarner-Bucht – Opatija Riviera → Karte S. 79

Sport

Tauchen Diving Center Marine Sport, Ausbildungen zum OWD, AOWD, Spezialkurse, Schnuppertauchen, Ausrüstung, Tag- und Nachttauchen an Wrack oder Steilwand. Tauchbasis Hotel Marina, ✆ 091/515-7212 (mobil), www.marinesport.hr.

Wanderungen ins Učka-Gebirge Bei allen Wanderungen an genügend Trinkwasser und rutschfeste Schuhe denken! Es gibt u. a. einen Rundweg Mošćenička Draga–Mala Učka–Medveja sowie den Lehr- und Wanderpfad Mošćenička Draga–Trebišća (→ Kleiner Wanderführer/Wanderungen 2, S. 397 und 3, S. 403).

Mošćenička Draga/Umgebung

Mošćenice (Moschienizze): Das mittelalterliche Städtchen thront etwa 2 km oberhalb von Mošćenička Draga. Der Aufstieg lohnt – von hier oben genießt man einen weiten Blick über die Kvarner-Bucht und die Inseln. Die wehrhafte Altstadt ist sehr klein – ihr Hauptplatz liegt außerhalb vor dem Zentrum; die Außenmauern der dicht im Kreis zusammengedrängten Häuser boten in früheren Jahrhunderten Schutz vor den Truppen Venedigs, von hier oben kontrollierten die Piraten die Meerenge Vela vrata. Heute sind noch ein paar Hausmauern, der Turm und das Tor (17. Jh.) erhalten. Im *Museum* (Juli/Aug. 9–13/17–21 Uhr, danach 10–17 Uhr; Eintritt 10 KN) gleich am Stadteingang ist u. a. eine alte Olivenpresse zu besichtigen, die bis in die 1970er-Jahre in Betrieb war. Und schließlich geht es auf 700 steilen Stufen wieder abwärts nach Mošćenička Draga zur Villa Rubin. Eine schöne Panoramastrecke führt in 8 km u. a. über die Weiler Sv. Jelena und Martina hinab nach Brseč – auch eine schöne Mountainbikeroute.

Mošćenice – das mittelalterliche Städtchen thront oberhalb der Küste

Essen/Übernachten   »> Mein Tipp:
Restaurant-Pension Perun, von der Terrasse genießt man einen fantastischen Weitblick über die Kvarner-Bucht. Spezialitäten sind u. a. mit Schinken u. Käse gefüllter Tintenfisch, Fischgerichte, zudem leckere Kuchen u. Desserts. Ganzjährig ab 11 Uhr. Auch Zimmervermietung. ✆ 051/737-515. «<

»> Mein Tipp: Konoba Slamnjaki (Ltg. Fr. Milena Malinarić), ein wunderbarer Platz mit idyllischer Terrasse – ein paar Meter entfernt kann man das Panorama auf die Kvarner-Inseln genießen. Spezialitäten sind Fuži, Ravioli und Schweinelendchen. Tägl. außer Mo 11–22 Uhr. Sv. Jelena 25 a, ✆ 051/290-132. «<

Brseč (Bersez): Etwa 10 km südlich von Mošćenička Draga (Richtung Labin) thront auf einem 157 m hohen Felsen der mittelalterliche Ort, der schon in der Vorgeschichte besiedelt war. Die Brseč umgebende Wehrmauer mit einigen glagolitischen Inschriften ist noch gut erhalten; den Ort überragt der Glockenturm der *Georgskirche*, die im Innern mit Fresken (16. Jh.) von Albert von Konstanz geschmückt ist (den Schlüssel gibt's bei Fr. Wanda, die nahe der Kirche wohnt). Etwas unterhalb auf einem Felsvorsprung direkt über dem Meer steht die *Kapelle Sv. Magdalene* – noch weiter bergab geht's zu einer schönen Badebucht.

Ein Wanderpfad führt von Brseč zur südlichsten Spitze des Učka-Gebirges auf den 835 m hohen *Berg Sisol*. Die Fernsicht von hier oben auf die gegenüber liegenden Kvarner-Inseln ist fantastisch. Wer mag, kann die Wanderung am Kamm in Richtung Mala Učka fortsetzen oder Richtung Mošćenice (s. o.) mit dem Mountainbike fahren.

Im Ort das **Restaurant Batelan** u. **Pizzeria Sisol,** zudem Übernachtungsmöglichkeiten: u. a. **Fam. Galović Bogdan,** Brseč 9, ✆ 051/290-017 oder **Fam. Nada Bremuš,** Brseč 41, ✆ 051/290-022.

Zagorje: Weitere 2 km südlich von Brseč liegt dieser Weiler mit dem Geburtshaus von *Eugen Kumičić* (1850–1905), einem bekannten kroatischen Schriftsteller, der hier seine Liebesromane verfasste. Heute residiert in dem umgestalteten, idyllischen Gebäude mit Nebentrakten der international anerkannte Bildhauer *Ljubo de Karina* geb. 1947); seine Werke können besichtigt werden.

Versteckte Badebucht bei Brseč

Brestova: Wenige Kilometer südlich von Zagore, einem winzigen Bergdorf, kommt der Abzweig zum *Trajekthafen* zur Insel Cres, mit Café-Bistro; das Sträßchen führt in steilen Serpentinen hinab. Vom Hafen ist man per Trajekt in ca. 20 Min. im gegenüberliegenden Fährort Porozina (→ Insel Cres, S. 179).

Rijeka ist das Geschäfts- und Kulturzentrum der Kvarner-Region

Kroatisches Küstenland – von Rijeka nach Kraljevica

Das Kroatische Küstenland *(Hrvatsko primorje)* umfasst das Gebiet von Rijeka bis zur Mündung der Zrmanja und der Maslenica-Brücke am Eingang zur Halbinsel Ravni kotari mit der großen Hafenstadt Zadar.

Kurz vor Rijeka, bei Matulji, genießt man noch einen weiten, smogfreien Blick auf die Kvarner-Bucht und die futuristisch anmutende Silhouette der großen Hafen- und Industriestadt **Rijeka** – sie bietet eine nette Altstadt, eine Reihe sehenswerter Museen und einen großen Markt mit sämtlichen Produkten der Umgebung und lohnt durchaus einen Stopp. Ebenso das mittelalterliche **Kastav** nördlich von Rijeka. Naturliebhaber und Wanderfreunde wird es in den **Nationalpark Risnjak** ziehen, den man am schnellsten über die A 1 erreicht. Küsten- wie Umgehungsstraße verlaufen um die Buchtspitze südlich von Rijeka und führen durch die Industriebucht von Bakar. Malerisch liegt das alte **Bakar** an der tiefen Bucht – die Zeit scheint hier stehengeblieben zu sein. Südlich der Bucht folgen die Straßenorte **Bakarac** und**Kraljevica** am Buchtende. Von hier aus erreicht man über die Brücke die **Insel Krk** (→ Insel Krk S. 231).

Rijeka

Die Handelsgroßstadt (154.000 Einwohner) ist Kroatiens drittgrößte Stadt, bedeutendster Hafen, Verkehrsknotenpunkt und wichtiges Transitzentrum für Touristen. Zudem ist Rijeka Kunst- und Kulturzentrum des Nordens. Das italienische „Novecento" prägt heute die Architektur von vielen Prachtbauten. Zahlreiche Museen lohnen eine Besichtigung, ebenso ein Spaziergang hinauf zum Stadtberg Trsat mit seiner Wallfahrtskirche und Festung – ein Weitblick über die Metropole der Kvarner-Region und die Inseln ist garantiert.

Wegen der oberhalb Rijekas verlaufenden Umgehungsautobahn zwängt sich etwas weniger Verkehr durch die Stadt, die oft in einer Dunstglocke verschwindet. Die

Altstadt birgt wunderschöne, aber zum Teil leider sehr marode Gebäude – Zeugen einer langen Geschichte, in deren Verlauf zahlreiche Nationalitäten mit ihrem unterschiedlichen Kunstverständnis das Stadtbild prägten. Die Altstadt wird nun langsam saniert und zahlreiche prachtvolle Fassaden präsentieren sich in neuem Anstrich, die Fußgängerzone *Korzo* lädt zum Flanieren und Surfen (WiFi) ein, entlang der breiten Uferpromenade Riva gibt es einige nette Restaurants und Trend-Lokale. Das Altstadtzentrum ist klein und alles befindet sich in Laufweite. Kulturfreunde finden eine Reihe interessanter Museen oder können das alte Theater besuchen. Berühmt ist Rijeka für seinen Karneval. Die Lage des Fährhafens mitten im Zentrum an der Uferpromenade Riva ist für Schiffsreisende günstig – so können auch sie der Stadt problemlos zumindest einen Kurzbesuch abstatten.

Geschichte

In der wechselvollen Geschichte Rijekas hinterließen bereits die Kelten und Römer ihre Spuren, vom 9. bis 12. Jh. gehörte die Ansiedlung zum kroatischen Königreich. Im 13. Jh. wurde das damalige *Trsat* vom kroatisch-dalmatinischen Adelsgeschlecht Frankopan beherrscht, das für den Ausbau der Siedlung sorgte.

Nachdem die Stadt mit kurzen Unterbrechungen seit dem 15. Jh. als „St. Veit am Flaum" vom Hause Habsburg regiert worden war, erfuhr sie unter Karl VI. und Maria Theresia im 18. Jh. einen großen wirtschaftlichen Aufschwung. Unter der Herrschaft der Ungarn im 19. Jh. erlebte Rijeka seinen wirtschaftlichen Höhepunkt, der Hafen entwickelte sich zum achtgrößten Europas, die unterschiedlichsten Industriezweige entfalteten sich und 1871 eröffneten die ersten Banken. Kapitalkräftige Kaufleute aus ganz Europa ließen sich nieder, investierten, und monumentale Bauten entstanden. Bedeutend für die Entwicklung der Stadt war die Gründung einer der ersten Ölraffinerien im Jahr 1882.

Seinen wirtschaftlichen Niedergang erlitt Rijeka zwischen 1915 und 1918 mit der Seeblockade von Otranto.

Unmittelbar nach dem Krieg wurde Rijeka von italienischen Freischärlern unter der Führung des nationalistischen Schriftstellers *Gabriele d'Annunzio* besetzt, dann zwischenzeitlich zur Freistadt erklärt, um 1924 schließlich unter dem Namen *Fiume* doch dem italienischen Staat zugeschlagen zu werden. Die Wirtschaft stagnierte und die Bevölkerung wurde zwangsweise „italienisiert". 1947 schließlich ging Rijeka durch eine Volksabstimmung an das damalige Jugoslawien zurück, nachdem es 1945 von der deutschen Besatzung befreit worden war.

1991 erklärte Kroatien seine Unabhängigkeit von Jugoslawien, Rijeka blieb vom Unabhängigkeitskrieg verschont. Inzwischen blüht die Wirtschaft der Stadt langsam wieder auf, unterstützt

Das Stadttor mit Uhrturm, 15. Jh.

durch die Gründung von Freihäfen für Österreich und Ungarn. Neben Geschäftsleuten finden sich aber auch mehr und mehr Touristen in der Stadt ein, 2020 wird
Rijeka sogar Kulturhauptstadt. Leider wurde die jahrzehntelang operierende Küs-
tenfähre von Rijeka nach Dubrovnik 2014 eingestellt, die für viele Gäste ein ideales
Sprungbrett in den Süden war.

Karolina Riječka – die Heldin Rijekas

Karolina ist der Name einer mutigen Stadtbewohnerin des 19. Jh. Ihre „Frau"
stand die Kaufmannsgemahlin während der Napoleonischen Kriege, als die
Engländer versuchten, den Franzosen Rijeka abspenstig zu machen. Tapfer
trat die hübsche junge Frau dem englischen Oberbefehlshaber gegenüber
und bat ihn, wahrscheinlich mit einem tiefen Augenaufschlag, Rijekas Einwohner vor einem Bombardement zu verschonen. Tatsächlich fiel nur ein
Kanonenschuss, die Kugel steckt noch heute in der St.-Veit-Kathedrale: Die
Heldin von Rijeka war geboren. Heute noch erinnert man sich dankbar an
Karolina, nach der u. a. Straßen, Kuchen und Cafés benannt sind.

Information

Tourist Card (in Rijeka u. Opatija
gültig; www.touristcard.hr): 50 KN
(24 Std.), 80 KN (48 Std.) und
100 KN (72 Std.), gültig jeweils ab
Stempelung. Gewährt werden
u. a. freier Eintritt in Museen und
Galerien; Gratisbenutzung aller
öffentl. Verkehrsmittel sowie des
Touristenbusses; Rabatt in einigen Shops und Restaurants. Erhältlich bei TIC in Rijeka und
Opatija.

Tourismusverband (TIC), Korzo 14, 51000
Rijeka, ✆ 051/335-882, www.visitrijeka.eu,
www.kvarner.hr (gesamte Region). Mitte
Juni–Mitte Sept. Mo–Sa 8–20, So 8–14 Uhr,
Feiertag 8–14 Uhr; sonst Mo–Fr 8–19.30,

Sa/Feiertag 8–13.30 Uhr, So geschlossen.
Infos auch für Privatunterkünfte.

Info-Touchscreens: Ecke Riva/Trg Republike Hrvatske und am Schiffsterminal.

Infopunkt Burg Trsat (TIC), Petra Zrinskog
b. b., ✆ 051/217-714. Juni–Sept. tägl. 9–
20 Uhr, sonst tägl. 9–17 Uhr.

Jadrolinija, Riječki lukobran b. b., Fahrkar-
tenverkauf ✆ 051/211-444, www.jadrolinija.
hr. Geöffnet 7–18 Uhr, auch später (je nach
Abfahrt der Schiffe), Sa 8–14.30, So 11.30–
15 Uhr.

Croatia-Airlines, Jelačićev trg 5, ✆ 051/330-
207, www.croatiaairlines.com. Mo–Fr 8–16,
Sa 9–12 Uhr.

Autotrans, Riva 22, ✆ 051/212-228, www.
autotrans-turizam.com.hr. Fahrkartenver-
kauf für Bus und Flug, Informationen, Privatunterkünfte.

Verbindungen   → Karte hinterer Umschlag

Fähren Katamaran (www.krilo.hr) **Rijeka–
Cres–Martinšćica–Unije–Susak–Ilovik–Mali Lošinj**: tägl. und ganzjährig. Abfahrt Rijeka 17 Uhr, ab Anf. Sept. 14.30 Uhr (zu Schulbeginn!), So 15 Uhr, hält bis auf Cres nicht
tägl. überall. Nach Mali Lošinj je nach
Stopps ca. 3:30–4:30 Std. Fahrtzeit. ✆ 051/
618-176.

Katamaran (www.jadrolinija.hr) **Rijeka–Rab
(Stadt)–Insel Pag (Novalja)**: tägl. ganzjährig. Abfahrt Rijeka 17 Uhr, ab Anfang Sept.
Abfahrt 14.30 u. So 15 Uhr. Nach Rab
1:45 Std., nach Novalja 2:30 Std. Fahrtzeit.

Busse Busbahnhof für **Überlandbusse**:
Žabica 1, Info und Reservierung ✆ 051/660-

Kroatisches Küstenland
Rijeka - Kraljevica

5 km

Küstenland – von Rijeka nach Kraljevica → Karte S. 107

300, www.autotrans.hr. Tickets und Gepäckaufbewahrung 6–22 Uhr. Busse zu den Inseln Krk, Rab, Cres–Lošinj, Zadar; ebenfalls stündl. Busse nach Zagreb, Fahrtzeit zwischen 2:15 und 2:40 Std., je Bus 66–120 KN; zudem Busse zum Flughafen Triest, ca. 2:30 Std.

Touring-Busse nach Deutschland. In der Saison Reservierung erforderlich! *Achtung*, am Busterminal teils unübersichtliches Ein- und Abfahren der vielen Busse, d. h. aufpassen, dass man seinen Bus nicht verpasst!

Busbahnhof für **Regionalbusse**: Jelačić trg, (östl. des Fährhafens beim Toten Kanal). Verbindungen innerhalb der Stadt, zudem mit Opatija (Nr. 32), Ticket 26 KN (3. Zone) und Richtung Crikvenica. Preiswertes Tagesticket 32 KN (1.–4. Zone).

Flughafenbus (s. u. Flüge), Abfahrt am Trg Žabica (Busbahnhof).

Züge Bahnhof (Željeznički kolodvor), Trg kralja Tomislava 1 (westl. v. Busbahnhof), ☎ 051/213-333, Info-☎ 060/333-444, www.hznet.hr. Züge u. a. nach Ljubljana, Zagreb (3- bis 4-mal tägl., 3:30 Std.). Anf. Juni–Ende Sept. Gepäckaufbewahrung (4.30–22 Uhr, 15 KN/4 Std.). Bankomat, Shops und Café (5–1 Uhr).Bushaltestelle vor dem Bahnhofsgebäude: ins Zentrum (2 Haltestellen) mit den Linien 1, 1a, 2, 6, 7, 7a, 32. Richtung Opatija auf der gegenüberliegenden Seite mit Bus Nr. 32.

Flüge Flughafen Rijeka (Zračna luka Rijeka), Hamec 1, Omišalj (Insel Krk, ca. 30 km südl.), ☎ 051/842-040, Flug-Info ☎ 051/842-132, www.rijeka-airport.hr. Am Flughafen (geöffnet 8–18 Uhr) gibt es Café, Infobüro, Duty-Free-Shop, Gepäckaufbewahrung. **Bus Autotrolej** (Fahrplan beachten, www.autotrolej.hr) ab Trg Žabica bis Flughafen-Terminal 50 KN oder Taxen ab 56 €.

Taxi Taxistände: u. a. Busbahnhof (Trg Žabica), Bahnhof (Krešimirova 5) oder Stadtmitte (Trg Jelačić); hier kosten 5 km 30 KN, jeder weitere Kilometer 7 KN. Fahrt nach Opatija ca. 10 €, zum Flughafen ca. 56 €. Zudem gibt es billigere Taxen (nur über tel. Anfrage), u. a. **Cammeo**, ☎ 051/313-313, hier kosten die Fahrten bis 5 km 20 KN, jeder weitere 5 KN; oder **Lux**, ☎ 051/212-212, hier liegen die weiteren Fahrten bei 7 KN.

Touristenbus Großer offener Doppeldeckerbus fährt vom 15. Juni bis 15. Sept. von Rijeka (Jadranska trg, hoch nach Trsat) nach Opatija, in der Saison 7-mal tägl. Per Kopfhörer auch in deutscher Sprache Erklärungen zu Sehenswertem. 50 KN, Kinder 4–12 Jahre 35 KN; 24 Std. Gültigkeit. Info über Autotrolej ☎ 051/311-559, www.autotrolej.hr/turisticki-autobus.

Weitere Basis-Infos

Autovermietung   U. a. **Dollar & Thrifty**, Riva 22, ☎ 051/325-900, www.subrosa.hr. Mo–Fr 8–20, Sa 8–15, So 8–12 Uhr. **Oryx**, Riječki lukobran 4 (Fährterminal), ☎ 051/338-800, www.oryx-rent.hr. Mo–Fr 8–20, Sa bis 14, So bis 12 Uhr.

Baden   U. a. im **Stadtteil Pećine**: beim Hotel Best Western Jadran oder südl. der Jugendherberge. Zudem im **Stadtteil Kantrida**: u. a. östl. vom Stadion Strandbad Plaža Kandrida, weiter westl. Plaža Fiumana (bei Bazenji Kantrida), hier auch das gute Restaurant Sorriso.

Einkaufen   **Tower Center Rijeka**, riesiges Shopping Center stadtauswärts im Stadtteil Pećine (Süden). Auf 5 Stockwerken und großer Parkarea werden alle Kaufwünsche abgedeckt: 150 Läden (u. a. zahlreiche Label-Marken), 8 Megashops, riesiger Supermarkt, Restaurants, Kino und Duty-free-Shops. Wer also zu Hause etwas vergessen hat, wird hier fündig. 1.–4. Stock: Di–Sa 9–21 (Mo ab 13 Uhr), So 10–19 Uhr; 5. Stock (hier nur Cafés/Restaurants/Kino): Di–Sa 9–23, So und Mo 10–23 Uhr.

Beim Theater großer **Obst- und Gemüsemarkt**; in der zweistöckigen Markthalle sämtliche Lebensmittel. In der Fußgängerzone das große **Einkaufszentrum Robna Kuća**; schräg gegenüber dem Café Slavica riesiger **Süßwarenladen**.

Geldwechsel   Überall in der Stadt gibt es Banken, zudem Geldautomaten. Z. B. **Erste bank**, Jadranski trg 3a.

Gesundheit   Apotheken **(Ljekarna)**: U. a. Centar, Riva 18, ☎ 051/213-101; tägl. 0–24 Uhr. Ljekarna Korzo, Korzo 22 b, ☎ 051/211-036; Mo–Fr 7.30–20, Sa 7.30–13 Uhr.

Stadtkrankenhaus (Klinički bolnički centar), Krešimirova 42 (westl. der Altstadt in Richtung Opatija), ☎ 051/658-111. **Privatklinik Medico**, Meštrovićeva 2 (westl. der Altstadt in Richtung Opatija), ☎ 051/263-109 und 263-991; Mo–Fr 7.30–21, Sa 7.30–13 Uhr.

Zahnärztlicher Notdienst, Cambierieva 7, ☎ 051/335-588. **Private Zahnklinik Dental**, Lošinjska 16 (stadtauswärts Richtung Opatija), ☎ 051/634-313.

Tierklinik (Veterinarska stanica), Stube Marka Remsa 1 (westl. des Zentrums), ☎ 051/345-033; Mo–Fr 7–21, Sa 9–17, So 9–12 Uhr. Außerhalb dieser Zeiten im Notfall ☎ 091/2148-822 (mobil).

Post   Hauptpostamt, Korzo 13 (Fußgängerzone), ☎ 051/525-400. Mo–Sa 7–21 Uhr.

Sport/Surfen   Sehr gute thermische Winde frühmorgens bei Preluk (beim ehemaligen Campingplatz), wellengeschützt.

Rijeka – der Markt bietet ein großes Angebot und ist immerzu gut besucht

Veranstaltungen Das große **Pilgerfest** zur Festung findet jährlich am 15. Aug. zu Mariä Himmelfahrt statt. Am 8. Sept. ist das kleinere Fest Mariä Geburt.

Sv. Vid-Fest, zu Ehren des Beschützers der Stadt wird am 15. Juni gefeiert.

》》 Mein Tipp: Fiumare Festival, 7-Tages-Fest im Mai/Juni, das Festival des Meeres und der Seefahrttradition; Zentren sind der Tote Kanal (Verdieva ul.) und beim Theaterplatz. 《

Fiumanka (www.fiumanka.eu), Juni, Segelregatta.

Malik-Fest (www.malikfest.com), Juni, auf der Burg Trsat; Mythen und Legenden werden auf der Burg aufgeführt.

Jährliches **Sommerfestival** mit Konzerten, Opern und Theateraufführungen von Ende Juni–Mitte Juli.

》》 Mein Tipp: Karneval: Findet von Mitte Jan. bis Faschingsdienstag statt. Höhepunkt ist der Faschingssonntag mit großem Umzug. Am Faschingssamstag ist großer Kinderfasching. Es gibt Umzüge, „maskierte" Autos und jede Menge Faschingsbälle. Manche behaupten, der Karneval von Rijeka könne sogar mit dem von Venedig konkurrieren. Infos: www.rijecki-karneval.hr. 《

Hal's All Star Guitar Festival (www.halmusicland.com), im Okt.; wichtigstes kroatisches Gitarrenfestival mit intern. anerkannten Akustik-Gitarristen.

Übernachten/Camping

→ Karte hintere Umschlagklappe

Privatzimmer Privatzimmer ab 25 €/Pers., Appartements ab 50/60 €, meist auch groß, d. h. gut für Familien.

In Hafennähe u. a. **Appartments Korzo** 🔲, Korzo 2, ✆ 091/2010-298 (mobil), www.apart manirijeka.com. **Apartmani Juna** 🔲, Trg 128. brigade Hrvatske vojske, ✆ 098/982-9495 (mobil).

Etwas außerhalb vom Stadtzentrum: **Pension Pernjak** 🔲, Pionirska 64 (Stadtteil Kantrida; nördl. vom Stadion und der Istarska cesta), ✆ 051/622-069.

Marija Sučić 🔲, nette Zimmer mit Weitblick. Jurja Dobrile 17, Stadtteil Martinkovac (ca. 2 km nordwestl. der Altstadt), ✆ 051/624-714. Anfahrt von Westen: kurz nach Kreuzung Ljubljanska/Opatijska heißt diese Straße nun Istarska cesta. Nach wenigen Metern linken Abzweig in Turjanski put nehmen und nordwärts fahren, Autobahn kreuzen, dann kurz links und wieder rechts.

Hotels **** **Grand Hotel Bonavia** 🔲, seit 1876 beherbergt das komfortable, ruhige 120-Betten-Altstadthotel seine Gäste. Stilsichere Modernisierung, kein Wunder – der Inhaber ist der bekannte Designer Štrok. Es gibt Standard-, Comfort-Zimmer und Suiten, alle mit WiFi, sehr gutes Restaurant, Café und Bar, Wellnesscenter. DZ/F ab 128 €. Dolac 4, ✆ 051/357-100, www.bonavia.hr.

》》 Mein Tipp: **** **Hotel Jadran** 🔲, komplett modernisierter Prachtbau von 1914 in ruhiger Lage direkt am Meer südöstlich im Stadtteil Pećine (Richtung Zadar). 66 Zimmer, Suiten und 3 Appartements, Restaurant, Bar, Café und Parkplätze. DZ/F 97 €, Superior 114 €. Šet. XIII divizije 46, ✆ 051/216-600, www.jadran-hoteli.hr. 《

*** **Hotel Neboder** 🔲, modernisierter Prachtbau von 1941, mit 47 Zimmern und – wie der Name besagt – eigentlich mehr Wolkenkratzer. Kleine Zimmer, meist mit Balkon, teils herrlicher Blick auf die Stadt und das Meer. Es gibt Parkplätze u. Garage. DZ/F ab 90 €, Economy ca. 80 €. Strossmayerova 1, ✆ 051/493-140, www.jadran-hoteli.hr.

*** **Hotel Continental** 🔲, prachtvoller Altbau von 1885 im Zentrum am Riječina-Fluss, mit Café unter 100-jährigen Kastanien. Die 65 Zimmer wurden 2008 modernisiert. DZ/F 90 €, Fam.-Zimmer (2+2) 151 €. Šet. Andrije Kačića Miošića 1, ✆ 051/372-008, www.jadran-hoteli.hr.

Hostels Inzwischen gibt es 15 Hostels, u. a.

Botel Marina 🔲, ein ausgedientes und im Inneren komplett modernisiertes Boot steht nun im Hafen und dient seit 2013 als Botel den Gästen, ob Rucksackreisenden, Familien oder Geschäftsleuten. Auch Restaurant, Bar, WiFi und Parkplätze (7 €). Es gibt 40 Zimmer (1-, 2-, 3-, 4-Bett u. Schlafsaal); im DZ 62 €/2 Pers. (TS 68 €), im Schlafsaal 20 €/Pers. (TS 21 €), Frühstück 6 €/Pers. Ganzjährig offen. Adamićev gat, ✆ 051/410-162, www.botel-marina.com.

Hostel Kosy **19**, zentral nahe des Turms Kosi toranj, 2012 eröffnet, modern gestaltet. Es gibt 1-, 2- 3- u. 8-Bett-Zimmer (22 €/Pers. im 6-Bett-Zimmer mit Gemeinschaftsbad). Užarska 1, ✆ 098/491-386 (mobil), www. hostel-kosy.com.

Hostel Rijeka **10**, mitten im Zentrum mit teils schönem Blick auf Hafen und Stadt. Es gibt 1-, 2-, 4- u. 6-Bett-Zimmer. Das DZ knapp 60 €, im 6-Bett 21 €/Pers. Korso 32, 3. Stock, ✆ 051/215-415, www.hostelrijeka.com.

Lounge Hostel Carnevale **11**, mitten im Zentrum das mehrstöckige Jugendhotel mit 2-, 4- bis 6-Bett-Zimmern und Etagendu-schen, WiFi. Im 6-Bett-Zimmer 23 €/Pers., das 3-Bett-Zimmer 74 €/3 Pers. Jadaranski trg 1, ✆ 051/410-555, www.hostelcarnevale.com.

Gästehaus Lucija **29**, 7 km südlich von Rijeka an der Bucht Žurkovo. 55 Zimmer mit (ohne) eigenem Bad, mit Balkon oder Terrasse in zwei Pavillons direkt am Meer im Grünen. Auch Parkplätze – die billigste Wahl. DZ/F 40 € (24 €). Kostrenskih boraca 2/2, 51221 Žurkovo (Kostrena), ✆ 051/289-004, www.jadran-hoteli.hr.

Camping Campingplätze sind u. a. südlich von Crikvenica oder westlich von Opatija.

Essen & Trinken/Nachtleben
→ Karte hintere Umschlagklappe

Essen in der Altstadt *Achtung*, am Sonntag haben viele gute Lokale geschlossen!

Bistro Conca D'oro 6, zentral bei der Fußgängerzone, nettes Sitzen innen wie außen. Hier isst man bestens frische, saisonale Gerichte wie Salate, Fisch- und Fleischspezialitäten, zudem leckere Nachspeisen. Tägl. 11–23 Uhr. Kružna ul. 12, ✆ 051/213-782.

Restaurant Municipium 8, im stilvollen Palast mit ebenso stilvollem Interieur. Rijekas feinste Adresse. Die Küche bietet beste traditionelle Küche, Fleisch und Fischgerichte, verfeinert angerichtet. Tägl. außer So 10–23 Uhr. Trg Riječke rezolucije 5, ✆ 051/213-000.

Konoba Nebuloza 7, zählt zu den besten Lokalen der Stadt, mit hübschem Blick auf die Rječina. Frische, saisonale Gerichte, fangfrischer Fisch, Thunfischsteaks oder -carpaccio, hausgemachte Šurlice mit Scampi, Rindfleischcarpaccio, Gulasch. Alles kreativ arrangiert. Tägl. 11–24 Uhr (Sa ab 12 Uhr), So Ruhetag. Titov trg 2 b, ✆ 051/374-501.

Restaurant Spagho 25, zentral am Ende der Riva. Hier speist man bestens Nudel- und Reisgerichte. Tägl. 10–24 Uhr (So ab 12 Uhr). Ivana Zajca 24 a, ✆ 051/311-122.

Konoba Na Kantunu 30, ruhig und gemütlich sitzt man entlang dem „Toten Kanal" oder im kleinen Innern im Bistro-Stil. Verschiedenste Vorspeisen, Nudelgerichte, Fisch und Fleisch. So Ruhetag. Demetrova 2, ✆ 051/313-271.

Bistro-Pizzeria Maslina na Zelenom trgu 17, gemütliches Sitzen am „Grünen Markt". Hier speist man frisches Gemüse und Salate vom Markt, Scampi, Thunfisch und Holzofenpizzen. Tägl. außer So 11–23 Uhr. Koblerov trg, ✆ 051/563-563.

Konoba Feral 27, einfaches, aber gutes Lokal, von den Einheimischen gerne zum Fischessen besucht, u. a. gibt es auch Schwarzes Risotto mit Tintenfisch. Tägl. 8–17 (So ab 12) Uhr; Juli–Sept. bis 24 Uhr. Matije Gupca 5 a, ✆ 051/212-274.

Brasserie-Pub As 15, rustikaler Speiseraum, vor dem Haus große Fläche zum Sitzen mit Blick über den großen Platz und die Fußgängerzone. Kuchen, Eis, Pizza, Fleisch- und Fischgerichte. Tägl. geöffnet! Trg Republike 2, ✆ 051/212-148.

Placa 51 26, gegenüber dem Fährhafen; hier kann man Snacks wie Schinken, Käse, Sardellen, Fisch etc. speisen, auch gute Weine. Tägl. außer So 8–22/23 Uhr. Riva Boduli 3a.

Bistro-Pizzeria Boonker 14, in einem ehemaligen Bunker; modern gestaltet, schöner Außenbereich und Blick auf den Hafen. Pizzen, Salate, Pasta- und Fischgerichte, auch abends schön zum Sitzen. Tägl. 8–24/1 Uhr. Riva 1, ✆ 051/401-738.

Essen außerhalb Konoba Tarsa, kleines, gemütliches traditionelles Lokal in Trsat. Tägl. 11–24 Uhr. Josipa Kulfaneka 10, ✆ 051/452-089.

Slow-Food-Restaurant-Hotel Kukuriku (→ Rijeka/Umgebung/Kastav).

Cafés Eine Vielzahl in der Stadt, u. a.: **Gelateria Corso 16**, schönes Sitzen an der Uferstraße bei leckeren hausgemachten Torten, Törtchen, Gebäck, Smoothies und

Eiscreme. Juni–Sept. tägl. 7–2 Uhr, danach kürzer. Korzo 20.

Café-Bar Karolina 23 (→ Nachtleben).

》》Mein Tipp: Café-Bar Vintage 4, in der Festung Trsat. Wundervoller Blick, gemütliches, modernes Ambiente, leckere Kuchen und Eis. Im Sommer tägl. 9–2 Uhr. Petra Zrinskog 17. 《《

Nachtleben **Cukarikafe Bar 12**, westlich des spätantiken Castrums. Nettes Café für tagsüber und abends. Tägl. 7–24, Fr/Sa bis 2 Uhr. Trg Jurja Klovića 4.

》》Mein Tipp: Club Jazz Tunel 3, im alten Tunnel unter der Eisenbahn; bestens für Jazzliebhaber. Tägl. ab 21 Uhr geöffnet, Livemusik mehrmals im Monat mit guten Jazzmusikern. Školjić 12, ☎ 051/327-116, www.jazztunel.com. 《《

Club Boa 22, auf zwei Ebenen mit zwei Terrassen in modernem schwarzen Ambiente. Weine, Cocktails, Zigarren etc. Am Wochenende heizen DJs ein. Tägl. 6–2 (So ab 8), Fr/Sa bis 5 Uhr. Ante Starčevića 8, ☎ 091/3399-339, www.clubboa.com.

Café-Bar Karolina 23, gegenüber am Kai im Glaspalast. Gute Musik und große Terrasse mit Blick auf den Hafen und die Fähren. Weine, Cocktails. 7–24/2 Uhr, Fr/Sa bis 4/5 Uhr. Gat Karoline Riječke b. b.

Phanas-Pub 24, im exquisiten Schiffsstil, mit großer Bar, immer gut besucht. Internationaler Musikmix. Drinks und Snacks. 7–2, Fr/Sa bis 5, So 8–24 Uhr. Ivana Zajca 9.

Stadtbummel

Verlässt man die Uferstraße Riva mit ihren Prachtbauten und überquert die folgende Durchgangsstraße, gelangt man in die **Fußgängerzone,** den Korzo, mit vielen Geschäften und Kaufhäusern. Durch das **Stadttor** (Uhrturm aus dem 15. Jh.) über einen modernen Platz mit Brunnen und Café geht es hoch zur Altstadt. Bis 1780 war sie von Stadtmauern umgeben, die bis auf wenige Teilstücke abgerissen wurden, da sie der Erweiterung der Stadt im Weg waren.

Beim Trg Grivica steht das älteste Bauwerk, ein **römischer Triumphbogen,** angeblich aus dem 4. Jh. Unklar ist bis

Rijekas altes Volkstheater ▲
Ivana Zajc und Palais Modello ▼

heute, ob es sich dabei um ein Stadttor handelt oder um das Tor des Prätoriums. Letzteres würde bedeuten, dass hier einst die Festung Tarsatica stand, von der aus der liburnische Limes verlief – eine römische Befestigungsanlage aus der Zeit vom 2. Jh. v. Chr. bis zum 4. Jh. n. Chr. Überreste sieht man bei den Treppen zum Hügel Buonarroti nördlich der Altstadt.

Nördlich des Platzes die Kirche **Sv. Vid**, ein Rundbau nach venezianischem Vorbild mit riesiger Kuppel, rund angeordneten Altären und in Rosa und Lila gehaltenen Farbtönen im Innern.

Wir überqueren weiter nördlich die Ul. Žrtava fašizma und gehen westwärts hoch zum **Park**, einer Oase der Ruhe. Im ehemaligen Gouverneurspalast und Sitz Gabriele d'Annunzios (→ Geschichte) sind das **Marine-** und das **Historische Museum** untergebracht. In der Nähe befindet sich das **Stadtmuseum** und etwas östlich davon, über der Ul. Laginjina, das **Naturwissenschaftliche Museum** mit kleinem Aquarium. Noch weiter im Osten Ecke Žrtava fašizma/Ivana Grohovca die zwei neuen **Peek & Poke-Museen für Informatik und Kindheit**.

Gehen wir zurück zur Kirche Sv. Vid und halten uns südostwärts, stoßen wir auf den **Dom Sv. Marija** mit seinem von außen schlichten, abseits stehenden Turm am Ende einer Grünanlage. Er wurde im 12. Jh. erbaut und ist innen prächtig ausgestattet: reich verzierte Decken, viele Altäre, grüne und rosa Farbtöne und viel Gold.

Am **Toten Kanal** (Mrtivi kanal), einem früheren Flussarm der Riječina, hinter dem Dom entlang, schaukeln bunte Boote am Kai.

Vom regionalen Busbahnhof aus bietet sich ein guter Blick zum 138 m steil aufragenden **Berg Trsat** mit der *Festung,* der *Wallfahrtskirche der Muttergottes* und dem *Franziskanerkloster.* Wer hinaufsteigen möchte: Nordöstlich der Stadt am Ufer der Riječina beginnt der Wallfahrtsweg mit seinen 559 Stufen (Trsat ist auch mit Auto oder Bus zu erreichen), oben kann man einen Kaffee trinken und die Aussicht auf Rijeka und die Kvarner-Bucht genießen.

Festung Trsat – ein lauschiger Platz mit Weitblick

Küstenland – von Rijeka nach Kraljevica → Karte S. 107

Der Wallfahrtsort Trsat

Die Entstehung des Wallfahrtsortes geht der Legende zufolge auf den Transport des angeblichen Wohnhauses (casa sancta) der Heiligen Familie von Nazareth mit Hilfe von Engeln nach Trsat am 10. Mai 1291 zurück. Am 10. Dezember 1294 sollen es dann die Engel weiter nach Loreto (bei Ancona/Italien) gebracht haben. Die Kirche wurde Ende des 13. Jh. von den Frankopanen errichtet, die heute noch erhaltenen ältesten Gebäudeteile datiert man auf die erste Hälfte des 15. Jh. Das heutige Aussehen der zweischiffigen Votivkirche ist geprägt durch ein Stilgemisch aus verschiedenen Epochen, die letzte bauliche Veränderung erfolgte im 19. Jh. Das Kircheninnere besticht durch wunderschöne barocke Altäre, das Franziskanerkloster mit seinem hübschen barocken Kreuzgang und dem zentralen Brunnen birgt zahlreiche Votivtafeln. In der kostbaren Schatzkammer (nicht öffentlich zugänglich) wird das als wundertätig bekannte gotische Triptychon der Heiligen Jungfrau von Trsat aufbewahrt, das einer Überlieferung nach den Kroaten im Jahr 1367 von Papst Urban V. gestiftet wurde – angeblich soll der Heilige Lukas die Ikone geschaffen

Papst Johannes Paul II.

haben. Viele gekrönte Häupter sowie bekannte Persönlichkeiten stifteten das kostbare Inventar der Kirche, so stammen u. a. die Leuchten von Kronprinz Leopold von Österreich, der vergoldete und mit Edelsteinen verzierte Doppeladler wurde von Karl V. gestiftet, das Messgewand von Maria Theresia und eine silberne Muttergottesfigur mit Kind aus der Hochrenaissance vom kroatischen Banus Tome Bakač Erdödy. Es gibt etliche Wallfahrten, die bedeutendste ist die zu Mariä Himmelfahrt am 15. August mit einer großen Prozession über den Wallfahrtsweg von der Altstadt aus.

Die **Festung Trsat** liegt strategisch günstig über dem Taleinschnitt der Rječina und kurz vor dem Meer – schon in illyrischer Zeit befand sich hier eine Fluchtburg. Die Römer bauten das Kastell *Tarsatica*, später wurde die Burg Sitz der Grafen Frankopan. Anfang des 16. Jh. wurde sie im Wechsel kurzzeitig Sitz der Venezianer und der Türken. Ende des 16. Jh. schließlich befestigte und modernisierte der Statthalter Gašpar Raab die Burg, nach der Zerstörung durch die Erdbeben von 1750 wurde sie allerdings verlassen. Ihr heutiges Aussehen mit Vormauern, Aussichtstürmen und Terrassen – eine Idylle aus altem Gestein und üppigen Pflanzen – schuf der letzte Burgbesitzer, der österreichische Feldmarschall *Graf Laval Nugent* von Westmeath (Irland), der sie im 19. Jh. erwarb und renovieren ließ. Zudem richtete er das erste Museum Kroatiens ein, das verschiedenste Kunstwerke, Ausgrabungsgegenstände aus Süditalien und Skulpturen beherbergte. Leider wurden zahlreiche Exponate von seinen Erben verhökert, der kleine Rest wanderte ins Archäologische

Museum in Zagreb. Gleich am Eingangstor prunkt ein venezianischer Löwe, der einst ein öffentliches Gebäude in Koper zierte. Von der unteren Terrasse aus gelangt man in ein Gewölbe, einst Gefängnis, heute kleine Galerie, von dem aus ein nicht zugänglicher Geheimgang bis zur Rječina hinabführt. Auf der oberen Terrasse befindet sich das im griechischen Tempelstil erbaute Mausoleum der Familie Nugent, das von einem steinernen Drachen bewacht wird. Im nordöstlichen Gebäudetrakt sind die Galerie Laval und ein Café mit Terrasse untergebracht – der für mich lauschigste Platz von Rijeka. Hier finden auch Konzerte und andere Veranstaltungen statt.

Die **Wallfahrtskirche der Muttergottes** mit Schatzkammer zählt zu den bedeutendsten Pilgerstätten Kroatiens. Im beschaulichen Kreuzgang des Franziskanerklosters erinnern Fotos an den Besuch von Papst Johannes Paul II., der Anfang Juni 2003 einige Tage hier verweilte. In Gedenken an ihn stellte man im Park vor der Kirche 2005 seine Büste auf.

Gehen wir weiter südwärts, über die Ul. Ivana Zajca, erreichen wir das im Stil der Renaissance und des Barock gehaltene **Volkstheater** der Wiener Architekten Helmer und Fellner. Das Theater trägt den Namen des kroatischen Komponisten *Ivan von Zajc* und erlebte 1885 seine erste Aufführung. Westlich des schön gestalteten Theaterplatzes die **Markthalle** mit verschiedensten Lebensmittel-, Fisch- und Fleischständen, davor Obst- und Gemüsestände.

Gegenüber der Straße die prunkvolle Fassade des **Palais Modello** (ebenfalls von Helmer und Fellner) mit Stilelementen der Hochrenaissance und des späten Barock. Heute ist der Prachtbau Sitz der Stadtbücherei und des Kulturzentrums der italienischen Minderheit. Ein paar Meter weiter westlich sieht man die riesigen Kräne und Schiffe vom Hafen.

Gegenüber vom Busbahnhofsplatz Trg Žabice steht die **Kapuzinerkirche Gospe Lurdske** (1904–1929 erbaut) mit prächtiger, fast modern anmutender Fassade und weiß-braun-roten Mosaiken. Der untere Teil wurde vom Architekten *Giovanni Maria Cureto* kreiert und ist Maria der Seelentrösterin geweiht, den oberen, etwas späteren Bau schuf *Cornelius Budinis* zu Ehren der Madonna von Lourdes.

Weiter westlich in Richtung Bahnhof stehen die Backsteinbauten der einstigen Manufakturen. Östlich der Kapuzinerkirche steht der **Prachtbau Ploech**, der 1880 vom Architekten *G. Zammattio* geplant wurde. Ploech war maßgeblich an der Torpedo-Entwicklung beteiligt. Viele weitere alte Gebäude und Fabriken aus der Zeit ab 1786 sind zu entdecken und dokumentieren den Charme alter Zeiten als Industriestandort (www.rijekaheritage.org). Auch die alten Mühlen im **Tal der Rječina** lohnen einen Spaziergang. Ein Wanderweg, ca. 1 Std., führt durch das fast schon mystisch wirkende Tal mit seinen halb verfallenen Mühlen. Einstieg am besten ab der Ružičeva ul. unterhalb der Burg Trsat (markierter Wanderweg hinab ins Tal, jedoch so gut wie keine Parkmöglichkeiten; per Auto bis Grobnička-Orehovica, ca. 6 km nördlich von Rijeka; Wanderkarte bei TIC).

Museen

Schifffahrts- und Historisches Museum (im ehemaligen Gouverneurspalast): Das Museum dokumentiert die Geschichte der kroatischen Schifffahrt und zeigt Segelschiffsmodelle. Eine ausgestellte Schwimmweste der Karpathia erinnert an das Titanic-Schiffsunglück vom 14./15. April 1912. Die Karpathia, ein Schiff der Cunard Line, konnte als Erste zu Hilfe eilen. Weitere Exponate im prachtvollen Palast sind Bilder, Möbel und Waffen des 17. bis 19. Jh., eine Gedenksammlung des

Geigenbauers Franje Kresnik (1869–1943) sowie Trachten aus der Umgebung. Im Außengelände stehen zwei Abschusskanonen für Torpedos (s. u. Torpedo-Fabrik).

Pomorski i povijesni muzej, Muzejski trg 1 (im Park), ✆ 051/553-667, www.ppmhp.hr. Mo 9–16, Di–Sa 9–20, So 16–20 Uhr. Eintritt 20 KN, Schüler/Stud. 15 KN.

Stadtmuseum: Gezeigt werden Dokumente aus der Geschichte der Arbeiterbewegung, über den Volksbefreiungskampf und die Revolution sowie eine Sammlung zur älteren und neueren Geschichte Rijekas.

Muzej grada Rijeke, Muzejski trg 1/1, ✆ 051/336-711, www.muzej-rijeka.hr. Juni–Sept. Mo–Sa 10–20, So 10–15 Uhr; Okt.–Mai Mo–Sa 10–18, So 10–15 Uhr. Eintritt 15 KN, Schüler/Stud. 10 KN.

Naturwissenschaftliches Museum: Meeres- und Landesfauna sowie Heilpflanzen aus der Umgebung sind zentrale Themen des Museums. Dazu geologische Funde, eine Sammlung von Schnecken und Muscheln und im Aquarium Haie und Rochen. Um das Museum wurde ein kleiner *botanischer Garten* mit Gewächsen aus dem Adriaraum angelegt.

Kapuzinerkirche Gospe Lurdske

Prirodoslovni muzej, Lorenzov prolaz 1 (nordöstlich im Park), ✆ 051/553-669, www.prirodoslovni.com. Tägl. 9–20 Uhr. Eintritt 10 KN, Schüler/Stud. 5 KN.

Museum für Moderne und Zeitgenössische Kunst: Jährlich wechselnde Kunstausstellungen im 2. Stock des Gebäudes: in den Jahren mit geraden Jahreszahlen die Internationale Ausstellung von Originalgrafik, in den ungeraden die Biennale der Jugend.

Muzej moderne i suvremene umjetnosti, Dolac 1/II, ✆ 051/334-280, www.mmsu.hr. Mai–Sept. Di–Fr 11–20, Sa/So 11–14/18–21 Uhr; Okt.–April Di–Fr 11–18, Sa/So 11–13/17–20 Uhr; Mo nur nach Anmeldung. Eintritt 10 KN, Schüler/Stud. 5 KN.

Peek & Poke-Informatikmuseum: Rund 1000 Exemplare an Computern, Monitoren, Rechnern und Taschenrechnern zurück bis 1961 werden hier gezeigt.

Muzej informatike, Ivana Grohovca 2b, ✆ 091/7805-709 (mobil), www.peekpoke.hr. Mai–Nov. Mo–Fr 14–21, Sa 11–16 Uhr, So nur nach Vereinbarung. Eintritt 30 KN; mit Kindheitsmuseum 50 KN.

Peek & Poke-Kindheitsmuseum: Im gleichen Gebäude wie obiges; hier werden rund 600 Exemplare an Kinderspielen, -büchern, Spielgeräten bis 1902 gezeigt. Ein Sammelalbum ist von 1897.

Muzej Djetinjstva, Ivana Grohovca 2, ✆ 091/7805-709 (mobil), www.muzejdjetinjstva.com. Mai–Nov. Mo–Fr 14–21, Sa 11–16 Uhr, So nur nach Vereinbarung. Eintritt 20 KN (s. o.)

Torpedo-Museum: In einer Lagerhalle des Eisenbahngeländes wird an den 150. Jahrestag der Torpedo-Herstellung erinnert. Hier wurden unter dem Chefingenieur und Firmenteilhaber Annibale Ploech, der mit der Tochter von Robert Whitehead verheiratet war, die Torpedos gebaut, die Robert Whitehead 1878 erfunden hatte, 1866 wurden sie hier getestet. 1943 war der Höhepunkt der Produktion, rund 160 wurden monatlich hergestellt. Gegenüber vom Žabica trg steht der Ploech-Palast.

Tvornica Torpeda, Žabica trg 4, ✆ 091/502-1231 (mobil). Tägl. 12–18 Uhr.

Wissenschaftliche Bibliothek: Die Bibliothek präsentiert wichtige Dokumente der *glagolitischen Tradition*, darunter früheste glagolitische Inschriften, handgeschriebene Messbücher und die ersten Buchpublikationen aus der ersten glagolitischen Druckerei unter *Šimun Kožičić*.

Sveučilišna knjižnica, Dolac 1, ✆ 051/336-129, www.svkri.uniri.hr. Nur nach Voranmeldung oder per Online-Formular ist ein Besuch möglich. Mo–Fr 8–14 Uhr. Eintritt 15 KN, Schüler/Stud. 10 KN.

Rijeka/Umgebung

Östlich von Rijeka erstreckt sich die malerische Opatija Riviera (→ Opatija), geschützt durch das Učka-Gebirge. Ein kleines mittelalterliches Juwel ist **Kastav**, nur 10 km nordwestlich von Rijeka (Bus Nr. 18 ab Jelačić trg). Seine strategisch gute Lage, 365 m oberhalb des Meeres, ließ viele Feudalherren vom 9. bis 16. Jh. Burgen und Befestigungsanlagen bauen, mit einst neun, heute noch sechs gut erhaltenen Wehrtürmen, die teils auch noch als Wohnraum dienen. Am Altstadtplatz Trg Matka Laginje stehen Kastavs „Größen" aufgereiht in Büstenform, u. a. auch die von Vladimir Nazor, der hier einst die Lehrerakademie leitete. Etwas nördlich die *Kirche Sv. Sebastijana i Fabijana* (16. Jh.), die eine moderne klassizistische Fassade erhielt. Gegenüber stand die Festung, die heute als Promenade mit herrlichem Weitblick fungiert. Weiter nordwärts erreicht man die prächtige *Stadtloggia* von 1571, einst ein Versammlungsplatz. Zum alten Stadtkern gelangt man durch das

Kastav – die Stadtloggia von 1571 wird heute noch u. a. für das Weinfest genutzt

wuchtige *Stadttor Voltica* von 1731. Nebenan gibt es die *Museumssammlung Kastavština* (Gebiet von Kastav) zu besichtigen. Weiter nordwestlich stehen das *Kastell Lokvina* und die Kirche *Sv. Trojice*, Anfang des 15. Jh. erbaut, wo einst die sog. *Kapitani*, die Stadthalter, wohnten. Heute gibt es hier Anfang Mai das „Internationale Gitarrenfestival" und zum Karneval fegen mit viel Glockengeläut die gruseligen, mit Hörnern versehenen Maskierten durch die alten Gassen. Auch die Restaurants locken mit köstlichen Speisen.

Information Tourismusverband, Trg Matka Laginje 5, 51215 Kastav, ☎ 051/691-425, www.kastav-touristinfo.hr. Mo–Fr 8–16, Sa 8–13 Uhr.

Essen/Übernachten ≫ **Mein Tipp:** **** Hotel-Restaurant Kukuriku, einer der ersten Slow-Food-Tempel in Kroatien, der vor vielen Jahren im mittelalterlichen Kern von Kastav seine Pforten öffnete. Der Besitzer Nenad Kukurin gab den Namen (Kikeriki, der Hahnenschrei). Ein edel ausgestattetes Hotel ist angeschlossen. Die Küchenkunst, feine mediterrane Häppchen aus Fleisch und Fisch, ebenso verführerische Desserts und erlesene Weine, wird hoch bewertet. Standard-DZ/F 170 €. Ganzjährig. Trg Lokvina 3, Kastav, ☎ 051/691-519, www.kukuriku.hr. ≪

*** Pension-Restaurant Villa Mira, die 11 Zimmer und die herrliche Terrasse bieten einen schönen Weitblick gen Opatija Riviera. Auch das Restaurant wird gelobt und gerne bei Familienfeiern gebucht. DZ/F 79 €. Brestovice 6 (2 km südl. von Kastav), ☎ 051/224-308, www.villamira.hr.

Oštarija Fortica, am Hauptplatz mit herrlicher, von Blauregen berankter Terrasse. Hausgemachte Pasta oder Fuži mit Wildspargel oder Scampi, Carpaccio oder Steak vom Boškarin-Rind, Thunfischsteak und leckere Nachspeisen wie Schokotorte. Tägl. außer Mo 10–24 Uhr. Trg Matka Laginje 1a, ☎ 051/691-417.

Bistro Loža, hübsches Sitzen auf der Terrasse nördlich vom Hauptplatz oder an der Rückseite des Hauses mit Blick aufs Meer. Hier gibt es u. a. Pizzen, Scampi, Pastagerichte. Tägl. 9–22 Uhr. Trg Matka Laginje 2, ☎ 051/691-347

Bistro Mala riba, ca. 1,5 km westl. der Altstadt; ein „Ableger" des bekannt guten Restaurants Draga di Lovrana (→ Lovran/ Umgebung). Hier gibt's frische und preiswerte kroatische Tapas v. a. vom Fisch wie Sardellen, Scampi, Tintenfische, gefüllte Austern, hausgemachte Pasta und Risotto. Tägl. 11.30–23 Uhr. Tometići 33A, ☎ 051/277-945.

Küstenland – von Rijeka nach Kraljevica → Karte S. 107

Nationalpark Risnjak

Nordöstlich, etwa 15 km Luftlinie von Rijeka entfernt, beginnt der Nationalpark Risnjak, ein Bergmassiv im Gorski kotar, das zum dinarischen Gebirgssystem gehört. Der Nationalpark umfasst eine Fläche von 63,5 km^2 – seine höchste Erhebung ist mit 1528 m der Berg *Veliki Risnjak* mit seinen zahlreichen Felsspitzen, von dem aus sich ein unvergesslicher Weitblick bietet. Der *Snježnik* ist mit 1506 m die zweithöchste Erhebung und liegt etwas nordwestlich. Der vorwiegend von Buchen, Tannen, Kiefern und über 30 geschützten Pflanzenarten geprägte Nationalpark zählt zu den waldreichsten Kroatiens. Auch die Tierwelt ist außerordentlich vielfältig, viele Vogelarten leben hier ebenso wie Braunbären, Wölfe, mehrere Arten von Gämsen und Luchse, denen das Gebirge seinen Namen verdankt (ris = Luchs). Dazwischen verstreut kleine Dörfer mit holzschindelgedeckten Häusern und kristallklare Bäche. Man kann wunderbare Wanderungen unternehmen, auf die Gipfel steigen oder die türkis leuchtende, stark strömende Karstquelle der *Kupa* am östlichen Abhang des Risnjak besuchen. Noch ist die Landschaft fast unberührt und touristisch kaum erschlossen. Nahe dem Hauptzugang zum Nationalpark (s. u.) verläuft auf 4,2 km der sehr schön gestaltete **Waldlehrpfad Leska** mit 23 Info-Tafeln (Englisch) über Tiere, Pflanzen und Geologie, der auch Kinder begeistert.

Nationalpark Risnjak – vom Gipfel bietet sich ein herrlicher Weitblick

Zum Berg Veliki Risnjak (1528 m): Vom Hauptzugang des Nationalparks Risnjak (hier auch Restaurants und Übernachtungsmöglichkeiten) erreicht man den Gipfel in ca. 3 Std.; nur ab der unterhalb gelegenen Berghütte wird der Aufstieg steil und beschwerlicher – es bietet sich ein schöner Weitblick gen Kvarner-Inseln, über die Bergwelt des Gorski kotar und gen Slowenien.

Wer auf kurzem Wege zum Risnjak möchte, geht ab Vilje bergan (ausgeschildert, mit Parkplatz). Ab hier ca. 1 Std. Aufstieg auf markiertem Wanderweg zur Berghütte Risnjak (1415 m) und in weiteren 20 Min. zum Gipfel.

> **Wanderung 4: Nationalpark Risnjak –
> zum Veliki Risnjak (1528 m)**   → S. 405
> Einfache Wanderung zum höchsten und aussichtsreichen Gipfel
> im Nationalpark.

Zum Berg Snježnik (1506 m): Die Zufahrt von Rijeka aus ist westlich über Platak zu nehmen. Dort parken und den Bergsteig zu einem weiteren Parkplatz entlang der Rimska cesta nehmen; hier kann man zwischen zwei Wegen zum Gipfel wählen: über Kroz grlo bis zum Sattel Rimska vrata oder über den Grat. In Platak ist die gleichnamige Berghütte (Planina dom Platak) geöffnet, Dom Snježnik auf dem Gipfel ist geschlossen. Wer mag, kann in ca. 2–2:30 Std. noch zum V. Risnjak wandern. *Achtung,* den kroatischen Snježnik nicht mit den V. Snežnik in Slowenien (1796 m) verwechseln (dort keine Unterkunftshütte mehr!).

Zur Karstquelle Kupa: Von Crni Lug ca. 4 km nordwärts bis kurz nach Malo Selo, dann auf schmaler Asphaltstraße nach Razologe; ab Crni Lug insg. 12 km. Ab dem Parkplatz mit Infostand (Mai–Sept.) erreicht man nach ca. 45-minütigen Fußmarsch mit steilem Abstieg (!) die Quelle. Empfehlenswert ist auch die dreistündige

Rundwanderung entlang dem Fluss. Die Kupa-Quelle zählt zu den größten Kroatiens, ihre Tiefe ist unbekannt.

Informationen Nationalpark Risnjak Nacionalni Park Risnjak, Bijela Vodica 48, 51317 Crni Lug, ☏ 051/836-133, www.np-risnjak.hr oder auch für die Gesamtregion www.gorskikotar.com. **Bergwacht** ☏ 091/5911-111 (mobil).

Öffnungszeiten/Eintritt: Ganzjährig Zugang. Erwachsene 45 KN, Kinder/Stud. 25 KN, bis 7 Jahre gratis; inkl. Parkplatz (die Tickets sind 2 Tage gültig).

Anfahrt N.P.-Hauptzugang: Anfahrt ab Rijeka über die A 1 (Richtung Karlovac) bis Delnice, dann auf der N 23 ca. 11 km bis Crni Lug und ausgeschilderten Abzweig nach Bijela Vodica (N.P.-Eingang) nehmen; hier muss geparkt werden. Bis Crni Lug insg. ca. 40 km.

Zugang Risnjak-Süd (hier keine Info, nur für Wanderung): Auf der A 1 von Rijeka bis Oštrovica; weiter auf N 501 nach Gornje Jelenje und weiter bis Velo Vilje (ausgeschildert Risnjak).

Sport **Mountainbiken** (Verleih am N.P.-Eingang, auch mit Kindersitzen), **Klettern**, **Angeln** und auch **Wintersport**, v. a. auch in der weiteren Umgebung des Nationalparks Risnjak im Gorski kotar. Für **Touren** stehen auch Bergführer zur Verfügung, ebenso für Höhlenbesichtigungen.

Übernachten Kurz vor dem N.P.-Eingang gibt es eine Reihe kleiner Pensionen (u. a. Lovački), zudem die vom Nationalpark verwaltete Risnjak-Pension.

Pension N.P. Risnjak, in ruhiger Lage beim Nationalparkeingang (gehört N.P-Verwaltung), zudem ein nettes Restaurant mit schöner Terrasse. Es gibt angenehme 1- bis 3-Bett-Zimmer mit eigenem Bad. DZ/F 65 €. Bijela Vodica 48, ☏ 051/836-133, www.np-risnjak.hr.

》》 Mein Tipp: Berghütte Risnjak (Šloserov dom; Dr. Josip Šloser-Klekovski), schöne Lage unterhalb des Gipfels auf 1415 m – auf den Bierbänken kann man bestens auf seine Gipfelstürmer warten. Die netten Wirtsleute verwöhnen mit gutem Essen wie Gulasch, Schnitzel, Nudeln, Pfannkuchen; zudem gibt es 6 Zimmer, die Schlafplätze für bis zu 45 Pers. bieten. Mai–Okt. tägl. außer Di. ☏ 099/4282-072 (mobil, Fr. Vesna). 《《

*** Hotel Risnjak, nettes kleines Hotel mit sehr gutem Restaurant und 21 gemütlichen Zimmern. DZ/F 84 €. Delnice, Lujzinska 36, ☏ 051/508-160, www.hotel-risnjak.hr.

Essen & Trinken Restaurant-Pension Risnjak, am N.P.-Eingang (s. o.), zudem entfernt in Lokve, **Restaurant Jezero**. Rund um die Kupa-Quelle gibt es keine Lokale.

Ausflug nach Lokve

Südlich des Nationalparks Risnjak (Autobahnausfahrt/Anfahrt wie N.P. Risnjak) liegt der Ort Lokve, dessen Umgebung bei Touristen, obwohl nah zur Küste, ein bisher noch relativ unbekanntes Gebiet ist. Westlich von Lokve, auf 767 m, erstreckt sich der gleichnamige 2 km² große **Lokvarsko jezero**, der siebtgrößte See Kroatiens, eingebettet in eine hügelige, waldreiche Landschaft. Schön ist auch eine Wanderung durch den südlich gelegenen **Waldpark Golubinjak**. Attraktion ist hier vor allem die überaus hübsche **Spilija Lokvarka**. Die Höhle, ca. 1 km östlich von Lokve (ausgewiesen), liegt 150 m tief unter der Erde und zeigt in vier Sälen, wovon drei zugänglich sind, prächtige Stalagmiten und Stalagtiten (ganzjährige Temperatur 6,5 bis 8 Grad; geöffnet Mai bis Sept.).

Wer sich für Frösche interessiert, findet Informationen im kleinen **Muzej Žaba** (Šetalište Golubinjak 50, ☏ 051/831-278).

Information Tourismusverband Lokve, Rudolfa Strohala 118, 51316 Lokve, ☏ 051/831-250, www.tz-lokve.hr. Mo–Fr 8–16 Uhr.

Essen & Trinken/Übernachten Es gibt hier etliche gute Lokale, u. a. **Restaurant Eva**, ☏ 051/831-446 oder **Restaurant Jezero**,

☏ 051/831-260. Unterkünfte in preiswerten Privatquartieren.

Camping Baza, Wiesengelände am Südostufer des Lokvarsko jezero. Einfache Ausstattung. Homer 70, 51316, Lokve, ☏ 091/591-5597 (mobil).

Küstenland – von Rijeka nach Kraljevica → Karte S. 107

Blick auf das idyllische Bakar und das Vinodol- und Velika-Kapela-Gebirge

Bucht von Bakar

Die Bucht von Bakar mit den Ortschaften **Bakar**, **Bakarac** und **Kraljevica**, 20 km südlich von Rijeka gelegen, ist ein fjordähnlicher, tiefer Einschnitt – ein riesiger natürlicher Hafen. Schon von Weitem ist die Bucht durch qualmende Schlote und Rauchschwaden zu erkennen, die über dem Hinterland der Bucht hängen. Schiffswerften, Raffinerien und die Funktion als Nebenhafen von Rijeka haben die einst schöne Bucht, an der die Thunfischschwärme vorüberzogen, verändert. Nur wenige Touristen verirren sich noch hierher, um historische Sehenswürdigkeiten zu besichtigen.

Die großen Leitern, die in die Bucht von Bakar ragen, sind übrigens Beobachtungsposten für „Thunfischwächter" und inzwischen die beiden letzten in der Adria. Zwischen Oktober und März sitzen immer noch einige Wächter auf ihren Schwindel erregenden, luftigen Posten. Sobald ein Schwarm gesichtet wird, ertönt eine Sirene, die Netze werden geschlossen und das Abschlachten beginnt.

Bakar und Bakarac

Bakar zählt zu den ältesten Orten im Kvarner-Raum, die Umgebung war schon im 2. bis 3. Jahrtausend v. Chr. besiedelt. Malerisch schmiegt sich der mittelalterliche kleine Ort mit wenigen Touristen, meist Bootsbesitzern, um die gleichnamige Bucht. Außer Industrieanlagen und überdimensionierten Pipelines, die die Bucht zum Teil unter Wasser durchqueren, bietet der Ort zwei Kirchen und ein Kastell. Die im 16. Jh. von den Frankopanen am höchsten Punkt errichtete *Burg* wurde im 18. Jh. umgebaut. Oberhalb von Bakar und der Durchgangsstraße, am steilen Fels des Vinodol-Gebirges, stehen die Ruinen von *Hreljin*, einer mittelalterlichen, ehemals bedeutenden Ansiedlung, die zwischen dem 13. und 16. Jh. entstand. Erhalten blieben alte Stadtmauern sowie der Glockenturm der Kirche *Sv. Juraj* und die Kapelle *Sv. Marija* von 1701. Heute kann man von Bakar einen rund 30-Minuten-Spaziergang hinauf machen und die Aussicht genießen. Am südlichen Buchtende liegt die Ansiedlung **Bakarac** mit kleinem Strand.

Information Tourismusverband Bakar, 51222 Bakar, Primorje 39, ℡ 051/761-111, www.tz-bakar.hr. Mo–Fr 8–16 Uhr.

Veranstaltung Seeschlacht, jährlich am Sa um den 13. Juli. Nachgespielt wird der erfolglose letzte Angriff der Venezianer (1611) mit Segelschiffen, Feuerwerk und Kanonenknallern.

Übernachten/Essen Es gibt etliche Privatzimmer.

Konoba Bakarska, am Hafen; hier isst man bestens fangfrischen Fisch, leckere Sardellen, Thunfisch und Scampi. Tägl. 8–24 Uhr. Primorje 130, ℡ 051/761-247.

Kraljevica

Ein verschlafener Ort mit zwei Hotels, Werftanlagen und einer Menge Öltanks, der nur kurz im Sommer erwacht. Lediglich die *Burgen,* die nicht besichtigt werden können, erinnern an die Geschichte der Adelsgeschlechter Frankopan und Zrinjski, die hier im 17. Jh. eine Verschwörung gegen ihre österreichisch-ungarischen Lehnsherren ausheckten. Der Aufstand scheiterte an der rigorosen Gegenwehr Kaiser Leopolds von Österreich, der den Grafen Zrinjski 1664 ermorden ließ, die Tat aber als Jagdunfall tarnte. Den Bruder des Grafen, Petar, und seinen Schwager Frankopan lockte der Kaiser unter dem Vorwand, verhandeln zu wollen, nach Wien, wo beide 1671 wegen Hochverrats hingerichtet wurden.

Kraljevica war einstmals der erste Badeort an der kroatischen Küste; sein Hafen verlor jedoch mit dem Siegeszug von Eisenbahn und Dampfschifffahrt gegenüber dem Hafen von Rijeka an Bedeutung.

Information Touristeninformation, Rovina b. b. (am Hafen), 51262 Kraljevica, ℡ 051/282-078, www.tzg-kraljevica.hr. Mo–Fr 8–16 Uhr, Juli/Aug. bis 21 Uhr.

Übernachten Privatzimmer ab 30 €.

** Hotel Uvala Scott**, der gleichnamige englische Adelige kaufte Anfang des 19. Jh. das schöne Gelände um die Bucht Dubno (ca. 1 km südl. des Orts) und lebte hier bis zu seinem Tod 1860. Heute stehen einfach ausgestattete Pavillons (Zimmer/Appartements) zur Vermietung. Für einen Stopp o. k., Superior-Zimmer nehmen. DZ 60 € (TS 68 €). Mai–Sept. Uvala Grabrova b. b., ℡ 051/281-226, www.jadran-hoteli.hr.

Camping *** Autocamp Oštro, auf der gleichnamigen Halbinsel. Teils schattiges Gelände in Werftnähe, Feinkies und steiniger Strand. Nette Studios zu vermieten. 5,80 €/Pers. (TS 6,50 €), Stellplatz ab 13 € (TS 14,40 €). Mitte April–Sept. ℡ 051/281-218, www.jadran-hoteli.hr.

Essen & Trinken 》》 Mein Tipp: Konoba Bujan, im Weiler Meja, nördlich von Kraljevica im Hinterland. Seit 1932 wird dieses Lokal ausgezeichnet von der gleichnamigen Familie geführt. Spezialität sind Gerichte aus der Peka (Lamm, Kalb, Spanferkel). Tägl. außer Mo 14–22 Uhr. Meja 16, ℡ 051/809-500. 《《

Nach dem Ort Kraljevica endet die Bucht. Die Küstenstraße führt weiter gen Senj (→ Senj). Wer zur Insel Krk möchte (→ Insel Krk, S. 231), fährt über die *Krički most,* die *Krker-Brücke* (Maut 35 KN/Pkw), die die Insel mit dem Festland verbindet. Bis 1990 trug sie den Namen Titos, der 1925/26 als Werftarbeiter hier arbeitete. Die Brücke scheint Erde und Mond zu verbinden, so kahl und leer wirkt die Insel Krk – doch nur von Weitem.

Sv.-Juraj-Kapelle (Selce) – herrlicher Weitblick auf die Riviera von Crikvenica und Novi

Kroatisches Küstenland – von Kraljevica nach Senj

Südlich von Kraljevica führt die Küstenstraße am *Vinodolski kanal* entlang. Gegenüber, zum Greifen nah, die Insel Krk – kahl und grau im tiefblauen Meer. Die Straße führt zu den Touristenzentren **Crikvenica** und **Novi Vinodolski**, im Hintergrund das schützende Vinodol-Gebirge. Nach den beiden Orten fahren wir durch gebirgige, menschenleere Landschaft und umfahren den **Fjord Žrnovnica**. Eine halbe Autostunde später erreichen wir das geschichtsreiche Städtchen **Senj**. Auf diesem landschaftlich reizvollen Küstenabschnitt ist für Autofahrer äußerste Konzentration angesagt – kurvenreiche Straße, Steigungen und in der Hauptsaison voll mit bepackten Autos, wenn dazu noch kräftig die Bora bläst, wird es anstrengend. (→ Unterwegs in Kroatien). Ein lohnenswerter Abstecher bietet sich von Senj ins Hinterland und zum **Nationalpark Plitvicer Seen** an. Eine malerische, kurvenreiche Strecke führt über den aussichtsreichen Vratnik-Pass (694 m) in Richtung Otočac (hier Autobahn A 1) und durch Wiesen und Wälder der sattgrünen **Region Lika**. Diese Strecke bietet sich auch für die Anfahrt oder Rückreise für diejenigen, die auf der Autobahn A 1 unterwegs sind und hier auf kürzestem Weg zur Küste gelangen.

Riviera von Crikvenica und das Vinodol

Dieser Küstenstreifen – von der Insel Krk nur durch den schmalen Vinodolski-Kanal getrennt – zählt zu den ältesten für den Fremdenverkehr erschlossenen Gebieten an der Kvarner-Bucht. Die Stadt Crikvenica ist mit ihren Ortsteilen Dramalj, Jadranovo und Selce nahtlos zusammengewachsen und mit 25.000 Übernachtungsmöglichkeiten ganz auf den Tourismus eingestellt.

Das Meer ist hier ruhig und glatt wie ein großer See, Krk bietet Schutz vor heftigen Winden und das milde, im Sommer niederschlagsarme mediterrane Klima sorgt für üppige Vegetation.

Beschaulich wird es im *Vinodol,* dem Hinterland der Riviera. Es ist ein bis zu 3 km breites und 25 km langes Tal, das von der Bucht von Bakar bis Novi Vinodolski reicht und vom Meer durch einen 2 km breiten, bis zu 300 m hohen Bergrücken getrennt ist. Das Vinodol verlor seine landwirtschaftliche Bedeutung mit dem Ausbau der Tourismuszentren an der Küste. In der Antike war das fruchtbare Tal mit seiner günstigen Lage als Weinanbaugebiet bekannt, heute ist es verwaist. Verwaist bzw. nur noch malerische Ruinen sind auch die ehemals vielen Kastelle. Am schönsten ist es, diese idyllische Gegend mit dem Mountainbike zu erkunden – wie lange noch, wird sich zeigen – hier soll die Autobahntrasse in Richtung Senj gebaut werden.

Crikvenica

Das Städtchen ist der touristische Mittelpunkt der „Riviera" und liegt an der Mündung der Dubračina. Wie Opatija hat es eine lange Tradition als Kurort, die bis ins Jahr 1888 zurückreicht. Prachtvolle Villen, eine schattige breite Uferpromenade und ein langer gepflegter Strand prägen das Stadtbild.

Hauptanziehungspunkt von Crikvenica (7000 Einwohner) ist der 2 km lange Sand-Kies-Strand, an dem die „Blaue Flagge" weht, der seicht ins Meer abfällt und für Kinder optimal zum Planschen ist. Die lange, gepflegte Uferpromenade mit stattlichen Palästen und Villen, Schatten spendenden Palmen, Pinien und Blumenrabatten sowie einer Marina, ist die Meile Crikvenicas mit Zentrum, dem nun neu gestalteten und verkehrsberuhigten Hauptplatz *Trg S. Radića.* Hier kann man bummeln oder sich in einem der Cafés und Restaurants niederlassen und sich am Abend in den zahlreichen Cocktailbars und Clubs vergnügen – wer im Urlaub Unterhaltung und Stadtleben sucht, ist in Crikvenica richtig.

Hübsch anzusehen ist das Ensemble des alten **Paulinerklosters,** das man über die geschwungene Fußgängerbrücke erreicht. Hier steht die **Maria-Himmelfahrts-Kirche** (Uznesenja Blažene Djevice Marije), 1412 vom Frankopanen Nikola IV. erbaut. Daneben das Kastell, heute ein Hotel (→ Geschichte). Die Pfarrkirche **Hl. Anton von Padua** (Sv. Antun) wurde erst 1934 erbaut und steht oberhalb vom Hafenplatz.

Familien zieht es sicherlich ins **Aquarium,** das auf 200 m^2 und in 24 Becken einheimische und Korallenriff-Fische zeigt.
Vinodolska ul. 8, www.aquariumcrikvenica.com. Juli/Aug. tägl. 9–22, Juni u. Sept. 9–20, Mai 9–18, April u. Okt. 10–18, Nov./Dez. Sa/So 11–16, Febr. Sa/So 11–14, März Sa/So 10–16 Uhr, Jan. geschlossen. Eintritt 40 KN, Kinder 3–10 J. 20 KN, 10–18 J. u. Stud. 30 KN.

Das **Archäologische Feld Ad Turres** liegt neben dem Fußballstadion, nördlich der Magistrale. Bisher wurden 2000 m^2 erforscht, man fand Amphoren, Ziegel, Teller aus dem 1. Jh. v. Chr. bis 2. Jh. n. Chr. – das restliche Altertum schlummert noch. Es kann nur im Sommer gegraben werden, wenn das Flussbett ausgetrocknet ist. Das **Stadtmuseum** zeigt u. a. Ausgrabungsexponate; im 1. Stock residiert eine kleine Kunstgalerie.
Muzej Grada, Ul. Preradovićeva 1, www.mgc.hr. Juni–Mitte Sept. tägl. 9–13/18–22 Uhr, sonst Di–So 10–14 Uhr. Eintritt gratis.

Ein schöner Spaziergang verläuft auf dem 3 km langen **Ljubavna cestica** (der Liebespfad, mit Herz bestens gekennzeichnet), einem schön angelegten Waldpfad, angeblich auch von Ante Premužić entworfen (→ N. P. Nordvelebit und Insel Rab). Der Weg führt vom Hafenzentrum nordwärts, die Pfarrkirche Sv. Antuna bleibt links liegen, und es geht weiter nördlich über die Jurišičeva ul. hinauf zur **Burgruine Badanj**. Sie soll zwischen dem 4. und 6. Jh. erbaut worden sein, was eingemauerte Funde belegen, und zählt somit zu den ältesten Baudenkmälern im Vinodol. Sie wurde nach einem Erdbeben im 14. Jh. aufgegeben.

Geschichte

Die Erweiterung des Hafens und der Bau der Eisenbahnlinie 1873, die Einrichtung einer regelmäßigen Dampfschifflinie nach Rijeka 1874, der Bau des ersten öffentlichen Strandbades 1888 und des ersten großen Hotels 1895 (das noch heute bestehende *Hotel Therapia*), dazu das anerkannt gute Klima und die gesundheitsfördernde Wirkung des Meerwassers: All dies lockte immer mehr Gäste vor allem aus dem nahen Österreich an. Der Bau weiterer Hotels – des *Crikvenica, Bellevue* und *Miramare* – Anfang des 20. Jh. zeugt von einem wachsenden Besucherstrom, der die Landwirtschaft als wichtigste Erwerbsquelle mehr und mehr verdrängte.

Lange führte Crikvenika ein beschauliches Dasein als wenig bedeutender Hafen für die Siedlungen auf den Höhen des Hinterlands. Die Römer hatten im Flussdelta die Militärsiedlung *Ad Turres* (Bei den Türmen) errichtet. Ende des 14. Jh. wurde ein Kirchlein an der Flussmündung der Dubračina erbaut, nach dem Crikvenika benannt ist (Kirche = crkva, im Dialekt „crikva"). Die Frankopanen ließen an die Kirche ein Kloster anbauen, das mit einem Rundturm befestigt war (daher der Name Kaštel), und schenkten es 1412 dem Mönchsorden der Pauliner. Viele Jahre war das Kloster eine Kultur- und Bildungsstätte, der bekannte Maler *Julio Klović* erhielt hier seine erste Ausbildung. 1786 wurde das Kloster aufgelöst, diente als militärische Heilanstalt, danach, unter der Verwaltung von *Vladimir Nazor*, einem kroatischen Dichter und Kämpfer, als Kinderheim. Auch dieses historische Bauwerk wurde restauriert und beherbergt heute ein Hotel.

Crikvenica – das Frankopanen-Kastell und die Maria-Himmelfahrtskirche

Basis-Infos

Information TIC, Trg Stjepana Radića 1 c (Hafen), 51260 Crikvenica, ☎ 051/241-051, www.rivieracrikvenica.com. Juni–Sept. Mo–Sa 8–20 Uhr, Juli/Aug. tägl. 8–21 Uhr; danach Mo–Fr 8–15 Uhr. Gute Informationen, Karten.

Touristcard Crikvenica–Novi Vinodolski–Vinodol Riviera, 5 Tage gültig, gewährt 10 % u. a. in Museen, Restaurants und bei Ausflügen. Sie ist gratis, man muss jedoch in dieser Region einen Aufenthalt nachweisen.

Agentur Crikvenica Tourist, im selben Gebäude wie TIC, ☎ 051/241-516, www.crikvenica-tourist.net. Info, Zimmer, Fahrrad- u. Autovermietung u. Angellizenz.

Agentur Adria Tours, Braće Dr. Sobol 16, ☎ 051/785-305, www.tibor-tours.hr. Gute Auswahl an Privatunterkünften.

Agentur Ulli-Tours, I Kostrenčića 2, ☎ 051/784-130, www.ullitours.com. Guter Service bei der Zimmersuche, Auto- und Bootsvermietung.

Verbindungen Busstation zentral in der Ortsmitte. Verbindungen zu allen umliegenden Orten sowie zu den größeren Städten an der Küste und im Inland.

Schnellboot (☎ 098/369-846, 098/323-380, beide mobil) nach Šilo/Insel Krk (Juli/Aug. 7, 9, 11, 13, 16 u. 19 Uhr; NS nur 7.30, 9, 11 u. 16 Uhr). 15 Min. Fahrzeit.

Taxiboote mehrmals tägl. nach Vribnik/Insel Krk und Novi Vinodolski.

Auto-/Fahrradverleih → Agenturen.

Baden/Sport Am 2 km langen, mit der „Blauen Flagge" ausgezeichneten Sand-/

Übernachten

1 Hotel Kvarner Palace
2 Pension Mudražija
4 Pension Rubin
7 Pension Galija
8 Hostel Stoimena
11 Hotel Villa Ružica
12 Hotel Kaštel
15 Hotel International

Essen & Trinken

3 Rest. Burin
4 Rest.-Pension Rubin
5 Rest. Mendula
7 Rest.-Pension und Café & Loungebar Galija
9 Rest. Dida
10 Rest. Amor
14 Rest.-Pizzeria Sabbia
16 Rest. Bodulka
17 Rest. Trabakul

Nachtleben

6 Café & Loungebar Sax
13 Diskoclub Bakaga
14 Lounge-Bar & Nightclub Sabbia

Kiesstrand. Liegeflächen im Sand; im Wasser auch Kies und Steine. An der Landzunge beim Jachthafen gibt es auch einen separaten **Hundestrand** mit Hundeduschen.

Alle Wassersportmöglichkeiten werden angeboten, u. a. bei Kirica nahe der Crni Molo (Parasailing, Wasserski, Banana), zudem strandmittig Beachvolleyball (auch Turniere), Kinderanimation u. a. mit Malwerkstatt. Klettern, Freeclimbing, Paragliden und Reiten im Hinterland in den Gemeinden von Vinodol möglich. Info in den Agenturen.

Gesundheit Kurhaus Thalassotherapia, Meerwassertherapie für die Heilung von Atemorganen und Rheumatismus. Auch die Schwimmbäder können genutzt werden. Gajevo šet. 21, ☎ 051/407-666, www.thalasso-ck.hr.

Apotheke Fuduric-Žužić, neben TIC, Trg Stjepana Radića 1, ☎ 051/241-101.

Touristen- und Notfallambulanz, Kotorska b. b., ☎ 051/241-111 (☎ 94).

Polyklinik Katunar, Dr. Ivana Kostrenčića 10, ☎ 051/785-132.

Nautik Anlegeplätze in Crni Mol, Stadthafen und Lučica.

Hafenkapitän, Trg S. Radića 1/I, ☎ 051/242-321.

Tauchen U. a. **Tauchzentrum Dive City**, nach Hotel Kvarner. Ganzjährig geöffnet. B. Buchoffer 18, ☎ 051/784-174, 091/572-4776 (mobil), www.divecity.net.

Veranstaltungen Stadttag, 14. Aug. (gefeiert wird 1 Woche lang, ab ca. 8. Aug.), mit Feuerwerk, Schwimmmarathon (von Šilo nach Crikvenica), Musik und Segelregatta. **Fischerfest**, letzte Woche im Aug. Zudem ganzjährig sehr viele themenbezogene **Events** wie das **Erdbeer-, Kirschen-** und **Thunfischfest**; dann werden auch Hotels und Restaurants mit einbezogen (auch in den Ortsteilen).

Crikvenica

100 m

Übernachten/Essen & Trinken/Nachtleben

Übernachten Es gibt ausreichend **Privat-zimmer**, DZ ab 30 €, **Appartements** ab 40 €/2 Pers. Wer es ruhiger mag, nächtigt in Dramalj und Selce. Am besten über Web-seite von TIC ersichtlich.

Pension Mudražija 2, familiengeführtes nettes Haus mit schönen Zimmern und Balkon, mit Pool, oberhalb vom Stadt-strand. Es gibt auch ein Steakrestaurant. DZ/F ca. 60 €. V. Finderlea 5, ℡ 091/2386-250 (mobil), www.mudrazija.com.

Restaurant-Pension Galija 7, gegenüber dem Stadtstrand; schöne moderne Zimmer mit WiFi und Blick auf das Meer, DZ/F mit Balkon ab 140 €. Im Erdgeschoss Restau-rant & Loungebar (→ Nachtleben) – wer Ruhe braucht, ist hier falsch. In der preis-werten NS eine gute Wahl. Gajevo šet. 1, ℡ 051/784-710, www.galija-crikvenica.hr.

»» Mein Tipp: **** Hotel Kvarner Palace **1**, erstes und ältestes Hotel am Ort (seit 1895), mit prachtvoller klassizistischer Fas-sade, gutem Restaurant mit Terrasse, gro-ßem Innen- und Außenpool, umgeben vom üppigen Grün des Parks. Nach Modernisie-rung nun mit großzügigem Wellnessbe-reich und den verschiedensten Vital- und Beautyprogrammen. DZ/HB ab 196 €, mit Meerblick ab 280 €. Viele Spezialpakete. Parkplätze. Braće Dr. Sobol 1, ℡ 051/380-000, www.kvarnerpalace.info. **««**

*** Hotel Villa Ružica **11**, stilvolle Villa (24 Zimmer, 12 Appartements) mit Dependance Villa Coltelli, umgeben von mächtigen Laubbäumen und einem Park, oberhalb des Strands. Eigene Parkplätze gegen 3 € Ge-bühr in der HS. DZ/HB ab 111 € (TS ab 132 €). Bana Jelačića 1, ℡ 051/241-959, www.vila-ruzica.hr.

** **Hotel International** 🔳, preiswert und zentral am Hafen, Zimmer renoviert, trotzdem sehr klein und einfach. DZ/F ab 80 €. Ivana Skomerže 1, 📞 051/241-324, www.jadran-crikvenica.hr.

*** **Hotel Kaštel** 🔳, schön restauriertes ehemaliges Paulinerkloster direkt am Meer und Strand. Einfach ausgestattete DZ/F ab 75 €. Frankopanska 22, 📞 051/241-044, www. jadran-crikvenica.hr.

Hostel Stoimena 🔳, ca. 5 Min. Fußweg gen Osten, nahe dem Meer, umgeben von einem großen Park. Ein- und Mehrbettzimmer. Šet. V. Nazora 75, 📞 051/241-625, www. nazor.hr.

Camping * Camping Kačjak (→ Dramalj).

Essen & Trinken   Restaurant-Pension **Rubin** 🔳, etwas abseits, aber der Weg lohnt sich für gute Fischgerichte, auch die Thunfischsteaks sind zart und saftig. Freundlicher Service und lauschige Terrasse. Auch Zimmervermietung. Ganzjährig ab 8 Uhr geöffnet. Kralja Zvonimira 80, 📞 051/241-580.

Restaurant Burin 🔳, gutes Fischlokal mit kleiner Terrasse; guter Service, preislich etwas höher. Tägl. ab 12 Uhr. Ul. Dr. Ivana Kostrenčica 10 a (bei Poliklinik), 📞 051/785-209.

Restaurant Mendula 🔳, nördlich des Jachthafens Crni Mol an der Uferpromenade. Hier speist man gut Fisch- und Fleischgerichte. Gajevo šet 23 b, 📞 051/784-160.

Restaurant Amor 🔳, wer gute Fischgerichte liebt, isst hier bestens. Es gibt auch einen Innenhof. Ganzjährig geöffnet. Frankopanska 35, 📞 051/242-017.

Restaurant Bodulka 🔳, auch die Einheimischen gehen gern in dieses Lokal an der Strandpromenade mit Freisitz. Gut sind hier die Fleischgerichte, u. a. Boeuf Stroganoff mit Šurlice. Strossmayerovo šet. 4, 📞 051/241-730.

Restaurant Trabakul 🔳, an der Strandpromenade, in Form eines Schiffes. Hier gibt es u. a. auch traditionelle Gerichte wie Batuda (Eintopf aus Mais u. Bohnen) oder Gerste mit Brodetto, Šurlice mit Scampi oder das gute Maisdessert Hrmentunjača. Strossmayerovo šet. 10, 📞 051/243-695.

》》》 Mein Tipp: Restaurant **Dida** 🔳, modernes, gehobenes Lokal mit lauschiger Terrasse, südlich Richtung Selce. Hausgemachtes Brot, eine Auswahl an hochwertigen Olivenölen, fangfrischer Fisch, Fischcarpaccio, hausgemachte Pasta, leckere Nachspeisen und eine große Weinkarte – alles bei bestem Service. Tägl. 12–23 Uhr. Šetalište Vladimira Nazora 77, 📞 051/761-070. **《《《**

Nachtleben An der nördlichen Strandpromenade beim Jachthafen Crni Mol: u. a.

Der schmucke Jachthafen von Crikvenica

Café & Loungebar Sax **6**, sehr beliebt, mit guter Musik und Terrasse. Gajevo šet. 2.

Loungebar Galija **7**, daneben, sehr modern und großzügig gestaltete, offene Terrasse. 7–2 Uhr. Gajevo šet. 1.

Discoclub Bakaga **13**, beim Hotel International. Juni–Sept. ab 23 Uhr (NS nur noch Sa). ℡ 098/819-302 (mobil).

Lounge-Bar & Nightclub Sabbia **14**, schöner Platz zum Chillen, mit Restaurant und Pizzeria. Hier zählt inzwischen die Lage am Sandstrand, der gemütliche Open-Air-Betrieb; auch Events. Mitte Mai–Sept. ab 8 Uhr. Strossmayerovo šet. 50 b, ℡ 051/781-033, www.sabbia.hr.

Crikvenica/Umgebung

Rund um Crikvenica liegen etliche Dörfer, die zur Besichtigung oder zum ruhigen Nächtigen lohnen. Zudem bietet das Hinterland, das Vinodol-Gebirge, wunderbare Ausflugsziele, ob mit dem Mountainbike oder auch zu Fuß. Kartenmaterial ist in den Informationsbüros erhältlich.

Dramalj

Rund 4 km nördlich von Crikvenica liegt dieser relativ junge Küstenort. Fast nahtlos ist Dramalj mit Crikvenica zusammengewachsen und erstreckt sich bis hin zur Halbinsel *Kačjak*. Über die kleine Küstenstraße, die parallel zur Magistrale verläuft, erreicht man diesen ruhigeren Küstenstreifen mit Badebuchten und vielen Übernachtungsmöglichkeiten. Die **Pfarrkirche hl. Helena** wurde im 18. Jh. auf den Grundmauern einer Vorgängerin erbaut.

Information TIC, 51265 Dramalj, Gajevo šet. 48, ℡ 051/786-363. Öffnungszeiten Juni–Sept. wie Crikvenica.

Übernachten/Essen **** Grand Hotel Dramalj**, schönes, gemütliches und komfortables 58-Betten-Haus am Hang mit Swimmingpool, Restaurant und Internet. DZ/F ab 140 € (TS 160 €). April–Okt. Braće Car 6, ℡ 051/787-160, www.grand-hotel.hr.

**** **Hotel Vali**, an der Uferpromenade, modern und komfortabel, mit kleinem Strandabschnitt, Wellnessbereich und gutem Restaurant. DZ/F ab 110 € (TS ab 140 €); wer den schönen Meerblick möchte, zahlt 140 €

(TS 168 €). Gajevo šet. 35, ℡ 051/788-110, www.hotelvali.hr.

Restaurant-Pension Domino, traditioneller Familienbetrieb mit schöner Terrasse. Hier gibt es leckere Fischgerichte, auch Škampi und Muscheln. Komfortable Zimmer/Appartements stehen zur Verfügung. Braće Car 23 (nahe TIC), ℡ 051/786-472, www.domino-dramalj.com

Camping * Camping Kačjak, kleiner, einfacher Platz auf der malerischen Halbinsel und in die sehr einfache Bungalowsiedlung integriert. In der Nebensaison ein guter ruhiger Platz. April–Sept ℡ 051/786-444, www.jadran-crikvenica.hr.

Jadranovo

Rund 8 km nördlich von Crikvenica liegt der Ort, dessen Besiedlung bis zur Römerzeit zurückreicht, was Funde in der Bucht Lokvišće belegen. Die **Jakobskirche** wurde Anfang des 19. Jh. erbaut. Von der Zeit, als die Thunfischschwärme noch die Fischer ernährten, zeugt eine Auslugleiter. Heute wirkt der Ort vor allem in der Nebensaison stark verwaist, der Blick zur Krker-Brücke und auch gen Hinterland, das man erwandern kann, ist schön. Meist werden die Restaurants und die buchtenreiche Küste von Einheimischen aus den nahen Städten oder per Boot besucht. Es gibt viele Privatvermieter.

Übernachten **** Villa Anda**, liegt in 20.000 m² mediterranem Garten oberhalb

vom Meer mit großem Pool und ist sehr gut ausgestattet. Es gibt 8 verschieden große Appartements/Studios, ab 110 €. Der Blick von der Terrasse und den Zimmern über das Meer gen Krk ist fantastisch. Über

454 Stufen geht es hinab zum Privatstrand. Perhati 16, ☏ 051/406-400, www.villa.anda.hr.

Selce

Der kleine Ort liegt 3 km südlich von Crikvenica und ist von dort auf einem Uferweg oder über die kleine Küstenstraße erreichbar. Die **Pfarrkirche Sv. Katarina** (hl. Katharina) wurde 1888 erbaut und birgt einen hübschen Marmoraltar des bekannten Steinmetzes Pietro Rizzi sowie ein Gemälde der hl. Katharina. Abgelegen in einem Park duckt sich die **Kapelle Sv. Katarina**, 1498 vom Bischof geweiht, ihre Bauzeit soll auf das 9.–11. Jh. zurückgehen. Die günstige Lage an einer Bucht förderte zunächst Selces Entwicklung als Hafenort für das im Hinterland gelegene

Kapelle Sv. Juraj – einsam am Berg

Bribir. Im 18. Jh. galt der Ort als wichtigster Hafen des Vinodol. Auch in Selce blüht der Fremdenverkehr seit dem Ende des 19. Jh., wenngleich es in zeitgenössischen Prospekten lediglich als „schöner Ausflugsort in der Nähe von Crikvenica" bezeichnet wird. 1894 eröffnete die erste Badeanstalt und 1911 das „Rokan" (heute * Hotel Slaven) – Selces erstes Hotel.

Rund 2 km nördlich von Selce (Straße Selce–Bribir) und oberhalb der Straße, lohnt die **Kirche Sv. Juraj** einen Abstecher und vor allem der herrliche Weitblick, den man von oben genießt – die gesamte Crikvenica-Riviera, die vorgelagerten Inseln und im Norden der Vinodol liegen zu Füßen. Der Aufstieg von der Straße ist etwas steil. Auch hier datiert man die Bauzeit auf das 9.–10. Jh., später nutzte die Gemeinde Bribir (→ Orte im Vinodol) sie als Pfarrkirche. Ihre Renovierung erhielt sie 1997. Sie ist leider geschlossen.

Information   Tourismusverband, 51266 Selce, Šet. Ivana Jeličića 1, ☏ 051/765-165. Öffnungszeiten von Juni–Sept. wie Crikvenica.

Agentur **Sunrise**, Španski boraca 33, ☏ 051/764-151, www.sunrise.hr. Privatzimmer.

Touristcard (→ Crikvenica)

Gesundheit   Therme Selce, mit Spa-Bereich, I. L. Ribara 8, ☏ 051/764-076, www.terme-selce.com.

Übernachten   Privatzimmer ab 30 € für das DZ und Appartements ab 45 €/2 Pers. vermitteln die Touristenagenturen.

*** Hotel Selce, nettes 96-Zimmer-Hotel mit Terrasse an der Uferpromenade und Bootshafen. DZ/F ca. 120 €, meerseitig ca. 140 €. Šet. Ivana Jeličića 14, ☏ 051/768-222, www.hotel-selce.com.

*** Hotel Esperanto, stilvoller Bau im kaiserlichen Gelb mit Pool und Restaurant; gut geführter Familienbetrieb. DZ/F mit lohnendem Balkon 100 € (TS 118 €). Emila Antića 24, ☏ 051/764-666, www.hotel-esperanto.com.

》》》 Mein Tipp: **** Hotel Marina, hübsche moderne Villa am Meer mit ca. 42 Zimmern/Appartements, großer, halbkreisförmiger Sonnen- und Restaurantterrasse, Wellnessbereich etc. Komfortable DZ/F 130 €, Meerseite 150 €. Ganzjährig geöffnet. Emila Antića 78, ☏ 051/768-140, www.hotel-marina.net. 《《《

***** **Hotel Amabilis**, kurz vor dem Hotel Marina steht das exklusive Hotel wie ein Schiff mit vielen Glasfronten und Terrassen direkt am Meer. Modern und komfortabel gestaltet, mit großem Wellnessbereich und Pool, sehr gutem Restaurant und Bar. DZ/F ab 200 € (TS 240 €). Ganzjährig geöffnet. In der NS gute Sonderangebote. Emila Antića 68, ℡ 051/406-490, www.hotelamabilis.com.

Camping ** Camping Selce**, einfacher 8-ha-Platz unter Oliven und Strandföhren, eingebunden in einen Bungalowkomplex. Es gibt auch Mobilhäuser zu mieten. Kies- und Felsstrand, Tauchclub. 38 €/2 Pers. (inkl. Stellplatz, Camper, Strom). April–Mitte Okt. Jasenova

b. b., ℡ 051/764-401, www.jadran-crikvenica.hr.

** **Camping Uvala Slana**, kleinerer schattiger Platz mit Wohnwägen, auch Mobilhausvermietung. Am Strand gibt es Feinkies und etwas Sand. In der NS für einen Stopp o. k. Zudem **** **Aparthotel Vala**, das jedoch nur wochenweise buchbar ist (keine Balkone). Mai–Sept. Preise niedriger als Camp Selce. ℡ 051/764-624.

Essen & Trinken Es gibt einige Restaurants, zu empfehlen:

Restaurant Kantunić, im kleinen „Eckchen" isst man auf der Terrasse frische und gute Fischgerichte und Muscheln. Ostern–Okt. ab 12 Uhr. Emila Antića 52, ℡ 051/764-474.

Orte im Vinodol

Mittelpunkt der Gemeinden im Hinterland des Vinodol waren die auf strategisch günstigen Höhen gelegenen Wallburgen und Kastelle. Von hier hatte man die Möglichkeit, mit den umliegenden Burgen oder dem Hafen zu kommunizieren. Zu diesen Orten, die alle nur ein paar Kilometer von der Küste entfernt sind, zählen vor allem Tribalj, *Drivenik, Grižane* und *Bribir*. Sportbegeisterten bietet das schöne hügelige Hinterland, das weiter nördlich auch bis über 1000 m ansteigt, etliche Möglichkeiten: u. a. Mountainbiken auf ausgewiesenen Fahrradwegen, schöne Wandertouren oder Angeln. Eine kulinarische Spezialität ist *Bribirski prisnac*, ein herzhafter Hefekuchen aus vielen Eiern, Speck, Frischkäse und Zwiebeln.

Information Tourismusverband Vinodol, 51253 Bribir, Bribir 1, ℡ 051/248-730, www.tz-vinodol.hr. Ganzjährig Mo–Sa 8–14 Uhr, Juli/Aug. bis 16 Uhr. Infos, Kartenmaterial. Auf der Webseite viele Privatzimmer, es werden auch viele renovierte Landhäuser angeboten.

Wandern/Mountainbiken Ein großes Netz an Wander- und Mountainbikewegen führt durch den Vinodol. Kartenmaterial bei TIC in Bribir, Crikvenica und Novi Vinodolski.

Tribalj: Der Ort liegt nur 7 km nördlich von Crikvenica, auf halbem Weg nach Drivenik. Der idyllische Stausee *Tribaljski jezero* begeistert Angler – hier schwimmen Karpfen, Welse und Barsche – Baden ist aber untersagt.

Übernachten 》》 **Mein Tipp:****** **Ethno Hotel Balatura**, beim Ort Tribalj. Mitten im Grünen an den Hängen des Vinodol steht dieses entzückende 300 Jahre alte Steinhausensemble, das stilsicher vom deutsch-kroatischen Ehepaar um- und ausgebaut wurde und sich bestens in die Landschaft einfügt. Es gibt viel Ruhe, aber auch etliche Kulturabende (Lesungen, Konzerte) und organisierte Wanderungen. Hausgäste werden mit regionalen Bioprodukten, Bioweinen und u. a. selbstgemachtem Brot und Marmeladen verwöhnt, allerdings gibt es

nur vegetarische und vegane Gerichte. Genächtigt werden kann in 10 nach Kräutern benannten Zimmern, DZ/F 100–150 €. Ostern–Okt., danach auf Anfrage. Fam. Godec, Mali Sušik, 51243 Tribalj, ℡ 051/455-340, www.hotel-balatura.hr. 《《

Restaurant-**Pension Mirna Dolina**, sehr netter Familienbetrieb mit Terrasse oberhalb des Baches Dubračina. Es gibt Peka-, Fleisch- und Fisch-Gerichte. Auch Zimmervermietung, mit Balkon und WiFi, DZ/F ca. 42 €. Ričina 7, Tribalj, ℡ 091/798-297 (mobil).

Drivenik: am schnellsten von Jadranovo aus zu erreichen. Auf einem knapp 300 m hohen Hügel liegt idyllisch das alte Drivenik mit dem großen *Kastell* der Frankopanen aus dem 13. Jh., das 1577 die Fürsten Zrinski zur Renaissanceburg mit vier Türmen ausbauten; früher gab es außerdem einen Wassergraben und eine Zugbrücke. 1288 wurde die Burg im Vinodoler Statut erwähnt, als Kaserne. Heute stehen nur noch die renovierten Außenmauern, der Ausblick auf die Umgebung ist herrlich. Wenige Meter unterhalb die alte Schule, das Pfarramt und die Pfarrkirche *Sv. Dujma*, im 18. Jh. auf den Grundmauern einer älteren Kirche erbaut, ebenso das nebenan stehende Kirchlein *Sv. Stjipan*, das im 15. Jh. errichtet wurde.

Grižane: Der Ort unterhalb der Ruinen der Burg Badanj gilt als Geburtsort von *Julius Clovius* (→ Kasten „Juraj Julije Klović"), einer der bekanntesten mittelalterlichen Miniaturmaler Europas. Anderen Quellen zufolge soll der Künstler im nahen Drivenik geboren sein, was dazu führte, dass beide Orte zur 400-Jahr-Gedenkfeier seines Todes Statuen in Auftrag gaben.

Blick gen Bribir im Vinodol

Bribir: Der kleine Ort war neben Ledenice das Kirchen- und Verwaltungszentrum des Vinodol und wurde vom Fürsten *Bernardin Frankopan* entsprechend befestigt, nicht zuletzt, um Zuflucht vor den Türken zu bieten. Heute ist nur mehr ein Turm des alten Kastells erhalten, denn die Gemeinde ließ nach dem Ende der verhassten Feudalherrschaft 1848 Kastell und Befestigungen Zug um Zug abreißen. Sehenswert ist in der Barockkirche *St. Peter und Paul* das Gemälde „Fußwaschung" von *Jakopo Palma d. J.*

Essen/Übernachten **Planinarski dom Vagabundina koliba**, auf 864 m liegt die hübsche Berghütte mit schöner Terrasse, rund 5 km nördlich von Bribir im Wald (Straße Bribir–Fužine); Kräuterfans finden hier beste Saison-Küche: u. a. Brennnesselsuppe, Brennnessel-Puffer, Fleisch- u. Wildgerichte mit Kräutern und auch für Vegetarier eine gute Auswahl. Es werden auch einfache Zimmer vermietet. Auch per Mountainbike bestens zu erreichen. Geöffnet April–Mitte Okt. 10–19 Uhr. Ravno 7, ✆ 098/9432-885 (mobil).

Juraj Julije Klović

Er wurde 1498 in Grižane geboren, starb 1578 in Rom und zählt zu den berühmtesten europäischen Miniaturmalern. Sein Handwerk erlernte er im Paulinerkloster in Crikvenica, doch es zog ihn nach Italien, wohin er 1516 übersiedelte. Dort verbrachte er fast sein gesamtes Leben; Bekanntheit und Ansehen erlangte er als Lehrer des großen Malers El Greco. Klovićs Gemälde hängen in namhaften Museen und Galerien von London, Paris, New York und im Vatikan.

Novi Vinodolski vor dem Vinodol-Küstengebirge

Novi Vinodolski

Die Altstadt, aus der der weiße, weithin sichtbare Kirchturm ragt, liegt oberhalb der Magistrale auf einem Hügel um die Reste der alten Frankopan-Burg, die sich früher schützend über dem Eingang des Vinodol-Tals erhob.

Der obere Altstadtkern ist teils autofrei und lädt zum Erkunden und Bummeln in den verwinkelten Gassen ein. Schön sitzt man auch in einem der zahlreichen Cafés auf den Altstadtplätzen rund ums Kastell oder entlang der mit Segeltuch bespannten Fußgängerpromenade Korzo hrvatskih branitelja, die hinab zum Hafen führt. Die neue Stadt breitet sich am Hafenbecken, entlang der Hauptstraße und an der Meeresbucht Lišanj aus. Novi (3500 Einwohner), wie der Ort üblicherweise genannt wird, hat an touristischer Bedeutung gegenüber Crikvenica verloren und doch eine ganz eigene Ausstrahlung, schaut man genauer hin, zudem ein reiches Kulturgut.

Das um 1225 von den Frankopanen erbaute **Kastell** war 1288 der Geburtsort des *Vinodoler Gesetzbuchs,* das zu den bedeutendsten kroatischen Rechtsurkunden zählt und in altkroatischer glagolitischer Schrift verfasst ist. Grund für das Rechtswerk war die Unterwerfung der bis dahin freien Gemeinden unter die Feudalherrschaft der Frankopanen (Tribalj, Drivenik, Grižane, Bribir, Novi Vinodolski und die Weiler Belgrad und Kotor gehörten ebenso dazu wie Grobnik, Trsat, Hreljin, Bakar und Ledenice). Heute beherbergt das Kastell das **Regionalmuseum** mit einer Sammlung alter Volkstrachten und die Volksbibliothek.
Trg Vinodolskog zakona. Ganzjährig Mo–Fr 9–15 Uhr, im Juli/Aug. tägl. 9–12/19–21 Uhr. Eintritt 10 KN, Kinder 5 KN.

Im alten Wehrturm, **Turnac** genannt, hat eine Galerie ihren Sitz; es gibt wechselnde Ausstellungen
Frankopanski trg. Juli/Aug. 10–12/19–23 Uhr, sonst nur vormittags.

Die **Pfarrkirche hl. Philipp und Jakob** (Sv. Filipa i Jakova) ist mit ihrem 36 m hohen Glockenturm weithin sichtbar. Sie wurde 1520 erbaut, nach Funden spricht man auch vom 14. Jh., und im 18. Jh. im Stil des Barock verändert. Sie birgt einen spätgotischen Altarraum mit geschnitztem Chorgestühl aus der 2. Hälfte des 17. Jh.

Pfarrkirche hl. Phillipp und Jakob

Von der einstigen römischen oder mittelalterlichen **Festung Lopar**, die stadtauswärts nahe am Meer steht, sind nur noch Ruinen erhalten (Šet. kneza Domagoja, nach den Tennisplätzen). Die Wissenschaftler sind sich unschlüssig über die Entstehungsgeschichte.

Die **Dreifaltigkeitskirche** (Sv. Trojice), Ende des 15. Jh. mit Spitztonnengewölbe erbaut, steht zwei Straßen nördlich vom Stadthafen (Sv. Trojica/Braće Radić).

Auf der **Halbinsel Glavica** neben dem Stadthafen stand einst das Paulinerkloster aus dem 15. Jh. und die Kirche hl. Maria, heute ist hier der Friedhof und es gibt nur wenige Steinruinen.

Nur 200 m der Küste vorgelagert liegt die **Insel San Marino** mit der gleichnamigen Kapelle, ca. Ende des 15. Jh. auf den Grundmauern einer Vorgängerkirche aus dem 3.–4. Jh. erbaut, was Funde belegen. Lange Zeit wurde die Insel von den Fischern für ihren Thunfischfang genutzt, eine Auslugleiter erinnert an jene Zeit – heute wird das Inselchen gern von Badegästen mit ihren Tretbooten angesteuert.

Basis-Infos

Information Tourismusverband und TIC, K. Tomislavova 6, 51250 Novi Vinodolski, ✆ 051/244-306, www.tz-novi-vinodolski.hr. Mai bis tägl. 8–19 Uhr, Juni–Okt. tägl. 8–21 Uhr, sonst Mo–Fr 8–15 Uhr. Gute Infos, Karten und Gratis-Internet.

Novi Tourist, neben TIC, ✆ 051/792-210, www.novi-turist.hr. Zimmer, Ausflüge.

Touristcard (→ Crikvenica)

Verbindungen Busbahnhof, Kralja Tomislava b. b. (vor der Tankstelle, 100 m von TIC), ✆ 060/303-403. Stündlich Busse nach Crikvenica, Rijeka und Senj.

Veranstaltungen Großes Angebot, im Sommer u. a.: Ružica Vinodola, Mitte Aug.

Do–Sa; das „Röschen von Vinodol", ein Weinfest in Erinnerung an die Frankopanen-Zeit und an die fleißigste Weinleserin, die dann als Dank verheiratet wurde. **Sommerabende**, mit Klapa-Konzerten. **Sommerkarneval**, 1. Juli-Wochenende.

Baden Das **Strandbad Lišanj** liegt an der gleichnamigen Bucht, südlich der Halbinsel Glavica. Weitere Bademöglichkeiten an meist betonierten Liegeflächen mit kleinen Kieselbuchten finden sich südwärts entlang der Uferpromenade (Šet. kneza Domagoja) in Richtung Povile. Auch gen Norden in Richtung Selce verläuft eine Promenade, die dann in einen Wanderweg in Richtung Selce entlang der Küste mündet – hier gibt es schöne Kiesbuchten.

Nautik Nur teilweise geschützter Bootshafen mit Slipanlage und Kran; Tankstelle und Café-Bistro am Kai.

Marina Muroskva, an der gleichnamigen Bucht, 2 km südlich in Povile; nagelneu, im Sommer 2017 eröffnet. 180 Liegeplätze mit allem versehen für Boote bis 15 m Länge; Restaurant, Bar, Nautikshop wenige Meter entfernt, Wartungs- und Reparaturservice. Dubrova 23, ✆ 091/1215-493 (mobil), www.marinamuroskva.com.

Hafenamt, ✆ 051/244-345.

Tauchen Dive Side, Obala kneza Branimira (beim Hotel Lišanj), ✆ 099/3887-589 (mobil), www.dive-side.hr. Tauchkurse auch für Kinder.

Wandern Ein großes Netz an Wanderwegen führt durch den Vinodol. Wanderkarten bei TIC.

⌒ Übernachten/Essen & Trinken

Übernachten Riesiges Angebot mit 8000 Betten. **Privatunterkünfte** gibt es ab ca. 30 € für das DZ, **Appartements** für 2 Pers. ab 38 €.

*** Pension-Restaurant Lavanda, hübscher Neubau mit komfortablen Zimmern, Internet und Restaurant. DZ/F ca. 90 €. Ganzjährig. Kralja Tomislava 31, ✆ 051/792-293, www.pansion-lavanda.net.

*** Pension-Restaurant Maestral, oberhalb der Magistrale, mit sehr gutem Restaurant, WiFi und unter deutschsprachiger Ltg. der Familie Jurišić. 15 schöne Zimmer; DZ/F mit Balkon ab ca. 80 €. Ca. 300 m zum Strand. April–Okt. Korzo hrvatskih branitelja 45, ✆ 051/245-911, www.maestral.de.

*** Hotel Lišanj, am gleichnamigen Strand, mit Meerwasserpool, 2017 nach Renovierung neu eröffnet. 160 einfach ausgestattete Zimmer, meist mit Balkon zum Meer. DZ/F ab 70 €. April–Okt. Lišanjska ul. 1, ✆ 051/665-600, www.hotel-lisanj.com.

***** Novi Spa Hotels & Resort, am nördlichen Ortsrand von Novi wurde auf einem ehemaligen Feriengelände eine postmoderne große Ferienanlage mit edlem Design oberhalb des Meeres errichtet. Sie bietet 130 komfortable Zimmer, verschiedene Restaurants und Bars, Kinderbereich mit Animation, große Poollandschaft (auch Kinderpool), Tennis und großen Spa-Bereich –

bestens für die preiswerte NS. DZ/F ab 160 €. Ostern–Okt. **Hrastić 15,** ✆ 051/668-400, www.novi.hr.

Camping ** Autocamp Punta Povile, 2 km südlich von Novi. Kleiner 2-ha-Platz direkt am Meer, z. T. unter Bäumen, aber Straßenlärm; kleine Snack-Bar, nebenan nun die gute Konoba Lucija. 1.6.–15.9. 15 €/Pers. mit Zelt und Auto. Milana Butkovića b. b., Povile, ✆ 051/793-083.

Camping Katalinić, gleich hinter Camp Punta; ähnliche Verhältnisse.

Essen & Trinken Inzwischen gibt es ein großes und gutes Angebot, u. a.:

Konoba Kore, im Altstadtzentrum. Wer die typischen Fleischgerichte wie Pleskavica, Ražnjići, Ćevapčići mag, wird hier bestens versorgt. Trg Vinodolskog Zakona 6, ✆ 051/791-217.

Restaurant-Pizzeria Nava, am unteren Beginn der Altstadtpromenade. Hier speist man gut und schön auf der Terrasse und im Wintergarten, v. a. die guten Steinofenpizzen, aber auch Tintenfische oder Ćevapčići. Ganzjährig ab 12 Uhr. **Ul. Korzo Vinodolskog 23,** ✆ 051/244-434.

Bistro & Caférbar Marina, bestes Sitzen direkt am Hafen mit Terrasse und Wintergarten. Es gibt Pasta- und Risotto-Gerichte, guten Fisch und Fleischgerichte. Flinker

Insel Sv. Marino mit Kapelle

und guter Service. Bestens auch für den Sonnenuntergang. Obala kneza Branimira b. b., ☎ 098/342-320 (mobil).

Konoba Lucija, das gute Lokal ist ans Meer zum Camp Povile umgezogen. Man sitzt bestens auf der schönen Terrasse und genießt den Blick. Nach wie vor gute Küche. Neben Fleischgrillteller und Peka-Gerichten (u. a. Tintenfisch, Lamm) gibt es selbstgefangenen frischen Fisch. Ganzjährig ab 10 Uhr. M. Butkovića b. b., Riva, Povile, ☎ 051/245-755.

Restaurant-Pension Garfild, an der Hauptstraße im Ortsteil Povile; gut geführter Familienbetrieb mit sehr guten Fischgerichten und netter Terrasse. Auch Zimmervermietung, DZ 40–50 €; d. h. auch für einen Stopp bestens. Ganzjährig ab ca. 8 Uhr. Ul. Milana Butkovica 58, ☎ 051/793-120.

≫ Mein Tipp: Konoba Studec, der Weg lohnt, das gute Lokal liegt ca. 4 km nordwärts in Richtung Bribir auf einem Hügel in einem Weinberg. Auf der schönen rustikalen Terrasse genießt man beste Speisen, u. a. Saisonsuppen, Peka-Gerichte (Oktopus, Lamm und Spanferkel nach Vorbestellung), aber auch fangfrische Fische, saftige Steaks, u. a. mit Trüffeln, und Saisongemüse, hausgemachte Pasta; dazu den süffigen Hauswein und den Blick auf die hügelige Landschaft – alles bei bestem Service. Ca. Mai–Sept. ab 11 Uhr. Vinska cesta 2, Pavlomir, ☎ 051/248-888. **≪**

Novi Vinodolski/Umgebung

Ein Ausflug ins Vinodol-Hinterland führt uns nach **Ledenice** (8 km). Die Ortschaft samt Kastell war 200 Jahre lang Teil der „Schutzmauer des Christentums" *(Antemurale Christianitatis)* – ein wichtiges Bollwerk gegen die Türken. Reste der Befestigungen sind noch zu sehen und überraschenderweise finden sich auf dem Friedhof steinerne Zeugen der mittelalterlichen *Bogomil*-Sekte – bogomilische Grabsteine, die sonst im Vinodol nicht vorkommen.

Von Novi Vinodolski nach Senj

Die Adria-Magistrale führt jetzt durch hügeliges, wesentlich kargeres Land. Rechts der Straße fällt die Küste steil ab, ungehindert schweift der Blick über das schroffe Gebirge von Krk. Die dürftige, karstige, für deutsche Augen ungewohnte Landschaft verschwindet oft im Dunst der sengenden Mittagshitze. Ab und zu bieten sich Gelegenheiten zum Baden, doch ein Platz zum Parken fehlt meist. Übernachtungsmöglichkeiten in den Orten **Klenovica** (9 km südlich von Novi), **Sibini** (ca. 7 km vor Senj) oder in **Bunica** (5 km vor Senj). Die Campingplätze an dieser Strecke sind meist sehr klein.

Übernachten *** Aparthotel Villa Lostura, im alten Kern von Klenovica, 7 km von Crikvenica, direkt am Strand, mit Restaurant. Verwinkelter, architektonisch gelungener Bau mit schönen Terrassen und 10 Studios/Appartements (2–6 Pers.), Innenpool, Fitness, Sauna und kleinem Außenpool. Ganzjährig geöffnet. Unter gleicher Leitung auch die 2 unten stehenden Camps. 88 €/2 Pers. (TS 100 €). Zidinice b. b., ☎ 051/7 96-252, www.villa-lostura.com.

Camping ** Autocamp Klenovica, teils schattenloser 12-ha-Platz am Meer. Ein aufgeschütteter Damm führt zu einer vorgelagerten winzigen Badeinsel. Surfmöglichkeit, Restaurant, Minimarkt. Auch Mobilhausvermietung (4+1 Pers.). 5,60 € (TS 6,50 €)/Pers., Stellplatz 11,40 € (TS 13,60 €). Mai–Sept. b. b., ☎ 051/796-251, www.camp-klenovica.com.

* Autocamp Kozica, gleiche Ltg. wie oben; kurz vor Sibinj auf einer Landzunge an gleichnamiger Bucht. 3-ha-Platz mit kleinen Bäumen mitten in der Prärie, zudem Bistro. Öffnung/Preise wie Klenovica. Jadranska cesta b. b., ☎ 051/222-851, www.camp-kozica.com.

Camp Sibinj, in Sibinj (7 km nördl. von Senj) unterhalb der Magistrale mit Bademöglichkeiten an zwei Kiesbuchten. Es gibt einen Kiosk und Frühstücksbrötchen. Sibinj 9, ☎ 051/796-905, 098/239-219 (mobil).

Von der Uskokenfestung Nehaj bietet sich ein weiter Blick auf Senj und die Küste

Senj

Das uralte Seefahrer- und Handelsstädtchen birgt eine fast 2500-jährige Geschichte. Mittelalterliches Gassengewirr und das Wahrzeichen der Stadt, die trutzige Festung Nehaj mit weitem Blick über die vorgelagerten Inseln lohnen einen Stopp.

Senj ist eine der ältesten Städte Kroatiens, ihre Ursprünge reichen bis zu den Kelten zurück. Rund 5500 Einwohner leben heute in dem historischen Städtchen mit den wuchtigen Mauern der als Fünfeck angelegten Altstadt. Die einst prächtigen Baudenkmäler müssten dringend saniert werden, aber es fehlt am nötigen Geld. Senj ist auch die Stadt der Bora – wenn sie bläst, fliegt alles durch die Luft, was nicht festgezurrt ist. Im Spätherbst verschanzt sich das Städtchen hinter frisch gehackten, nach Harz duftenden Holzhaufen, um dem herben Winter zu trotzen, denn auch die kalten Kontinentalwinde können hier ungehindert über die niedrigen Gebirgspässe auf Senj herabfegen.

Die Stadt liegt zwischen kahlem Fels an einer Hafenbucht, an der sich die Jadranska-Magistrale vorbeizwängt und sich die Straße zum nur 698 m hohen Vratnik-Pass ins Binnenland und zu den *Plitvicer Seen* (Plitvička jezera) hochschlängelt. Die Lage am Meer und die kurze Verbindung zum Vinodol-Hinterland begründeten die besondere Bedeutung der Stadt.

Geschichte

Senj wurde 432 v. Chr. von den Kelten gegründet. Im 2. Jh. *Senia* genannt, diente sie den Römern als wichtiger Umschlagplatz und strategisches Tor zum Hinterland. Im 7. Jh. wurde Senj von Awaren und Slawen völlig zerstört. Die günstige Lage der Stadt sorgte jedoch für einen schnellen Wiederaufbau.

Die Kroaten übernahmen im 9. Jh. die Herrschaft über Senj und gründeten im 12. Jh. ein Bistum. Danach fiel die Macht an die Herren von Krk, die Frankopanen, die der Stadt besondere Rechte verliehen. Dies leitete die Blütezeit von Senj ein. Die

Stadt profitierte vom Fernhandel, ihre Bürger lebten im Wohlstand, der kulturelle und politische Austausch mit fremdländischen Kaufleuten entwickelte sich. Die Türken rückten zwar immer näher an Senj heran, doch die Frankopanen trugen Familienzwiste aus, statt sich um Senj zu kümmern. Im 15. Jh. entriss der ungarische König *Matthias Corvinus* den Frankopanen die Herrschaft über Senj und machte sie zu einer Königsstadt. Dann kamen die Habsburger und ein slawisches Bauernvolk – die Uskoken. Ende des 17. Jh. wurden die Türken zurückgedrängt, das Hinterland wurde befreit. Man begann mit dem Bau der *Josephinenstraße* (nach *Kaiser Joseph II.* benannt), die hier in Senj am *Großen Tor* endete. Die Stadt, ohnehin ein kulturelles Zentrum Kroatiens, setzte ihren Aufschwung zu Land und zu Wasser fort.

Die Uskoken

Die Uskoken, die „Flüchtlinge", sind ein serbisches und kroatisches Bauernvolk, das aus den türkisch besetzten Gebieten vertrieben wurde und sich u. a. auch in Senj ansiedelte. Es baute eine starke Flotte mit wendigen Booten und nahm den Widerstand gegen die Türken auf. Die Großmacht Venedig aber suchte ein friedliches Zusammenleben, denn sie versprach sich mehr vom Warenhandel, und schloss 1540 mit dem Halbmond Frieden. Die Uskoken, inzwischen gefürchtete Seeräuber und Piraten, fühlten sich verraten, kämpften allein gegen die Türken weiter und störten durch Plünderungen und Überfälle den venezianischen Handel. Nach und nach provozierten diese Aktionen einen Krieg zwischen Venedig und Österreich, der durch den Pariser Frieden 1617 beendet wurde. In dem Vertrag verpflichtete sich Österreich, die Uskoken wieder ins Binnenland zu verbannen.

Basis-Infos

Information Tourismusverband und TIC, Stara cesta 2 (Ortsbeginn u. Abzweig nach Plitvice), 53270 Senj, Juni–Sept. tägl. 8–21 Uhr; sonst Mo–Fr 8–15, Sa bis 13 Uhr. ✆ 053/881-068, www.tz-senj.hr. Gute Infos und Kartenmaterial.

Agentur La Travel, Obala dr. Franje Tuđmana 11, ✆ 091/5874-202 (mobil), www.la-travel.hr. Ausflüge und Zimmervermittlung.

Verbindungen Busse fahren vom Busbahnhof, Obala kralje Zvonimira 8 (am Hafen) 7- bis 8-mal tägl. nach Rijeka und Zadar. Keine Direktverbindung zu den Plitvicer Seen, nur mit Taxi oder Ausflug. Einzige Möglichkeit per Bus um 7.20 Uhr nach Otočac, dann Umstieg nach Plitvice. **Autotrans**, ✆ 060/394-394.

Ausflüge Zu den **Nationalparks Plitvicer Seen** (90 km) und **Nordvelebit** mit Botanischem Garten (Anfahrt über Sv. Juraj–Oltarj); bestens auch mit eigenem Fahrzeug möglich.

Baden Nördlich des Leuchtturms wurde ein **Badestrand** mit Kies eröffnet, nach Süden folgt **Škver**. An der Landspitze liegt **Diga**, daneben der schöne **Banja-Strand** oder stadtauswärts und gegenüber der Nehaj-Zufahrt der Strand **Voda**. Südlich des Leuchtturms kleine Kiesstrände oder beim Strandbad.

Mountainbiken/Wandern Die Umgebung von Senj eignet sich bestens für konditionsstarke Mountainbiker (Touren hinauf zum **Vratnik-Pass** oder in den **N. P. Velebit**). Wanderer finden im Nationalpark wunderbare Touren u. a. auf dem **Premužić-Lehrpfad** (→ N. P. Nordvelebit und Kleiner Wanderführer/Wanderung 5, S. 407). Kartenmaterial bei TIC.

Veranstaltungen Uskokentage, Fr/Sa am 3. Wochenende im Juli. **Sommerkarneval**, Anf. Aug. Mi–Sa. **Smotra-Klapa-Fest**, Mitte Juli. **Samba-Festival**, Ende Juli Fr/Sa.

Übernachten Es gibt viele **Privatzimmer** ab 15 €/Pers. und **Appartements** für 4 Pers. ab 50 €. Frühstück 3–5 €. Stadthotels gibt es derzeit nicht. Auch über Webseite von TIC Angebote.

*** Appartements Prpić, südwestlich der Altstadt, über den Fußweg in wenigen Min. zur Altstadt; neue, sehr gut ausgestattete Studios und Appartements (bis 4 Pers., ab 80 €) mit Balkon, WiFi, Garten und schönem Blick auf die Burg Nehaj und das Meer. Nehajski put 1, ✆ 053/882-184.

*** Villa Beba, im Nordosten der Stadt, 5 Min. zum Zentrum; guter und freundlicher Familienbetrieb, schöne Studios (60 €/ 2 Pers.) und Appartements, Garten und Grillplatz, WiFi und ein herrlicher Blick auf Senj und das Meer. Ante Starčevica 18, ✆ 098/720-409 (mobil).

Camping **** Autocamp Škver**, direkt in Senj am Meer und neben dem Kiesstrand. Leider fehlt etwas Schatten. Für Wohnmobile und für einen Stopp gut. Hier ist auch die gute Konoba Gajeta, aber nebenan auch der Disco-Club Meduza! Ankerplatz, neue Sanitäreinrichtung. April–Okt. ✆ 053/885-266.

Weitere kleine Campingplätze finden sich rund um Senj:

Autocamp Bunica V (✆ 053/616-718) und **Bunica I** (✆ 053/616-716), 5 km nördlich von Senj und kurz hintereinander; die Betreiber sind Brüder. Die erste, steile Abfahrt verpasst man leicht (nicht schlimm, gleich dahinter ist ja der andere Bruder); das Gelände am besten zu Fuß erkunden, da die Straße vor der Schranke am Platzeingang endet. Zum Essen geht man 200 m weiter über die Straße ins **Restaurant Bunica**.

Weitere Autocamps (→ Sv. Juraj, S. 148).

Essen & Trinken Konoba Lavlji Dvor, im Löwenhof aus dem 16. Jh., überdachter Innenhof und kleine Terrasse vor der Tür. Traditionelle Fisch- und Fleischgerichte. April–Okt. P. Preradovića 2, ✆ 053/881-738.

Konoba Gajeta, direkt am Meer, am Strand und Campingplatz Škver. Gute Fischgerichte. Mai–Okt. ✆ 053/885-266.

Konoba Kod Veska, am Altstadteingang und -platz liegt das kleine Lokal, das gute Fisch- und Fleischgerichte bietet. Mai–Sept. Ispod volte 1, ✆ 053/884-056.

Konoba Val, 2 km in Richtung Rijeka, mit schöner Terrasse direkt oberhalb des Meeres. Hier isst man sehr gute Fischgerichte. Juni–Dez. Ul. Ive Senjanina 35, ✆ 053/881-960.

Nachtleben Für Jugendliche der ganzjährig geöffnete **Disko-Club Meduza** (Škver-Strand).

Blick gen Hafen und Insel Krk

Sehenswertes

Ohne ihre massiven **Mauern** und **Bollwerke** hätte sich Senj der ständigen Angriffe wohl kaum erwehren können. Die Stadt war bereits unter den Römern befestigt, die wenigen Türme und Mauern, die heute noch beeindrucken, stammen aus dem 13. bis 15. Jh. Einst umgaben Senj 13 Türme, verbunden durch Mauern, die zugleich als Rundgang dienten – über 1 km maß das städtische Befestigungssystem. Am besten erhalten blieb der sogenannte *Leo-Turm* im Nordosten der Stadt, den

Senj – die Uskokenburg Nehaj ragt trutzig über die Stadt

Papst *Leo X.* Anfang des 15. Jh. errichten ließ. Weiter östlich der *Lipica-Turm,* ein Rundturm, der durch das Erdbeben 1913 Schäden erlitt; ein Stück weiter der **Salpan-Turm**. Im Süden, dem Meer zugewandt, steht der *Šabac-Turm,* der 1955 restauriert wurde, und östlich gegenüber der **Nasa-Turm**.

Der größte Platz Senjs ist der barocke *Cilnica-Platz* mit Brunnen und dem Stadttor (Großes Tor) am einstigen Ende der Josephinenstraße. Daneben das *Frankopan-Kastell* aus dem Jahr 1340. Hier ragt auch der Turm der 1943 zerbombten Franziskanerkirche empor, auf deren Grabplatten die Namen einer Frankopan-Fürstin und tapferer Uskoken verewigt sind (heute im Stadtmuseum zu sehen). Unweit davon steht das älteste Kulturdenkmal der Stadt, der **Mariendom** aus dem 11. Jh., ein dreischiffiges, romanisches Bauwerk, das im 18. und 20. Jh. restauriert wurde. Zu den Kunstschätzen der Kirche zählen das Wandgrab des Senjer Bischofs *Ivan Cardinalibus* sowie das Wappen der Familie *Petrović* von 1491 – eines der ältesten kroatischen Staatswappen. Der Dom gilt als Geburtsort der glagolitischen Schrift, die von hier in andere slawische Länder verbreitet wurde. Bereits 1248 erkämpfte sich der damalige Bischof vom Papst die Erlaubnis, in dieser Schrift zu schreiben. *Method,* dem Bruder *Kyrills,* wurde zu Ehren seines 1100. Todestages vor der Kirche ein Denkmal gesetzt.

Westlich des Domplatzes befindet sich das **Stadtmuseum** im noch gotisch beeinflussten Renaissancepalais *Vukasović* aus dem 15. Jh. Es zeigt eine archäologische und ethnographische Sammlung sowie die Entwicklung der Glagoliza und ihrer Buchdruckkunst. Südlich des Domplatzes befindet sich das **Sakralmuseum**.
Stadtmuseum: Juli/Aug. tägl. 7–15/18–20, Sa 10–12/18–20, So nur 7–15 Uhr; sonst Mo–Fr 7–15, So 10–12 Uhr. Eintritt 20/10 KN. **Sakralmuseum**: tägl. 10–12/18–20 Uhr, So nur vormittags.

Im **Stadtteil Gorica** im Osten der Stadt ist eine *Druckerei* aus der frühen Neuzeit interessant, deren glagolitische Inschrift über der Eingangstür auf das Jahr 1477 hinweist. Hier wurden einige der ersten kroatischen Bücher und glagolitische

Messbücher gedruckt. Erlernt haben die Senjer Domherren die Buchdruckerkunst in Venedig bei Meister *Andreo Torresani* (1451–1529), der als Erster Werke von Plato und Aristoteles druckte.

Im Süden der Stadt, oberhalb des Meeres, ein kleiner **Park**, in dem Senjer Dichter wie *Silvije Strahimir Kranječević* (1865–1931) mit ihren in Stein gemeißelten Versen die Stadt verewigt haben (→ Kasten „Verse an die Stadt").

Auf dem Hügel oberhalb der Stadt ragt trutzig das Wahrzeichen Senjs empor, die **Uskokenfestung Nehaj** (Nehaj = „Fürchte nichts"). Sie wurde 1558 unter General *Ivan Lenković* errichtet und zeigt heute auf drei Stockwerken glagolitische Inschriften und historische Dokumente. Ein Spaziergang auf das mit Ecktürmchen geschmückte Bollwerk lohnt sich: Der Blick reicht weit über die Stadt und die vorgelagerten Inseln.

Grad Nehaj: Mai/Juni und Sept. tägl. 10–18 Uhr, Juli/Aug. tägl. 10–21 Uhr. Es gibt auch ein Restaurant, in der HS bis 24 Uhr. Eintritt 20 KN, Kinder 10 KN.

Verse an die Stadt von Senj

Wie Stahl – Dein Charakter, Du edler Drache / Muss man schwarze Scharen jagen / Du standhafter Löwe auf der Wache / Beharren wirst Du, Hüne der Kroaten / Mit klarer Stirn, kühn und verwegen / Von Widerstandskämpfern erweckt zum Leben. / Durch Jahrhunderte, alte und neue / Der Freiheit galt stets Dein Schwur der Treue!

Silvije Strahimir Kranječević

»» Weiterfahrt: Von der Küste bei Senj gelangt man über den Vratnik-Pass (694 m) am kürzesten (90 km) und schnellsten zum **Nationalpark Plitvicer Seen** mit seinen beeindruckenden Wasserfällen (s. u.). Wer weiter über Sv. Juraj in den Süden möchte (→ S. 148).

Nationalpark Plitvicer Seen

Die Seen sind seit 1949 geschützt und stehen seit 1979 auf der UNESCO-Liste des Weltnaturerbes der Menschheit. Die den Karstgebieten eigenen Prozesse lassen immer neue Kaskaden, Wasserfälle und Barrieren entstehen – immer neue Formen bildet die Naturgewalt des Wassers.

Das Gebiet der Plitvicer Seen, inmitten der Region Lika, hat eine Fläche von 29.482 ha, zwei Drittel davon sind Wald und nur 2 % sind für die Gäste zugänglich. Funde bezeugen eine Besiedlung bereits in vorchristlicher Zeit, die Gegend blieb aber ohne größere wirtschaftliche Bedeutung. 1896 baute die „Gesellschaft zur Gestaltung und Verschönerung der Plitvicer Seen" das erste Hotel, zwei weitere kamen später hinzu.

Nur einer strengen Reglementierung ist es zu verdanken, dass trotz Touristenlawinen (ca. 900.000 Gäste im Jahr 2011 bzw. in der HS 13.000 Personen täglich) die Unberührtheit der Landschaft erhalten blieb. Das war nicht immer so. Mitte der 1970er-Jahre war das ökologische Gleichgewicht ernsthaft bedroht. Daraufhin verbannte man die schweren Busse und Pkws, die die empfindlichen Kalkbarrieren

Plitvicer Seen – schöne Holzwege durchziehen die eindrucksvolle Wasserlandschaft

erschütterten, aus dem Park, legte außerhalb riesige Parkplätze an und sorgte dafür, dass sich der Besucherstrom nur auf den eigens angelegten Pfaden und Stegen bewegte. Leichte Panoramabusse bringen heute die Touristen zu weiter entfernten Punkten und ein Elektroboot befährt den Kozjak-See. Trotz des vielen Wassers, *Baden* ist strengstens untersagt!!

Hauptsehenswürdigkeit des nur 100 km von der Küste entfernten Parks sind die 16 Seen, deren Wasser sich über Stufen und Barrieren in großen Wasserfällen und Kaskaden von einem See in den nächsten ergießt, um schließlich nach 8 km und einem letzten Wasserfall in den Fluss Korana abzufließen. Umgeben von dicht bewaldeten, bis auf 1200 m ansteigenden Berghöhen, zeigt sich das absolut klare Wasser meist in leuchtendem Türkis; auf dem Grund sind versteinerte Bäume und Pflanzen deutlich zu erkennen. In den urwaldartigen Wäldern leben Rehe, Bären, Wildschweine, Wildkatzen und Wölfe. Die Luft ist erfüllt vom Duft der üppigen Vegetation, die sich hier ungestört entfalten kann und für eine Vielzahl von farbenprächtigen Schmetterlingen einen idealen Lebensraum abgibt.

Das einzigartige Naturschauspiel entsteht durch ein typisches Karstphänomen, das hier, unbeeinflusst vom Menschen, noch immer so abläuft kann wie vor Tausenden von Jahren. Das ist auch der Grund für das wissenschaftliche Interesse an den Plitvicer Seen, denn bis heute ist das exakte Zusammenwirken der komplexen Prozesse nicht restlos aufgeklärt. Das in der Luft vorhandene Kohlendioxid wird in einem chemischen Prozess im Wasser zu Kalk umgebaut. Pflanzen und Kleinstlebewesen beschleunigen den Vorgang. Es bilden sich Kalkablagerungen, die zusammen mit Pflanzen und Moosen immer höhere Barrieren bilden, das sogenannte Travertin. Jährlich wachsen die als natürliche Staustufen wirkenden Hindernisse um ein bis drei Zentimeter, der Wasserspiegel in den Seen steigt und das Wasser muss sich seinen Weg über Kaskaden und Wasserfälle bahnen – die Durchströmungsstellen verändern sich dabei ständig. Das heutige Barrierensystem ist vor rund 4000 Jahren entstanden und damit geologisch sehr jung. Das hat vermutlich klimatische Gründe, denn in der Eiszeit stagnierte dieser für Karstgebiete typische Prozess. Heute zeigt die Natur mit immer neuen Grotten, Barrieren, Wasserfällen und Seen ihre gewaltige Gestaltungs- und Veränderungskraft.

Besuch im Park

Der Nationalpark ist über zwei Eingänge zugänglich, jeweils einer befindet sich an den Oberen (Eingang 2) und an den Unteren Seen (Eingang 1). Der auf der Eintrittskarte abgedruckte Plan zeigt unterschiedlich lange, mit Farbsymbolen und Buchstaben gekennzeichnete Wanderrouten. Die Eintrittskarte berechtigt auch zur Fahrt mit dem Elektroboot über den großen See. Es werden Halbtagestouren angeboten, man sollte sich jedoch wenigstens einen ganzen Tag Zeit für den Besuch nehmen.

Ausgangspunkt Eingang 1: Von hier bietet sich ein grandioser Blick auf den größten Wasserfall. Auf einem schmalen, über Holzstege und -treppchen abwärts in eine Schlucht führenden Weg nähert man sich den Wasserfällen, die sich durch ihr Rauschen schon von fern bemerkbar machen. Der Vorteil der Route von den Unteren zu den Oberen Seen ist, dass man den größten Wasserfall (Plitvica-Fall) sonnenbeschienen erlebt und nach dem Fußmarsch die Bootsfahrt vor sich hat. Unterhalb vom Eingang 1 ist auch die *Höhle Šupljara (Großes Loch)*, die man über steile Stufen hinauf oder hinab passieren kann. Flussaufwärts an der Korana ist noch die *Golubnjača-Grotte*.

Beim Wandern auf angenehmen Holzwegen rund um die Seen (außer nach Starkregen, dann gibt es auch mal nasse Füße, da dann etliche Stege überschwemmt sind) erlebt man Natur pur: glasklare Wasserbecken, in denen Fische regungslos stehen, üppig wuchernde Vegetation in und außerhalb des Wassers, unzählige Wasserfälle und Kaskaden in jeder erdenklichen Größe. Auf Seerosenblättern aalen sich faul Kröten und Frösche, Fischschwärme durchpflügen plötzlich das ruhige Wasser und in der klaren Tiefe erspäht man Wasserschlangen und bizarrste Formen versteinerter Bäume und Pflanzen. Wer sich nicht zurückhält, stellt vielleicht zu Hause fest, dass er „nur" Wasserfälle abgelichtet hat.

Am großen *See Kozjak* liegt – ideal für eine Pause – ein großer Picknickplatz mit Restaurant. Von hier startet das Elektroboot, das lautlos über den glatten, großen See gleitet. Unterhalb des *Eingangs 2* gibt es ebenfalls ein Bistro und Picknickplätze.

Ein 5 km langer Wanderweg flussaufwärts an der Korana Richtung Campingplatz wurde vom Eingang 1 aus angelegt; es geht vorbei an der *Golubnjača-Grotte* und dem alten Dorf Korana.

Ausgangspunkt Eingang 2: Vom *Eingang 2* gelangt man auf schönen Fußwegen, ebenfalls über Holzstege und -brücken, zur Oberen Seenplatte und zum Beginn des *Prošcansko-Sees*. Hier ist es idyllischer und ruhiger.

Panoramabusse bringen den Besucher von Eingang 1 (bzw. von der ST 1, die unterhalb liegt) über Eingang 2 (unterhalb davon die ST 2) bis zum Beginn des Prošcansko-Sees (hier ist ST 3 und Endstation). Auch hier ein schöner Picknickplatz und Bistro.

Basis-Infos

Nationalparkverwaltung 53231 Plitvička jezera, Josipa Jovića 19, ☎ 053/751-015, 751- 014, www.np-plitvicka-jezera.hr. Geöffnet 8– 16 Uhr.

Küstenland – von Kraljevica nach Senj → Karte S. 125

Information Touristeninformation an den Eingängen 1 und 2, sowie an ST 1 und ST 2 (geöffnet wie N. P.-Verwaltung) und in den Hotels. Eine Hotelbuchung kann ebenfalls über die N. P.-Verwaltung getätigt werden.

Öffnungszeiten Eingang 1: ganzjährig geöffnet; Juli/Aug. 7–20 Uhr, Mai/Juni u. Sept./Okt. 8–18 Uhr, Winter 9–16 Uhr.

Eingang 2: Von Ostern bis Okt. geöffnet.

Eintritt Jan.–März u. Nov./Dez. 55 KN, Kinder 7–18 J. 35 KN, Studenten 45 KN; April–Juni u. Sept./Okt. 110 KN, Kinder 7–18 J. 55 KN, Studenten 80 KN; Juli/Aug. 180 KN, Kinder 7–18 J. 80 KN, Studenten 110 KN. Kinder unter 7 J. sind ganzjährig frei. Es werden auch ermäßigte 2-Tages-Karten angeboten. Es gibt auch Führungen.

Das Elektroboot und der Panoramabus sind im Eintrittspreis enthalten (s. u.).

Parken Es gibt Parkplätze beim **Eingang 1** und beim **Eingang 2**, bei Letzterem läuft man länger. Parkplatzgebühren müssen extra berappt werden: Pkw 7 KN/Std. bzw. 70 KN/Tag.

Verbindungen innerhalb des N. P Panoramabusse fahren von ST 1 über ST 2 (oberhalb dieser beiden Busstopps liegen auch die beiden Eingänge) nach ST 3 (ca. 4 km); sie pendeln im 30-Min.-Takt von je nach Station 8/8.30–19/19.30 bzw. 20 Uhr (Aushang beachten). Unbedingt immer den aktuellen Fahrplan besorgen, er ändert sich auch je nach Wetterlage.

Auf dem Kozjak-See pendelt das **Elektroboot** alle 30 Min. von P 1 nach P 2 (8–19.45 Uhr), P 2 nach P 3 (8–18 Uhr) und von P 3 nach P 2 (8.30–19 Uhr). Auch hier immer den Fahrplan besorgen!

Ausrüstung Unbedingt an bequeme Sport- bzw. **Wanderschuhe** denken, auch an Sonnen- oder Regenschutz. Nach Starkregen kann es an einigen Stegen zu Überschwemmungen kommen. Rucksack mit Proviant und Trinken sinnvoll! **Kinderwägen** können auf den meisten Pfaden nicht geschoben werden!

Anfahrt Mit dem **Flugzeug** über die Flughäfen von Zadar und Zagreb und von dort mit öffentlichen Bussen. Mit dem **Pkw** von der Küste kommend am besten von Senj, Karlobag oder Zadar; aus dem Landesinneren am besten über Karlovac. Kein Direktbus von Plitvice nach Senj, man muss in Otočac umsteigen (Verbindung nur 1-mal tägl.). **Busstopps** der Linie Zagreb–Split an den Eingängen 1 u. 2 (man muss winken!) – Infos an den Hotelrezeptionen.

Tanken: Nächste Tankstelle ca. 10 km nördlich in Grubovac (Richtung Karlovac) oder ca. 18 km südlich bei Korenica (Richtung Zadar).

Geld Bankomaten sind u. a. an den Eingängen 1 und 2, im Hotel Jezero und Campingplatz Korona.

Sport Baden: strengstens verboten!!

Mountainbike: Innerhalb des Seengebietes ist Fahrradverbot, außerhalb gibt es schöne Wege.

Wandern: Wer genug Zeit an den Seen verbracht hat, kann u. a. auch eine schöne 3-Std.-Rundtour gen Westen unternehmen: Der Wanderweg führt vom Kozjak-See (P 3) hoch zu den Aussichtspunkten, weiter zu dem Weiler Plitvica selo und durch Wald und Wiesen zurück zum Prošćansko-See (ST 3). Karte im N. P. erhältlich.

Plitvički Maraton: jährlich Anf. Juni; es gibt die Marathondistanz von 42,195 km, zudem 21 km und 5 km, die durch den Nationalpark führen. Anmeldung über die N. P.-Verwaltung oder Info-✆ 053/751-149, www.plitvicki-maraton.com.

◯ Übernachten/Essen & Trinken

Übernachten Inzwischen gibt es ein riesiges Angebot an Privatzimmern, man sucht am besten selbst, z. B. im 2 km südlich liegenden Ort Mukinje. Hier gibt es viele hübsche ruhige *** **Pensionen**. Viele weitere auch in Korenica oder in Richtung Karlovac.

Im Nationalpark liegen alle Hotels bei Eingang 2, idyllisch und ruhig inmitten von üppigem Mischwald oberhalb der Seen. Buchbar direkt über die N. P. -Zentrale (s. o.).

≫ Mein Tipp: *** Hotel Jezero **1**, es ist das bestausgestattete und liegt oberhalb vom Kozjak-See. 210-Zimmer, 7 Suiten, zudem 5 behindertengerechte Zimmer; Restaurants und Bar; WiFi nur in der Hotel-Lobby, Sauna u. und Fitnessraum. Ruhige Zimmer mit Balkon zu den Seen, gutes Frühstück. DZ/F 120 €. ✆ 053/751-500, www.np-plitvicka-jezera.hr. **≪**

Küstenland – von Kraljevica nach Senj → Karte S. 125

A 1, Zagreb,

E 71

Korana

Eingang 1

Großer Wasserfall

Plitvica

Šupljara

WC   P   i

BUS

Plitvica

Kaluderovac

UNTERE SEEN

Plitvica Selo

Gavanovac

Milanovac

ST 1

Übernachten
1 Hotel Jezero
2 Hotel Plitvice
3 Hotel Bellevue

——— Panoramabus
------- Elektroboot
------- Weg
● ST 1/2/3 Busstation
■ P 1/2/3 Bootsstation

Kozjačka draga

P 3

E 71

K o z j a k

Tavanak
▲ 736

Školj

Eingang 2

BUS   P

1

ST 2   WC

P 1   i   2

3

P 2

Plitvička Jezera

OBERE SEEN

Gradinsko jez.

G a l o v a c

Stubica
▲ 685

Cagalj
▲ 646

Mukinje
▲ 722

Mukinje

Ciginovac

Okrugljak

ST 3

i   WC

prošćansko jez.

Crni vrh
▲ 754

Split

350 m   **Nationalpark
Plitvicer Seen**

*** **Hotel Plitvice 2**, 51-Zimmer-Hotel mit Restaurant. Drei Kategorien werden geboten. DZ/F je nach Lage und Ausstattung (Economy bis Superior) 98, 108 oder 118 €. 📞 053/751-200, www.np-plitvicka-jezera.hr.

** **Garni Hotel Bellevue 3**, das preisgünstigste Hotel. 60 einfach ausgestattete Zimmer. DZ/F 76 €. 📞 053/751-800, www.np-plitvicka-jezera.hr.

*** **Hotel Grabovac**, ca. 12 km vom Nationalpark in Richtung Zagreb (nach Campingplatz Korana). Günstige Übernachtungsmöglichkeit und Restaurant. DZ/F 72 €. 47245 Rakovica, 📞 053/751-999, www.np-plitvicka-jezera.hr.

**** **Hotel-Restaurant Degenija**, vom Eingang 1 ca. 7 km in Richtung Karlovac, mit überdachter Terrasse hinter üppigem Blumenschmuck. Das Hotel ist benannt nach der gelben Nationalparkblume. Es gibt u. a. Holzofenpizzen, Käse und Pršut aus eigener Herstellung, Lammgerichte, Grillteller und Forellen. Zum Übernachten gibt es gut ausgestattete Zimmer (2- u. 3-Bett-Zimmer), DZ/F 90 €. Ganzjährig geöffnet. Šet. Drežnička b. b., 47245 Rakovica, 📞 047/782-060, www.restoran-degenija.hr.

*** **Hotel Macola**, in Korenica, 15 km südl. Richtung Zadar. Ordentliche Zimmer mit Balkon; zudem ein Restaurant. DZ/F 71 €. Ganzjährig geöffnet. 53230, Korenica, Trg sv. Jurja, 📞 035/776-228, www.macola.hr.

Hostel Falling Lakes, in Korenica (s. o.), ein Shuttlebus (Retourticket 35 KN) bringt die Gäste zum Eingang 1. Schön und modern eingerichtet, es gibt DZ und Mehrbettzimmer (für 6–10 Pers., ca. 18 €/Pers.) mit Schließfächern, Gemeinschaftsbädern, großer, voll eingerichteter Küche, Terrasse, auch BBQ; auch organisierte Aktivitäten. Ganzjährig. 53230, Korenica, Vaganačka 14, 📞 099/666-6921 (mobil), www.fallinglakes.com.

Camping *** **Autocamp Korana**, schöner schattiger 35-ha-Platz ca. 2 km südlich von Grabovac (E 71 Richtung Karlovac) und ca. 10 km vom N.P.-Eingang, ruhig abseits dieser Hauptstraße gelegen. 50 km Wander-/Mountainbikewege auch zum N.P. sind von hier aus ausgeschildert. Mit Restaurant, Café, Supermarkt, Waschmaschinen, WiFi. Per Bus (gratis) zum N. P. um 9 Uhr, Rückfahrt um 17 Uhr. 10 €/Pers., Auto 2,50 €, Zelt 3,50 €. Auch einfache Holzhütten (ohne Bad/WC) werden vermietet, 36 €/2 Pers., mit Frühstück 44 €. April–Mitte Okt. 📞 053/751-888.

*** **Autocamp Borje**, schönes 6,5-ha-Gelände im Wald, mit gleichnamigem Restaurant im Ort Korenica, 15 km in Richtung Zadar. 9 €/Pers., Auto 2 €, Zelt 3 €. April–Mitte Okt. 53230 Vrelo Koreničko, 📞 053/751-790.

Turist Grabovac – Camping, am Ortsrand. Schöne modernisierte Anlage mit Restaurant auf 40.000 m² im Wald, mit neuen Mobilhäusern aus Holz mit Terrasse (4+2 Pers.) um einen Pool, zudem Holzhäuser und ebenfalls aus Holz erbautes Gästehaus Jelena: DZ/F ca. 75 €. Zudem gibt es das Indianerdorf mit Zelten für 4 Pers. Man kann auch campen: 9,50 €/Pers., Camper 6,40 €, Auto 2,20 €, Zelt ab 3,20 €, Stellplatz 4–9,60 €. Gratis-WiFi, Fahrradverleih, Kinderspielplatz und organisierte Touren. April–Okt. Grabovac 102, 📞 047/784-192, www.kamp-turist.hr.

Essen & Trinken An den N. P.-Eingängen sowie Bus- und Bootsstationen gibt es **Kioske**, **Cafés** und **Restaurants** sowie **Picknickplätze**. Feinschmeckerlokale findet man hier bis auf das neu renovierte Lička kuća nicht. Ansonsten in den Hotels (→ Übernachten). Gutes Essen und guten Service gibt es im Hotel Jezero, ob Fleisch- oder Fischgerichte; an dem Omelette surprise, einer Nachspeise, können 4 Personen naschen.

Restaurant Lička kuća, liegt an der E 71, gegenüber Eingang 1. In dem hübschen zweistöckigen Holzhaus gibt es typische Lika-Gerichte, alle Produkte sind hier aus der Umgebung und nach traditionellen Rezepten zubereitet, u. a. Lika-Käse Basa, Lamm aus der Peka, Ofenkartoffel, Forelle und die leckeren Strudel, gefüllt mit Pflaumen, Äpfeln oder Quark. Tägl. 11–22 Uhr.

Restaurant Poljana, südlich des Hotels Bellevue, mit Selbstbedienung (Suppen, Salate, Fleischgerichte, Desserts). Innen gemütlich mit Kamin; schöne Terrasse und Blick auf den Oberen See. Tägl. 8–15 Uhr.

Buffet Kupalište, am Kozjak-Seeufer nahe P1-Elektrobootabfahrtsstelle. Hier gibt es u. a. Getränke, Sandwiches, Kuchen, Spaghetti, Würste, Eintopf, manchmal Schnitzel. Tägl. 10–16 Uhr.

Buffet Slap, am Eingang 1. Ähnliches Angebot wie oben. Tägl. 7–21 Uhr.

Café Flora, bei der Station (ST) 2 des Panoramazugs, unterhalb des Hotels Jezero. Getränke, Kaffee, Kuchen, Eis. Tägl. 8–16 Uhr.

Nationalpark Plitvicer Seen –
der „Große Wasserfall"

Blick vom Velebit-Gebirge (bei Baške Oštarje) auf Karlobag und die Inseln Pag und Rab

Kroatisches Küstenland – von Senj nach Karlobag

Der rund 50 km lange Abschnitt der Küstenstraße über **Jablanac** und den nördlich liegenden Fährhafen **Stinica** (Insel Rab, S. 266), vorbei an der unter Naturschutz stehenden **Bucht Zavratnica** und weiter, am Velebit entlang, nach **Prizna** (Fährhafen für Insel Pag, S. 290), verläuft zum überwiegenden Teil nicht direkt am Meer. Vereinzelt winden sich abenteuerliche Straßen mit enormen Gefällestrecken von der Magistrale zu kleinen Orten hinunter, ohne Straßenbegrenzungen und weitgehend ohne Ausweichmöglichkeiten – Orte, die man besser mit dem Schiff anfährt.

Wer in die Gebirgswelt des **Naturparks Velebit** möchte, ist an diesem Küstenabschnitt richtig: Von **Sveti Juraj** führt ein kurvenreiches Sträßchen hinauf zum Oltari-Pass (1016 m) und zum **Nationalpark Nord-Velebit** mit Botanischem Garten, weiter auch zum Bärenrefugium bei **Kuterevo**. Bei **Karlobag** windet sich die aussichtsreiche, alte Handelsstraße *Theresiana* über **Baške Oštarje** und den gleichnamigen Pass auf knapp 1000 m und weiter in Richtung **Gospić**, wo in **Smiljan** das *Nikola-Tesla-Gedächtnismuseum* wartet. Wer für seine Weiterfahrt schnell in den Süden oder Norden möchte, fährt hier auf die Autobahn A 1.

Sveti Juraj

Der beschauliche Ort, an dem die Magistrale knapp vorbeiführt, liegt rund 9 km südlich von Senj und zieht sich am Meer entlang. Rund um den Hafen gibt es mehrere Restaurants und gemütliche Cafés. Zum Sonnen schwimmt man am besten zu einem kleinen Inselchen Lisac hinüber. Sv. Juraj ist ein guter Ausgangspunkt für den nahen Nationalpark Velebit.

Information   53284 Sv. Juraj. Infos über Tourismusverband Senj.

Agentur San, Nade Babić 11, ✆ 053/883-313. **Agentur Riva**, Nade Babić 2, ✆ 053/883-007. Beide Mai–Okt., Zimmervermittlung.

Tauchen   (→ Camping).

Übernachten/Essen   Zahlreiche **Privatunterkünfte**, am besten über die Webseite des Tourismusverbands Senj.

Konoba Gušti, nett und gut, mit Blick auf den Hafen. Ganzjährig. Selo 98, ✆ 091/5363-612 (mobil).

Restaurant Riva, direkt am Hafen mit Wintergarten; hier isst man bestens u. a. fangfrische Fische. Ganzjährig ab 6.30 Uhr. Selo b. b., ✆ 053/883-159.

Konoba Mul, wenige Meter nördlich. Auch hier sitzt und speist man gut. Ganzjährig ab 6 Uhr. Einfache Zimmer werden vermietet. ✆ 053/883 007

**** Villa Arca Adriatica, Ortsbeginn, oberhalb vom Meer mit sehr guter Ausstattung. Es gibt Zimmer, Studios und Appartements (bis 3 Pers., ca. 70 €) und WiFi. Otinja 53, ✆ 091/5714-887 (mobil).

** Pension-Restaurant Hazienda, in Alleinlage ca. 1 km südlich von Sv. Juraj (11 km bis Senj). Im großen Wintergarten mit Blick aufs Meer sitzt man bestens, Spezialitäten sind u. a. der leckere Grillteller Epigram (Rind- und Schweinekotelett, Kalbsleber und Ćevapčići) oder die Fischplatte Hazienda (2 Goldbrassen, Scampi, Calamari und Meeresfrüchte); zum Dessert lockt die Schwarzwälder Kirsch- oder Schokotorte. 10 Zimmer, teils Balkon und herrlicher Blick aufs Meer. DZ ca. 50 €, Frühstück extra. April–Okt. Für einen Stopp bestens. 53284 Volarice, Rača b. b., ✆ 053/883-069.

Camping   **** Autocamp Ujča**, nördlich von Sv. Juraj (4 km nach Senj) an der schönen kleinen Wolfskiesbucht. Café, Kiosk, neue Sanitäranlagen, WiFi und **Tauchschule Galathea**. Ca. 5,50 €/Pers., Stellplatz inkl. Auto/Zelt 9 €. Mai–Sept. Vučja draga b. b., ✆ 053/884-626, www.camp-ujca.com.

** Autocamp Euro Rača, 1 km südlich von Sv. Juraj. Das Gelände liegt neben und unterhalb der Magistrale, ca. 200 Plätze, teils Laubbäume, Pizzeria und Bar; schön ist die Kiesbucht. Auch Bungalowvermietung. April–Sept. Sv. Juraj, Ul. Franje Račkog, ✆ 053/883-209.

Sveti Juraj/Umgebung

Am südlichen Ortsausgang zweigt die landschaftlich sehr schöne Straße über Oltari in den **Nationalpark Nord-Velebit** mit *Botanischem Garten* ab (12 km; → Nationalpark Nord-Velebit).

Blick auf Sv. Juraj und den Velebit

Noch etwas weiter auf der Gebirgsstraße von Oltari in Richtung Otočac liegt beim Örtchen **Kuterevo** das Bärenrefugium, das ebenfalls einen Ausflug lohnt (→ Naturpark Velebit).

Grifon-Centar: Rund 5 km südlich von Sveti Juraj, kurz nach Žrnovnica, liegt links der Straße das neue Grifon-Projekt (Gänsegeier) – große Schilder an der Straße weisen den Weg. Die Organisation bemüht sich um den Schutz der Gänsegeier und war bis 2013 in Beli auf der Insel Cres ansässig. Es gibt ein Fernrohr, das auf die vorgelagerte Insel Prvić ausgerichtet ist, wo Weißkopfgeier ihre Nester haben. Zudem sind in einem Gehege einige Vögel; auch andere Geierarten sind zu besichtigen. Vor allem für Schulgruppen gemacht, gibt es weitere Infos zu Schmetterlingen etc.

Eintritt 20 KN, Kinder 7–14 J. 10 KN. Geöffnet Juli–Sept. tägl. 10–20 Uhr, Mai/Juni und Okt. tägl. 10–16 Uhr. Infos unter www.supovi.hr oder ☎ 091/3357-123 (mobil).

Naturpark Velebit → auch Karte S. 411

Rund 145 km zieht sich das bis auf knapp 1800 m hohe Velebit-Gebirge zwischen Senj und Starigrad Paklenica entlang der Küste. Der fast unbewohnte Nordteil sowie die Schluchten Velika und Mala Paklenica wurden zum Nationalpark erklärt. Er birgt eine reichhaltige Flora und Fauna und ist ein beeindruckendes Wander- und Klettergebiet.

Das größte Gebirge Kroatiens und zugleich das längste des Dinar-Massivs reckt sich mit seinem höchsten Gipfel, dem *Vaganski vrh* bis zu 1757 m in den Himmel. Weithin, bis zu den Inseln, ist das mächtige Velebit-Massiv sichtbar, das sich in der Abendsonne rosarot verfärbt. Im Herbst und Winter braust die gefürchtete Bora mit ihren Sturmböen vom Velebit herab und fegt weg, was nicht niet- und nagelfest ist. So verwundert es nicht, dass der Gebirgszug in der Literatur verewigt wurde und Forschungszwecken diente. Jedem sein Heiligtum: Was den Griechen der Olymp und den Slowenen der Triglav, ist den Kroaten der Velebit ...

Das Velebit-Gebirge wurde 1978 von der UNESCO zum Welt-Biosphärenreservat und seit 1981 zum Naturpark Velebit erklärt. Er erstreckt sich auf 2274 km² und ist damit das größte unter Naturschutz stehende Gebiet Kroatiens. Der Naturpark umfasst auch die **Nationalparks** *Nord-Velebit* und *Paklenica*(→ S. 171) sowie die **Totalreservate** *Hajdučki* und *Rožanski kukovi* und auch noch Kroatiens größte Grotten, **Cerovačke pećine** (→ S. 175), bei Gračac gelegen.

Der Gebirgszug erstreckt sich über eine Länge von 145 km vom *Berg Vranik* (Primorje-Gebiet), östlich von Senj, bis zum bereits zu Dalmatien gehörenden Karstfluss Zrmanja (→ S. 175) im Südosten und den oben erwähnten Grotten Cerovčke pećine. Der Velebit ist im Norden rund 30 km breit, im Süden nur noch 10 km und grenzt im Osten an die von Wiesen durchsetzte Hochebene der Lika, im Westen ist das Meer, auf das man bei Wanderungen immer wieder blicken kann.

Die Nationalparkblume Degenija

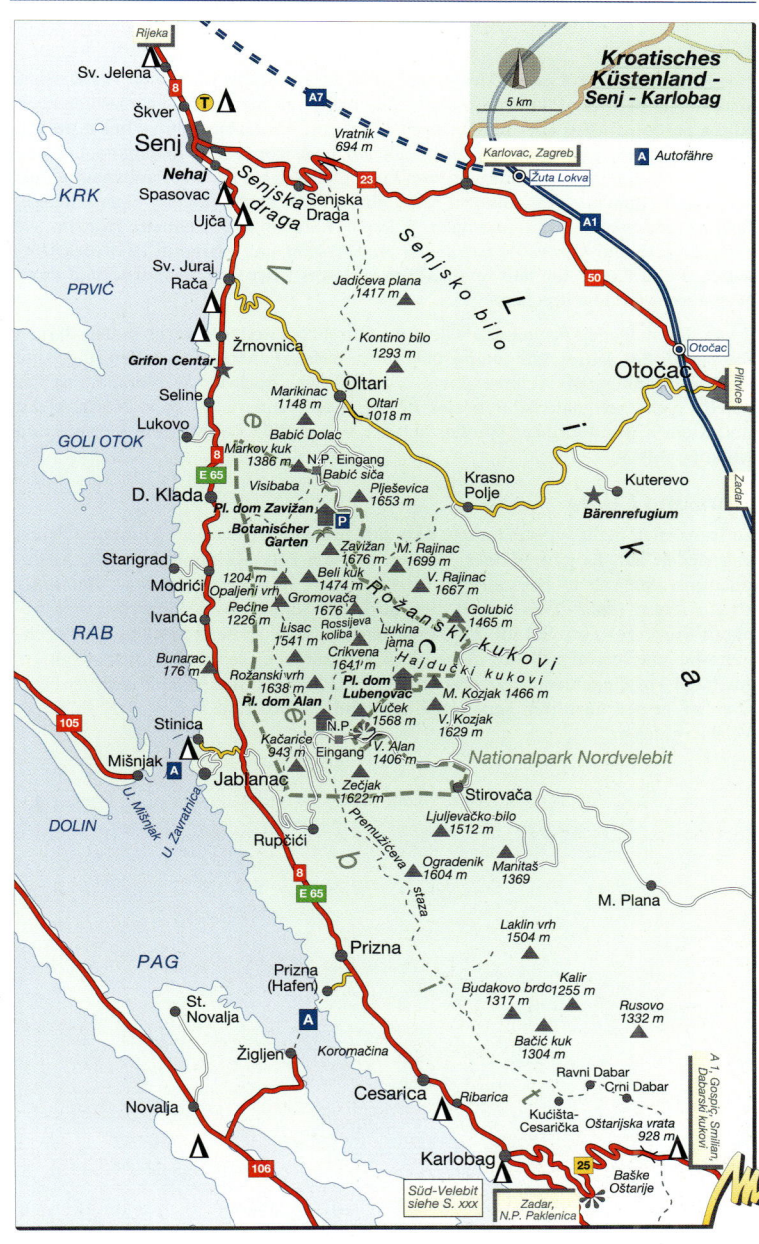

Rijeka

Sv. Jelena

Škver

Senj

Nehaj

Spasovac

Ujča

KRK

Seniska draga

Senjska Draga

Vratnik 694 m

Karlovac, Zagreb

Žuta Lokva

Kroatisches Küstenland – Senj - Karlobag

5 km

A Autofähre

Sv. Juraj Rača

PRVIĆ

Žrnovnica

Grifon Centar

Seline

Lukovo

GOLI OTOK

D. Klada

Senjsko bilo

Jadićeva plana 1417 m

Kontino bilo 1293 m

Oltari

Oltari 1018 m

Marikinac 1148 m

Babić Dolac

Markov kuk 1386 m

N.P. Eingang

Visibaba

Babić siča

Pl. dom Zavižan

Botanischer Garten

 Plješevica 1653 m

Krasno Polje

Kuterevo

Bärenrefugium

Otočac

Otočac

Plitvice

Zadar

Starigrad

Modrići

Ivanća

RAB

Zavižan 1676 m

1204 m

Opaljeni vrh

Beli kuk 1474 m

Gromovača 1676

M. Rajinac 1699 m

V. Rajinac 1667 m

Pećine 1226 m

Lisac 1541 m

Rossijeva koliba

Crikvena 1641 m

Lukina jama

Golubić 1465 m

Rožanski kukovi

Hajdučki kukovi

Bunarac 176 m

Rožanski vrh 1638 m

Pl. dom Lubenovac

Pl. dom Alan

M. Kozjak 1466 m

Stinica

Mišnjak

A

Jablanac

DOLIN

Kačarice 943 m

N.P. Eingang

Vuček 1568 m

V. Alan 1406 m

V. Kozjak 1629 m

Nationalpark Nordvelebit

Zečjak 1622 m

Stirovača

Rupčići

Premužićeva staza

Ljuljevačko bilo 1512 m

Ogradenik 1604 m

Manitaš 1369

M. Plana

Prizna

Prizna (Hafen)

A

St. Novalja

PAG

Žigljen

Koromačina

Laklin vrh 1504 m

Kalir 1255 m

Budakovo brdo 1317 m

Rusovo 1332 m

Bačić kuk 1304 m

Ravni Dabar

Crni Dabar

Novalja

Cesarica

Ribarica

Kučišta-Cesarička

Oštarijska vrata 928 m

A 1, Gospić, Smiljan, Dabarski kukovi

Karlobag

Zadar, N.P. Paklenica

Süd-Velebit siehe S. xxx

Baške Oštarije

Klima

Das Klima des Velebit ist auf kleinstem Gebiet sehr vielfältig und daher für Wissenschaftler außerordentlich interessant: Wir haben es hier mit dem mediterranen Klima zu tun, treffen aber bereits nach 10 km auf das Gebirgsklima; beide prallen auf den Gipfeln mit ihren unterschiedlichen Luftströmungen aufeinander, hinzu kommt das Kontinentalklima von der Lika. Der Velebit ist ein Karstgebirge, aus Karbonatgestein wie Dolomit und Kalkstein mit den ihm typischen Eigenschaften: Schluchten, Spalten, Einsenkungen, Karren, Kamenitzen, Dolinen, Höhlen wie *Lukina jama* und *Cerovačke pećine* (→ N. P. Velebit und Starigrad Paklenica/Umgebung) und Flüsse, die teils unterirdisch verlaufen oder sich beeindruckend ihren Weg durchs Gestein brechen.

Trotz des südlichen Breitengrads liegt die Durchschnittstemperatur in den Bergen die Hälfte des Jahres nur knapp über dem Gefrierpunkt (mit großen Tag- und Nachtschwankungen). Schnee gibt es zwar bis Mai, doch für Wintersport ist der Velebit nicht geeignet, dafür bestes Revier zum Wandern (→ N. P. Nord-Velebit und Kleiner Wanderführer/Wanderungen 5, 6, 7 und 8), Bergsteigen, Klettern und Mountainbiken.

Flora und Fauna

So ist es auch nicht verwunderlich, dass sich hier eine artenreiche Flora und Fauna angesiedelt hat. Es gibt Wälder, Wiesen und die Felsvegetation. Um den Artenreichtum des Velebit besonders verdient machte sich der ungarische *Botaniker Arpad Degen* (1866–1934), nach dem auch die Nationalparkblume Degenija benannt wurde (→ Foto S. 150). 2200 Pflanzen sammelte er, bestimmte und verzeichnete sie und veröffentlichte seine Forschungsergebnisse in den 1930er-Jahren. Auch der Forstingenieur *Ante Premužić* machte sich um den Velebit sehr verdient, u. a. ließ er den nach ihm benannten Lehrpfad *Premužićeva staza* (→ N. P. Nord-Velebit) anlegen.

Blick vom Berg Vučjak (N. P. Nord-Velebit) u. a. auf die Inseln Krk, Goli, Prvić, Rab

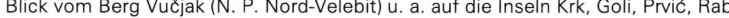

Im Naturpark Velebit wurden insgesamt 2700 Pflanzenarten registriert, darunter 79 endemische wie die Velebit Degenie *(Degenia velebitica)*, die Velebit-Glockenblume *(Canpanula velebitica)* oder das Rosengewächs *(Sibiraea croatica)*. Fährt man von der Küste aufwärts, geht die Fahrt durch Dornengewächse, Flaumeichen und Schwarzbuchen, dann durch Schwarzkiefern, Küstenbuchen und Bergkiefern, Fichten und Gebirgsfichten. Auf den Wanderpfaden läuft man oft durch 100-jährigen Buchen-Tannenwald und Steineichen- oder Hainbuchenwald.

Neben dem üblichen Rotwild, den Wildschweinen und Hasen gibt es auch Gämsen und Steinböcke an den Westflanken. Meist nicht sichtbar sind die raren Exemplare von Braunbären, Wolf, Luchs und Wildkatzen, daneben das Auerhuhn und Haselhuhn. Die alten Bäumen bieten beste Nistplätze für zahlreiche Vögel, darunter auch die verschiedensten Eulen und Spechte, die Langfußfledermaus lebt in den Höhlen und im Fels der Steinadler. Viele Kriechtiere haben hier ihren Lebensraum, u. a. die harmlose braune Velebit-Gebirgseidechse *(Ibero lacerta horvathi)*, aber auch Giftschlangen wie Hornvipern und Kreuzottern. Im Sommer sind die vielfältigen bunten Schmetterlinge ein Augenschmaus, etliche davon werden auf der „Roten europäischen Schmetterlingsliste gefährdeter Arten" geführt.

Kulturgeschichte

Der Velebit birgt alte Kulturgüter wie die Totensteine *Mirilas* (→ Starigrad Paklenica), Kapellen und Steininschriften aus dem 4. Jh. Auch historische Handelswege verliefen hier, so die *Josefina* (von Senj über den Vratnik-Pass gen Pannonische Tiefebene), die *Teresiana* (von Karlobag über den Pass Oštarijska vrata nach Gospić), im Süden die Straße über Sv. Rok und Kapela. Die Römer nutzten die Straßen auch für ihren Salzhandel, die Habsburger und später auch kurz die Franzosen zur militärischen Absicherung.

Sehenswertes

Gerne besucht werden der *Botanische Garten Velebit* (→ Nationalpark Nord-Velebit) mit dem *Berg Zavižan*, nördlich davon der Berg *Vučjak*, weiter südlich die Berge *Rožanski kukovi*, oberhalb von Karlobag der Pass *Oštarijska vrata*. Hier eignen sich auch der Berg *Kiza* und der Bergzug *Dabarski kukovi* bestens für Wandertouren. Im Süd-Velebit lockt natürlich der *Nationalpark Paklenica* mit seinen beeindruckenden Schluchten. Etwas außerhalb, am nordwestlichen Randgebiet, kann man das *Bärenrefugium* bei Kuterevo besuchen (→ Nationalpark Nord-Velebit). Winnetou-Liebhaber können im südlichen Velebit bei **Starigrad Paklenica** und am **Canyon Zrmanja** auf den Spuren und den Drehorten von Winnetou und Old Shatterhand wandeln, ob organisiert per Jeep oder individuell per Mountainbike (→ Starigrad Paklenica). Auch die Grotten **Cerovčke pećine** bei Gračac sind unbedingt einen Besuch wert (→ Starigrad Paklenica/Umgebung)

Überhaupt ist der Velebit ein Eldorado für Mountainbiker, viele unberührte Makadamstraßen führen durch die gigantische Bergwelt. Gute Orientierung, Werkzeug und Kartenmaterial sind Pflicht!

Informationen Naturpark Velebit, Zentrale, Kaniža gospićka 4 b, 53000 Gospić, ✆ 053/560-450; Nebenstelle in 53274 Krasno, ✆ 053/851-380; www.pp-velebit.hr. Zudem in 23450 Obrovac, Trg hrvatskih vitezova 32, ✆ 023/689-818.

Nationalpark Nord-Velebit, Zentrale in 53274 Krasno, Krasno 96, ✆ 053/665-380, www.np-sjeverni-velebit.hr.

Nationalpark Paklenica, Franje Tuđmana 14 a, 23244 Starigrad Paklenica, ✆ 023/369-202, -155, www.np-paklenica.hr.

Küstenland – von Senj nach Karlobag → Karte S. 151

Nationalpark Nord-Velebit (Sjeverni Velebit)

Der Nationalpark umfasst eine einzigartige Landschaft, birgt streng geschützte Reservate, einen Botanischen Garten, die tiefste kroatische Grotte,
über 1600 m hohe Berge, meteorologische Stationen und den aussichtsreichen Lehrpfad Premužićeva staza. Am Rande des Nationalparks liegt das
Bärenwaisenhaus.

Erst 1999 wurde der nördliche Teil des Naturparks Velebit mit einer Fläche von
10.900 ha zum Nationalpark Nord-Velebit erklärt. Das Gebiet ist mit Rotbuchen,
Latschenkiefern, Tannen und Fichten bewachsen, zeigt aber größtenteils seine
nackten Kalksteinkarren, Dolinen und Gipfel, *kukovi* genannt – wunderschöne Ge-
bilde kann man hier bewundern und die Weitsicht auf das Inland der Lika und das
Meer genießen. Hier sollen auch noch Braunbär, Luchs, Wolf und Wildkatze leben,
daneben viele Pflanzen (→ Naturpark Velebit/Flora und Fauna).

Auf dem Premužićeva staza (Premužić-Lehrpfad) im Nationalpark Nord-Velebit

Diesen bestens präparierten 57 km langen Wanderpfad von Zavižan bis
Baške Oštarje ließ von 1930 bis 1933 der Forstingenieur und passionierte
Bergsteiger **Ante Premužić** (1889–1979) in den Fels schlagen und im Tro-
ckenmauerstil befestigen – der Weg, der nach ihm benannt wurde, gilt als
Meisterwerk dieser Baukunst und führt durch den eindrucksvollsten Teil des
Nationalparks Nord-Velebit – fantastische Aussichten bieten sich gen Meer
und ins Inland der Lika. Die Bearbeitung des Pogordje-Steines wurde von
Fachkräften ausgeführt, die zudem in jener Zeit froh über einen Arbeitsplatz
waren. Auch auf der Insel Rab hat er sich mit einem Pfad (Sv. Petar/Matkići
bis Lopar) in der Trockensteinbauweise verewigt, der als Geo-Lehrpfad ausgewiesen wurde (→ Insel Rab).

Nationalpark Nord-Velebit – auf dem Wanderpfad Premužićeva staza

Das Auto muss an den Parkplätzen am Ende der Nord- oder Südzufahrt des Nationalparks (→ Anfahrt) stehenbleiben, Mountainbikes können den Forstweg benutzen, der an der Ost- bzw. Randseite des Nationalparks verläuft. Wer zum Botanischen Garten möchte, wählt am besten den Nationalpark-Nordeingang bei Babić
síća. Innerhalb des Nationalparks gibt es nur Berg- und Schutzhütten. Pensionen
und Gasthäuser sind in Krasno Polje.

Botanischer Garten (Velebitski botanički vrt)

Der 50 ha umfassende Botanische Garten liegt an der Nordseite des *Zavižan*
(1677 m) auf 1433 bis 1500 m Höhe auf der Doline *Modrić dolac*. Bereits 1967 ließ
ihn Prof. Dr. Fran Kušan anlegen, ein paar Jahre später wurde auch das angrenzende Gebiet *Zavižan-Balinovac* mit 118 ha zum Reservat erklärt.

Zahlreiche Pflanzen wurden als Anschauungsmaterial angesiedelt: Neben bekannten wie Alpenrose, Enzian und Edelweiß finden sich 600 autochthone Arten, zudem weitere 300, die aus anderen Teilen des Velebit zusammengetragen wurden,
sowie viele endemische, d. h. nur hier vorkommende Pflanzen wie auch die
Velebit-Nationalblume, die im Mai gelb blühende *Degenie* (→ Naturpark
Velebit/Flora und Fauna). Jede der Pflanzen trägt ein Namensschildchen. Der Botanische Garten umfasst Wälder (u. a. Wacholder, Bergkiefern, Rotbuchen, Fichten und Tannen), Wiesen, Steinflächen und eine Quelle. Vom Informationshäus-
chen führt ein 600 m langer Naturlehrpfad rund um die Doline *Modrić dolac*. Der
Botanische Garten ist in 10 Min. vom Parkplatz in Richtung Süden erreichbar
(→ Anfahrt), die beste Besuchszeit, um die Blütezeit der Pflanzen zu sehen, ist
von Ende Mai bis Juli.

Reservate innerhalb des Nationalparks

Nördlich des Botanischen Gartens liegt das 80 ha große Reservat **Visibaba**
(Schneeglöckchen), Standort der kroatischen Sibirea, anschließend das Waldreservat **Borov vrh** mit autochthonen Schwarzföhrenbeständen. Südlich des Bergs
Zavižan die unter besonderem Schutz stehenden **Rožanski kukovi** (1220 ha) mit
speziellen geomorphologischen Phänomenen, daneben noch **Hajdučki kukovi** mit
der erst 1993 entdeckten *Lukina jama* – mit 1392 m die tiefste Höhle Kroatiens
und die achttiefste weltweit. Wegen des schlüpfrigen Terrains und verdeckter Höhlen sollte man die Reservate besser nicht ohne Führer begehen. Die südöstliche
Parkgrenze bildet das große, einmalige Waldreservat **Štirovača**

Wandergebiete

Vom Botanischen Garten aus kann man auch die umliegenden Gipfel des Nationalparks erkunden – die Aussicht auf Meer und Umland ist fantastisch.

Am Fuß des Bergs *Vučjak* (1645 m) steht die bewirtschaftete Berghütte Zavižan
(1594 m) mit meteorologischer Station. Wer gut zu Fuß ist, kann auch den *Premužić-Pfad* gehen; der 57 km lange Weg führt vom Botanischen Garten durch die
Rossijeva koliba (bizarre Felslandschaft) über den Berg Veliki Alan nach Oštarije.
Für die Gesamtstrecke muss man 3 bis 4 Tage rechnen (komplette Wanderausrüs-
tung und Essens-/Wassermitführung erforderlich! Wegstrecke verläuft meist einfach). Schön sind auch nur Teilstrecken, z. B. von der Berghütte Zavižan bis zur
Berghütte Alan (ca. 13 km bzw. rund 6 Std. Laufzeit). Einen schönen Eindruck erhält man auch auf einer Wanderung nur bis zur *Rossijeva koliba*.

Wanderung 5:
Nationalpark Nord-Velebit – auf dem Premužić-Lehrpfad   → S. 407
Aussichtsreiche Familienwanderung vom
Dom Zavižan bis zur Rossijeva koliba.

Anfahrt Von Sv. Juraj auf der Straße bergan in Richtung Krasno Polje. In Oltari (Sv.
Juraj–Oltari 14 km) die Abzweigung Richtung Zavižan bzw. Sjeverni Velebit zum
Nordeingang des Nationalparks, **Ba-**
bić síca, nehmen (Oltari–Babić síca 10 km).
Ab dem N. P.-Eingang 7 km weiter auf gut
präpariertem Makadam durch mächtige Buchenwälder bis zum Parkplatz unterhalb der
Berghütte Zavižan (zum Botanischen Garten ca. 2 km zu Fuß). Per Mountainbike
kann der ab hier beginnende Forstweg benutzt werden. Auf halbem Weg zwischen
Oltari und Babić síca kann man Krasno
Polje in 5 km auf dem Makadam erreichen
(man muss also nicht mehr auf die Hauptstraße zurück).

Eintritt Die Tickets sind 3 Tage gültig. Wer
per Auto kommt: Erwachsene 45 KN, Kinder 6–14 J. 25 KN; Fußgänger und Fahrrad-
fahrer zahlen 25 KN.

Wer bis zur Berghütte Alan läuft, kann
einen Rücktransport (Vorabbuchung) über
die Nationalparkverwaltung organisieren.

Information Nationalpark Nord-Velebit,
Zentrale in 53274 Krasno, Krasno 96,
✆ 053/665-380, www.np-velebit.hr.

Besuchercenter Krasno (s. o.), 15. Juni–
Anf. Sept. So–Do 8–17, Fr/Sa bis 18 Uhr,
1. Juni–14. Juni tägl. 8–16 Uhr. Danach
tägl. 8–16, teils auch nur noch bis 14 Uhr.
Nov.–Mai geschlossen. Hier erhält man
gute Infos, Kartenmaterial und auch Zimmervermittlung.

Infocenter Babić síca (beim Eingang), 15.
Juni–Anf. Sept. tägl. 8–19 Uhr, 1. Juni–14.
Juni So–Do 8–16, Fr/Sa bis 18 Uhr. Danach
wie Infocenter Krasno.

Infocenter Alan, nur 1. Juni–Anf. Sept. tägl.
9–17 Uhr.

Kartenmaterial Naturpark (Park Prirode)
Velebit, 1:100.000; Sjeverni Velebit 1:30.000.

Übernachten/Essen im Nationalpark
Berghütte Zavižan (1594 m), einfache Übernachtungsmöglichkeit. 26 Plätze im Betten-
lager und in 2-Bett-Zimmern, Duschen, ca.
14 €/Pers. Getränke und einfache Mahlzei-
ten (am besten nach Absprache). Geöffnet
ganzjährig. ✆ 053/614-209, -203.

Schutzhütte Rossijeva koliba (1580 m), auf
halbem Weg zum Berghaus Veliki Alan.
Schlaflager für max. 8 Pers. ohne Versor-
gung. Es gibt einen Ofen, Wasser aus der
Zisterne (muss abgekocht werden) und
Holz – zudem beste Aussicht.

Berghütte Veliki Alan (1305 m), steht in
schöner Lage am Südrand des N. P. Nord-
velebit und südlich von obiger Schutzhütte;
46 Betten in 5 Räumen (keine Duschen u.
Strom) für ca. 15 €/Pers.; Getränke und einfache Gerichte (bzw. Essen nach Absprache). Anfahrt mit dem Auto von Jablanac
auf Asphalt und kurvenreich in 25 km. Wegzeit von Berghütte Zavižan ca. 6 Std. auf
dem Premužić-Pfad. Ende Mai–Ende Okt.,
danach je nach Wetter nur So. ✆ 099/5154-
999 (mobil).

Krasno Polje

Auf etwa halbem Weg von Sv. Juraj nach Otočac passiert man das langgestreckte,
ruhige Dorf, das sich im Hochtal und am Rande des Nationalparks Nord-Velebit
ausbreitet. Es ist idealer Ausgangsort für Touren in den Nationalpark für allem für
jene, die nicht in einer Berghütte nächtigen möchten. Das Dorf, umgeben von Wiesen und Wäldern, lebt vom Holzhandel, zudem gibt es hier Käsereien. Am östlichen
Dorfende liegt am Berg die **Wallfahrtskirche der Mutter Gottes von Krasno** (Svetište Majke Božje od Krasna), wo man ebenfalls nächtigen kann.

Information Nationalpark-Verwaltung
Nord-Velebit, 53274 Krasno, Krasno 96, ✆ 053/

665-380, www.np-sjeverni-velebit.hr. Mo–Fr 8–
15 Uhr. Zudem **Besuchercenter** (s. o.).

Übernachten/Essen Konoba-Pension **Jure**, am westlichen Ortsbeginn von Krasno. Einfache Zimmer (1-, 2- u. 3-Bett-Zimmer) mit und ohne Bad (ca. 20 €/Pers. mit Frühstück) und Schlafsaal für 10 Pers. Kula 165, ☎ 053/851-100, 098/136-0570 (mobil).

*** **Appartements Manjan**, Ortsmitte, neu, gemütlich und sehr schön – auch mit Heizung. Es gibt Appartements (2+1 Pers., ca. 45 €) und Zimmer (DZ ca. 28 €, 5 €/Pers. Frühstück); wenige Meter entfernt das einfache, zugehörige **Bistro Manjan** mit Garten, wo man essen und frühstücken kann. ☎ 053/851-014, 098/601-865 (mobil), www. bistro-manjan.hr.

Forstmuseum Krasno (Hrvatske Šume), im netten Haus am Ortsende, bei der Pfarrkirche. Hier gibt es nette Zimmer und Appartements und einen hübschen Garten. Krasno b. b., ☎ 053/746-550. In der Nähe ist das **Bistro Libertas**.

* **Hotel Degenja**, rund 1 km nach dem Ortsende zweigt ein Sträßchen ab zum Wallfahrtsort zur Prozessionskirche, bergan (2 km). Das Hotel dient v. a. den Pilgern. Schön ist hier leider nur die weite Sicht. Ansonsten sehr einfache Zimmer (DZ/F ca. 40 €). April–Okt. (nur wenn kein Schnee liegt!). Krasno 19 a, ☎ 053/851-205.

Bärenrefugium Kuterevo

Beim gleichnamigen Ort liegen, mitten in der üppigen Natur an den nordöstlichen Abhängen des Velebit-Gebirges die Bärengehege, die besichtigt werden können. Das Projekt wurde 2001 ins Leben gerufen, unterstützt von verschiedensten in- und ausländischen Stiftungen (u. a. auch von der Berliner Naturschutzstiftung). Nach Alter getrennt leben hier verwaiste Bären in Gehegen auf ca. 5 ha.

Daneben gibt es auch eine inzwischen sehr beliebte Volontärstation (mit Volontären auch aus Deutschland), ein Büro und einen Bärenfriedhof. Die Jungbären kommen aus den unterschiedlichsten Regionen Kroatiens und wären in freier Wildbahn nicht lebensfähig gewesen. Um Überlebensfähigkeit und Immunität gegen Krankheiten zu erlangen, müssen die Tiere mindestens zwei Monate lang Muttermilch erhalten. Acht Monate Muttermilch benötigen die Bären, um die für ein

Im Bärengehege – Bär Ljubo Lik (geb. 2003) als Kleinkind, heute ausgewachsen

Küstenland – von Senj nach Karlobag → Karte S. 151

Leben in freier Natur notwendige Entwicklung durchlaufen zu können. Verwaiste Bären brauchen dementsprechend viel Zuwendung und besondere Pflege.

Das Projekt leitet vor Ort Ivan Crnković-Pavenka, der lange Zeit in Deutschland lebte. Auch die Dorfbevölkerung wurde in das Projekt integriert und sorgt für preiswerte Übernachtungsmöglichkeiten für Besucher. Geöffnet von Ostern bis Ende November.

Adresse/Anfahrt/Übernachten Bärenrefugium, Pod crikvom 103, 53225 Kuterevo, ☏ 053/799-222, www.baerenfreunde-kuterevo.de. Voranmeldung unter ☏ 091/5835-412 (mobil). Eine Spende wird erwartet. Es gibt leckeres Essen und Unterkünfte in der Um- gebung, ca. 12 €/Pers. Anfahrt: Von Sv. Juraj ca. 35 km nach Kuterevo (Abzweig von der Hauptstraße in Richtung Otočac, ca. 10 km hinter Krasno Polje, dem Holzschild Medvid/Bär folgen).

»» Weiterfahrt: Die Küstenstraße entfernt sich kurz nach Sv. Juraj vom Ufer. Erst eine schmale Stichstraße, die unmittelbar nach einem Tunnel abzweigt, bringt uns mit 15 % Gefälle wieder ans Meer nach **Lukovo** mit seiner namensgebenden Kirche *Sv. Luka* von 1772. Der Ort, der 20 km südlich von Senj liegt, erstreckt sich mit wenigen Häusern, Kirche und Friedhof um eine Bucht mit schmalem Fels- und Kiesstrand. Die Zimmervermittlung übernimmt in der Saison ein Kiosk, ansonsten Infos über Senj.

Die nächste Möglichkeit ans Meer zu kommen ist in **Starigrad**, 7 km weiter südlich (27 km nach Senj) und nochmals rund 3 km tief hinab zur Küste. Auf der Straße ist gerade Platz für ein Auto, die fehlende Straßenbegrenzung zehrt an den Nerven des Beifahrers. Wer sich hier einquartiert, macht nachts keinen Ausflug in die nächste Stadt.

Kurz vor **Jablanac** zweigt eine breit ausgebaute Straße ab, hinunter nach **Stinica** an der gleichnamigen Bucht, dem Fährhafen für die Insel Rab (→ Jablanac).

Bucht Zavratnica

In Laufweite von Jablanac – die unter Naturschutz stehende Bucht Zavratnica

Küstenland – von Senj nach Karlobag → Karte S. 151

Jablanac

Der kleine Fischerort ca. 45 km südlich von Senj hat als Fährhafen für die Insel Rab ausgedient. Nun herrscht Ruhe um das Hafenbecken, wo man gemütlich in ein paar Lokalen sitzen kann. In Jablanac stand die mittelalterliche Ansiedlung *Ablana,* 1179 wurde der Ort erstmals erwähnt, im 16. Jh. wurde er von den Türken niedergebrannt, die Einwohner flüchteten auf die gegenüberliegende Insel Rab. Seit dem 17. Jh. ist Jablanac wieder besiedelt. Leider trübt der Betonklotz des 2010 geschlossenen Hotels Ablana das Dorfbild, altertümlich, fast idyllisch der Hafen mit seiner Kirche.

Rund 1 km südlich züngelt sich die 1 km lange, unter Naturschutz stehende fjordartige **Bucht Zavratnica** ins Land. Auf einem Fußpfad entlang dem Meer erreicht man von Jablanac aus in ca. 0:20 Std. die türkis leuchtende Bucht und kann herrlich baden (geöffnet Mai–Aug. 11–19, Sept. 10–18, März, Okt./Nov. 9–17 Uhr; Eintritt 20 KN, 40 KN/3 Tage, Kinder bis 7 J. gratis).

Mehr Kondition ist erforderlich, will man ins **Velebit-Gebirge**: Ein ausgewiesener Wanderpfad führt in mindestens 8 Std. bergan zur *Berghütte Alan* (1305 m) und auf den Gipfel *Veliki Alan,* auf 1406 m am Südrand des Nationalparks Nord-Velebit (→ Nationalpark Nord-Velebit).

Rund 1 km nördlich liegt nun der neu ausgebaute Fährhafen **Stinica** für die Insel Rab (→ Insel Rab, S. 266).

Verbindungen Trajekt Stinica–Misnjak (Insel Rab) mit Linie Rapska plovidba (☎ 051/724-122, www.rapska-plovidba.hr). Im Sommer fast nonstop 5.30–24 Uhr (Juli/Aug. ab 4.30 Uhr), auch in der NS noch rund 13- mal ab 6.15–24 Uhr; Fahrtzeit 15 Min., 17 KN/Pers., Auto 98 KN.

Bus: 2- bis 3-mal tägl. Busverbindung nach Senj; die Busse der Linie Split–Rijeka halten oben an der Küstenstraße (ca. 0:20 Std. bergan zu laufen!).

Übernachten/Essen Restaurant-Pension **Lux**, netter Familienbetrieb (Hr. Anto Anić) nahe der Anlegestelle am Hafen mit großer schattiger Terrasse. Große, nette Zimmer.

DZ/F 75 €. Mitte März–Mitte Okt. ☎ 091/ 7280-641 (mobil), www.lux-jablanac.hr.

Konoba **Oaza**, hier isst man Pizzen, Fleisch- und Fischgerichte und blickt gen Hafen. Mai–Sept. Ul. K. Mihanović 4, ☎ 053/887-223.

»» Weiterfahrt zum Südrand des Nationalparks Nord-Velebit: Südlich von Jablanac windet sich ein kurvenreiches Sträßchen 25 km bergan bis zur bewirtschafteten *Berghütte Alan* (1305 m). Von hier kann man zum *Veliki Alan* (1406 m) aufsteigen oder auf dem *Premužić-Pfad* in ca. 6 Stunden zur Berghütte *Zavižan* (→ Nationalpark Nord-Velebit) wandern. Weitere Wanderwege führen auch Richtung Süden gen Baške Oštarije.

Kurz nach dem Straßendorf **Prizna** zweigt die Straße ab zum Fährhafen für die **Insel Pag** (→ Insel Pag, S. 290). Abgesehen von ein paar Kiosken, die Getränke und Sandwichs verkaufen, besteht der Fährort nur aus der Anlegestelle. Wer Zeit hat, bis die Fähre ablegt, und vielleicht noch baden möchte, fährt die Adria-Magistrale weiter bis **Cesarica** und **Ribarica** (ca. 6 km vor Karlobag).

Karlobag

Ein Küstenstädtchen, das in seiner Vergangenheit bedeutsam war, heute für die meisten Urlauber lediglich als Durchgangsort fungiert.

Das altrömische *Vegium* – das spätere kroatische *Bag* und heutige Karlobag – wurde in seiner Geschichte mehrfach zerstört. Der Namenszusatz erinnert an Erzherzog Karl, der die von den Türken 1525 niedergebrannte Stadt wieder aufbauen ließ. Karlobag verdankt seine historische Bedeutung einem Gebirgspass, dem *Oštarijska vrata* (928 m), der eine gute Verbindung nach Gospić und ins Velebit-Hinterland sicherstellte.

Ende des 17. Jh. kam es zu einem revolutionären Aufstand der landlosen Bauern und Hirten des Velebit. Sie marschierten zur Küste und setzten sich in einem von Türken, Österreichern und Piraten zerstörten Dorf, dem heutigen Karlobag, fest. Fünfhundert entschlossene Männer stießen von dort zur *Likaplatte* vor, verjagten die Grundherren und teilten deren Besitz gerecht unter sich auf. Diese frühchristliche oder frühkommunistische Gemeinschaft hatte nur ein Jahr Bestand und ließ sich dann für den blutigen Kampf gegen die Türken einspannen.

Kulturhistorisch bedeutsam ist die oberhalb des Ortes stehende **Burgruine** aus dem 13. oder 14 Jh., auch ein renovierter Verteidigungsturm und ein mediterraner Garten gehören dazu (alles in Privatbesitz). Im Ortszentrum das **Kapuzinerkloster** mit **St. Joseph Kirche**, zu Beginn des 18. Jh. erbaut, im Innenhof mit großer Zisterne, die die Wasserversorgung Karlobags sicherte. An der Hauptdurchgangsstraße nahe dem Meer das Wahrzeichen der Stadt, der nach einem Bombenangriff im Zweiten Weltkrieg erhalten gebliebene Kirchturm mit ein paar markanten Außenmauern der **Kirche Hl. Karl Borromäus** (Sv. Karla Boromejskog) von 1710. Neben der Kirche befindet sich das Šime-Starčević-Denkmal, er legte den Grundstein für die kroatische Grammatik. Einen schönen Weitblick genießt man vom Kalvarienberg, wo das **Kirchlein der** Trauernden Jungfrau Maria (Kapelica Blažene Djevice Marije) von 1727 steht.

Ohne nennenswerte Bademöglichkeiten war der Ort, abgesehen von seiner bewegten Vergangenheit, in den letzten Jahren nur für Fahrten ins Hinterland oder zur Autobahn A 1 interessant. Bergsteigern dient der Ort als Ausgangspunkt für Touren in das Velebit-Gebirge (→ Baške Oštarije und Naturpark Velebit).

Information   Tourismusverband, 53288 Karlobag, Trg dr. Franje Tuđmana 2, ☎ 053/694-251, www.tz-karlobag.hr. Juli/Aug. 7–22 Uhr, sonst Mo–Fr 8–15 Uhr.

Verbindungen Sehr gute **Busverbindung** an der Küste zwischen Rijeka und Zadar sowie zur Bahnstation in Gospić. Die Busse nach Zagreb fahren über die Plitvicer Seen.

Übernachten Es gibt ein großes Angebot an netten **Privatzimmern** und **Appartements**, am besten über den Tourismusverband oder die Hotelportale wählen.

Hotel Velinac, kleines gepflegtes 9-Zimmer-Hotel am Kai, wenige Meter vor dem Stadtstrand. Angeschlossen das gute Restaurant Ribar, von der Terrasse im 1. Stock weiter Blick aufs Meer, Spezialitäten sind fangfrische Fische oder Peka-Gerichte (u. a. Okto-

pus, Lamm), zudem hauseigene Weine. WiFi, Parkplätze. DZ/F 56 €. Ganzjährig geöffnet. Trg dr. Franje Tuđmana 1, ☎ 053/694-008, www.hotel-velinac.com.

Camping Es gibt mehrere kleine preiswerte Campingplätze: **Camp Luna**, das einzige in Karlobag, netter Platz, am südlichen Ende und am Meer. Auch einfache Bungalows zu mieten. Juni–Aug. Puntinac 13, ☎ 091/7253-349 (mobil).

3 km nördlich in Ribarica: **Camp Plitka Draga**, schön an einer Bucht gelegen, ☎ 053/886-080. **Camp Ribarica**, ☎ 099/2721-920 (mobil).

Camp Žalo, das nächste Camp in Richtung Süden, 17 km entfernt in Lukovo Šugarje, ☎ 053/695-095.

Von Karlobag nach Gospić

Zwei Jahrhunderte lang, bis 1786, bauten die Österreicher an der 40 km langen Straße, bekannt unter dem Namen *Teresiana*, die über den Pass **Oštarjiska vrata** (928 m) nach Gospić führt und Karlobag besser mit dem Hinterland verbinden sollte. Am Pass steht ein *Kubus* und die Aussicht auf den Velebit-Kanal, die Insel Pag und weitere Kvarner-Inseln sowie gen Inland ist gigantisch.

Auch im weiteren Verlauf bis Gospić durchfährt man eine malerische Landschaft mit sattgrünen, idyllischen Weidewiesen. Über diese Straße wurden im 19. Jh. riesige Holzmengen aus den Wäldern der Lika herangeschafft. Bis heute ist diese Strecke eine wichtige Verbindung zur Eisenbahnstation und Autobahn A 1 in Gospić, zu den Plitvicer Seen und nach Zagreb. Der Bus pendelt rund 3-mal täglich von Karlobag nach Gospić (40 km).

Baške Oštarije: Der Ort ohne wirklichen Ortskern, aber mit verstreut liegenden Weilern liegt rund 20 km von Karlobag entfernt (Straße Karlobag–Gospić) auf der Hochebene. Hier gibt es sehr schöne Wanderwege in den Bergzug *Dabarski kukovi* des Naturparks Velebit, die Aussicht ist grandios – der Blick schweift über den Velebit und über die Kvarner-Inseln. Highlights sind die Berge *Ljubičko brdo* (1320 m) und *Kiza* (1274 m).

Wanderung 6: Naturpark Velebit – von Baške Oštarije zum Berg Kiza (1274 m) → S. 410
Mittelschwere Familienwanderung zum aussichtsreichsten Berg.

Küstenland – von Senj nach Karlobag → Karte S. 151

Pass Oštarijska vrata – Blick auf den Kubus und gen Berge Dabarski kukovi und Kiza

Schön ist auch ein Spaziergang auf dem markierten **Lehrpfad Teresiana**, der gegenüber dem ehemaligen Hotel Velebno und dem großen Parkplatz in Baške Oštarije
südwärts abzweigt und auf der alten Habsburger Straße, einem Makadamweg
durch Wald und Wiesen, zum aussichtsreichen Pass Oštarjiska vrata führt. Rund
1:30 bis 2 Std. werden für die gesamte Laufzeit kalkuliert.

Auch Kletterern und Freeclimbern bietet die Gegend schöne Steige und Mountain-
bikern wunderbare Touren. Leider gibt es aktuell hier keine guten Übernachtungs-
plätze, man muss in Richtung Gospić oder Karlobag fahren oder im Zelt nächtigen.

Übernachten *** Hotel Velebno, in Alleinlage bei Baške Oštarije. Das Hotel war bester Ausgangspunkt für Wanderungen in
den Naturpark Velebit. Leider aktuell geschlossen.

Camping Camp Velebit, 8 km östlich von
Baške Oštarije in Richtung Gospić; nur
WC/Dusche und Kochstelle, dafür wunderschöne Lage auf 924 m Höhe auf Wiesengelände und am Bach mit Blick auf das
Felsmassiv. Geöffnet nur Juni–Aug.
📞 091/5473-211 (mobil), 17–20 Uhr Rezeption.

》》Mein Tipp: ** Camp & Bungalow und
Adventurepark Rizvan City, in Alleinlage
auf einem Wald- und Wiesengelände abseits der Straße, 10 km westlich von Gospić
– ein guter Stopp zum Nächtigen. Ob in
den 6 schönen Bungalows (Dusche/WC

und Kochgelegenheiten extra) oder im
Haus mit Kachelofen, wo es 4 Zimmer
(Dusche/WC separat, 175 KN/Pers.) gibt.
Wer noch Adrenalin abbauen möchte, geht
zur 150 m langen Zipline oder zum Hochseil-
garten im Wald oder an die Kletterwand.
Auch Wandertouren werden angeboten.
Essen/Frühstück nur auf Nachfrage.
Rivanuška 1, 53000 Gospić, 📞 053/573-333,
099/6920-938 (mobil, Hr. Eni), www.camp-
rizvancity.com. 《《

Essen & Trinken Bistro Malo Misto, in
Novo Selo, knapp 2 km in Richtung Gospić.
Hier gibt es preiswerte gute Fleischgerichte
(Ražnjiči, Čevapčići, Grillteller) mit Salat und
Pommes und freitags dreht sich der Lamm-
spieß – es gibt keinen Fisch oder Sonsti-
ges. Tägl. 8–23 Uhr. 📞 053/687-122.

Smiljan – Gedächtnismuseum Nikola Tesla: Kurz vor Gospić führt ein schmales Sträßchen durch eine liebliche Wiesen- und Weidelandschaft nach Smiljan (auch von Gospić auf direktem Weg in 5 km erreichbar). Hier lebte der bekannte und geniale Erfinder *Nikola Tesla* (1856–1943, New York), der die „Welt beleuchtet hat". Gezeigt werden auf dem schönen Gelände sein Geburtshaus und in den architektonisch gelungenen Holzhäusern sein Werdegang und vor allem seine zahlreichen Erfindungen. Auch eine Kopie seiner Forschungsstation in Colorado Springs, wo er von 1899 bis 1900 an Hochfrequenzen und Hochspannungen forschte. Auch ein ferngesteuertes Boot, das er mit Hilfe von Radiowellen zum Fahren brachte, ist zu besichtigen, zudem steht am Bach eine Turbine.

Memorijalni centar, ☏ 053/746-530, www.mcnikolatesla.hr. Geöffnet 3. Märzwoche bis Ende Okt. Di–Sa 8–20, So 9–19 Uhr, danach Di–Sa 8–15, So 10–15 Uhr. 1 Std. vor Schließung letzter Einlass. Eintritt 50 KN, Kinder ab 7 J. 20 KN.

Gospić: Das knapp 13.000 Einwohner beherbergende Städtchen, Hauptstadt der Gespannschaft Lika-Senj, liegt verschlafen und ruhig auf dem Hochplateau, in der Ferne begrenzen die Hügel des Velebit den Horizont. Hier wurde der Journalist und Politiker *Dr. Ante Starčević* (1823–1896) geboren. Er setzte sich seinerzeit bereits für ein unabhängiges Kroatien ein und fast jede Stadt widmet ihm eine Straße.

Seit 1263 wird der Ort erwähnt, seit 1604 unter Gospić, was man vermutlich von *Gospa* (= Mutter Gottes) ableitet. Bis zum Ende des Ersten Weltkriegs gehörte der Ort zum ungarischen Teil der Habsburger Monarchie. Dann wird es wenig idyllisch: Während des Zweiten Weltkriegs betrieb die Ustascha hier ihr KZ, im letzten Kroatienkrieg wurde die Stadt unter Dauerbeschuss der Jugoslawischen Volksarmee genommen; sie ging aber auch durch das „Massaker von Gospić" im Jahr 1991, verübt von kroatischen Truppen an hier lebenden Serben, in die Geschichte ein. Für Urlauber ist Gospić mit seinen freundlichen Bewohnern heute als Verbindungsort zur Autobahn oder gen Küste interessant.

Übernachten: *** Hotel Ana, kleines freundliches 26-Zimmer-Hotel mit gutem Restaurant. DZ/F 84 €. Ganzjährig. Zagrebačka 18, ☏ 053/560-360, www.hotel-ana.hr.

In der ruhigen Lika-Region – das Tesla-Museum bei Gospić

Blick vom Velebit-Gebirge (bei Baške Oštarje) auf die zergliederte Küste und gen Insel Pag und ihre große Pager Bucht

Kroatisches Küstenland – von Karlobag nach Starigrad Paklenica und Umgebung

Die letzten knapp 60 km bis zum Südende des Velebits fahren wir bereits auf dalmatinischem Boden, entlang der faszinierenden Küste. Gegenüber begleitet uns die lange Insel Pag, das Meer dazwischen ist wie ein Kanal, trotzdem oft unüberwindbar, möchte man hinüber. Die Bora bläst vom Velebit mit geballter Kraft und peitscht die See oft Meter hoch. Kurz vor seinem Ende bietet das rund 145 km lange Gebirge einen majestätischen Anblick mit den hier höchsten Gipfeln, u. a. der *Vaganski vrh* (1757 m). Die Magistrale verläuft teils küstennah, teils oberhalb und kurvenreich entlang der hier menschenleeren Küste, nur vereinzelt steht ein Haus und nur Trampelpfade führen in die steil aufragende schroffe Bergwelt. *Sobe*-Schilder und kleine Privatcamps weisen auf Übernachtungsmöglichkeiten hin, Straßenrestaurants verheißen dem Magenknurren des Reisenden Abhilfe.

Die wenigen Ortschaften wie **Likovo Šugarje** und die Weiler von **Tribanj** liegen in kleinen, malerischen Buchten. Nach rund 45 km ab Karlobag treffen wir auf den größten Ort diese Küstenabschnitts, **Starigrad Paklenica** mit seinem finalen Highlight, dem **Nationalpark Paklenica** mit den beiden Schluchten. Von hier bieten sich herrliche Touren an, ob zu Fuß, per Mountainbike oder mit dem Kletterseil in die imposante Natur des Velebit. Südlich von Starigrad Paklenica liegen im Bereich des Naturparks Velebit noch der imposante **Canyon Zrmanja** und bei Gračac, am äußersten Südostrand, die **Cerovačke pećine**. Dieser Küstenabschnitt wird außer von den Besuchern des Nationalparks gerne von jungen oder sportlichen Urlaubern besucht, die mit einem kleinen Zeltplatz und der herrlichen Natur zufrieden sind.

Bis Starigrad Paklenica sind es noch rund 10 km, dann lassen wir endgültig das Kroatische Küstenland und auch den uns begleitenden Naturpark Velebit hinter uns – Dalmatien liegt vor uns.

Lukovo Šugarje: Rund 17 km südlich von Karlobag treffen wir auf den ersten kleinen Küstenort mit Zimmervermietungen und kleinen Camps.

Autocamp/Stellplatz Žalo, kleiner Platz am Meer und an der Jadranska Magistrale in Lukovo Šugarje; für Stopp ok. Juni–Sept. 53289 Lukovo Šugarje, ✆ 053/695-095.

Tribanj: Nach weiteren 13 km (ca. 30 km von Karlobag) wird der Küstenabschnitt etwas besiedelter. Wir gelangen nach Tribanj mit seinen Weilern, u. a. **Tribanj-Barić Draga** und **Tribanj-Krušćica.** Auch hier finden sich nur Ansiedlungen von Häusern und Camps, mit der imposanten Bergwelt des Velebit im Hintergrund. Von hier hat man auch einen schönen Blick auf die Insel Pag und ihre Festlandsbrücke. Wanderwege laden zur Erkundung des Velebit ein. Markierte Pfade führen in über 1200 m Höhe, es gibt Berghütten, allerdings ohne Verpflegung. Ein kleines Asphaltsträßchen führt von Tribanj-Krušćica ins Velebit-Dorf **Ljubotić.** Interessant ist neben der imposanten Aussicht ein Lehrpfad, auf dem man die Totenraststeine *Mirila* (→ Kasten und Wandern) besichtigen kann.

Mirila – Totenraststeine

Entlang der Gebirgswege im Velebit findet man Mirilas, die sog. Totenraststeine – eine einzigartige Begräbniskultur, die vom 17. Jh. bis 1957 ausgeübt wurde. Um ihre Toten von den abgelegenen Höfen im Velebit-Gebirge zur nächsten Dorfkirche und zum Friedhof zu transportieren, mussten die Angehörigen oft sehr weite Strecken bewältigen. Es wurde ihnen erlaubt eine Rast zu machen, damit der Tote seinen letzten Gruß an die Sonne senden und seine Seele Frieden finden konnte. Diese Ruheplätze wurden sorgfältig ausgesucht und befinden sich meist in schöner Lage. Der Tote wurde mit Platten nach seiner Größe vermessen, am Kopfende wurde ein Sockelstein angebracht. Die Sockelsteine wurden verziert, früher nur mit Symbolen, später mit dem Namen und Todestag des Verstorbenen. Danach wurde der Tote zum Friedhof getragen und beerdigt. Die Mirilas wurden von den Angehörigen häufiger besucht und mehr verehrt als das Grab selbst. Zwei markierte Lehrpfade (Poučna Staza) bringen uns diesen Brauch näher. Einer beim Dorf Lubotić (→ Wandern), ein weiterer oberhalb von Starigrad Paklenica (→ Starigrad Paklenica). Gutes Schuhwerk (unebener, felsiger Weg) und Wasser erforderlich. Herrliche unberührte Landschaft garantiert. Bei TIC in Starigrad Paklenica ist eine kleine Wanderkarte erhältlich.

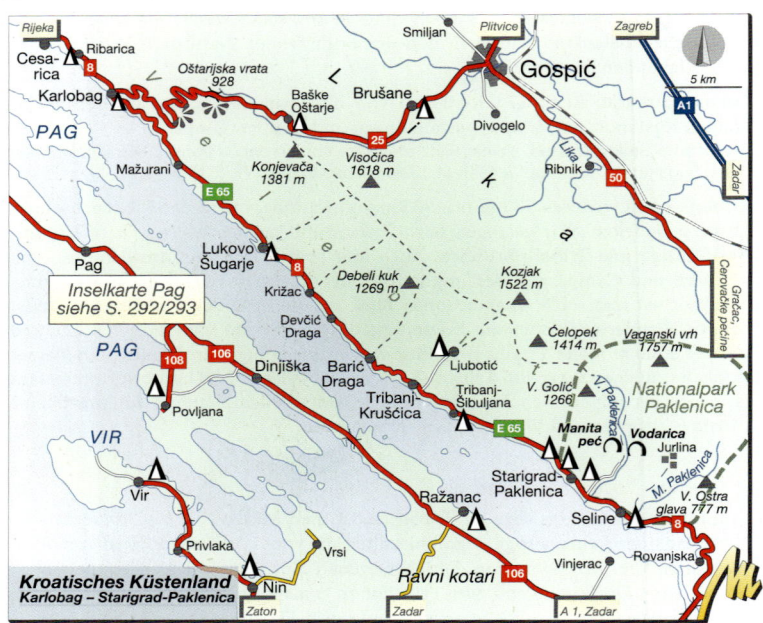

Nach weiteren 5 km erreichen wir den kleine Küstenort **Tribanj-Šibuljna**, knapp 10 km später dann Starigrad Paklenica, den größten Ort dieses Küstenabschnitts. Insgesamt 45 km haben wir dann ab Karlobag auf kurvenreicher Strecke zurückgelegt.

Information   23244 Tribanj-Šibuljna. Die besten Informationen über den Naturpark Velebit erhält man in der Nationalparkverwaltung oder bei TIC im 10 km südlich gelegenen Starigrad Paklenica (→ dort).

Übernachten/Camping/Essen In allen kleinen Orten werden **Privatzimmer** vermietet, DZ ca. 30–40 €.

Restaurant-Pension Jure, in Sv. Marija Magdalena an der Küstenstraße (ca. 31 km südl. von Karlobag, bzw. ca. 12 km von Lukovo Šugarje). Der Familienbetrieb bietet fangfrischen Fisch und Grillteller. Es gibt Zimmer und einen Strand unterhalb der Magistrale. ☎ 098/388-048 (mobil), www.restaurant-jure.net.

Restaurant-Pension & Camp Ante, auf halbem Weg von Tribanj nach Šibuljna. Netter Familienbetrieb am Meer – hier gibt es Hausmannskost, frisch gefangenen Fisch, Pizzen und schönes, ruhiges Sitzen mit Meerblick. Zudem kleines Camp unter

Olivenbäumen, Strandabschnitt und Anlegestelle. Kopovine 9, ☎ 098/273-065 (mobil).

** **Autocamp Šibuljna**, im gleichnamigen Ortsteil von Tribanj (12 km südlich). Schöner schattiger 2,5 ha-Platz, Stellplätze mit Strom, auch Mobilheimvermietung. Kleiner Obst- und Gemüsemarkt; warme Dusche nur morgens und abends; 200 m langer felsiger Kiesstrand. April–Sept. ☎ 098/314-917 (mobil), www.campsibuljina.com.

Autocamp Navis, 1,5 km südlich von Šibuljna. Schöner kleiner Platz an der Landzunge Kozjača. Auch Mobilhausvermietung. www.camp-navis.com.

* **Autocamp Vrata Velebita** (Tribanj-Ljubotić), idyllischer Platz unter Steineichen oberhalb des Meeres auf ca. 300 m. Vom Plateau Blick auf die vorgelagerte Hügelkette und das Meer, im Hintergrund das Velebit-Felsmassiv. Moderne Sanitäranlagen, Küche. Es gibt Lamm, eigenen Honig, hausgemachten Käse; es gibt auch ein kleines

Bienenmuseum. Ausflüge in den Velebit werden organisiert. Geöffnet ca. 15.4.–30.10. (oder nach Bedarf). Auch 2 ausgestattete Bungalows sind zu mieten. Anfahrt von Trbanj-Krušćica, nach 3,5 km ist der Weiler Ljubotić erreicht. Put Ljubotića 50, ☎ 023/333-516, ☎ 098/650-60 (mobil), www.vrata velebita.com.

Wandern Lehrpfad (Poućna Staza) Mirila Ljubotić: Auf ca. 5 km Länge kann man gut erhaltene Totenraststeine besichtigen. Einfache Gehzeit ca. 2 Std., gutes Schuhwerk und Wasser erforderlich. Herrliche Ausblicke auf das Meer und die Inseln. Anfahrt: Abzweig von der Magistrale bei Trbanj-Krušćica, dann weitere 3,5 km auf der Asphaltstraße bergauf fahren.

Starigrad Paklenica

Der nahe Paklenica-Nationalpark mit seinen bizarren Schluchten, die schon in Winnetou-Filmen als Kulisse dienten, lockt die Gäste an. Heute hört man keine Pferdehufe mehr dröhnen, sondern das Klicken und Klirren der Karabiner der Kletterer, die sich an den Schluchtwänden in Schwindel erregende Höhen hocharbeiten.

Bereits von weitem ist das Hotel Alan, das einzige Hochhaus des Straßendorfs, zu erkennen. Ein Blick hinüber in die mächtige Berglandschaft entschädigt jedoch für manche Bausünde. Der Eingang zum Paklenica-Nationalpark ist am südlichen Ortsende. Die Touristen sind meist junge, drahtige Kletterfans und viele von ihnen nächtigen auf den zahlreichen kleinen Campingplätzen rund um den Ort. Aber auch Familien mit Kindern haben inzwischen Geschmack an dieser Sportart gefunden und so bevölkern bereits in den Osterferien zahlreiche große und kleine Gäste die Schluchten. Hier gibt es Klettersteige in allen Schwierigkeitsgraden und, nicht zu vergessen, das nahe Meer mit seinen herrlichen Badebuchten, wo man nachmittags ausspannen kann. Auch immer mehr Wander- und Mountainbikefreunde kommen, erforschen auf den angelegten Pfaden die imposante, unberührte Bergwelt, erfrischen sich dabei ab und an im glasklaren Wasser des Baches Velika Paklenica. Allein 150 km Wegstrecke kann man im Nationalpark Paklenica mit seinen beiden Schluchten zurücklegen, zudem warten Ökotrails zu altem Brauchtum (→ Kasten „Mirila"), endlose Gebirgspfade und Makadamwege durch die herrliche Landschaft des südlichen Velebit. Und wo sonst kommt man in den Genuss, morgens in der Kletterwand zu hängen oder eine Bergtour zu machen und nachmittags seinen müden Körper an den Strand zu betten und dabei vom Indianerhäuptling Winnetou und seinem weißen Blutsbruder Old Shatterhand zu träumen?

Starigrads Geschichte beginnt in der Römerzeit mit der Siedlung *Argyruntum*. Ihren Namenszusatz legte sich die Stadt zu, als der südliche Ausläufer des Velebit zum Nationalpark erklärt wurde. Wahrzeichen von Starigrad ist die Ruine eines Wehrturmes der *Većka-Burg* aus türkischer Zeit, den Rest hat sich das Meer genommen.

Trutzig ragt die Ruine Većka vor dem imposanten Velebit-Gebirge

Auf Winnetous Spuren

Winnetoufans können in und um Starigrad Paklenica auf den Spuren von Winnetou und Old Shatterhand wandeln. Zwischen 1962 und 1968 wurde hier der größte Teil der Karl-May-Filme mit Lex Barker und Pierre Brice gedreht. Zahlreiche Drehorte waren u. a. in der Schlucht Velika Paklenica, auf dem Tulove grede (hier starb Winnetou), am Canyon Zrmanja (Río Pecos oder Colorado) und natürlich auch an den Plitvicer Seen und den Krka-Wasserfällen. Allein 10 Filmschauplätze bietet die Velika-Paklenica-Schlucht,

u. a. zu „Der Schatz im Silbersee“, „Unter Geiern“, „Winnetou und Shatterhand im Tal der Toten“. Es gibt ein Winnetou-Museum im alten Teil des Hotels Alan, jährliche Winnetou-Festivals, Events und Kongresse und eine riesige europäische Fangemeinde – oben am Tulove grede auf den Geierwiesen eine Karl-May-Fanbox. Zu den Drehorten werden organisierte Jeep-Safaris unternommen, auch werden Bootstrips von Starigrad Paklenica und auch von Novigrad oder Obrovac in den Canyon Zrmanja angeboten. Sportliche nehmen ihr Mountainbike und gutes Kartenmaterial (über TIC).

Basis-Infos

Information Touristinformation (TIC), Trg Tome Marasovića 1 (nördl. Ortsbeginn, gegenüber Hafen), 23244 Starigrad Paklenica, ☎ 023/369-255, www.rivijera-paklenica.hr. Mitte Juni–Ende Sept. tägl. 8–21 Uhr, sonst Mo–Fr 8–15 Uhr. Unterkunftsbroschüre und Karten.

Nationalpark Paklenica (N. P.-Verwaltung), Ul. Dr. Franje Tuđmana 14 a, ☎ 023/369-202, www.np-paklenica.hr. Mo–Fr 8–15 Uhr, zusätzlich Juli–Sept. Sa/So 8–12/18–21 Uhr. Infos, Bücher, Wanderkarten; auch geführte Touren buchbar.

Infostation mit Wanderkarten, Büchern etc. auch am Eingang 1 (N. P.-Velika Paklenica).

Agentur Rajna, ☎ 098/272-878 (mobil), www.hotel-rajna.com. Exkursionen, Fotosafari (ab 2 Pers.) per Jeep in den Velebit; zudem Wanderungen, Seekajak und Unterkunft.

Agentur Avanturist, Ul. dr. Franje Tuđmana 14 (neben Tankstelle), ☎ 099/7309-899, 098/9327-725 (mobil), www.paklenica-avanturist. com. Zimmer; v. a. werden Kletterkurse,

Ausrüstungsverleih und Wandertouren angeboten. Anf. April–Okt. 8–20 Uhr.

Verbindungen Sehr gute Busverbindungen nach Zadar, mehrmals tägl.

Ausflüge Zahlreiche interessante Ausflugsmöglichkeiten in geringer Entfernung: Rafting und Bootstouren auf der Zrmanja; Nationalparks Plitvice, Krka (bei Šibenik) und Kornaten; organisierte Berg- und Mountainbiketouren sowie Kletterkurse. Highlights sind Jeepsafaris zu Winnetou-Drehorten.

Gesundheit Apotheke, kurz nach Tankstelle, ☎ 023/369-258. Ambulanz, Starigradski Zidari (Straße gegenüber N.P.-Verwaltung), ☎ 023/369-238, ganztägig geöffnet. Auch in der Schlucht Velika Paklenica ist im Bunker eine kleine Notfall-Ambulanz.

Veranstaltungen Big Wall Speed Climbing, Ende April bis Anfang Mai, internationaler Treff und Meisterschaften der Freeclimber in der Paklenica-Schlucht.

⟫ Mein Tipp: Winnetoufest, jährlich im Frühjahr wird für ein paar Tage auf Winnetous Spuren gewandelt, mit Schauspielern,

Stuntmen, Statisten, Lagerfeuer und Pferden. www.winnetou-filmland-kroatien.de. ⟪

Paklenica-Trail (www.paklenicatrail.com), Ende April. Run durch die Schluchten: 17, 24 und 42 km.

Viele weitere **Aktionstage und –wochen**, z. B. Fahrrad-, Wander- und Höhlenwochen, Abenteuerwoche, Trekkingfest (→ Website TIC).

Übernachten/Essen & Trinken

Übernachten Riesiges Angebot in Starigrad Paklenica und den umliegenden Orten. **Privatzimmer** je nach Ausstattung im DZ 30–40 €. **Appartements** für 2 Pers. 35–50 €.

*** Hotel Vičko, an der Durchgangsstraße am nördlichen Ortseingang. Der Neubau hat einige Terrassen und wirkt wie eine kleine Burg, vielleicht auch deshalb, weil Familie Katić bereits um 1500 als Adelige erwähnt wurden. Das Restaurant der Traditionsherberge legt Wert auf gesunde, ursprüngliche Kost und errang schon etliche Auszeichnungen. 24 nette Zimmer, auch mit Meerblick. DZ/F ab 80 € (TS 110 €). Jose Dokoze 20, ☎ 023/369-304, www.hotel-vicko.hr.

**** Villa Vičko, der komfortable Neubau steht unterhalb von obigem Hotel direkt am Meer und bietet 16 Zimmer und Appartements (etwas teurer als obiges Hotel) mit Balkon und Garten. Reservierung s. o.

**** Appartements-Restaurant Dalmacija, im Zentrum nahe der Kirche am Meer. Es gibt Studios/Appartements und ein sehr gutes Restaurant mit schöner Terrasse und freundlichem Service. 50–60 €/2 Pers. Ganzjährig. Sv. Jurja 9, ☎ 098/1635-826, www.dalmacija-paklenica.com.

Hotel Alan, das 9-stöckige 200-Zimmer-Hochhaus kurz vor der N. P.-Zufahrt in Meernähe soll 2018 unter neuer Ltg. umgebaut und modernisiert werden. Von den obersten Etagen herrlicher Weitblick, ansonsten ist das Gebäude in dieser Landschaft fehl platziert. U. a. mit Restaurant, Café, Pool, Spa-Center, Kajaks, Fahrradverleih, kleinem Winnetou-Museum; angeschlossen ein Campingplatz (s. u.). Nichts für Ruhebedürftige, da hellhörige Zimmer, zudem in der NS viele Reisegesellschaften. Juni–Anf. Sept. nur All-incl., ab 110 €/Pers. im DZ; sonst auch DZ/F. ☎ 023/369-236, www.bluesunhotels.com und www.hotel-alan.hr.

** Hotel-Restaurant Rajna, kurz nach der N. P.-Zufahrt. Sehr gutes, bekanntes Restaurant mit Terrasse. Die Wirtsleute Marin Marasović und seine Frau sind sehr bemüht, beherbergten schon viele begnadete Bergsteiger und Kletterer, sind Winnetoufans, organisieren Ausflüge in den Velebit (→ Information/Agenturen) und verleihen Fahrräder. Saubere nette Zimmer/Appartements mit TV, AC. DZ/F 55 €. Es werden auch Häuser vermietet (s. u.). Ul. Franje Tuđmana 105, ☎ 023/369-121, www.hotel-rajna.com.

⟫ Mein Tipp: Kuća Varoš, ca. 600 m oberhalb von Starigrad Paklenica in Dadići-Škilijći. Der wunderschöne renovierte und denkmalgeschützte Hof mit 2 Nebengebäuden von 1850 liegt am Ökotrail mitten in der Natur. Infos über Hotel Rajna. Auf 200 m² können bis zu 12 Pers. wohnen, pro Tag 280 € (TS 310 €). ⟪

Kuća Pojata, ein weiteres kleineres Natursteinhäuschen für 2+2 Pers. liegt im Weiler Marasovići, Zufahrt zum N. P.-Eingang Velika Paklenica. Tagesmiete 85 € (TS 98 €). Infos über Hotel Rajna.

*** Appartements Dinko, ca. 200 m südlich von Hotel Rajna. Hier vermieten der Bruder Dinko & Dunja Marasović sehr schöne Appartements/Zimmer. Infos auch über Buffet Dinko (→ Essen). Put Selina 10, ☎ 098/402-007 (mobil), www.dinko-paklenica.com.

*** Pension-Restaurant Croatia, nach der Zufahrt zum N. P. im Ortsteil Seline. Neubau mit großer überdachter Terrasse direkt am Meer. DZ/F ab 60 €. Put jaza b. b., ☎ 023/369-190, www.pansion-croatia.com.

*** Pension-Restaurant Kiko, ein Stückchen südlicher, nach Pension Croatia, im Ortsteil Seline, auch am Meer gelegen. Die Küche hat einen guten Ruf. ☎ 023/369-784, www.pansion-kiko.com.

*** Pension Anđelko, gut geführtes Haus direkt am Meer (nördl. vom Hafen) mit 17 Zimmern und 2 Appartements mit Balkon. S. Bušljete 3, ☎ 023/369-307, www.pansion-andjelko.com.

Camping Im Ort gibt es fast 20 Campingplätze; hier ist nur eine kleine Auswahl beschrieben. Viele kleine Plätze liegen auch nahe der Zufahrtsstraße zum Nationalpark. U. a. von Nord nach Süd:

* Camping-Pension Plantaža, am nördlichen Ortseingang im schattigen Wäldchen und direkt am Strand. Betonierte Molen, auf denen man gut liegen kann, ragen ins Wasser, sonst Kiesstrand mit Strandduschen; wenig Sanitäranlagen. Ca. 100 Stellplätze. 6,20 €/Pers., Wohnmobil 8,80 €; auch Zimmer- und Appartementvermietung (***). April–Okt. Put Plantaže 2, ☎ 023/369-131, www.plantaza.com.

* Camping-Pension Michael, kleiner, netter, gut geführter Platz für 30 Zelte neben Camp Plantaža, ebenfalls direkt am Meer und unter Föhren. Im Haupthaus Zimmer-/Appartementvermietung (***). April–Okt. Put Plantaže b. b., ☎ 023/369-137.

》》》 Mein Tipp: ** Autocamp Nacionalni park, schöner kleiner 100-Personen-Platz im Föhrenwäldchen am Meer hinter der N. P.-Verwaltung. Kleine Kiesbuchten und Fels, Sanitäreinrichtungen für die Hochsaison etwas knapp bemessen. Kleiner Supermarkt am Eingang und Café-Snackbar. 6,80 €/Pers., Pkw 4,80 €, Zelt ab 5,40 €. Geöffnet 15.3.–15.11. Ul. dr. Franje Tuđmana 51, ☎ 023/369-202, www.np-paklenica.hr. 《《《

**** Bluesun Autocamp Paklenica, auf einer 2,5 ha großen Wiese südlich von obigem bzw. kurz vor Hotel Alan, dessen Einrichtungen benutzt werden können. Kinderspielplatz, Boot- und Paddelbootverleih; Grill-Pizzeria am Strand, Minimarkt. Tennis, Basket- und Handball, Minigolf. Ca. 10 €/Pers., Stellplatz 17 €, Parzelle 20 €. Geöffnet 15.3.–1.11. Ul. dr. Franje Tuđmana 14, ☎ 023/209-052, www.hotel-alan.hr.

Autocamp Pisak, ca. 400-Personen-Platz, idyllisch und ruhig am Meer auf der gleichnamigen Halbinsel im Ortsteil Seline gelegen. Neue Sanitäranlagen, WiFi; Läden in der Nähe. 6,20 €/Pers., Wohnmobil 7,80 €. Auch Mobilhäuser. Geöffnet 1.4.–1.10. Put bunarića 41, ☎ 023/656-129, www.autokamp-pisak.com.

Essen & Trinken   Viele hier erwähnte Restaurants sind Pensionen und Hotels angeschlossen (→ Übernachten).

Restaurant Vičko, wird sehr gelobt, erhielt viele Auszeichnungen – Spezialität sind Fischgerichte (→ Hotel Vičko). April–Okt. ☎ 023/369-304.

》》》 Mein Tipp: Restaurant Rajna, mit Terrasse. Hier wird preiswerte Hausmannskost serviert; Spezialitäten sind u. a. Fischplatte mit Kalamaris, Rochen und Wolfsfisch, auf Bestellung gibt es Fischbrodetto in Tomatensauce mit Polenta (→ Hotel Rajna). ☎ 023/369-130. 《《《

Empfehlenswert auch **Buffet Paklenica „Dinko"**, an der Ecke und Zufahrtsstraße zum Nationalpark – hier ist „der" Treff der Kletterszene; man sitzt gemütlich auf der Terrasse und speist gut Fisch und Grillteller. April–Okt. 7–22 Uhr. Paklenička ul. 5, ☎ 023/369-289 u. ☎ 091/5129-445 (mobil).

In Marasovići die gute Konoba im **Ethno-Haus** (April–Okt. 14–18 Uhr); gute Fischgerichte gibt es auch im **Restaurant Dalmacijaa** an der Uferstraße neben der Kirche mit schöner Terrasse. Empfehlenswert auch die **Restaurants Croatia** und **Kiko** im Ortsteil Seline; im Ortsteil Tribanj-Kruščica wird das **Restaurant Karlo** am Meer gelobt.

Weitere Lokale in der Schlucht Velika Paklenica (→ N. P. Paklenica/Essen).

Baden/Sport

Baden   Schöne Feinkiesbuchten und Schatten spendende kleine Bäume rund um die Ruine des Wehrturms Većka (südlich Hotel Alan); ebenfalls schöne Buchten gibt es auf der **Halbinsel Pišak** im Ortsteil Seline.

Wandern   Neben den Wanderungen in den Paklenica-Schluchten (→ Nationalpark Paklenica und Kleiner Wanderführer/Wanderungen 7, S. 412 und 8, S. 415) gibt es auch noch weitere Wandermöglichkeiten.

Ökotrail (Poučna Staza): Der angelegte Makadamweg (auch Verbindungsweg zwischen den beiden Schluchten Velika und Mala Paklenica) eignet sich in Richtung Osten gut zum Mountainbiken. Er zieht sich oberhalb von Starigrad Paklenica über 8 km an den Abhängen des Velebit entlang. Wer mag, kann auch noch höher hinauf, bis auf 900 m steigt die Bergwelt auf kleinen Straßen und Wegen hier bergan (besser zu Fuß!). Vom Zentrum Starigrad Paklenica gen Südosten verläuft der Weg über Marasovići (Ethno-Haus), dann zweigt er kurz vor dem Eingang zum Nationalpark ab und verläuft wieder oberhalb des Ortes mit schönem Weitblick auf die Küste. Man kommt durch winzige Weiler mit schönen alten Gehöften wie Škiljići, Jurline, Jusupi. Kurz nach Jukići besteht die Möglichkeit, in die Schlucht Mala Paklenica zu gelangen, dann weiter über Bucići nach Reljani. Ab hier muss man wieder hinab zur Magistrale oder man fährt den schönen Weg wieder zurück.

Wer von Starigrad Paklenica nordwestlich geht, erreicht oberhalb von Matkovača (400 m) die Totenraststätten *Mirila*.

Wander-Infos Auf markierten Pfaden in die Schluchten oder hoch ins Velebit-Gebirge. Organisierte Touren gibt es über die N. P.-Verwaltung oder Agenturen. Proviant, Schlafsack etc. muss man mitbringen und selbst hochtragen. Es gibt in diesem Gebiet neben Kod Marija (s. u.) ca. 12 einfach ausgestattete Berghütten, die von ca. Mai bis Sept./Okt. geöffnet sind. Man kann natürlich auch nur Tagestouren unternehmen. Die Ranger der N. P.-Verwaltung kennen sich gut aus und geben gern nützliche Tipps, zudem ist in einigen Hütten eine Anmeldung erforderlich.

Klettern/Freeclimbing Im Nationalpark (→ Nationalpark), Kurse u. a. über den Nationalpark und Avanturist (Webseite Tourismusverband).

Mountainbike Innerhalb der Schluchten ist das Fahren verboten! Touren können jedoch auf den Makadamwegen im Velebit unternommen werden. Kartenmaterial bei TIC und im N. P. oder unter www.zadar bikemagic.com. Organisierte Touren und Radverleih (→ Information/Agenturen). MTB-Verleih u. a. im Hotel Vičko.

Nationalpark Paklenica

Der 1949 zum Naturschutzgebiet erklärte Nationalpark umfasst zwei wilde Karstschluchten des Velebit-Gebirges – das mit 150 km Länge größte kroatische Gebirgsmassiv. Der Zugang zur größeren Schlucht, der *Velika Paklenica*, beginnt am Ortsende von Starigrad (ausgeschildert) und führt insgesamt ca. 2,7 km nordwärts über eine schmale Asphaltstraße (→ Anfahrt). Schon am Schluchtbeginn erproben sich an jedem Felsen Kletterer, Familien rasten unter den schattigen Bäumen oder erfrischen sich im Bächlein Paklenica. Kurz nach dem Schluchteingang bietet im

Velika-Paklenica-Schlucht – bestens zum Wandern, auch für Familien

Bunker ein kleines Museum (Mai–Sept.) Informationen über die ersten Kletterer, zum Klettern (Knoten, Technik etc.) und über den Nationalpark, es gibt Kletterwände und ein Café mit Außenterrasse (April–Okt.). Die Schlucht ist hier nun sehr eng und die Wände türmen sich immer steiler, bis sie fast senkrecht aufragen, an manchen Stellen bis zu 400 m hoch – auch ganz oben am Fels sieht man Kletterer. Dann führen in den Fels gehauene Stufen bergan – dies ist die alte Salzroute, die von der Insel Pag über den Velebit ins Hinterland führt.

Durchwandert man die Schlucht, wandelt sich das in Küstennähe mediterrane Klima in kontinentales; die gerodete Landschaft in Küstennähe weicht reicher Flora und großen Wäldern. Buchen-, Eichen- und Kiefernwälder bedecken fast die Hälfte des Nationalparks – gute Lebensbedingungen für die vielfältige Tierwelt; Schautafeln informieren immer wieder über Fauna und Flora. Die *Velika-Paklenica-Schlucht* ist 10 km lang, die umgebenden Berge steigen auf über 1600 m an und können ebenfalls erklommen werden. Man sollte sich nicht unvorbereitet auf den Weg machen, gutes Schuhwerk ist Voraussetzung (zu Ausrüstung etc. siehe Wanderungen 7 u. 8). Es bieten sich auch immer wieder schöne Rasten am Bächlein Velika Paklenica an, der im Frühjahr zu einem Flüsschen anschwillt; wer nicht zu verfroren ist, springt in eines der Becken.

Beide Täler – das kleinere der *Mala Paklenica* (Eingang 2) erreicht man über den Ort Seline – sind im Lauf der Jahrtausende durch Verwitterung und Erosion entstanden. Damals flossen hier die Bäche noch oberirdisch. Von der ungebändigten Kraft des Wassers, das auch heute bei Regenfällen sturzbachartig durch den Canyon schießt, zeugen die für Karstgebiete typischen Grotten und Höhlen. Die größte Tropfsteinhöhle ist die 175 m lange *Manita peć,* die über die Velika Paklenica ab dem Eingang in etwa 2 Std. zu erreichen ist.

Wanderung 7:
Rundweg von der Mala- zur Velika-Paklenica-Schlucht   → S. 412
Beeindruckende, Kondition erfordernde Wanderung
durch zwei Schluchten.

Wanderung 8: In die Velika-Paklenica-Schlucht   → S. 415
Familienwanderung in die imposante Schlucht.

Information   Nationalpark-Verwaltung **Paklenica**, Ul. Dr. Franje Tuđmana 14 a, ☎ 023/369-202, www.paklenica.hr. Mo–Fr 8–15 Uhr, zusätzlich in der HS Sa/So 8–12/18–21 Uhr. Infos, Bücher, Wanderkarten; auch geführte Touren buchbar.

Öffnungszeiten/Eingänge   Rezeption **N. P. Velika Paklenica** (Haupteingang/Eingang 1), ☎ 023/369-803. Der N. P.-Eingang ist ganzjährig geöffnet: Mitte März–Mitte Nov. 6–20 Uhr, sonst 7–15 Uhr. Jedoch unbedingt immer auf die Anweisungen der Ranger achten! Nach oder bei Unwettern sollte man die Schluchten meiden! Am Eingang ist ein Kiosk, Souvenir-Shop mit Kartenmaterial etc.

Rezeption **N. P. Mala Paklenica** (Eingang 2), bei Seline. Geöffnet Mai–Okt.

Grotte Manita peć, Juli–Sept. tägl. 10–13 Uhr; Mai/Juni u. Okt. nur Mo, Mi, Sa; im April nur Sa.

Anfahrt   Anfahrt Velika Paklenica: kurz vor Ortsende von Starigrad Paklenica von der Hauptdurchgangsstraße E 65 nordwärts in die Paklenička ul. abbiegen (ausgeschildert), vorbei am Weiler Marasovići und rechts halten, nach insg. ca. 1,2 km wird der Haupteingang/Kasse (Eingang 1) erreicht. Hier kann kostenfrei geparkt werden und man läuft auf dem Wanderpfad entlang dem Bächlein Paklenica rund 1,5 km zum Schluchteingang (auch hier ist die Landschaft bereits wunderschön); man kann auch per Auto (10 KN) das sehr schmale Sträßchen bis Straßenende und Schluchtbeginn fahren und dort auf den wenigen Parkflächen nahe der Kletterfelsen parken, oft sind diese jedoch schon frühmorgens belegt. Ab hier heißt es nun laufen.

Anfahrt Mala Paklenica: In Seline von der Hauptstraße nordwärts in den Put Jukića abbiegen (ausgeschildert) u. ca. 1,5 km auf dem schmalen Asphaltsträßchen bis Infohaus/Kasse (Eingang 2). Hier ausreichend Parkplätze.

Eintritt Velika und Mala Paklenica: Mai–Sept. 50 KN/Erwachsene (restl. Monate 40 KN), 30 KN/Kinder 7–18 J. (restl. Monate 20 KN), unter 7 J. gratis. Zudem vergünstigte 3- u. 5-Tageskarten.

Grotte Manita peć, kostet extra: 20 KN, Kinder 7–18 J. 10 KN. Parkgebühr für Auto 10 KN/Tag. Es werden auch Führungen angeboten.

Klettern/Freeclimbing Dies dürften hier die beliebtesten Sportarten sein – es gibt über 400 Touren in allen Schwierigkeitsgraden. Eine Kletterschule befindet sich im Nationalpark (→ Information/Agenturen), eine Klettererlaubnis muss eingeholt werden. Infos, Karten, Kletterführer bei der N. P.-Verwaltung.

Agentur Avanturist (www.paklenica-avanturist.com) hat auch einen kleinen Ausrüstungsverleih am Schluchtbeginn (Schuhe, Helm, Seil etc.). Geöffnet ca. April–Okt. 8–19.30 Uhr.

Mountainbike Ist in den Schluchten verboten!

Übernachten/Essen Konoba Marasović, in Marasovići; kleines Lokal mit Museum. April–Okt. 14–20 Uhr.

Lugarnica (Forsthaus), Mai–Okt. (April u. Nov. nur bei schönem Wetter) tägl. 10–17 Uhr. Es gibt Getränke, Würste, Eintopf und Croissants.

Dom Paklenica, schöne Lage und schönes Haus, aber wenig Service, Übernachtungsmöglichkeiten in Schlaflagern. Juni–Sept. tägl. geöffnet, danach nur am Wochenende und bei schönem Wetter. ☏ 0095/3582-111 (mobil, Dalibor Bračić) und 095/8131-841.

Man darf das Berghütten-Angebot hier jedoch nicht mit den oft bestens ausgestatteten österreichischen Hütten vergleichen, wo man Verschiedenstes vom Apfelstrudel bis Zwiebelrostbraten offeriert bekommt.

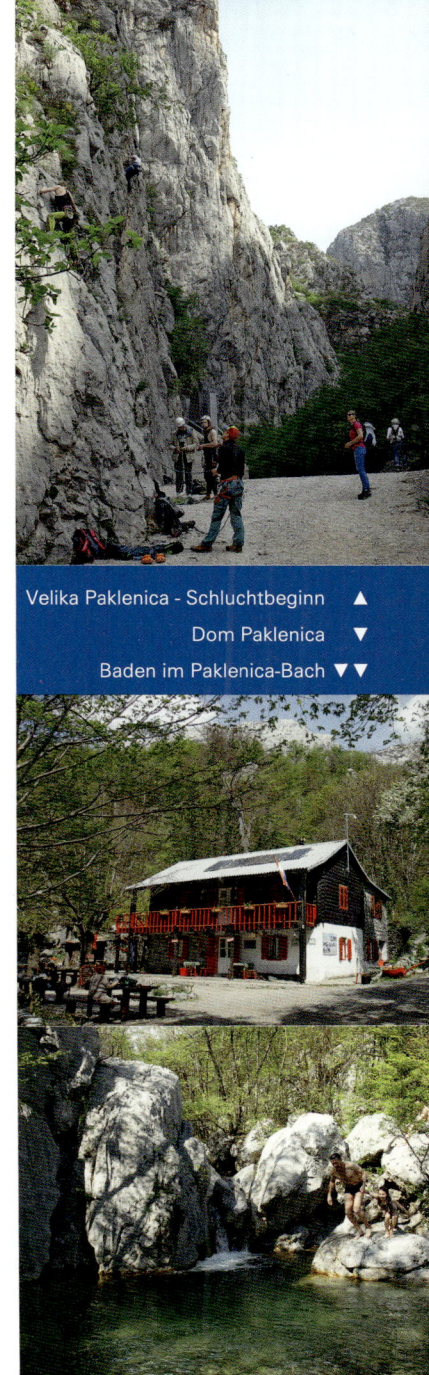

Velika Paklenica - Schluchtbeginn ▲

Dom Paklenica ▼

Baden im Paklenica-Bach ▼ ▼

Diese Berghütten dienen auch Alpinisten als Versorgungsstationen, da es im Umkreis keine anderen Möglichkeiten gibt.

》》 Mein Tipp: Ramića Dvori – Kod Marija, nördlich, ca. 5–10 Min. von Dom Paklenica entfernt. Idyllisch liegt das Geburtshaus des Eigentümers Marijo Ramić, ein wunderschönes Natursteinhaus mit herrlichem Weitblick. Es bietet 5 Zimmer für insg. 19 Pers. (u. Dusche) und leckeres Essen (Lamm, Gemüse, Suppen), gekocht von seiner Frau Marija; der Esel draußen ist das Haustier. Geöffnet ca. April–Okt. ✆ 023/ 231-756, 091/5898-617 (mobil), www.ramica-dvori.com. 《《

》》 Mein Tipp: Ivančev Dom, geführt von den netten Gastwirten Irena & Franjo Parić. Schöner Platz mit Natursteinhaus und Terrasse und schönem Blick gen Tal, auch gutes Basislager für Wanderungen. Es liegt 5 Min. südöstlich von obigem. Es gibt 4 Zimmer mit 4 Betten, 2 Duschen, zu essen Pršut, Käse, Eier, Eintopf mit Bohnen, Grillfleisch oder nach Vorbestellung Peka-Gerichte (Huhn, Rind, Lamm), zudem Bier u. Schnäpse. 130 KN/Bett. Anmeldung erforderlich. ✆ 023/369-139 u. 098/9378-577 (mobil), www.paklenica.net. 《《

Starigrad Paklenica/Umgebung

Auf den letzten gut 10 km bis zur Maslenica-Brücke und dem Ende des Kroatischen Küstenlandes verläuft die Magistrale weiterhin meist am Meer entlang. Beim kleinen Nachbarort **Seline** und auch danach finden sich immer wieder gute Bademöglichkeiten. Wer in dieser Ecke übernachten will, braucht nicht lange zu suchen. Der touristische Rummel wird überragt von der gewaltigen „Wildwest"-Kulisse des schroffen, kantigen, fast nackten Velebit-Massivs.

Rovanjska: ein Straßendorf am breiten Buchtende des Velebit-Kanals und nördlich der Autobahn (A 1) mit ein paar Pensionen, Restaurants und gigantischem Blick auf den Velebit.

Einzige Attraktion ist die nahe gelegene Tropfsteinhöhle *Špilija Modrić*, ca. 1 km nördlich des Ortes und wenige Meter östlich der Magistrale (ausgeschildert!). Ihr Eingang misst nur 1,80 m x 1,30 m, sie ist insgesamt 829 m lang. Im Inneren wechseln sehr enge Passagen mit breiten Öffnungen, in denen sich herrliche Stalagmiten und Stalaktiten in verschiedenen Formen befinden. Ganzjährig hat die Temperatur angenehme 17–18 °C. Die Höhle ist nur organisiert (→ Information/Agentur Zara-Adventure) zugänglich. Eine Führung (auch in Deutsch) mit Ausstattung dauert ca. 2:30 Std. Auch für Kinder ab ca. 6 Jahren interessant und machbar. Treffpunkt Restaurant Bartol (→ Übernachten/Essen).

Information   Agentur Zara-Adventure (Ltg. Hr. Marijan Buzov), organisiert die Besichtigung der Tropfsteinhöhle. Reservierung mind. 1 Tag im Voraus, Eintritt 25 € (auch Kinder), inkl. Helm, Licht, Schutzkleidung und Versicherung. Danijela Farlattija 7, Zadar, ✆ 091/5631-507, 098/348-437 (mobil Hr. Marijan), www.zara-adventure.hr.

Übernachten/Essen   Restaurant-Pension Bartol, in Rovanjska. Der nette Familienbetrieb offeriert im Restaurant eigene Produkte wie hausgemachtes Brot, Gemüse, Wein, Feigen und Schnaps, zudem fangfrischen Fisch und schmackhafte Peka-Gerichte. Vermietet werden 4 Zimmer mit Balkon und Meerblick für 30 €. Geöffnet Mai–Sept. Fam. Marko & Pauline Matković, Vrtlina 23, ✆ 023/654-090, bartolrestoran1@gmail.com.

Hinter Rovanjska geht es über die Meerenge und die sie überspannende Brücke **Maslenica** – ein imposanter Anblick. Hier gibt es viele Varianten der Weiterfahrt: über die Autobahn A 1 Richtung Šibenik oder nach Zagreb via Plitvicer Seen oder auf der Landstraße über Ražanac auf die Insel Pag oder nach Zadar.

Canyon Zrmanj – beeindruckende Kulisse für Western- und Winnetoufilme

Canyon Zrmanj: Einen grandiosen Abschluss bildet der Blick hinab in den Canyon, der noch zum Naturpark Velebit zählt (Straße Obrovac und Gračac). Von den umliegenden Orten starten Bootstouren (s. u. Riva-Rafting). 400 m tief fällt der Blick hinab auf den Fluss Zrmanj, der hier kurz vor seiner Mündung ins Novigradsko more beeindruckend durchs Gestein bricht. Diese atemberaubende Landschaft diente schon bei Winnetou-Filmen als gigantische Kulisse, heute ist das Plateau leergefegt, außer bei Festspielen, dann lodert das Feuer und es werden Zelte aufgebaut.

In die Bergwelt des Naturparks Velebit um Mali Alan und Sv. Rok: Kaiser Franz Joseph erbaute 1830 diese Gebirgsstraße über den Pass Mali Alan (1044 m) in Richtung Norden. Kurz vor Zaton Obovački zweigt die schmale Straße nach Norden ab und schraubt sich Kurve um Kurve höher, der Blick fällt hinab auf die Autobahn mit Raststation und weit auf das Meer. Bis zur Kirche *Sv. Franjo* mit Aussichtspunkt ist die Straße asphaltiert, danach fährt man auf meist gutem Makadam durch unberührte gigantische Landschaft. Achtung! Wegen Minengefahr sollte man nicht von der Straße abzweigen (mit Schildern gekennzeichnet). Man passiert die zackigen Felsformationen des *Tulove grede*, wo unterhalb auf den Geierwiesen Winnetou starb. Hier, in der Wildnis, steht auch ein Fanpostkasten – die Umgebung wurde freundlicherweise von Minen geräumt! (Geführte Ausflüge kann man von Starigrad Paklenica buchen). Weiter führt der Makadam durch das Gebirge gen *Sv. Rok* (ab Abzweig Hauptstraße ca. 45 km). Nach weiteren 15 km über *Lovinac* stoßen wir bei **Gornje Ploča** in Autobahnnähe wieder zur Zivilisation (Achtung Minengefahr! – die Wege und Straßen nicht verlassen). Weiterfahrt Richtung Korenica (Plitvicer Seen) oder nach Süden in Richtung Gračac möglich. Achtung: Der Makadam kann sich jährlich durch starken Regen etc. verändern bzw. verschlechtern. Diese Gebirgsstrecken sollten nur mit einem Jeep und am besten mit Ortskundigen befahren werden.

Grotten Cerovačke pećine: Ein letztes Highlight, am äußersten Südostrand am Naturpark Velebit gelegen, sind diese Grotten, die größten Kroatiens, die sich auf

4 km über zwei Ebenen ausdehnen, d. h. in übereinander liegenden Höhlen mit beeindruckenden Stalagmiten und Stalagtiten. Sie sind nun in Händen des Naturparks Velebit. Es gibt die 1200 m lange *Gornja pećina* (Obere Höhle), die *Donja pećina* (Untere Höhle) mit 2400 m und dazwischen die kleinere *Srednja pećina*. In den Grotten wurden bedeutsame Funde gemacht, u. a. Fossilien, menschliche Spuren und Skelette von Höhlenbären (Ursus spelaeus), die hier im Pleistozän vor über 25.000 Jahren lebten, zudem Bronzefunde. In rund 15 Minuten läuft man über einen Waldpfad und Steinstufen bergan zur *Unteren Höhle*, besichtigt werden können hier rund 670 m, u. a. Steinhochzeit, Weihnachten, Bärenhöhle, Kathedrale, Wächter und die Kapelle am Ende. Dann geht es nochmals ca. 10 Minuten bergan zur *Oberen Höhle*, wo 720 m (ca. 25 Min.) für Besucher zugänglich gemacht wurden. Zu sehen sind hier u. a. Pisa-Turm, Großer Saal, Geisterhöhle, Großes Wasser und am Ende der Kristallhöhle die Freiheitsstatue. Die Durchschnittstemperatur beträgt ganzjährig 8 bis 11 Grad. Beide Höhlen können mit Führung von April bis Oktober individuell oder auch organisiert (→ Agenturen) besichtigt werden. Gutes Schuhwerk und warme Kleidung erforderlich!

Anfahrt/Öffnungszeiten Cerovačke pećine, Gračac-Cerovec, ca. 4 km von Gračac in Richtung Knin (E 71), ✆ 099/8144-724 (mobil, Hr. M. Milković, Naturpark Velebit), www.pp-velebit.hr. Die Grotten sind gut ausgeschildert, d. h. bis zum Parkplatz fahren, dann noch 15 Min. Fußweg durch den Wald zur Unteren Höhle, weitere ca. 10 Min. zur zweiten.

Garantierte Führungen April–Okt. um 11.30 u. 13 Uhr (um 10 u. 16 Uhr private Führungen ab 6 Pers.); zusätzl. Juni–Aug. 16 Uhr (17.30 Uhr ab 6 Pers.). Eintritt und Führung für eine Grotte (ca. 1:30 Std.) 50 KN, Kinder 7–14 J. 30 KN, für zwei Grotten (ca. 2:30–3 Std.) 80 KN, Kinder 50 KN. Wer individuell kommt, muss evtl. warten, bis die vorherige Führung beendet ist.

Agentur Riva Rafting Centar & Terra Tedania, Obala hrv. Časnika S. Župana 6 (westl. der Brücke), Obrovac, ✆ 023/689-920, 091/1211-213 (mobil), 091/5134-186 (mobil, Fr. Lana Božović), www.riva-rafting-centar.hr, www.terra-tedania.hr. Im Angebot sind die

Highlight am Schluss des Velebit-Gebirges (bei Gračac) …

Höhlen-Besichtigung, aber auch Canyon-Zrmanja-Bootstour, Rafting-Kajaktouren, Stand-up-Paddel und Unterkünfte (→ Übernachten/Mićanovi dvori).

Ein tolles **Angebot** dieser Agentur wartet auf Sie: Gegen Vorlage dieses Buches erhalten Sie 10 % Ermäßigung auf alle Ausflüge – danke!

🌿 **Übernachten/Essen**   Ökovillage **Zrmanja – Terra Tedania – Mićanovi dvori**, ganzjährig geöffnetes und bestens organisiertes Ökodorf (Ltg. Riva Rafting Centar) ca. 4 km oberhalb von Obrovac (Richtung Zadar, am Berg Abzweig Richtung Medvida, nochmals rechts und wieder links – ausgeschildert!). Auf dem 5-ha-Gelände stehen hübsche Natursteinhäuser, abseits unter Oliven- und Johannisbrotbäumen. Gut eingerichtete Mobilhäuser (2 Schlafräume, 2 Duschen, Küche und Terrasse, WiFi, TV, max. 6 Pers.) ab 95 € (TS 147 €). Auf dem Freigelände besteht die Möglichkeit zu campen, mit Strom (ohne/mit Wasseranschluss) 12 € bzw. 20 €/Pers. (TS 15/25 €). Alles mit Frühstück, HP oder VP buchbar. Dazu Kinderspielplatz, großer Pool, Fahrradverleih. Das Restaurant (April–Okt. 8–23 Uhr, Nov.–März 10–22 Uhr) ist mit altem Mobiliar, Fellen und Kamin sowie mit schönen Freisitzterrassen gemütlich ausgestattet, gekocht wird deftig mit regionalen Produkten aus der Umgebung: zur Vorspeise u. a. Ziegen- oder Kuhmilchkäse, Basa (ein scharfer Quark) oder luftgetrockneter Schinken, dazu selbstgebackenes Brot; zur Hauptspeise u. a. aus der Peka Lamm und Kalbfleisch (mind. 2:30 Std. Vorabbestellung), gemischte Fleischplatte (Rind, Huhn, Hackfleisch, Würste) mit Gemüse oder Lammspieß; zum Nachtisch vielleicht Johannisbrot- oder Feigenkuchen; und natürlich süffige Weiß- und Rotweine. Auch das Frühstück (15 €) ist sehr gehaltvoll mit Quark, Würsten, Eiern. Das Personal ist in der hiesigen Tracht gekleidet. Hauseigene Ausflüge mit Ermäßigung (→ Agentur Riva Rafting Centar). Kruševo drage b. b. ∎

Über die anschließende Region informiert Sie ausführlich das Reisebuch **Norddalmatien**, 2. Auflage 2016, ISBN 978-3-95654-216-9, 19,90 €. Erhältlich im Buchhandel oder auf unserer Homepage www.michael-mueller-verlag.de.

… die imposante zweistöckige Höhle Cerovačka pećine

Küstenland – von Karlobag nach Starigrad Paklenica ↓ Karte S. 166

Kvarner-Bucht – die Inseln

Die Kvarner-Inseln liegen in der gleichnamigen Meeresbucht, die im Norden von der Halbinsel Istrien und dem Učka-Gebirge, im Osten vom Kroatischen Küstenland und den Bergzügen von Vinodol und Velebit begrenzt wird.

Die Hauptinseln sind **Cres**, **Lošinj**, **Krk**, **Rab** und **Pag**, und obwohl sie touristisch gut erschlossen sind, findet man noch viele ruhige Plätzchen zum Entspannen. Sie sind ein Paradies für Nudisten, für die es Strände und Campingplätze gibt. Bootsbesitzern stehen gut ausgebaute Marinas und viele Anlegehäfen zur Verfügung, zudem viele kleine Inselchen für ihre Törns.

Die Inseln Cres und Lošinj sind durch eine Brücke miteinander verbunden. Eine Brückenverbindung zum Festland hat die Insel Krk, ebenso die Insel Pag mit dem dalmatinischen Festland. Die Inseln kann man von den Festlandhäfen **Brestova**, **Rijeka**, **Stinica** und **Prizna** (→ jeweils dort) mit Autofähren (Trajket) oder dem Katamaran und der Personenfähre erreichen. Um jede Hauptinsel finden sich zahlreiche kleine Eilande, einige wie **Unije**, **Susak**, **Sakrane**, **Ilovik** werden ebenfalls mit der Personenfähre erreicht. Wer über ein eigenes Boot verfügt, ist hier im Paradies.

Das Meer ist meit glasklar und bietet Sichtweiten bis zu 50 m Tiefe, also hervorragende Bedingungen zum Schnorcheln und Tauchen. Auch die „Blaue Flagge" weht an den meisten Stränden. Wer lieber die Sicht zu Land genießt, hat von den Inselbergen herrliche Ausblicke auf die umliegenden Inseln, gen Festland, nach der Bora sogar bis gen Italien. Die Inseln sind ein Wander- und Mountainbike-Eldorado, bereits im April oder noch früher kann man die Region bestens erkunden.

Der Name „Kvarner" bezieht sich eigentlich nur auf das Meeresstück zwischen der Istrischen Küste und den Inseln Cres und Lošinj, jedoch wird der ganze Golf zwischen Velebit und Istrien so genannt. Die eigenwillige Namensgebung „Kvarner-Inseln" ist nicht ganz geklärt. Wahrscheinlich aber leitet sich der Name „Quarner" vom lateinischen „mare quaternarium" ab (= „vierteiliges Meer"). Blickt man auf eine Karte, sieht man, dass die Inselgruppe in zwei Reihen gegliedert ist: Parallel zur Vinodol- und Velebit-Küste verlaufen die Inseln Krk, Rab und Pag und säumen den Vinodol- und Velebit-Kanal; die Inseln Cres und Lošinj, südwestlich angereiht, trennen den Kvarner vom Kvarnerić und begrenzen den Golf von Rijeka. Da die Inseln Cres und Lošinj einst durch einen Kanal voneinander getrennt wurden, kämen wir damit auf *vier Hauptinseln*.

Insel Cres

Eine zerklüftete Hügelkette, kahl, karg, durch Steinmäuerchen unterteilt und kaum besiedelt – so erscheint die Insel von weitem. Für viele ist Cres häufig nur Transitstrecke zur Touristeninsel Lošinj. Mit 3300 Bewohnern und 406 km² Fläche ist sie nach Krk die zweitgrößte der kroatischen Inseln.

Das 66 km lange, bis zu 12 km breite Cres liegt im nordwestlichen Teil der Kvarner-Bucht. Während die anderen Inseln des Kroatischen Küstenlands parallel zum Festland liegen und mit ihrer Bergseite die Bora abhalten, verläuft Cres in Nord-Süd-Richtung und lässt den Sturm ungehindert vom Küstengebirge hinuntertoben.

Kaum ein Baum im Westteil der Insel überlebt diese Gewalten und Macchia macht sich breit. Nur im Osten gedeihen Laubbaumgrüppchen neben mediterranem Gestrüpp – hier begünstigen der Schirokko, der regnerisch-warme Südwind, und der Maestral, der Gutwetterwind mit seinen leichten, kühlen Brisen, die Vegetation. Verwaltungsmäßig gehört das Gebiet südlich des Vraner Sees, also Ustrine, Osor und Punta Križa, zur Insel Lošinj.

Die Inselstraße, die bis auf wenige Kilometer zur breiten Schnellstraße (Achtung Radar!) ausgebaut wurde, führt von Nord nach Süd über eine Drehbrücke auf die Insel Lošinj. Cres und Lošinj waren früher durch einen 11 m breiten Kanal getrennt – ob von Illyrern oder Römern gebaut, ist ungeklärt. Auf halber Strecke Richtung Lošinj liegt nahe der Straße der 5,7 km^2 große *Vraner See*, der als Süßwasserspeicher dient. Die Ausflugsagenturen preisen das Fischerdörfchen *Valun* an, das durch die Fernsehserie „Der Sonne entgegen" bekannt wurde, sowie das geschichtsträchtige Musikstädtchen *Osor* und die Badebucht *Punta Križa*; manchmal auch die Städte *Cres* und *Martinšćica*. Eine Besonderheit auf der Insel sind die Gänsegeier, für deren Wohlergehen und Erforschung das Team des Eco-Zentrums in Beli sorgt. Giftschlangen sind auf der Insel Cres wie auch auf Lošinj ein Fremdwort: Einer Legende zufolge hat der Osorer Bischof, der hl. Gaudentius, die Inseln gesegnet und sie dadurch von Giftschlangen befreit.

Ansonsten bedecken Karstweiden rund die Hälfte der Inselfläche, Wald nimmt ein Drittel ein, ein Zehntel wird landwirtschaftlich genutzt, vor allem für den Wein- und Olivenanbau. Ende des 19. Jh. begann die Zahl der Inselbewohner zu schrumpfen. Damals fraß die Reblaus den Wein, das Dampfschiff verdrängte die Segler und die Handelsstraßen verliefen nicht mehr längs der adriatischen Ostküste: Der Überseehandel war in den Brennpunkt des Interesses gerückt.

Wichtiges auf einen Blick

Telefonvorwahl: 051

Fährverbindungen: *Trajekt Brestova–Porozina* (Cres): In der HS 13-mal 0.01–22 Uhr; in der NS 11-mal 6.45–21 Uhr. Fahrzeit 20 Min. Pkw 115 KN, 18 KN/Pers., Fahrrad 23 KN.

Trajekt Merag–Valbiska (Krk): ganzjährig; in der HS bis zu 13-mal 5–23 Uhr, in der NS 5–22.30 Uhr; im Winter 8- bis 10-mal. Fahrzeit 25 Min. Fahrpreise wie oben.

Katamaran (www.krilo.hr): *Linie Rijeka–Cres–Martinšćica–Unije–Susak–Ilovik–Mali Lošinj*: Ganzjährig und tägl. von Rijeka nach Cres und Mali Lošinj. Die anderen Orte werden nur 2- bis 3-mal wöchentlich angelaufen. Abfahrt in Rijeka von 30. Mai bis 30. Aug. tägl. um 17 Uhr, sonst um 14.30 Uhr (So 15 Uhr).

Busverbindungen: Gute Verbindung zu allen Inselorten und zur Insel Lošinj. Mit der Fähre über Brestova nach Rijeka, Ljubljana, Triest und Zagreb.

Tankstellen: Nur im Hauptort Cres, in der ACI-Marina Cres und auf Lošinj.

Geldwechsel/Banken: Bank u. a. in Cres; zudem in jedem größeren Ort Bankomaten.

Post: in jedem größeren Ort.

Brückenverbindung zur Insel Lošinj: Um 9 und um 17 Uhr jeweils für eine halbe Stunde geschlossen.

Geschichte

Cres und Lošinj bildeten in der Antike eine einzige Insel, die so genannte *Apsirtides-Insel*. Schon in der Vorzeit war sie bewohnt, davon zeugen Überreste der Gradina-Kultur. Ab 1600 v. Chr. gehörte Cres dem illyrischen Stamm der Liburner, die

Krieger und Seefahrer waren. Die griechischen Händler siedelten damals überall an der adriatischen Küste und gaben der ersten bedeutenden Inselstadt den Namen – *Apsorus* (Osor). Als Apsorus durch einen 11 m breiten Kanal geteilt wurde, nannte man den größeren Inselteil nach der Stadt Crepsa Cres, der kleinere Teil hieß lange Zeit Osor.

Am Anfang unserer Zeitrechnung wurde der Inselraum der *Osors* von den Römern besetzt und besiedelt. Als im Laufe der Jahrhunderte die Herrschaft Roms verfiel und die Mongolen das Hinterland eroberten, sah man es gern, dass sich die Kroaten auf der kleineren Insel Osor ansiedelten, da sich auf Cres bereits mehrere Siedlungen und die befestigte Stadt Osor befanden, in der sich die römischen Einwohner in Sicherheit bringen konnten. Die Insel Osor hingegen war mittlerweile nur noch ein Weideplatz der reichen Bauern, von Wald und Gestrüpp bedeckt, weglos, die einstigen römischen Villen überwuchert und verwahrlost. Dieser Zustand brachte ihr den Namen Lošinj (loš = schlecht) ein. Bis ins 11. Jh. unterstanden Cres und Lošinj der Oberherrschaft von Byzanz und damit kirchlich dem Patriarchen von Konstantinopel. Verwaltungsmäßig wurden sie seit dem Jahr 1000 von Venedig kontrolliert. In dieser Zeit errichtete man zu Ehren des Hl. Nikolaus, des Schutzpatrons der Seefahrer, die Kapelle auf dem gleichnamigen Berg bei Veli Lošinj.

Mittlerweile wurden die ersten kroatischen Fürsten zu Königen gekrönt und erkämpften die Unabhängigkeit von Byzanz. Allerdings wuchs Venedigs Einfluss auf die Inseln wie auch das byzantinische Dalmatien gerieten unter die Hoheit der venezianischen Republik. Auf Osor war man in jener Zeit sehr geschickt und kaufte sich von Venedig 1018 mit Marderfellen frei (→ Osor/Geschichte). Unter dem ersten kroatisch-

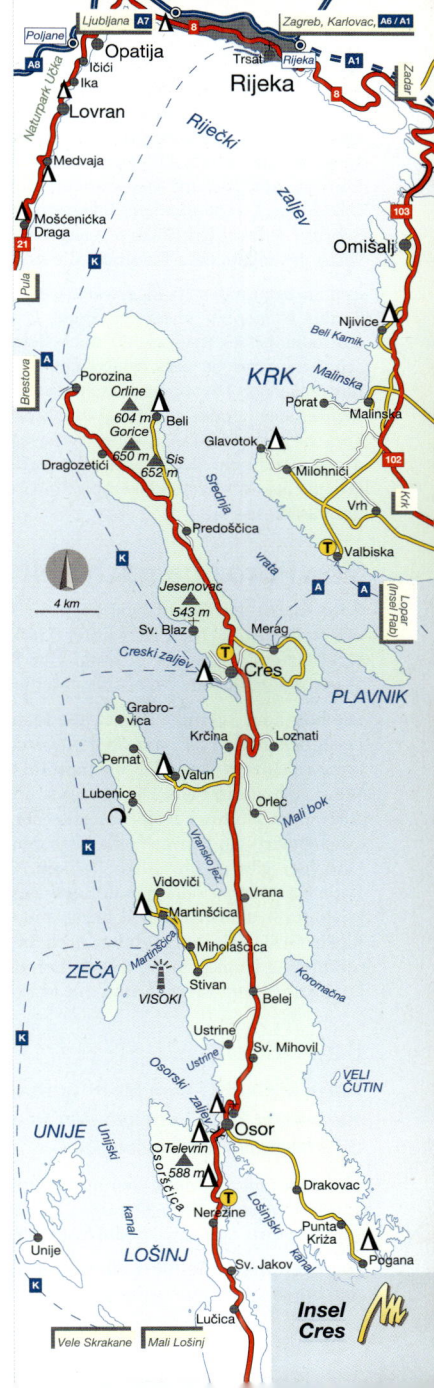

Insel
Cres

ungarischen König *Koloman* fielen Cres und Lošinj 1102 bis 1409 nochmals an Kroatien und erst dann an Venedig. Da Cres die Venedig nächstgelegene Insel war, stand sie von allen Adriainseln am längsten unter ihrer Herrschaft. Die Amtssprache war Latein. Lediglich in der Schrift widersetzte man sich dem fremden Einfluss. Auf Cres und vielen anderen Inseln im Norden verfasste man Messbücher, Urkunden, Kirchenbücher, Bekanntmachungen und private Briefe in glagolitischer Schrift (→ Insel Krk/Kasten „Glagoliza"). Und in den Kirchen wurde altkirchenslawisch gesungen, eine Tradition, die sich auf manchen Inseln bis heute gehalten hat.

Erst zu Beginn des 20. Jh. erwachte das Nationalbewusstsein der kroatischen Bevölkerung wieder, die unter der langen Fremdherrschaft litt. Aber schon 1918 brachte ein italienisches Kriegsschiff neue Besatzer an Land und alles, was die venezianische, französische und österreichische Fremdherrschaft überdauert hatte, wurde hinweggefegt: Die Franziskaner und die altkirchenslawisch predigenden Priester wurden des Landes verwiesen, die kroatischen Schulen geschlossen, die kroatische Sprache verboten. Der Zweite Weltkrieg entfachte den Volksbefreiungskampf gegen die Besatzer neu. Dann kamen die Nazis und neue Gräueltaten. Die Denkmäler der kroatischen Widerstandskämpfer in Cres, Mali und Veli Lošinj und auf Ilovik erinnern an diese Zeit.

Von Porozina nach Beli

Porozina ist der Fährort von Cres mit Restaurant, Pension und einigen Ständen an der Anlegestelle. Man sitzt unter Markisen und kann die schaukelnden Boote im türkisblauen Wasser betrachten. Oberhalb der Anlegestelle liegen die Ruinen des Franziskanerklosters Sv. Nikola und die Reste einer Kirche aus dem 15. Jh.

Die hier noch schmale Inselstraße Richtung Cres verläuft durch Macchialand, von Felsbrocken übersät, von Steinmäuerchen durchzogen und würzig duftend. Bald tauchen einzelne knorrige, efeuumrankte Laubbäume auf, bald stehen sie in kleinen Wäldchen zusammen. Die Natursteinhäuser von **Dragozetići** ziehen vorüber. Die Abzweigung führt auf die Ostseite der Insel nach Beli. Hier, in der **Tramuntana**, erheben sich landeinwärts die höchsten Berge der Insel (Sis 639 m, Gorice 648 m). Und hier gibt es unzählige Dolinen, Grotten, Höhlen, Karsttäler und an die 40 Kapellen – angesichts der dünnen Besiedlung eine große Zahl. Die schmale Asphaltstraße schlängelt sich durch mit Schlingpflanzen bewachsene Eichenwälder hinab, Grillen zirpen, es duftet nach Salbei, Thymian und Immortelle. Eine alte Römerbrücke (rimski most) führt über eine Schlucht nach **Beli**, das auf einer Bergkuppe über dem Meer thront, mit weitem Blick nach Glavotok auf der Insel Krk.

Beli

130 m hoch über dem Meer türmt sich kegelförmig die Fluchtburgsiedlung aus antiker Zeit. Zwischen den Häusern ragt der Kirchturm empor, in den Lüften kreisen die Gänsegeier.

Caput insulae, wie man Beli in der Antike nannte, war als zentraler Ort der Insel durch seine strategisch günstige Lage an der Bernsteinstraße einst einer der bedeutendsten Orte von Cres, heute leben hier nur knapp 40 Menschen.

Von der Inselstraße führt ein sehr schmales, kurvenreiches Sträßchen rund 5 km steil hinab zur Küste, vorbei am Felsgestein, übersät von Salbei, ein lila Blütenmeer

Caput insulae – die Fluchtburgsiedlung Beli thront auf ihrem Bergkegel

Insel Cres → Karte S. 181

im Mai, an knorrigen, alten Olivenbäumen und vielen Schafen, die auch mitten auf der Straße stehen (Achtung Autofahrer!, auch nichts für Gespannfahrer). Über die gut erhaltene **römische Brücke**, die sich über einen 12 m breiten Taleinschnitt spannt, gelangt man in den Ort. Vor dem kleinen **Friedhof** am Ortseingang mit gotischer Kirche aus dem 15. Jh. stehen Granatapfelbäume. Sentimentale Musik dringt aus einer nahen Kneipe, vor der Männer sitzen und die Urlauber mustern. Ruhig wirkt der Ort: enge Gassen, Treppchen, Stufen, ein kleiner Platz, rot-schwarz gefleckt von den überreifen Beeren des großen Maulbeerbaums. An der höchsten Stelle die **Pfarrkirche** aus dem 18. Jh., erbaut auf den Fundamenten einer romanischen Kirche. In ihrem Inneren finden sich Fragmente einer Flechtwerkskulptur und glagolitische Inschriften.

Mühevoll werden die steinigen Gärtchen bearbeitet, die sich terrassenförmig den Hang hinabziehen – Gemüse, Wein, Feigen, Oliven- und Obstbäume gedeihen. Von der Ostseite des Ortes führt nochmals eine schmale Straße wiederum sehr steil zum Hafenbecken und zum Strand hinab, gesäumt von Bootshütten aus Naturstein. Kunterbunte Sonnenschirme stecken im Kies, dazwischen toben Kinder (hier ist so gut wie kein Platz zum Parken!).

Wer gerne wandert, unternimmt Touren zu den umliegenden Bergen oder entlang der Küste und wer Glück hat, sieht die Gänsegeier am Himmel kreisen, die hier überall an den Felswänden nisten.

Das **Besuchszentrum Beli** ist in der alten Schule untergebracht und wurde langjährig vom Eco-Centar-Team geleitet, das seit 2014 in die Nähe von Sveti Juraj umgezogen ist (→ Sveti Juraj). Auch jetzt ist die Betreuung der Gänsegeier oder Weißkopfgeier (Gyps fulvus) vorrangig, zudem wird über das Leben dieser Vögel sowie auch über Flora und Fauna in der Tramontana informiert. Wer die Gänsegeier sehen möchte, schaut vor allem abends zum Himmel.

Mitte Juni–Sept. tägl. außer Mo 10–18 Uhr, sonst nur 10–15 Uhr. Beli 4, 51559 Beli, ✆ 095/5061-116, www.ju-priroda.hr.

Für Wanderer und Kunstbegeisterte gleichermaßen interessant: Vom Umweltzentrum führen angelegte **Wander-Lehrwege** verschiedener Längen rund um Beli und hoch in die Berge; den Weg zieren moderne Skulpturen u. a. des renommierten Bildhauers *Ljubo de Karina*, die in Glagoliza eingravierten Verse schuf der in Beli geborene Literat *Andro Vid Mihičić*. Die Broschüre „Tramuntana" (erhältlich bei TZG Cres) informiert über die Wanderwege.

Baden Am Hauptstrand mit feinem Kies. Die Bucht ist mit Agaven, Wolfsmilchgewächsen und Kräutern bewachsen. Ein Pfad führt zu den südlich gelegenen kleinen Kiesbuchten.

Tauchen Tauchbasis Beli mit PADI-Ausbildung, www.diving-beli.com oder www.beli-tramontana.com, bei Pension Tramontana.

⚓ Übernachten/Essen Pension-Restaurant Tramontana, der etwas ökologisch

Beli – Blick vom Wanderweg auf den malerischen Strand

ausgerichtete Familienbetrieb von Nina und Robi Malatestinić liegt am Ortseingang, oberhalb der alten Schule. 7 einfache, aber kreativ ausgestattete Zimmer (2 bis 4 Betten), auch WiFi. Die Restaurantterrasse bietet einen schönen Blick auf Meer und Städtchen; serviert werden u. a. fangfrischer Fisch oder Pekagerichte, für Vegetarier gibt es Gemüse. Angeschlossen ist eine Tauchschule, zudem werden Transfer und Bootstouren geboten. Die netten Wirtsleute sind bei allen Fragen behilflich. April–Anf. Nov. DZ/F 80 € (TS 100 €). ✆ 051/840-519, 099/216-5011 (mobil), www.beli-tramontana.com. ◾

Gostionica Beli, hier gibt es hauseigenes Lammfleisch und fangfrischen Fisch. Mitte April–Sept. ab 8 Uhr. Beli 6, ✆ 051/840-515. Ansonsten eine **Snackbar** am Hafen.

Camping Autocamp Brajdi na Moru, ca. 300 Plätze unter Laubbäumen in dem Taleinschnitt hinterm Strand. Viele Kroaten und Slowenen verbringen hier ihren Urlaub. Die Sanitäranlagen sind in der Hauptsaison nicht ausreichend. Die Zufahrt vom Ort herab ist sehr steil und schmal. In der Saison gibt es vor dem Camp einen kleinen Supermarkt, ansonsten muss nach Cres gefahren werden. Pro Pers. inkl. Auto/Zelt etc. 10 €. Mai–Sept. ✆ 051/840-532.

Von Beli nach Cres

Weiter geht es auf der Inselstraße durch kahle Landstriche. Auf beiden Seiten sieht man tief unten das Meer, weit in der Ferne im Westen Istrien und im Osten Krk. Umgeben von Weinbergen und Feldern, eingerahmt von Steinmäuerchen, erreichen wir **Predošćica** mit seiner weiß getünchten Kirche – im Hintergrund leuchten die Inseln im Meeresblau. Ein paar Kilometer vor Cres lehrt uns eine Tafel, dass wir uns in der Mitte der nördlichen Erdhalbkugel, am 45. Breitengrad befinden.

An der Straßenkreuzung oberhalb von Cres führt links die Abzweigung zu einem Landvorsprung und dem **Fährhafen Merag** (4 km von Cres entfernt) mit Café. Die Fährlinie verbindet die Insel Cres mit Krk (Valbiska). Die breite Asphaltstraße verläuft durch Kiefernwald, abgelöst von meterhoher Macchia. Der Blick wird frei auf die U-förmige Bucht von **Draga Krušćica** und das weiß gesäumte **Kap Tarej**. Vorgelagert sieht man die **Insel Plavnik** – baumlos –, dahinter die Insel Krk mit ihren weißen, kahlen Bergen, Krk-Stadt und Punat.

Der idyllische kleine Stadthafen Mandrač mit Uhrturm und Loggia

Cres

Der Hauptort der Insel (2300 Einwohner) liegt in einer Flaschenhalsbucht und wie alle wichtigen Orte der Kvarner Inselgruppe an der Westküste. Der autofreie Altstadtkern lädt zum Bummeln und Verweilen ein. Bootsbesitzer können in der großen und modernen Marina anlegen. Per Mountainbike oder zu Fuß lassen sich die herrliche Landschaft oder schöne Strände erkunden.

Von der Werft abgesehen, wo auch mal ein größerer Pott im Hafenbecken ankert, wirkt das Städtchen eher ruhig und in sich gekehrt. Ohne Hektik kann man seinen Kaffee schlürfen und durch die marmorgepflasterten Gassen bummeln. Von der venezianischen Stadtbefestigung sind nur noch zwei Tore und ein Wehrturm erhalten. Bis auf einen kurzen Mauerabschnitt wurde im 19. Jh. alles eingerissen. Das eine reliefverzierte **Stadttor** steht an der schattigen Promenade vor dem Altstadtkern. Es empfiehlt sich, dort zu parken.

Um das Hafenbecken herrscht gemächliches Treiben: Ausflugsboote, Fischer und überall viele Einheimische, die auf den Bänkchen sitzen und palavern. Stattliche, pastellfarbene Bürgerhäuser, ein alter Palast und ein paar nette Cafés komplettieren das Bild – nur der Lärm der gelegentlich ein- oder abfahrenden Motorboote stört das Idyll. Ansonsten kann man versonnen unter Markisen sitzen und beobachten, wie die Kaimauern die Wellen brechen.

Verwinkelte Gässchen gehen vom Hafenplatz aus, eines führt zur Pfarrkirche **Sv. Marija** (15. Jh.) mit frei stehendem Turm, einem dreischiffigen Bau mit Mosaikfenstern in der Apsis und halbrund verlaufendem Chorgestühl im Innern; die Kunstwerke der Kirche wurden ins Pfarrhaus ausgelagert.

Unweit davon die älteste Kirche der Stadt, die romanisch-gotische **Sv. Sidara** (Isidor-Kirche) aus dem 14. Jh. Geht man weiter, erreicht man durch ein Tor den **Hauptplatz** von Cres mit Stadttor, Uhrturm, Rathaus, Loggia mit Souvenirständen und vielen bunten Booten im kleinen Stadthafen, Mandrač genannt.

Das **Stadtmuseum** befindet sich im hübschen Geburtshaus des Philosophen und Schriftstellers *Franciscus Petris* (1529–1597). Das Gebäude, im Gotik- und Renaissancestil erbaut, ist besser bekannt unter *Palais Arsan,* da früher hier das Arsenal stand. Zu besichtigen sind archäologische, kulturhistorische und ethnografische Exponate, u. a. Amphoren aus dem 2. Jh. v. Chr., die beim Kap Pernat, in der Nähe von Valun, gefunden wurden, und Skulpturen mit Flechtwerkornamentik (15. Juni–Sept. Di–So 10–13/19–23 Uhr; April–15. Juni und Okt. Di–Sa 9–12 Uhr). Auf dem Platz vor dem Stadtmuseum prunkt die **Statue von Franjo Petrić** (→ Kasten).

Franjo Petrić

Franjo Petrić, einer der bedeutendsten Philosophen seiner Zeit, wurde 1529 im Palais Arsan geboren. Das blaue bosnische Blut seiner Eltern nährte auch

Franjos Abneigung gegen die Venezianer. Seine Sympathie für den Protestantismus erboste die Stadtoberen, die ihn der Stadt verwiesen. Franjo Petrić studierte als junger Mann zuerst in Venedig Volkswirtschaft, dann zog er nach Ingolstadt, um sich bei seinem Cousin Matthias Flavius Illyricus, einem Mitarbeiter Luthers, unterrichten zu lassen. Für ein Studium der Medizin und Philosopie ging er von 1547–1554 nach Padua. Er schrieb Bücher über Geschichte und Geometrie, übersetzte aus dem Griechischen ins Lateinische (Hermes Trismegistos und die Prophezeiungen des Zarathustra) und besaß eine wertvolle Sammlung griechischer Texte (heute teils im Escorial in Madrid). Er starb 1597 in Rom.

Franjo Petrić und sein Geburtshaus

Südlich der Altstadt, am Beginn der Jadranska obala, abseits des Meeres, steht das **Franziskanerkloster**, gegründet im 13. Jh., mit der Kirche **Sv. Franjo** (14. Jh.) und einem schönem Renaissance-Kreuzgang und Innenhof sowie einem Klostergarten. Die Kirche ziert ein holzgeschnitztes Chorgestühl, im *Klostermuseum* findet man u. a. Gemälde, eine Sammlung von gotischen Plastiken und ein Messbuch in glagolitischer Schrift (Mo–Sa 9–19 Uhr). Etwas weiter südlich steht an der Uferpromenade (Jadranska obala) das fenstervergitterte **Benediktinerkloster Sv. Petra**, dessen Gründung man mindestens auf das 15. Jh. datiert. Die Klosterkirche zieren Altargemälde aus dem 17. Jh., zudem werden Ikonen aus dem 15. Jh. aufbewahrt.

Im Norden der Stadt ragt der schön renovierte **Wehrturm** (auch Stadtturm genannt), empor, von den Venezianern erbaut. Von diesem aus genießt man einen Blick auf die Dächer von Cres und übers Meer (geöffnet wie Stadtmuseum).

Entlang der Uferpromenade in westlicher Richtung erreicht man den Stadtteil **Melin** und das Hotel Kiemen und anschließend den auf der Landzunge liegenden Campingplatz Kovačine – wer ein Fahrrad besitzt, tut sich leichter.

Cres – das Franziskanerkloster mit schönem Arkadenhof

Geschichte

Die Geschichte des kroatischen Cres reicht bis ins frühe Mittelalter zurück.

Davon zeugen am Berg über der Stadt die Ruinen einer frühchristlichen Kirche. Hier stand jedoch schon unter Liburnern, Griechen und Römern eine Siedlung namens *Crepsa*, die auf vorgeschichtlichen Fundamenten ruht. Stadtrecht erhielt Cres unter den römischen Kaisern Tiberius oder Augustus. Die lange Herrschaft Venedigs von 1000 bis 1797, die nur 1102 bis 1409 durch die kroatisch-ungarischen Könige kurz unterbrochen wurde, prägte die Stadt. Bedeutung gewann Cres aber erst, als es im 15. Jh. zum Zentrum von Osor aufstieg (→ Inselgeschichte). Die meisten historischen Gebäude stammen aus dieser Zeit. Seit 1845 beherbergt das Städtchen Touristen.

Insel Cres → Karte S. 181

◖Basis-Infos

Information Tourismusverband Cres (**TZG**), Cons 10 (Gasse südl. vom Hafen), 51557 Cres, ✆ 051/571-535, www.tzg-cres.hr. Juni–Sept. Mo–Sa 8–20, So 9–13 Uhr; sonst Mo–Fr 8–14 Uhr. Gute Infos und Kartenmaterial.

Agentur Cresanka, Cons 11 (Hafen), ✆ 051/571-133, www.cresanka.hr. Zimmer und Tickets für Katamaran nach Rijeka. Tägl. 8–12/15.30–19 Uhr, Juli/Aug. tägl. 8–22 Uhr.

Agentur Crepsa, Gavza b. b. (hinter Autocamp), ✆ 051/572-013, www.crepsa.com. Zimmer und Bungalows.

Autotrans, Zasid (östl. vom Hafen), ✆ 051/571-050, www.autotrans-turizam.hr. Busfahrkarten.

Agentur Croatia, neben TZG; Auto-, Fahrrad- und Motorradverleih.

Gonzo bike, Varozina 4, ✆ 098/1315-795 (mobil). Fahrradservice und -verleih.

Verbindungen Bus: Busbahnhof vor dem Hafen, neben der Tankstelle. Busse fahren über die Insel nach Lošinj und über Brestova nach Rijeka (5- bis 7-mal tägl.), Ljubljana (1-mal tägl. um 6 Uhr), Zagreb (3-mal tägl.) und Triest (über Rijeka). Info-✆ 051/571-810 (Autotrans).

Katamaran Rijeka–Cres–Martinšćica–Unije–Susak–Ilovik–Mali Lošinj: Fährt ganzjährig, nur nach Rijeka und Mali Lošinj tägl. (→ Wichtiges auf einen Blick). ✆ 051/571-133, www.krilo.hr.

Taxiboote: Ein Speedboot fährt, u. a. ab dem Geschäft Mandrač (am Hafen), zur Uvala sv. Blaž (ca. 50 €) oder nach Valun. ✆ 098/9641-956.

Einkaufen Beste Infrastruktur mit Obst- und Gemüsemarkt und Supermärkten. Gasflaschenabfüllung nördlich der Stadtmauern und im Autocamp Kovačine.

Uljara (Landwirtschaftl. Genossenschaft), Šet. 20 travnja 62. Oliven- und Olivenölverkauf. Mo–Fr 7–15 Uhr.

Gesundheit Apotheke, Trg Frane 4, ✆ 051/571-243. Ambulanz, Turion 26, ✆ 051/571-247.

Veranstaltungen Das **Sommerfestival** von Cres findet im Juli/Aug. statt; geboten werden Konzerte auf dem Stadtplatz. **Stadtfest Cres**, 5.–7. Aug. mit Konzerten und **Semenj** (Bauernmesse) mit Produkten von der Insel Cres.

Übernachten/Camping

Privatzimmer ab 21 € (TS 24 €)/Pers. **Appartements** ab 48 € (TS 63 €)/2 Pers., ab 72 € (TS 93 €)/4 Pers. Nett wohnt es sich westlich vom Altstadtzentrum im Viertel Melin (Richtung Autocamp), zudem im Süden, oberhalb der Uferpromenade Jadranska

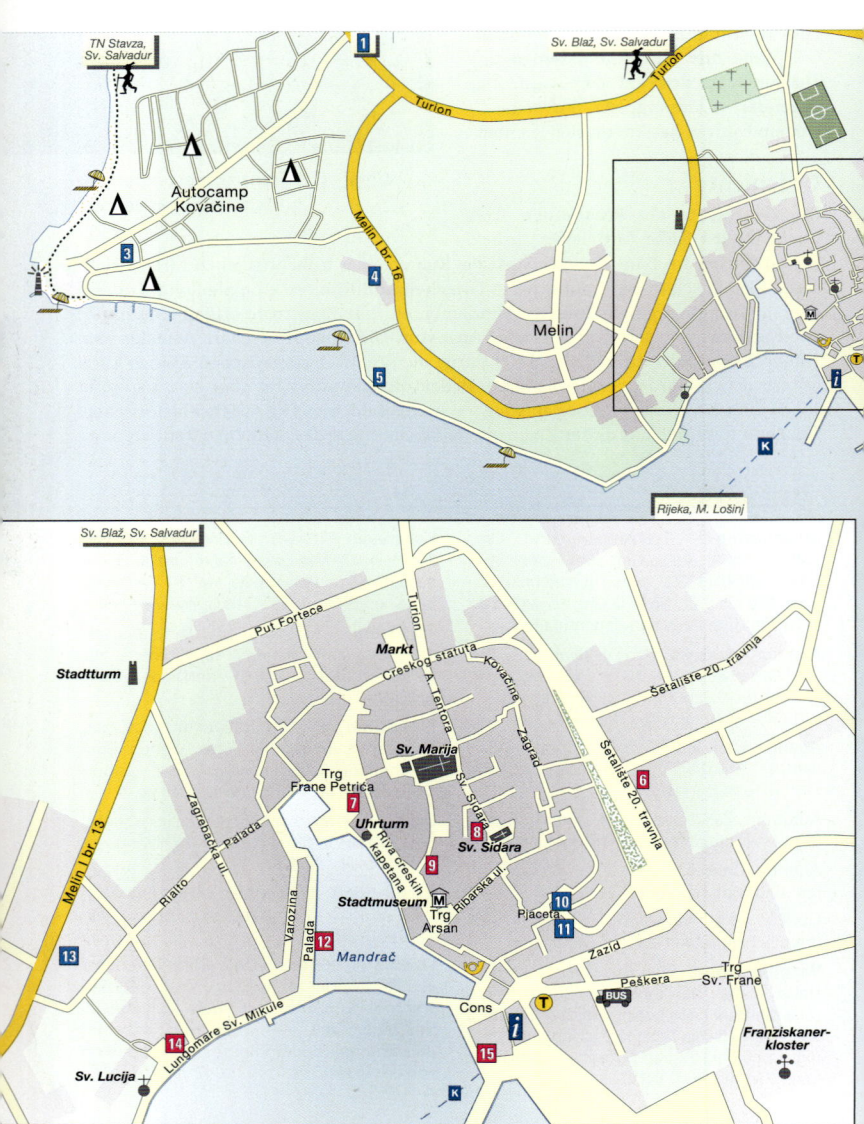

obala, kurz vor dem Jachthafen. Auf der Webseite des Tourismusverbandes findet sich ein großes Angebot.

*** **Hotel Kimen** , renovierte Anlage mit 221 Zimmern im Pinienwald hinter der Uferpromenade. Mit Restaurant und Sportanla-

gen. Gut für die NS, in HS zu teuer und zu hellhörig. DZ/F 114 € (TS 126 €). Neu renoviert ist auch die **Villa Kimen** , hier auch Familienzimmer (DZ/F ab 97 €). Sie liegt direkt an der Uferpromenade (50 m vom Haupthaus) mit großem Garten. Das Hotel gibt Fährpreisreduzierung. Melin I br. 16, ☎ 051/573-305, www.hotel-kimen.com.

››› Mein Tipp: *** **Bungalows Stara Gavza** , 2 km vom Zentrum im gleichnamigen Stadtteil (nördlich vom Campingplatz); ruhige, schöne Lage inmitten von Olivenbäumen am Hang, unterhalb Kiesbuchten. Ältere und neue nette Bungalows für 2–5 Pers. (meist nur wochenweise Vermietung), 2-Pers.-Bungalow mit AC ab ca. 70 € (TS 75 €), 4-Pers.-Bungalow 82 € (TS 95 €). Agentur Crepsa (s. o.). ‹‹‹

››› **Mein Tipp:** **** **Gästehaus Piazzetta** , nur 4 Zimmer/Appartements (2–4 Pers.) bietet das Altstadthaus, modern, geschmackvoll und bestens ausgestattet; auch WiFi. Ca. 60 €/2 Pers. Ganzjährig geöffnet. Pjaceta 20, ☎ 098/215-548 (mobil), tina 77hr@yahoo.com. ‹‹‹

*** **Kolega Nataša** , gegenüber am Altstadtplatz werden Appartements vermietet. Pjaceta 17, ☎ 098/9641-956 (mobil).

*** **Villa Lavanda** , lavendelfarbenes Gebäude mit Garten, rund 100 m oberhalb von der Strandpromenade. Es gibt 10 nette Zimmer/Appartements mit Balkon und Meerblick für 80–100 €; angeschlossen die gute Konoba Kumpanija. Ganzjährig. Melin I br. 13, ☎ 095/8158-706, mvodenac@yahoo.de.

Haus Tamaris, auf dem Gelände des Campingplatzes (s. u.) beim Restaurant (in der Saison laut). 13 gut ausgestattete Zimmer mit AC, Minibar und Sat-TV. DZ/F 87 € (TS 99 €). Ostern bis Mitte Okt.

Camping *** **Autocamp Kovačine** , ca. 1,4 km nordwestl. von Cres, rund um die Halbinsel. Gut ausgestatteter 18 ha-Platz unter schattigen Aleppokiefern und Olivenbäumen. Restaurant und Café an der Landspitze beim Leuchtturm, gebadet wird an der Uferpromenade mit Kiesbuchten (hier weht die „Blaue Flagge"), im FKK-Bereich ebenfalls mit Kiesbuchten oder an der Felsküste. Gute Sanitäranlagen, Kühlboxen, Waschmaschinen, WiFi, Laden, Tennisplätze, Wassersportgeräteverleih, Bojen für kleine Boote, Tauchschule. Stellplatz 11,50 € (TS 13,50 €), 12,50 €/Pers. (TS 13,80 €). Auch

▲ Venezianischer Stadtturm
▼ Venezianisches Stadttor

Mobilhausvermietung (2 u. 6 Pers.), mit kleiner Terrasse. Es gibt spezielle Fährpreiserstattung. Mitte März–Mitte Okt. ☎ 051/571-423, www.camp-kovacine.com.

(Essen & Trinken/Nachtleben

Rund um das Hafenbecken und an der Strandpromenade Richtung Hotel Kimen laden Gostionas und Cafébars zur Einkehr ein.

Essen & Trinken Restaurant Riva **9**, der Familienbetrieb liegt schön an der Hafenpromenade und hat eine lange Tradition. Hier isst man bestens frischen Fisch, Muscheln und Schalentiere. April–Okt. ab 12 Uhr. Creskih Velikana 13, ☎ 051/521-107.

Konoba Al buon Gusto 8, alte Nähmaschinen dienen in dem kleinen Lokal als Tische, urig und gut. U. a. Lamm, Calarmaris, Fisch, hausgemachte Pasta. Tägl. ab 17 Uhr. Sv. Sidar 14 (nahe gleichnamiger Kirche), ☎ 051/571-878.

Restaurant Santa Lucia 14, an der westlichen Uferpromenade (Richtung Hotel Kimen), mit Anleger für Boote. Stilvoll und sehr guter Service, Fisch- und Fleischgerichte (nach Vorbestellung unter der Peka), Lammsuppe, Fuži und hauseigener Honigschnaps. Ganzjährig geöffnet. Lungomare Sv. Mikule 1, ☎ 051/573-222.

Bistro-Pizzeria Krušija 7, nettes kleines Lokal am Stadthafen. Hier isst man geruhsam Pizzen, Pasta und auch Fisch und Schalentiere. April–Anf. Okt. Riva Creskin Kapetana 2.

Gostionica Belona 6, abseits im Ortsosten mit Terrasse, flinker, guter Service. Gelobt wird u. a. das Sardellencarpaccio, Fischplatte oder auch Grillfleischteller. Šet. 20. Travnja 24, ☎ 051/571-203.

Konoba Kumpanija (→ Villa Lavanda), netter und guter Service auf der Terrasse oder im Wintergarten; fangfrischer Fisch, Oktopus, Pekagerichte, Thunfisch und gute Grillfleischteller. Ganzjährig. Melin I 13, ☎ 051/571-837.

Bufet Regata 12, idyllisch direkt am Stadthafen speist man bestens Fischgerichte. Im Hochsommer ist das kleine Lokal jedoch etwas überfordert. Ganzjährig. Varozina 5, ☎ 051/571-452.

Bufet-Pizzeria Capitano 15, an der Schiffsmole; hier sitzt man schön am Meer oder im Wintergarten und blickt in die Abendsonne. Neben leckeren Pizzen gibt es Pasta- und Risottogerichte, auch Fisch und verschiedenste Biersorten aus kleinen Brauereien, auch etliche Hausschnäpse. Cons 11, ☎ 051/573-127.

Restaurant/Pizzeria im Autocamp Kovačine. Terrasse an der Uferpromenade. Die Camper waren vom Essen begeistert.

Konoba Bukaleta (→ Cres/Umgebung/ Loznati).

Nachtleben Nightclub Rush **2**, mit Café- bar und Terrasse. Tägl. geöffnet, v. a. im Sommer bei Jugendlichen sehr beliebt. Turion 5, ☎ 098/849-490 (mobil).

⟮Baden/Sport

Baden Rund um die Landzunge in Richtung Hotel Kiemen und Campingplatz finden sich neben dem betonierten Uferweg Kiesbuchten. Weiter gen Norden führt ein Pfad zu stilleren Buchten. Gegenüber von Cres liegt die Bucht **Dražica** mit Bootsanlegestelle.

Etwas weiter entfernt, z. B. zu Fuß, per Boot oder auch mit dem Fahrrad zu erreichen, sind die folgenden schönen Badebuchten: FKK-Strand **Nedomišlje** (2,2 km in Richtung Valun, ca. 2 Std. zu Fuß); Kiesstrand **Sv. Blaž** (5 km nördlich, ca. 2:30– 3 Std. zu Fuß); die **Blaue Grotte** unterhalb von Lubenice (→ dort), mit Kiesstrand.

Tauchen Tauchschule **Diving Cres**, auf dem Autocamp Kovačine (dtsch. Ltg. Nicole Kiefhaber & Mirko Obermann): Schule, Basis, Shop und Verleih. Hier ist man bestens aufgehoben. Anf. April–Mitte Okt. ☎ 051/571-706, www.divingcres.de.

Jachthafen ACI-Marina **Cres**, schöne Marina in der Bucht von Cres gegenüber der Altstadt; eigene Zufahrt etwas südlich von Cres. Großzügige Anlage mit im klassizistischen Stil erbauten Hafengebäuden, schöne Cafés und Restaurant, Supermarkt, Nautic-Shop und Vermietung von Appartements. 455 Liegeplätze für Boote bis 25 m, 250 Stellplätze an Land, 10-t-Kran,

30-t-Travellift, Slipanlage, Boot- und Motorenservice; Wasser und Strom an den Stegen, Sanitäranlagen, Tankstelle. Verleih von Fahrrädern und Booten. Jadranska obala 22, ☎ 051/571-622, www. aci-club.hr.

Hafenkapitän: Jadranska ul. (200 m südl. vom Franziskanerkloster), ☎ 051/571-111.

Bootsvermietung Motorbootverleih im Hafen und am Jachthafen.

Seekajak Sea Kayak Adventure, ☎ 095/ 901-0109 (mobil), www.seakayak.hr. Das Team hat Sitz in Banjol, Insel Rab. Ab Cres startet z. B. die Delfin-Tour.

Wandern Von Cres aus gibt es schöne Touren (→ Baden) durch Olivenhaine und entlang der Küste z. B. in Richtung **Sv. Blaž** (→ Kleiner Wanderführer/Wanderung 9, S. 417). Sehr schön läuft es sich auch auf dem Pfad nach **Valun** in ca. 3:30 Std. oder nach **Loznati** in ca. 2:30 Std. Infos und Karten über die Touristeninformation.

Radfahren Cres bietet sich als Ausgangspunkt für Mountainbiketouren in die Umgebung an. Auch hier hilft die Touristeninformation mit nützlichen Infos und Kartenmaterial. Fahrradverleih am Autocamp im Jachthafen, zudem bei Agenturen (s. o.).

Insel Cres → Karte S. 181

🏃 **Wanderung 9: Insel Cres – von Cres zur Uvala Sv. Blaž** → S. 417
Leichte Tagestour über die Sv.-Salvadur-Kirche mit finalem Badestopp.

Cres/Umgebung

Südlich von Cres, in Richtung Valun, liegen einige schöne Weiler, ob zum Baden, Essen gehen oder in Verbindung mit einer Mountainbiketour. Ca. 5 km entfernt liegt **Loznati** mit der beliebten Landkneipe Bukaleta. In weiteren 3 km folgt der Abzweig nach **Orlec**, das auf einem Felsplateau dominiert. Hier ist die *Ornithologische Station* ansässig, die sich ebenfalls um die Weißkopfgeier kümmert, die am

Blick auf den kleinen Hafen von Mali bok an der Ostküste der Insel Cres

Steilabhang ihr Zuhause haben. Läuft man das Serpentinensträßchen hinab (für Autos gesperrt!), blickt man auf eine türkis umspülte Kiesbucht *Mali bok*, die sich bestens zum Schwimmen eignet. Auf dem Fußweg (auch per Mountainbike) erreicht man von Cres in ca. 7 km (rund 2 Std. zu Fuß) den Weiler **Krčina** westlich der Inselstraße (kurz nach östlichem Abzweig nach Loznati).

Essen & Trinken Gostionica Trs, in Krčina. Auch hier gibt es traditionell zubereitete Lammgerichte. April–Sept. 12–16/18–23 Uhr. Krčina 101, ☎ 051/571-291.

》 Mein Tipp: Konoba Bukaleta, im Weiler Loznati. Das Restaurant im bayerischen Stil mit überdachter Terrasse hat sich auf Lammgerichte spezialisiert: Lamm am Rost, gebacken, gebraten oder paniert und als Vorspeise Lammsuppe. Es gibt aber auch leckeren Schafskäse, dalmatinischen Schinken und Fischgerichte. Die nette Wirtin spricht Deutsch. April–Anf. Okt. 12–24 Uhr. Loznati 9a, ☎ 051/571-606. **《**

Valun

Die Fernsehserie „Der Sonne entgegen" machte den idyllischen Fischerort mit seinen alten Gebäuden an der weiten, türkisfarbenen Bucht bekannt.

Trotz der vielen Ausflugsfahrten nach Valun scheint die Zeit in dem autofreien Fischerstädtchen stillzustehen, zumindest in der Nebensaion – nur am Ortsrand vergrößert sich Valun mit kleinen Neubauten. Im ockerfarbenen **Kirchlein** im Zentrum ist die *Tafel von Valun* sehenswert (→ Kasten „Die Tafel von Valun"). Um die Kirche herum ziehen sich winklige Gässchen und blumengeschmückte Gärten, eine Uferpromenade mit gemütlichen Konobas mit Blick auf das Hafenbecken säumt die Bucht. Tobende Kinder und tuckernde Schiffe sind die einzigen Geräuschquellen in der Idylle, die kein Autolärm stört.

Die **Konoba Toš Juna** mit ihrem mächtigen, Schatten spendenden Baum lädt nicht nur zur Stärkung ein. Sehenswert ist das *Lapidarium* an der Terrassenwand mit guten Kopien der wichtigsten glagolitischen Denkmäler: neben der Tafel von Valun sind auch die von Baška und Senj zu sehen sowie die Inschriften von Plomin, Krk und Osor, das Sakramentshaus aus Vrh, das Relief des Hl. Martin aus Senj und etliche Fragmente.

Oberhalb Valuns liegen an der Abzweigung nach Lubenice der Ortsfriedhof und die **Kirche Sv. Markos**. Hier war einst der alte Ort Bućev, dessen Einwohner sich im heutigen Valun niederließen.

Information   Tourismusverband (über Cres). 51557 Valun.

Agentur Cresanka bzw. **Turist**, kurz vor dem Hafenbecken, ✆ 051/571-133, www.cresanka.hr. Nur in der Saison 8–21 Uhr, sonst über Cres.

Baden   Am Kiesstrand mit Dusche. Ein Schleichweg führt die Bucht entlang zu weiteren Badeplätzen mit Fels und Kies für FKK-Freunde. Man kann sich auch mit Fischerbooten zu umliegenden Buchten, z. B. nach Nedomišlje (zu Fuß 1:30 Std.), bringen lassen, Preis und Abholung vorab aushandeln.

Wassersport   Paddel- und Tretbootverleih. Im Hafen **Anlegeplätze** für Boote, Strom, Wasser und ein 2-t-Hebekran.

Einkaufen   Kleiner Obst- und Gemüsemarkt, Laden, Zeitungskiosk beim Parkplatz.

Parken   Autos müssen oberhalb des Ortes auf dem groß angelegten, gebührenpflichtigen Parkplatz abgestellt werden. Nur zum Ein- und Ausladen kann bis zum Hafenbecken gefahren werden, dort stehen Gepäckwagen zur Verfügung.

Übernachten   Privatzimmer ab ca. 42 € (TS 50 €)/DZ. Im Ort vor allem Richtung Norden nette Unterkünfte.

Camping   * Camp Zdovice, ein beliebter Campingplatz für Familien mit Kleinkindern, allerdings nicht für Wohnmobile, da das Auto oberhalb des Ortes geparkt werden muss (→ Parken). Der 1-ha-Platz zieht sich, von Steinmäuerchen unterteilt, terrassenförmig vom Strand den Hang hinauf. Oliven- und Feigenbäume spenden Schatten. Saubere Sanitäranlagen und Stehduschen im Freien. Im Hochsommer sehr voll. Ca. 11 €/Pers. Geöffnet 1.5.–15.10. ✆ 051/525-050, www.cresanka.hr.

Essen & Trinken   Konoba Toš Juna (Alte Mühle), in der Ortsmitte am Hafenbecken mit schattigem Baum und Lapidarium auf der Terrasse. Sehenswert sind auch die 200-jährigen Mahlsteine im Inneren der Konoba. Es gibt Käse, Schinken, alle Fischsorten, Krebse, Muscheln, Fleischgerichte und Wein von den umliegenden Weinbergen. April–Anf. Nov. ab 8 Uhr. ✆ 051/525-084.

Insel Cres → Karte S. 181

Blick auf Valun, die Insel Cres und die istrische Küste mit dem Učka-Gebirge

>>> **Mein Tipp:** Restaurant **Na moru**, Richtung Camp, mit Sitzgelegenheiten direkt am Meer. Spezialitäten sind fangfrischer Fisch und Lamm vom Grill, schmackhaft zubereitet, dazu ein süffiger Wein und freundlicher, guter Service. Mitte April–Mitte Okt. ab 11 Uhr. ✆ 051/525-056. <<<

Die Tafel von Valun

Die kulturgeschichtlich bedeutsame Tafel enthält eine lateinische und glagolitische (altkirchenslawische) Inschrift aus dem 11.–12. Jh. Nur die erste Zeile ist in der Glagoliza geschrieben, der weitere Text ist in lateinischer Schrift. Die in die Sakristeiwand eingemauerte Tafel gilt als das älteste kroatische Sprachdenkmal.

Nicht geklärt ist, ob die Tafel von Valun eine Grabplatte oder eine Erinnerungstafel darstellt, auf der die Namen der Kirchenspender verewigt wurden. Gefunden wurde sie Anfang des 20. Jh. in der Vorhalle der Kapelle St. Markus, der Pfarrkirche des heute verlassenen Ortes Bućev.

Lubenice

An der Westküste, etwa 6 km südlich von Valun, thront auf einem Felsplateau hoch über dem Meer das einstige Piratennest, eine 3500 Jahre alte Fluchtburgsiedlung.

Ein Asphaltsträßchen zwängt sich zwischen Steinmauern durch meterhohe Macchia und Kiefernwald via Podul nach Lubenice.

Die Natursteinhäuser schmiegen sich aneinander und aus den Ritzen des Kopfsteinpflasters sprießen Blumen. Beim Spaziergang durch den Ort gelangt man durch ein frei stehendes Tor zur Friedhofskapelle. Dahinter, in einer Senke, liegen die Getreidefelder der wenigen noch gebliebenen Bewohner. Der Weg führt über

Lubenice – uralt und hoch erbaut auf einem Felsplateau

Felsen ein Stückchen weiter nördlich und es kann einem schwindlig werden, wenn man in die Tiefe blickt.

Vor dem alten Ortskern am Parkplatz steht die mit ihrer nüchternen Architektur so gar nicht ins Bild passende Kirche. Gegenüber am Platz der frei stehende Kirchturm, daneben eine Snackbar und Sitzbänke im Freien – hier finden die Musikveranstaltungen statt. Von hier bietet sich ein weiter Blick auf das Meer und die tief unten in Türkisfarben leuchtende Bucht. Auf Serpentinen geht es steil bergab zum kleinen Hafen.

Baden Tief unten am Feinkiesstrand; man läuft ca. 0:45 Std. hinunter (hoch wird es beschwerlich); leider schwemmt es mitunter Teer in die Nähe des Strandes die von vielen Ausflugsbooten angefahrene **Blaue Grotte**: Bei mittäglicher Sonne leuchtet sie durch das Meer in strahlendem Blau. Zu dieser Grotte kann man vom Strand hinüberschwimmen und laut Lesern von der Grotte zum Strand tauchen. Aber Achtung, Wellengang etc.!

Parken Der Parkplatz ist gebührenpflichtig.

Übernachten/Essen Es gibt drei kleine Lokale mit Hausmannskost und Pensionen, z. B. **Konoba Lubenička Hibernicia** mit gutem Wein, Lammgerichten (auch aus der Peka), Oliven, Pršut und Käse, dazu hausgemachtes Brot und süffiger Wein. Mitte April bis Anf. Okt. ab 10.30 Uhr. Lubenice 17, ☎ 051/840-422. ∎

Vraner See

An der Inselstraße unterhalb des kleinen Ortes Vrana, inmitten von macchiaüberwucherten Hängen, erstreckt sich der Vransko jezero, ein tiefblauer Süßwassersee.

Das Hinabsteigen und auch das Angeln sind verboten, da der See der Wasserversorgung dient. Seit 1953 beziehen die Stadt Cres und die Städte der benachbarten Insel Lošinj ihr Trinkwasser aus dem Vraner See.

Früher vermutete man, dass der 5,7 km² große Süßwassersee unterirdisch vom Festland her gespeist wird. Inzwischen weiß man, dass er ein „Kryptodepressions"-See ist: Die Wasseroberfläche des Vransko jezero liegt ca. 13 m über dem Meeresspiegel, sein Grund hingegen 75 m tiefer – ein Tummelplatz für verschiedenste Fischarten.

Richtung Martinšćica

Wir verlassen die Inselstraße bei der Kapelle Sv. Petar und fahren rechts ab über eine macchiabedeckte Hochebene.

Im Bergdorf **Štivan** rührt sich wenig; es gibt lediglich Privathäuser, die auch Zimmer vermieten sowie Appartements. Die Badebuchten unterhalb des Orts sind über Fußwege erreichbar.

Konoba Nonina, freundlicher Familienbetrieb, nettes Sitzen; frisch zubereitete schmackhafte Gerichte wie Lammkoteletts oder -gulasch, Kalamaris, leckerer Schafskäse und Oliven, dazu süffige Weine. Štivan 61, ☎ 098/9122-992 (mobil).

Fahren wir weiter hinunter zum Meer, folgt die Neubausiedlung **Miholašćica** mit vielen Privatzimmern, einigen Restaurants, Supermarkt und schönen Badebuchten aus Fels und Kies. Von hier aus sind die vorgelagerte Insel Zeča und Istrien zu sehen.

Übernachten **Villa Goga**, nettes familiengeführtes Appartementhaus mit Garten; es gibt 6 verschieden große Appartements und Grill. Miholašćica 1, ☎ 051/574-225, 098/9638-187 (mobil), www.villa-goga.hr.

Insel Cres → Karte S. 181

Vor Martinšćica zweigt ein Sträßchen rechts ab nach **Vidocići** – ein Bergdorf mit alten Häusern und alten Menschen. Hier kann man sich eine Flasche Selbstgekelterten kaufen und beim Genuss weit über das Meer bis zu den Inseln Lošinj und Unije blicken.

🌿 Konoba Malj Raj, hier isst man bestens Lammkoteletts, Ziegen- und Schafskäse, dazu guter Hauswein. Mitte Juni bis Mitte Sept. ab 19 Uhr. Vidovići 11, ☎ 051/574-303. ▪

Martinšćica

Die guten Bademöglichkeiten rundum, der nahe gelegene Campingplatz Slatina und der Jachthafen locken Scharen von Touristen an.

Ein paar Lokale gruppieren sich um den kleinen Dorfplatz und entlang der Uferpromenade. Es riecht nach Fisch, der Blick schweift über die Bucht und die vielen kleinen Schiffe.

Information Tourismusverband, über Cres (s. o.). 51556 Martinšćica.

Agentur Martinšćica, ☎ 051/574-107. Zimmervermietung.

Verbindungen Mehrmals tägl. **Busse** nach Cres und Mali Lošinj und per Fähre nach Rijeka.

Katamaran Rijeka–Mali Lošinj (www.krilo. hr): Mo, Do, Sa über Unije–Susak (nach Mali Lošinj bzw. nach Cres). Weitere Infos → Wissenswertes auf einen Blick.

Einkaufen Bäckerei, Laden, Zeitungskiosk und Obstmarkt am Parkplatz.

Übernachten Privatzimmer je nach Kategorie ab 15 €/Pers.

*** Hotel-Restaurant Zlatni Lav**, mit großer Terrasse und Blick auf die Bucht, kurz vor dem Autocamp. 25 komfortable Zimmer und 5 Familiensuiten. Gutes Restaurant. DZ/F 80–120 €. ☎ 051/574-020, www.hotel-zlatni-lav.com.

Camping ⟫⟫ **Mein Tipp:** *** Autocamp Slatina**, 1 km von Martinšćica entfernt, einer der bestgelegenen Plätze. Der sehr gepflegte 15-ha-Platz erstreckt sich über zwei Buchten mit Kiesstrand und kristallklarem Wasser; terrassenförmiges und parzelliertes Gelände, durch Sträßchen unterteilt. An der vorderen Bucht Wohnwagenvermietung, hübsch, mit Platz zum Nachbarn, auch schöne Mobilhäuser (Fa. Gebertsreuther). Es gibt einige Cafébars, Pizzeria, Restaurants, Supermarkt, WiFi; am Strand Verleih von Booten und Wassersportgeräten; Billardtische. Eigener kleiner FKK-Strandabschnitt. Ausreichend Waschhäuser mit Solarzellen, Kühlboxen, Bootsanlegestellen, Tauchclub. Im Hochsommer sehr voll. 9,50 €/Pers., Platz (nicht parzelliert) 8,20 € (TS 9,60 €), Stellplatz je Lage (mit/ohne Strom, Wasser) 9,50–21 € (TS 11–23 €). Anf. April–Mitte Okt. ☎ 051/574-127, www.camp-slatina.com. ⟪⟪

Essen & Trinken Einige Konobas und eine Pizzeria am Hafenbecken sowie an der Uferpromenade.

Konoba Kaštel, ein Bau aus dem 16. Jh. Hier zählt v. a. das schöne Sitzen auf der obersten Terrasse mit Blick aufs Meer. Es gibt Fischgerichte, Scampi, aber auch Gegrilltes. Martinšćica Nr. 22, ☎ 051/574-104.

Gostionica Koralj, an der Campingzufahrtsstraße, mit Terrassen, v. a. von der Dachterrasse bester Weitblick. Die Fischgerichte und der gute Service werden gelobt. Martinšćica Nr. 46, ☎ 051/574-190.

Inselstraße Richtung Osor

Ab dem Straßenort Belej gehört der Südzipfel von Cres verwaltungsmäßig zur Insel Lošinj. Der Ort **Belej** bietet zwei Restaurants mit preiswertem, gutem Essen (Bistro Leut, ☎ 051/524-142 oder Konoba Gromaca) – v. a. bei Ersterem wird Lamm und Spanferkel vom Grill gelobt. Zudem auch Appartement- und Zimmervermietung im Ort. Das Umland ist karg und mit kleinen Büschen übersät. Ein schmales

Sträßlein führt von Belej zur Westküste mit der **Bucht Korovačna** und zwei großen Felshöhlen, Kiesstrand und Anlegeplätzen für Boote. Kurz nach Belej zweigt die Straße westlich nach **Ustrine** ab.

Ustrine

Kleiner Ort oberhalb der gleichnamigen Bucht an der Westküste der Insel. Ein asphaltiertes, aber gesperrtes Sträßchen schlängelt sich steil hinab zum Meer mit vielen Badebuchten.

Die Bucht mit ihrem Naturhafen war früher ringsum besiedelt. Noch heute stößt man auf halb verfallene Häuser. Wie auch in anderen Inselorten wanderten viele der Einwohner nach Italien oder Amerika aus und abgesehen von den Sommermonaten leben nur noch wenige alte Menschen in Ustrine.

Der Weitblick und das Farbenspektrum der Sonnenuntergänge von Ustrine sind faszinierend. Apokalyptische Stimmung kommt auf, wenn sich dazu drohend die Bora ankündigt: schwarz-blaue Wolkenfronten, darunter grell hervorstechend das Gelbrot der Sonne. Der Küste vorgelagert die Insel Zeča, der Landzipfel von Lošinj mit dem Berg Televrin und weiter meerauswärts die Insel Unije. Das Sträßchen zur Bucht ist sehr schmal und sehr steil und daher für den öffentlichen Verkehr gesperrt. Ein Rangieren auf halbem Wege wäre kaum möglich. Das Auto oben im Ort parken und hinablaufen.

Baden Rings um die Bucht Kies- und Felsbadebuchten, umgeben von üppiger Macchia, und etliche Bootsanlegeplätze. In der östlichen Buchthälfte tummeln sich die bunten Segel der Surfer vor der Bergkulisse. Von hier aus sieht man Osor mit der Kirche.

Übernachten Im Ort werden **Privatzimmer** und **Appartements** vermietet, z. B.

*** **Appartements Sofija**, netter deutschsprachiger Familienbetrieb mit 7 Zimmern und 4 Appartements, je nach Größe 45–70 €,

Insel Cres → Karte S. 181

Ustrine – tief unten leuchtet die buchtenreiche Küste mit vielen Badeplätzen

auch WiFi; von der Terrasse toller Blick über die große Bucht. Wer mag, kann im Garten grillen. Mai–Sept. Ustrine 10, ✆ 051/524-015 u. 01/2340-034 (im Winter), 098/9779-019 (mobil), misvetec@gmail.com.

Essen & Trinken   Bufet Panorama, in diesem Gebäude war bis nach dem Zweiten Weltkrieg die Schule des Ortes untergebracht. Schöner Blick auf Ustrine und das Meer. Vom Grill gibt es Lammspieße und Fisch. Nur Mitte Juli–Sept.

Punta Križa

Kurz vor Osor zweigt die Straße an die Ostküste nach Punta Križa ab – ein ruhiger Einkaufsort für den nahen Campingplatz.

Information   Touristinformation am Campingplatz. 51554 Punta Križa.

Baden Ca. 15 Min. Fußweg vom Ortskern bis zur Nordküste. Überall Bademöglichkeiten an der zerklüfteten Bucht. Pfade führen rundum.

Übernachten   Privatzimmer (15–20 €/Pers.) und **Appartements** über die Touristinformation.

Camping * FKK Autocamp Baldarin**, ca. 3 km von Punta Križa, auf einer Landzunge, von zwei tiefen Buchten begrenzt im Kiefernwald. Im Hochsommer verwandelt sich die Anlage in eine Stadt der Nudisten. Supermarkt, sehr gutes Restaurant, Sportanlagen, Kinderspielplatz, mobiler Masseur, Paddelboote, Bootsvermietung und Anlegestelle. Wohnwagen- und Bungalowvermietung, Strom und Kühlschränke sind ebenso vorhanden wie idyllische Fels- und Kiesbuchten. Neu sind die Glamping-Zelte. Mit dem Boot kann man die vielen kleinen, bizarren Höhlen im Umkreis der Bucht entdecken. Taxiboote 3-mal tägl. nach Mali Lošinj. 9,50 €/Pers., Platz (nicht parzelliert) ab 7,20 €, Stellplatz mit/ohne Strom oder Wasser 9,20–21 € (TS 11,20–23 €). Ende April–Sept. ✆ 051/235-680, www.camp-baldarin.com.

Essen & Trinken In Punta Križa, Ortsmitte, isst man gut in der gemütlichen **Konoba** unter schattigen Bäumen.

»»» Mein Tipp: Konoba Pogana direkt am Meer im Weiler **Pogana** in Alleinlage, mit Bootsanleger. Hier gibt es fangfrischen Fisch, aber auch Fleisch, dazu leckeren Wein. Uvala Poganan (300 m westlich vom Campingplatz), ✆ 051/235-617. **«««**

Osor

In das uralte Städtchen, in dem heute nur noch knapp hundert Einwohner leben, führt eine kopfsteingepflasterte Gasse, gesäumt von blühenden Oleandersträuchern. Ein Auto hätte hier keinen Platz mehr. Ein Hauch von Kunst, Kultur und Geschichte sowie die nahen Campingplätze locken die Urlauber an.

Am kleinen **Hauptplatz**, vom Grün alter Bäume umgeben, sitzt man gemütlich vor dem einzigen Café des Ortes. Man blickt auf Fassade und Portal der 1463–1498 erbauten prächtigen **Kathedrale Mariä Himmelfahrt**, die auch im Innern reich ausgestattet ist, u. a. mit Gemälden von „Palma dem Jüngeren" und den Reliquien des hl. Gaudentius. Daneben ragt der mächtige, frei stehende **Glockenturm** von 1575 empor, das heutige Aussehen erhielt er im 18. Jh., ein Stockwerk obenauf 1991. Südlich steht die kleine **Gaudentiuskirche** (14. Jh.) mit gotischem Spitzgewölbe und Resten von Wandmalereien; sie ist dem Schutzheiligen und späteren Bischof von Osor gewidmet.

Im ehemaligen Rathaus mit Uhrturm befindet sich heute ein **archäologisches Museum** (15. Juli–15. Sept. 10–13/19–22 Uhr, danach nur noch 10–12/18–20 Uhr; Mo Ruhetag; Eintritt 35 KN, Kinder 7–18 Jahre 20 KN). Es zeigt antike Kost-

Am Kanal von Osor – zweimal täglich öffnet sich die Brücke für Schiffe

barkeiten aus der Stadt: Münzen, römisches Glas und Skulpturen, u. a. den Kopf des römischen Kaisers Augustus. Im **Bischofspalast**, der im 15. Jh. anstelle eines älteren Baus errichtet wurde, sind Messgewänder, eine Schatzkammer und im Hof eine Zisterne mit Flechtwerkornamenten zu bewundern.

Läuft man den von Mauern gerahmten Kopfsteinweg nordwärts, vorbei an Hausfassaden mit alten Patrizierwappen und historischen Steinfragmenten, gelangt man durch das ehemalige **Stadttor** mit dem geflügelten Markuslöwen. Gegenüber, auf dem heutigen Friedhof, die wiederaufgebaute, fünfflügelige, altchristliche **Basilika hl. Maria** mit Taufkapelle aus dem 6. bis 9. Jh. Folgen wir dem Fußweg nordwärts zur kleinen Bucht Bijar, stehen malerisch die Ruinen des glagolitischen **Franziskanerklosters** und seiner Kirche **Hl. Maria der Engel** aus dem 15. Jh. vor uns. 1841 wurde das Kloster aufgegeben, seitdem verfällt das Bauwerk.

Gehen wir nach dem Stadttor westwärts Richtung Küste, gelangen wir zu den Ruinen des **Benediktinerklosters** und der dreischiffigen **Basilika des Hl. Peter** aus dem 11. Jh. – aktuell werden die alten Grundmauern und Fassaden in einem EU-Projekt wiederhergestellt. Diese Abtei wurde im 15. Jh. aufgegeben. Zurück zum Städtchen, blicken wir auf die Teile der bis zu 4000-jährigen Stadtmauer.

Bronzestatuen der Bildhauer *Kršinić, Rosadrić* und *Ivan Meštrović* sind überall im Ort zu entdecken: musizierende Frauen und Männer, die wohl an die Festspiele für klassische Musik erinnern sollen, welche hier in der Saison zweimal wöchentlich stattfinden.

Der Verkehr rollt über die **Drehbrücke** bei Osor auf die Nachbarinsel Lošinj. Das Meer dazwischen hat Flussbreite. Die Brücke wird um 9 und um 17 Uhr für eine halbe Stunde geöffnet, um kleinere Schiffe passieren zu lassen.

Geschichte

Osor, in altgriechischen Quellen *Apsorus* genannt, ist die älteste Siedlung und die erste bedeutende Stadt von Cres und Lošinj. Pate stand sie auch bei der Namensgebung für beide Inseln: *Apsoros* – die Inseln von Osor. Unter dem illyrischen Stamm der Liburner galt Osor als wichtige Station an der *Bernsteinstraße* (→ Geschichte der Kvarner-Inseln). Die Liburner bauten die Kyklopenmauer, Fluchtburgen und Hügelgräber, und wahrscheinlich gruben sie (spätestens aber die Römer) auch den 11 m breiten Kanal zwischen Cres und Lošinj.

Der Ort am Fuß eines mächtigen Berges erlebte seine Blütezeit unter den Römern, als der Seeweg von Aquileia nach Salonae durch den Osorer Kanal führte. Damals war Osor eine Großstadt mit dem Status eines Munizipiums und soll 20.000 Einwohner gezählt haben. Geschützt von starken Stadtmauern gab es mehrere Tempel, ein Forum, Theater, Paläste. Osor hatte einen wichtigen Hafen, war Sitz der Marine von Ravenna und wurde 530 Bistum. Im 8. Jh. war Osor zusammen mit Krk, Rab und den großen dalmatinischen Städten den kroatischen Fürsten tributpflichtig. Dann wurde es unter den Sarazenen verwüstet.

Osor – Geburtsstadt der Kuna

Die kroatische Währung Kuna fand hier im Jahr 1018 ihren Ursprung. Die Stadt, die verwaltungsmäßig nach einem Siegeszug des Dogen Pietro Orseolo II. Venedig unterstellt werden sollte, erhandelte sich durch ihre begehrten Marderfelle den Status einer freien Stadt: Laut Vertrag kostete Osor die Freiheit 40 Marderfelle (Marder = kroat. Kuna) pro Jahr. Im Ort steht eine Plastik mit dem Tierchen, die an den Marder-Tribut erinnert (→ S. 72).

1498 bekam Osor eine neue Kathedrale und den Bischofspalast. Im 15. und 16. Jh., nach schlimmen Pest- und Malaria-Epidemien und nachdem der Hafen für große Schiffe zu klein geworden war, übersiedelte die Inselverwaltung wie auch die bischöfliche Residenz nach Cres – Osor verlor allmählich seine frühere Bedeutung. Erst 1822 wurde das Osorer Bistum aufgelöst und dem Bistum Krk unterstellt.

Information   Über Nerezine (→ Insel Lošinj/Nerezine).

Veranstaltungen   Klassische Musikabende, in der Kathedrale; Mitte Juli–Mitte Aug. 2-mal wöchentl.

Übernachten Privatzimmer und **Appartements** je nach Kategorie ab 15 €/Pers.

*** Pension Osor**, Zimmer und Appartements, mit gleichnamigem Restaurant in der Altstadtmitte. DZ/F 60 €. Osor 28, ☎ 051/237-135.

Camping   *** Autocamp Bijar**, preisgekrönter 5-ha-Platz ca. 500 m nördlich von Osor, an der Bucht Bijar im Kiefernwald, mit Nadelboden und felsigem Untergrund, der sich zur kleinen Kiesbucht in Furchen hinabschwingt. Bootsstege, Surfschule,

Beachvolleyball, Kinderspielplatz und Animation, Wohnwagen- und Mobilhausvermietung (4 Pers.), Laden, Restaurant. Eco-Ecke mit Bio-Abwasseraufbereitungsanlage. Über der Bucht der nachts beleuchtete Kirchturm von Osor. 9,50 €/Pers., Stellplatz (Standard bis Superior) mit/ohne Wasser u. Strom 7,20–21 € (TS 7,70–23 €). Ende April–Anf. Okt. ☎ 051/237-147, www.camp-bijar.com.

** Autocamp Preko Mosta**, 3-ha-Platz an der Brücke von Osor, bereits auf Lošinj gelegen. Kleine Badebuchten mit klarem Wasser, gut zum Angeln. Blick auf Osor und den Meeresarm. Wohnwagenvermietung; insgesamt einfache Ausstattung und teils wenig Schatten. 9 €/Pers., Stellplatz 6 €. 15.4.–1.10. ☎ 051/237-350, www.jazon.hr.

Essen & Trinken Buffet-Pension Osor, in der Hauptgasse nördlich der Kathedrale, mit schattiger, pflanzenumrankter Laube. Es gibt Lamm, Fisch, Risotto. ℡ 051/237-221.

≫ Mein Tipp: Konoba Bonifačić, oberhalb von Parkplatz und Anlegestelle Westseite. Sehr gut geführtes Lokal mit Terrasse. Die Fisch- und Lammgerichte sind empfehlenswert, zudem gute Vorspeisen und gute Weine. April–Sept. ℡ 051/237-413. ≪

Konoba Adria, die Lage an der Brücke und die mit wildem Wein bewachseneTerrasse laden zum Speisen ein. Neben wechselnder Tageskarte gibt es gute Fischspezialitäten, auch Fischgulasch (Brodetto), verschiedene Risottos und Grillgerichte. Freundlicher deutschsprechender Wirt. April–Sept. tägl. 11–23 Uhr. ℡ 091/5954-374 (mobil).

Planinarski dom Sv. Gavdent Osoršićica, die Berghütte auf dem Mažova gora (274 m) am Nordrand des Osoršćica-Bergrückens ist von Osor in ca. 3 Std. Fußmarsch zu erreichen.

Wanderung 10: Insel Lošinj – von Nerezine über den Televrin (589 m) nach Osor → S. 421
Mittelschwere Tagestour über den aussichtsreichen Bergzug Osoršićica.

Osor – die Musikerin spielt vor der Kathedrale

Insel Cres → Karte S. 181

Insel Lošinj

Auf Lošinj wehen die kalten Winde vom Festland nicht mehr so stark wie auf Cres – Lošinj ist milder, grüner und von ebenso grünen Inseln umgeben. Dank der Seefahrer, die exotische Setzlinge auf ihrer Heimatinsel anpflanzten, und des Tourismus, der bis ins 19. Jh. zurückreicht, entstanden Parks mit Palmen, Agaven, Oleander sowie Orangenhaine und viele Pinienwälder.

Das vielbuchtige Lošinj mit seinen rund 8000 Bewohnern auf nur 75 km² Fläche ist ein Touristenzentrum, das im Sommer überzuquellen droht. Noch in der Nachsaison tummeln sich vor allem in Mali Lošinj und Veli Lošinj noch viele Gäste. Wer dem entgehen will, kann von Mali Lošinj auf die autofreien Inseln *Ilovik*, *Susak* und *Unije* übersetzen.

Verwaltungsmäßig gehört neben den umgebenden Inseln Ilovik, Susak, Unije, Male und Vele Sakrane noch das südliche Gebiet der Insel Cres bis zum Vraner See zur

Insel Lošinj, für die Statistik nochmals 1000 Einwohner mehr. Die neue, breit ausgebaute Inselstraße lässt den Verkehr rollen und schont die kleinen Inselorte. Wer gerne wandert, findet u. a. auf dem *Höhenzug Osorščica* mit dem 588 m hohen *Televrin* einen aussichtsreichen Gipfel, des weiteren stehen rund 220 km präparierte Wander- und Mountainbikewege zur Verfügung.

Geschichte

Lošinj stand bis zum 14. Jh. unter der Herrschaft von Cres. Erst durch einen Vertrag mit Osor erhielten die Siedler auf Lošinj ihre Autonomie. Ansonsten ist die Geschichte Lošinjs mit der von Cres eng verknüpft. Mit dem Niedergang von Osor seit dem 16. Jh. (→ Insel Cres) gewann Lošinj an Bedeutung. Die Bevölkerung, die vorher von Landwirtschaft und Viehzucht gelebt hatte, orientierte sich zum Meer hin: Fischfang, Seefahrt und Schiffsbau wurden neue Erwerbszweige und die Blütezeit der Seefahrt in der zweiten Hälfte des 19. Jh. war auch für Lošinj eine gute Zeit; 1870 besaß die Insel 131 hochseetaugliche Segelschiffe und sechs Werften, nur in der nördlichen Adria machte ihr Triest den ersten Rang streitig. Bald aber konnte Lošinjs Seefahrertradition mit der modernen Dampfschifffahrt nicht mehr Schritt halten und so setzte man seit Ende des 19. Jh. auf den Fremdenverkehr: 2580 Sonnenstunden im Jahresschnitt, mildes Klima und eine reizvolle Landschaft zogen eine wohlbetuchte Kundschaft an.

Wichtiges auf einen Blick

Telefonvorwahl: 051

Fährverbindungen: Die Fahrpläne sind sehr kompliziert, deshalb unbedingt vorher Infos einholen (→ Mali Lošinj/Information).

Personenfähre (www.jadrolinija.hr): Mali Lošinj–Susak–Unije–Srakane V. (nur 3-mal wöchentl.) –Mali Lošinj; ganzjährig, 2-mal tägl.

Katamaran (www.krilo.hr) Mali Lošinj–Ilovik–Susak–Unije–Martinšćica–Cres–Rijeka: ganzjährig; tägl. werden nur Cres und Rijeka angelaufen, die anderen Orte nur 2- bis 3-mal wöchentlich.

Trajekt (www.jadrolinija.hr) Mali Lošinj–Premuda–Silba–Olib–Ist–Zadar: ganzjährig, nicht an Feiertagen (Abfahrt M. Lošinj 16.15 Uhr, Zadar 9 Uhr; Fahrzeit 7 Std.!); Juli/Aug. 1-mal tägl.; Juni u. Sept. Mo u. Fr, ansonsten nur Fr.

Personenfähre (Mia Tours) Mrtvaška (Lošinj-Ostseite)–Ilovik: ganzjährig; 3- bis 5-mal tägl.

Ausflugsboote: Nach Susak, Ilovik, Silba und Unije, tägl. ca. 8–10 Uhr.

Busverbindungen: Regelmäßige Verbindung nach Veli Lošinj, Nerezine, 5- bis 8-mal tägl. zur Insel Cres und per Fähre nach Rijeka, Ljubljana und Zagreb.

Flugverbindungen: Der Flughafen Lošinj liegt auf der Halbinsel Kuril. Information und Kartenverkauf 1.5.–30.9., zudem in Mali Lošinj. Adresse: Aerodrom Lošinj, ☎ 051/231-666, 098/136-5193 (mobil), www.airportmalilosinj.hr. Taxi- und Panoramaflüge.

Öffnungszeiten der beweglichen Brücken: Privlaka (Mali Lošinj) 9 und 18 Uhr; Osor (zur Insel Cres) 9 und 17 Uhr; für jeweils ca. eine halbe Stunde, dann kein Autoverkehr!

Tankstellen: Mali Lošinj, Nerezine.

Bank: Banken nur in Nerezine und Mali Lošinj; überall Bankomaten.

Post: in jedem Ort.

Insel Lošinj → Karte S. 202

Nerezine – Hafenidyll mit Bergkulisse Televrin

Nerezine

Der 400-Einwohner-Ort liegt der Ostküste zugewandt am Fuß des Bergzuges Osorščica mit dem Televrin, der zum Wandern einlädt. Er hat ein kleines idyllisches Zentrum und zieht sich entlang der zergliederten Küste mit drei schönen Hafenbuchten, Marinas und einer auf Holzboote spezialisierten Werft.

Von der breiten Inselhauptstraße, die jetzt den Autoverkehr oberhalb des Ortes vorbei leitet, sind nur ein paar alte Häuser zu sehen, die ein abgeschiedenes Idyll vermuten lassen. Doch der langgestreckte Ort hat durch rasante Bautätigkeit sein Gesicht stark verändert – kein Wunder bei den herrlichen Badebuchten und Anlegeplätzen rundum. Am Nordende liegt das Franziskanerkloster an der *Uvala Ufratar*, dann folgt die *Uvala Rapoća* mit dem Campingplatz, danach gelangt man zum Zentrum von Nerezine, wo sich ein kleiner Jachthafen im Hafen *Luka Magazini*, die Werft und der landeinwärts liegende alte Ort befinden. Südlich folgen die *Uvala Lučica*, die zur modernen Marina ausgebaut wird, die *Bucht Artac* und eine weitere gut geschützte Hafenbucht, die umgeben ist von vielen Neubauten, die *Lučica Biskupija*. Gen Süden folgen etliche ruhige Badebuchten.

Die Gäste sind mit allem Wichtigen gut versorgt, Cafés und Lokale laden rund um die Hafenpromenade ein, ebenso auf der italienisch anmutenden Piazza Studenac im Ortskern unter ausladenden Laubbäumen. Zum Bergzug Osorščica mit dem 588 m hohen Hausberg und höchsten Inselberg, dem **Televrin** und auch zum **Sv. Mikul** mit seiner gleichnamigen Kapelle (→ Kleiner Wanderführer/Wanderung 10, S. 421), führt ein schöner Weg – er wurde eigens 1887 vom österreichischen Fremdenverkehrsklub für die bequeme Besteigung durch den Thronfolger Erzherzog Rudolf von Habsburg angelegt, dem Begründer des hiesigen Wandertourismus.

Nerezine wurde von kroatischen Siedlern im 14. Jh. gegründet und entwickelte sich mit den Jahren vom Hirten- zum Fischer- und Seefahrerort, daneben wurde die

Werft gebaut, die auch heute noch auf Holzboote spezialisiert ist; aktuell wird gerade ein 115 Jahre alter Zweimastschoner wieder seetauglich gemacht. Das **Franziskanerkloster mit Kirche** und Kreuzgang aus dem 16. Jh. birgt Sehenswertes: z. B. das Altarbild aus dem *Cinquecento* mit dem hl. Franziskus im Gebet oder die Ikone „Muttergottes mit Kind", das Werk eines venezianischen Meisters aus dem späten 15. Jh. Die **Pfarrkirche Gospa od zdravlja** am Hauptplatz, Ende des 19. Jh. erbaut, birgt das Altarbild mit hl. Maria, hl. Nikolaus und dem hl. Gaudentius, das angeblich Palma d. Jüngere fertigte. Im *Nereziner Feld* südwestlich des Ortes steht das gut erhaltene **Kastell** der Osorer Patrizierfamilie (16. Jh.), in dessen Umgebung Sie Spuren von Villen aus der Römerzeit entdecken können.

Basis-Infos

Information Tourismusverband (→ Mali Lošinj). **Touristagentur Marina**, am Hafenbecken (Luka Magazini), 51554 Nerezine, ✆ 051/237-038, www.marina-nerezine.hr. Juni–Aug. tägl. 8–21 Uhr, sonst 8–14/16–20 Uhr. Infos und Zimmervermittlung.

Verbindungen **Bus**: Verbindung nach Mali Lošinj und zur Insel Cres.

Einkaufen Am Hafen Einkaufszentrum, Obst- und Gemüsemarkt, Zeitungskiosk und Delikatessenladen am Hauptplatz.

Morgens gibt es am Hafen fangfrische Fische direkt vom Kutter.

Jachthafen Marina Nezerine, 60 Liegeplätze mit Strom, Wasser, Slipanlage und Schiffswerft. Biskupija b. b., ✆ 051/237-038, www.marina-nerezine.hr. **Hafenkapitän**, ✆ 051/237-380 (Juli/Aug.).

Wandern Das Wanderhighlight ist hier sicherlich eine Tour zum **Höhenzug Osorščica** mit den aussichtsreichen Gipfeln von Sv. Mikul (577 m) und Televrin (588 m). → Kleiner Wanderführer/Wanderung 10, S. 421.

Veranstaltungen Kirchenfest Sv. Marija Magdalena am 22. Juli. Das **Nereziner Fest Muaj** wird am 1. Mai-Sonntag gefeiert, dann bekommt man auch die Spezialität des Ortes – „Škanjate" (süßer Kuchen). **Trad. Nereziner Bootsregatta**, 2. Sept.-Samstag.

Wanderung 10: Insel Lošinj – von Nerezine über den Televrin (589 m) nach Osor → S. 421
Mittelschwere Tagestour über den aussichtsreichen Bergzug Osorščica.

Übernachten/Essen & Trinken

Übernachten Privatzimmer ab 15 €/Pers., **Appartements** z. B. für 2 Pers. ab 38 €. Unterkunftsverzeichnis auch über Website des Tourismusverbandes.

⟫ Mein Tipp: *** Hotel Televrin**, schon von Weitem fällt der Blick auf das hübsche Gebäude am Hafen, das einstige über 100 Jahre alte Rathaus, das liebevoll und originalgetreu restauriert und erweitert wurde. Im Innern erwarten den Gast 13 komfortabel ausgestattete Zimmer und 2 Suiten (1 behindertengerechte) mit Balkon oder Terrasse und mit Blick auf den Hafen oder in den Park. In der Nebensaison werden u. a.

Lesungen, Malkurse und viele Wandertouren über die Insel angeboten. Auch das Restaurant (→ Essen) ist vorzüglich, leckere HP für 15 €. Ein Platz zum Wohlfühlen, deutschsprechendes Personal, gute Infos und Karten. Ganzjährig geöffnet. DZ/F 100 € (TS 106 €), mit Meerblick 106 € (TS 116 €). ✆ 051/237-121, www.televrin.com. ⟪

**** Hotel Manora**, in Kontrastfarben gestrichenes Hotel mit Restaurant, das eine moderne Küche bietet. Großer Pool, Fitness mit Sauna, gratis Fahrradverleih und schöner Blick auf das Meer und den Bergzug Osorščica im Hintergrund. Das Hotel

Insel Lošinj → Karte S. 202

liegt südlich an der alten Durchgangsstraße. 22 komfortable Zimmer, DZ/F 150 € (TS 172 €). Ostern–Anf. Okt. Mandalenska b. b., ☎ 051/237-460, www.manora-losinj.hr.

**** Residence Galboka, oberhalb der gleichnamigen Bucht. 15 Appartements (2–6 Pers.), komfortabel und fantasievoll mit Naturmaterialien und teils handgefertigten Möbeln im mediterranen Stil ausgestattet; Open-Air-Küche, gratis Rad- und Surfbrettverleih, Grillplatz. 180–380 € je Größe. Ganzjährig. Vručić 31, ☎ 051/237-510, www.galbokaresidence.com.

Camping *** Autocamp Rapoća, 3,6-ha-Platz ca. 500 m nördlich, also in Laufweite von Nerezine am Meer; mit Laden, sehr gutem Restaurant und Beachbar, Fahrradverleih u. kleinem Kinderspielplatz. Kiefern spenden Schatten, Kies- und Felsbadestrand (auch Hundestrand in der Nähe) sowie betonierte Liegeflächen; WiFi (gegen Gebühr). 9 €/Pers. (TS 10 €), Parzelle je nach Ausstattung 8–15 € (TS 10–20 €). Auch Mobilhausvermietung. Mitte April–Anf. Okt. Rapoća 21, ☎ 051/237-145, www.camping-rapoca.com.

*** **Autocamp Lopari**, knapp 4 km nördlich in Richtung Osor gelegen; 15-ha-Platz im Föhrenhain, durch Steinmäuerchen unterteilt. Felsküste, betonierte Liegeflächen, kleine Sand-Kiesbucht. Neues Sanitärhäuschen, Warmdusche, Strom, Laden und Restaurant. Etwas preiswerter als Camp Rapoća. Es werden auch Appartements für 2–6 Pers. und Mobilhäuser vermietet. Mitte April–Anf. Okt. Lopari 1, ☎ 051/237-127, www.camping-lopari.com.

Essen & Trinken Der kleine Ort bietet eine Vielfalt an Lokalen, u. a. **Restaurant Televrin** (s. o. Hotel), im Wintergarten mit Blick zum Hafen oder auf der lauschigen Terrasse hinter dem Haus speist man frische Fische, Langusten oder leckere Fleischgerichte, dazu ausgewählte Weine; sehr guter Service und ganzjährig. ☎ 051/273-121.

Am großen Hauptplatz Studenac sitzt man lauschig. Hier gibt es die **Pizzeria Mornar** und Cafébars; zudem **Konoba Bonaparte**, schönes Sitzen innen und außen, v. a. gute Fischgerichte. Ostern–Sept., ☎ 051/237-208.

Bufet Dolac, an der Ortsdurchfahrtsstraße mit Terrasse; hier speist man preiswert Fisch, Kalamaris, Thunfisch. Ostern–Mitte Okt. ☎ 051/237-395

Konoba Promenada, hier gibt es Pizzen, Fisch und Fleisch vom Grill. Ostern–Sept. Trg studenac 4.

Konoba Barbakaun, an der Südseite des Ortes; schönes Sitzen mit Blick auf die Fischerboote und Werft. Es gibt fangfrische Fische, Spezialitäten sind Peka-Gerichte (Lamm, Oktopus) oder Spanferkel vom Grill. Fr/Sa spielen Musikgruppen. Mitte Mai–Sept. 13–22/23 Uhr, Rest des Jahres nur noch Cafébar bzw. Essen auf Anfrage. Uv. Biskupija, ☎ 051/237-094.

Kleine **Beachbar** neben der Tankstelle.

》》 Mein Tipp: Berghütte Planinski dom Sv. Gavdent Osoršićica, die Berghütte am Nordrand des Osoršćica-Bergzuges, am Mažova gora (274 m), wird in ca. 2:30–3 Std. erreicht. Es gibt Getränke, Eintopf, Schinken, Käse und Gulasch, auch Nachspeisen wie Palatschinken oder Apfeltiramisú, nach Anfrage (mind. 1 Tag vorab) auch Peka-Gerichte; zudem gibt es Schlaflager. Gratis ist der herrliche Weitblick (→ Wandern). Geöffnet fast ganzjährig 8–22 Uhr, Mo Ruhetag. ☎ 098/1826-150 (mobil) – bei schlechtem Wetter besser vorab anrufen. 《《

Nach Mali Lošinj

Weiter geht es auf der Inselhauptstraße Richtung Süden. Lošinj wirkt wie eine sehr schmale, ins Meer hinausragende Landzunge.

Sveti Jakov: 2 km südlich von Nerezine liegt am Berg der alte Ort mit bunten, einfachen Häusern und Gärtchen davor. Palmen, Feigen- und Obstbäume gedeihen prächtig. Es gibt eine Touristagentur mit Zimmervermittlung und die Gostiona „4 Asa" mit Holztischen und Bänken unter Feigenbäumen. Daneben die Kirche mit glagolitischen Inschriften aus dem Jahr 1624. Ein Fußweg führt hinunter zum geschützten Hafen, unweit davon wurden römische Sarkophage gefunden. Die nahe gelegenen, teilweise sandigen Buchten eignen sich gut für Kinder. Am 25. Juli findet das *Kirchenfest von Sv. Jakov* statt, das groß gefeiert wird.

Bucht Lučica: Hinter Sv. Jakov verstecken sich einige Fischer- und Wochenend-häuser, in der Nähe die Bärengrotte mit prähistorischen Knochenfunden.

Čunski: liegt weiter südlich abseits an der Inselstraße. In der Umgebung finden sich Spuren der prähistorischen Gradina-Kultur und römische Überreste. Čunski wurde von einer kroatischen Bruderschaft im 16. Jh. gegründet. Die Ortschaft schmiegt sich pyramidenförmig an den Berg, oben thront der Turm der Pfarrkirche von 1784, dahinter ein paar Bergterrassen. Von dort aus weiter Blick auf die Küstenseite der Insel, auf Cres und bei klarem Wetter bis nach Rab und Pag. In der Saison kann man die alte *Olivenmühle* (Torać) besichtigen.

Halbinsel Kuril: Sie ist macchiabewachsen, mitunter findet man auch kleine Föhrenwäldchen. Eine Asphaltstraße führt von Čunski aus zum Flugplatz (→ Insel Lošinj/Wichtiges auf einen Blick); danach beginnt die Piste und viele Pfade führen an die Küste, einer davon in südwestlicher Richtung zum *Leuchtturm* mit Blick auf die gegenüber liegende Insel Susak. Wer Lust hat, kann die Halbinsel auf den Makadamwegen oder zu Fuß erkunden. Abgesehen vom *Flughafen* im Norden, der Feriensiedlung *Artatore* an der gleichnamigen Bucht im Süden und einem winzigen Häuschen einer älteren deutschen Schauspielerin, war die zerklüftete Halbinsel bisher unbebaut und ein idyllisches Badeparadies. Allerdings wurden jetzt Landparzellen verkauft, bereits auch eingezäunt und teils mit Wohnwägen versehen. Wie lange dies noch ein Paradies mit seinen vielfältigen Bademöglichkeiten an Felsplatten und kleinen Kiesbuchten bleibt, wird sich zeigen – teils versperren schon jetzt Zäune die Wege zum Meer!

Zur Feriensiedlung **Artatore** an der gleichnamigen Bucht gelangt man von der Inselstraße aus: inmitten des Föhrenwalds Wochenend- und Ferienhäuser, die seichte Bucht ist gut für Kinder geeignet.

Information Informationsstand am Ortseingang (✆ 051/2311-417) mit Zimmer- und Appartementvermietung.

Übernachten/Essen ›› Mein Tipp: Restaurant/Appartements Artatore, beste Küche wird serviert im gemütlichen Innern oder auf der Terrasse (mit Flachbildschirm für Fußballspiele an der Wand!) – das Lokal zählt zu den besten Kroatiens und seit 1972 steht die Chefin Janja Zabavnik selbst am Kochtopf. Spezialitäten sind Lamm aus der Peka, fangfrischer Fisch, Hummer auf Spagetti und Jakobsmuscheln. Im Nebenhaus kann man in Appartements ab ca. 50 € nächtigen. Geöffnet fast ganzjährig ab 10 Uhr. Artatore 132, ✆ 051/232-932, www.restaurant-artatore.hr. ‹‹

Nach Artatore ist Lošinj wieder zerklüftet, kleinere Eilande sind vorgelagert. Nur ein schmaler Streifen Land ragt noch aus dem Wasser. Hier liegt *Camping Poljana* (→ Mali Lošinj). Danach geht es über die **Brücke von Privlaka** (geöffnet für Schiffe um 9 und 18 Uhr) nach Mali Lošinj.

Halbinsel Kuril – Blick nach Susak

Blick vom Berg Kalvarija auf Mali Lošinj und gen Berg Televrin

Mali Lošinj

Das alte Seefahrer- und Kurstädtchen liegt am Ende einer geschützten, 5 km langen fjordähnlichen Bucht mit Fährhafen. Hier ist zum ersten Mal subtropisches Klima zu spüren – Palmen allerorten. Herrschaftliche Villen mit bougainvilleaumrankten Fassaden erinnern an den Glanz alter Zeiten.

Das ehemalige „Klein-Lošinj" ist heute eine stattliche 6500-Einwohner-Stadt sowie Touristenzentrum und Gemeindesitz von Cres-Lošinj. Cafés und Restaurants locken, doch es gibt auch stille Winkel in den verwinkelten Altstadtgassen. Und zum Baden verführt – seit über 100 Jahren – die kieferbestandene Halbinsel Čikat, nun auch mit einem Aquapark. Der Stolz der Stadt ist das 2016 eröffnete *Apoksiomen Museum* (s. u.).

Valle d'Augusto heißt die große, tiefe Bucht, die einst der Flotte von Kaiser *Augustus* Schutz bot, als er im Jahre 31 v. Chr. zur Seeschlacht bei Aktium segelte. Stattliche Villen und buntbemalte Bürgerhäuser ziehen sich mit palmenbestückter Promenade und einladenden Cafés rund um das Hafenbecken. Die Braće Ivana i Stjepana Vidulića (Einbahnstraße!) bildet die Hauptachse von Ost nach West und ist Einkaufsstraße des Ortes – tütenbepackte Käufer quellen aus Geschäften und Markthalle. Die Straße führt hinab zum Hafenplatz (Trg republike hrvatske). Wasser speiende Fische, Palmen, Blumeninseln und Cafés sorgen für nettes Ambiente – ein Standort mit wunderbarem Blick auf die Bucht mit den zahlreichen Schiffen.

Geschichte

Mali Lošinj wurde im 14. Jh. von Einwanderern als *Malo Selo*, kleine Ortschaft, gegründet. Die Siedlung befand sich östlich an einer Bucht, wo um 1450 die Kirche Sv. Martin und der Friedhof entstanden. Malo Selo verlagerte sich südwestwärts und wuchs rasch um den Meerbusen herum, ein geräumiger, geschützter Hafen entwickelte sich. Später kam der Ort, inzwischen Mali Lošinj genannt, unter die Herrschaft der *Venezianer*. Sie bauten am Berg über der Bucht einen Beobachtungsturm und in der Nähe eine Marienkapelle, der Vorgängerbau der späteren Pfarrkirche.

Die Lošinjer, die zunächst von Viehzucht, Landwirtschaft (Weinbau, Olivenölgewinnung) und Fischfang lebten, setzten seit dem 17. Jh. verstärkt auf die Seefahrt; in der zweiten Hälfte des 17. Jh. gab es vier Küstenschiffe, Mitte des 18. Jh. besaß man das erste hochseetaugliche Segelschiff, Schiffsbau und Werft kamen dazu. 1794 wurde die erste Volksschule eröffnet, die Lehrsprache war – trotz der kroatischen Mehrheit – Italienisch. Anfang des 19. Jh. bekam Mali Lošinj eine Marineschule, in der bis heute unterrichtet wird; weitere Schiffswerften wurden errichtet, immer größere Schiffe liefen vom Stapel. Aus dieser Zeit stammen die prunkvollen Häuser der Seefahrer.

Doch die moderne Dampfschifffahrt drängte die Segler zurück; es war der Tourismus, der Mali Lošinj aus dieser Krise heraushelfen sollte und bis heute ein zentraler Erwerbszweig der Stadt geblieben ist. 1886 wurde der touristische Verein gegründet, der die Umgebung der Stadt bewaldete. Seit 1892 ist Mali Lošinj offizieller *Kurort* und in der Čikat-Bucht entstanden die ersten Hotels, in denen vor allem Gäste aus dem kaiserlichen Wien abstiegen.

Basis-Infos

Information Tourismusverband (TZG) und **TIC**, Priko 42, 51550 Mali Lošinj, ☎ 051/231-884, 231-547, www.visitlosinj.hr. Mai–Sept. Mo–Sa 8–20, So 8–13 Uhr; Juli/Aug. tägl. 8–20 Uhr; sonst Mo–Fr 8–16, Sa 8–13 Uhr. Gute Infos und Kartenmaterial.

Jadranka d.d, Dražica 1, ☎ 051/661-101, www.losinj-hotels.com. Hotelbuchung.

Agentur Losinia, Riva lošinjskih kapetana 8, ☎ 051/231-077, www.losinia.hr. Zimmer, Camping, Ausflüge, Schiffstickets, Exkursionen.

Agentur Cappelli, Riva lošinjskih kapetana 57, ☎ 051/231-582, www.cappelli-tourist.hr. Zimmervermittlung, Ausflüge, Flüge, Autovermietung.

Agentur Manora, Priko 29, ☎ 051/520-100, www.manora-losinj.hr. Infos, Zimmervermittlung, Scooter und Fahrräder.

Autotrans, Lošinjskih brodograditelja 33, ☎ 060/311-311. Bustickets und Information.

Jadrolinija, Lošinjskih brodograditelja 22, ☎ 051/231-765, www.jadrolinija.hr. Schiffstickets.

Krilo, Riva lošinjskih kapetana 28, ☎ 051/615-608, www.krilo.hr. Schiffstickets für Katamaran.

Verbindungen Busse: Hauptbusstation am Trajekthafen. Stadtbusverbindungen nach Čikat, Sunčana uvala und Veli Lošinj. Hotelbus: mit kurzem Nachmittagsstopp fast stündl. (M.Lošinj–Aurora–Bellvue–Punta). Inselbusse nach Nerezine, zur Insel Cres und per Fähre nach Rijeka 5- bis 8-mal tägl.; 1- bis 2-mal tägl. Expressbusse nach Ljubljana und Zagreb. Auskunft Autotrans.

Schiffsverbindungen (→ Insel Lošinj/Wichtiges auf einen Blick), nach Rijeka, Cres, Ilovik, Susak, Unije, Silba, Molat, Ist, Premuda und Zadar. Information bei Jadrolinija, Krilo oder Agentur Losinia.

Flüge (→ Insel Lošinj/Wichtiges auf einen Blick): Panoramaflüge, regelmäßige Linie nach Zagreb, auch Charterflüge. ☎ 051/231-666, www.airportmalilosinj.hr.

Auto Tankstelle: oberhalb des Ortes, an der Hauptstraße nach Veli Lošinj und kurz vor der Brücke gegenüber Autocamp Poljana.

Parken: Am Trajekthafen großer gebührenpflichtiger Parkplatz. Ein weiterer großer gebührenpflichtiger Parkplatz bei der östlichen Abfahrt in das Zentrum. Auch kleine, sehr teure Parkbuchten nahe dem Stadtzentrum.

Autovermietung Cappelli, ℘ 051/231-582.

Einkaufen Großer **Supermarkt** (auch So geöffnet) und **Markthalle** in der Braće Ivana i Stjepana Vidulića.

Fischmarkt gegenüber dem Hafenplatz, täg. 6–12 Uhr.

Gesundheit **Apotheke** (Ijekarna), Riva lošinjskih kapetana, ℘ 051/231-661; **Hospital**, Ul.D. Kozulića (oberhalb und südlich der Hafenbucht), ℘ 051/231-824; **Tierambulanz**, Del Conte Giovanni 9, ℘ 051/231-973.

Taxi Haltestelle z. B. Trg Republike Hrvatske, ℘ 051/231-102.

Veranstaltungen Das Programm ist riesig, ersichtlich über Website oder TZG; u. a. **Sommer in Mali Lošinj**, Konzerte am Hafenplatz. **Musiktag** am 21. Juni. **Jazzfestival** (www.jazzlosinj.com), Ende Juli, 3 Tage. **Musikfestival**, 2. Aug.-Wochenende Fr–So, verschiedene Stilrichtungen. **Losinjer-Balkon-Festival**, Mitte Aug. **Patronatsfest Sv. Martin**, 11. Nov. **Dudelsackfestival**, Anf. Juni. **Antike Küche**, im Mai mit trad. Inselspezialitäten. **Segelregatta** von Lošinj, 1. Wochenende im Aug. **Neujahrs-Cup** der Unterwasserjagdwettbewerbe.

Übernachten/Camping

→ Karte S. 213

Privatzimmer Hunderte von Angeboten an Privatzimmern/Appartements in Mali Lošinj. **Privatzimmer** ab 20 €/Pers. **Appartements** ab 38 €/2 Pers., Infos und Buchung am besten bei den Agenturen. Nett und zentral wohnt es sich im Zentrum, schöner und ruhiger ist es in Richtung oder an der Čikat- oder Sonnenbucht; preiswerter im Stadtteil Sv. Martin oder Poljana I (nahe Camping).

Hotels Viele Hotels haben in den ersten 2 bis 3 Augustwochen – den ital. Ferien – nochmals erhöhte Topsaisonpreise (TS)!

Zudem wurden die in die Jahre gekommen Hotels an Čikat- und Sunčana-Bucht nun zu ****- bis *****-Hotels umgebaut und sind dementsprechend teuer. Wer in der Nachsaison reist, findet jedoch ein gutes Preis-Leistungs-Verhältnis vor.

Im Zentrum **** Hotel **Apoksiomen** 🄔, mitten im Zentrum an der Uferpromenade steht der 100 Jahre alte gelbe Prachtbau mit Restaurant, Café und Terrasse, benannt nach dem Bronzefund des jungen Athleten (→ Kasten „Der athletische Bronzemann"). 25 stilvoll und komfortabel eingerichtete

Valle d'Augusto – Mali Lošinjs tiefer und gut geschützter Hafen

Zimmer/Suiten mit WiFi, ausgestattet mit Gemälden namhafter kroatischer Künstler. Wunderschöner Blick über die Bucht. DZ/F ab 100€. Viele Spezialangebote. April–Okt. Riva lošinjskih kapetana 1, ✆ 051/520-820, www.apoksiomen.com.

**** Suites Mare Mare 🔟, direkt am Hafen und Promenadenbeginn. Im 19. Jh. war es das erste Hotel von Mali Lošinj und strahlte wie heute in seiner für hier typischen roten Fassadenbemalung mit weißen Fensterläden. Es gibt unterschiedlich gestaltete und große Zimmer, gutes Frühstücksbuffet, WiFi, Fahrradverleih. Ein besonderer Komfort ist die Kopfkissenauswahl! DZ/F ab 116 € (TS 144 €), Suiten ab 150 € (TS 185 €). Ganzjährig. Riva lošinjskih kapetana 36, ✆ 051/232-010, www.mare-mare.com.

In der Sonnenbucht (Sunčana uvala)

≫≫≫ Mein Tipp: **** Wellness-Hotel Aurora 🔟, die komplette Modernisierung hat sich gelohnt – neben knapp 400 komfortablen Zimmern mit WiFi dominiert das schön gestaltete Wellness- und Spacenter. Es gibt Tennisplätze (auch Flutlicht), Boot- und Surfbrettverleih, Spielplatz, Animation für Groß und Klein. Zum Baden kleiner Sandstrand, ansonsten Kiesbuchten und Felsbadestrände; sehr ruhige Lage. Etwas östlich gebührenpflichtiger FKK-Abschnitt am Felsstrand. Ganzjährig geöffnet, daher bestens für die preiswerte NS! DZ/F mit Balkon und Meeresblick ab 170 €. ✆ 051/231-324, www. losinj-hotels.com. ≪≪

≫≫≫ Mein Tipp: **** Family-Hotel Vespera 🔟, in ruhiger Lage an der Südseite der Sonnenbucht mit herrlichem Blick auf Insel Susak. Komplett modernisiert, großes Animations-Programm für Kinder jeglichen Alters, großer Außenpoolkomplex, Kinderbecken. Es gibt 400 Zimmer/Familienzimmer (ausgestattet mit Babyutensilien). DZ/F ab 170 € (TS ab 183 €), Fam.-Zimmer ab 240 €. www. losinj-hotels.com. ≪≪

An der Čikat-Bucht   ***** Boutique Hotel Alhambra & Villa Augusta 🔟, luxuriös renoviert und durch einen Neubau im hinteren Bereich erweitert. Am Meer die zwei hübschen Villen (letztere nur komplett zu mieten), umringt von Palmen und Oleander. Ihr erster Bauherr hieß Franz Joseph I. U. a. Gourmetrestaurant Alfred Keller (2 Gault-Millau-Hauben), eigener Strandabschnitt, Spa, Innen- und Außenpool. DZ/F ab 382 €. ✆ 051/232-022, www.losinj-hotels.com.

***** Hotel Bellevue 🔟, komplett neu gestaltet, setzt das Hotel nun auf betuchte Gäste, die sich im Beauty- und Spa-Bereich verwöhnen lassen möchten. 185 Zimmer und 21 Suiten, alle mit Designer-Beleuchtung. Neben einer Spa-Klinik, die vielen alltäglichen Schönheitsproblemen zuleibe rücken kann, gib es die Spa-Zonen mit Massagen, Sauna, Hammam, Spa-Garten und Relax-Zone. Innen- und Außenpools, sehr naher Strand. Restaurants, Pool- und Lounge-Bar. DZ/F ab 320 € (TS ab 350 €). In der NS bezahlbar. Čikat 9, ✆ 051/661-111, www.losinj-hotels.com.

***** Villa Hortensia 🔟, die Villa, 20 m vom Meer entfernt im Kiefernwald, wurde Anfang des 20. Jh. erbaut und zu einem Luxustempel mit 10 Zimmern und u. a. eigenem Concierge, Koch und Butler, individuellem Ausflugsprogramm ausgebaut. Beheizter Außenpool, Wellness- u. Beautybereich. Preis auf Anfrage. Ganzjährig. ✆ 051/661-111, www.losinj-hotels.com.

**** Hotel Kredo 🔟, schöne Lage direkt am Meer, modern, mit nettem Restaurant. Sehr gut ausgestattete DZ/F 155 € und Appartements ab 134 € (2+1). Freier Eintritt in den Aquapark. Ganzjährig. Srebrna uvala, ✆ 051/238-273, www.losinj-hotels.com.

Camping **** Camping Čikat 🔟, sehr großer, weitläufiger Platz an der Čikat-Bucht, Terrassen mit Steinmäuerchen im Pinienwald bis hinab zur Silberbucht. Fels und betonierte Liegeflächen, kleine Kiesbuchtabschnitte. Supermarkt, Restaurant. Für Kinder gibt es den großen *Aquapark* (gratis). Wohnwagen- und Mobilheimvermietung. 12,60 €/Pers., Platz mit/ohne Strom 8,50/11 € (TS 9/12,50 €), Parzelle 12,50–24 € (14–29 €), Wohnwagenvermietung 80 € (TS 125€)/4–5 Pers.; hübsch sind die Mobilhäuser (4–6 Pers.) nahe dem Meer mit 2 Schlafzimmern, Küche, Terrasse, Liegestühlen etc. ab 160 € (TS ab 184 €). Anf. April–Ende Okt., zudem sehr preiswert Wintercamping (auch Mobilheime) Okt.–Mitte März. Čikat ul. 6a, ✆ 051/232-125, www.camp-cikat.com.

≫≫≫ Mein Tipp: *** Camping Village Poljana 🔟, ca. 3 km nördl. von Mali Lošinj Richtung Osor, nach der Brücke. 18ha-Platz unter hohen Pinien, oberhalb der Inselstraße. Bootsanlegeplätze und Slipanlage an separatem Platz an der Inselstraße. Schöne Mobilwohnheime und Bungalows, auch de Luxe, und Wohnwagenverleih, Restaurants, Supermarkt; Surfbrettverleih und sonstige

Sportarten, Animation. Modernisierte Sanitäranlagen, WiFi. Schöne Badebuchten im Osten mit FKK-Abschnitt. Der Platz erhielt 2011 den ADAC-Award, ist parzelliert, auch private Bäder, sowie mit Frühstück oder Vollpension buchbar. Parzelle für 2 Pers. inkl. Auto, Zelt etc. ab 26 € (TS 34 €). April–Anf. Nov. ☎ 051/231-726, www.camping poljana.com. ⟪⟪

Ⓔssen & Trinken/Nachtleben

Essen & Trinken Restaurant Baracuda 🈑, mit Blick auf den Jachthafen. Das Toplokal ist Treffpunkt der Skipper. Im Schaukasten tummelt sich Meeresgetier; es gibt frische Fische wie Seehecht, Drachenkopf, Zahnbrasse sowie Hummer und Scampi. Gut geführt und immer gut besucht. März–Okt. ab 9 Uhr. Priko 31, ☎ 051/233-309.

》》 Mein Tipp: Konoba Corrado 🈶, oben in der Altstadt nahe der Kirche. Der traditionelle Familienbetrieb Morin wird nun von den Kindern fortgeführt und bietet einheimische Gerichte. Auf den Tisch kommt nach wie vor, was gerade gefangen wurde, z. B. Tintenfische oder auch Hummer à la buzarra oder Edelfische. Auch gute Lammgerichte, Beefsteak oder Pasta. Gegessen wird im netten Natursteinbau oder auf der überdachten Terrasse. April–Okt. 11–14/17–24 Uhr. Sv. Marije 1, ☎ 051/232-487. ⟪⟪

Konoba-Pizzeria Bukaleta 🈓, hübsches Natursteingemäuer in der Altstadtgasse mit kleiner Terrasse, guter Service. Neben Pizzen sind die Spezialitäten frischer Fisch und Pekagerichte. Del Conte Giovanni 9, ☎ 098/1708-155 (mobil).

Konoba Odisej 🈧, hier zählt der Blick von der Terrasse direkt am Meer auf das gesamte Stadtpanorama und die Bucht; Fischgerichte und Kalamaris werden empfohlen. April–Mitte Okt. ab 12 Uhr. Velopin 14, ☎ 051/231-893.

Restaurant Silvana 🈫, hier isst man sehr gute Hausmannskost. Spezialitäten sind Scampi buzzara, Fisch oder Lamm aus der Peka. Mitte März–Mitte Nov. ab 12 Uhr. Lošinjskih pomoraca 2, ☎ 051/232-591.

Restaurant Rosemary 🈢, mitten auf der Čikat-Halbinsel liegt umgeben von Oleander und Olivenbäumen das Feinschmeckerlokal; je nach Jahreszeit gibt es unterschiedliche Spezialitäten, auch mit Trüffeln, sowie preiswerte Tagesgerichte, zudem das beliebte 6-Gänge-Menü; ausgewählte Weine, v. a. aus Istrien, und gemütliches Sitzen auf der Terrasse bei gutem Service.

Tägl. ab 11 Uhr. Čikat ul. 15, ☎ 097/7517-876 (mobil).

Konoba Chalvien 🈧, gute preiswerte Küche in Hafennähe mit Blick aufs Meer. Spezialitäten sind Scampi buzzara oder Lamm. Lošinjskih brodograditelja 84, ☎ 051/233-101.

Konoba Cigale 🈢, schöne Lage an der Čikat-Bucht neben dem Tauchcenter. Spezialitäten sind Fisch und hausgemachte Nudeln. April–Okt. ☎ 051/238-583.

Pizzeria Draga 🈡, die Pizzen werden gelobt. Braće Vidulića 77.

Buffet Porto 🈤, an der Bucht Sv. Martin, nahe dem Friedhof. Hier isst man sehr gut Fisch, eine Spezialität sind Seeigel, schwarzes Risotto und Meerfenchel. April–Okt. 9–23 Uhr. Sv. Martin 58, ☎ 051/231-956.

Konoba Lanterna 🈦, nördlich an der Bucht Sv. Martin. Man sitzt auf der Terrasse oder unter dem Dach direkt am Meer. Spezialitäten sind Fischgerichte, auch Fischsuppe oder mit Scampi und Pršut gefüllte Tintenfische. Sv. Martin 71, ☎ 051/233-625.

Nachtleben Wein- & Champagner-Bar Augusta 🈐, guter Espresso und Weinauswahl, nettes Sitzen. Ganzjährig 8–2 Uhr. Trg žrtava fašizma 2.

Disco- & Night-Club The End 🈖, Sommerprogramm mit ausgewählten DJs, Events und Livemusik – beliebt bei den Jüngeren. Ende Juni–Aug. tägl. 9–5 Uhr, danach abends nur Fr/Sa. Dražica 14, ☎ 051/238-574.

Night-Club Bulldog 🈛, Cocktailbar gegenüber der Anlegerstege. Beliebt bei Jachtlern. Ganzjährig 9–1 Uhr. Priko 5.

Night-Club Pacifico 🈙, über den Sommer bestücken namhafte kroatische DJs die Plattenteller; zudem viele Events. Juli/Aug. tägl. 22–5 Uhr, danach Fr/Sa. Trg žrtava fašizma 9.

Mediterranean-Bar Borik 🈥, am Felsstrand unterhalb des Hotels Vespera. Stilvoll kann man seine Cocktails beim Sonnenuntergang genießen; auch Restaurant. Fast ganzjährig. Sunčana uvala 5, ☎ 099/2727-725 (mobil).

Übernachten

1 Camping Village Poljana
2 Camping Čikat
3 Hotel Kredo
5 Villa Hortensia
7 Hotel Bellevue
10 Suites Mare Mare
11 Hotel Alhambra und Villa Augusta
14 Hotel Apoksiomen
20 Wellness-Hotel Aurora
22 Family-Hotel Vespera

Nachtleben

13 Nightclub Bulldog
16 Disco & Nightclub The End
17 Wein- & Champagner-Bar Augusta
19 Nightclub Pacifico
25 Mediterranean-Bar Borik

Essen & Trinken

4 Konoba Cigale
6 Konoba Chalvien
8 Rest. Rosemary
9 Konoba Odisej
12 Restaurant Baracuda
15 Konoba-Pizzeria Bukaleta
18 Rest. Silvana
21 Pizzeria Draga
23 Konoba Lanterna
24 Bufet Porto
26 Konoba Corrado

Susak, Unije, Ilovik, Silba, Venedig, Zadar

1 *Insel Cres*

Camping Village Poljana

Poljana

Vela Straža
62

Aquapark

Uvala Zabojci

2
Camping Čikat
3

Uvala Čikat

Uv. Blatina

4

5
7
8

Uv. Ostrugova

11

9

Velopin

Marina Mali Lošinj

Most Privlaka

Privlaka

Uvala Privlaka

Uvala Kadin

Brodogradilišta

Jadrolinija

Valožeška cesta

10

Krilo

Apoksiomen

M

Fritzy-Palast (Kunstsammlung)

M

Uvala Zagazine

12
13
Trg Rep. Hrvat.

14

15
17

16

19

Sunčana uvala

Veli Žal

20

Belveder
88

22

25

Žalić

Uvala Krivica

Kalvarija

Pogled, Mrtvaška

Sv. Marije

18

Uvala Sv. Martin

Sv. Martin

24 23

21

26

Sv. Martin

Aroma-garten

Veli Lošinj

Mali Lošinj

200 m

Baden/Sport

Baden Rund um die Čikat-Halbinsel beste Möglichkeiten, u. a. an der Sunčana-Bucht (hinter Hotel Aurora) mit Feinkies und Fels; ruhiger wird es gen Osten. Zudem entlang des Fußwegs Richtung Veli Lošinj (Nordseite) an der Felsküste mit kleinen Kieselbuchtabschnitten.

Aquapark, an der Čikat-Bucht neben dem Campingplatz. Eintritt 100 KN (TS), Kinder 3–7 Jahre 70 KN; in der NS 70/40 KN.

Wellness Die meisten Hotels verfügen inzwischen über ihren eigenen Wellness- und Spa-Bereich.

Wassersport Sportfischerei, Segelschule, Tauchschule, Bootsverleih und Surfschule auf der Halbinsel Čikat. Infos auch über die Hotels und Touristagenturen.

Tauchen Dive Center Lošinj, in der Čikat-Bucht, neben Konoba Cigale. Mai–Okt. ☎ 051/233-900, www.diver.hr.

Tauchclub Sumartin, Sv. Martin 41, ☎ 098/798-995 (mobil), www. sumartin.com. Geöffnet 1.4.–1.11.

Sub Sea Son – SSI Instructor Training Center, Del Conte 1, ☎ 098/294-887 (mobil), www.subseason.info.

Surfen Surfschule Sunbird, an der Čikat-Bucht (unterhalb von Hotel Bellevue), ☎ 095/8377-142 (mobil), www.sunbird.de. Neben Surfbrettern kann man auch Fahrräder und Kanus leihen.

Bootsverleih/Taxiboote Jachtcharter Jadranka Yachting, Dražica 1, ☎ 051/233-086, www.jadranka-yachting.com.

Jachthafen Marina Mali Lošinj, mit schönem Blick auf die Stadt und Bucht, 84 Liegeplätze. Großes Ersatzteillager, guter Motorenservice, 12-t-Travellift, 50-t-Laufkran, Wasser- und Stromanschluss, Tankstelle, sanitäre Anlagen, Wäscherei, WiFi. Schönes Restaurant Captain's Club. Zur Saison oft überfüllt. Ganzjährig. Runjica b. b., ☎ 051/234-081, www.malilosinj.com.

Anlegestellen, zusätzlich im Stadthafen.

Hafenamt, Priko 60, ☎ 051/231-438.

Bootsführerschein, kann während der Saison in Kursen über das Hafenamt erworben werden.

Wandern/Mountainbike Entlang der Küste auf pinienbestandenem, schattigen Uferweg nach Veli Lošinj – wer Glück hat, sieht im Meer die Delfine springen.

Schön ist auch die Wanderung (oder besser noch eine Mountainbiketour) über den Bergzug Kalvarija (201 m) Richtung Pogled (242 m) oder hinab zu schönen Buchten (→ Veli Lošinj). Auch entlang der Südküste mit ihren vielen Badebuchten führt ein markierter Wanderweg; zudem kann man die Insel im Osten zu Fuß umrunden und so gen Veli Lošinj laufen. Insgesamt wurden hier 140 km Wanderwege angelegt, genug um sich auszutoben (→ auch Kleiner Wanderführer/Wanderung 11, S. 425).

Fahrräder/Scooter u. a. bei Agentur Manora. Fahrradverleih bei Sunbird an der Čikat-Bucht.

Sehenswertes

Eine mit dickbauchigen Palmen und Blumenrabatten angelegte Uferpromenade führt vom Zentrum den Kai entlang Richtung Trajekthafen und Parkplatz. Babylonisches Sprachgewirr schiebt sich an den Terrassen der Lokale vorbei, am Kai liegen Ausflugsboote, Segelschiffe und Fähren.

Im aufwendig renovierten *Kvarner Palast* residiert nun das **Apoksiomen-Museum** mit dem schönen Bronzemann (s. u.). Auf drei Ebenen mit herrlichen Ausblicken gen Meer wird man in neun zeitlich geordneten Räumen eindrucksvoll mit klassischer Musik, mediterranen Gerüchen, Sitzgelegenheiten auf gewebten Teppichen informativ und sehr ansprechend auf ihn eingestimmt.

Muzej Apoksiomena, Riva lošinjskih kapetana, ☎ 051/734-260, www.muzejapoksiomena. hr. 15. Juni–15. Sept. tägl. außer Mo 9–13/18–22 Uhr; danach tägl. außer Mo 10–18 Uhr. Besichtigungen nur nach vorheriger Anmeldung (Gruppenführungen). Eintritt: Ostern–Okt. (Nov.–Ostern) 75 KN (50 KN), Kinder 12–18 J./Stud./Rentner 40 KN (25 KN), Fam.-Ticket 115 KN (75 KN).

Ruhiger wird es in den Seitengassen; einige führen steil hinauf zur **Pfarrkirche Sv. Marije** mit Spitzhaubenturm und zur **Bastei** – beide ragen aus der Dachlandschaft empor. Vom Kirchplatz bietet sich ein schöner Blick über die Stadt hinab zum Meer.

Der athletische Bronzemann (Apoxyòmenos)

Ein kostbarer Schatz aus der Tiefe des Meeres wurde unweit von Veli Lošinj, zwischen den Inseln *Vele Orjule* und *Kozjak,* am 27. April 1999 gehoben: die Bronzestatue eines antiken, 192 cm großen Athleten, der ca. im 1. Jh. v. Chr. durch Schiffbruch, Ballastabwerfung im Sturm oder vielleicht auch, um die Götter zu besänftigen, ins Meer gelangte.

Bei herrlichem Wetter und flacher See sichtete der belgische Tourist René Wouters bei einem Tauchgang in 45 m Tiefe das jahrtausendealte Kunstwerk. Die Statue, eingeklemmt zwischen Felsen, wurde geborgen und von einem 20-köpfigen internationalen Archäologenteam in 7 Jahren erforscht und restauriert. Nach langwierigen Materialuntersuchungen datierte man den Athleten auf das 2.–1. Jh. v. Chr., den zur Herstellung benötigten Prototyp auf das 4. Jh. v. Chr. Seine Schönheit in der Ausarbeitung deutet auf einen leider unbekannten Meister seines Faches hin. Sieben weitere Varianten eines „Apoxyòmenos" sind bis heute bekannt, die bisher bedeutendste Statue entdeckte man 1896 in Ephesus, ausgestellt im Kunsthistorischen Museum in Wien. Der Bronzemann von Lošinj gilt allerdings in Fachkreisen als am besten und fast vollständig erhalten. Nach seiner Restaurierung 2006 konnte man ihn ein paar Jahre im Archäologischen Museum in Zagreb (→ Foto) und weiteren kroatischen Städten bewundern, ehe er dann als Leihgabe seine Reise über die Museen u. a. in Paris (Louvre), Florenz (Palast Riccardi), London (British Museum) und Los Angeles (Getty Museum) antrat und dort ausgestellt wurde. Nun hat er seinen endgültigen Platz im Kvarner Palast bezogen. Eine Kopie ist in Veli Lošinj im Uskokenturm zu sehen.

Im **Fritzy-Palast**, erbaut in der ersten Hälfte des 19. Jh., ist heute die städtische *Kunstsammlung* untergebracht. Einen Teilbereich bildet die *Mihičić-Sammlung,* eine Ausstellung zeitgenössischer kroatischer Künstler, die benannt ist nach dem Stifter und Gründer Andro Vid Mihičić; einen anderen bildet die *Piperata-Sammlung* mit 27 Werken italienischer Maler aus dem 17. und 18. Jh., die den Namen ihres Gründers Giuseppe Piperata trägt.

V. Gortana 35, ✆ 051/233-614, www.muzej.losinj.hr. 15. Juni–15. Sept. Di–So 10–13/19–22 Uhr; restliche Monate Di–Fr 10–13/18–20 Uhr, Sa nur 10–13 Uhr; Mo u. Feiertag Ruhetag; Jan.–April nur auf Anfrage. Eintritt 35 KN, Kinder 7–18 Jahre 20 KN.

Insel Lošinj → Karte S. 202

Ortsteil Sv. Martin: Der einstige Ortskern von Mali Lošinj liegt an der Nordost-küste und wie eine Insel mitten im Neubaugebiet der Appartementhäuser. Kurz vor der idyllischen Hafenbucht liegt auch der schöne alte *Friedhof* von Mali Lošinj mit prunkvollen Gräbern, in denen die sterblichen Reste der Schiffskapitäne ruhen. Die Friedhofskirche *Sv. Martin* aus dem Jahr 1450 ist das älteste Bauwerk von Mali Lošinj.

Von hier aus, aber auch mit Zugängen von der Inselstraße, führt ein schöner Fuß-weg entlang der kieferngesäumten Küste nach Veli Lošinj (→ Veli Lošinj) und zu kleinen türkisblauen *Badebuchten*. Die vorgelagerten Inseln *Vele* und *Mali Orjule* sind unbewohnt. Vor Veli Lošinj erreicht man die Hotelstadt **Punta** – wer Glück hat, sieht auf seinem Weg Delfine springen!

Aromagarten: Die kleine Anlage mit Kräutershop (Tees, Extrakte, Naturkosmetik) liegt an der Straßenkreuzung Veli Lošinj/Halbinsel Čikat; hier kann man an den Heilpflanzen der Insel schnuppern – vor allem im Frühjahr lohnend. Miomirisni otočki **vrt**, Bukovica b. b., ✆ 098/326-519 (mobil), www.miomirisni-vrt.hr. Mo–Fr Juli/Aug. 18–21 Uhr, Juni und Sept. 10–12 Uhr. Gratis-Eintritt.

Halbinsel Čikat: Die dicht bewaldete Landzunge erstreckt sich rund 2,5 km von Mali Lošinj gen Westen, ist im Süden zerlappt, von Wanderwegen durchzogen und fast rundum von einem asphaltierten Uferweg gesäumt. Die höchste Erhebung, der *Vela Straža* (62 m, auch Monte Bastion genannt), war ein beliebter Militärstützpunkt. Sie bietet einen schönen Weitblick über die tief einschneidende Hafenbucht von Mali Lošinj und die vorgelagerte Inselwelt. Die bis auf ein paar Hotels, einen Campingplatz und Aquapark bisher noch fast unbewohnte Landzunge weist rundum beschauliche Badeplätze an Fels- und Kiesbuchten auf – statt-liche Villen, inzwischen zu Luxusher-bergen restauriert, erinnern an vergan-

Das Apoksiomen-Museum

gene Zeiten. Der Kiefernwald, der sich bis Veli Lošinj und weiter gen Süden über die gesamte Halbinsel erstreckt, wurde Ende des 19. Jh. auf Initiative von *Ambroz Haračić*, Lošinjer Botaniker und Professor an der Seefahrtschule, zu Forschungs-zwecken und zur „Klimaverbesserung" angepflanzt. Als Dank erhielt er für sein Engagement in der Čikat-Bucht ein Denkmal. An der Spitze der Halbinsel Čikat bzw. an der Hafeneinfahrt steht die *Votivkirche Mariä Verkündung* (Annunziata), 1534 erbaut und im Jahr 1858 erweitert. Entlang der Uferpromenade spazierten die Kapitänsfrauen, um hier nach ihren Männern Ausschau zu halten oder für sie zu beten.

Höhenzug Kalvarija und Inselosten: Der Höhenzug erhebt sich östlich von Mali Lošinj und bietet sich bestens für eine schöne Wander- oder Mountainbiketour mit herrlichen Ausblicken an. Vom Altstadtzentrum gelangt man über den alten Prozessionsweg mit seinen 14 Stationen zum Kalvarienberg, aber auch über das sehr schmale Asphaltsträßchen, das steil bergan führt und inzwischen sicherlich dem enormen Autoverkehr nicht mehr gewachsen ist. Auch die *Cafébar Provicenca* ist in der Kurve nach dem ersten Anstieg am 171 m hohen *Umpiljak* zu finden. Das Sträßchen windet sich weiter gen Südosten über die Höhenzüge von *Kalvarija*, vorbei an der alten Kreuzwegkapelle *Sv. Ivan* von 1755 mit herrlichem Weitblick auf Veli Lošinj und übers Meer und weiter gen *Grgošćak* und *Pogled* (242/241 m) und endet an der tief unten liegenden Bucht *Mrtvaška*. Hier gibt es einen Parkplatz und es besteht nun auch eine Bootsverbindung zur Insel Ilovik (→ Ilovik). Das Südostende von Lošinj ist unbewohnt und ebenfalls zerlappt, was Bootsfreunde und Badende freut (→ Veli Lošinj). Beidseitig des Asphaltsträßchen zweigen Wanderweg hinab: nach Norden in Richtung Veli Lošinj, nach Süden zu vielen herrlichen Badebuchten.

 Wanderung 11: Insel Lošinj – von Mali Lošinj über die Sv.-Ivan-Kapelle nach Veli Lošinj → S. 425
Leichte Rundwanderung von der Südküste über den Kalvarija-Berg zur Nordküste.

Veli Lošinj

Die älteste und ehemals größte Stadt der Insel Lošinj zieht sich, umgeben von üppigem Grün und durch einen Weinberg geteilt, an zwei Hafenbuchten entlang. Das Zentrum zum Schutz der Delfine ist hier aktiv.

Heute leben nur noch 900 Einwohner in dem Städtchen, in dem allergische und chronische Krankheiten behandelt werden. Seit 1885 ist Veli Lošinj (wie auch Mali Lošinj) aufgrund des günstigen Klimas Luftkurort. Der renovierte Uskokenturm Kula beherbergt heute ein Museums- und Galeriezentrum und es gibt ein Delfin-Informationszentrum.

Die alten Häuser Veli Lošinjs schmiegen sich in eine Senke, dazwischen Pinien, ein Kirchturm, Palmen und Zypressen, ein paar Agaven. Das Ortszentrum befindet sich an der autofreien Hafen-Bucht, umgeben von der Promenade *Obala Maršala Tita*, in einem anheimelnden Kai-Geviert, an das sich Cafés und Gostionas mit ihren Terrassen reihen. Die Häuserzeilen erstrecken sich bis hinüber zur ruhigeren *Rovenska-Bucht*. Von hier aus führt ein Uferweg zu vielen Badeplätzen.

Geschichte

Veli Lošinj entwickelte sich aus mehreren Siedlungen. Die erste, *Velo Selo*, entstand im 13. Jh. Die Überreste des von den Mongolen verwüsteten alten Dorfes befinden sich auf dem Berg Sv. Nikola inmitten von Weingärten. Die Ruinen des

Pfarrhauses heißen heute noch *Hramina*, Tempel. Hier wohnte der Priester und erledigte die kirchlichen, später auch die notariellen Geschäfte. Wie Mali Lošinj wurde Velo Selo später umbenannt – der Name „Veli Lošinj" wird erstmals 1398 in einem Vertrag erwähnt.

Delfin-Projekt – Adriatic Dolphin Project Blue World

Seit 1987 kümmert sich in Veli Lošinj ein zum Teil international besetztes Team zusammen mit dem Naturhistorischen Museum in Zagreb um die Erforschung und den Schutz der hier beheimateten Delfine. Im Gewässer rund um Cres und Lošinj leben rund 100–150 Große Tümmler *(Tursiops truncatus).* Die Mitarbeiter des Blue World Teams würden dieses Gewässer um Lošinj gerne schützen, d. h. fischfang- und bootfrei machen, was allerdings auf massiven Widerstand stößt.

Blue World (Plavi svijet), Kaštel 24, 51551 Veli Lošinj, ✆ 051/604-666, www.blue-world.org. Eintritt 10 KN, Jugendliche 7 KN, bis 6 Jahre gratis. Juli/Aug. tägl. 9–13/18–22 Uhr, Juni u. Sept. nur bis 20 Uhr; Mai u. Okt. Mo–Fr 9–16 Uhr, Sa 9–14 Uhr; Nov.–April Mo–Fr 10–14 Uhr. Ein 20-minütiges Video (auch in deutscher Sprache) gewährt einen kleinen Einblick in die Delfinwelt.

Wer das Projekt unterstützen möchte, kann gegen eine Gebühr Pate eines Delfins bzw. Mitglied werden. Sponsoren erhalten neben einer Urkunde ein T-Shirt sowie ein Foto „ihres" Delfins.

1455 befestigten die Venezianer die Stadt gegen die Uskoken. Gegenüber an der Hafeneinfahrt und an den Fels baute man 1480 die **Pfarrkirche Sv. Antun**, die 1774 im Stil des Barock umgestaltet wurde und wertvolle Gemälde birgt. 1510 wurde im Podjavori-Gebiet, dem fruchtbarsten von Veli Lošinj, die Kirche der Engelhaften Madonna errichtet. Zu dieser Zeit entstand auch ein kleiner Hafen in der *Rovenska-Bucht.* Die Bewohner der Siedlung lebten vom Fischfang, Ende des 16. Jh. gab es die ersten Lošinjer Seefahrer, 1650 den ersten Hochseekapitän. 1799 lief das erste große Schiff auf den Kvarner-Inseln, die damals zu Österreich gehörten, im Rovenska-Hafen vom Stapel. Im 19. Jh. wurde der Hafen ausgebaut und eine Werft gegründet. Doch schließlich musste sich Veli Lošinj seinem Konkurrenten Mali Lošinj geschlagen geben – die große Hafenbucht bot Mali Lošinj die besseren Expansionsmöglichkeiten. Nach dem Niedergang der Segelschifffahrt seit Mitte des 19. Jh. entwickelte sich Veli Lošinj, wie Mali Lošinj, zu einem Urlauberort. Aus dieser Zeit stammt der subtropische Park mit dem Palais des österreichischen *Erzherzogs Karl Stephan von Habsburg,* in dem heute eine Klinik für allergische Krankheiten residiert.

Basis-Infos

Information   Tourismusverband (→ Mali Lošinj).

Agentur Turist, Maršala Tita 17 (Hafen), 51551 Veli Lošinj, ✆ 051/236-256, www.island-losinj.com. HS durchgehend bis 21 Uhr, danach 9–12 und 17–21 Uhr. Zimmer, Fahrrad- u. Autovermietung.

Agentur Val, Vladmir Nazora 29 (Ortsbeginn am Kirchplatz Sv. Marija), ✆ 051/236-352, www.val-losinj.hr. Ganzjährig geöffnet, Saison 9–21 Uhr. Gute Infos, Zimmervermittlung, Fahrradvermietung.

Verbindungen   Regelmäßige **Stadtbus**verbindung mit Mali Lošinj, zudem **Hotelbus** ab Punta.

Veli Lošinj – die Pfarrkirche Sv. Antun dominiert die Hafenbucht

Ausflüge Zur Blumeninsel Ilovik, zur Liebesinsel Orjule.

Delfinfahrt mit Taxiboot, in der Saison tägl. ca. 11–17 Uhr. Abfahrt Hafen-Bucht. 300 KN (bei keiner Delfinsichtung ist nächster Tag gratis).

Gesundheit/Wellness Im **Kurhaus** Behandlung von chronischen Entzündungen der Atmungsorgane, von allergischen Krankheiten, Schuppenflechte und Erschöpfungszuständen. ✆ 051/236-111.

Wellness- und Beautyzentrum im Hotel Punta, ✆ 051/662-019.

Parken Am Straßenende großer gebührenpflichtiger Parkplatz.

Veranstaltungen **Stadtfest**, am 26. Juli: Konzerte, Schwimmwettbewerbe, Wettbewerbe für die Kinder und gutes Essen sind geboten.

Delfin-Tag in Veli Lošinj, jährlich am 1. Juli.

Übernachten/Essen & Trinken

Übernachten Privatzimmer ab 20 €/Pers., Appartements für 2 Pers. ab 40–45 €. U. a.:

*** Villa San, hübscher Bau oberhalb vom Hafen. Pension mit 15 netten Zimmern, DZ/F ca. 60 €, in HS allerdings laut. Garina b. b., ✆ 051/236-016, www.vila-san.com.

*** Pension Saturn, im Zentrum am Hafenbecken, mit Restaurant und Dachterrasse. 9 Zimmer, je nach Lage (ohne/mit Meerblick) DZ/F ab 62/64 €. ✆ 051/236-604, www.pansion-saturn.com.

*** Hotel Mozart, nette Familienpension – von der Terrasse bietet sich ein wunderschöner Blick auf den Hafen und die Kirche Sv. Antun; zudem gibt es leckere mediterrane Gerichte. DZ/F ab 85 €, mit lohnendem Meerblick und Balkon 100 €. Kaciol 3, ✆ 098/9780-051 (mobil), www.villamozart velilosinj.com.

*** Pension Veli Lošinj, in einer Seitengasse. Hier wohnt man ruhig und gut und wer möchte, kann täglich Hausmannskost genießen. Einfache DZ/F 60 €, HP 40 €/Pers. Slavojna 6 a, ✆ 051/236-166, pansion_veli _losinj@hit-com.hr.

**** Vitality Hotel Punta, in Alleinlage an der Landzunge nördlich der Altstadt. Komplett modernisiert. Wellness- und Beautycenter, Innen- und Außenpools, Trimm-Kabinett; 13 Tennisplätze, Sportangebote und Vermietung von Ausrüstung, gute Bademöglichkeiten, Fahrradvermietung. Vor allem in der Nebensaison ein guter Standort. Wer sich hier einquartiert, sollte die neuen großzügigen **** Studios und **** Appartements am Meer buchen. Appartement (3–5 Pers.) ab 130 €, Studio DZ/F 148 €. ✆ 051/662-000, www.losinj-hotels.com.

Jugendherberge Jugendherberge Veli Lošinj, im Zentrum. Insg. 50 Betten für 2, 3 oder 4 Pers. Frühstück möglich, Bar, Terrasse, WiFi, TV-Raum. 20 €/Pers./F im 4-Bett-Zimmer. Mai–Okt. Kaciol 4, ✆ 051/236-234, www.hfhs.hr.

》》》 Mein Tipp: Hostel Zlatokrila, hübsche alte Villa, umgeben von einem Palmenpark, oberhalb des Ortes zwischen den beiden Buchten. 60 Betten und kleines Restaurant. Mai–Sept. Kaciol 26, ✆ 051/236-258, 01/642-6630, www.nazor.hr. 《《《

Essen & Trinken Gostionica Marina, die Einheimischen loben die Grill- und Fischgerichte. Schönes Sitzen am Ausgang der Riva-Bucht. ✆ 051/236-008.

Pizzeria Fortuna, neben guten Pizzen und Grillgerichten schönes Sitzen am Buchtende. Šestavina 3, ✆ 051/236-360.

In der Rovenska-Bucht sitzt man sehr schön bei Candlelight in den **Restaurants Mol** (✆ 051/236-008) und **Sirius** (✆ 051/236-399). Beide bieten schmackhafte Fisch- und Grillgerichte.

》》》 Mein Tipp: Zwischen beiden obigen liegt das nette **Restaurant/Bar Bora Bora**, hier kann man ebenfalls bei bestem Service sehr gut essen; u. a. täglich hausgemachte Ravioli und Pasta mit Lamm oder Trüffeln, Thunfischcarpaccio mit Sellerie und Trüffeln, fangfrischen Fisch und Ricotta-Käse-Kuchen mit Wildfrüchten. ✆ 051/867-544. 《《《

Kleiner Rundgang

Die Hauptstraße endet an einem schattigen Parkplatz, in der Nähe der **Kirche der Engelhaften Madonna** mit Zwiebelturm. Die verwinkelten Gassen mit dem in Jahrhunderten glatt polierten Kopfsteinpflaster führen zum Hafenbecken der Riva-Bucht. Überall stehen Palmen hinter efeuumrankten Steinmauern und verbergen die vornehmen Häuser der Lošinjer Seekapitäne. Der blühende Jasmin duftet betörend. Der **Uskokenturm, Kula** genannt, ist ein gutes Stück von der heutigen Hafenbucht entfernt, früher brach sich das Meer an seinen Grundfesten. Der Turm wurde renoviert und zeigt eine historische Sammlung, u. a. eine Kopie des 1999 geborgenen griechischen Bronzemanns (→ Kasten „Der athletische Bronzemann", S. 215) sowie wechselnde Kunstausstellungen (15. Juni–15. Sept. Di–So 10–13/16–22 Uhr, sonst Di–Sa 10–13 Uhr; Feiertag Ruhetag; Eintritt 35 KN, Kinder 7–18 Jahre 20 KN).

Weiter nördlich und etwas westlich vom Hafenbecken hat das **Delfin-Projekt Blue World** (→ Kasten „Delfin-Projekt") seinen Sitz.

Gegenüber am Hafenbecken erhebt sich mächtig die **Basilika Sv. Antun**, 1480 erbaut und 1774 im Barock umgestaltet; ihr Turm versteckt sich abseits im Pinienwald. In der Basilika findet man eine Skulpturen- und Gemäldesammlung, darunter das Bild „Madonna und die Heiligen" (1455) von *Bartolomeo Vivarini*, ein großes Werk der venezianischen Schule. Östlich davon der Chorraum der alten Pfarrkirche. Oberhalb der Basilika, inmitten üppiger Vegetation und historischer Bauten, ein **Park**, der sich bei Mondlicht wie verzaubert präsentiert. Eine Promenade führt, vorbei an Weinbergen und Ruinen, hoch über dem Meer zur **Rovenska-Bucht** oder nördlich in Richtung Hotel Punta.

Baden

Im feinkiesigen **Strandbad**, südöstlich der Rovenska-Bucht, gedeihen Agaven an der Strandpromenade. Entlang der **Felsküste** kann man getrost die Hüllen fallen lassen, ins Wasser springen und schnorcheln. Üppiges Grün zwischen den Felsen und Föhrenhaine spenden Schatten. Bei klarem Wetter Sicht auf Rab, Pag und das Küstengebirge. Nach 0:30 Std. Wegzeit erreicht man vom Strandbad aus die **Krška-Bucht** mit Bootsanlegeplatz und die grobkiesige **Javorna-Bucht** mit Bootsanlegeplatz und Ruine. Das Wasser ist hier sauberer und der Zugang zum Wasser ist leichter als vorne an der Felsküste. In weiteren 0:30 Std. ist die **Jamna-Bucht** erreicht, nach nochmals 0:20 Std. **Bočina**.

Gut 1:30 Std. läuft man über den Berg – vorbei an der *Kapelle Sv. Ivan* von 1755 und mit herrlichem Ausblick über Veli Lošinj – auf einem schmalen Pfad hinab zu den südlichen Buchten **Balvanida** und **Krivica**. Krivica, ein tiefer, türkis leuchtender Buchteinschnitt mit Anlegeplätzen, ist föhrenbestanden; die Krivica wird aufgrund der zahlreich ankernden Jachten auch „Millionenbucht" genannt.

In 0:15 Std. Fußweg erreicht man die **Balvanida-Bucht** mit einer Konoba. Hier kann man unter berankter Laube essen und trinken. Die Bucht selbst ist zum Baden nicht so schön, hat allerdings einen Anlegeplatz.

Gute Bademöglichkeiten bietet auch die Felsküste hinter dem *Hotel Punta* Richtung Mali Lošinj. Auf dem betonierten Fußweg entlang schattiger Pinien kann man schön spazieren und sich seinen Badefelsen suchen; teils Einstiegshilfen durch Leitern ins Meer.

 Wanderung 11: Insel Lošinj –
von Mali Lošinj über die Sv.-Ivan-Kapelle nach Veli Lošinj   → S. 425
Leichte Rundwanderung von der Südküste über den Kalvarija-Berg zur Nordküste.

Ausflugsinseln um Lošinj

Von Mali Lošinj aus kann man bestens die vorgelagerten Inseln Ilovik und Sv. Petar im Osten und Susak und Unije im Westen per Ausflugsboot oder per Fähre besuchen. Bis auf die Klosterinsel Sv. Petar gibt es auf diesen Inseln auch nette und vor allem ruhige Übernachtungsmöglichkeiten und schöne Spazierwege zu einladenden Badebuchten. Bootsbesitzer finden überall Anlegemöglichkeiten, vor allem aber im gut geschützten natürlichen Hafen von Ilovik.

Die beiden autofreien Inseln liegen wenige Seemeilen südlich der Insel Lošinj, von der sie das „Iloviker Tor" trennt. Die üppig bewachsene 5,8 km² große **Insel Ilovik** mit 80 Bewohnern bietet Unterkunft und viele Badebuchten an der zerklüfteten Küste – einige sogar mit Sandstrand. Die höchste Erhebung Iloviks ist der *Berg Dida* mit 92 m. Der 300 m breite Kanal, der die Insel von Sv. Petar trennt, gewährt – außer bei Südwind – den Jachten Schutz.

Fast unbewohnt ist die 1,5 km² große **Klosterinsel Sv. Petar**, die sich nördlich von Ilovik erstreckt. Hier ist auch der Friedhof von Ilovik, der sich innerhalb der Mauern des einstigen Benediktinerklosters befindet (s. u.).

Insel Lošinj → Karte S. 202

Insel Sv. Petar – Venezianische Ruinen in Grün verpackt

Geschichte

Ilovik und Sv. Petar waren schon von den Römern bewohnt, die hier prachtvolle Villen errichteten – Mauerreste, Gräber, Münzen und ein Sarkophag zeugen von dieser Zeit. Spuren prähistorischer Bauten, die man auf Ilovik fand, deuten sogar auf eine noch frühere Besiedlung durch die Illyrer hin. Mauerreste der altchristlichen Andreaskirche aus dem 6. Jh. fand man in der Bucht Sićadrija.

Die Bauern aus Veli Lošinj bestellten auf Ilovik das in bischöflichem Besitz befindliche Land und gründeten Ende des 18. Jh. eine Siedlung. 1876 eröffnete man auf Ilovik die erste kroatische Schule des Lošinjer Inselraums. Die Inselbewohner sind auch heute noch Bauern und zudem erfahrene Fischer.

Auf Sv. Petar stand seit dem 11. Jh. ein Benediktinerkloster. Um 1600 bauten die Venezianer zur Verteidigung gegen die Uskoken eine Festung. Sie wurde 200 Jahre später von den Engländern bis auf Turm und Mauern zerstört, ebenso das Kloster, das man um 1900 ganz niederriss. Die Franziskaner errichteten weiter westlich ein neues, kleineres Kloster.

Insel Ilovik

An einer Bucht liegt der gleichnamige Inselort mit seinen verwinkelten, blütenduftenden Gassen, der **Bastei** und den Hügeln im Hintergrund. Bunte alte Häuschen verstecken sich hinter Gärten; lieblich anmutend die Blumenpracht der Stockmalven, Mimosen und Hortensien, Oleander leuchtet in allen Farben, rosafarben der blühende Puderquastenstrauch. Auf dem fruchtbaren Boden gedeihen Orangen, Zitronen und Gemüse, über die Steinmäuerchen rankt Wein.

Eine kleine Gasse, parallel zum Hafenbecken verlaufend, ist die Hauptachse des Ortes, die sich vormittags mit den Touristen der Ausflugsboote füllt, beliebter Platz ist die Eisdiele. Doch abends verbreitet sich am Hafen von Ilovik verträumte Beschaulichkeit. Jachten schaukeln im Wasser und die wenigen Touristen, die geblieben sind, blicken auf die romantische Kulisse von Sv. Petar, die Reste der einstigen Festung und die Hügelkette von Lošinj.

Information   Tourismusverband (→ Mali Lošinj). Zudem www.ilovik.hr. 51552 Ilovik.

Verbindungen   Schiffsverbindungen: Personenfähre (Mia Tours) Mrtvaška (Lošinj-Ostseite)–Ilovik: ganzjährig, 3- bis 5-mal tägl.

Katamaran Rijeka–Cres–Ilovik–Mali Lošinj, Mo, Do/Fr und So; nur Mo u. So auch Susak und Unije.

Taxiboot, von der Uvala Mrtvaška (Insel Lošinj) nach Ilovik; 100 KN. ☎ 099/5162-349 (mobil), VHF 17.

Kein Bootstransfer zwischen Ilovik und Sv. Petar, nur per Taxiboot, 10 KN.

Einkaufen   Minishop Lipa, Hauptgasse, ☎ 051/235-925. Internet, Geldwechsel und Souvenirs. Zudem kleiner Supermarkt, Kiosk, Bäckerei (östliche Hafenbucht).

Post   Beim Hafen, Geldwechsel möglich.

Veranstaltungen   Ortsfest am 29. Juni. Beginnt morgens mit einer Prozession und Musikkapelle, abends Tanz und gutes Essen.

Wassersport   Der Hafenkanal von Ilovik bietet ca. 150 Bojen zum Festmachen und guten Schutz, außer bei Südwind, zudem 60 Anleger mit Strom. Die Marina in Lošinj ist in der Saison oft überlastet, denn die Häfen der Inseln Silba, Olib und Unije sind, je nach Wind, nicht unbedingt sicher.

Übernachten   Privatzimmer ab 16 € und Appartements ab 20 €/Pers., z. B. Restaurant-Pension Dalmatinka, ☎ 051/235-954.

➤➤➤ **Mein Tipp:** *** Appartements Sabina, sehr schön und ruhig wohnt man in den neu erbauten Appartementhäuschen von Sabina Simičić (Sabina ist auch für das Taxiboot/Hafen zuständig). Die Wohnungen sind zweigeschossig, verfügen über Balkon und Terrasse, Garten und Grill und sind bestens ausgestattet. Es gibt hauseigenes Olivenöl, Feigen, Schnaps und Gemüse. Appartements für 5 bzw. 8 Pers. 100 und 120 €. Ganzjährig. Ilovik 81, ☎ 051/235-904, 098/1826-120 (mobil), www.apartmani-ilovik.com. ◀◀◀

Essen & Trinken   Restaurant Amico, nahe der Anlegestelle. Freundlicher Familienbetrieb, die Terrasse ist direkt am Meer. Es gibt leckere Fisch- und Fleischgerichte, kalte Platten mit dalmatinischem Schinken, Käse, Oliven und Peperoni. ☎ 051/235-912.

Restaurant Porto, am östlichen Hafenbecken mit großer Terrasse. Neben Rindfleischeintopf und „Sarma", den gefüllten Paprikaschoten, gibt es auch Fisch, Muscheln und Hummer. ☎ 051/235-929.

Restaurant Dalmatinka, gegenüber von Porto, hier erhält man frisch gefangenen Fisch. ☎ 098/526-324 (mobil).

➤➤➤ **Mein Tipp:** Pekara, Konoba Panino, Seitengasse bei Dalmatinka. Neben Brot, Kuchen und Pfannkuchen kann man auf der überdachten Terrasse nach Voranmeldung speisen, u. a. Pekagerichte (Lamm, Oktopus, Kalb). Mitte April–Ende Sept. Ilovik 62, ☎ 051/235-978. ◀◀◀

Baden und Wandern

Ein Fußweg führt von Ilovik zur **Bucht Nozdre** im Westen – Kies und Fels mit klarem Wasser. Ein Stück südlich (ca. 0:45 Std. Gehzeit) die **Bucht Vela Draga** mit Schatten spendenden Bäumen und weißem Sand im Meer; sie erreicht man, indem man am Ortsende links Richtung Schule abzweigt und bis zur Kapellenruine Sv. Andrija (5. Jh.) läuft, dann rechts abzweigt. Weitere Kies- und Felsbadebuchten an der Westseite.

Bucht Pržine: Ein anfangs malvengesäumter Weg führt in ca. 0:30 Std. Gehzeit vom östlichen Hafenbecken zur Sandbucht an der Südküste. An der kleinen Kapelle muss man sich links halten. Steinmäuerchen unterteilen die Olivengärten, die kaum mehr bewirtschaftet werden. Zikadengeräusche, erschreckt von dannen züngelnde Salamander und überall Spinnennetze, deren Fäden gleich wieder gezogen werden, zerreißt man sie. Pržine ist eine große, sehr flach ins Meer abfallende Sandbucht, in der oft Jachten ankern. Kein Schatten, Seegras und Kieselsteine

Insel Lošinj → Karte S. 202

dienen als Liegefläche, dazu schöner Blick auf die Inseln Premuda und Silba. Leider wird durch die Strömung oft Plastikmüll angeschwemmt.

Berg Dida ist mit 92 m die höchste Erhebung der Insel. Kleine Pfade führen vom Ort hinauf, an Steinmäuerchen entlang, hinter denen alte, verholzte Olivenbäume stehen. Von oben weiter Rundblick auf Ilovik mit dem Kanal und Sv. Petar, auf Lošinj mit den vorgelagerten Inseln Orjule und im Süden Premuda, Silba und Olib.

Zum **Vela Straža** (91 m) führen ebenfalls Pfade, die sich schließlich an Steinmäuerchen und im Dickicht verlieren. Von hier oben überblickt man den Kanalverlauf mit Sv. Peter und sieht bis zu den Inseln Orjule und Lošinj.

Blick von der Insel Lošinj …

Insel Sv. Petar

Die Klosterinsel liegt in Schwimmnähe von Ilovik und ist überwuchert mit Macchia und knorrigen Olivenbäumen, um die sich kaum jemand kümmert. In der Inselmitte der Turm und die Mauerruinen der **ehemaligen venezianischen Festung** aus dem frühen 17. Jh., üppig bewachsen mit Palmen, Oleander, Mispel- und Zitronenbäumen. Das angebaute Haus stammt aus der Habsburgerzeit. Heute ist das ganze Areal in Privatbesitz, der Eigentümer hat all die Blütenpracht vor rund 25 Jahren angepflanzt.

Mit dem Schiff nach Unije

Etwas Glück gehört schon dazu, an einem bestimmten Tag zu einer bestimmten Insel zu kommen – erst recht zu einer bestimmten Zeit, angesichts der vielen Routen- und häufigen Fahrplanänderungen. Da ist es am besten, auf dem Weg einfach zu genießen, was gerade kommt – z. B. sich frühmorgens wie auf einem Schaukelpferd zu fühlen, weil die Bora wieder mal bläst. Die Sonne geht auf, die Inseln ziehen vorbei. Eine ist mal eben so groß, dass noch ein Fleckchen Land um den Leuchtturm herum zu sehen ist: **Male Srakane**. 1,5 km lang ist sie, flach, mit Sandsteinsockel, schilfrohrbewachsenen Ufern und ein paar Häuschen obenauf. Schlauchförmig, fast zusammenhängend, folgt **Vele Srakane**. Die 4 km lange, knapp 1 km breite Insel zeigt sich auf der einen Hälfte schilfrohrbewachsen, in der Mitte ein paar Häuser, eine Kapelle, dann folgt karges, steiniges Weideland mit der höchsten Erhebung, dem *Vela Straža* mit 60 m. In den Senken wächst überall Schilfrohr, das sich enorm verbreitet – es sieht ganz danach aus, als ob Vele Srakane, ebenso wie die Nachbarinsel Susak, zu einem Schilfrohrhügel wird.

… gen Inseln Ilovik, Sv. Petar und Silba, Olib und Premuda in der Ferne

Insel Lošinj → Karte S. 202

Weiter westlich steht das **Franziskanerkloster**, das nur noch im Sommer von Mönchen bewirtschaftet wird. Ein zypressen- und rosmaringesäumter Weg führt zum Privathaus und weiter zur neuen Friedhofskapelle – hier endet für die Iloviker ihre letzte Reise. Dahinter Bootsanlege- und Badestelle mit einer lächelnden Sonnenuhr. An der Nordostseite der Insel weitere Felsbadeplätze und eine Grotte.
Keine Bootsverbindung zwischen Ilovik und Sv. Petar!

Insel Unije

Die mit kleinen Büschen bewachsene Insel ist autofrei, dafür gibt es einen Mini-Flugplatz. Auf einem flachen Ausläufer im Inselsüden ragt ein Leuchtturm in die Höhe, das Dorf Unije schmiegt sich in eine Bucht, vor der ein winziges Eiland liegt.

Knapp 17 km² ist Unije klein, an der Westseite der gleichnamige Ort mit 90 Einwohnern, von dem sich eine Landzunge nach Süden erstreckt. Das Kap dominiert ein großer **Leuchtturm**. Südostwärts bildet die Küste Badebuchten, der Nordosten der Insel ist zerklüftet. Steppenähnlich und sandig wirkt das flache Land, ganz im Gegensatz zu den Macchiahügeln.

Außer dem Dorf Unije gibt es auf der Insel wenig. Kaum Häuser, nur Weinstöcke in geschützten Lagen und Pfade, die zu den Feinkiesstränden im Osten der Insel führen. Vom kleinen Flugplatz außerhalb des Ortes werden die Schulkinder täglich gegen einen Obolus mit einer subventionierten Cessna nach Mali Lošinj geflogen.

Unije ist eine Insel für Leute, die sich Zeit nehmen, sie zu entdecken, die Einsamkeit suchen und denen es genügt, wenn aus dem scheinbar eintönigen Grau Blumen zu leuchten beginnen – kleine Farbtupfer, die dem auffallen, der genau hinsieht. Aber auch Spuren aus frühgeschichtlicher und römischer Zeit wie illyrische Ringwälle und Villae rusticae sind bei Wanderungen über die Insel zu entdecken.

Unije – nur bei sommerlichen Events füllt sich der Ort mit Gästen

Die Kroaten, die die heutige Siedlung gründeten, lebten von Fischfang, Weinbau, Oliven- und Gemüseanbau. Aus dem Jahr 1654 ist ein *Steintrog* mit glagolitischer Inschrift (→ Insel Krk, Kasten „Glagoliza") erhalten. Bisher konnte man ihn im Privathaus der Familie Nikolić-Agatić (neben dem Pfarrhaus), die den Trog in ihrem Weinkeller aufbewahrt, besichtigen. Dies ist aktuell leider durch Eigentümerwechsel nicht mehr möglich.

Die **Pfarrkirche** aus dem 15. Jh. ist umringt von einfachen Häusern, manche bunt wie die Holzklötze einer Spielzeugstadt, dazwischen lugen zwei gedrungene Palmen hervor. Fast vor jedem Haus ein Gärtchen mit Terrasse, an der Wein, Kürbisse und Blumen ranken. Am Kai ein paar Boote und Jachten.

Doch der Tourismus hat auch in Unije Einzug gehalten. Geschäftiges Treiben herrscht, wenn die Fähre anlegt. Hinweisschilder zeigen dem Fremden, wo er Post, Touristeninformation, Flughafen, Zimmer findet. Gegen Abend füllt sich die kleine Hafenpromenade: Kinder, die durch die Gegend rennen, Alte, die auf den Holzbänken sitzen und sich die neuesten Neuigkeiten erzählen – es passiert jeden Tag genug, das es wert ist, ausgiebig besprochen zu werden. *Achtung*: Auch hier sind ab Ende September/Anfang Oktober viele Versorgungsmöglichkeiten geschlossen, bitte vorab informieren.

Information Tourismusverband (→ Mali Lošinj).

Touristagentur NIA, Unije 96, 51562 Unije, ✆ 051/235-835. Geöffnet Juni–Sept. 8–12/17–19 Uhr.

Verbindungen Schiffsverbindungen: Katamaran Rijeka–Cres–Martinšćica–Unije–Susak–Ilovik–Mali Lošinj: Mo, Mi, Fr–So (Stopps in Martinšćica, Susak, Ilovik nur 1- bis 2-mal wöchentl.).

Personenfähre (Jadrolinija): **Mali Lošinj–Susak–Unije–Srakane V.–Mali Lošinj**: tägl. 2-mal u. a. nach Mali Lošinj.

Flugfeld Unije: Panoramaflüge, Flüge nach Mali Lošinj, aber auch nach Pula bzw. Medulin-Flugplatz. Infos über ✆ 098/280-290 (mobil, Hr. Drago).

Einkaufen Laden, Bäcker, Obststand.

Post Mo–Fr 12–16 Uhr.

Veranstaltungen Kirchenfest Sv. Ana, 26. Juli. **Sommer in Unije**, Juli/Aug. mit Konzerten u. a. in der Kirche. **Emigrantentag** am 3. Julisonntag. **Kalamarifischfangwettbewerbe** im Sept./Okt.

Übernachten Viele Einheimische vermieten einfache **Privatzimmer**. Ca. 20 €/Pers. ohne Frühstück (in der NS kein Problem!); oder man erkundigt sich vorab bei der Touristinformation.

Essen & Trinken Konoba Kod barba Ive, schönes Sitzen auf der Terrasse am Meer bei der Fähranlergermole; u. a. schmackhafter, frischer Fisch, Scampi und Pasta-Gerichte. Freundliches Personal. Ostern–Okt. Unije 33, ✆ 051/235-756.

Konoba Kod Joze, östlich an der Bucht, mit überdachter Terrasse. Fisch- und Fleischgerichte. ✆ 099/688-5368 (mobil).

Eisdiele unter Schatten spendenden Bäumen.

Baden und Wandern

Bademöglichkeit beim Ort am **Hauptstrand** mit Sand-Feinkies-Kies. Weiter südlich findet man Schatten unter selbst gebastelten Schilfrohrdächern mit Blick auf die Kulisse von Unije. Westlich des Ortes führt ein Pfad zum **FKK-Revier** mit Fels- und Kiesbuchten.

Wanderwege wurden über die gesamte Insel angelegt. Eine Tafel vor der Pension/Restaurant Uniana gibt einen Überblick.

Fußmarsch nach Süden: Ein Weg führt südwärts aus dem Ort, vorbei an einem kleinen sumpfigen Teich mit Enten. Links und rechts die Gemüsegärten der Bewohner. Ein Magazin mit landwirtschaftlichen Maschinen und prallen Getreidesäcken, danach trockenes Weideland mit Stechgras und Disteln, Getreidefelder und die macchiaüberzogenen Hügel im Hintergrund. Ziegen meckern und warten auf Wasser. Tiefblau leuchtet das Meer. Der Weg führt zum *Kap mit dem Leuchtturm*, bei dem sich ein Gärtchen mit Unterstellplatz für Esel und Ziegen befindet. Die Küste läuft hier flach aus, ab und zu wächst Schilfgras. Läuft man den Strand südostwärts weiter, folgen Feinkiesbuchen.

Fußmarsch nach Nordosten: Ein Weg führt zur *Kapelle* oberhalb des Ortes. Von hier weiter Blick rundum und auf die Nordostseite der Insel mit vielen Meereseinbuchtungen. Kleine, aus Steinen aufgeschichtete Gemäuer mit Schießscharten zeigen auf Lošinj und die Bucht von Ustrine, deren Häuser im Dunst liegen. Die Luft ist würzig, die karge Hochebene duftet von Salbei, Zistrose und Thymian. Nach unten Blick auf eine Bucht, in der Jachten ankern.

Insel Lošinj → Karte S. 202

Der Leuchtturm am Südkap von Unije

Blick auf das „Untere Dorf" mit Sandstrand – im Herbst verwaist

Insel Susak

Die Insel wirkt wie ein großer, schilfrohrbewachsener Sandhaufen, dessen Sand jedoch nur selten die Steilhänge bis ans Meer hinabrutscht. Einen einzigen Sandstrand gibt es, und der lockt viele Besucher, meist Tagesausflügler, auf die autofreie Insel. Doch wer länger bleiben möchte, findet hier Ruhe und Stille.

Aus der Ferne vom Schiff betrachtet erscheint die 3,8 km^2 große Insel Susak wie ein Klotz, der allmählich aus dem Dunst auftaucht, während Unije und die Kulisse von Lošinj langsam darin versinken. Aus der Nähe sind über den Steilabhängen aus Sandstein weingrüne Hochflächen zu erkennen, auf denen verstreut ein paar Natursteinhäuser stehen. Ein paar schöne Wanderwege überziehen die Insel, u. a. zum Aussichtsberg *Vela Straža* (91 m).

Vom Kirchturm der Sv. Nikola-Kirche von 1770 überragt, zieht sich das Dorf vom Berg über den Hauptplatz zum Anlegeplatz hinab. Es ist unterteilt in **Gornje Selo**, das alte, obere Dorf, und **Donje Selo**, das neue, untere Dorf – dazwischen der neue Betonweg und der alte, schöne steinstufige Hohlweg, der beide Ortsteile verbindet. Ein Labyrinth aus verwinkelten Gassen mit uralten Häusern, abblätternden Fassaden und oft verschlossenen Fensterläden empfängt im alten Dorf den Besucher, aber auch hier wird kräftig saniert. **Sv. Nikola** wurde 1770 mit den Steinen aus Istrien erbaut, im Innern ein Holzkreuz aus dem 12. Jh. Der Kirchplatz mit weitem Blick über das Meer und auf Lošinj wurde erneuert und lädt zur Rast ein. Die Ruinen am Dorfrand sind vom Grün, v. a. Schilf, überwuchert, das sich von allen Seiten ins Dorf hineindrängt. *Achtung*: Auch hier sind ab Ende September/Anfang Oktober leider die meisten Läden und Lokale geschlossen, v. a. wer am Sonntag anreist, findet verschlossene Türen.

Auf der Inselhochebene die **Kapelle Marijnega Oznanjenja na artu** von 1930 und ein **Friedhof** mit glänzend-weißen Grabsteinen, die fast alle denselben Familiennamen tragen. Pfade führen an Mauerresten vorbei durch Weinplantagen und enden oft im Schilf. Vor der großen Auswanderungswelle 1964 wurden hier zwei Millionen Weinstöcke bearbeitet, heute gibt es noch 60.000 alte Weinstöcke (Sujcan, Troišćina). 30.000 neue (Cabernet Sauvignon und Muscat) ließ ein italienischer Unternehmer anpflanzen.

Trotz der kurzen Entfernung zum Festland und zu den Nachbarinseln hatte Susak schon immer eine Außenseiterrolle, wie die Inseltracht und der mittelalterliche kroatische Dialekt belegen. Seekarten dokumentieren den Inselnamen Sansacus und Sansegus. Im 11. Jh. wurde die Insel erstmals schriftlich vom venezianischen Geschichtsschreiber John Deacon unter *Sansegus* erwähnt, der 844 die Kaperung einer venetianische Flotte unter den Sarazenen nahe der Insel dokumentierte. Bereits die Illyrer hinterließen ihre Befestigungsanlagen, die Römer hatten hier von 177 v. Chr. bis 476 ihre Villae rusticae, zudem bauten sie Wein und Früchte auf dem fruchtbaren Boden an. Vom 11. bis 13. Jh. waren Benediktiner die Inselherren, sie errichteten ein Kloster und Wehrmauern. Danach herrschten bis 1797 die Venezianer, kurz Napoleon und ab 1815 bis zum Ende des Ersten Weltkriegs die Habsburger. Bis 1945 verweilte Susak unter dem Königreich Italien, war bis 1947 besetzt durch deutsche Truppen, dann gehörte es zur Förderativen Volkrepublik Jugoslawien. Anfang des 19. Jh. erlebte die Insel einen Aufschwung durch Wein- und Gemüseanbau sowie durch den Tourismus, ihre Ende des 19. Jh. Einzug hielt, wie auch auf Lošinj. Der Sandstrand wirkte anziehend und eignete sich gut zum Kuren. Auch der Fischfang wurde immer bedeutsamer, vor allem durch die Fischverarbeitungsfabrik am Hafen, die von 1939 bis 1964 viele Menschen ernährte. Zwischen den Weltkriegen und vor allem in den 1960er- und 70er-Jahren sind die meisten der Bewohner nach Amerika, nach Hoboken in New Jersey ausgewandert. Grund für diese Massenemigration waren Gesetzesänderungen im damaligen Jugoslawien, die kaum mehr einen Verdienst zuließen. Heute leben nur noch rund 150 Menschen hier. Die alten Männer sitzen in den Bars, die wenigen Jungen langweilen sich. Doch wenn im Hochsommer Jachten und Ausflugsboote die Urlauber an Land bringen, die Emigranten wieder auf ihrer Insel eintrudeln und die verschlossenen Türen und Fensterläden öffnen und das Reparieren beginnt, wird es lebendig. Dann tanzen die Dorfschönen in der Volkstracht, zeigen die stämmigen, rotbestrumpften Beine, als wollten sie daran erinnern, dass der Minirock keine Erfindung der 1960er-Jahre ist.

Auch auf dieser Insel kommt das Trinkwasser per Schiff, d. h. Wassser sparen!

Information   Tourismusverband (→ Mali Lošinj, www.visitlosinj.hr). 51561 Susak. Nur im Juli/Aug. hat die kleine Infostelle geöffnet.

Verbindungen   Personenfähre Mali Lošinj–Susak–Mali Lošinj (→ Unije; Ilovik), 2-mal tägl. u. a. nach Mali Lošinj.

Katamaran Rijeka–Cres–Susak–Mali Lošinj, 1- bis 2-mal tägl.

Ausflugsschiffe zur **Insel Susak** in der Hauptsaison tägl. von Mali Lošinj aus.

Einkaufen   Es gibt Souvenirläden, Bäcker, Konditorei, gut ausgestatteten **Supermarkt** am Anlegeplatz und weitere kleine Läden,

leider ab Okt. nur werktags und morgens geöffnet. **Laden Vala** (℡ 091/3956-677, Fr. Lidija Paleka) hat ganzjährig offen.

Die Bewohner verkaufen roten Inselwein, Weintrauben oder was sie gerade anbieten können. Am Hauptplatz gibt es in der Saison **Stände** mit Obst, Gemüse und Fisch.

Anlegen/Hafenamt   Es gibt 30 Bojen, Susak 396, ℡ 095/5390035 (mobil, für Reservierung). luka-susak.com; http://visitlosinj.hr/resources/brochures/Visit-Susak-DE.pdf.

Post   Am Hauptplatz, nur Saison, 8–12/19–21 Uhr.

Insel Lošinj → Karte S. 202

Veranstaltungen Dani Križeva (Tag des Kreuzes) in der Sv.-Nikola-Kirche, 3. So im Juli. **Emigrantentag**, am letzten So im Juli, mit Konzert und Folkloretanz.

Übernachten Privatzimmer und **Appartements**, direkt über die rund 15 Vermieter (meist jedoch nur 1–2 Unterkünfte). Ansicht u. Kontakte über den Tourismusverband, www.visitlosinj.hr.

Mehrere Unterkünfte u. a. bei: *** **Appartements Hekrvi**, 3 Appartements ganzjährig. Fam. Lidija Hekrvi, Susak 293, ✆ 051/239-045, 098/1939-894 (mobil), www.susakapartmani.com.

*** **Appartementhaus Tarabokija**, 2 Zimmer und 5 Appartements. Fam. Gaudenzija Tarabokija, Susak 389, ✆ 098/1939-894 (mobil), www.susak-apartmani.com.

Warten auf die Saison …

*** **Hotel-Restaurant Sansegus**, im alten Ortskern oben am Berg steht das hübsche Haus mit seinen blauen Fensterläden. Auf der lauschigen Terrasse speist man köstlich, u. a. Lamm mit Inselkräutern, Ente von der Insel Srakane, Šurlice mit Tomatensauce oder hausgemachtes Brot. DZ/F ab 100 €. April–Nov. Neben diesem Hotel gibt es unter gleicher Ltg. restaurierte Appartementhäuser im Ort zu mieten. Susak 90, ✆ 051/239-013, www.susak.si.

Essen & Trinken In der Saison von Mai/Juni bis Ende Sept. haben viele **Lokale** geöffnet, danach schließt fast alles; wer sich hier nach einer Anmeldung einquartiert, für den wird sicherlich gekocht.

Restaurant Ankora, kurz vor dem Hafen, mit überdachter Terrasse. Die Spezialitäten sind fangfrischer Fisch, Scampi oder Lammbraten (von der Insel). Susak 13, ✆ 099/8388-909 (mobil).

》 Mein Tipp: Konoba-Appartements Barbara, im alten Ortskern hinter dem Kirchplatz. Kleines Lokal mit Gemälden an den Wänden und nettes Sitzen auf der Terrasse. Fisch- und Fleischgerichte wie Insellamm, Sardinen oder Tintenfisch (vor der Insel Susak frisch gefangen) und guter Inselwein. Die Besitzerin Barbara Bušić-Ribarić gibt gute Infos und ist Dorflehrerin. Auch ganzjährige *** Zimmer-/Appartementvermietung (2–3 Pers.), ab 30 € (TS ab 40 €), auch WiFi. Fam. Barbara Bušić, Susak 603, ✆ 051/239-128, 098/9035-479 (mobil). 《

Konoba Vera, im unteren Dorf, westlich. Im kleinen Inneren oder auf der Terrasse gibt es u. a. fangfrische Tintenfische oder Schwarzes Risotto, dazu guten Inselwein. Susak 67, ✆ 098/9067-056 (mobil).

Cafébar, unten im Dorf nahe Touristinfo, der sog. Emigrant's Pub. Wenn alles geschlossen hat, bekommt man hier sicherlich zumindest ein Bier oder einen Travarica. Der „Treff" ist ganzjährig geöffnet.

Baden und Wandern

Der flachsandige Strand beim Ort ist in der Saison oft mit Tagesausflüglern überfüllt. Etwas ruhiger ist der Sandstrand **Bok** (Bucht); er ist vom Hafen aus Richtung Osten am Meer entlang in ca. 0:25 Std. zu Fuß zu erreichen. Die Bucht ist ins Grüne eingebettet und von ein paar Ruinen umgeben. Gegenüber sind Unije, Male und Vele Srakane, Lošinj und – abends – das rot leuchtende Küstengebirge zu sehen. Wer auf der Insel länger verweilt, kann über Pfade zu den stilleren Felsbadebuchten an der Südwestküste wandern. Vorsicht: auf im Gras verborgene Schlangen achten. Es soll auch Skorpione geben!

Die 1300 m lange Krički most ist Krks wichtigste Verbindung zum Festland

Insel Krk

Nähert man sich der Insel über das gewaltige Brückenbauwerk der Krički most, zeigt sich Krk von der karstigsten Seite. Doch die Insel hat viele Gesichter – von kahl und karg bis üppig und grün. Durch Brücke, Flugplatz und ein enges Straßennetz ist die Insula Aurea, die Goldene Insel, die verkehrstechnisch am besten erschlossene Insel Kroatiens.

Krk ist ein bisschen größer als Cres und mit 410 km² die größte der kroatischen Inseln; rund 16.500 Einwohner leben hier. Erreichen kann man sie nicht nur per Fähre, sondern auch über die *Krički most,* eine beeindruckende Brücke, die sich 60 m über dem Meer in zwei Bögen und einer Gesamtlänge von 1310 m über den Meeresarm spannt. Wegen der guten Verkehrsanbindungen ist die Insel zur Hauptsaison vor allem in den Touristenzentren Njivice, Malinska, Krk, Punat und Baška oft überfüllt – trotz zahlreicher Badestrände und großer Campingplätze. Zudem ist Krk ein beliebtes Wochenendziel der Städter vom Festland, die hier auch viele Ferienwohnungen besitzen. Wer gerne wandert, findet vor allem im Süden der Insel ein gut präpariertes und markiertes Wegenetz. Auch konditionierte Mountainbiker sind hier zuhause, ein Fahrradweg führt neben der Straße von Malinska nach Krk. Wer die Insel umrunden möchte, kann dies auf dem *Franziskusweg* tun, möglich auf 6 Etappen (insg. 100 km, 3200 Höhenmeter), zu Fuß, teils auch mit dem Mountainike (Infos: www.franziskusweg-krk.com).

Bleiche Steinwüsten und eine schwer zugängliche Küste findet man im Nordosten und Osten. Grün wird die Insel im Westen, gegen Südwesten wächst Mittelmeerwald. Im bergigen Süden liegt die mit 569 m höchste Erhebung von Krk, der

Obzova. Flach wird es im Norden. Dort liegt der *Omišalji-See,* ein sehr wichtiges Süßwasserreservoir der Insel, trotz seiner nur 0,25 km^2 Fläche. Auch Bäche gibt es auf Krk. Sie fließen im Mitteltal, das sich von der *Bucht von Omišalj* bis zur *Bucht von Baška* erstreckt, einer fruchtbaren Landschaft mit Wiesen, Weinbergen, Kornfeldern, Olivenhainen, Obst- und Gemüsegärten. Allerdings wird nur knapp ein Zehntel der Inselfläche landwirtschaftlich genutzt. Neben Viehzucht und Fischerei bilden die petrochemische Industrie im Nordwesten und vor allem der Tourismus wichtige Erwerbszweige.

In den Wäldern hat man Damwild und Wildschweine ausgesetzt, außerdem Fasane, die oft in Scharen auftreten. Im südlichen Inselgebirge horsten die riesigen Gänsegeier. Das Wappentier von Krk ist allerdings die Eule. Bei Bergwanderungen auf die meist sehr träge, aber giftige Hornotter (vipera ammodytes) achten (→ Fauna).

An lukullischen Spezialitäten gibt es den süffigen, goldgelben Wein *Žlahtina,* der in der Gegend um Vrbnik wächst, und *Šurlice,* eine gedrehte Nudel, die meist auch hausgemacht auf den Tisch kommt und gerne zu Gulasch oder Škampi gegessen wird, sowie den Schafskäse *Magriž,* der vor allem im Gebiet Kornić östlich von Krk hergestellt wird.

Wichtiges auf einen Blick

Telefonvorwahl: 051

Fährverbindungen: *Trajekt* (Jadrolinija, www.jadrolinija.hr) *Valbiska–Lopar (Insel Rab),* ganzjährig; Juni–Sept. 4-mal tägl. um 7.45, 11.45, 16, 20.30 Uhr (Mo um 21 Uhr); von Jan.–Mitte April tägl. um 7.40 u. 17.45 Uhr (zusätzlich an So/Feiertag 14.45 u. 19.15 Uhr); restliche Monate 7.20 u. 18.20 Uhr (zusätzlich an So/Feiertag 14.45 u. 19.15 Uhr). 37 KN/Pers., Auto 225 KN; Fahrzeit 80 Min.

Trajekt Valbiska–Merag (Insel Cres), ganzjährig; in der Saison 0.01–22 Uhr (12-mal), in HS bis 22.30 Uhr (13-mal); im Winter 8- bis 10-mal. 18 KN/Pers., Auto 115 KN. Fahrzeit 25 Min.

Zwischen Crikvenica und Šilo verkehren nur Taxiboote.

Brückenverbindung: Die Verbindung zum Festland über die Krićki most ist mautpflichtig und kostet 35 KN/Pkw.

Busverbindungen: Regelmäßige Verbindung vom Hauptort Krk nach Rijeka (64 KN, ca. 14-mal tägl., 1:24 Std.), Zagreb (118 KN; ca. 10-mal tägl., ca. 4:15 Min); auch gute Inselbusverbindungen.

Flugverbindungen: *Flughafen Rijeka* (Zračna luka Rijeka), Hamec 1, Omišalj (Insel Krk, ca. 30 km südl.), ✆ 051/842-040, Flug-Info ✆ 051/842-132, www.rijeka-airport.hr. Am Flughafen (geöffnet 8–20 Uhr) gibt es Café, Infobüro, Duty-Free-Shop, Mietwagen, Gepäckaufbewahrung. Bus Autotrolej (Fahrplan beachten!) ab Jelačić trg bis Flughafen-Terminal 50 KN oder Taxen ab 56 €.

Tankstellen: Omišalj, Malinska, Krk, Valbiska.

Geldwechsel/Post: in allen großen Orten Banken, zumindest aber Bankomaten. Postämter in jedem Ort.

Autoverkehr: Achtung, am Fr Nachmittag gen Brücke und So Abend zurück gen Rijeka herrscht starker Ausflugsbzw. Rückfahrtverkehr. Viel Zeit und kilometerlange Staus einkalkulieren oder zu anderen Zeiten fahren!

Geschichte

Krk war schon in früher Vorzeit besiedelt – man findet Überreste aus der jüngeren Steinzeit sowie Wallburgen und Hügelgräber der Liburner. Bei den alten Griechen und Römern wird Krk als *Curicum* erwähnt – ein eigenständiges, städtisches Gemeinwesen, dessen Bewohner das Privileg des römischen Bürgerrechts besaßen. Viele Funde stammen aus dieser Zeit.

Im Verlauf der slawischen Völkerwanderung besiedelten die Kroaten die Insel vom Festland her, das byzantinische Dalmatien schrumpfte auf ein paar befestigte Städte wie Krk, Osor, Rab, Zadar, Trogir, Split, Dubrovnik und Kotor. Aus der Zeit des ersten kroatischen Staats, um 1100, stammt die *Tafel von Baška,* eine Schenkungsurkunde. In der Zeit, als Ungarn-Kroatien mit Venedig um Dalmatien stritt, erstarkten die Herren von Krk als lachende Dritte. Die *Frankopan*-Fürsten, wie sie sich später nannten, waren Beschützer der glagolitischen Volkstradition. 1288 wurde das alte kroatische Gewohnheitsrecht in einem Gesetzbuch zusammengefasst, das auf Kroatisch und in der *Glagoliza* niedergeschrieben wurde. Bis 1480 konnten sich die Frankopanen-Fürsten gegen Venedig behaupten, dann gerieten sie untereinander in Streit und diesmal durfte sich der venezianische Doge freuen. Krks wechselvolle Geschichte bis zum Ersten Weltkrieg teilen auch die anderen Kvarner-Inseln.

Glagoliza – die glagolitische Schrift

Die Glagoliza ist eine altslawische Schrift mit eigenen, aus dem Griechischen, Orientalischen und Slawischen abgeleiteten Formgebungselementen. Wahrscheinlich wurde sie im 9. Jh. von dem „Slawenapostel" Kyrillos aus Saloniki im Zuge seiner Bibelübersetzung zum besseren Verständnis des Inhalts geschaffen. Auf Krk ist die „Glagoliza" heute noch in vielen Steininschriften, Handschriften und Drucken zu sehen.

Grundlage der glagolitischen Schrift sind die griechischen Kleinbuchstaben, die Lettern sind orientalischen Alphabeten entlehnt und wurden an die Lautbesonderheiten der slawischen Sprache angepasst und umgestaltet. Die Schrift fand Eingang in die slawische kirchliche Literatur und ist trotz des Widerstandes der lateinisch orientierten Papstkirche in ihrem westlichsten Verbreitungsgebiet (Istrien, nordadriatischer Raum mit Zentrum Insel Krk) bis in die Gegenwart erhalten geblieben.

Omišalj

In der Hauptsaison bevölkern Hotelgäste, Camper und Wochenendausflügler aus Rijeka die historische Stadt mit ihren 2000 Einwohnern – Omišalj ist neben Krk der älteste Ort der Insel. Unweit von Flughafen und Industrieanlagen thront er trutzig auf einem 82 m hohen Berg über dem Meer.

Weit schweift der Blick über die Bucht bis Opatija und die Insel Cres. Die Bucht ist heute von Industrieanlagen geprägt, dennoch lassen es sich viele nicht nehmen, hier ihren Badeurlaub zu verbringen. Vielleicht deswegen, weil Omišalj noch einer der wenigen ruhigen und gemütlichen Orte der Insel ist. Schmale Gassen führen an Natursteinmauern und Häusern mit gepflegten Gärten entlang – eine Oase der Ruhe. Rund um Omišalj wurden schöne Rad- und Wanderwege angelegt, hinzu kommen die alten Uferpromenaden zum Flanieren.

Die schöne Aussicht, die früher im Wortsinn ungetrübt war, lockte schon vor Jahrhunderten Menschen nach Omišalj. Im Mittelalter gehörte Omišalj zu den vier frankopanischen Städten. 1420 sicherten die Inselfürsten die Stadt durch ein Kastell, das erst im 20. Jh. niedergerissen wurde.

Basis-Infos

Information   Touristinformation (TZO), Prikeste 20 (Fußgängerzone), 51513 Omišalj, ☎ 051/841-042, www.tz-njivice-omisalj.hr. Juli/ Aug. Mo–Sa 8–21, So 8–12/18–21 Uhr; Mai/ Juni, Sept. Mo–Fr 8–15, Sa 8–13 Uhr. Außerhalb der Saison über Njivice (→ Njivice).

Agentur Su-Mo Tours, Medermunice 1 (Kreisverkehr vor der Altstadt), ☎ 051/842-230, www.sumotours.hr. Juni–Sept. Zimmervermittlung und gute Infos.

Verbindungen   Bus: Regelmäßige Busverbindung mit Rijeka, Zagreb und über die Insel.

Flug: Flughafen Rijeka/Krk (→ Wichtiges auf einen Blick).

Taxi: Von Omišalj zum Flughafen 80 KN/2 Pers. (relativ teuer für die wenigen Kilometer).

Autovermietung u. a. **Europcar**, Hamec 1 (Flughafen), ☎ 051/841-383.

Baden/Wandern   Fels-, Kies- und Sandbadebuchten. Uferweg zum alten Fischerhafen Uvala Pesja, in dem Jachten ankern. Von hier unten führt ein steiler Fußweg hoch zur Altstadt. Ein weiterer Weg führt unten am Meer entlang in Richtung Landzunge Tenka Punta.

Gesundheit   **Ambulanz**, Prikešte 15, ☎ 051/842-127. **Apotheke**, Kovačnica 11, ☎ 051/842-127.

Veranstaltungen   Am 15. Aug. wird **Mariä Himmelfahrt** gefeiert, mit Messe und Prozession. **Stomorina**, das „Fest der ersten Früchte", dauert 2 Tage, Musikkapelle und Folkloreaufführung auf dem großen Kirchenvorplatz. **Gastrofest**, jedes Wochenende im Mai. Im Sommer viele Veranstaltungen mit **Konzerten**.

Wassersport   Kleiner **Jachthafen** und Restaurant; **Hafenamt**, ☎ 051/842-053.

Übernachten/Essen & Trinken

Übernachten   An der Uferstraße am Meer gibt es einige nette **Privatunterkünfte**, je nach Kat. ab 26 € (TS 32 €) für das DZ. **Appartements** für 2 Pers. ab 42 € (TS 48 €). Meist arbeiten die Vermieter mit den Buchungsagenturen zusammen. U. a.

*** Appartments Bebek, 4 Appartements (2–5 Pers.), 50 m oberhalb vom Strand und

mit schönem Blick über die Bucht. Gut ausgestattet, auch WiFi. Veli Kijec 27, ☎ 095/3901-964 (mobil).

**** Villa Isabella, unterhalb des großen Hotelblocks Adriatic liegt das kleine, familiär geführte Hotel mit Restaurant und schöner Terrasse direkt am Meer. Gut ausgestattet. DZ/F mit Balkon 64–74 €. April–

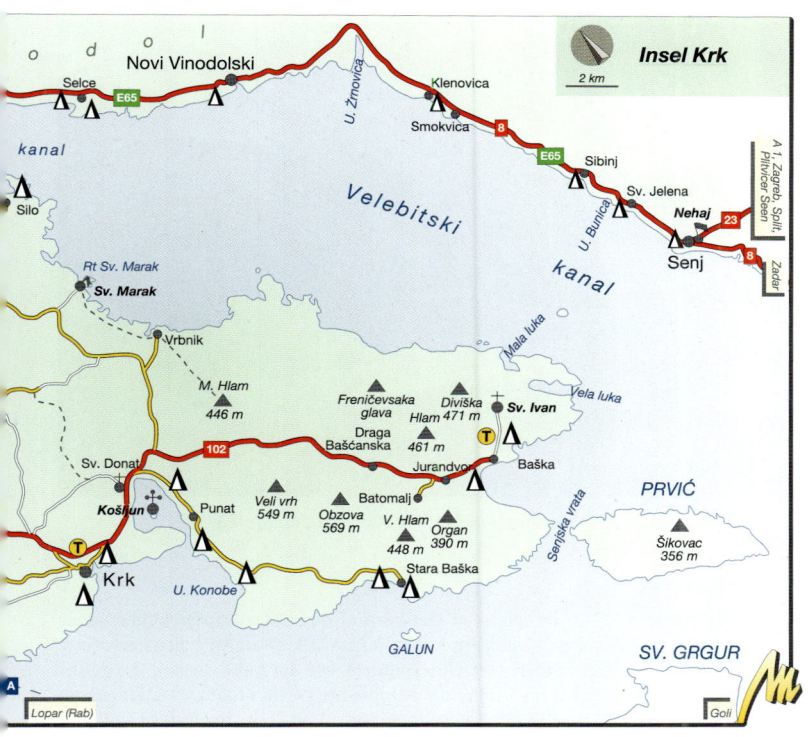

Sept. Zagradi 39, ☎ 051/841-002, www.villa-isabella.com.

** Guesthouse Delfin, kleines preiswertes Hotel mit Restaurant, am Meer und an der Einbahnstraße gelegen – beste Wahl in Omišalj. Zum Abendessen geht man am besten zu Fuß in 15 Min. hinauf in die Stadt, per Auto muss man komplett außen herumfahren. Freundlicher Service. DZ/F 80 € (TS 88 €). Stran ul. 11, ☎ 051/867-780.

Camping **** Camping Pušća-Omišalj, der 8-ha-Platz liegt ca. 4 km nördlich von Omišalj an seiner eigenen Bucht, wurde komplett modernisiert und im Juli 2017 wieder eröffnet. Es bleibt aber der Blick auf die Skyline Rijekas und die fast futuristische Anlage der Ölraffinerie gegenüber, dazu wenig Schatten. Das Gelände ist nun parzelliert und mit allem versehen, Anleger für Boote, Kinderspielplatz, Animation, Restaurant und Bar, schöne Mobilheime, Pool. Flach ins Wasser abfallender Kiesstrand.

April–Okt. www.autocamp-pusca.com. Neue Ltg. unter: www.hadria.biz.

Essen & Trinken Eine Spezialität dieser Gegend sind „Thunfischsteaks", die in allen guten Lokalen erhältlich sind.

Konoba Ulikva, beschaulich und nett unter einem Olivenbaum beim Kirchplatz. Von hausgemachter Pasta bis hin zu Fisch und Thunfisch ist alles schmackhaft. Ganzjährig tägl. ab 9 Uhr. Put Dudca 20, ☎ 051/841-004.

Restaurant Trep's, guter Service und gutes Essen in nettem Ambiente. Man speist im gemütlichen Innern, im Hinterhof unter ausladenden Feigenbäumen oder vor dem Haus. Es gibt Fisch-, Fleisch-, Nudel- und Reisgerichte sowie leckere Thunfischsteaks. Prikešte 23, ☎ 091/6216-633 (mobil).

Beach bar Pesja, hier sitzt man direkt am Meer und isst gut und preiswert Fisch, Fleisch, Šurlice. Geöffnet Mai–Sept.

Omišalj – das römische Fulvinium übersteht auch die heutige Zeit

Sehenswertes

Eine Fußgängerzone führt in den alten Ortskern und zur **Marienpfarrkirche**, einer dreischiffigen romanischen Basilika aus dem Jahr 1213. Die große Fensterrosette von 1405 schuf Meister *Sinoge*. Der Glockenturm wie auch die an den Turm anschließende Loggia wurden im 16. Jh., die Kuppel im 17. Jh. erbaut. Das Eingangsportal der Kirche ziert ein Flechtwerkornament aus dem 9. Jh., im Innern sind glagolitische Inschriften und die Grabplatte des letzten Benediktinerabts aus dem Jahr 1471, ebenfalls mit glagolitischer Inschrift, zu sehen.

Kleine verwinkelte Gassen führen durch den Ort, dessen Harmonie nur die gelben Straßenkugelleuchten stören. Am Ortsende, wo sich das romanische **Kirchlein Hl. Anton** mit offener, säulengetragener Vorhalle duckt und der einstige **Wasserturm** steht, kann man nach Rijeka hinübersehen, das nachts als Lichtermeer herüberstrahlt. Hinab zum Meer gelangt man durch die grüne Oase **Park Dubec** über Stufen und Wege.

In der Bucht von Sepno prallen Gegenwart und Vergangenheit krass aufeinander. Einst stand hier das römische **Fulvinium**, in dem eine Pilgergemeinschaft lebte. Man sieht auf dem großen Gelände, bewachsen mit Zypressen und Oliven, Ruinen der frühchristlichen *Basilika Mira* aus dem 5. Jh. und der mittelalterlichen Benediktinerabtei *Sv. Nikola* – und eben Raffinerie, Pipeline und Tankerhafen und ruhige Badestellen.

Njivice

Auf der *Krčka Magistrale* weiter landeinwärts zeigt sich, dass die „Mondinsel" recht grüne Seiten hat: erst Buschwerk, dann Bäume und ein Süßwassersee. Von der *Krčka Magistrale* führt eine Abzweigung nach Njivice.

Der am Hang liegende 1500-Einwohner-Ort und einstige Landbesitz der Frankopanen zieht sich mit vielen in Grün gehüllten Privat- und Ferienhäusern hinab zum Meer und ist fest in den Händen des Tourismus, vom einstigen Fischerdörfchen ist fast nichts geblieben. Leicht verliert man die Orientierung, nimmt man nicht den richtigen Abzweig zum kleinen Zentrum auf der Halbinsel am Meer. Nördlich des Zentrums liegen die Hotels, der Campingplatz und ein Sportzentrum. Gebadet wird rund um Njivice.

Basis-Infos

Information Tourismusverband (TZO), Ribarska obala 10, 51512 Njivice, ✆ 051/846-243, www.tz-njivice-omisalj.hr. Öffnungszeiten wie Omišalj.

Aleta-Tours, Primorska 10 (Kreuzung zum Zentrum), ✆ 051/847-333. Zimmervermittlung, Ausflüge.

Klub Tours, Draga 33, ✆ 051/847-664, ✆ 098/1679-508 (mobil), www.appkrk.com. Zimmervermittlung.

Verbindungen Regelmäßiger **Busverkehr** zu allen Inselorten. **Touristenbus** 2-mal wöchentlich nach Omišalj und zur Biserujka-Höhle.

Gesundheit Ambulanz, im Hotel Jadran, ✆ 051/846-846. **Apotheke**, Ribarska obala 10, ✆ 051/847-030.

Veranstaltungen Die meisten Feste finden gemeinsam mit Omšalj statt.

Sport Die Hotels verleihen Surfbretter, Paddelboote, Wasserski, Fahrräder; außerdem Minigolf, Tischtennis und Surfschule im Hotel Beli Kamik und bei beiden Hotels Tennisplätze.

An der Uferpromenade **Wassersportzentrum** mit Tauchclub **Pelagos Diving Center**, Primorska cesta 30, ✆ 098/464-613 (mobil).

Übernachten/Essen & Trinken

Übernachten Großes Angebot an **Privatunterkünften**, je nach Kategorie ab 34 €/DZ.

*** Hotel Beli Kamik, die Anlage oberhalb des Meeres wurde 2013 modernisiert. Es gibt vielfältige Sportmöglichkeiten (Tennis, Minigolf etc.) und Kinderanimation. Fels- und Betonliegeflächen. DZ/F ab 110 € (TS ab 140 €). Primorska cesta 40, ✆ 051/846-222, www.njiviceresort.com.

*** Hotel Jadran, an der Uferpromenade mit schönem und gutem Restaurant und freundlichem Personal. Fels- und Betonliegeplätze. Moderne, gut ausgestattete Zimmer. DZ/F ab 100 € (TS ab 130 €). ✆ 051/661-444, Primorska cesta b. b., www.njivice resort.com.

**** Hotel Miramare, ebenfalls direkt an der Uferpromenade, schöne Zimmer mit Meerblick und Balkon, gutes Restaurant. DZ/F 115 € (TS 150 €). Ribarska obala 4, ✆ 051/867-740.

Camping ***** Autocamp Njivice**, 14-ha-Platz mit angelegtem Kiesstrand und betonierten Liegeflächen, abseits FKK. Supermarkt im Holzhaus, Stellflächen im Laubwald; es gibt Kinderspielplatz und Animation sowie diverse Wassersportmöglichkeiten. Das Gelände wurde parzelliert, es gibt auch sehr schöne Mobilhäuser (2+2, mit Terrasse u. Sonnenliegen). 8,60 €/Pers. (TS 9,60 €), Parzelle ab 19 € (TS 22 €). Anf. April–Okt. ✆ 051/846-168, www.kampnjivice.com.

Essen & Trinken Es gibt einige Restaurants. Zu empfehlen:

Restaurant Rivica, traditionsreich und gut seit 1934. Hübsche Gartenterrasse unter schattigen Palmen und Kastanien, mit Blick auf den Hafen; innen sehr gediegen. Fisch- und Fleischgerichte, leckere Hausweine. Ribarska obala 15, ✆ 051/846-101.

Pizzeria Bukaleta, an der Uferpromenade. Die Pizzen werden gelobt. Primorska cesta 30, ✆ 099/6009-296 (mobil).

Konoba Vijon, ebenfalls direkt an der Uferpromenade; hier kann man gute Pizzen und Fischgerichte speisen. Ribarska obala 7, ✆ 051/846-842.

Café-Bar Sunset Beach, nächtlicher Treff an der gleichnamigen Kiesbucht etwas südlich des Hotels Miramar.

Beachbar Popeye, am Kijak Strand.

Baden

Außerhalb des Ortes Fels- und Kiesbadebuchten; z. B. der Feinkiesstrand am **Sunset-Beach** südlich des Orts. Rund 1,5 km südlich die schöne Kiesbucht **Uvala Kijak**, der südliche Teil ist nun als Hundestrand deklariert. Nördlich des Camping- platzes gelangt man über einen Fußweg zu schönen FKK-Buchten, z. B. **Uvala Dražica, Uvala Dumboka** und **Uvala Blatna**. Von den Buchten aus sieht man bei klarem Wetter bis Cres und gen Küstenland von Rijeka. Nach Malinska folgt der „*Paradiesweg*" dem Küstenverlauf, das Landspitzchen Čuf abschneidend – immer wieder finden sich hier Bademöglichkeiten.

Malinska

Das 2000-Einwohner-Dorf an einer weiten, bewaldeten Bucht mit kleinem Hafen ist heute ein Seebad, durch Neubauten riesig erweitert und mit einigem Rummel im Sommer. Städter aus Rijeka und Karlovac haben hier ihre Appartementhäuser. Auch Jugendliche kommen gern in den Ort, denn hier gibt es eine der wenigen Dis- kotheken der Insel. An der mit Palmen und schattigen Bäumen bestandenen Strandpromenade reihen sich Lokale, Souvenirläden und viele Cafés. Im 19. Jh. war Malinska der Verschiffungshafen für das mit Flaumeichen bestandene Hinterland. Die verkehrsarme Umgebung lädt zu Erkundungen und zum Mountainbiken ein. Altertümer finden sich u. a. im Weiler Porat.

Basis-Infos

Touristinformation TIC, Obala 46, 51511 Ma- linska, ℡ 051/859-207, www.tz-malinska.hr. Mitte Juni–Mitte Sept. 8–21 Uhr, sonst Mo– Sa 8–15 Uhr.

Agentur Apolinar, Dubašljanska 71, ℡ 051/869-011, www.apolinar.hr. Ganzjährig.

Agentur El Pi Tours, Sveti Vid – Miholjice 202, am Ortseingang nach der Straßenkreu- zung links, ℡ 051/859-770, www.elpi-tours. com. Mitte Juni–Mitte Sept. tägl. 8–21 Uhr, sonst Mo–Fr 8–15 Uhr.

Verbindungen Regelmäßiger **Busverkehr** nach Krk und Rijeka.

Auto Großer **Parkplatz** beim Einkaufszen- trum. **Tankstelle** an der Durchgangsstraße, kurz nach dem Einkaufszentrum. **Werk- statt**, Novo naselje 17, ℡ 051/859-491.

Gesundheit Apotheke, Lina Bolmarčića 33, ℡ 051/859-387. **Ambulanz**, Lina Bolmar- čića b. b., ℡ 051/859-194 und 859-917.

Baden Nördlich, in Richtung Kap Čuf, Fels- und Kiesbadebuchten, auch in südlicher Richtung, jedoch überall sehr überlaufen.

Sport Paddelboot-, Wasserski-, Ruder- bootverleih, **Surfschule**, an der Uferprome- nade (nur HS).

Fahrradverleih, am großen Parkplatz beim Einkaufszentrum.

Tauchbasis Submalin (www.submalin.de), die Basis ist am Hotel Malin. U. a. Tauch- ausfahrten, Nacht- und Wracktauchen. Kralja Tomislava 23, ℡ 098/449-195 (mobil).

Correct Diving (→ Glavotok).

Veranstaltungen Musik- und Folklorever- anstaltungen, Ausstellungen im Juli und August.

Übernachten/Essen & Trinken/Nachtleben

Übernachten Privatzimmer, je nach Nä- he zum Meer ab ca. 40 € fürs DZ; Apparte- ments für 2 Pers. ab 40 €. Das Angebot ist groß, am besten erkundigt man sich auf der Webseite von TIC.

*** Hotel Adria, kleines 39-Zimmer-Hotel mit gutem Fischrestaurant und hübscher Ter- rasse mitten im Zentrum an der Uferprome- nade am Hafen. Ruhig und preiswert schläft man in der NS! Einfache DZ/F

Malinskas schöne Hafenpromenade

mit/ohne Balkon u. Meerblick 89/79 € (TS ab 110/101 €). Obala 40, ☎ 051/859-131, www. hotel-adria.com.hr.

Hotel Malin, ganz im Süden des Ortes. Verschieden große Zimmer, Suiten und Familienzimmer, meist mit Balkon. Vom Restaurant Royal im obersten Stockwerk mit großer Terrasse schöner Blick aufs Meer. Üppig wuchernder Garten mit Liegewiese, Strandbad mit betonierten Liegeflächen, etwas Kies, kleiner Hafen. **Tauchschule Submalin** hat hier ihre Basis. DZ/F mit Balkon u. Meerseite 156 € (TS ca. 170 €). Preiswerter die Dependance Draga. April–Mitte Okt. K. Tomislava 23, ☎ 051/850-234, www.hotel malin.com.

》》Mein Tipp: **Blue Waves Resort**, das Gebäude im modernen Design und in Erdfarben liegt südlich des Ortes, oberhalb vom Strand an der Uferpromenade. Es gibt Economic- u. Standard-Zimmer, Suiten, Familienzimmer, Wellness, Pool, ein gutes Restaurant, Bar und einen herrlichen Blick von der Terrasse. Zudem Animation für Groß und Klein und guter, freundlicher Service. DZ/F ab 154–189 € (Eco-Superior-Meerblick). April–Okt. Rova 22, ☎ 051/654-002, www.bluewaves.hr. 《《

Hotel Villa Rova, freundlicher Familienbetrieb in Alleinlage auf schönem grünen Gelände nahe dem Meer, kurz vor Porat im Ortsteil Vantačiči. 2015 komplett renoviert; mit Restaurant und kleinem Spa. 15 komfortable DZ/F 210 €. Ganzjährig geöffnet, bestens in der preiswerten NS. Rova b. b., ☎ 051/866-100, www.hotel-vila-rova.com

Hotel Pinia (→ Umgebung).

Camping Es gibt etliche kleine * Privatcamps, der Rasen vor den Häusern dient als Stellfläche.

Camp-Appartements Draga, es gibt im Garten 10 Parzellen zum Campen, zudem auch 2 Appartements. 6 €/Pers., Camper 6,30 €. April–Mitte Okt. Palih boraca 4, ☎ 051/859-905, www.campdraga.com.

Essen & Trinken **Restaurant-Pizzeria Matteo**, sehr beliebtes Lokal auch bei Einheimischen. Es gibt leckere Pizzen, Pasta und auch Fischgerichte. Joakima Tončića 7 (nördl. des Hafens und der Promenade), ☎ 051/858-150.

Konoba Bracera, wer gerne Fisch isst, ist hier richtig – die Wirtsleute haben ihr eigenes Fischerboot. Auf den Teller kommt, was der Tagesfang brachte. In der HS ist kaum ein Platz zu ergattern. Ganzjährig. Kvarnerska 1, ☎ 051/858-700.

Konoba Nino, gutes Traditionslokal mit leckerer Hausmannskost. Hausgemachte Šurlice mit Scampi, fangfrischer Fisch, hausgemachte Brötchen und süffiger Wein. Ganzjährig. Lina Bolmarčića 27, ✆ 051/843-032.

Konoba Lovačka, ca. 1 km östlich von Malinska im Ortsteil Sv. Vid auf einem Hügel. Hier isst man gute Wildgerichte. Auch Zimmervermietung. Ostern–Mitte Okt. Sv. Vid Miholjice 101 a, ✆ 051/859-925.

🌿 **Öko-Konoba Pod Murvu**, hübscher Landgasthof ca. 3 km südöstlich vom Zentrum im Weiler Milovcici. Gemütlich und ruhig sitzt man im Natursteinhaus oder auf der lauschigen Terrasse umgeben von schattigen Bäumen. Hier isst man besten fangfrischen Fisch oder Pekagerichte, auch selbstgemachten Käse. Ganzjährig geöffnet. Milovcici 20, ✆ 051/843-032. ∎

Nachtleben Viele Cafébars entlang der Uferpromenade. **Cafébar & Nightclub Maitai**, Ul. Lina Bolmarčića 38a (gegenüber Agentur Atlas, kurz vor Hafenbucht); mit DJs und Themenevents. Mai–Sept. tägl. 8–5 Uhr.

Club Boa, Nightclub und Bar, neben Bushaltestelle. Juni–Sept., sonst nur Sa. Dubašljanska 76 (Ecke Ante Starčevića).

Malinska/Umgebung

Porat: Ruhiger kleiner Ort mit Fischerhafen südlich von Malinska. Im 19. Jh. war hier der Zollhafen für Holztransporte nach Venedig. Unweit des Dorfkerns steht das *Kloster Sv. Marie Magdalene*, ein ehemaliges Franziskanerkloster aus dem 15. Jh. mit einem Altarbild der Meister Girolamo und Francesco da Santacroce. Neben einer Olivenpresse von 1850 gibt es ein kleines Museum mit Bibliothek und einem Lapidarium, das Kopien von den ältesten glagolitischen Inschriften zeigt (Juli/Aug. 9–13/18–20 Uhr). Im Atrium finden im Sommer Konzerte statt.

Baden Fußwege führen zu ruhigen **Badebuchten** mit Fels- und feinen Kiesstränden um die südliche Landzunge sowie in Richtung Malinska.

Übernachten ⟫⟫ Mein Tipp: ****** Hotel Pinia**, wer Ruhe und Entspannung sucht, ist hier richtig, zudem sehr guter Service. Das Familienhotel liegt nahe dem Pinienwald und direkt am Meer, mit eigener Badebucht und Liegeflächen. Komfortable Zimmer, von den oberen Stockwerken herrlicher Weitblick in Richtung Insel Cres. Wellnessbereich mit Pool. Es gibt Zimmer, Suiten und Familienzimmer (mit/ohne Meerblick) und auch noch die preiswertere Dependance Marica. DZ/HP ab 202 €. In der NS bestens, da preiswerter. April–Okt. Porat b. b., ✆ 051/866-333, www.hotel-pinia.hr. ⟪⟪

**** Hotel Villa Margaret, modernes 3-stöckiges Gebäude mit 35 komfortablen Zimmern, Restaurant, Wellnesscenter und Pool in direkter Meereslage; auch hier fantastischer Blick auf Cres. DZ/F ca. 200 €. Ganzjährig geöffnet, v. a. in der preiswerten NS zu empfehlen. Porat 25, ✆ 051/867-023, www.villamargaret.com.

Essen & Trinken Am Hafen einige Restaurants, die von Mitte April–Okt. geöffnet haben, u. a. **Konoba Porat**, hier werden gute Fischgerichte serviert. ✆ 051/867-046.

Über Glavotok nach Krk

Auf schmaler Landstraße geht es weiter nach Glavotok. Im Landesinneren sind die Dörfer steingrau und urwüchsig, das Buschwerk ist dicht. Es wachsen viele Flaumeichen, Steinmäuerchen durchziehen die Landschaft, ab und zu an der Straße ein Wasserloch und vereinzelt Weingärten.

Glavotok: nur ein paar Häuschen, ein Kiosk, ein Restaurant (Fisch und Omeletts) mit Pension und der nahe Campingplatz, unten am Meer ein kleines Hafenbecken voll bunter Boote und ein *Franziskanerkloster* mit Friedhof und Zypressen. 1468 schenkte der Inselfürst Ivan Frankopan das Grundstück den glagolitischen Mönchen, die darauf 1507 das Kloster und die Kirche Sv. Marija bauten. Die Klosterbibliothek birgt eine Sammlung von Büchern und Handschriften in glagolitischer Schrift.

Östlich von Glavotok liegt der kleine Weiler **Milohnići**, auf halbem Weg dorthin duckt sich das renovierte Kirchlein *Sv. Krševan* aus dem 9. Jh.

Nördlich von Milohnići, etwas landeinwärts von der großen Einbuchtung *Čavlena*, duckt sich das gut erhaltene frühchristliche Kirchlein *Sv. Kreševan,* im 11.–12. Jh. erbaut, mit seinen halbrunden Apsiden – es war eine Wallfahrtskirche der Seeleute.

An der Bucht *Mršićeva* und vor allem an der *Bujina* finden sich Anleger. Per Mountainbike ist diese Gegend bestens zu erkunden.

Einkaufen Im 3 km entfernten Milohnići gibt es einen kleinen **Supermarkt.**

Tauchen Correct Diving (Hr. Branko Gašpar), Brzac 33, ✆ 051/862-148 (Sommer), 091/7964-656 (mobil), www.correct-diving.com. Die Tauchbasis ist am Campingplatz Glavotok, bietet Tauchausflüge, Nachttauchen und Tauchkurse. Auch Unterkünfte werden organisiert. Wer nicht in die Tiefe mag, kann auch Kajak fahren, Bogenschießen etc.

Camping ⟫⟫ **Mein Tipp:** *** Autocamp **Glavotok,** vor der Ortschaft rechts an einer kleinen Bucht, gegenüber die Berge von Cres. Gostiona mit Terrasse, Minimarkt, Obst- und Gemüsestand; Bootsanlegestelle und Liegeplätze, Slipanlage. Moderne Sanitäranlagen, WiFi (gegen Gebühr) und jetzt auch noch nette Steinbungalows zur Vermietung. Der Platz liegt unter schattigen großen Föhren, davor das Meer mit weißem Klippenstrand. Nördlich davon eine Kiesbucht mit Bootsanlegestelle, Tauchclub (s. o.). Sehr schön zum Baden. Geöffnet Mitte April–Anf. Okt. Nach Glavotok kann man die Bucht entlang laufen. 11,40 €/Pers., Stellplatz (Standard–Meeresnähe) 11–31 € (TS 13,50–41 €). Glavotok 4, ✆ 051/867-880, www.kamp-glavotok.hr. ⟪⟪

🦐 **Essen & Trinken** Konoba pud Brest, im Weiler Milohnići. Freundlicher Familienbetrieb, nettes Sitzen im rustikalen Innern des Natursteinhauses oder in der lauschigen Terrassenlaube. Das Gemüse kommt aus dem eigenen Garten, ebenso eigene Schafzucht und Olivenölanbau. Es gibt leckere Pekagerichte und fangfrischen Fisch. Juni–Mitte Sept. tägl. 11–22 Uhr, sonst nur Fr–So ab 12 Uhr. Milohnići b. b., ✆ 051/862-111. ▪

Konoba Tri maruna, im Weiler Poljica, 6 km östlich von Glavotok, kurz vor Nedadići. Eine der wenigen typischen Konobas, die es noch gibt – gemütliches, rustikales Sitzen im urigen Kellergewölbe oder im Garten. Hier gibt es leckere Hausmannskost wie Lamm oder Fisch, dazu Hauswein. Juni–Sept. 13–22 Uhr, danach nur Fr–So. Poljica 17, ✆ 098/1647-106 (mobil).

Insel Krk → Karte S. 234/235

Nach rund 10 km ab Glavotok kreuzen wir die Zubringerstraße zum **Fährhafen Valbiska.** Hier legen die Fähren nach Merag (Insel Cres) und Lopar (Insel Rab) ab. Es gibt eine Pizzeria, die durchgehend geöffnet hat, und eine Tankstelle; ansonsten herrscht, wenn nicht gerade eine Fähre kommt, absolute Ruhe auf dem von dichter Macchia umgebenen großen Parkplatz.

Ostwärts und nach Überquerung der Zufahrtsstraße Valbiska, gelangen wir zum alten Ort **Vrh,** der sich auf einer Anhöhe ausbreitet. Von hier aus hat man einen schönen Blick hinunter auf Krk und Punat, die sich an der weiten Bucht gegenüberliegen, dahinter die Höhenzüge um den *Berg Obzova* mit weiß schimmernden, kahlen Kämmen. Wer mag, kann hier in Privathäusern gut und ruhig nächtigen.

🦐 **Übernachten/Essen** Agroturizam **Dvori Svetog Jurja,** südlich des Weilers Vrh. Diverse hübsche Gebäude aus Naturstein mit Terrassen und Blick aufs Meer. Hier isst man bestens aus der Peka (Lamm, Oktopus), aber auch Gemüse vom Hof, zudem hauseigenes Olivenöl und leckerer Käse und Schinken. Vermietet wird ein Steinhaus für 4+2 Pers. Mai–Okt. tägl. 13–23 Uhr, danach nur Sa/So. Bok od Brozića 100, Vrh, Ul. Vlade Tomašića 2, ✆ 091/5053-391 (mobil), www.krk-agroturizam.com. ▪

Krk – Blick auf das Bollwerk der Krker Fürsten

Krk

Hinter wuchtigen Bastionen und Stadttürmen versteckt sich die bereits in der Antike strategisch bedeutsame Seestadt. Schon seit der Römerzeit ist Krk die Hauptstadt der Insel, heute mit 3500 Einwohnern und einem Vielfachen an Besuchern im Sommer. Eine schöne Uferpromenade verläuft vom Altstadtkern entlang der buchtenreichen Küste.

Von den Römern mit einem Wall umgeben, zierte die *splendidissima civitas Curictarum* bereits antike Landkarten. Hier fand ein halbes Jahrhundert v. Chr. die Seeschlacht zwischen Pompejus und Cäsar statt. Insel und Stadt nahmen am Handel der antiken Welt lebhaft teil. Eine Menge gesunkener Schiffe, voll mit Amphoren, liegt hier am Meeresboden. Gegen Ende des 6. Jh. unterstand der Bischof von Krk dem Patriarchen von Aquileia. Im Mittelalter hatten die Frankopan-Fürsten hier ihren Herrschaftssitz. Heute ist Krk politisches und administratives Zentrum der Insel. Mountainbike- und Wanderfreunde finden auch um Krk ein schönes markiertes Wegenetz, u. a. auch ins östlich gelegene Gebiet *Kornić*, wo viele Olivenbäume gedeihen und auch der würzige Schafskäse Magriž hergestellt wird.

Basis-Infos

Information **TIC**, Strossmayera 9, 51500 Krk, ✆ 051/220-226. Beste Infostelle der Stadt. Ab Ostern bis Okt. tägl. 8–20 Uhr (Juni u. Sept. bis 21, Juli/Aug. bis 22 Uhr). Danach nur TZG.

Tourismusverband Stadt Krk (TZG), Vela placa 1, ✆ 051/221-414, www.tz-krk-hr; Info für die gesamte Insel www.krk.hr. Hier nur von Nov.–März Publikumsverkehr, Mo–Fr 8–15 Uhr.

Agentur Aurea, Ortszufahrt/Kreuzung links, Vršanska 26 L, ☎ 051/222-277, www.aurea-krk.com. Zimmervermittlung, Ausflüge, Infos. Ganzjährig.

Agentur Krk Info, Slavka Nikolića 34 (Zufahrtsstraße zur Altstadt), ☎ 051/222-222, www.infokrk.com. Zimmervermittlung.

Agentur Gaber, links gegenüber Aurea, ☎ 051/221-570. Zimmervermittlung etc.

A-Travel – Autotrans, Šet. Sv. Bernardina 3 (Busbahnhof/Altstadteingang am Hafen), ☎ 051/221-172, www.atravel.hr. Infos, Reservierungen, Privatzimmer.

Verbindungen Bus: Busbahnhof am Hafen vor der Altstadt. Info-☎ 060/300-101 oder bei A-Travel. Regelmäßig Busse nach Punat, Baška, Omišalj, Vrbnik; stündl. nach Rijeka (65 KN, 1–1:30 Std.) und Zagreb (4-mal tägl., HS 10-mal tägl.; schnellstens in rund 4 Std., 105–140 KN).

Zur Klosterinsel **Košljun** nur Taxiboot von Punat. Von Krk nur per **Ausflugsschiff**.

Autovermietung Auto Krk, Zagrebačka b. b., ☎ 051/222-560, 098/241-200 (mobil), www.rentacarkrk.com.

Einkaufen Galerie Stanić **8**, Vela Placa 8, Bilderrahmen und Gemälde.

Maritime Privatsammlung, Hr. Željko Skomeršić zeigt seine Sammlung von Schiffsmodellen und Anfertigung. Trg Sv. Kvirin 1a, ☎ 098/9328-499 (mobil), www.leut-krk.hr.

Olivenöl (→ Essen/Konoba Nono).

Gesundheit Apotheke (Ljekarna) u. a. Jelka, Vela Placa 3, ☎ 051/221-133. **Ambulanz**, Vinogradska cesta, ☎ 051/221-224.

Parken Beim Busbahnhof und nördlich der Altstadt (Juni–Sept. kostenpflichtig).

Post Bodulska ul. (westl. vom Altstadteingang Vela Placa); Mo–Sa 7–21, So 9–12 Uhr.

Tankstelle Stadtauswärts Richtung Punat, Juli/Aug. durchgehend, sonst 6–22 Uhr. Kleine Tankstelle vor der Altstadt (Busbahnhof).

Veranstaltungen Sehr viele Events, am besten den Veranstaltungskalender bei TIC besorgen: Die größten sind u. a. **Krker Marktfest Lovrečeva**, 8. bis 10. Aug., mit Bühnen in der ganzen Stadt, mittelalterlichen Kostümen, Folkloretanzeinlagen, Konzerten und viel Kulinarik.

Sv. Kvirin-Fest (Schutzheilige), 3-Tages-Fest um den 4. Juli; am Trg Kampin und in der Kathedrale.

Krker Sommerfestspiele im Juli/Aug., Konzerte, Ausstellungen, Segelregatten und Folkloredarbietungen.

Insel Krk → Karte S. 234/235

Übernachten/Camping → Karte S. 244/245

Privatzimmer/Appartements Riesiges Angebot mit ca. 7000 Betten. Privatzimmer kosten je nach Kategorie ab 30 € fürs DZ. Appartements für 2 Pers. 45–60 €, für 4 Pers. 65–80 €. Westlich der Altstadt nette Privatzimmer in Einfamilienhäusern mit Gärtchen; ebenfalls schön und ruhig ist der Altstadtostrand von Krk. Wer ruhig und preiswert wohnen möchte, sucht in den Krk umgebenden Weilern, u. a. in Vrh (Westen) oder Komić (Osten).

**** **Appartements Štetić 10**, Neubau westlich des Zentrums, etwas oberhalb. Komfortable Zimmer, ca. 50 € (ohne Frühstück), Frühstück oder HP möglich; es gibt auch Appartements. Slavka Nikolića br 3, ☎ 051/221-907.

Appartements Nono 4, oberhalb des Strandbads und bei der gleichnamigen Konoba. Ab 50 €/2 Pers. Krčkih iseljenika 8, ☎ 051/222-979 222-221, www.nono-krk.com.

Appartements Nada und Branko Mandić 9, ruhige und geräumige, nette Appartements nahe Hotel Koralj. Vlade Tomašića 33, ☎ 051/221-744.

Hotels **** Boutique Hotel Placa **5**, gemütliches Altstadthotel mit 5 geschmackvoll ausgestatteten Zimmern, DZ/F 120 € (TS 170 €). Ostern–Sept. Ribarska 5, ☎ 051/587-429, www.hotel-placa.com.

»»» Mein Tipp: **** Hotel Marina **12**, direkt an der Hafenpromenade in der Altstadt. Erstklassig und modern renoviert, die Zen-Einrichtung mit guten Materialien schafft eine entspannte Atmosphäre. Große, gemütliche Terrasse zum Frühstücken oder abends zum Chillen. Sehr gut ausgestattete Zimmer. DZ/F ab 200 €, auch hier gilt: bestens in der NS. Ganzjährig. ☎ 051/221-128, www.hotelkrk.hr. **«««**

*** **Hotel Dražica** , 237-Zimmer-Hotel mit Dependancen (Lovorka u. Tamaris, s. u.) im Kiefernwald; schöne Lage an der gleichnamigen Bucht östlich des Zentrums (ca. 10 Min. Fußweg entlang der Uferpromenade). Oft von Reisegruppen gebucht. Sportanlagen (Tennis, Volleyball etc.), Kinderspielplatz, Verleih von Motorbooten, Surfbrettern; großer Pool und kleiner für Kinder, Felsküste mit betonierten Liegeflächen und kleinen Kies-Sand-Buchten. DZ/F ab 120 €, mit lohnendem Meerblick u. Balkon 134 €. Ruhiger und etwas preiswerter ist es in der abgelegenen Dependance *** **Hotel Lovorka**, DZ/F ab 110 €. Direkt an der Strandpromenade liegt das **Hotel Tamaris**, Suite zur Meerseite mit Terrasse 190 € (2+2). Ostern–Okt. Ružmarinska 6, ℡ 051/655-755, www.hotelikrk.hr.

*** **Hotel Bor** 🅱, kleines nettes, 2015 komplett renoviertes Familienhotel mit 15 Zimmern, direkt an der Uferpromenade (vor Hotel Dražica) und, wie der Name besagt, von Pinien umgeben, zudem Pool. DZ/F (Superior/Economy) mit Meerblick und Balkon 160 €/100 €). Šet. Dražica 5, ℡ 051/220-200, www.hotelbor.hr.

*** **Hotel Koralj Romantic** 🅱, gepflegtes 173-Zimmer-Romantic-Hotel, steht eine Bucht weiter östlich oberhalb der lauschigen Uferpromenade im Kiefernwald. Fitness- u. Beautybereich, Swimmingpool, betonierte Liegeflächen und Kieselbuchten mit seichten, für Kinder gut geeigneten Naturplanschbecken. DZ/HP ab 156 €. Vlade Tomašića b. b., ℡ 051/655-405, 465-000, www.valamar.com.

Camping *** **Autocamp Bor** 🅱, vor dem Kreisverkehr rechts nach oben. Liegt auf 1,3 ha oberhalb des Meeres. Es gibt mehrere Pools, gute Sanitäranlagen, schönes Restaurant und Bar; nette Zeltplätze unter Olivenbäumen. Ganzjährig. 6,50 € (TS 9,20 €)/Pers., Camper 9,50 € (TS 12,20 €). Crikvenicka 10, ℡ 051/221-581, www.camp-bor.hr.

≫ Mein Tipp: ***"* **Camping-Resort Krk** 🄋, der 11-ha-Platz liegt außerhalb Richtung Punat am Meer, mit vergrößertem Kiesstrand (auch separater Hundestrand) – hier weht die „Blaue Flagge". Blick auf Plavnik und Cres. Nur teilweise schattig. Sehr gute Sanitärausstattung, Restaurants, Supermarkt, Zeitungskiosk, Pools, Wellness, WiFi, Fitnesscenter, Miniclub, Trockenmarina, Anlegestelle für Boote. Es werden auch schö-

ne Mobilhäuser vermietet. 9 € (TS 10,50 €)/Pers., Parzelle Standard/Luxus 28,40/52,20 € (TS 19/36,60 €). Anf. April–Anf. Okt. ℡ 051/221-351, www.camping-adriatic.com. ≪

**** **Autocamp Ježevac** 🄌, vom Kreisverkehr aus zu erreichen. Großer, terrassenförmiger, mit Steinmäuerchen unterteilter 11-ha-Platz am Hang zum Meer; Blick auf die ganze Bucht. Wiesen und Kiefernwald,

Übernachten

2 Camping-Resort Krk
4 Appartements Nono
5 Boutique-Hotel Placa
9 Pension Nada und Branko Mandić
10 Appartements Štetić
12 Hotel Marina
13 Hotel Koralj Romantic
14 Hotel Dražica
17 Hotel Bor
18 Autocamp Bor
20 Autocamp Ježevac

Cafés

7 Café-Cocktailbar Volsonis & Galerie Stanić
11 Café-Bar Cafettaria 18. Jh.
16 Cafébar-Slastičarna Casa del Patrone

Essen & Trinken

1 Rest. Torkul
3 Konoba-Pizzeria Galija
4 Konoba Nono
6 Konoba Mali Nono
8 Konoba Bacchus
15 Konoba Šime
19 Konoba Maritim
21 Restaurant Karaka

Nachtleben

7 Cocktailbar Volsonis
16 Cafébar & Nightclub Casa del Patrone

Krk

100 m

Kies- und Felsstrand – hier weht die „Blaue Flagge". Die Anlage wurde 2014 modernisiert, verschönert und erweitert. Neue Sanitäranlagen, Kühlboxen, Laden, Restaurant, Obstverkäufer und WiFi. Tennisplätze, Minigolf, Surf- und Bootsverleih, Motor- und Ruderboote und Sportanimation. Durch die Stadtnähe in der HS sehr voll. Es gibt auch schöne Mobilhäuser zu mieten. Preise etwas niedriger als Camping-Resort Krk.

Mitte April–Anf. Okt. ☎ 051/221-081, www.camping-adriatic.com.

Wohnmobilstellplatz Krk, stadtauswärts Richtung Malinska, nahe Konsum. Ganzjähriges Stehen möglich; 16 Stellplätze mit Strom/Wasser, Duschen/WC u. Grillplatz, WiFi (April–Sept.). Sv. Petar b. b. (an der Ul. Stjepana Radića beim Konzum), ☎ 091/6023-134 (mobil), www.camperstop-krk.com.

Essen & Trinken/Nachtleben → Karte S. 244/245

Essen & Trinken Es gibt unzählige Restaurants und Cafés, hier eine Auswahl:

Rund um die Vela placa (Stadtplatz) das gute **Café Vela placa** mit Snacks und leckerem Frühstück. Im Rathausturm die **Cafettaria 18. Jh.** 🔟 mit Glasfronten, gutem Café, hausgemachten Kuchen und Eiscreme. Gegenüber noch **Cafébar Volonisos** 🔟 (→ Nachtleben) oder auch **Cafébar-Slastičarna Casa del patrone** 🔟, wo man an der Uferpromenade gen Westen direkt am Meer bestens sitzt und gute hausgemachte Eiscreme, Kuchen und Drinks genießt, zudem Nightclub. Šet. Sv. Bernadina (→ Nachtleben).

Konoba Šime 🔟, neben dem Stadttor an der Uferpromenade und immerzu gut besucht – die schöne Lage mit Meerblick zieht die Gäste ins Lokal. Am besten isst man hier Fisch. April–Okt. ✆ 051/220-042.

Konoba Bacchus 🔟, in der Altstadtgasse liegt das auch bei Einheimischen beliebte Lokal. Gut schmecken Oktopus, Fischplatten und Šurlice bei freundlichem Service. J.J. Strossmayera 3, ✆ 051/880-807.

Konoba-Pizzeria Galija 🔟, im Norden der Altstadt. Mehrere große Räume mit Kamin im Innern, leider nichts zum Draußen sitzen, lediglich die große Glasfront kann geöffnet werden. Die Küche bietet eine große Auswahl an Hausmannskost und flinken, guten Service. Ganzjährig geöffnet. Frankopanska 38, ✆ 051/221-250.

Konoba Mali Nono 🔟, die Zweigstelle in der Altstadt mit kleinem Innenhof bietet v. a. Fischspezialitäten. Geöffnet Ostern–Mitte Okt. J. J Strossmayera 39, ✆ 051/221-995.

Restaurant Torkul 🔟, im Norden und außerhalb der Altstadt, der Weg lohnt – hier isst man bestens Fleischgerichte. Ganzjährig 10–23 Uhr. Zagrebacka b. b.

Restaurant Karaka 🔟, südwestlich der Altstadt beim Strand Plav (südl. Camp Ježe-vac) direkt am Meer. Im schönen Wintergarten speist man bei jedem Wetter vorzüglich, Spezialität sind Fischgerichte. Mai–Sept. Senjska ul. 8, ✆ 051/845-480.

》》 Mein Tipp: Konoba Nono 🔟, östlich der Altstadt und oberhalb des Stadtstrandes. Großer hoher Innenraum mit der dominierenden Olivenpresse, aus der das hauseigene prämierte Öl gewonnen wird (auch Verkauf), zudem ein großer Pizzaofen, weitere Produkte wie Pršut und Knoblauch hängen griffbereit von der Decke, im Nebenzimmer, eigentlich mehr ein Felsenkeller, liegen Amphoren und auch hier hängt der Pršut. Sitzmöglichkeiten auch auf der schönen Terrasse. Frische Küche, serviert von einem engagierten Team; es gibt u. a. Pizzen, Risottos, Pasta, Škampi, Fisch, Käse aus Krasno und Vrbnik. Zudem nette Appartements. Ostern–Anf. Okt. 11–23 Uhr. Krčkih iseljenika 8, ✆ 051/222-221, www.nono-krk.com. 《《

Konoba Maritim 🔟, netter Familienbetrieb oberhalb vom Busbahnhof. Auf der Terrasse speist man ruhig und lauschig am besten Pizzen, Fisch oder Pasta-Gerichte, auch z. B. Oktopus aus der Peka. Auch Zimmervermietung. Ganzjährig. Braće Linardić 10, ✆ 051/221-454, www.maritim-krk.com.

Nachtleben **Cafébar & Nightclub Casa del patrone** 🔟, schönes Sitzen bei Drinks am Meer, im Innern Discoclub und Events. Šet. Sv. Bernadina.

》》 Mein Tipp: **Café-Cocktailbar Volsonis & Galerie Stanić** 🔟 (→ Sehenswertes), Eingang zur Galerie über die Vela Placa Nr. 8 oder zum Café mit lauschigem Innenhof von der Außenseite der Stadtmauer. Im Untergeschoss Bar, gute Musik und Videoclips über großen Flatscreen. Tägl. 8–24, Fr/Sa bis 2 Uhr (in der NS ist Barbetrieb nur Fr/Sa). www.volsonis.hr. 《《

Baden/Sport

Baden An der Promenade, unterhalb der Hotels, Fels- und Kiesbuchten, teils weht die „Blaue Flagge" – je weiter östlich gen Landzunge, desto ruhiger! FKK ist an der Bucht Tomaževo beim Camping-Resort Krk möglich. Auch gen Süden Richtung Camping Ježevac weht die „Blaue Flagge". Ein Hundestrand ist kurz vor dem Camping-Resort an der Bucht Redagara.

Jachthafen Marina **Krk**, gegenüber der Altstadt, 30 Liegeplätze, mit Slipanlage und Werft. Bootsvermietung. ℡ 051/221-316.

Hafenamt, Trg bana Jelačiča 1, ℡ 051/221-380.

Mountainbiken/Wandern Rund um Krk bieten sich wunderbare Wege für Mountainbike- und Wandertouren an; es wurden auch Themenwege angelegt, u. a. durch Olivenhaine im Gebiet Kornić. Ein 10 km langer Fahrradweg neben der Hauptstraße führt von Krk nach Malinska. Kartenmaterial bei TIC.

Bike Sport Shop Speed, Šet. Sv. Bernardina 3 (bei Busstation), ℡ 051/221-587, www.bike-speed-krk.com.hr. Fahrradservice, Verleih und Ersatzteile.

Tauchen **Fun-Diving Krk**, Braće Juras 3 (kurz vor der Altstadt), ℡ 051/222-563, www.fundivingkrk.de.   Unterkunftsvermittlung, Füllstation, Equipment, Tauchkurse, Tauchausflüge, Wrackfahrten, Speedboote etc. Geöffnet Ostern–Anf. Nov.

Wakeboarden »» Mein Tipp: **Wakeboard Center Cable Krk**, nahe der Kirche Sv. Dunat, ca. 3 km östl. in Richtung Punat befindet sich das Wakeboard-Zentrum mit Café, Restaurant und Board-Shop. Von der erhöht liegenden Terrasse hat man einen herrlichen Blick auf die Anlage mit ihren Jumpern. Man kann sich Boards, auch Skier etc. ausleihen, es gibt kompetente Lehrer. Hier werden jährlich im Sept. internationale Meisterschaften ausgetragen. Für Nichtboarder gibt's einen netten Strand. ℡ 091/2627-302 (mobil), www.wakeboarder.hr. ««

Stadtbummel

Eine schattige Zürgelbaumallee und die Uferpromenade führen zum autofreien Altstadtkern. Eine Stadtmauer, erbaut und umgebaut von den Illyrern bis hin zu den Venezianern (1. bis 15. Jh.), umringt den gesamten Altstadtkern, mächtige Eingangstore und Türme stehen in allen Himmelsrichtungen. Die Hafenpromenade führt zu Cafés und Restaurants vorbei und endet östlich vor dem **Kastell der Frankopanen**, das mächtig den Weg versperrt: zwischen dem 12. bis 14. Jh. erbauten die Krker Fürsten zum Schutz des Hafens das Bollwerk aus mehreren Gebäuden, deren dicke Mauern sich aus dem meerwasserumspülten Fels erheben. Der älteste, viereckige *Kastellturm* trägt eine Inschrift aus dem Jahr seines Baus, 1191. Den Innenhof zieren ein *Brunnen* und Ausgrabungsfunde wie die älteste Steintafel in lateinischer Schrift, zudem gibt es eine kleine Frankopanen-Ausstellung. Meerseitig ragt mit sechszackigem Stern der *Sechseckturm* (1407) in die Höhe, in den ein römisches Grabrelief eingefügt ist. Die venezianischen Dogen steuerten den dicken runden Turm bei. Ein Teil der südlichen Wehrmauer wie auch der Turm können bestiegen werden – es bietet sich ein schöner Altstadtblick.

Mai–Sept. tägl. außer Mo 9–14 Uhr (Juni–Aug. bis 23 Uhr), Eintritt 15 KN, Kinder 5 KN.

An das Kastell angebaut ist der **Bischofspalast**, der wertvolle Gemälde italienischer Meister aus dem 16. und

Am Trg Krčkih glagoljaša

17. Jh. und u. a. das Polyptychon St. Lucia von Paolo Veneziano aus der ersten Hälfte des 14. Jh. aufbewahrt (leider nicht zu besichtigen).

Gegenüber erhebt sich auf den Überresten der alten römischen Thermen die **Marienkathedrale**, die als Basilika im 5./6. Jh. erbaut wurde. Im 12. und 13. Jh. wurde sie vergrößert und nur ein Mauerdurchbruch, hier ist auch der Eingang, trennt sie von der nebenan stehenden Basilika Sv. Kvirin. Im Innern der Kathedrale zwei romanische Säulenreihen, Lesepulte aus der Renaissance, eine holzgeschnitzte Kanzel aus dem 17. Jh., der Bischofsthron und viele Seitenkapellen und Altäre. Ein Altar ist mit einer vergoldeten Silberreliefarbeit aus dem Jahr 1477 geschmückt, ein Werk von P. Koler. In einem Seitentrakt der Kirche ist ein *Sakralmuseum* untergebracht.

Krk – Sv. Kvirin-Kirche

Marienkathedrale: 8–20 Uhr. **Sakralmuseum**: Mitte April–Mitte Okt. tägl. außer So 9.30–13 Uhr, Eintritt 10 KN.

Neben dem Kathedraleneingang hat die **Maritime Sammlung** mit Bootsmodellen von Skomeršić Željko ihre Pforten geöffnet (→ Einkaufen).

Einen sehr ungewöhnlichen Kirchengrundriss und einen ebenso ungewöhnlichen Kirchenzugang besitzt die **Quirinuskirche** (Sv. Kvirin), die sich direkt an die Marienkathedrale anlehnt. Sie wurde im 10./11 Jh. im romanischen Stil zweistöckig erbaut, das dritte Seitenschiff ist heute der Straßendurchgang (s. o.). Über den Glockenturm aus dem 16–18. Jh. kann die Kirche betreten werden.

Die Hauptgeschäftsstraße mit zahlreich abzweigenden Souvenirgässchen führt zum Platz **Vela Placa**. Das **Turmgebäude** (Kula) aus dem 15. Jh. war einst Haupttor und Rathaus zugleich, seine große Uhr verkündet die Zeit auf einem 24-Stunden-Ziffernblatt. An der Ostseite prangt das Wappen des Dogen Augustin Barbariga. Geht man an der Stadtmauerwestseite die Juraj Križanića nach Norden, passiert man das neuere, bewohnte **Benediktinerkloster**. Schriftliche Aufzeichnungen über das Klosterleben in Krk gibt es erst ab 1565 (s. u.). Danach folgt die zugehörige **Kirche St. Maria von den Engeln** (Sv. Marije Anđeoske) von 1780 mit dem etwas später erbauten Glockenturm. Weiter nach Norden gelangen wir auf den großen modernisierten Platz Trg Krčkih glagoljaša mit dem **Franziskanerkloster** (Franjevački samostan), das erstmals 1277 erwähnt wurde und das Muttergottesbild von Vittorio Carpaccio birgt. Nebenan die zeitgleich errichtete Kirche **Sv. Franjo** mit Kirchturm. Seine letzten Etagen erhielt er erst im 18. Jh. Gegenüber an der Stadtmauerostseite duckt sich das dreischiffige romanische Kirchlein **Hl. Mutter der Gesundheit** (Maika Božja od zdravlja), das zum einstigen Benediktinerkloster aus dem 11. Jh. gehörte. Die Nonnen haben heute ihren Sitz südwestlich (s. o.).

Vom Galeriebesitzer zum Kulturverwalter

Eigentlich wollte der Galerist Goran Stanić seinen Ausstellungsraum nur um einen Kellerraum für seine Bilderrahmen erweitern. Dass daraus ein Lebenswerk würde, war ihm erstmal nicht bewusst – bei seinem Aushub stieß er auf unermessliche Schätze aus dem Altertum, die er nach und nach mit eigenen Händen (und aus eigener Kasse) ausbuddelte. Das gesamte Gelände umfasst nun ca. 1000 m², geht in die Tiefe, verschachtelt sich in Nebenräumen mit Bars und einem hübschen großen Garten mit Olivenbäumen und Feigen. Sämtliche steinerne Sitzmöglichkeiten und Funde gehen bis auf das 3. Jh. v. Chr. zurück. Wertvollster Fund ist das ausgestellte Taufbecken (Volsonis); man geht davon aus, dass hier ein Privathaus (ca. 100 v. Chr.), stand. Heute tummeln sich in der **Galerie Stanić & Cafébar Volsonis** zwischen Glas, Altertum, Bars und großem Flatscreen mit Videoclips von Madonna und Rapidolen vor allem Jugendliche. Ein gelungener, guter Kontrast.

An der Stadtmauerwestseite wurde ein kleines **Aquarium-Terrarium** mit heimischem und tropischem Meeresgetier eingerichtet (Stjepana Radića 2c, www.aquarium krk.com).

Östlich von Krk stößt eine Landzunge ins Meer, die eine tiefe Bucht abgrenzt. Der Landzunge gegenüber liegt Punat. In der Mitte der Bucht befindet sich die kleine **Klosterinsel Košljun** (→ Kasten), fast am Ende, am Wegesrand, die geduckte, vorromanische Kirche **Sv. Dunat**, im 9. Jh. erbaut.

Klosterinsel Košljun

Das mit Steineichen bewachsene, 6,5 ha große Stück Land war schon vor den Römern besiedelt. Im 13. Jh. gründeten die Benediktiner hier eine Abtei, die im 15. Jh. Franziskaner übernahmen. In der Marienkirche fällt das mehrteilige Hochaltar-Gemälde mit Madonna und Heiligen auf. „St. Quirin", der Schutzpatron von Krk, hält die Stadt in Händen – es ist die älteste Ansicht des Inselhauptortes. Noch immer leben und arbeiten hier einige Mönche. Einer von ihnen, Fra Ivo Peran (1920–2003), zählte zu Kroatiens bekanntesten Komponisten – er schrieb Messen, Oratorien und eine Oper. Das Klostermuseum zeigt neben archäologischen Fundstücken eine reichhaltige Volkskunstsammlung, in der Klosterbibliothek werden glagolitische Handschriften und frühe Drucke aufbewahrt.

Klosterinsel: nur von Punat per Taxiboot zu erreichen; Bootstransfer 20 KN. Kloster Košljun: www.kosljun.hr; April–Okt. Mo–Sa 9.30–17, So/Feiertag 10.30–12.30 Uhr; Nov.–März Mo–Sa 9–15, So 10.30–12.30 Uhr; Eintritt 20 KN, Kinder 10 KN.

Am Kreuzweg Tri križi – der Aufstieg wird mit einem herrlichen Weitblick belohnt

Punat

Der Mastenwald des großen Jachthafens und der Marina verstellt den Blick aus der Bucht auf die Klosterinsel Košljun. Punat ist ein Paradies für Segler und ein Touristenzentrum, das schon im Frühjahr seine Tore öffnet. Auch die Wakeboarder haben sich die ruhige Bucht als Standort ausgesucht, um hier ihre internationalen Wettkämpfe auszutragen.

Der quirlige 1800-Einwohner-Ort mit kleinen beschaulichen Gassen beherbergt schon über 100 Jahre Touristen. Er liegt an einer großen geschützten Meeresbucht, die mit dem offenen Meer nur durch die schmale Meerenge Usta verbunden ist. Diesem großen Naturhafen verdankt Punat seine aus einer langen Tradition erwachsene Entwicklung zum Nautikzentrum. Der Name Punat leitet sich von dem italienischen Wort „ponte" (= Brücke) her, der Ort selber wurde erstmals 1480 als *Villa di Ponte* erwähnt. Eine Besiedelung geht aber bis ins 6. Jh. zurück. Zeitzeugen sind die Kirche **Sv. Donat** und kleine **Kapellen** hinter dem Hotel Kanjat. Punats Bewohner lebten jahrhundertelang neben Feigen- und Weinanbau vor allem vom Verkauf ihrer Oliven. Auch heute noch ist Punat Zentrum der Ölverarbeitung. Im Hotel Kanjat finden Oliventage und Öldegustationen sowie Seminare zur Verfeinerung und Einsetzung neuester Technologien zur Ölgewinnung statt. An frühere Zeiten erinnert z. B. die alte **Ölmühle** der Familie Klačića von 1868; heute residiert darin die modern gestaltete *Galerie Toš* (Ul. Klančić; Mai–Okt. 9–12/19.30–22.30 Uhr), ihren Mittelpunkt bilden die alten großen Mühlsteine.

Die Pfarrkirche **Sv. Trojice**, 1777 erbaut, birgt ein 30 Jahre älteres hölzernes Polyptychon. Ein Gässchengewirr durchzieht den Ort, am Hang stehen noch immer kleine Gehöfte mit steilen Steintreppchen und Weinreben über der Haustür. Noch höher zieht sich der Kreuzweg zu den **Tri križi** (Drei Kreuzen), von dem sich ein herrlicher Blick über Punat bis hinüber zur Stadt Krk bietet – in nur 30 Min. vom Ort erreichbar.

Wer die Lust am Wandern und den herrlichen Weitblicken auf die Inselwelt entdeckt hat, geht noch weiter, z. B. zum 568 m hohen *Berg Obzova* (→ Wandern).

Basis-Infos

Information Touristinformation (TIC und TZO), Pod topol 2 (am südl. Ende der Strandpromenade u. Busstation), 51521 Punat, ☎ 051/854-860, www.tzpunat.hr. Juni–Mitte Sept. Mo–Sa 8–20, So bis 13 Uhr, sonst Mo–Fr 8–16 Uhr. Gute Infos.

Agentur Punat Tours, Obala 94, ☎ 051/854-024, www.hoteli-punat.hr. Zimmervermittlung. Juni–Anf. Sept. 9–22 Uhr.

Agentur Marina Tours, Obala 81 (nahe Post), ☎ 051/854-375, www.marina-tours.hr. Zimmer und Bustickets.

Verbindungen Regelmäßig **Busse** nach Krk, Baška und Rijeka (im 2-Std.-Takt), 2-mal tägl. nach Zagreb.

Taxiboote (20 KN) zur Klosterinsel Košljun (Eintrittskarte 20 KN); das Schiff pendelt von 9 bis 18 Uhr im 1:30-Std.-Takt.

Touristenzug (15 KN) stündl. Ende Juni–Sept. zwischen Promenade und Marina.

Einkaufen »» Mein Tipp: Fast in jedem Haus werden **Olivenöl** *(ulje)* und **Wein** *(vino)* in kleinen Mengen hergestellt – Schilder weisen auf Verkauf hin. **Vinothek Ivan Katunar**, Kljepina 6, ☎ 091/5321-224. Žlahtina-Wein, Liköre, Schnäpse. ««

Übernachten/Essen & Trinken

Übernachten **Privatzimmer** je nach Kategorie 30–40 €/DZ. **Appartements** für 2 Pers. ab 49 €.

»» Mein Tipp: ** Hotel Kanajt**, schönes familiengeführtes Hotel mit 22 Zimmern gegenüber dem Jachthafen; meist auch von Bootsbesitzern genutzt. Mit sehr gutem Restaurant, Pool, Wellness, Tennisplätzen, Segelschule. 21 komfortable Zimmer. DZ/F ab 120 €, mit Terrasse und Meerblick 140 € (TS ab 140 €). Ganzjährig. Kanajt 5, ☎ 051/654-340, www.kanajt.hr. ««

**** Hotel Omorika**, modernisiertes, preiswertes, aber einfaches 73-Zimmer-Hotel mit Restaurant gegenüber dem Strand. DZ/F 100 € (TS 124 €). Mitte März–Okt. Frankopanska b. b., ☎ 051/654-500, www.omorika-punat.com.

**** Villa Sunce**, freundlicher Familienbetrieb oberhalb des Ortes mit Zimmern, auch Familienzimmer (2+2), und Appartements. Olivengarten, WiFi. DZ/F 70 € (TS 85 €). Stare brajde 40, ☎ 051/855-727, www.villa-sun.eu.

**** Hotel Park – All.-inkl.**, komplett modernisiert, nun unter Ltg. Falkensteiner und zu einem Familienhotel ausgebaut. 196 komfortable, in Weiß gehaltene Zimmer, von Jugend- (mit Hängematten) Standard- und Comfortzimmern bis hin zu Suiten sind alle Preisklassen vertreten. Restaurant, Pool,

Kinderspielplatz und Animation. Ab 150 €/2 Pers.-All.-inkl. Ende März–Okt. Obala 94, ☎ 023/555-600, www.falkensteiner.com.

Jugendherberge – Hostel Halugica, 90 Betten (1- bis 4- Bett-Zimmer) im Zentrum, DZ/F 35 €. Restaurant und Innenhof. Mai–Sept. Novi Put 8, ☎ 051/854-037, www.nazor.hr.

Camping ** **Camping Maslinik**, oberhalb im Ort, ein kleines Familiencamp. Platz für 100 Pers., Wiesengelände unter Bäumen. Es gibt auch Appartements. April–Sept. 5,30 €/Pers., Zelt u. Auto 7,30 €. Nicola Tesle 1, ☎ 091/1654-445 (mobil).

Camp Marušina, kleiner, schöner Platz oberhalb vom Jachthafen inmitten von Oliven- und Feigenbäumen mit schönem Blick aufs Meer. Geeignet für Zelte und kleine Camper. Nur wenige Plätze haben Stromanschluss. Es gibt Küche, Sanitäranlage, Waschmaschine u. Trockner, WiFi. Vom Bauernhof kommen Wein, Olivenöl, Schafskäse, Honig etc. Marušina 1, ☎ 098/327-109 (mobil), www.marusinaolivehills.com.

»» Mein Tipp: ** Camping Pila**, riesiger, gut ausgestatteter Platz, der zu Kroatiens besten zählt; ca. 500 m südlich des Zentrums in einem Kiefernhain auf 8,5 ha am Meer. Moderne Sanitäranlagen mit Waschküche, Bootsanlegeplätzen, Cafés, Restaurant und Sportangebot. Auch nette Mobilhäuser. 6,70 € (TS 8,30 €)/Pers., Standplatz ab 11,50 € (TS 14,40 €), Parzelle ab 17,50 € (TS 19,60 €). Mitte April–Sept. Šet. Ivana Brusića 2, ℡ 051/854-020, www.hoteli-punat.hr. «

** FKK-Camping Konobe, 3 km südl. von Punat, in einer majestätisch-kahlen Bucht gelegen. Ebenso kahl auch der 15-ha-Platz für Caravans, der von Buschwerk begrenzt wird. Darin Schattenplätzchen für die Zelte. Von Felsen durchzogene Kiesbucht. Modernisierte Sanitäranlagen (auch Waschmaschine, Trockner), Geschäft, Café und Restaurant. Großes Sportprogramm, Bootsankerplätze und Slipanlage. Bootsverbindung nach Punat. Ähnliche Preise und Öffnungszeiten wie Pila. Obala 94, ℡ 051/854-049, www.hoteli-punat.com.

Essen & Trinken   Hotel-Restaurant Kanajt, Restaurant, Hotel (→ Übernachten), Jachtclub gegenüber der Marina. Auf der schattigen Terrasse treffen sich die Jachtler. Sehr gute Küche und Service. Spezialitäten sind fangfrischer Fisch, Lamm aus der Peka, hausgemachte Šurlice oder Ravioli mit Skuta-Käse, Škampi und Presnac-Kuchen mit Quark etc. gefüllt. Ganzjährig 16–23 Uhr. ℡ 051/654-342.

Konoba Žestić, im Ortskern, auf der kleinen hübschen Terrasse isst man bestens Škampi buzzara oder Fisch; auch Pizzen gibt es. Tägl. 11–22 Uhr. 17 Travnja 39, ℡ 051/854-800.

Restaurant Marina, im Jachtclub mit schönem Blick auf Boote und Bucht. Gute Fischgerichte, Meeresfrüchte, leckeres Gulasch, guter Service. ℡ 051/854-132.

Konoba Sidro, nettes Sitzen am Hafen; langjähriger Familienbetrieb mit lauschigem Ambiente. Fisch- und Fleischgerichte, schmackhafte Muscheln sowie hausgemachte Šurlice mit Gulasch. Mai–Okt. ab 12 Uhr. Obala 18, ℡ 051/854-235.

Konoba Ribice, oberhalb in der Altstadt. Man sitzt im lauschigen Gärtchen oder im urigen Innern. Es gibt Fisch, z. B. gebackene Sardinen (fritti), Fischplatte oder Scampi, Salat und Brot, dazu offenen weißen Žlathina oder roten Pelješac. Als Nachspeise unbedingt den Feigenkuchen probieren. Mai–Mitte Okt. ab 18 Uhr. 17. Travnja 95, ℡ 091/5754-861 (mobil).

Fischlokal K'Ribaru, an der Hauptstraße in Richtung Stara Baška. Neben ausgezeichnet zubereitetem Fisch auch Fleisch. Frühzeitig kommen oder reservieren. Starobaš-ćanska 22, ℡ 051/854-554.

⸨Sport

Jachthafen   Marina Punat, sie zählt zu den ältesten Marinas Kroatiens, ist seit ca. 1964 in Betrieb (einer der ersten Gäste war ein Deutscher aus Friedrichshafen). Heute modern ausgebaut, 800 Liegeplätze im Meer, 300 Stellplätze an Land, 30-t-Kran. Reparaturservice, Motoren-Ersatzteillager, WiFi. Gute Sanitäranlagen. Tennisanlage, Minigolf. Großer Motor- u Segelbootverleih. Puntica 7, ℡ 051/654-111, www.marina-punat.com.

Mountainbike   Verleih u. a. im Hotel Omorika und Park.

Tauchen   Divingcenter Magic (der Tauchertreff), österr. Leitung, Erwin Krupp. Ostern–Mitte Okt. Pasjak 1, ℡ 051/855-120, www.magic-dive.at.

Octopussy Diving Center (ungar. Leitung), Obala 110, ℡ 051/855-707, www.octopussy.hu.

Tauchgebiete u. a. nahe Mali Plavnik bei der Selzine – eine Steilwand, übersät mit blauen Gorgonien – oder beim Indianerfels mit Steilwand und traumhaft bewachsenen Grotten.

Tennis   Tennis Punat, Tennisanlagen neben Restaurant Kanajt.

Wakeboarden (→ Krk)

Wandern Von Punat aus bieten sich herrliche Wandertouren, z. B. in ca. 30 Min. hinauf zu den 3 Kreuzen, Tri križi; zum Berg Veli vrh, einfache Wegstrecke ca. 3:15 Std., Obzova 3:20 Std., nach Stara Baška 5:30 Std. oder Baška 7 Std. Unbedingt an gutes Schuhwerk sowie an reichlich Wasser und Essen denken! Keine Versorgung unterwegs und teils schattenloses Gelände! Gute Kondition für längere Touren durch Anstiege Vorraussetzung!

Punat/Umgebung

Nach Stara Baška: Die Teerstraße führt in südlicher Richtung weiter durch hohe Berge. Karstig-kahl ist die Landschaft, übersät mit messerspitzen Steinen und stechendem Kraut. Hier hält die Insel, was sie anfangs verspricht. Unten leuchtet eine

Stara Baška – schöne Badebuchten und beste Tauchreviere warten

kleine türkisfarbene Bucht, darin ein Mini-Eiland mit Leuchtturm, dahinter Cres und Plavnik und weitere vorgelagerte Inseln.

Camping ** Campingplatz Škrila, großer Kiesstrand, fast kein Schatten, dafür herrliche Alleinlage. Gute Sanitäranlagen, Restaurant, Laden, Strandbar und neue hübsche Mobilhäuser (2+2). Ende April–Anf. Okt. 6 € (TS 7,30 €)/Pers., Zelt u. Auto 8,80 € (TS 10,60 €). Stara Baška 300, ☎ 051/465-000, www.camping-adriatic.com.

Stara Baška ist ein altes Fischer- und Schafhirtendörfchen. Das Gebirge im Rücken, drängen sich die Häuser an das schmale Sträßchen, das in einer Bucht endet. Ein paar Boote, ein paar Badende, Fels- und Kiesstrand. Oberhalb thronen klotzig ein paar Restaurants mit Pensionen und die zahlreichen Neubauten, die in der einst idyllischen Bucht stören. Ein Bergwanderweg führt hinüber ins Tal von Baška, Gehzeit 2–3 Std. (→ Baška/Wandern).

Information Touristinfo über Punat.

Touristagentur Zala, Stara Baška 80 (im Ortskern), 51521 Stara Baška, ☎ 051/844-605, www.zala.hr. Mai–Sept. 9–12/18–20 Uhr. Zimmervermittlung, gute Infos auch zu Wandertouren.

Verbindungen Keine Busse nach Punat.

Einkaufen Im Ortskern ein **Minimarkt**.

Tauchen Eurodivers, die alte beliebte Tauchbasis wurde 2013 übernommen. Weiterhin bemüht man sich um Unterkünfte, es werden Tauchkurse und tolle Tauchausflüge angeboten, es gibt auch Tauchpakete. Basis ist beim Restaurant Nadia. www.euro-divers.com.

Tauchgebiet (→ Punat).

Übernachten/Essen Zahlreiche Appartements und Zimmer, auch mit HP oder VP. DZ ab 25 €, HP ca. 21 €/Pers. Appartements ab 40 €/2 Pers., z. B. **Pension Stanka** (☎ 051/844-654) direkt an der Straße oder **Pension Mariana** unten an der Bucht (☎ 051/844-661).

Restaurant Nadia, oberhalb vom Hafen und nahe des Strands liegt das traditionsreiche Restaurant, das sehr gute Küche und eine wunderschöne Terrasse mit Meerblick bietet. Ostern–Okt. Stara Baška 253, ☎ 051/844-663, www.nadia.hr.

***Appartements Nadia**, nur 50 m vom Restaurant entfernt gibt es das 2013 eröffnete komfortable Appartementhaus (Studios und bis zu 4 Pers.). Ein 4-Pers.-Appartement mit schönem Balkon z. B. ca. 170 €. Ostern–Okt. www.nadia.hr.

»» Mein Tipp: *** Restaurant-Appartements Besca Veccia, freundlicher und gut geführter Familienbetrieb mit gutem Restaurant und Appartementvermietung im Natursteinhaus. Herrlicher Weitblick auf die unten liegende Bucht. 65–70 €/2 Pers. Mai–Sept. ab 17 Uhr. Stara b. b. (bei Kirche), ☎ 098/9159-545 (mobil). ««

Insel Krk → Karte S. 234/235

Blick über Vrbnik (Insel Krk) auf das Vinodol-Küstengebirge

Vrbnik

Das verwinkelte, geschichtsreiche Städtchen auf einem Fels an der Ostküste, der hier steil ins Meer abfällt und einen herrlichen Weitblick bietet, ist die Heimat des gelben Žlahtina-Weins.

Die Zeit in den alten Gassen scheint trotz der vielen Tagestouristen stehen geblieben zu sein. Schon in vorgeschichtlicher und römischer Zeit war der Ort besiedelt. 1100 wurde Vrbnik erstmals erwähnt und erhielt 1388 ein in glagolitischer Schrift abgefasstes Statut. Danach war es ein Bollwerk der Fürsten von Krk und die Hochburg der „Glagolismus"-Bewegung, die den slawischen Widerstand gegen die von Byzanz und Rom kontrollierte Geistlichkeit organisierte. Heute ist Vrbnik Zentrum des Žlahtina-Weinbaus mit sieben Winzern.

Information Tourismusverband, Placa Vrbničkog statuta 4, 51516 Vrbnik, ☎ 051/857-479, www.vrbnik.hr. Ganzjährig Mo–Fr 8–15 Uhr, Juni–Mitte Sept. auch Sa 8–13 Uhr. Infos, Anmeldung für Stadtführungen.

Agentur Mare, Pojana 4 (Altstadtbeginn bei Parkplätzen), ☎ 051/604-400, www.mare-vrbnik.com.

Verbindungen Bus: nur Mo–Fr 6.30 Uhr nach Punat und 12.15 Uhr nach Krk (bis Kreuzung Sv. Donat).

Einkaufen Viele Einheimische verkaufen vor ihrer Haustür ein paar Flaschen ihres Žlahtina-Weines, Feigen-, Trauben- und Kräuterschnäpse.

Wein Vinothek **Nada** u. **Gospoja** (s. u.), **Kuća Vina Ivan Katunar**, B. Trinajstić 3, ☎ 051/857-157. **Vinarija Katunar**, Vinogradska 17, ☎ 051/857-393, www.katunar.com. Hier gibt es ein großes Sortiment erlesener Weine und Grappas, die verkostet werden können.

Übernachten Es gibt viele Privathäuser, die **Zimmer** und **Appartements** vermieten; am besten über die Agentur. U. a.

*** **Villa Mirela**, schönes gepflegtes gelbes Haus im Westen der Altstadt mit großem Garten. Wird meist über Agenturen gebucht. Bocina 11 a, ☎ 095/8618-147 (mobil).

*** **Appartementhäuser** (Haus Bozanić und Zamelinjak), auch das Restaurant Nada vermietet schöne Natursteinhäuser (für 3–6 Pers.) in absolut ruhiger Lage mit schönem Garten und Pool. Infos über www.nada-vrbnik.hr.

*** **Hotel Argentum,** kleines 10-Zimmer-Hotel mit gutem Restaurant, südlich der Altstadt und oberhalb vom Strand. Von hier bietet sich ein schöner Blick gen Küstengebirge und Stadt. DZ/F ab 80 € (TS 110 €). Supec 68, ☎ 051/857-370, www.hotel-argentum.net.

**** **Hotel Vinotel Gospoja,** modern und farbenfroh an der Südostseite auf dem Fels gelegen, beim Strandbad. 23 komfortable Zimmer, nach kroatischen Rot- und Weißweinen benannt, ein gutes Restaurant (s. u.) sowie Wellness- und Spacenter Terra Viva. Fam. Toljanić, Frankopanska 1, ☎ 051/669-350, www.gospoja.hr.

Essen & Trinken Die Familie Toljanić hat Vrbnik mit etliche Konobas und Restaurants (Restaurant Nada, Restaurant und Pizzeria Gospoja, Konoba Žlahtina und Vinotheken) sowie dem Vinotel fest in ihren Händen:

Restaurant Vinotel Gospoja, gute Küche, ob Fisch, Oktopus in der Peka oder Fleischgerichte, dazu hauseigener Žlahtina-Wein und schöner Blick aufs Meer. Ganzjährig. Fam. Toljanić, Frankopanska 1, ☎ 051/857-142.

≫ **Mein Tipp: Restaurant Nada,** an der Altstadtnordseite, mit großer Dachterrasse und Weitblick aufs Festland. Die Speisekarte ist vielfältig und saisonbedingt, was frische Ware garantiert. Hausgemachten Käse und Schinken gibt es ganzjährig. Spezialität ist Fisch, z. B. Wolfsbarsch in Salzkruste, aber auch Lammfleisch; dazu gibt es den hauseigenen süffigen Žlahtina-Wein oder auch Schaumwein. Mitte März–Okt. tägl. 12–23 Uhr (in der NS nicht durchgehend). Glavača 22, ☎ 051/857-065. ≪

Vinothek Nada, hinter obigem Restaurant im Felsenkeller befindet sich das hauseigene Wein- und Grappasortiment, von der Decke hängt der luftgetrocknete Schinken; gegenüber auf der Terrasse hoch über dem Meer kann man die Leckereien verkosten. Ein weiteres Familienunternehmen: **Vinothek & Pizzeria Gospoja,** am Stadteingang, Vitezićeva 9.

Konoba Luce, am Ortsbeginn; hier gibt es gute Hausmannskost, u. a. Šurlice mit Gulasch, Lammgerichte und Tintenfisch. Tägl. ab 11 Uhr. Braće Trinajstić 15, ☎ 051/857-083.

Sehenswertes

Die Häuser stehen dicht gedrängt, ab und zu zwängt ein Weinbauer seinen Dreiradkarren durch die engen Gassen – das Auto muss man vor dem Ort parken. Gegenüber vom Parkplatz duckt sich die Kapelle **Sv. Ivana** aus dem frühen 14. Jh. Stadteinwärts gelangt man zu einem kleinen Platz mit zwei Lokalen, die zu einer Rast zwischen der Besichtigung von Bibliothek und Kirche einladen. An der Ostseite des Platzes ist die rund 150 Bände zählende **Bibliothek** des Dinko Vitezić Vrbničanin untergebracht. Zu ihren Schätzen gehört neben glagolitischen Handschriften aus dem 14.–15. Jh. der „Atlas Scholasticus et Itinerarius" von G. D. Kochler, der 1748 in Nürnberg gedruckt wurde. Weiter nördlich die gotische **Kirche** aus dem 15. Jh. Im Innenraum müssen sich die Augen erst an das Dunkel gewöhnen und man erkennt allmählich eine Holzkassettendecke mit Deckenmalereien, in der Apsis ein reich verzierter Altar mit Holzschnitzereien und alten Gemälden.

Im abseits stehenden **Kirchturm** kann man eine Ausstellung zum Thema „Wie sehen Künstler Vrbnik" (Muzej Ilkovnog, Identiteta Vrbnika, 15. Juli–15. Sept. 10–19 Uhr) mit einfallsreichen Exponaten besuchen.

Am Hang unterhalb der Kirche befindet sich eine **Aussichtsplattform,** von der aus Bucht, Ausläufer der Insel und das gegenüberliegende Festland schön zu überblicken sind. Am östlichen Ortsende die Kapelle **Sv. Marije** aus dem Jahr 1505. Ein Stückchen weiter schweift der Blick tief hinunter auf die einladende Kiesbucht, den Strand von Vrbnik.

Baden und Wandern

Östlich von Vrbnik liegt das **Strandbad Zgribnica** mit Kiosk an einer Kiesbucht; ein oberhalb verlaufender Fußweg führt durch Kiefernwald in südlicher Richtung, wo

Insel Krk → Karte S. 234/235

man nach ca. 0:15 Std. die Kiesbucht **Kozica** erreicht; weitere einsamere Kies-Felsen-buchten folgen.

Um Vrbnik wurden viele schöne markierte Wanderwege angelegt, Wanderkarten sind beim Tourismusverband erhältlich.

Süffiger Žlahtina

Wer durch die Gassen Vrbniks flaniert, wird oft angesprochen, ob er den Selbstgekelterten probieren will. Wir wollen – und treten durch ein Tor in den Hof, wo steile Steintreppchen zur Haustür hinaufführen. Im Kellerge-wölbe liegen zwei, drei Fässer. Säuerlicher Geruch steigt auf, eine Funzel er-hellt ein Bänkchen. Hier machen wir's uns bequem und bekommen ein ers-tes Gläschen Žlahtina eingeschenkt. Wir probieren zwei Sorten, erst den trockenen, leichteren, dann den schweren. Der tiefe Schluck von Letzterem hat's uns angetan und wir laufen fortan beschwingt durchs Städtchen.

Dobrinj

Auf einer 200 m aufragenden Anhöhe im Landesinnern, umgeben von ei-nem fruchtbaren Tal, leben die 200 Einwohner von Dobrinj. Von den Fassa-den der stattlichen Häuser bröckelt der Glanz der Vergangenheit.

Dobrinj war, neben Omišalj, Vrbnik und Starigrad (Alt-Baška), der vierte Außen-kastellort der Frankopan-Fürsten auf Krk, die im nahen Soline ihre Salzgärten be-saßen. Stadtmauern gab es in Dobrinj nie – die dicht aneinander gedrängten Häu-ser mussten für den Schutz sorgen.

An der Treppe zum Marktplatz ein verwitterter steinerner Pferdekopf, der die Zehntmaße zeigt, mit denen Naturalabgaben gemessen wurden. Hinter dem Platz

Dobrinj – Blick auf die Soline-Bucht und die Festlandküste

die **Pfarrkirche**, die 1100 erstmals in einem glagolitischen Dokument erwähnt wird; bunte Bilder ziehen sich als Deckenleiste um den Chorraum. Daneben ein kleines **Sakral- und Ethnographisches Museum** (Juli/Aug. 9–12/18–21 Uhr). Weiter oben am Marktplatz der **Glockenturm**. Von hier sieht man weit ins Land hinab, das terrassenartig zur Soline-Bucht abfällt.

Information Tourismusverband, 51514 Dobrinj-Šilo, ☎ 051/852-107, www.tzo-dobrinj.hr. Juni–Mitte Sept. 8–15 Uhr.

Einkaufen Supermarkt.

Übernachten Privatzimmer ab 15 €/Pers. Hier oben gibt es über die Agenturen in Šilo und Klimno Natursteinhäuser zu mieten.

Essen & Trinken Konoba Zora, mitten im Ort mit Terrasse, bei den Einheimischen sehr beliebt; es gibt u. a. Šurlice mit Gulasch, aber auch gute Fleischgerichte. ☎ 051/848-250.

Šilo – Thunfischauslugleiter

Insel Krk → Karte S. 234/235

Dobrinj/Umgebung

Šilo: Durch üppig-grüne Weindörfer schlängelt sich von Vrbnik die Straße nordwärts nach Šilo. Viel los ist hier nicht, vor allem in der Nebensaison, nur Tagesausflügler kommen vom gegenüberliegenden Crikvenica. Es gibt einige Lokale und Cafés an der Promenade am Hafenbecken und eine neu erbaute kleine Marina für kleine Motorjachten. Rundum verläuft die flache Badestrand mit Kies und Sand, für Kinder bestens zum Plantschen. An der nördlichen, ins Meer ragenden Landzunge der Thunfischauslugleiter (Tunarica), am Kap der Leuchtturm und die beeindruckende Kulisse der Küste mit dem Vinodol-Gebirge und der Crikvenica-Riviera.

Information 51515 Šilo, **Touristinfo** (→ Dobrinj).

Šilo-Turist, Na Vodice 2, 51515 Šilo, ☎ 051/860-171, 098/211-630 (mobil), www.siloturist.hr. Zimmer, Ausflüge, Infos.

Agentur Tina, Nova cesta 45, ☎ 051/852-303, www.atina.hr. Ausflüge, Infos, Zimmer.

Verbindungen Taxiboote 6-mal tägl. (7.15, 9.15, 11.15, 13.15, 16.15 und 19.15 Uhr) in 4 Min. nach Crikvenica.

Übernachten/Essen Privatzimmer ab 15 €/Pers. werden über die Touristagenturen vermietet.

* **Autocamp Tiha**, schöner 4-ha-Platz nordöstlich des Ortes in schöner Alleinlage am Meer mit Kiesbuchten. Restaurant, kleines Sportangebot und Slipanlage für Boote, gute Sanitäranlagen. Wohnwagen-, Appartement- und Mobilhausvermietung. April–Mitte Okt. 6,50 € (TS 7,50 €)/Pers., Camper 9 € (TS 11 €). Konjska b. b., ☎ 051/852-120, 850-234, www.campsilo.com.

Restaurant-***Pension Zeba, oberhalb vom Hafen im Ort liegt der Familienbetrieb. Es gibt gute Saisonküche und natürlich Fisch- und Fleischgerichte. Zudem gibt es 16 Zimmer und Tennisplatz. Von der Terrasse bietet sich ein schöner Blick über das Meer und gen Küste und Velebit. Jesenovica 8, ☎ 051/852-109, www.pensionzeba.com.

Soline, Klimno und **Čižići** liegen rund um die große, seichte und durch einen Landvorsprung gut geschützte Soline-Bucht, in der sich im Mittelalter die *Salzgärten* Dobrinjs befanden. Die Ruine der Kapelle Sv. Petra ist ein Überbleibsel aus jener

Zeit, sie steht nördlich von Čižići. Heute kann man den Heilschlamm für Privatkuren nutzen. Ein sehr flach abfallender Sandstrand erstreckt sich rund um die Bucht, draußen im Meer die kleine Insel Škojć.

Klimno liegt etwas nordöstlich von Soline an der Soline-Bucht und ist bekannt für sein traditionsreiches Bootsbauerhandwerk und seine wohlschmeckenden Austern. Namensgeber des Ortes ist die Kirche *Sv. Klement* aus dem 14. Jh. Am Hafenbecken mit Jachten die *Marina Klimno* (✆ 051/853-137, 853-149), einige Restaurants und ein kleiner Campingplatz.

Essen/Übernachten/Camping In den Dörfern gibt es ein paar Lokale, Privatzimmer und u. a. die **Villas Almar** mit Appartements.

**** Camping Slamni, das kleine, knapp 1 ha große Camp liegt direkt am netten Kiesstrand; es gibt parzellierte Standplätze und schöne Mobilheime, auch WiFi; zudem Beachbar, Pizzeria, Supermarkt in der Nähe. Ende April–Anf. Okt. Klimno 8 a, ✆ 051/853-169, www.kampslamni.com.hr.

Bei **Rudine**, einem Weiler ca. 5 km nördlich der Soline-Bucht, liegt die relativ kleine, unspektakuläre **Biserujka-Höhle** am Straßenende mitten in der Macchia. Mit Führung kann man die Stalagmiten und Stalaktiten der nur 12 m unter der Erde gelegenen und 110 m langen Höhle bewundern. Inschriften bezeugen eine erste Höhlenbegehung vor über 100 Jahren, es soll hier sogar ein Schatz versteckt sein. Sicherlich aber haben die Piraten ihre Schätze, die Biser-Perlen, in der Umgebung vergraben. Zu entdecken gibt es auf jeden Fall den endemischen Krebs *Alpioniscus christiani*. Schön zum Baden ist die Uvala Slivanjska.

Biserujka-Höhle: www.spilja-biserujka.com.hr. Juli/Aug. 9–18, Mai/Juni 9–17, Sept. 10–17, April u. Okt. 10–15 Uhr. Eintritt 30 KN, Kinder 5–12 Jahre 20 KN, bis 5 Jahre gratis.

Nach Baška

Auf der *Krčka Magistrale* geht es vorbei an Krk und Punat und Richtung Baška wieder hoch in die Berge – hier ein ganz ungewohntes Bild: Die felswüstigen Ausläufer des *Obzovas* bleiben rechter Hand liegen, die Straße schlängelt sich durch ausgedehnte Kiefernwäldchen hügelan. Abwärts dann schroffe Felsabstürze und ein Weitblick auf Baška und die Insel Privić, den man nun auf dem neu geschaffenen Parkplatz und dem glagolitischen Willkommensgruß ungeniert genießen kann – der aus Stein gemeißelte Monolith symbolisiert den ersten Buchstaben des Alphabets „A" (→ „Glagolitischer Weg", Baška). Weiter bergab Akazien, Steineichen, Feigen, efeuumrankte Baumgerippe, eine Brücke. Nun weitet sich das Bachtal. Hier liegt, inmitten von Wein- und Gemüsefeldern, **Draga Bašćanska**, ein kleiner Ort mit Konoba, Post und Touristagentur Igen (→ Baška).

Von Draga Bašćanska zweigt die Straße ab zum alten Dorf **Batomalji**. Hier beginnt der Wanderweg zur *Wallfahrtskirche Sv. Majke Božje Goričke* (Unserer lieben Frau auf dem Berg), im 15. Jh. erbaut und mit Altarbildern von Celestin Medović geschmückt. In rund 1 Std. gelangt man auf die Hochebene, wo man schöne aus Stein erbaute Schafställe, *Mrgari* genannt, findet. In 2:30 bis 3 Std. können Konditionsstarke auch hinüber nach Stara Baška wandern.

🏃 **Wanderung 12: Insel Krk –**
von Batomalj über Lipica zum Veliki Hlam (482 m)   → S. 429
Kurze, aber steile Wanderung zur Hochebene mit herrlichem Weitblick.

Baškas weite Bucht – gesäumt von Karstbergen

In **Jurandvor** steht das frühromanische Kirchlein *Sv. Lucija*. Es wurde um 1100 auf den Überresten einer „villa rustica" und einer altchristlichen Kirche aus dem 6. Jh. erbaut. Im Boden entdeckte man eines der ältesten kroatischen Schriftdenkmäler, die aus dem frühen 12. Jh. stammende, 1851 entdeckte *Tafel von Baška* . Die in glagolitischer Schrift verfasste Tafel ist eine Schenkungsurkunde des Königs Dmitar Zvonimir, der dem Abt Držiha Land schenkte, auf dem Abt Dobrovit mit seinen Klosterbrüdern die Kirche errichtete. Das Original der Tafel von Baška befindet sich in der Zagreber Akademie der Wissenschaften und Künste, in der Kirche ist eine Kopie zu sehen (nur April–Okt. 9–16 Uhr, ✆ 051/860-184). Außerdem finden hier gelegentlich Konzerte statt, Festtag ist der 13. Dezember mit Messe.

Übernachten **** Villa Maja, ab vom Trubel genießt man von diesem gut ausgestatteten Appartementhaus (2–4 Pers.) den wunderbaren Weitblick auf die Bucht und die Berge von Baška. WiFi und schöner Pool auf der Terrasse. Wird meist über Agenturen gebucht. Ab 160 €/4 Pers. Batomalj 72, ✆ 091/5733-273 (mobil).

Essen & Trinken Konoba Malin, netter Familienbetrieb; es gibt Lamm, Fisch- und Fleischgerichte und Šurlice mit Gulasch. Mai–Sept. ab 10 Uhr. Batomalj 54, ✆ 051/856 276.

Baška

Wie Bauklötzchen reihen sich die Häuser des 1500-Einwohner-Städtchens in weitem Bogen an den Kies- und Sandstrand, auf dem sich die Sonnenhungrigen scharen. Weiße Karstberge umrahmen das Stadtbild. Darüber, am Fuß der kahlen Bergkette, befinden sich die Reste von Alt-Baška.

Attraktion des Ortes sind neben dem guten und vielfältigen Übernachtungsangebot und den schönen Bademöglichkeiten die zahlreichen Wander- und Mountainbikewege in malerischer Landschaft. Wenn im Spätsommer der Touristenrummel abnimmt, macht sich Beschaulichkeit in Baška breit und die kilometerlange Promenade mit Palmen, immergrünen Bäumen und Badestrand lockt zum gemütlichen Flanieren. Im Hochsommer fährt die Bimmelbahn die Strecke stündlich ab, dann stauen sich hier die Menschen vor Eisdielen, Restaurants, Snackbars und Souvenirbuden und Boote drängeln sich im Hafenbecken. Im Durchschnitt sind es 100.000 Gäste pro Jahr, die Baška besuchen. Seit 2008 geht der Fährbetrieb von der Insel Rab an Baška vorbei, nach Valbiska. Das Hafenbecken war für große Schiffe nicht mehr geeignet, der Ansturm an Automobilen, die an dem schmalen, steil zum Hafen hinab führenden Sträßchen parken und rangieren mussten, sorgte für Probleme. Der Gewinn ist mehr Ruhe und beste Wasserqualität.

Im Ortskern steht die **Pfarrkirche Sv. Trojice** (1773) mit gedrungenem Turm und vielen sehenswerten Gemälden, darunter Giacomo Palmas „Letztes Abendmahl" oder die „Jungfrau mit den Heiligen und Engeln" von Marko Marciala. Nebenan das **Heimatmuseum** (Juni–Sept. 17–22 Uhr). Meeresgetier kann man im **Aquarium** bestaunen, leider in teils viel zu kleinen Becken (Juni–Mitte Sept. 9–21/22 Uhr, bis Ende Sept. nur bis 18 Uhr; Mai 10–17, April u. Okt. 10–15 Uhr; Eintritt 30 KN, Kinder 5–12 Jahre 20 KN).

Die Gassen werden schmaler, man gelangt zwischen alten, grauen Häusern auf den Altstadtplatz mit Zypresse, Brunnen und weinumrankten Gebäuden, zwischen denen enge Treppchen hinab zum Kai führen.

Baškas erste Siedler waren Illyrer, dann ließen sich die Römer in Meeresnähe nieder, Mauerreste datiert man aufs 2. Jh. v. Chr. Zeugnis jener Zeit ist auch die Kirche **Sv. Marko** (nahe Hotel Atrium Residenz; Juni–Sept. geöffnet), die 1514 auf den Grundmauern einer Basilika aus dem 5. Jh. errichtet wurde. Sie birgt ein antikes Mosaik und ein frühchristliches Taufbecken. 1232 erwähnte man das *Kastell Besca* oberhalb von Baška (Stari Baška), welches die Venezianer allerdings um 1380 schleiften. Erhalten blieben aus jener Zeit die frühromanische Kirche **Sv. Ivan Krstitelj**, deren gelber Glockenturm sich markant vom tiefblauen Himmel abhebt, und Hausruinen hinter dem Friedhof. Ein schmales Sträßchen führt in Serpentinen hinauf, das Auto sollte man besser unten parken. Ein herrlicher Panoramablick auf Baška, die Küste, die vorgelagerten Inseln und Rab belohnt den Aufstieg.

Neben Illyrern und Römern herrschte um Baška Byzanz, das kroatische Königreich, im Mittelalter war Baška Sitz der Frankopanen, dann kamen Venezianer, Habsburger und Napoleon – viele Überreste schlummern noch im Gestein.

Baška ist bestens geeignet zum Baden

Das einstige Siedlungsgebiet um die beiden Buchten *Mala* und *Vela Luka* (→ Baden/Wandern) nannten die Einheimischen auch *Bosar*. Oberhalb von Vela Luka stehen die Mauerreste der einstigen byzantinischen **Festung Corinthia**, unter Kaiser Justinian (527–565) errichtet; unten an der Bucht Mala Luka blickt man auf die Überreste der Kirche **Sv. Nikola** (ca. 11. Jh.). Der Rundblick auf das Küstengebirge und die vorgelagerte Inselwelt ist fantastisch. Oberhalb von Baška finden sich alte mit Stein aufgeschichtete Einfassungen, *Mrgari* genannt (→ Baden/Wandern).

Auf den Spuren der Glagoliza

Baška hat sich mit 34 Steinskulpturen, das glagolitische Alphabet symbolisierend, seinem wichtigen Kulturerbe verschrieben. Zeitgemäße Kulturpflege, Stadtverschönerung und den zahlreichen internationalen Gästen einen Zugang zum alten Kulturgut zu liefern, waren die Aufgaben, denen sich etliche Künstler unter Leitung des bekannten Bildhauers *Ljubo de Karina* stellten. Auch wurde der Verein Sinjali (= Zeichen) gegründet. Für die großen Werke wurde der gut zu verarbeitende weiße Kalkstein aus Istrien verwendet, für die kleineren das Gestein aus der Umgebung. Die formvollendeten Skulpturen stehen nun an wichtigen historischen wie auch schönen Plätzen in der Stadt, die man erkunden kann. Die Begrüßung, der große Monolith, der das „A" symbolisiert, steht am Talbeginn, ca. 5 km vor Baška. Am Strandende (westlich des Hotels Tamaris) findet man das „Z", welches in der Glagoliza allerdings nicht den letzten Buchstaben, sondern den neunten verkörpert.

Der Anfangsbuchstabe „A"

Basis-Infos

Information   Tourismusverband (TIC), Kralja Zvonimira 114 (kurz vor Altstadtbeginn/Fußgängerzone), 51523 Baška, ✆ 051/856-817, www.tz-baska.hr. Juli/Aug. tägl. 8–21, So 8–13 Uhr; Mitte Juni–Mitte Sept. Mo–Sa 8–20 Uhr; sonst Mo–Fr 7.30–15.30 Uhr. Gute Informationen, auch Vermittlung von Bergführern.

Agentur Splendido, Kralja Zvonimira 148 (Zufahrtsstraße, Ortseingang), ✆ 051/856-116, 856-616, www.splendido.hr. Ganzjährig. Zimmervermittlung, Fahrradverleih etc.

Agentur Primaturist, Kralja Zvonimira 98, ✆ 051/856-132, 856-971, www.primaturist.hr. Ganzjährig. Zimmervermittlung.

Šiloturist (Baška), S. Radića 26, ✆ 051/864-105, www.siloturist.hr. Zimmervermittlung. Auch neben Aquarium und im Ortsteil Zarok (nahe Hotel Tamaris).

Agentur Igen, Draga Bašćanska 1 b (→ Draga Bašćanska), ✆ 051/844-095, www.igen.hr. Auto-, Fahrrad- und Scooterverleih.

Verbindungen   Regelmäßiger **Busverkehr** bis zu 7-mal tägl. (Wochenende weniger) über Punat, Krk, Malinska, Njivice, Omišalj, Kraljevica nach Rijeka (67 KN); 1-mal tägl. 8.45 Uhr direkt nach Zagreb. Wer zur Fähre nach Cres/Rab möchte, fährt per Bus bis Malinska, dort Umstieg nach Valbiska.

Taxiboote, verkehren bei gutem Wetter zu den Inseln Prvić (wie Vela Luka) und Grugur, nach Rab, Lopar und Senj und zur Badebucht Vela Luka (Retourticket 100 KN, einfach 50 KN). U. a. Taxi, ✆ 091/542-5142 (mobil, Hr. Dario Babić) oder ✆ 095/9109-911 u. 098/203-665 (mobil, Hr. Marin).

Gesundheit   Apotheke, Kralja Zvonimira 112 (neben Erste banka), ✆ 051/856-900. **Ambulanz**, K. Zvonimira/K. Tomislava (kurz nach der Kreuzung in der Fußgängerzone), ✆ 051/856-825, -826.

Internet   Die gesamte lange Uferpromenade ist WiFi-Gebiet.

Tauchen/Windsurfing   Squatina Diving, Tauchkurse, Spezialkurse, Nachttauchen, Wracktauchen etc. März–Okt. Zarok 88 a (westliches Strandende), ✆ 051/856-034, www.squatinadiving.com.

Badebucht des FKK-Camp Bunculuka

Veranstaltungen   Kirchenfest Sv. Ivan am 24. Juni. **Fischertag** (Ribarska dan), 1. Wochenende im Aug. Das **Sommerprogramm** ist riesig, täglich finden verschiedene Konzerte (Jazz, Klapa, Folk) oder Tanz- und Gastroevents statt, u. a. das 4-tägige **Internationale Gitarrenfestival** ab Mitte Aug. Info über TIC.

Übernachten/Essen & Trinken/Nachtleben

Übernachten   Privatzimmer 36 €, Frühstück ab 6 €. **Appartements** für 2 Pers. 46–70 €. Das Angebot an Privathäusern ist riesig. Schön wohnt es sich oberhalb der Uferpromenade in Richtung FKK-Camp Bunculuka. Am besten über die Agenturen buchen. In der TS nochmals mindestens 10 % Aufschlag. U. a.

Apartmani Katarina Kraljić, Zimmer/Appartements 20–70 m² zu 60–150 €; Terrasse, gut ausgestattete Küche, Grill, Internet. Krcin 14, ✆ 051/860-048, 098/368-912 (mobil).

*** **Pansion & Restaurant Burin**, netter Familienbetrieb im Ortsteil Zarok im Westen; hier gibt es Zimmer und Appartements und ein gutes Restaurant. DZ/F ab 60 €, mit Balkon 72 €. Fam. Marija Dekanić, Creska 9, ✆ 051/856-697, www.pansionburin.hr.

Fam. Topalušić, neben Restaurant Lučia, Primorska 20 (Zarok), ✆ 051/856-707.

**** **Pension Bernarda**, ca. 10-Zimmer-Haus, am Ortsbeginn am Ende der Ul. Peščivica, ✆ 051/856-520.

–** **Hoteli Baška**, riesiger Komplex mit Hotels, Dependancen und Villen im Westen der Stadt, gegenüber dem Badestrand. Im Hauptgebäude der neue großzügige Beauty- und Wellnessbereich; großer Innen- und Außenpool und Sportangebote wie Tennis, Minigolf, Tauchen. Hübsch an der Uferpromenade mit Meerblick wohnt es sich mit **** **Hotel Zvonimir**, preiswerter dagegen in *** **Corinthia I** (Hauptgebäude, meerseitig) und v. a. in *** **Corinthia II** (zweite Reihe zum Meer); ebenfalls an der Uferpromenade mit netten Studios *** **Villa Corinthia**. Richtig teuer ist das exklusive ***** **Hotel Atrium Residenz**. Im Hotel Zvonimir DZ/F mit Balkon ab ca. 190 €; Studios Villa Corinthia (2+2) 150 € (TS 180 €). Alle Hotels bestens in der NS. Emila Geistlicha 39, ✆ 051/656-801, -111, www.hotelibaska.hr.

**** **Heritage Hotel Forza**, das Gebäude von 1891 liegt mittig an der Altstadtpromenade und wurde komfortabel modernisiert. 13 Zimmer und Suiten, teils mit Balkon oder Terrasse und Meerblick, jedes individuell eingerichtet. DZ/F ab 170 € (mit Balkon/Meerblick). Angeschlossen das Bistro. Zudem WiFi und Gratis-Parken. Ganzjährig. Zvonimirova 98, ✆ 051/864-036, www.hotelforza.hr.

*** **Hotel Tamaris**, nettes Familienhotel im Ortsteil Zarog (südlich vom Camping Zablaće) mit Zimmern/Appartements, im mediterranen Stil mit gutem Restaurant, lauschiger Terrasse und Blick zum Meer. DZ/F ab 120 € (TS ca. 140 €). Gut in der NS. Mitte April–Okt. Emila Geistlicha b. b., ☎ 051/864-200, www.baska-tamaris.com.

Camping *** Camping Zablaće, beim Hotelkomplex am Meer, auf der Mündungswiese des im Sommer trockenen Baches. Wegen des viel gepriesenen Strands überfüllt; in der Hochsaison auch sanitärmäßig überlastet und zum Teil sehr laut und wenige Bäume. Restaurant, Kiosk, WiFi, Minigolf und Tennis. Gratisbenutzung der Pools des Hotels Corinthia sowie freier Strandzutritt am FKK-Bunkuluka. 9,50 €/Pers., Parzelle 17,90–23,70 € (TS ca. 28–35 €), auch Mobilheimvermietung. Ende April–Anf. Okt. Put Zablaće 40, ☎ 051/465-010, www.camping-adriatic.com.

Camping Mali Baška, kleinerer Platz hinter Zablaće, mit 22 Parzellen. Mobilheim- (50 €) und Wohnwagenvermietung (28 €). Pers. 8 €, Stellplatz inkl. Strom etc. 25 €. E. Geistlicha b. b., ☎ 051/864-164, www.kamp-mali.hr.

»» Mein Tipp: **** **FKK Camping Bunculuka**, im Osten des Städtchens, an eigener Bucht mit Sand- und Kiesstrand. Schönes großes 5-ha-Gelände unter Bäumen in einem Kessel, am Hang durch Büsche und Steinmäuerchen unterteilt. 2017 modernisiert. Gute Sanitäranlagen, kleiner Supermarkt, schön gestaltetes Bistro & Lounge-

bar Boneta mit Segeltuchterrasse, Boots- und Stehpaddelverleih, Kinderanimation und WiFi. Gratis Poolbenutzung im Hotel Corinthia. Etwas teurer als Zablaće. Auch Mobilhausvermietung am Hang. Ende April–Anf. Okt. Kricin 30, ☎ 051/465-010, www.camping-adriatic.com. **»»**

Essen & Trinken Rund ums Hafenbecken entlang der Promenade viele Cafés und Restaurants mit durchschnittlicher Küche.

Restaurant Cicibela, das beste Lokal der Stadt, an der Strandpromenade mit großer Terrasse und Wintergarten, immer rappelvoll. Ausgewählte fangfrische Fische, Krustentiere, große Weinauswahl. April–Sept. Emila Geistlicha 22A, ☎ 051/856-013.

»» Mein Tipp: Bistro Franica, unter einer lauschigen, von wildem Wein bewachsenen Laube und mit Blick aufs Meer kann man sich die kreative Hausmannskost schmecken lassen. Die Speisekarte bietet u. a. Oktopus-Carpaccio, gegrilltes Lamm, Stockfisch in Weißwein, Gulasch mit Šurlice. Palada ul. 39, ☎ 051/860-023. **»»**

Bistro Francesca, lauschiges Sitzen unter Weinranken. Der Familienbetrieb serviert u. a. Fisch, leckeren Tintenfischsalat, Muscheln, Fisch, Lammkoteletts, Šurlice mit Gulasch, Polenta mit Brodetto. Zvonimirova 56, ☎ 099/6547-538.

Am früheren Trajekthafen ist es nun ruhiger; hier gibt es auch einige nette kleine Lokale wie z. B. **Konoba Kalun**.

Blick vom Wanderweg auf die Bucht Mala Luka und gen Festland

Insel Krk → Karte S. 234/235

Empfohlen werden noch **Bistro Forza**, im Heritage Hotel (s. o.), mit Terrasse und traditionellen, guten Gerichten. Das einzige Lokal, das ganzjährig arbeitet. Zvonimirova 98 (Fußgängerzone).

Nachtleben Café- & Loungebar-Porto, direkt mit großer Terrasse am Strand. Es gibt ab Ende Juni bis Anf. Sept. Konzerte und viele Themenpartys mit DJs. Geöffnet ab ca. 9 Uhr. Emila Geistlicha b. b. (nahe Hotel Atrium Residenz), www.portoclubbaska.com.

Baden und Wandern

Rund um die Bucht ein kilometerlanger Sand-Kies-Strand, der seicht ins Meer abfällt und für Kinder gut geeignet ist, zudem weht hier die „Blaue Flagge" – in der Saison allerdings überfüllt. Beim Autocamp Zablaće lockt **Aqua-Gun**, eine riesige Wasserrutsche. Östlich vom Campingplatz Bunculuka kleinere Kiesbuchten, der Durchgang am Camp muss leider bezahlt werden, alternativ geht man oberhalb der Rezeption entlang dem Wanderpfad. Dahinter folgen die zwei größeren Strandbuchten **Vela Luka** und **Mala Luka** – zu Fuß allerdings ca. 2:30–3 Std. entfernt (→ Kleiner Wanderführer/Wanderung 13, S. 431). In der Saison fahren ab der Mole (beim Restaurant Ribar) Taxiboote. An der Vela-Luka-Bucht gibt es ein Restaurant.

Auch die schönen Buchten *Bracol, Trstenova, Njivica* auf der gegenüberliegenden **Insel Prvić** sind mit dem Taxiboot oder gemieteten Boot gut erreichbar. Auf Prvić nisten – passend zur kahlen, gespenstischen Mondlandschaft der Inselberge – riesige Gänsegeier, Schafe weiden und es wächst viel Salbei.

 Baška ist idealer Ausgangspunkt für herrliche Wanderungen jeder Länge und mit eindrucksvollen Rundblicken. Ein über 100 km langes Wegenetz mit 19 ausgewiesenen Touren wurde angelegt, eine Herausforderung für sportliche Naturen – viele Höhenmeter in gleißender Sonne müssen überwunden werden, traumhafte Ausblicke sind der Lohn. Aber es gibt auch familienfreundliche Wege. Der Tourismusverband bietet Wanderbroschüren, Auskünfte und Informationen über geführte Wanderungen an.

Mrgari

Auf den kahlen Hochebenen um Baška finden sich diese, von oben wie große Steinblüten wirkenden Steineinfassungen, Mrgari genannt, die von Schäfern angelegt wurden. Der große Innenraum dient zum Einfangen der Tiere, die kleineren Einfassungen, die die sog. Blütenblätter bilden, dienen den Schäfern zur Erleichterung beim Sortieren ihrer Tiere für die Schur oder zur Kennzeichnung.

 Wanderung 13:
Insel Krk – von der Badebucht Vela Luka nach Baška   → S. 431
Mittelschwere Wanderung mit schönen Badestopps und Weitblicken.

Wandervorschläge Zum Lehrpfad ausgebaut: **Baška–Zarok–Batomalj–Pod Lipicu**: einfache Wegstrecke 6 km, 2,5 Std. Gehzeit, nötig sind gutes Schuhwerk, Proviant und Wasser. Von Baška aus durch das Tal nordwärts über Batomalj zur Kirche Gospa Goričke und vorbei an den „Mrgari" hoch nach Lipica (→ auch Wanderung Nr. 12).

Baška–Pass Vratudih–Stara Baška (grüner und roter Pfeil): eindrucksvolle Strecke über das kahle Gestein des Bergrückens. Sehr gute Kondition ist nötig, leider in einem Tag hin und zurück nur auf gleichem Weg und nur im Frühsommer bei langer Helligkeit möglich! Gehzeit einfache Strecke ca. 3:30–4 Std. Gutes Schuhwerk erforderlich, Proviant und Wasser nicht vergessen! Der markierte Weg beginnt hinter dem Sportzentrum des *Autocamps Zablaće* und führt nordwärts Richtung *Batomalj*. Dann müssen wir uns südwestlich halten. Der Weg wird steiler und erklimmt den Pass Vratudih (360 m). Von oben herrlicher Blick auf die Inseln Rab und Cres. Ab hier gehen wir auf dem roten Pfeil hinab, ein Trittsicherheit erfordernder Abstieg über Jasenova nach Stara Baška.

Baška–Šetnica (lila Pfeil): Diese Strecke zeigt uns das südöstliche Panorama. Leichte bis mittelschwere Route, leider hin und zurück auf gleichem Weg; Gehzeit einfache Strecke ca. 2 Std. Auf schmalem Asphaltsträßchen zur *Kapelle Sv. Ivan* laufen, dort herrlicher Blick auf Baška. Weiter durch ein Föhrenwäldchen bis auf die kahle Hochebene. Der Aufstieg bis auf 380 m wird auch „Weg zum Mond" genannt. Von oben herrlicher Blick auf das Küstengebirge, Senj, die vorgelagerten Inseln Prvić, Grgur und Rab.

Baška–Kap Skuljica, Bracol-Bucht–Batomalj, Batomalj–Baška (roter, gelber und grüner Pfeil): ein herrlicher Rundweg, der Kondition und gutes Schuhwerk erfordert; Gesamtgehzeit ca. 7:30 Std. Führer empfehlenswert. Für ausreichend Wasser und Proviant sorgen! Wir starten mit roter Markierung beim *Autocamp Zablaće*. Ein Küstenweg führt oberhalb des Meeres nach Süden über den 185 m hohen *Bag* weiter zum *Kap Škuljica*. Weiter Blick auf die Inseln Prvić, Grgur, Rab und in der Ferne Cres. Bis dahin benötigen wir ca. 2 Std. Wir gehen zurück bis zum Berg Bag und zweigen nach Südwesten auf den Weg mit gelber Markierung ab, ca. 1:30 Std. später sehen wir unten die *Bracol-Bucht* liegen. Nun wendet sich der Weg landeinwärts in nördlicher Richtung über die kahlen Berge. Nach rund 2 Std. Laufzeit stoßen wir auf die grüne Markierung und folgen ihr 1 Std. lang westwärts über Batomalj wieder nach Baška hinab.

Die Inseln Privić, Sv. Grgur und Goli

Die Inseln liegen zwischen Krk und Rab und erscheinen von Weitem kahl, sind aber im Innern von Garigue, Büschen und kleinen Wäldchen überzogen. Die **Insel Privić** liegt der Insel Krk südlich zu Füßen und birgt herrliche Badebuchten. Nur die Meerenge *Senjska Vrata* trennt Privić von Krk, gefürchtet bei Bootsbesitzern, wenn die Bora hier orkanartig bläst und kein Durchkommen zulässt. Dann heißt es, sich einen Ankerplatz an der borasicheren Westseite suchen und bei den Gänsegeiern, die hier ihre Nistplätze haben, und bei den Schafen, die begierig die Kräuter fressen, nächtigen.

Sv. Grgur ist der Insel Rab vorgelagert und zeigt sich nur zur Südseite busch- und waldreich, es gibt Damwild. Sv. Grgur war bis 1988 eine Gefängnisinsel. Das Straflager und die Fabrikhallen, in denen Möbel, Maschinenteile und Keramikfliesen hergestellt wurden, stehen an der Uvala Sv. Grgur, sind aber mit Müll verdreckt, also keinen Besuch wert. Auch hier gibt es schöne Badebuchten und Tauchgründe; zudem hat im Sommer eine Konoba geöffnet. Wer Glück hat, sieht Delfine springen.

Südöstlich von Sv. Grgur versteckt sich **Goli**, die „nackte" Insel: Auch sie war bis 1989 eine Gefängnisinsel, ihren weißen Kalkstein bauten die Strafgefangenen des früher hier angesiedelten Lagers ab. Auf der Südseite hat auch hier in der Saison eine Konoba geöffnet. All diese Inseln sind beliebt bei Bootsbesitzern und werden auch von Ausflugs- und Taxibooten angelaufen.

Schöner Weitblick vom Berg Kamenjak auf Rab und die Halbinsel Kalifront

Insel Rab

Rab ist die grünste und eine der dichtest besiedelten Inseln der Kvarner Inselgruppe mit mildem Klima und üppiger Pflanzenwelt. Hauptanziehungspunkte sind aber sicherlich der schmucke mittelalterliche Kurort Rab und vor allem die kilometerlangen Badestrände, die hier mit dem für Kroatien seltenen Sand gesegnet sind.

Rab zählt zu den attraktivsten Touristenzielen der Kvarner-Inseln. Die Inselfläche verzeichnet nur 94 km^2, auf denen aber, vor allem um den gleichnamigen Hauptort, 8500 Menschen leben. Während sich ihre Bewohner früher ausschließlich von Ackerbau, Weinbau, Viehzucht, Fischfang und Handel ernährten, leben sie heute fast alle gut vom Tourismus. Auch wenn der Rummel im Hochsommer um Lopar und um Rab sehr groß ist, wird mit wachsamem Auge seitens der Stadtväter das Kultur- und Naturerbe gepflegt und gehütet – nicht umsonst erhielt Rab als einzige kroatische Insel im europäischen Wettbewerb den Bronze-Award 2010 für nachhaltigen Tourismus (www.qualitycoast.info). Altes Brauchtum wird auf Mittelaltermärkten und -festivals (Rabska fjera) anschaulich und sehr aufwendig gezeigt. Ein altes Handwerk hat bis heute Tradition, das des Schiffsbaus – 7 Familien sind noch als Bootsbauer tätig, zudem widmen sich auch wieder einige Familien der Olivenöl- und Weinproduktion (→ Barbat und Banjol).

Mountainbikefreunde können auf einem 180 km langen Wegenetz, Wanderer auf rund 150 km die Insel, ihre Hügel und zahlreiche stille Buchten erkunden (→ Kleiner Wanderführer/Wanderungen 14 und 15, ab S. 434). Besonders schön, vor allem bei Hitze, ist u. a. die waldreiche und autofreie Halbinsel, der Naturpark Kalifront. Ein Genuss ist es sicherlich auch, per Seekajak um die Insel zu paddeln (→ Banjol).

Geologisch interessant ist die Insel vor allem wegen des verschiedenen Gesteins und des Sandes, der ansonsten im kroatischen Küstenraum sehr rar ist. Drei *Geologische Pfade* wurden angelegt, die auf Besonderheiten hinweisen: Premužić-Pfad 1 (von Matkići nach Lopar), Premužić-Pfad 2 (von Kampor um die Halbinsel Kalifront) und Rab Maman Geopfad (von Rab nach Kampor und über die Halbinsel von Supetarska Draga retour). (→ Rab, Supetarska Draga, Kampor und Lopar)

Rab zählt zu den sonnenreichsten Orten Europas. Die Bergkette des *Kamenjak*, die im Nordosten bis auf 408 m ansteigt, schützt die Insel etwas vor der Bora, dem trocken-kalten Wind, der im Frühjahr und im Winter vom Küstengebirge fällt. Im Herbst weht der feuchtwarme Südwind Jugo, dem schwere Wolken und Regen folgen. Im Sommer mildert von Westen der kühle Maestral die Hitze und die Segler freuen sich.

Die Pflanzenwelt der Insel ist dementsprechend: spärlich im Nordosten, die Berge macchiabewachsen, kleinere Wäldchen in der Inselmitte. Es wachsen Tannen und Eichen, Oliven, Weinreben, Mandeln, Feigen und viel Obst und Gemüse in den fruchtbaren Tälern. Im Westen, auf der Halbinsel *Kalifront,* liegt das größte Waldgebiet Rabs mit Steineichen, Erdbeerbäumen und Tamarisken. Insgesamt sind 40 % der Insel bewaldet – mehr Wälder hat nur noch die süddalmatinische Insel Mljet.

Ziegen und Schafe sind die Raber Haustiere, zudem gibt es Rotwild und Mufflons und Adler und Gänsegeier kommen vom Küstengebirge zu Besuch. Im Meer findet man Seeigel, Seesterne, Seeschwämme, selten noch rote Korallen. Im tieferen Gewässer leben Hummer und Scampi, Tintenfische, Delfine und Kraken und kleinere Haie.

Wer gutes Essen liebt, findet auf der Insel Rab eine Reihe von ausgezeichneten Restaurants, die fangfrischen Fisch, Hummer und die leckeren Peka-Gerichte bieten.

An Süßem seien die *Rabska torta* (Raber Torte, u. a. aus Mandeln, Zitronat) und die absolut leckeren *Muštaćoni*, schmackhafte Plätzchen aus Mandeln, Zitronat, Kakao und Zimt empfohlen.

Wichtiges auf einen Blick

Telefonvorwahl: 051

Fährverbindungen: *Trajekt Mišnjak–Stinica (nördl. von Jablanac)*, die wichtigste Verbindung mit dem Festland im Südosten mit der Fährgesellschaft Rapska plovidba (✆ 051/724-122, www.rapska-plovidba.hr). Im Sommer ab Mišnjak fast non-stop von 5–23.30 Uhr (Juli/Aug. ab 4 Uhr), ab Stinica 5.30, bzw. 4.30–24 Uhr; Fahrtzeit 15 Min., 17 KN/Pers., Auto 98 KN.

Trajekt (www.jadrolinija.hr) Lopar–Valbiska (Insel Krk), ganzjährig; Juni–Sept. 4-mal tägl. (5.45, 9.45, 14 u. 18.30 Uhr); Mitte April–Mai u. Okt.–Dez. Mo–Sa 2-mal tägl. (5.15 u. 16 Uhr), So/Feiertag 13 u. 17.15 Uhr; Jan.–Mitte April 2-mal tägl. Mo–Sa (6 u. 16 Uhr), So/Feiertag 13, 17.15 Uhr. 37 KN/Pers., Auto 225 KN. Fahrzeit 80 Min.

Katamaran (www.jadrolinija.hr), 1-mal tägl. ganzjährig von Rab (Stadt) um 6.55 Uhr (So 9.55 Uhr) nach Rijeka; nach Novalja (Insel Pag) um 18.55 Uhr (ab Ende Sept. um 16.55 Uhr).

Personenschiff Rab–Lun (Schiff Maslina), ganzjährig tägl. um 12 Uhr (Anf. Juni–Mitte Sept. tägl., zudem Di, Do u. Fr auch 17 Uhr, ab Juli zusätzlich um 9 u. 12 Uhr). 40 KN/Pers., retour 60 KN. In der HS auch Weiterfahrt *Lun–Jacišnica*. Info: Rapska plovidba ✆ 098/9911-409, www.rapska-plovidba.hr.

Taxiboote: → Lopar und Rab.

Busverbindungen: In der Saison 4-mal tägl. nach Rijeka, 1-mal tägl. nach Zagreb. Inselbusse befahren drei Hauptstrecken: Rab–Supetarska Draga, Lopar–Rab–Banjol–Barbat, Rab–Suha Punta–Kampor.

Geldwechsel: Banken in Rab und Lopar, zudem viele Bankomaten. Postämter auch in kleinen Orten.

Tankstelle: In Rab und Banjol und ortsauswärts am Berg von Lopar.

Flughafen: Nächstliegende sind Krk und Zadar.

Geschichte

Rab wird erstmals im 4. Jh. v. Chr. von dem griechischen Geografen *Mertorides* erwähnt. Später hieß Rab *Arbe*. In dieser Zeit kam es zu heftigen Kämpfen zwischen den ansässigen Liburnern und den vordringenden Griechen, die siegreich waren und z. B. in der Bucht Kampor und in Lopar Kolonien errichteten. Im 3. Jh. v. Chr. gründeten die Liburner einen neuen Staat. Die Griechen, die sich auf Sizilien verausgabt hatten, verließen die Insel, vergruben vorher ihre Schätze und hofften wiederzukommen. Aber es kamen die Römer und Rab wurde eine römische Stadt, ein *Munizipium*. Zur Zeit der Völkerwanderung überrannten die von den Hunnen aufgescheuchten Goten das bereits labile Weströmische Reich und auch die Stadt Rab, die das gleiche Schicksal ein weiteres Mal unter den Slawen erlitt. 750 wurde die Stadt unter der Herrschaft des byzantinischen Dalmatiens wieder aufgebaut.

Dann wollte *Karl der Große* Dalmatien erobern, bekam aber die Inseln nicht. Durch den Aachener Frieden von 812 fiel Rab wie andere Städte zurück an Byzanz. Erst später erstarkten die fränkischen Vasallen im kroatischen Landesinneren. *Tomislav* ernannte sich 925 zum König Kroatiens, und Byzanz schenkte ihm die römischen Städte Krk und Rab, um ihn gnädig zu stimmen. Der Kirchenwind wehte jetzt nicht

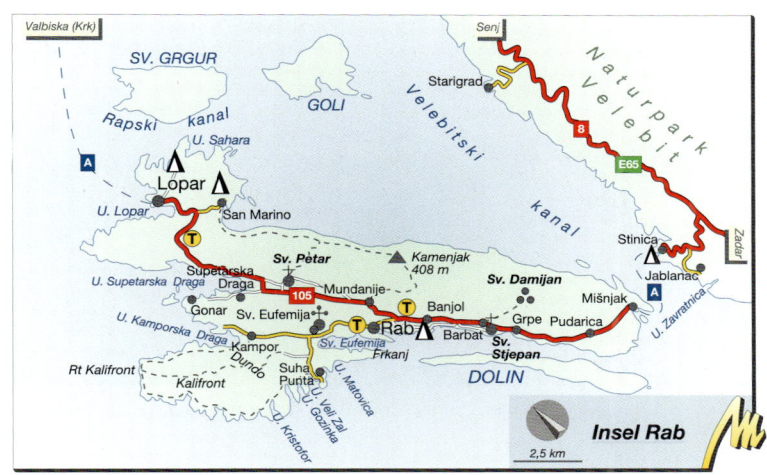

Insel Rab → Karte S. 269

mehr aus Byzanz, sondern aus dem Vatikan – eine neue Kraft, die ihre Stärke letztlich Karl dem Großen zu verdanken hatte. Rab aber blieb Byzanz treu und erhielt als Geschenk für seine Botmäßigkeit die Gebeine des Hl. Christophorus.

Später rief man wegen Thronfolgekämpfen Venedig zu Hilfe. Venedig zögerte erst, schließlich besetzte es Osor, Zadar, Rab und andere Städte. Zu neuer Einigkeit gezwungen, gelangte Rab im 11. Jh. nach blutigen Kriegen wieder unter kroatische Herrschaft.

1107 stellte der ungarische König *Koloman* alle dalmatinischen Städte unter seinen Schutz. Dies missfiel Rab, es ließ sich lieber wieder von Venedig beschützen, lief 1403 zu Neapel über, wurde von Neapel wieder an Venedig verkauft – und blieb letztlich bis 1797 unter venezianischer Herrschaft.

1805 wurde Dalmatien und somit auch Rab in Napoleons Königreich Italien einverleibt. 1815 befürwortete der Wiener Kongress die Besetzung der Insel Rab und ganz Dalmatiens durch Österreich-Ungarn. Das bis dahin eigenständige Raber Bistum wurde mit dem von Krk zusammengelegt, Rab wurde bedeutungslos. Die wechselvolle Geschichte ab dem Ersten Weltkrieg, die italienische und deutsche Besatzung und die Partisanenkämpfe im Zweiten Weltkrieg teilt Rab mit allen anderen

König Eduard VIII. und seine Wally (→ S. 282)

Kvarner-Inseln. Seit 1889 schon beherbergt Rab Urlaubsgäste, heute werden über eine Million Übernachtungen jährlich verzeichnet.

Lopar – Blick vom Premužićeva staza (Geopfad 1) auf die große Bucht

Lopar

Zahlreiche große und kleine Badebuchten und der inzwischen weitbekannte eineinhalb Kilometer lange „Paradiesstrand" machen den Fährort im Nordwesten der Insel für viele Urlauber attraktiv. Mit 1100 Einwohnern ist Lopar die zweitgrößte Siedlung auf der quellreichen, grünen Halbinsel.

Der Ort ist umgeben von zwei großen Buchten: der *Bucht von Lopar* im Westen mit Fährhafen, Restaurants und Pensionen sowie der *Bucht Crnika* im Südosten mit der Hotelsiedlung San Marino, zahlreichen Restaurants, Pensionen, Campingplatz und großem Sportcenter – hier entlang zieht sich auch der *Paradiesstrand* (Rajska plaža) und es weht die „Blaue Flagge". Alles in allem ist Lopar inzwischen ziemlich zersiedelt und ein Paradies dürfte der Strand im Hochsommer eher für Leute sein, die Trubel und Menschenmassen suchen. Die Autos parken kreuz und quer, bei Platzmangel wird auch vor Privatgärten nicht Halt gemacht und man braucht Nerven, um das Gewühl und die Rücksichtslosigkeit der Touristen auszuhalten. Hat man jedoch ein Fahrrad, besser noch ein Boot, oder zieht man auf Schusters Rappen los, locken weiter entfernt ruhigere, kleine Badebuchten, 22 sollen es sein.

Auf dem *Kap Zidine* antike Ruinen, wahrscheinlich aus griechischer Zeit. Beim Anlegeplatz befindet sich eine Kirche aus dem 14. Jh., neben der der Einsiedler *Dominik* lebte. Ein anderer prominenter Eremit, der Steinmetz *Marinus*, wurde nach der Legende hier geboren; er gründete die Republik San Marino in Italien.

Marinus, der Eremit

Marinus ging im 3. Jh. nach Rimini (Italien), um bei der Erneuerung der Festung mitzuarbeiten. Während der Christenverfolgung unter Diokletian versteckte er sich in einer Höhle auf dem Berg Monte Titano. Ihm folgten Gleichgesinnte, die eine Kirche bauten und ein Kloster gründeten. Damit legten sie den Grundstein für ein neues Städtchen: den Stadtstaat San Marino.

Basis-Infos

Information Touristeninformation, Ortsbeginn und Straßengabelung, 51281 Lopar,
✆ 051/775-508, www.lopar.com. Mai–Sept.
tägl. 8–20 Uhr (Juli/Aug. bis 22 Uhr), danach
Mo–Fr 8–15 Uhr. Gute Infos und Karten.

Agentur Sahara, ✆ 051/775-633, www.
sahara-lopar.com. Gute Infos, Zimmer,
Fahrradverleih.

Agentur Numero Uno, ✆ 051/775-073, www.
dmmedia.com. Zimmervermittlung.

Verbindungen Fährverbindungen (→ Wichtiges auf einen Blick). **Busse** verkehren ca.
11-mal tägl. (So/Feiertag nur 9-mal) ab
Marktplatz (Ritić) nach Rab, nur in HS bis
Trajekthafen Lopar.

Ambulanz Neben Autocamp, ✆ 051/775-165.

Veranstaltungen Hier ist einiges geboten, u. a. **Mala-Gospa-Fest**, am 8. Sept.,
mit großem Markt und Musik entlang der
Straße in Richtung Fährhafen. Mehrmals in
der Saison die sehr beliebten **Fischerfeste**.
Samba-Festival Mitte Juli.

Übernachten/Essen & Trinken/Nachtleben

Übernachten Privatzimmer in den vielen
Pensionen, je nach Kategorie ab 30 € im
DZ, Frühstück ab 6 €/Pers. **Appartements**
ab 40 € für 2 Pers.

*** Hotel Epario, der Familienbetrieb liegt
ca. 200 m vor der Paradiesbucht, umgeben
von einem großen, mit vielen Rosen angelegten Garten. 28 nette DZ/F mit Balkon ab
78 € (TS 104 €), auch HP vom Restaurant mit
Produkten aus dem eigenen Garten möglich. Ganzjährig geöffnet. Lopar 456 a,
✆ 051/777-500, www.epario.net.

*** Hotelresort San Marino, hinter dem Paradiesstrand. Von den Dependancen ist das
Familienhotel *** **Plaža Family** zu empfehlen,
das Suiten und Familienzimmer bietet. Superior-Zimmer mit Balkon 121 €/2 Pers./HP.
April–Okt. ✆ 052/465-000, www.valamar.com.

*** Pension-Restaurant Bellevue, Neubau
oberhalb des Zentrums. 18 gut ausgestattete Zimmer/Appartements mit/ohne Balkon.
Kinderspielplatz und Pool, sehr gutes Restaurant mit überdachten Plätzen. DZ mit HP
60 €/Pers. (TS 66 €). Lopar 574, ✆ 051/775-613,
www.bellevue-lopar.com.

🌿 ***** Pension-Restaurant Dragica**, familiäre Atmosphäre, Garten, Pool, Restaurant
mit schöner Terrasse, Kinderspielplatz, Internetcafé, gut ausgestattete Zimmer/Ap-
partements. Die Küche bietet Produkte aus
eigenem Anbau und selbst gefangene frische Fische. DZ mit HP 54 €/Pers. (TS 57 €).
Ganzjährig. Lopar 562, ✆ 051/775-420, www.
dragica-lopar.com. ■

*** Pension-Restaurant Lavanda, auf der
Ostseite am Hügel im lavendelblauen modernen Gebäude mit schönem Weitblick

aufs Meer und Küstengebirge; bestens
ausgestattete Zimmer und Appartements
(4+2) mit Balkon oder Terrasse, Tennisplätze, Garten; zudem das gute Restaurant Lavanda mit schönem Blick gen Meer. DZ mit
HP 68 €/Pers. Es werden auch Appartements im Haus Salvija oder am Alten Weinberg vermietet. Ganzjährig. Lopar 601 a,
✆ 098/1684-223, www.pension-lavanda.com.

**** Residence San Marino, direkt auf dem
Campingplatz nahe dem Strand steht komfortable 19-Zimmer-Hotel mit Pool. Im DZ
ab 126 €/2 Pers./HP. Lopar 488, ✆ 051/775-
133, www.rab-camping.com.

Camping **** Autocamp San Marino, großer Platz unter Pappeln und Kiefern am Paradiesstrand, in der HS meist überfüllt.
Neue Sanitäranlagen, Restaurant, Bar und
Sportprogramm. 78,50 €/Pers., Stellplatz
10 €, Parzelle (Auto/Caravan, Zelt, Strom)
14–18,50 €. Schöne Mobilheime (4+2 Pers.).
Mitte März–Okt. Lopar b. b., ✆ 051/775-133,
www.rab-camping.com.

Robinsoncamp Zidine, kleiner Platz oberhalb der gleichnamigen Bucht mitten im
Kiefernwald – ein Paradies für Zeltliebhaber
und Naturfreunde; es werden auch 15 Holzbungalows vermietet. Abzweig nahe Fährhafen gen Norden, erst Asphalt, dann Makadam – und hier gibt es keinen Motoren-
lärm, Autos müssen oben am Berg geparkt
werden. Mai–Sept. Lopar 2, ✆ 051/775-440,
www.zidine-lopar.com.

Essen & Trinken Restaurant Feral, am
Hafen mit Terrasse unter Weinlaube. Hier
gibt es fangfrischen Fisch, gute Fleischgerichte und Gemüse aus dem eigenen Garten. Ostern–Okt. Lopar 70, ✆ 051/755-288.

»» Mein Tipp: Restaurant-Pension La-vanda, oberhalb vom Hotelkomplex, bietet ganzjährig besten Service. Spezialitäten sind fangfrischer Fisch und hauseigenes Gemüse (→ Übernachten). **««**

Restaurant-Pension Bellevue (→ Über-nachten), auch hier wird bestens gekocht, zudem schönes Ambiente und Weitblick. Ostern–Okt. Lopar 574, ✆ 051/775-613

Restaurant Ankora, hier gibt es die besten Fischgerichte im Ort. Der Besitzer bringt auf den Teller, was sein täglicher Fang her-

gibt, auch die Fischpastete ist sehr schmackhaft. Mai–Okt. Lopar 103 (im Wes-ten), ✆ 091-7632-750 (mobil).

Restaurant-Pizzeria Laguna, nahe Para-diesstrand an der Bushaltestelle. Hier gibt es neben Pizzen gute Pasta-, Fleisch- und Fischgerichte und v. a. ist ganzjährig geöff-net. Lopar 547, ✆ 051/775-177.

Nachtleben   Am Sportzentrum (beim Campingplatz) **Cocktailbar Bamboocho,** April–Sept. 10–1 Uhr geöffnet.

Baden und Wandern

Baden: am 1,5 km langen Sandstrand, dem Paradiesstrand an der Crnika-Bucht, der so langsam ins Meer kriecht, dass man nach 100 m immer noch keine nassen Hosen bekommt – also bestens geeignet für kleine Kinder, jedoch in der Saison überlaufen.

Nördlich davon liegt der Bootshafen Lučica, es folgen die **Buchten Livačina** und **Kaštelina,** eingerahmt von Felsen und dem Inselchen *Lukovac* in Sichtweite. Ein kleiner Föhrenwald bietet Schatten, wenn man es in der Gluthitze der fast windstil-len Bucht nicht mehr aushält. Das Wasser ist hier ebenfalls ganz seicht und für Kin-der optimal. Nach Norden erstreckt sich die stark gegliederte Küste mit vielen großen und kleinen Buchten, wo man sich seinen Lieblingsstrand zu Fuß oder per Mountainbike suchen kann, u. a. **Stolac, Podpečina, Saramić, Podšilo,** teils mit Fels, teils mit Sand, wo auch FKK möglich ist. Es gibt übrigens auch viele ausgewie-sene Hundestrände!

Ab Hafen Lučica fahren Taxiboote zu den vorgelagerten Inseln.

 Wandern: Um Lopar wurden geologische und archäologische Lehrpfade angelegt, die zu Fuß erkundet werden können. Sehr schön ist der **Premužić-Pfad 1** (Premuži-ćeva staza 1), der von Lopar nach Matkići (bei Supetarska Draga) und dabei auf die Hochebene und durch das Hochtal Fruga führt. Auf dem Bergrücken genießt man herrliche Aussichten auf Sv. Grgur, Goli und das Küstengebirge. Kap für Kap fin-gert sich die Insel hier ins Meer.

> 🚶 **Wanderung 14:**
> **Insel Rab –auf dem Premužić-Geopfad 1 nach Lopar**   → S. 434
> Mittelschwere Wanderung von Rab oder Sv. Petar
> auf aussichtsreichem Pfad.

Wassersport/Sport   Sportcenter-Para-diesstrand (beim Autocamp): Tennisplätze, Minigolf, Fußballplatz; zudem Beachvolley-ball – in Lopar gibt es insg. 10 Plätze. Beim Autocamp Wassersportverleih und Tauch-club. **Fahrradverleih** bei Agentur Sahara.

An der Mole beim Jachthafen Lučica Was-serski-Zentrum mit Wasserskischule, Fla-

schenfüllung, Parasailing, Banane, Jetski, Motor- und Tretbootverleih, Kajaks.

Tauchen   Diving Center Moby Dick (Ltg. Mladen Skapul), Tauchkurse, Tauchgän-ge, Verleihausrüstungen, Flaschenfüllen, Schnupperkurse, auch Unterkunft. Lopar 493, ✆ 091/5201-643 (mobil), www.mobydick-diving.com.

Nautik Marina Lučica, 150 Liegeplätze für kleinere Boote, Kran und Slipanlage, Infos im Hotel San Marino.

Hafenkapitän: ☎ 051/775-286.

Supetarska Draga

Der Ort zieht sich mit vielen Neubauten und einer Marina an der tiefen, gleichnamigen Bucht entlang und über den Hügel bis zur anderen Meerseite. Hier auf der *Halbinsel Gonar* liegen auch die Siedlungen **Dumići**, **Donja Draga** und **Gonar** mit Badeplätzen und in die Bucht gestreuten Inselchen – ein schöner Uferweg verläuft von Dumići über Gonar nach Kampor, wo schöne Badebuchten locken (Teil des Rab–Maman Geotrails), sowie der Premužić-Geopfad 1, der von Matkići (östlich von Supetarska Draga) nahe dem Kloster Sv. Petar beginnt und über das Fruga-Hochtal nach Lopar führt (→ Kleiner Wanderführer/Wanderung 14, S. 434).

Einst hatte Supetarska Draga ein Kloster, das 1059 gegründet und im 16. Jh. wieder aufgegeben wurde. Der Ortsname leitet sich vom Kloster Sanctus Petrus in valle ab. Heute ist nur noch die hübsch restaurierte romanische **Kirche Sv. Petar** zu sehen – sie ist die älteste Kirche der Insel. Am Meer befinden sich die Überreste der letzten erhaltenen Wassermühle, die einst die Insel mit dem wertvollen Nass versorgten.

Information Touristagentur Arbia, Supetarska Draga 263 (Kreuzung), 51280 Supetarska Draga, ☎ 051/776-122, www.arbia.hr.

Baden Badeplätze gibt es rund um die südwestlich gelegene **Halbinsel**, viele kleine Sand- und Kiesbuchten mit Blick auf die vorgelagerten Inseln Maman, Srednjak, Sailovac. Man muss aber etwas laufen, um sein Lieblingsplätzchen zu finden, mit eigenem Boot ist es einfacher.

Jachthafen ACI-Marina Supetarska Draga, 285 Liegeplätze, 150 Bootsplätze an Land, Werkstatt, 10-t-Kran, Slip; Sanitäranlagen, Supermarkt, Restaurant. Ganzjährig geöffnet. ☎ 051/776-268, www.aci-club.hr.

Wassersport Tauchclub Aqua Sport, in Gonar, Supetarska Draga 331, ☎ 051/776-145, www.aquasport.hr. Auch Bootsvermietung, Wasserski und Jetski. Getaucht wird u. a. zu dem vor ein paar Jahren entdeckten antiken Schiffswrack, das zahlreiche Amphoren enthält. Alles ist natürlich streng mit Käfigen abgesichert.

Übernachten/Essen & Trinken Viele **Privatzimmer** werden angeboten. Sehr ruhig und schön wohnt es sich in den Weilern Gonar und Dumići (s. u.). DZ ab 30 €.

Pension-Restaurant Pivac, Familienbetrieb am Hang oberhalb der Bucht. Es gibt 9 einfach ausgestattete Zimmer/Appartements und WiFi, ab 25 €/Pers. mit Frühstück. Das Restaurant ist bekannt für Spanferkel und Pizzen. Auch Anlegeplatz. Mai–Sept. Supetarska Draga 281, ☎ 051/776-110, www.hotel-restaurant-pivac.com.

Restaurant-Pension Galeb, liegt an der Inselhauptstraße schräg gegenüber des Jachthafens. Gute und günstige Grillgerichte und Schalentiere, dazu süffiger Wein. Es werden auch Zimmer vermietet. Mai–Sept. Supetarska Draga 457, ☎ 051/776-248.

》 Mein Tipp: *** Restaurant-Pension **Belveder**, auch der „Stiegelnwirt" genannt, gegenüber des Jachthafens (südwestl. Buchtseite) mit erhöht liegender schöner Terrasse und Bootsanlegerplätze. Spezialität ist neben Fischgerichten die Grillteller. Es werden auch etliche Zimmer/Appartements vermietet, WiFi. Mai–Sept. Supetarska Draga 223, ☎ 051/776-162, www.belveder-rab.com. 《

Ortsteil Gonar: *** Konoba-Pension Gonar, oberhalb vom Meer; sehr guter und netter Familienbetrieb. Spezialitäten sind neben fangfrischem Fisch auch Pekagerichte (Lamm, Oktopus etc.). Es werden auch große Appartements vermietet, WiFi. April–Okt. Supetarska Draga, Gonar 328, ☎ 051/776-140, www.gonar.hr.

*** **Restaurant-Pension More**, liegt direkt am Meer mit schöner Terrasse und Anlegemöglichkeiten. Familienbetrieb mit sehr gutem Service und leckeren Gerichten, u. a. Hummer aus dem Becken und fangfrischer Fisch. Auch Zimmer- und Bootsvermietung. Ostern–Okt. Supetarska Draga, Gonar 321, ☎ 051/776-457, www.more-rab.com.

Blick von der Bucht Sv. Eufemija gen Rab und das Velebit-Gebirge

Rab

Auf einer kielförmigen Landspitze gelegen, überstand die stark befestigte Stadt die Jahrhunderte relativ unbeschadet. Heute drängen sich die Touristen mit Kameras bewaffnet durch die Gassen zwischen Kirchen und Patrizierhäusern, um die Schönheiten des Altertums einzufangen. Seit 1889 ist Rab ein europaweit bekannter Kurort, 1936 wurde der erste FKK-Strand Kroatiens hier eröffnet. Die Stadt tut viel, um ihr gutes Image zu pflegen.

Wechselnde Machtverhältnisse im Mittelalter brachten es mit sich, dass sich viele Fürsten um Rab stritten, und weil die Stadt ihr Fähnlein meist in den richtigen Wind hängte, gelangte sie zu Reichtum.

Im 2. Jh. v. Chr. war Rab eine römische Befestigung, später eine römische Stadt mit Foren, Badehäusern, Aquädukten, einem Theater und Tempeln. Von 530 bis 1828 war sie Bischofssitz und wichtiger Flottenstützpunkt im Levantehandel. Wahrscheinlich siedelten sich die Slawen in der unsicheren Zeit der Völkerwanderung auch auf der Insel an und verwüsteten bei dieser Gelegenheit die Stadt. Ein zweites Mal wurde Rab im 15. Jh. zerstört – von ihren eigenen Bewohnern. Als die Pest umging, mauerte man die Häuser der Pestkranken zu und verbrannte sie mitsamt den Angehörigen. In den letzten rund 125 Jahren, seit Rab Kurort ist, hat man aber vieles getan, um das Städtchen, in dem heute 800 Menschen leben, wieder herauszuputzen. Unzählige schöne Cafés und Restaurants laden zum Verweilen ein, für die Nacht gibt es nette Cocktailbars. In dem charmanten mittelalterlichen Kleinod werden zahlreiche Veranstaltungen geboten und an altem Kulturgut gibt es reichlich zu besichtigen. Die nahen Strände und Freizeitmöglichkeiten machen einen längeren Aufenthalt in der Stadt sehr reizvoll.

Basis-Infos

Information Tourismusverband TIC-Rab, Trg Municipium Arba 8, 51280 Rab, ☎ 051/771-111, www.rab-visit.com. Mai–Sept. tägl. 8–20 Uhr (Juli/Aug. bis 22 Uhr), sonst tägl. 8–15 Uhr. Gute Infos, Kartenmaterial.

TIC-Palit, vor der Altstadt im Einkaufszentrum Mali Palit. Ende Mai–Mitte Sept., Öffnungszeiten wie oben.

Agentur Katurbo, im Einkaufszentrum Mali Palit (vor der Altstadt), ☎ 051/724-495. Zimmervermittlung.

Agentur Eros, Obala M. Dominisa 5 (Uferpromenadenbeginn), ☎ 051/724-688, www.rab-novalja.com. In der HS 8–24 Uhr. Zimmer, Fahrräder u. Fahrkarten für Katamaran; Fahrrad- und Wandertouren.

Agentur Kristofor in Mali Palit, ☎ 051/725-543, www.kristofor.hr. Zimmer, Ausflüge.

Verbindungen Busse: (→ Wichtiges auf einen Blick). Busbahnhof (☎ 051/724-189) vor der Altstadt in Mali Palit; ca. 15-mal nach Lopar. **Achtung**: Keine Busverbindung zum Fährort Mišnjak, nur tägl. Expressbusse Rab–Rijeka u. Rab–Zagreb.

Taxiboote: Ab dem Altstadt-Leuchtturm (30 KN) Rab–Liebesinsel–FKK-Strand Suha Punta, Rab–Banjol–Barbat und Dolin. Schnellboote (8 Min). Auch nach Padova.

Schiffsverbindung: (→ Wichtiges auf einen Blick).

Autos Gebührenpflichtige **Parkplätze** am Hafenbecken (in HS 7–12 KN/Std.); großer Parkplatz nach dem Busbahnhof. **Tankstelle** am Kai (nach dem Jachthafen).

Einkaufen Einkaufszentrum **Mali Palit**, mit Sportgeschäften, Boutiquen, Restaurants, Cafés. **Einkaufscenter Petra**, stadtauswärts Richtung Banjol. Die **Hauptgeschäftsstraße** Srednja ul. bietet viele Souvenirgeschäfte und Galerien (in HS Mo–Sa 6–22, So 12–17 Uhr). Kurz vor der Loggia, in der Srednja ul., ist ein **Delikatessengeschäft**, wo es viel Raber Produkte gibt, u. a. auch die Rabska torta.

Gesundheit Ärztehaus Mali Palit, internistische Ambulanz, ☎ 051/724-342. **Tierarzt**, ☎ 051/724-153. **Apotheke**: Načeta, Srednja ul., ☎ 051/724-121; in Mali Palit, Kušen, ☎ 051/725-401.

Internet Hotspot in der gesamten Altstadt und in Mali Palit, für Gäste gratis.

Veranstaltungen Fast ganzjährig reichhaltiges Programm, in der NS auch Wander-, Fahrradtouren, Kajakregatten, Ökowoche etc. U. a. **Ostern**, 7-Tages-Fest mit klassischen Konzerten und Sport.

》》 Mein Tipp: Ritterspiele-Armbrustschützen, am 9.5., 25.6., 27.7., 15.8. Riesiges Spektakel mit historischen Kostümen; Umzüge mit Fahnen durch die Altstadt und dem nicht einfachen Armbrustschießen auf dem Trg. Sv. Kristofora und finalen Kanonenschüssen. **《《**

》》 Mein Tipp: Raber Festtage und Mittelalterfestival (Rapska Fjera), am 25./26./27. Juli werden die Stadtheiligen Sv. Jakov, Sv. Ana und Sv. Krištofor gefeiert. Ebenfalls ein historisches Fest mit historischen Kostümen, mittelalterlichem Essen, Buden und Demonstration alter Handwerkerkünste. Die Plätze sind mit Fackeln ausgeleuchtet, es gibt mittelalterliche Musik und Tanz. **《《**

Raber Sommer, im Juni, Juli und Aug. finden wöchentl. Folkloreaufführungen, Musikabende und Konzerte statt; darunter 10 Konzerte mit Klapas und Blechmusik.

Raber Kantuni, 3-Tages-Feste Mitte Juni und Anf. Sept. an verschiedenen Altstadtplätzen; mit Konzerten, Wein und lokalen Produkten wie der Raber Torte.

Raber Musikabende, 1-mal wöchentl., meist Do, Mitte Juni–Ende Sept. mit klassischen Konzerten nationaler und internationaler Musiker in der Kirche Sv. Križ oder Sv. Ivan.

Insel Rab → Karte S. 269

Sv. Ivan Evandelista

Übernachten

In der HS ist es teils schwierig, ein Zimmer zu bekommen, Pkw-Lenker haben evtl. Parkplatzprobleme; Ausweichmöglichkeiten in den Bade- und Hotelbuchten *Suha Punta* (5 km von Rab) oder *Banjol* (→ Suha Punta, Banjol und Barbat).

In der Altstadt gibt es inzwischen einige nette Privatunterkünfte (ab 20 €/Pers.); u. a. **Fam. Sonja Pende** 🔢, Ivana Rabljanina 2, ✆ 051/724-210, mit schönem Balkon zum Meer. **Fam. Stojnšek** 🔢, Gornja ul. 27, ✆ 051/771-472, 724-781, mit schöner Aussichtsterrasse auf die Dächer von Rab.

⋙ Mein Tipp: **** Boutiquehotel Arbiana 🔢, renovierter stilvoller Prachtbau von 1924 mit 28 Zimmern, am stillen Ende der Uferpromenade und im Park. Gourmetrestaurant und lauschige Terrasse am Park, zudem Aperitif-Bar. Komfortable DZ/F 140–200 € (Standard-Deluxe), Suiten 230 €. Ostern–Mitte Okt. Obala kralja Petra Krešimira IV 12, ✆ 051/725-563, www.arbianahotel.com. ⋘

*** **Hotel Astoria** 🔢, mitten am Altstadtplatz mit Appartements in verschiedenen Größen und schöner Restaurantterrasse (→ Essen). Studio 99 €. Mai–Okt. Ul. Dinka Dokule 2, ✆ 051/724-502, www.astoria-rab.com.

*** **Hotel International** 🔢, stilvoll renoviertes 138-Zimmer-Hotel in schöner Lage am Hafenbecken in der Altstadt. Restaurant, kleiner Pool und Indoor-Schwimmbad, Spa-Bereich; zudem Loungebar Escape. Gut ausgestattete Zimmer. DZ/F ohne/mit Meerblick 140/160 €. Ostern–Okt. Obala Krešimira 4, ✆ 051/602-000, www.hotelrab.com.

**** **Grand Hotel Imperial** 🔢, im Ortsteil Palit, durch den Park in 2 Min. vom Altstadtzentrum erreichbar. 134 Zimmer, bestens renoviert, ruhige Lage auf der Anhöhe im Komrcar-Park. Tennisplätze und -schule

und sehr schöne, neu gestaltete Außenpoolanlage, auch Wellnessbereich. Leider hat das Hotelrestaurant mit seinen großen Glasfronten keine Terrasse, nur im großzügigen Cafébarbereich; zudem Restaurant & Weinbar In Vino Veritas im Untergeschoss mit schöner Terrasse. DZ/F Meerseite und Balkon ab 140 € (TS ab 160 €). Fast ganzjährig (Pause Mitte Nov.–Mitte Dez.). M. Dominisa 9, ✆ 051/724-522, www.imperialrab.com.

Essen & Trinken/Nachtleben

Essen & Trinken In der Altstadt gibt es viele Restaurants und Konobas. Eine Auswahl:

⋙ Mein Tipp: Restaurant Santa Maria 🔢, stilvolles Fischlokal am östlichen Ende der Hauptgasse mit zwei Gasträumen und einer hübschen, luftigen, überdachten Terrasse. Im Innern sitzt man wie in einer Schiffskajüte, in den Bullaugen hängen Bilder von Segelschiffen und Holzschiffsmodelle. Verschiedenartige, lecker zubereitete Fischsorten und Gemüse, große Weinkarte. Ostern–Mitte Okt. tägl. 10–14/17–23 Uhr. Ul. Dinka Dokule, ✆ 051/724-196. ⋘

Gostiona Labirint 🔢, überdachter, aber luftiger und mehrstöckiger Innenhof. Man

Essen & Trinken
1 Rest. Rio
2 Rest.-Pension Nada
3 Rest.-Pension Ana
7 Konoba Šanpjer
10 Restaurant-Loungebar Astoria
13 Gostiona Labirint
14 Konoba Kod Kineza
15 Konoba Rab
16 Restaurant Santa Maria

Cafés
8 Cafébar & Galerie Conte Nero
9 Café Velum
11 San Antonio-Club

Übernachten
2 Rest.-Pension Nada
3 Rest.-Pension Ana
4 Grand Hotel Imperial
5 Hotel International
10 Hotel Astoria
12 Hotel Arbiana
17 Pension Stojnšek
18 Pension Pende

Nachtleben
5 Loungebar Escape
6 Cafébar Moderato

---

speist sehr gut Fischspezialitäten und Meeresfrüchte und die hausgemachte Rabska torta. Freundlicher und flinker Service. März–Okt. tägl. 11–15/18–24 Uhr. Srednja ul. 9, ☎ 051/771-145.

Konoba Rab 15, uriges Lokal mit Holzgebälk, Galerie und Kamin, in dem die Peka schmort. Es gibt Fisch, Fleisch (Spezialität Rabska grota – Fleisch, gefüllt mit Käse und Schinken, mit Gemüsesauce), verschiedene Peka-Gerichte (Lamm, Huhn, Kalbshaxe) nach Vorbestellung und die gute Rabska torta. Fast ganzjährig tägl. 10–14/17–23 Uhr (ab Okt. erst ab 17 Uhr). Kneza Branimira 3, ☎ 051/725-666.

Konoba Kod Kineza 14, kleines Lokal mit offenem Kamin. Vorspeisen wie Oliven, Käse und Schinken sowie Beefsteak, dazu Wein und Schnaps. April–Mitte Okt. ab 18 Uhr. Kneza Domagoja 2, ☎ 098/9598-834 (mobil).

Konoba Šanpjer 7, typische Konoba, es gibt nur Wein, Oliven, Käse und kleine gesal-

zene Fische (Sardellen), zum Draußensitzen 2 rustikale Bänke. Ostern–Okt. tägl. ab 7 Uhr. Šet. kralja Petra Krešimira 4, ☎ 051/724-183.

Restaurant Astoria 10, gehört zum gleichnamigen Hotel. Auf der großen Terrasse speist man bestens mit herrlichem Blick aufs Meer und den Altstadtplatz. Auch eigene Weine werden ausgeschenkt. Mai–Okt. Trg Municipium Arba 7, ☎ 051/774-844.

Essen/Übernachten außerhalb der Altstadt Restaurant-Pension Nada 2, lecker und preiswert speist man in diesem Familienrestaurant; auf der Gartenterrasse isst man bestens frische Fische vom täglichen Fang des Wirts, auch Scampi, Hummer und Tintenfischsalat. Es werden auch schöne Zimmer vermietet. Mai–Okt. ab 18 Uhr. Fam. Faflja, Palit 201, ☎ 051/724-845, www.rab-rstaurants-nada.com.

Restaurant Rio 1, ungewöhnlich der Name, aber eine gute Adresse für fangfrischen Fisch, serviert auf netter Terrasse bei

▲ ▲ Trg Municipium Arbe

▲ Trg Sv. Kristofora

▼ Hübsche Galerien

freundlichem Service. März–Mitte Nov. tägl. 11–23 Uhr. Fam. Perkić, Palit 57, ☎ 051/725-645.

Restaurant-Pizzeria Ana 🔟, ebenfalls in Palit. Hier isst man preiswert und gut Pizzen, aber auch Fisch in Salzlake oder Oktopus aus der Peka und Sardellen. Ostern–Okt. tägl. 11–15/18–23 Uhr. Palit 80, ☎ 051/724-376.

Restaurant-Pension Kamenjak (→ Banjol).

Cafés Schöne Cafés, auch für die Abende (bis 2/3 Uhr geöffnet), liegen auf dem großen Trg Municipium Arba, mit Blick aufs Meer, eingerahmt von stattlichen Palmen: **San Antonio-Club** 🔟 ist *der* Treffpunkt am Abend, innen barmäßig eingerichtet; man spielt die neuesten Charts. Daneben die **Cafébar Velum** 🔟.

Gegenüber im Fürstenpalast (s. u.) die **Cafébar Conte Nero** 🔟, stilvolle Moderne herrscht im alten Gemäuer mit gutem Café, Eis, Desserts, Raber Torte, Cocktails und Wein, zudem Ausstellungen. Tägl. 7–2 Uhr. Daneben **Cafébar Moderato** 🔟, auch in der NS am Abend länger geöffnet, bietet neben Kaffee sehr gute Weine.

Nachtleben Café-Cocktailbars (→ Cafés).

Loungebar Escape 🔟, auf der Dachterrasse des Hotels International. Gute Cocktails und herrlicher Blick auf den Jachthafen. Juni–Mitte Sept.

Diskothek-Cafébar Santos in Pudarica (2 km östlich von Barbat); Bus ab TIC nach Pudarica 22–6 Uhr jede volle Stunde; auch Taxiboote.

Stadtbummel

Das Auto lässt man am Parkplatz vor der Altstadt oder am Hafenbecken. Hier ankern oftmals prächtige Windjammer. Ostwärts erreicht man den großen Platz *Trg Municipium Arba* mit einladenden Cafés, eingerahmt von stattlichen Palmen und dem **Fürstenpalast Knežev dvor** (Cafébar und Galerie, → Cafés) mit romanischen, gotischen und Renaissancefenstern sowie kunstvollen Reliefs zwischen den Steinquadern. Löwenköpfe mit weit aufgerissenem, halboffenem und geschlossenem Rachen stützten einst den Kundgebungsbalkon. Im Atrium werden Ausgrabungsfunde gezeigt.

Am Kai entlang ostwärts gelangt man durch einen Torbogen zum Altstadtkern Kaldanac und einem kleinen gepflegten Park. Hier steht das hübsch renovierte **Kirchlein Sv. Katarina** (12.–Anf. 13. Jh.), in dem jetzt eine Galerie eröffnet hat (Ostern–Okt. 10–20 Uhr).

Oberhalb, an der Ostspitze der Altstadt, das **Kloster Sv. Antun-Opat** (11. Jh.), das eine vor den Türken geflohene Fürstin Ende des 15. Jh. in ein Frauenkloster umwandelte und das noch heute von Nonnen bewohnt ist.

Nur wenige Meter westlich die **Domkirche Sv. Marija**, 1177 aus weißen und rosaroten Steinquadern errichtet und vom Papst persönlich geweiht. Die Säulen der dreischiffigen Basilika stammen aus antiken Bauten. Über dem Altar ein Baldachin, rechts und links davon geschnitztes, schwarzes Chorgestühl. Ein Stück weiter steht an der Gasse der riesige romanische **Glockenturm** (Juni–Sept. 10–13/19–21 Uhr, Eintritt 12 KN). Die Zahl der Fensterbögen steigt mit der Zahl der Stockwerke. Das letzte – vierte – Stockwerk hat eine Balustrade, obenauf eine achtseitige Pyramide aus dem 15. Jh. Ein Kreuz mit fünf Äpfeln steht auf ihrer Spitze, im obersten Apfel werden Heiligenreliquien verwahrt.

Weiter westlich lehnen an der steil zum Meer abfallenden Felswand das **Kloster** und die **Kirche Sv. Andrije** aus dem 11. Jh. Heute leben hier noch sechs Schwestern des Benediktinerordens. Am Seitenaltar der Klosterkirche sind das Polyptychon von *Vivarini* (1485) und ein großes Gemälde mit den Kreuzwegstationen collagenhaft vereint.

Dann stoßen wir auf den *Trg slobode*, an dem der alte Stadtteil Kaldanac endet. Der neuere Stadtteil ist im Festungsstil gebaut, die Straße längs der Mauer wurde während der venezianischen Besatzung im 15. Jh. errichtet. Neben dem Trg slobode die **Kirche Sv. Justina** mit dem **Benediktinerkloster**, das um 1575 erbaut und 1808 geschlossen wurde. Das Kircheninnere zeigt ein Altargemälde aus der Tizianschule außen steht ein Steinzwiebelturm. Die Kirche dient heute als *Museum* für sakrale Kunst (Juni–Aug. 9.30–13/18.30–22.30 Uhr; Eintritt 15 KN).

Blick auf den Cernota-Palast und Loggia

In der Gasse *Gornja ulica* weiter westlich befindet sich das Kirchlein **Sv. Križ**, in dem wöchentlich klassische Konzerte stattfinden. Der Legende zufolge hat Jesus am Kreuz des Altarbildes die Einwohner der Stadt beweint: Sie blieben hochmütig und so kam die Pest über sie.

Insel Rab → Karte S. 269

Armbrustschießen – eine präzise und herausfordernde Leidenschaft

Die Armbrustgeschütze wurden in Rab bereits ab 1364 benutzt, um die Stadt zu verteidigen; auch die Galeeren, die im Lepanto-Krieg teilnahmen, waren mit Armbrüsten bewaffnet. 1995

wurde der Raber Armbrustschützenverein gegründet und im Zuge der Mittelalterfeste lebte dieses Kulturerbe wieder auf. Viermal im Jahr, zu den Feiertagen am 9. Mai, 25. Juni, 27. Juli und am 15. August, wird das Armbrustschützenfest auf dem großen Kristofor-Stadtplatz, unterhalb der alten Festung, mit in historischen Kostümen ausstaffierten Nobelfamilien, Fahnenträgern, Fanfarenbläsern, Kanonieren, Richtern, Zeremonienmeistern und natürlich den Schützen, 18 sind es an der Zahl, zelebriert. Um hier antreten zu können, bedarf es langer Erfahrung und Geschicklichkeit. Die Armbrust wiegt zwischen 18 und 25 kg und wird von den Schützen selbst aus Walnussholz oder dem leichteren und biegsameren Kirschholz gefertigt. Beim 1.

Der Armbrustschützenkönig

Durchgang hat jeder Schütze seine eigene 36,6 m (!) entfernte Zielscheibe, beim 2. Durchgang müssen alle auf die gleiche Scheibe zielen. Erst beim Zusehen erahnt man, welch immenses Training dies bedeutet. Bisheriger Schützenkönig ist Ivan Pribil, der bereits über 20-mal gewann.

Nur wenige Meter westlich von Sv. Križ, auf erhöhtem Gelände, der Kirchturm der einstigen **Basilika Sv. Ivan Evanđelista** aus dem 7. Jh. Die Basilika war einst ein Schmuckstück mit fünf Altären, Kapitellen aus verschiedensten Epochen, schön ist immer noch das Fußbodenmosaik mit Flechtwerkornamentik. Neben der Basilika die Ruinen des Klosters. Vom 11. Jh. bis Ende des 13. Jh. war hier ein Benediktinerinnenkloster, danach wurde es bis 1783 von den Franziskanern übernommen, anschließend war es Residenz der Bischöfe – nicht zuletzt wegen seiner Baufälligkeit wurde es 1833 aufgegeben. Heute ragen neben dem noch gut erhaltenen Kirchturm Säulenreste auf und Steinfragmente laden zum Ausruhen neben duftenden Wachholderbäumen ein.

Am Ende der Gornja ulica steht die Kirche **Sv. Krištofor** mit kleinem Lapidarium (10–13/18–21 Uhr). Dann folgen die Ruinen der **Burg Sv. Krištofor** aus dem 15. Jh.

Geht man das Gässchen und die Stufen wieder hinab Richtung Hafenbecken, stößt man auf den großen, schön gestalteten *Trg Svetog Kristofora* mit Brunnen. Dieser Platz, der heute für Veranstaltungen genutzt wird, war früher der einzige Zugang zur Altstadt.

Durch ein mächtiges Tor betritt man den **Stadtpark Komrčar** – ein großer Park mit stattlichen Bäumen – eine Oase der Ruhe. Hier befindet sich auch die Festung **Galjarda** (15. Jh), davor zwei Brunnen und Steinbänke. Über eine Treppe gelangt man zurück zum Marktplatz mit Obst- und Gemüseständen.

Überquert man die Hauptgasse *Srednja ulica,* sieht man zu Beginn der *Donja ulica* das hübsch gemeißelte **Portal Nimira** (15. Jh.), zudem noch ein paar Grundmauern, die vom einstigen Palast erhalten sind.

Läuft man die Hauptgeschäftsgasse *Srednja ulica* östlich, kommt man an einem Renaissance-Palast vorbei, an dessen Fassade noch Teile des Doppelkopfs des römischen Gottes Janus zu erkennen sind. Etwas weiter eine Palast-Ruine, dann die **Stadtloggia** mit Café und Vinothek, nebenan die städtische Turmuhr.

Geht man an der Stadtloggia rechts hoch, vorbei am prächtigen Portal und den Überresten des **Cernota-Palastes**, steht man oben wieder am Platz *Trg slobode* und kann die Aussicht aufs Meer genießen.

Dom Sv. Marija

Von dort gelangt man hinunter zur agavengesäumten **Uferpromenade**: Hier brechen sich türkisfarben die Wellen an den Felsen und formen sie meisterlich wie ein Bildhauer. Läuft man die föhrenbestandene Uferpromenade westwärts, erreicht man in ca. 10 Min. das **Seebad Jadran** und in weiterer ca. 20 Min. das **Franziskanerkloster Sv. Eufemija** (→ Kampor).

Rab ist nicht nur für seine Baudenkmäler, sondern auch für seine Künstler und Galerien bekannt: Im Erdgeschoss des Fürstenpalastes die **Galerie Knežev dvor** (in der Cafébar Conte Nero); in der Musikschule die **Galerie Banova villa** (durchgehend geöffnet) und die **Galerie Zubak** (Srednja ulica) mit schönem Innenhof. Zudem die **Galerie Pik** (www.galeriapik.de); zu sehen sind Gemälde des bekannten kroatischen Malers Gašpar Bolković Pik, der 1929 in Rab geboren und 2008 in Ravensburg verstarb. Der zeitkritische Künstler arbeitete in Aquarell und Tempera. Regelmäßige Kunstausstellungen gibt es zudem in der Kirche Sv. Nikola.

Baden und Sport

Bademöglichkeiten an der Uferpromenade beim **Komrčar-Park** und im **Strandbad Škver**.

Zur „Liebesinsel" **Frkanj** fährt vom Strandbad ein Taxiboot. Ein betonierter schmaler Fußweg führt rund um die Halbinsel durch üppigen Kiefernwald. Es gibt Kies-, Sand- und Felsbuchten mit Blick auf die Bergkulisse und die Insel Dolin; z. B. die *Bucht Eufemija* im Norden oder südlich davon den FKK-Badestrand *Kandarola* mit kleinem Restaurant. Dieser 1,5 km lange Strand hat seine eigene Geschichte ...

An der Kandarola uvala, heute besser bekannt unter **Englische Bucht**, wurde der erste FKK-Strand Kroatiens eröffnet. Hier ließ der britische König Eduard VIII. im Jahr 1936 als einer der ersten Sonnenfreunde seine Hüllen fallen.

Weitere Strandbuchten (auch FKK möglich) bei Suha Punta (s. dort). Die Strände haben keine Autozufahrt, Camping ist nicht erlaubt. Außerdem viele kleine Buchten auf der Halbinsel Kalifront, im Vorort Banjol und auf der Insel Dolin (s. dort). Sehr gut erreichbar für alle, die mit eigenem Boot unterwegs sind.

Sport Tennis, Minigolf etc. beim Hotel Imperial. Fahrrad- und Scooterverleih bei Eros und Katurbo.

Wassersport Wasserskischule und Surfbrettverleih in Suha Punta; im Autocamp außerdem Verleih von Kajaks, Paddel- und Tretbooten. Motorbootverleih im Hafen Rab (Rapska plovidba).

Tauchen Diving Center Mirko (→ Barbat), Tauchzentrum Aqua (→ Supetarska Draga) und **Kron Diving Center** (→ Kampor).

Nautik ACI-Marina Rab, gegenüber der Altstadt, verfügt über 142 Liegeplätze. Reparaturservice, Ersatzteillager, Gas- und Benzintankstelle, Supermarkt, geöffnet April–Okt.; Sanitäranlagen mit Duschen, Restaurant. ℅ 051/724-023, www.aci-club.hr.

Hafenamt, Šet. kapetana Ivana Dominisa (gegenüber ACI), ℅ 051/724-103.

Halbinsel Frkanj – die schöne von Kiefern gesäumte „Englische Bucht"

Weitblick vom Berg Kamenjak auf die Felseninseln Goli und Sv. Grgur

Ausflüge um Rab

 Wandern: Zum *Kamenjak* mit dem Berg *Straža* (408 m), dem höchsten Gipfel der Insel, gelangt man von Rab aus auf einem Wanderweg (auch Straße) in 2 Std. Von hier aus weite Sicht über die Insel und in die Kvarner-Bucht (→ Foto oben). Zudem ist oben ein aussichtsreiches Restaurant (→ Banjol).

> **Wanderung 15:**
> **Insel Rab – von Rab zum Berg Kamenjak (408 m)**   → S. 438
> Schöne Familienwanderung mit herrlichen Weitblicken
> über die Kvarner-Inseln.

Wer nicht so hoch hinaus will, geht in entgegengesetzter Richtung zur **Sv. Ilija Kapelle** auf dem 90 m hohen *Vrsi* und kann auf Rab hinunterschauen.

Zwischen den beiden Bergen verstreut liegt die Siedlung **Mundanije**; viel Ackerbau, kein Fleckchen bleibt ungenutzt. Von Rab kann man bis hierher und weiter in Richtung Lopar auf dem Premužić-Geopfad 1 ebenfalls eine schöne Wanderung unternehmen (→ Kleiner Wanderführer/Wanderung 14, S. 438).

Franziskanerkloster Sveta Eufemija: Am Ende der Bucht Eufemija. Zu erreichen auf der Straße Richtung Kampor oder in knapp 40 Min. Fußmarsch entlang der Uferpromenade (→ Kampor).

Dundowald: Südlich des Ortes Kampor, auf der Kalifronthalbinsel (→ Kampor). Zu Fuß von Rab (ca. 2 Std.) oder noch besser per Mountainbike entlang der Bucht Eufemija zu erreichen.

Geopfad Rab-Maman: Dieser markierte Geopfad führt auf insgesamt 14 km von Rab entlang der Eufemija-Bucht, dann durch das Tal von Kampor nach Gonar und Dumići und durch das Innere dieser Landzunge wieder zurück. Lediglich der Uferweg der Maman-Küste mit den Weilern Gonar und Dumići ist mit dem Rad schlecht machbar.

Insel Rab → Karte S. 269

Kampor

Mit Gehöften und Neubauten erstreckt sich das Dorf zwischen der Kampor-Bucht und dem Strand Mel im Nordwesten und der Eufemija-Bucht mit dem Franziskanerkloster im Südosten. Im Süden liegt die zerklüftete und fast unbebaute Halbinsel Kalifront.

Das heutige Zentrum von Kampor liegt an der gleichnamigen Bucht. Anziehungspunkt ist der breite Sandstrand Mel, der ganz flach ins Meer abfällt. Ideal für Kleinkinder und zum Sandburgenbauen, die besonders gut haltbar durch das Sand-/Tongemisch sind. In der Nähe finden sich die ältesten Spuren der Siedlung: Auf dem *Kap Kaštelina*, an der Bucht Miral im Norden, ragen die Ruinen einer griechischen **Akropolis** gen Himmel. Den Süden schließt die bewaldete Halbinsel **Kalifront** ab, zu der man herrliche Mountainbiketouren unternehmen kann. Von Kampor kann man die Halbinsel Kalifront auf dem **Premužić-Geopfad 2** erkunden (→ Mountainbike), den Norden mit den Weilern Gonar und Dumići am besten zu Fuß auf dem **Rab-Maman-Geopfad**.

Der **Dundowald** ist ein kleines, unter Naturschutz stehendes Waldgebiet mitten auf der Halbinsel Kalifront. Hier stehen mächtige Kiefern, Pinien, Zypressen und Korkeichen mit oft üppigem Untergestrüpp, das zu den schönsten des Mittelmeerraumes zählt.

Information Agentur Matovica, ℡ 051/604-199, www.matovica.hr. Zimmer, Fahrräder und Taxi.

Baden Am **Strand Mel**, allerdings schattenlos (Sonnenschirm!). Zufahrt per Auto möglich, Cafébar am Strand.

Mountainbike Von Kampor (natürlich auch von Rab) aus kann man die Halbinsel Kalifront und den Dundowald am besten auf dem **Premužić Geopfad 2** (Premužićeva staza 2) erkunden (insg. 13,5 km): Der markierte Pfad führt vom Südende des Strandes Mel ostwärts bis kurz vor die Landzunge Frkanj und zweigt dann südwärts Richtung Suha Punta ab, führt entlang dem Meer und seinen vielen Buchten wie u. a. Veli žal, Jelenovića, Gožinka und anschließend durch den Dundowald wieder zurück zum Ausgangspunkt.

Tauchen **Kron Diving Center** (Ltg. Andreas Kron), Kampor 413 a, ℡ 051/776-620, www.kron-diving.com. Ganzjährig geöffnet, sehr gut geführt. Es stehen auch Unterkünfte in Zimmern/Appartements zur Verfügung.

Kloster Sv. Eufemija – ein nettes Ausflugsziel von Rab

Übernachten/Camping Die Agenturen vermitteln **Privatzimmer** ab 15 €/Pers., Appartements ab 40 €/2 Pers.

≫ Mein Tipp: **** **Lando Resort**, 2014 eröffnet, direkt an der Südseite des Sandstrandes Mel. Neben parzellierten Campingplätzen (9 €/Pers., Stellplatz 30 €; TS 10,50/34,50 €) gibt es auch aus Naturstein erbaute und sehr gut ausgestattete Bungalows (2 Schlafzimmer, 2 Bäder, Küche-, Ess- und Wohnzimmer) mit großer Terrasse ab 245 € (TS 305 €). Zwei große Pools, Liegestühle, WiFi und ein Restaurant kom-

plettieren das Angebot. Hier fühlen sich vor allem Familien mit Kleinkindern wohl. April–Okt. Kampor b. b., ✆ 098/890-846 (mobil). ≪

Essen & Trinken Es gibt einige Restaurants, u. a. **Skipper** (✆ 051/776-432), **Dupin** (Kampor 413a, ✆ 051/776-620; ab 11 Uhr).

Gelobt wird das **Restaurant Eufemija**, an der Zufahrtsstraße. Auf der blumenumrankten Terrasse isst man bei bestem Service u. a. sehr gute Fischgerichte, Tintenfische, Lamm und Oktopus aus der Peka. Ostern–Okt. Kampor 66, ✆ 051/771-473.

Im **Tal von Kampor** finden sich noch die Überreste des **Konzentrationslagers** der italienischen Faschisten, in dem einige tausend Menschen ihr Leben ließen. Im Januar 1943 wurde eine Befreiungsfront im Lager gegründet, die politische und kulturelle Arbeit leistete. Als die Kapitulation Italiens bekannt wurde, entwaffnete man 2200 Soldaten und verhaftete den Kommandanten. Auf dem freien Feld, wo man die vielen Toten begrub, steht heute ein Grabmal. Im Innern befinden sich ein Obelisk und ein Wandmosaik, das an die Opfer des Zweiten Weltkriegs und den antifaschistischen Widerstand erinnert.

Franziskanerkloster Sveta Eufemija

Das Kloster auf einer Anhöhe am Ende der gleichnamigen Bucht ist benannt nach der kleinen romanischen Kirche **Sv. Eufemija** aus dem 13. Jh. 200 Jahre später erbauten die Klosterbrüder die gotische, dem hl. Bernardin geweihte Klosterkirche. Über dem Hauptaltar der Klosterkirche hängt ein vergoldetes Polyptychon der Brüder *Vivarini* aus dem Jahr 1485, in der Seitenkapelle links eine Ikone der Jungfrau Maria. Im kleinen Innenhof ein Brunnen und der Sarkophag der Fürstin *Mande Budrišić*, die in Rab das Frauenkloster gründete. Im Kloster befindet sich heute ein sakrales und volkskundliches Museum, dazu eine Bibliothek mit Inkunabeln aus dem 15. Jh.

Museum: Tägl. 10–12/16–18 Uhr. Eintritt 15 KN. ✆ 051/724-951. Per Fahrzeug Straße Richtung Kampor; zu Fuß ca. 0:40 Std. entlang der Uferpromenade ab Rab.

Bruder Ambroz Testen

Einer der letzten Mönche des Klosters, der Künstler und Autodidakt Frater Ambroz Testen (1897–1984), war ein großer Maler, der seine Bilder – expressionistische Gemälde mit religiöser Thematik – anfangs meist verschenkte. Die schönen Reproduktionen seiner Werke auf Kunstpostkarten kann man käuflich erwerben.

Suha Punta

Südwestlich von Rab liegt im nadeligen Mittelmeerwald der Halbinsel Kalifront Suha Punta, eine ruhige Touristensiedlung nahe dem Meer mit Hotels, Bungalows, Privatzimmervermietung und den Badebuchten *Suha Punta, Veli žal, Pod vrtal* und *Matovica*. Von hier aus kann man herrliche Fahrradtouren auf ausgeschilderten

Suha Punta – lauschige Anker- und Badebuchten rundum

Wegen über die Halbinsel Kalifront zu vielen Buchten unternehmen, u. a. auf dem Premužić Geopfad 2 (→ Kampor/Mountainbike).

Information In den Hotels.

Baden Schmale Pfade und Fußwege führen rund um Suha Punta zu schönen Buchten – auch mit FKK-Möglichkeiten. Nach Osten geht es zur bewaldeten Landzunge *Punta Gavranić* und zur **Badebucht** *Kandarola*. In Richtung Westen folgen die **Buchten** *Gožinka* (mit Felsbadestränden) und *Čifnata*, die sogenannte Paradiesbucht mit dunklem Sand.

Sportmöglichkeiten Tennisplätze, Minigolf, Wasserskischule, Surfbrett- und Wasserskiverleih, kleiner Bootshafen.

Übernachten/Essen Privatzimmer/Appartements (ab 50 €) z. B. an der Bucht Gožinka. U. a.:

*** Villa Sonja, einfache, geräumige, voll ausgestattete Appartements in ruhiger Lage, für 3 Pers. ca. 70 €. Kampor 98, ✆ 051/725-426.

**** Pension Villa Anka, kurz vor der Hauptbucht und den Hotels gelegen. Schöne DZ/F für ca. 65 €, ein gutes Restaurant (auch HP möglich) und seit 2017 Mobilheimvermietung und ein Pool. Suha Punta Nr. 90, ✆ 051/724-775, www.suha-punta.com.

*** Pension Fam. Kurelić, netter Neubau und gut geführt, oberhalb vom Meer mit Zimmern/Appartements. Nebenan das Restaurant. Kampor 102 (Uv. Gožinka), ✆ 051/772-469, www.rab-gozinka.com.

–* Hotelsiedlung Suha, oberhalb der Bucht Matovica liegt im Kiefernwald die Hotelsiedlung. Empfehlenswert ist das gut ausgestattete ****** Hotel Carolina & Villas** auf der Landzunge direkt am Meer, mit Schwimmbad, Bootsanlegplatz und Tennisplätzen. Alle Zimmer mit Balkon/Meerblick. Ab 80 €/HP/Pers. im DZ. Schön nächtigt man auch in den Bungalows (2–7 Pers.) mit Terrasse im Föhrenwald. ✆ 051/669-100, www.imperialrab.com.

》》》 Mein Tipp: Restaurant Gožinka, sehr guter Familienbetrieb mit großer schattiger Terrasse und Blick auf die gleichnamige Bucht, mit Mole. Spezialitäten sind der geräucherte und luftgetrocknete Schinken und Fischgerichte – aus dem Bassin kann man seinen Fisch wählen. Im Nebenhaus werden Zimmer vermietet (s. o.). Ende April–Anf. Okt. Fam. Kurelić, Kampor 100 (Uv. Gožinka), ✆ 051/772-469. 《《《

Banjol

Banjol zieht sich südöstlich der Stadt Rab an den Abhängen des Berges Kamenjak mit Ferienhäusern und mit Sand- und Kiesstränden an drei Buchten entlang. Eine ganze

Reihe von Pensionen, der einzige Campingplatz auf dieser Inselseite und die Nähe zur Stadt Rab locken viele Touristen an. Zum *Kamenjak* führt ein schöner Wanderweg.

> **Wanderung 15:**
> Insel Rab – von Rab zum Berg Kamenjak (408 m)   → S. 438
> Schöne Familienwanderung mit herrlichen Weitblicken über die Kvarner-Inseln.

Information 51280 Banjol. Für Unterkünfte geht man am besten zur **Agentur DER** (☎ 051/721-500, www.der.hr) oder **Agentur Eho** (☎ 051/724-032), hier gibt es auch Fahrräder zu mieten.

Ausflug/Seekajak Sea Kayak Adventure, Banjol 341, ☎ 099/2828-628 (mobil), www.seakayak.hr. Das Team bietet Kajaktouren rund um Rab, aber auch u. a. zu den Kornaten und um Cres an.

Einkaufen Wein: u. a. Domaće Vino (Fam. Krstaš), Mundanije 119, ☎ 051/724-649.

Oliveröl: u. a. Fam. Ribarić, Banjol 43, ☎ 051/724-205; trad. Ölverarbeitung. Fam. Matić, Banjol 737 u. 738, ☎ 051/721-510; High-Tech-Öl. ■

Übernachten/Essen Das Angebot an **Zimmern/Appartements** ist riesig; am besten über die Agenturen und deren Webseiten. Ebenso groß ist das Angebot an Speiselokalen.

**** Hotel Padova, 2016 komplett renoviertes 175-Zimmer-Hotel gegenüber der Altstadt von Rab an der Meereseinbuchtung. Restaurant, Café, Nightclub; Hallenbad und Pools, Spa-Bereich. Von den Balkonen herrlicher Blick auf das viertürmige Rab und die Sonnenuntergänge. Ca. 10 Min. in die Altstadt oder per Taxiboot. DZ/F Meerseite/Balkon ab 130 € (TS ab 160 €); Appartements ab 140 €; auch Familienzimmer. Ganzjährig, in der NS eine gute Adresse. Banjol 322, ☎ 051/724-544, www.imperialrab.com.

Pension-Restaurant Pio, Familienbetrieb gegenüber der Altstadt. Gutes Restaurant mit Terrasse. Zudem 12 nette Zimmer/Appartements. DZ mit HP 40 €/Pers. (TS 50 €). Ganzjährig. Banjol 37, ☎ 051/725-640, www.pio-rab.com.

Restaurant-Appartements Marco Polo, mit sehr guter Slow-Food-Küche; bester Service, Gemüse aus eigenem Anbau, fangfrischer Fisch und gut sortierte Weine. Bestens ausgestattet auch die **** Appartements. April–Mitte Okt. 12–14/17–24Uhr. Banjol 486, ☎ 051/725-846, www.marcopolorab.com.

Restaurant-Appartements Perla, mit hübscher Terrasse und Wintergarten nahe dem Meer – der Familienbetrieb zählt zu den besten Adressen in Banjol, v. a. für Fischgerichte. Auch Appartments für 2–6 Pers. werden in der Nähe vermietet. April–Mitte Okt. 7–23 Uhr. Banjol 558, ☎ 091/3777-029 (östlich des Camps), www.perla-rab.com.

Gostionica Sport, am Hafen in Rab, einfaches Lokal, jedoch guter Service. Hier werden die „Frische" der Produkte, der Oktopus und Fisch gelobt. Ebenso netter „Treff" der Jachtler. Banjol 102 (nahe der Tankstelle).

»» Mein Tipp: **Restaurant-Pension Kamenjak**, auf einem schönen Wanderpfad kann man den Berg erklimmen; zur Belohnung wartet die aussichtsreiche Restaurantterrasse im geschmackvollen Natursteinhaus. Dieser traumhafte Ausblick legt sich auf die Preise; es gibt Antipasti, Gulasch mit Šurlice, Grillteller. Auch Zimmervermietung. Mitte April–Sept. 10–14/17–20, im Juli/Aug. bis 24 Uhr. Banjol 286 A, ☎ 098/9733-170 (mobil). Anfahrt auch mit Pkw möglich (Straße in Richtung Lopar, Abzweig hoch in Mundanije). **««**

Camping *** **Autocamp Padova III**, Platz für 1500 Gäste, zwischen Meer und Straße in der gleichnamigen Bucht unter Kiefern und Laubbäumen. Fels- und Kiesstrand; gutes Restaurant, Supermarkt, Surfbrett- und Paddelbootverleih und neue Sanitäranlagen. In der HS zu voll. Zur Altstadt gibt es Taxiboote, zu Fuß 25 Min. 7,30 €/Pers. (TS 8,30 €), Stellplatz ab 8 € (TS 10,50 €), Parzelle (Auto/Caravan, Zelt, Strom) ab 15 € (TS 16 €). Auch Mobilhausvermietung. Mitte März–Okt. Banjol b. b., ☎ 051/724-355, www.rab-camping.com.

Insel Rab → Karte S. 269

Barbat

Das Dorf unterhalb des Berges Kamenjak ist mit Banjol zusammengewachsen und bietet Sonnenhungrigen einen Kiesstrand, viele kleine Molen und etwas mehr Ruhe als Banjol: Die Ferienhäuser, umrahmt von Gärten, liegen näher am Meer, ab und zu vereinzelte Fischerhütten. Gegenüber erstreckt sich die vorgelagerte **Insel Dolin**. Es locken einige gute Restaurants und man kann schöne Spaziergänge hinauf zum Kamenjak, u. a. auch zu den **Ruinen von Sv. Damijan** (→ Kasten „Die Ruinen von Sv. Damijan") unternehmen. Am Strand die kleine Kirche **Sv. Stjepan**; hier stand im 14. Jh. ein Kloster, von dem aber nichts mehr geblieben ist. Neben der Kirche liegt ein Sarkophag aus dem 6. Jh.

Information 51280 Barbat. Agentur Eho, ☎ 051/721-009, www.eho.hr. **Agentur Rab Info**, Barbat 657a, ☎ 051/721-547, www.rab-info.hr. Infos und Zimmer.

🌿 **Einkaufen** Natura Rab, „zurück zur Natur" war die Devise des einstigen IT-Unternehmers Dušan Kaštelan, der nun ökologischen Anbau betreibt; Olivenöle, Honig, Wein, Grappa etc. Ganzjährig HS 8–22 Uhr. ☎ 051/721-927, www.natura-rab.hr. ■

Tauchen Diving Center Mirko, Barbat 710, ☎ 051/721-154, www.mirkodivingcenter.com. Ganzjährig geöffnet.

Barbat – noch gibt es unbebaute Badebuchten

Übernachten & Essen Privatzimmer in Einfamilienhäusern ab 15 €/Pers., über die Agenturen; schön nächtigt man an der Uferstraße mit kleinen Kiesbuchten für einen morgendlichen Sprung ins Wasser. Von den Balkonen genießt man den Blick aufs Meer und die Insel Dolin.

》》 **Mein Tipp:** **** Hotel-Restaurant Barbat, das Hotel mit seinen Natursteinmauern nahe der Kirche Sv. Stjepan und dem Meer ist umgeben von einem üppig wuchernden Garten und Terrassen und zählt zu den Top 100 Kroatiens. Perfekter Service, sehr gute Zimmerausstattung und leckere, saisonale und auch typische Raber Küche ist garantiert – HP ist hier empfehlenswert (es gibt auch ein Schinkenmuseum). U. a. „Štufad", Raber Lammfleisch mit Salbeihonig und Mandeln, oder „Gajeta", Adriamuscheln und Kvarner-Scampi in pikanter Kräuter-Sauce; zum Dessert gibt es viele Köstlichkeiten, u. a. auch eigenes Eis. Wer sich nicht entschließen kann, nimmt ein 7-Gänge-Menü. DZ/F mit Balkon 110 €. Ostern–Mitte Okt. Barbat b. b., ☎ 051/721-858, www.hotel-barbat.com. 《《

Café-Cocktailbar und Pizzeria Glücksrad, gehört zu obigem, hier gibt es Snacks und Pizzen und die Kinder können auf der Freifläche toben.

》》 **Mein Tipp:** Restaurant-Pension Leut, der Familienbetrieb Jureša, nun von den Kindern übernommen, bietet saisonale leckere Gerichte, zudem Oktopus, zartes Lamm, Steaks nach Wunsch und dazu süffigen Wein und Grappa vom hauseigenen Weinberg. Auch dem verwöhnten Gaumen mundet es. Auch Zimmervermietung. März–Okt. ab 8/9 Uhr. Barbat 421, ☎ 051/721-074, www.leut-rab.com. 《《

Restaurant-Pension Aco, traditionsreiches, bekanntes Fischrestaurant mit schöner Terrasse und Meerblick. Hier gibt's neben Fisch frischen Hummer aus dem Bassin; zudem Zimmervermietung und Anlegemöglichkeiten für ca. 20 Boote (inkl. Strom). April–Mitte Nov. ab 11 Uhr. ☎ 051/721-527, www.aco-rab.hr.

Wandern

Zu den Ruinen von Sv. Damijan: Auf der Anhöhe des Berges Kamenjak nördlich von Barbat stehen die Ruinen des Kirchleins Sv. Damijan und einer griechischen Militärkolonie aus dem 4. Jh. v. Chr.

Die Ruinen von Sv. Damijan

Der Sage nach sollen im 4. Jh. v. Chr. die Griechen hier eine Militärkolonie unterhalten haben. Der Volksmund erzählt noch heute, dass bei einer Schlacht um die Festung Blut und Wein bis ins Meer geflossen seien. Eine andere Legende berichtet, es handle sich um die Überreste der antiken Stadt Ptolemeus Colentum. Am Fuß des Berges, bei der Siedlung Perčinići (zwischen Banjol und Barbat), sind bei Ebbe Mauern im Meer zu erkennen, die zu einer antiken Stadt gehörten. Man nimmt an, dass der ganze Festungskomplex als Zufluchtsort vor den Hunnen diente.

Ruinen Sv. Damijan

Insel Rab → Karte S. 269

Kurz nach der Tankstelle zweigt eine Straße nördlich ab, dann nimmt man den markierten Wanderpfad. Steil steigt der schmale Pfad auf Steinplatten an (ca. 30 Min., gutes Schuhwerk!). Westlich ein kahler, kegelförmiger Berg, von Mäuerchen unterteilt. Unten liegt Rab, der Blick reicht bis Kampor und zur Halbinsel Kalifront. Hohe Steinmauern grenzen das Gelände ein. Innen ein Gewirr von Ruinen, überwuchert von Zypressen, Wacholder, Salbei und Disteln – Ton in Ton die Farben der Steine und Pflanzen. Mittendrin das Halbrund der Kirchenkuppel mit einer kleinen Heiligenfigur auf einem Steinsims. Von hier überblickt man Dolin und das karge Ostende der Insel.

Zum Fährhafen Mišnjak

Hinter Barbat wird das Land immer karger. Der Kanal zwischen Rab und Dolin hat hier nur noch Flussbreite. Bei **Pudarica,** unten am Meer, ein Bootsanlegeplatz mit Kran, Cafébar und viele Sandbuchten – auch für Kinder gut geeignet, weil es seicht ins Wasser hineingeht. Allerdings befahren zahlreiche Motorboote und Surfer den Kanal. Zum Fährhafen Mišnjak hin wird die Landschaft immer kahler; büschelweise verleihen ihr vereinzelte Gewächse gelbe, grüne oder rötlich-graue Farbtupfer. So nimmt man von Rab einen ähnlichen Eindruck mit wie von Krk, nur ist die Insel hier nicht so bizarr, sondern weicher geformt. Am Festland liegt der alte Hafenort Jablanac, etwas nördlich davon in der *Bucht Stinica* der neu ausgebaute Fährhafen.

Die Schafe sind auf Pag in der Überzahl – Blick auf die Pager Bucht und den Velebit

Insel Pag

Faszinierend, gleichzeitig unwirklich und erschreckend wirkt diese Insel: wie eine Mondlandschaft mit endlosen, von Mäuerchen durchzogenen Steinwüsten. Sengende Sonne auf dem gleißend weißen Geröll, das sich vom tiefblauen Meer scharf abhebt. Im Frühsommer bildet das Gelb der Disteln auf den Geröllhalden einen leuchtenden Kontrast. Entlang der Inselflanken ziehen sich zahllose Badebuchten, die man oft ganz für sich alleine genießen kann.

Die Insel Pag zählt schon zum norddalmatinischen Inselraum. Durch die Brücke zum Festland im Südosten rückt Pag in Zadars Nähe. Pag ist 60 km lang, im Südosten bis zu 10 km breit, an der Nordwestspitze nur 2 km. Auf 285 km² leben hier 8450 Menschen, die sich ihren Lebensunterhalt mit Fischerei, Weinbau, Tourismus und in den Salzgärten beim Inselhauptort Pag verdienen. Auch die traditionelle Schafzucht hat durch die Ökowelle großen Aufschwung erlebt, der Pager Käse ist eine Spezialität, und so grasen hinter vielen Steinmauern die Biokäseproduzenten.

Mit der Stadt *Pag* und vor allem *Novalja* hat die Insel zwei Zentren und trotz all seiner Reize ist das von tiefen Buchten zerklüftete Pag bis auf die Pager Bucht bei Novalja noch nicht zu sehr von Touristen überlaufen. Rund um die Insel gibt es zahllose Badebuchten an Sand- und Kiesstränden und meist weht auch die „Blaue Flagge". Für Mountainbikefans hat man ein breites Netz an ausgewiesenen Radwegen angelegt. Zum Wandern lockt neben vielen Küstenwegen vor allem der 348 m hohe Inselberg Sv. Vid (→ Kleiner Wanderführer/Wanderung 16, S. 440).

Der venezianische Gelehrte und Priester *Abbé Fortis* beschrieb Pags Bewohner als wild und ungehobelt. Es sei, „als hausten sie in der Wildnis ohne Umgang mit höflichen Menschen. Die Bessergestellten, die glauben, bessere Manieren zu haben als das Volk, sind in Kleidung, Benehmen und anmaßendem Auftreten erst recht groteske Figuren. Die Unwissenheit der Geistlichen ist kaum vorstellbar", berichtet Fortis um 1770. Abgesehen davon, dass ihm die Pager zu unmanierlich waren, fand er wohl auch keine angemessene Unterhaltung: „Sie waren alle so mit der Salzgewinnung beschäftigt, dass sie keinen anderen Gesprächsstoff kannten."

Wichtiges auf einen Blick

Telefonvorwahl: 053 (Gebiet Novalija), 023 (ab Kolan bis Inselende).

Anreise: Über die Brücke im Südosten, wenn man bei Posedarje die Autobahn oder die Magistrale verlässt, oder per Fähre.

Fährverbindungen: *Trajekt Prizna–Žigljen (Halbinsel Pag)*, in der Saison fast stündlich 4.30–0.30 Uhr; 15 Min. Fahrtzeit. 17 KN/Pers., Auto 96 KN.

Katamaran Rijeka–Rab–Novalja, ganzjährig 1-mal tägl. von Novalija um 6 Uhr (So 9 Uhr) nach Rijeka und nach Novalja (Insel Pag); Abfahrt Rijeka 17 Uhr (ab Schulbeginn Anfang Sept. um 15 Uhr).

Personenschiff Lun–Rab (Schiff Maslina), Lun ganzjährig Mo, Sa u. So 7.30 Uhr; Juni–Mitte Sept. auch tägl.; zudem Di u. Do/Fr ab Juli auch noch um 10 u. 16 Uhr. In der HS auch Stopps in Jakišnica. Info: Rapska plovidba, ☎ 051/724-122, www.rapska-plovidba.hr.

Busverbindungen: Regelmäßig zu allen Orten der Insel; zudem von Novalja und Pag nach Rijeka, Zadar, Split und Zagreb (Preise etc. → Novalja).

Tankstellen: Novalja (Busbahnhof u. Stadt) und Pag; Juni–Sept. durchgehend geöffnet.

Geldwechsel: Banken in Novalja und Pag, zudem viele Bankomaten. Post auch in kleinen Orten.

Einkaufen: In Pag und Novalja größere gut sortierte Supermärkte, ansonsten viele kleine Läden, Obst- und Gemüsemärkte und Käseverkauf v. a. um Kolan.

Karstig und kahl ist Pag. Kräuter und Sträucher sind in die Geometrie der Steinmäuerchen eingezwängt und die 20.000 Schafe fressen begierig die letzten Reste des mageren Weidelands. Die Folgen menschlichen Raubbaus an der Natur sind auf der Insel deutlich zu sehen. Es waren Venezianer, die die Wälder für den Schiffsbau abholzten. Durch die starken, vom Festland über die Insel peitschenden Fallwinde hatten neue Bäume und Sträucher kaum mehr eine Chance, die Bodenerosion nahm zu. In die unbewachsenen Flächen konnte der Regen ungehindert eindringen und mit seiner Kohlensäure zersetzte er langsam das Kalk- und Dolomitgestein. Selbst die Bemühungen der Einwohner, die fleißig Stein für Stein zu Mäuerchen zusammentrugen, um das Land vor den Winden zu schützen, zeigen wenig Erfolg, ein Wiederaufforsten scheint fast unmöglich.

Die *Pager Bucht* ist eine fruchtbare, größtenteils jedoch überflutete Talwanne. Bei Novalja und Pag ist die Insel am grünsten. Hier gibt es Gärten und Felder und bei Novalja den *Wald Straško* mit Steineichen, Aleppokiefern und Zypressen. Ab und zu eine Pinie. An geschützten Stellen gedeihen die immergrünen Hartlaubgewächse, ansonsten nur Garigue mit Salbei, Thymian, Immortellen und vielen Disteln. Der Karstsee *Velo Blato* im Süden ist von Schilfgras umstanden und Brutstätte für viele Wasservögel; seine unterirdischen Quellen dienen auch der Trinkwasserversorgung. Sumpfschildkröte und griechische Landschildkröte, Zikaden, Eidechsen, Nattern und Sandvipern sind auf der Insel Pag heimisch – Fasane und Rebhühner wurden ausgesetzt, damit ihnen die Jagdurlauber den Garaus machen können; und vom Velebit, dem Küstengebirge, schaut manchmal ein Gänsegeier vorbei. Berge durchziehen die Insel der Länge nach und ragen in der Mitte bis zur höchsten Erhebung, dem *Sveti Vid* (348 m) auf. Die Berge sind zur Küste hin steil, fallen aber in

Insel Pag → Karte S. 292/293

ihren buchtenreichen Ausläufern sanft zur offenen See ab, wo vorgelagert die **In-seln** *Skrda* und *Maun* liegen. Letztere hat ein paar Hirtenkaten und Badebuchten im Südwesten. Ansonsten gibt es *Kies-Sand-Strände* in der Pager Bucht und an der Südwestseite der Insel.

Auf Pag wird es im Sommer durch die kühlen Maestral-Winde nicht zu heiß; der Winter ist mild und regenreich durch den Südwind Jugo, der das Meer zu Dreimeterwellen auftürmt. An der Nordostseite tobt die trockenkalte Bora, die sich durch die von den Bergen her wehende Tramuntana, den Nordwind, ankündigt und mit ihren Böen die Salzgischt peitscht, das Land ausbleicht und zum Glitzern bringt. Im Herbst stürmt der Grbin mit Regen von Südwesten.

Rheumakranken seien die Schlammbäder bei den *Pager Salinen* empfohlen. Der Heilschlamm mit seinem hohen Schwefelanteil, auf den Körper gepackt und an der Sonne getrocknet, lindert die Beschwerden.

Eine weitere Besonderheit der Insel sind die geklöppelten *Pager Spitzen, Čipka* genannt. Allerdings sitzen heute nur noch wenige Frauen in den Gassen von Pag vor ihren Häusern und arbeiten an den bizarren Deckchen.

Inselspezialitäten sind der bekannte Pager Schafskäse *Paški sir,* eine Art Parmesan, der durch die salzigen Weiden seinen besonderen Geschmack erhält; inzwischen gibt es auch eine Reihe guter Käsereien, v. a. um Kolan und in Pag. Zudem gibt es wohlmundende *Weine,* wie den kraftvollen Dessertwein *Prošek,* den goldgelben *Žutica* und den weißen *Paški gegić* und – nicht zu vergessen – die in der Gegend um Lun gedörrten leckeren *Feigen,* die Frauen zum Kauf anbieten.

Für nächtliche Vergnügungen sorgen die zahlreichen Open-Air-Bars und Diskotheken an der Pager Bucht; die angesagtesten europäischen DJs werden im Sommer eingeflogen und internationales junges Publikum tanzt und fühlt sich prächtig – Ruhebedürftige sollten dann aber erst in der Nebensaison anreisen.

Sportliche Naturen können *tauchen, surfen, wakeboarden, wandern, klettern* oder auf dem 150 km langen angelegten Fahrradnetz die gesamte Insel per *Mountainbike* erkunden.

Geschichte

Die Liburner errichteten im ersten Jahrtausend v. Chr. auf Pag ihre Wallburgen und Grabstätten. Um das 1. Jh. waren es die Römer, die Befestigungsanlagen zur Verteidigung gegen illyrische Stämme errichteten, so auch das große *Castrum Cissa* (bei der heute bekannten Bucht Caska), das sie zum Hauptsitz der Insel machten, und kleinere, wie das Hafencastrum *Navalia* (heute ungefähre Lage von Novalja), weitere bei Pag, Kolan und Košljun. Reste einer römischen Seefestung sieht man heute z. B. noch in Svetojanj am Velebit-Kanal. Etwa dreihundert Jahre später, 361, versank die römische Stadt Cissa bei einem Erdbeben im Meer, Mauerreste kann man noch im Meer finden. Die Überlebenden retteten sich ins *Castrum Navalia,* das nun zur neuen Inselhauptstadt aufstieg, eine starke christliche Gemeinde bildete und Pilgerziel wurde. Im 4. und 5. Jh. wurden hier drei Basiliken erbaut.

Auf die byzantinische Herrschaft folgten die kroatischen Könige. Einer ihrer letzten, König *Krešimir IV.,* machte 1071 eine verhängnisvolle Schenkung. Die Nordhälfte von Pag gab er der byzantinisch-dalmatinischen Stadt Rab, die Südhälfte schenkte er Zadar, das damals ebenfalls noch dem Oströmischen Reich unterstand (→ Insel Rab/Geschichte). Dann kämpften die ungarisch-kroatischen Könige mit den venezianischen Dogen um Dalmatien; Bistum Rab stritt mit Bistum Zadar um den Rest von Pag mit den Gewinn bringenden Salinen. Zadar machte die zu Rab gehörende Stadt *Navalia,* die zeitweilig Kesa hieß, 1203 dem Erdboden gleich. Nun verlagerten sich die bischöflichen Zwiste in die Inselmitte, nach Pag. Die Stadt Pag kämpfte um ihre Selbständigkeit: Zwar hatte sie durch die Salzgewinnung an Bedeutung gewonnen, aber auf eben dieses Salz hatte Zadar ein Auge geworfen. Dem Streit machte 1376 der Kroatenkönig *Ludwig der Große* ein Ende, als er Pag zur freien Stadtgemeinde erklärte. Nach seinem Tod verkaufte *Ladislaus* seine Rechte auf Dalmatien – dies betraf Zadar und Pag – an Venedig. Rab fürchtete um seine Pager Ländereien und erkannte vorsichtshalber die Oberhoheit des Dogen an. Die Einwohner der Stadt Pag siedelten sich am Meer an, das mittelalterliche Pag hieß fortan *Stari Grad.* Kirchlich blieb die Insel Zadar untertan, Venedig behielt sich das

Salzmonopol vor. Unter Österreich erwachte das kroatische Nationalbewusstsein, Pag wurde wieder eine administrative Einheit. Man baute Straßen und Dampfschiffe liefen die Häfen an. Der heutige Name der Insel und ihres größten Ortes geht auf das lateinische Wort *pagus* (Dorf) zurück. Bis 1983 gehörte die Nordwestspitze, die Halbinsel Lun, zur Gemeinde Rab, dann mal wieder zu Zadar, heute untersteht sie verwaltungsmäßig der Lika-Senj-Region.

Von der Milch zum Pager Käse (Paški sir)

Die besondere Note des Pager Käses ergibt sich aus der würzigen Pager Schafsmilch. Die Schafe sind das ganze Jahr über im Freien und fressen die salzigen Kräuter, die im Sommer der sengenden Hitze ausgesetzt sind. Die Bauern liefern die Milch in Bottichen ab. Sie wird in Wannen gefüllt und erhitzt, fermentiert, in mit Leinentüchern ausgelegte Formen gefüllt und zwei bis drei Stunden ruhig stehen gelassen, danach gepresst, bis alles Wasser ausgetreten ist, und in Salzwasser gelegt. Dieser Vorgang wird zweimal wiederholt. Schließlich wird der Käse nochmals drei Tage in Salzwasser gelegt, herausgenommen, gepresst und getrocknet. Die Käselaibchen lagern dann mindestens drei Monate bei konstant kühlen 14 °C, sie werden jeden Tag kontrolliert und gedreht.

Da es aber im Jahr nur von Februar bis September Schafsmilch gibt, die Nachfrage im letzten Jahrzehnt außerdem sehr gestiegen ist, gibt es inzwischen auch Käsesorten, wo Kuhmilch zugesetzt ist (diese kommt vom Festland), und damit auch verschiedene Geschmacksrichtungen, d. h. neben dem reinen Schafskäse (sehr schmackhafter, würziger Parmesan), u. a. halb Kuh- und halb Schafskäse und reinen Kuhkäse, zudem mit Gewürzen verfeinerte Käse.

Neben der ältesten Käsefabrik in Pag, der *Paška sirana* (→ Pag/Einkaufen), die seit 1946 produziert, gibt es auch in den kleinen Orten wie Kolan Käsefabriken (→ Kolan).

Von Stara Novalja nach Novalja

Žigljen: Die Fähranlegestelle liegt im Norden der Insel (ca. 6 km nach Novalja) und gegenüber dem Festland. Die Straße windet sich den kahlen Steinhügel hinauf, bald wird der Blick frei auf die Pager Bucht, danach Abzweig Richtung Nordwesten.

Stara Novalja: Die alte Fähranlegestelle im Nordwesten ist heute beliebter Ferienort bei Tauchern – die Bucht ist auf ganzer Länge mit neuen Häusern zugebaut, trotzdem herrscht geruhsame Stimmung. Zu den Anwesen gehört meist ein kleiner Strand und das Meer ist sehr sauber. Am Buchtende die *Sandbucht Trinćel* mit Bootsanlegestelle, Bootsverleih und einigen Cafébars.

Information Tourismusverband, Kaštel b. b., 53291 Stara Novalja, ☎ 053/651-077, www.tzstaranovalja.hr. 8–15 Uhr.

Agentur Sv. Marija, ☎ 053/662-250.

Übernachten/Essen Großes Angebot an Unterkünften, Vermittlung über die Agen-

turen. Privatzimmer 13–17 €/Pers., **Appartements** ab 40 €/2 Pers.

Kleines **Privatcamp** unter Pinien.

🌿 **Restaurant-Pension Arka**, liegt direkt am Meer, bietet 7 Zimmer/Appartements (***); den Gaumen verwöhnt das sehr gute

Restaurant (tägl. ab 12 Uhr) mit Produkten aus der eigenen Landwirtschaft (Lamm) und der Käserei, aber es gibt auch fangfrischen Fisch. Kaštel 159, ☎ 053/651-125, www.arka.com.hr. ∎

Restaurant Porat, wird ebenfalls gelobt, hier werden auch Peka-Gerichte angeboten. Drljanda, ☎ 053/651-348.

≫ Mein Tipp: ****** Hotel Boškinac**, am Ortsbeginn und nordöstlich der Bucht Trinćel (ausgeschildert). Mitten im grünen Tal liegt der Natursteinbau (mit eigener Kelterei) im mediterranen Stil mit hübscher Terrasse und nun auch mit großem Pool und errarg schon etliche Auszeichnungen. Gehobener Standard. Beste kreative Küche verwöhnt den Gaumen, zudem können in der Vinothek die hauseigenen, erlesenen Weine verkostet werden. Das müde Haupt schläft in komfortablen Zimmern/Appartements. DZ/F ab 210 €. Restaurant 12–23 Uhr. Ostern–Mitte Nov. Novaljsko polje b. b., ☎ 053/663-500, www.boskinac.com. ≪

Tauchen   Im kleinen Ort gibt's etliche Tauchclubs, alle bieten auch schöne **Unterkünfte** an. Empfohlen werden:

Lagona Divers (dtsch. Team), Korda 15 , ☎ 098/1631-008 (mobil), www.lagona-divers-pag.com. März–Nov. Kurse von PAIDI und CMAS bis Tauchlehrer. Schöne Unterkünfte u. a. bei Pension Mama werden organisiert.

Ocean Pro (tschech. Team), Drljanda 12, ☎ 091/1501-207 (mobil), www.oceanpro.cz. Wer mit Englisch kein Problem hat, ist hier bestens aufgehoben. Gut ausgerüstet, auch PS-starkes Speedboot; zudem Unterkünfte.

Amfora Diving (Ltg. Dražen Peranić, intern. Team, auch dtsch.-sprachig), Livić 9, ☎ 098/215-500 (mobil), www.rk-amfora.hr. Die Basis ist in der **Pansion Livić** direkt am Meer mit Anlegeplatz; hier gibt es ganzjährig Zimmer/Appartements, DZ/F ca. 40 €. Auch Peka- und Fischgerichte, und regionaler Wein. Der Besitzer fand übrigens das große Amphorenfeld im Meer (→ Novalja).

Novalja

Das einstige Fischerdorf liegt an einer weit geschwungenen Bucht mit breiter Promenade, neu gestaltete Plätze zieren den alten Ortskern, Zeugen aus römischer Zeit warten auf Entdeckung. Novalja war zeitweise Inselhauptstadt und hat sich wegen der vielen Strände in der Umgebung zum touristischen Zentrum gemausert – nachts locken die Diskotheken.

Rund 2500 Einwohner (mit Gemeinden rund 4000) leben in der Kleinstadt, dem Touristenzentrum der Insel, aber nach Pager Maßstäben: Es gibt zwei unauffällige Hotels, viele Pensionen, Lokale und den gut gelegenen Campingplatz mit Sportzentrum in der Nähe. Doch auch hier bleibt die Zeit nicht stehen, Jahr für Jahr wird um das Städtchen herum kräftig gebaut, Neubauten mit Pensionen und Appartements fressen sich immer tiefer in unberührte Natur.

Den alten Ortskern mit seinen wenigen verwinkelten Gassen hat man schnell durchquert, sofern man nicht an irgendeiner Haustür beim Wein- oder Käse-Probieren hängen bleibt – von Obst bis Knoblauch wird feilgeboten, was der Garten hervorbringt. Die *Loža,* der Hafenplatz, und der angrenzende, vom Grün der Sophorabäume beschattete *Trg bazilike* mit der sog. „Kleinen Kirche" sowie der kleine, nördlich gelegene *Trg kardinal A. Stepinca* sind die belebtesten Flecken im Ort. Der Trg bazilike wurde mit einem plätschernden Springbrunnen neu gestaltet und ist von einladenden Cafébars umgeben. Etwas abseits nun die Obst- und Gemüsestände mit nur noch wenigen Pager Spitzendeckchen – auch die alten, in Schwarz gekleideten häkelnden Frauen sind mittlerweile verstorben. An der mit Palmen, Lorbeer, Oleander und Tamarisken bepflanzten Uferpromenade reihen sich Straßenkneipen, Eisdielen und die unvermeidlichen Souvenirbuden.

Insel Pag → Karte S. 292/293

Novalja – frühmorgens wird am Hafenbecken um die Fische gefeilscht

Frühmorgens erwacht Novalja am Hafenbecken wieder zum einstigen Fischerdorf: Kähne, gefüllt mit bunten großen und kleinen Fischen, warten auf Abnehmer und Feilscher, die bald auch von allen Seiten angelaufen kommen. Novalja war übrigens früher bekannt für die Thunfischjagd, um die Pager Bucht standen etliche Thunfischbeobachtungstürme. Nur noch einer bei *Caska* ist erhalten.

Geschichte/Sehenswertes

Als *Caska (Cissa)* versank, wurde Novalja zur neuen Inselhauptstadt. Das alte Weinbauerndorf Novalja gibt es noch heute – und in der **archäologischen Sammlung Stomorica** (neben der Pfarrkirche St. Katharina, Ul. kralja Zvonimira) die zu Stein erstarrte Geschichte einer glanzvollen Zeit: Gezeigt werden ein Inschriftenstein mit bischöflichem Taufspruch aus dem 4. Jh., Funde aus zwei frühchristlichen Kirchen des 5. und 6. Jh. und Reliquiare.
Nur Juli/Aug. tägl. 19–22 Uhr. Gratis-Eintritt.

Von den Römern wurde eine *unterirdische Wasserleitung* gebaut, die von Polje (= Feldflur) bis zum Hafen durch den Fels verläuft, 44 m tief und 1402 m lang. Durch acht senkrechte Schächte gruben 16 Mann gleichzeitig im Stollen. Den Stolleneingang (→ Foto S. 298) gegenüber dem Rathaus hat man überbaut und darin das **Stadtmuseum** eingerichtet. Mit Führung kann man in den Schacht hinabsteigen und ca. 200 m weit an römischen Quadern entlanglaufen. Das Museum zeigt u. a. Amphoren aus der Mitte des 2. Jh. bis zum Ende des 1. Jh. v. Chr., eine Fotoausstellung von *Damir Fabianić* und wechselnde Ausstellungen. Für Taucher gibt es eine besondere Überraschung: Die restlichen fast 100 Amphoren, die 2004 von dem Taucher *Dražen Peranić* (→ Stara Novalja/Tauchen) ca. 1 km östlich von Žiglien bei der Vlaška-Mala-Bucht gefunden wurden, können am Meeresgrund besichtigt werden, sind allerdings durch einen Stahlnetzkäfig gesichert.
Gradski Muzej, Ul. kralja Zvonimira 27. Juli/Aug. tägl. 9–13/18–22 Uhr (So-Vormittag geschlossen), sonst Mo–Fr 9–13 Uhr. Eintritt 15 KN, Kinder 5–12 J. 10 KN, unter 5 J. 5 KN.

Die Steinklötze an der Uferpromenade und am Marktplatz entstammen römischen Steinbrüchen; am Trg bazilike stehen frühchristliche Sarkophage, daneben erhebt sich die **Kleine Kirche**, 1828 anstelle eines im 17. Jh. abgerissenen Vorgängerbaus errichtet. Im Innern ist ein ikonenhaftes Madonnenbild zu besichtigen, das seit 1534 als wundertätig gilt. Hinter der Kleinen Kirche stieß man 1974 bei Erdarbeiten auf die Grundmauern einer frühchristlichen Basilika, deren Apsis mit 13 m Durchmesser die größte der Region Römisch-Dalmatien ist. Zudem legte man Mosaike frei, die aus dem 4. oder 5. Jh. stammen. Der Mosaikboden ist in der Kirche unter einer Glasscheibe zu bewundern.

Die Kirche **Sv. Katarina** (18. Jh.) nördlich vom Trg bazilike brannte nieder und wurde 1906 wieder aufgebaut; sehenswert ist der aus Carrara-Marmor gefertigte Hochaltar mit einem Relief von *Ivan Rendić*.

Basis-Infos

Information Tourismusverband (TZG) und TIC, Trg Brišićić 1 (kurz nach der Schranke an der Uferpromenade), 53291 Novalja, ℘ 053/661-404, www.visitnovalja.hr. Juni–Sept. tägl. 8–21 Uhr (Juli/Aug. bis 22 Uhr), Okt. –Mai Mo–Fr 8–13 Uhr.

Agentur Sunturist, Ul. Kranjčevićeva (am Ortseingang), ℘ 053/661-211, www.island pag.com. Juli/Aug. 7–22 Uhr, sonst 8–20 Uhr. Bustickets, Übernachtungen.

Agentur Novalja Turist, Slatinska 55, ℘ 053/661-359, www.novaljaturist.com. Zimmer, Ausflüge, Bustickets.

Agentur Aurora Travel, Slatinska 9, ℘ 053/663-493, www.aurora-travel.hr. Zimmer etc.

Jadrolinija, für Katamaran, Nordseite von Hotel Loža; Info-℘ 098/299-133 (mobil) für Trajekt (Žigljen).

Autotrans, Špital 2, ℘ 053/662-509, 661-114, www.autotrans.hr. Bustickets.

Verbindungen Busse: Bushaltestelle für Lokalbusse westl. der Mole. **Zentralbusbahnhof**, Špital, östl. vom Zentrum, gegenüber Tankstelle (Busverbindung zwischen beiden Haltestellen), Stadt-Tickets 15 KN. Infos über Agenturen (z. T. sind die Bustickets bei Autotrans am teuersten) und im Bus.

Zu allen Fährabfahrts- und -ankunftszeiten Busverbindungen zwischen Pag und Novalja und nach Žigljen. Vor dem Campingplatz hält der Bus ebenfalls. Ganzjährig Verbindungen, im Juli/Aug. viele Direktbusse, u. a. bis zu 10-mal tägl. nach Zagreb (Fahrzeit ab 4:30 Std., Fahrpreis 184 KN mit Autotrans), sonst nur 1- bis 3-mal tägl. Nach Rijeka ganzjährig 1- bis 2-mal tägl. (ab 2:45 Std., 90 KN). Nach Zadar bis zu 5-mal tägl. (1:45 Std., 79 KN).

Bus zum Strand Zrće (Abfahrt bei Mole, Stopp auch am Busbahnhof), 5.20 und 11 Uhr, danach stündl. bis 19 Uhr, im Hochsommer auch nachts.

Taxi: u. a. nach Lun, ca. 20 €.

Schiffsverbindungen (→ Wichtiges auf einen Blick).

Ausflugsfahrten Vermitteln die Agenturen: nach Rab, Lošinj, Silba, zu den Kornaten und den Plitvicer Seen.

Galerie Galerija kunkera, nördl. der Kralja Zvonimira und westl. von Sv. Katarina; meist 8–12/19–22 Uhr.

Gesundheit Ambulanz, Špital 1 (neben Busbahnhof), ℘ 112; **Apotheke**, Špital 3, ℘ 053/662-505.

Internetcafé und Hotspots Im Altstadtzentrum, am Autocamp Straško und Zrće-Strand überall WiFi.

Tankstelle Westlicher Altstadteingang; zudem am Ortsausgang und Kreuzung Richtung Žigljen bzw. Pag. Juni–Sept. durchgehend geöffnet.

Veranstaltungen Mariä Himmelfahrt, 15. Aug., Prozession von Novalja nach Pag. **Patronatsfest Sv. Anton**, 13. Juni. **Kultursommer Novalja**, Mitte Juni bis Mitte Sept.; viele Events, u. a. Ethno-Festival, Klassik- und Klapakonzerte. Von Ende Juni bis Anf. Sept. zahlreiche hintereinander veranstaltete Musikevents und Partys am **Zrće-Strand** (→ Pager Bucht), u. a. das beliebte Hideout-Festival, ein 5-Tages-Event Ende Juni mit über 100 DJs.

Insel Pag → Karte S. 292/293

Übernachten/Essen & Trinken/Nachtleben

Übernachten Riesiges Angebot an **Privat-zimmern,** je nach Kategorie ab 30 €. **Appartements** ab 40 €/2 Pers. Schöne Unterkünfte finden sich im Westen der Stadt. Am besten selbst über die Webseiten aussuchen.

Die beiden Stadthotels werden bei den Jugend-Partyreisen angeboten, d. h., wer hier wohnt, feiert mit, zudem zu teuer für das Gebotene.

** **Hotel Liberty (Ex-Liburnija)**, hinter Palmen am Meer – die Lage am Kiesstrand ist gut, auch 2 Pools, jedoch einfachste Ausstattung, WiFi, Restaurant u. Party non-stop. DZ/F mit Garten-/Meerblick ab 100/120 €. Lokunje 7, ℡ 099/5996-024, www.liberty-hotel.hr.

** **Hotel Loža**, am Kai und Hauptplatz. DZ/F mit Meerblick ca. 100–130 €. Trg. Loža 1, ℡ 053/663-380, www.hadria.biz.

**** **Hotel Terra**, südlich vom Zentrum, gut ausgestattetes 14-Zimmer-Hotel mit Restaurant, leider an der Hauptstraße. DZ/F ca. 160 €. Slatinska 51, ℡ 053/661-815, www.hotel-terra.hr.

*** **Pension Tonka**, freundlicher Familienbetrieb; gut ausgestatteter 8-Zimmer-Neubau am Nordrand der Stadt mit großer Garten-

Die römische Wasserleitung

terrasse. DZ/F ca. 110 €. Stanići 1, ℡ 053/663-222, www.novalja-pansiontonka.hr.

Hostels Mittlerweile gibt es 4 Hostels; die schönste Lage mit nettem Ambiente hat **Big Yellow House Hostel**, Ostseite am Meer hinter schattigen Bäumen. 2- bis 8-Bett-Zimmer (insg. 40 Betten) mit lauschiger Terrasse, Wäscherei, Bistro u. WiFi. Mitte Juni–Aug. alle Betten ca. 38 €/Pers., danach DZ 34 €/Pers., im 6-er 30 €/Pers. Lokunje 1, www.bigyellowhostel.com.

Camping ➤➤➤ **Mein Tipp:** **** **Autocamp Straško**, zählt zu den „Top 10" von Kroatien. Sehr gepflegtes, 57 ha großes Areal an der Südwestküste 2 km östlich vor der Stadt mit kilometerlangem Kieselstrand (Blaue Flagge). Schatten spenden Steineichen, Strandkiefern, Zypressen und Olivenbäume. Fels- und Kiesstrand. 1/3 des Geländes ist den FKK-Freunden vorbehalten. Supermarkt, Restaurants, Pizzeria, Cafés, Tennisplätze, Beautycenter, Kletterinsel, Tauchclub Boka, großer Pool und großes Sportprogramm, Surfbrett- u. Fahrradverleih. WiFi, Bankomat; Animation für Groß und Klein. Touristenzug pendelt in die Stadt. 9,90 €/Pers., Stellplatz ab 20 €, Parzelle ab 25 €; schöne Mobilhäuser ab 95 €, auch FKK-Mobilhäuser und Wohnwagenvermietung. In der TS 10 % Aufschlag. Mitte April–Mitte Okt. ℡ 053/661-226, www.ampstrasko.com. ◀◀◀

Essen & Trinken Zahlreiche Restaurants und Cafébars von meist gleichem Niveau (→ Stara Novalja).

➤➤➤ **Mein Tipp:** **Restaurant Antonio**, zählt zu den besten Restaurants von Novalja. Gute Fischgerichte, vielfältige italienische Küche. Ostern–Mitte Okt. Obala Petra Krešimira IV b. b. (Ortsbeginn), ℡ 053/661-441. ◀◀◀

Restaurant Starac i More, hier sitzt man hübsch unter Fischernetzen unter überdachter Terrasse oder im großen Garten. Spezialitäten: frische Fischsuppe und Fischgerichte. Braće Radić, ℡ 053/662-423.

Konoba Ankora, westl. des Marktplatzes. Überdachte Terrasse, weißer Oleander säumt den Eingang. Im Angebot z. B. Hummer, Froschschenkel und natürlich Gegrilltes. Ribarska 10, ℡ 053/661-363.

Restaurant Stari Mlin (Alte Mühle), Gerichte vom Holzkohlengrill. Obala Petra Krešimira IV, ℡ 053/662-275.

Restaurant Riva, am Beginn der westlichen Uferpromenade. Gute Atmosphäre und beste Küche durch frische Zutaten. Spezialität sind Fisch- und Scampi-Gerichte. Ostern–Mitte Okt., HS ab 10, NS ab 12 Uhr. Obala K. Domagoja 4, ✆ 053/661-965.

≫ Mein Tipp: Restaurant Basilika, an der westlichen Uferpromenade, bei der Mole. Edle Pinienmöbel und schickes Ambiente, kreative moderne Küche auf Basis alter Tradition. Spezialitäten sind Fisch- und Krustengerichte, u. a. Lobster aus der Peka. Gehobenes Preisniveau. Primorska 42, ✆ 053/661-969. ≪

Konoba Antika, klein und gemütlich mit offenem Kamin und Antikem, u. a. ein Piano von 1622 oder Mussolinis Trompete aus dem Jahr 1938. Zur Unterhaltung plaudert die Papageiendame Jagoda. Verfeinerte dalmatinische Küche, u. a. Scampi mit Pfirsich-Risotto. Ante Šonje 5 (östl. Trg Bazilike), ✆ 053/661-712.

Restaurant-Pizzeria Moby Dick, an der Hauptstraße (Ortsmitte). Hier isst man gute Pizzen. ✆ 053/662-488.

Nachtleben Um an Cocktails zu nippen, geht man u. a. in die **Loungebar El Faro** (südl. der Uferpromenade) oder nahe Trg bazilike in die große **Bar News**; auch rund um den Trg bazilike nette Cafébars, u. a. **Valis**.

Der Bär tobt nachts v. a. in den vielen Diskotheken am **Zrće-Strand** (→ Pager Bucht). Auch ein paar Bars am **Caska-Strand**: (→ Pager Bucht).

(Baden/Sport

Baden Gute Bademöglichkeiten am Kiesstrand in der großen **Bucht von Novalja**, am **Plaža Lokunje**, **Punta Vrtića** und rund um die **Halbinsel Vrtić** bis zum Camp Straško. Auch für Kinder bestens geeignet, da es seicht ins Wasser geht. Wem es hier zu überlaufen ist, der kann um das Kap Gaj herumlaufen zur **Babe-Bucht** mit felsigem Strand und sandigem Grund. Ein paar Kilometer entfernt die **Sandbucht Trinćel**. Oder man fährt in die Pager Bucht zum Sand-Kies-Strand von **Caska**. Nebenan der Kiesstrand von **Zrće** (gebührenpflichtiger Parkplatz, Hotspot; sehr viel Rummel), hier weht die „Blaue Flagge". Frühmorgendliche Putzkolonnen säubern den Strand von den nächtlichen Gelagen. Östlich vom Autocamp Straško (ebenfalls Blaue Flagge) der Kiesstrand **Braničevica** (bei Gajac-Feriensiedlung). Mehr zu Baden (→ Pager Bucht).

Bootsverleih Über die Agenturen, im Autocamp und an der Zrće-Bucht. Surfbrett- und Paddelbootverleih an der Zrće-Bucht (→ Pager Bucht).

Tauchen Diving Center Boka, im Autocamp Straško (✆ 053/662-419), Mitte Juni–Mitte Sept. Zudem in Stara Novalija.

Wakeboarden und Bungeejumping Die große Anlage ist südlich vom Zrće-Strand.

Diverses Sportzentrum neben dem Campingplatz mit Tennisplätzen, Minigolf, Beachvolleyball, Boots- u. Surfbrettverleih.

Fahrradfahren Fahrradverleih im Autocamp Straško sowie vor Restaurant Stare i More. Von Novalja aus kann man herrliche **Touren** Richtung Lun (Vorsicht auf der Hauptstraße) oder auf dem Uferweg nach Pag unternehmen.

Halbinsel Lun

Wie eine Lanze stößt die Halbinsel von Novalja nordwestwärts ins Meer. Ihre Bewohner bauen Wein und Oliven an, züchten Vieh und schichten Steine zu Mäuerchen zum Schutz des verkarsteten Landes gegen den Wind.

Richtung Lun verläuft die Straße zwischen niedrigen Mauern: Karg und steinig ist das Land, nur Feigen- und Olivenbäume gedeihen hier. Auf der einen Seite das Küstengebirge, auf der anderen tiefblau das Meer. In der Ferne erheben sich die Inseln Lošinj, Silba und Olib. Oben an der Straße wirkt alles einsam und verlassen, nur ab und zu ein Esel, Schafe, die unter den knorrigen, ausladenden Olivenbäumen Schatten suchen. Schmale Asphaltwege zweigen zu Weilern auf der Südwestseite der Insel ab, die sich langsam dem Tourismus öffnet. Diese, bis auf einige Hügel fast

Insel Pag → Karte S. 292/293

schnurgerade Straße, ist vor allem in der Saison für Radler durch massiven Autoverkehr sehr gefährlich geworden – leider.

Potočnica: Fels- und Kiesbuchten umgeben den Ort, ein kurvenreiches Sträßchen führt hinab zur kleinen Siedlung. Am Hafenbecken wird Fisch gegrillt; es gibt Zimmervermietung.

Camping   Autocamp Škovrdara, ca. 10 km von Novalja entfernt, kleiner familiärer, terrassierter und schöner Platz unter Olivenbäumen hinab zum Meer und Kiesstrand mit Bootsanleger; einfache Duschen kalt/warm (kein Strom!), Warmwasser durch Solarenergie. Getränkeverkauf. 6 €/Pers., Camper bzw. Auto 6,60 €. Mai–Okt. Škopljanska 25, ℡ 091/886-369 (mobil), pende @ri.htnet.hr.

Dražica: Ein schmales Asphaltsträßchen, eingezwängt zwischen Buschwerk und Mäuerchen, schlängelt sich tief zum Meer hinab.

Camping   ›› Mein Tipp: Autocamp-Pension Dražica, schöner terrassierter Platz unter Olivenbäumen an einer stillen Bucht. Grillengezirpe ist in der Mittagshitze das einzige Geräusch. Unterhalb des Camps Kies-/Felsstrand und Pfade zu weiteren Buchten. In der gemütlichen **Konoba Mul** gibt es dalmatinische Gerichte. Caravans können ab Hauptstraße gezogen werden! Es werden auch Zimmer vermietet. Die netten Besitzer Jasna u. Mate Guščić sprechen Deutsch. Pers. 6,60 €, Stellplatz (Auto/Zelt oder Wohnmobil) zu 19 bzw. 24 €. Mai–Anf. Okt. Primorska 21 A, ℡ 053/661-294, 098/416-759 (mobil, im Sommer), www.autocampdrazica.com. ‹‹

Jakišnica: Viele Einfamilienhäuser zwischen Oliven- und Feigenbäumen ziehen sich hinab bis zum Meer und zum Hafenbecken. Rund um Jakišnica Kies- und Felsbuchten. Der Ort wird oft mit Ausflugsbooten von Rab „beglückt"; zudem hält hier in der Hochsaison auch das Boot Rab–Lun.

Übernachten/Essen   Es gibt zahlreiche **Privatzimmer-/Appartementvermietungen** rund um die Bucht, ab 14 €/Pers. Zum **Einkaufen** gibt's den Supermarkt und eine Bäckerei. *** **Pension-Restaurant Palma**, netter Familienbetrieb nördlich der Anlegestelle hinter Palmen mit großer Terrasse. Zimmer/Appartements, HP 40 €/Pers. Ostern–Okt. Fam. Badurina, Jakišnica 261, ℡ 053/668-117.

An der Südwestseite von Lun findet jeder seine lauschige Badebucht

Konoba-Pension Sidro, westlich vom Hafenbecken. Hier isst man gute Fischgerichte und es werden Zimmer vermietet. ☎ 053/668-093.

*** Pension-Bistro Toni, schöne Lage am östlichen Hafenbecken. 7 nette Zimmer (HP 42 €/Pers.) und 2 Appartements, gute Küche. Mai–15. Okt. ab 12 Uhr. Jakišnica 326, ☎ 053/668-087, www.novalja-pag.net/bistro-toni.

**** Hotel Luna Island, komfortables Hotel am Westende des Ortes – das beste der Insel, zudem gutes Restaurant, Wellnesscenter, großer, hübsch gestalteter Außenpool oberhalb am Meer – alles bestens, nur zu modern und zu groß für diese ländliche Gegend. DZ/F ab 180 €. März–Okt. ☎ 053/654-700, www.luna-hotel.hr.

Dudići: Kurz vor Lun führt eine Abzweigung zu dem Olivenweiler mit sehr gutem *Fischrestaurant* und *Pension Crnika* unter den Schatten spendenden namensgebenden Steineichen direkt am Hafenbecken (☎ 053/665-105, 665-104, Mulobedanj 199, Mitte Mai–Mitte Sept.). Rechts vom Ort führt ein Waldweg zu vielen kleinen *Kiesbuchten*.

Lun: Kleiner, ruhiger Ort an der Straße, versteckt hinter Steinmäuerchen und Gärten. Vor den Häusern werden Olivenöl, Wein und Feigen angeboten – ein Ort zum Ausspannen. Beschaulich ist der unter Naturschutz stehende, 400 ha große Olivenhain (Lunjski maslinici) mit rund 80.000 Bäumen. Auf rund 24 ha wachsen die knorrigen, bis über 1000-jährigen wilden Olivenbäumen (olea oleaster) – einer zählt sogar stolze 1600 Jahre! Man kann auf den 2,5 km angelegten Wegen spazieren gehen oder sich in einem Golfwagen fahren lassen und Erklärungen bekommen.

Infokiosk (für Tickets) an der Hauptstraße (Ortsbeginn); zudem ein **Infocenter mit Shop** am Ortsbeginn links (Einbahnstraße), ☎ 053/665-067. Ostern–Sept. tägl. 8–19 Uhr. 30 KN/Pers., Kinder 7–15 J. 15 KN, Golfwagen 200 KN (bis zu 5 Pers.).

Tovarnele: Am äußersten Zipfel im Nordwesten der Insel. Ein ruhiges, verschlafenes Örtchen mit einfachen Häusern, die sich bis zum Meer hinabziehen. Die neu gestaltete Uferpromenade verläuft nun rund um diesen Küstenabschnitt, wo man herrliche Sonnenuntergänge genießen kann. Ausflügler, u. a. von Rab, beleben den Ort und seine wenigen Restaurants.

Information Tourismusverband, 53294 Lun, ☎ 053/665-087, nur Mitte Juni–Mitte Sept.

Verbindungen Regelmäßig **Busse** nach Novalja. Tägl. **Boot**sverbindung nach Rab (→ Wichtiges auf einen Blick).

Einkaufen Laden und Zeitungskiosk.

Übernachten/Essen & Trinken Schöne **Appartements** und **Privatzimmer**, ab ca. 15 €/Pers.

Buffet-Appartements Tovarnele, nördlich der Haferbucht auf schöner Terrasse. Hier gibt es gute Fischgerichte, gegrilltes Gemüse oder Grillteller. Auch moderne Appartements. ☎ 053/665-023.

Bistro Ružmarin, am Hafenbecken. Hier isst man gute Pizzen und Snacks. Torvanele 16, ☎ 091/951-3033 (mobil).

*** Appartements Ružmarin, am ruhigen nördlichen Ortsende direkt am Meer mit 8 gut ausgestatteten Appartements. Gabrijela Kocijan, Mata 9, ☎ 091/4408-081 (mobil).

Tausendjährige Zeitzeugen unter Naturschutz – wilde Olivenbäume bei Lun

Insel Pag → Karte S. 292/293

Von Novalja nach Pag

Wenige Kilometer östlich von Novalja passieren wir die **Pager Bucht** mit ihren zahlreichen guten Bademöglichkeiten, den Horizont versperrt das Küstengebirge Velebit. Nach rund 6 km erreichen wir den alten Ort **Kolan**, der unterhalb des Bergzugs *Sv. Vid* in einer fruchtbaren Senke liegt – heute v. a. wegen seiner Käseherstellung bekannt. Von hier zweigt ein Sträßchen südwärts zum kleinen Touristenort **Mandre** ab. Wieder auf der Inselhauptstraße, umrunden wir den Sv. Vid und blicken bald hinab nach **Šimuni** mit seinem gut geschützten Jachthafen an der tiefen Meereseinbuchtung. Die Strecke verläuft nun an Macchiahängen und Steinwüsten entlang und der Blick wird wieder frei aufs Meer und auf dunkle, weißgesäumte kleine Inseln im Dunst: Vir, Molat, Ist, Olib, Maun und Skrda. Bald darauf kommt auch der Abzweig hinab zum kleinen Ort **Košljun**.

Die Inselstraße führt nun kurvig bergab und bietet bald einen traumhaften Blick auf den Hauptort der Insel, auf **Pag** an der Landbrücke zwischen Bucht und Saline. Dahinter das Küstengebirge, zartrosa in der Abendsonne, die die Salinengevierte in der Bucht rot-lila färbt (rund 22 km von Novalja nach Pag).

Die Pager Bucht

Die weite, von weißen Bergen umschlossene Pager Bucht mit Sand- und Kiesstränden zeigt sich auf der Karte wie ein viele Kilometer langer Schlauch, nur nach Osten öffnet sich die Meerenge zum Velebit-Kanal. An der Westseite liegt der für die Pager Bucht wichtige Touristenort Novalja (→ Novalja), auf der Nordostseite verteilen sich ein paar Dörfer wie u. a. Metajna (s. u.), am Ende der Bucht im Süden liegt der Inselhauptort Pag. Vor allem die Westseite ist im Hochsommer Hochburg der Partyszene – wer zu dieser Zeit Ruhe sucht, sollte zu anderen Inseldörfern ausweichen, denn die Musik hallt bis zu den gegenüberliegenden Dörfern an der Bucht. Anschließend wird es wieder idyllisch und geruhsam.

Die Pager Bucht bietet herrliche Badeplätze und ist eine beliebte Partymeile

Zrće-Bucht: Sie liegt im Westen am Buchtende und ist bestens mit Novalja per Busshuttle verbunden. Von einem Kiefernwäldchen ist sie gesäumt, umrahmt von weiß-grauer Bergkulisse; dazwischen spült das Meer feinen Kies aus, der im Wasser in Sand übergeht. Der Strand ist gepflegt und erhielt die „Blaue Flagge". Frühmorgens, nach den Zechgelagen, rücken die Putzkolonnen an. Leider wurde die Bucht sehr kommerzialisiert: Clubs, Snackbars, Cafés mit Hotspots, Wasserpark und Wakeboardanlage und ein großer gebührenpflichtiger Parkplatz (100 KN/Tag!), auf dem die Blechlawinen rasten, beherrschen den einst idyllischen Platz. Im Hochsommer tobt hier der Bär, die besten europäischen DJs werden per Helikopter eingeflogen und gastieren zu gigantischen Stundenlöhnen. Ab ca. Mitte Juni bis ca. Anfang September agieren die Clubs um die Wette – so jagt ein Musikfestival (s. u.) das andere, zudem Konzerte auf großen Bühnen, Pool-

Der alte Thunfischauslugturm

parties und sonstige Events, es wird getanzt und gefeiert. Der Strand zählt zu den beliebtesten Sommer-Partymeilen von ganz Kroatien und viele große Zagreber Clubs haben hier ihr Sommerquartier erfolgreich aufgeschlagen.

Musikfestivals (www.zrce.hr): u. a. **Hideout**, 5 Tage, Ende Juni; **Breakout**, 6 Tage ab Mitte Juli; anschließend **Area 4 Festival**, 4 Tage. **Austria goes Zrće**, letzte Juliwoche; ebenfalls 6 Tage Ende Juli **Love Week Festival**; **Circus Maximus**, 1. Aug.-Wochenende; **Black-Sheep-Festival**, 5 Tage Ende Juli–Anf. Aug.; **Barrakud**, 6 Tage Mitte Aug.; **Zrće Summer Closing**, 4 Tage Ende Aug.–Anf. Sept.

Essen/Unterhaltung ⟫⟫ Mein Tipp: Etliche Clubs (www.zrce.hr) residieren hier ab Mitte Juni bis Ende Aug./Anf. Sept. mit großen Bühnen und großem Programm: Dis-

kothek-Club **Aquarius** (www.aquarius.hr/novalja) und **Club Papaya** (www.papaya.com.hr); **Disco-Beach-Club Kalypso** (www.kalypse-zrce.com); **Noa-Beach-Club** (www.noa-beach.com), auf einem Steg ins Meer erbaut. In allen Lokalitäten gibt es Bars, Pizza, Gegrilltes, Snacks. Abends ist Discobetrieb von 22 bis ca. 6 Uhr. Ein Bus verkehrt nach Novalja von Mitte Juni–Anf. Sept. bis 5 Uhr morgens, sonst nur tagsüber. ⟪⟪

Sport Boots-, Surfbrett-, Sonnenschirmverleih, Wakeboard-Anlage, Bungeejumping, Jetski.

Caska-Bucht: Dieser noch relativ ruhige Kies-Sand-Strand grenzt nördlich an die Zrće-Bucht. Einige Neubauten mit Zimmer- bzw. Appartementvermietung zählt der gleichnamige Weiler, am türkisfarbenen Meer der 100-jährige Thunfischbeobachtungsturm, unter dem Meeresspiegel die Mauerreste des untergegangenen *Cissa*. Oberhalb der Bucht, auf einem Hügel, stehen die Ruinen der Kirche *Sv. Juraj* aus dem 11. Jh.

Auch hier haben sich ein paar **Bars** angesiedelt, zudem das **Bistro Žal**, das gelobt wird für Pizzen, Fisch und Muscheln.

Richtung Metajna: Steinwüste begleitet die Strecke; die karg-grünen Flächen sind unterteilt von unzähligen Mäuerchen, die die Landschaft von weitem wie ein Labyrinth erscheinen lassen. Oberhalb das Felsgebirge. Die Straße führt an den Dörfern **Kustići** und **Zubovići** mit vielen Neubauten vorbei. Zwischen Zubovići und Metajna gibt es am Uferweg Sand- und Kiesstrände. Leider hallt der Discolärm bis hier herüber.

Übernachten/Essen   In beiden Orten gibt es **Appartements** und **Privatzimmer** (auch HP möglich).

Konoba-Pension Marina, netter Familienbetrieb mit schöner Terrasse am Meer. Hier isst man gute Peka-Gerichte (Oktopus oder Lamm) oder eine Fischplatte mit fangfrischen Fischen, dazu hauseigener Wein. Auch Zimmervermietung. Fam. Lucia & Ivan Zubović, Zubovići 15 ✆ 091/533-4410 (mobil).

Bistro-Pension Atlantis, großes 3-stöckiges Gebäude direkt am Meer und Strand. Die meisten Zimmer haben Balkon oder Terrasse und WiFi, ca. 25 €/Pers. mit Frühstück. Gute HP. Spezialitäten sind fangfrischer Fisch, Meeresfrüchte, Scampi, Pasta- und Risottogerichte. Fam. Sanja Zubović, Put zala 26, ✆ 091/549-8737 (mobil), www.zubovici.com.

Metajna und **Halbinsel Zaglava:** Nach rund 11 km ab Novalja ist der kleine Fischerort erreicht, der sich ebenfalls durch Neubauten erweitert hat. Von hier kann man schöne Wanderungen unternehmen. Die Halbinsel Zaglava ragt hornförmig ins Meer. In der Talsenke wachsen Schilf und die Reben für einen schweren Rotwein. Die *Bucht Ručica* auf der anderen Seite, von karstweißen, nackten Bergen eingezwängt, ist über den Makadam zu erreichen, der das Horn schnurgerade durchschneidet. Der Kiesstrand bietet einen Blick auf die Stadt Pag, aber keinen Schatten. Oberhalb der Ručica-Bucht verläuft ein schmaler Pfad weiter durch das weiße Gestade zur *Slana-Bucht.* Freeclimber betätigen sich an den Felsen hinter dem Ort.

Information Tourismusverband Metajna, ✆ 053/667-188. 15.6.–15.9.

Verbindungen Busse nach Novalja und Taxiboote nach Pag.

Übernachten/Essen Am Hafenbecken die **Konobas Sidro** (Juli–15. Sept.) und **Lončerić** (April–Okt.) mit netten Terrassen und zwei **Supermärkte**; etliche preiswerte Unterkünfte, ein paar Vermieter haben sich zusammengeschlossen: www.metajna.eu.

*** **Pension-Restaurant Laguna,** das gastfreundliche rote Haus liegt westlich des Ortes am Meer. Es gibt 21 gut ausgestattete Zimmer und 5 Appartements mit Meerblick; Frühstücksbuffet und leckeres Abendessen (auf Anfrage, ca. 35 €/Pers./ HP). Es werden auch Ausflüge angeboten. Zudem werden mehrere Häuser vermietet. Fam. Jure Datković, Metajna 155, ✆ 098/654-730, www.laguna-metajna.hr.

Bucht Barkariž und **Sv. Duh:** Beide Buchten liegen an der Westseite der Pager Bucht; vor Kolan auf die alte Inselstraße abbiegen – sie windet sich ebenso kühn wie die Steinmäuerchen über die Hügel. Schilfrohrfelder bestimmen das Bild, ab und zu eine Schar Rebhühner. In den Buchten ist FKK möglich; der *Kiesstrand* mit seichtem Sandgrund ist für Kinder gut geeignet. In der Barkariž-Bucht verlangt man inzwischen Eintritt (ca. 20 KN).

Camping Campingplatz Sv. Duh, auf einer großen, durch Tamariskenbüsche unterteilten Wiese kann man in ruhiger Umgebung zelten. Sanitärmäßig leider eine Katastrophe – doch weiter westlich gibt es

Süßwasserquellen. Neben dem Platz die **Spirit-Bar** mit Getränken und Gegrilltem. Ca. 5 €/Pers., Camper ca. 6 €, Auto ca. 2,50 €. ✆ 098/295-756 (mobil).

Von der *Sv. Duh-Bucht* westwärts bis zur *Katarelac-Bucht* und ostwärts bis zur *Dubrava-Bucht* gibt es viele einsame Badestrände mit Kies und Sand; Zufahrten von der Straße aus teils wegen Schafherden verschlossen.

Kolan

Die Ortschaft unterhalb der Inselstraße, umgeben von fruchtbarem Land, ist die einzige Ansiedlung im Landesinneren und wurde zum Zentrum der Käseherstellung (→ Kasten S. 294). An vielen Häusern prangen Verkaufsschilder nicht nur für Käse, sondern auch für Wein und Schinken. Von Kolan aus kann man die mit 348 m höchste Erhebung der Insel, den *Sv. Vid*, besteigen – oben wartet ein herrlicher Rundblick auf die Insel, auf die Pager Bucht und in die Ferne.

Wanderung 16:
Insel Pag – Bergtour von Kolan zum Sv. Vid (348 m)　　　→ S. 440
Aussichtsreiche, leichte Wanderung zum höchsten Inselberg.

Information Tourismusverband, 23251 Kolan-Mandre, Trg kralja Tomislava, ✆ 023/698-290, www.tzkolan-mandre.com. Mo–Fr 7–11 Uhr, Ju i/Aug. 7–19 Uhr.

Veranstaltungen Ab Mitte Juni bis Ende Aug. tägliches Programm (Konzerte, Fischerfeste, Events). **Käsefest**, letzten Fr. im Aug. Präsentierung der Käsereien sowie auch Olivenöl- und Weinanbieter.

Einkaufen >>> Mein Tipp: Sirana Gligora, die größte und modernste Käserei (errang mehrere Auszeichnungen), die nach Voranmeldung auch besichtigt werden kann. Mo–Sa gibt es Führungen mit Käseverkostung um 10, 11, 12 u. 13 Uhr nach Anmeldung unter ✆ 098/235-432 (Fr. Ružica). Zudem gibt es einen Käseladen (zur Saison tägl. 7.30–21 Uhr), hier werden die verschiedenen Sorten Pager Käse angeboten (reiner Schafskäse oder auch halb Kuh- u. Schafskäse; zudem harter gereifter oder weicher Frischkäse, auch mit Kräutern oder Trüffeln; daneben Wein, Öl, Essig, Kapern – fast alles Bio-Ware. Figurica 20, ✆ 023/698-052, www.gligora.com. <<<

Neben obiger gibt es im Ort noch etliche kleine **Käsereien** (Sirana), die ebenfalls guten und prämierten Käse herstellen: u. a. v. a. **Šmrika**, **Mih** (Stanić 29, ✆ 023/698-011,

www.siranamih.hr); zudem noch **Beledvir**, **Figurica** (→ Übernachten/Essen).

Übernachten/Essen Privatzimmer gibt es ab 15 €/Pers., **Appartements** ab 35 €/2 Pers.

Konoba-Pension Beledvir, nettes Lokal mit Terrasse. Aus eigener Produktion und Zucht gibt es neben prämiertem Käse auch Lammspezialitäten, u. a. aus der Peka, sowie Fisch, Gemüse, Wein und Grappa. Auch Zimmervermietung. Šuprahini dvori 11, ✆ 023/698-078, www.konoba-beledvir.hr. ∎

>>> Mein Tipp: Konoba-Pension Figurica, hübscher gepflegter Landgasthof mit Natursteinterrasse und Freiblick auf das Tal gen Süden. Auch hier wird prämierter Käse produziert und Schafsfleisch, aber auch Oktopus oder Fische brutzeln im Ofen; dazu natürlich hauseigener Wein, Travarica und Orahovac; auch das Gemüse kommt aus dem Garten. Zimmervermietung. Figurica 11, ✆ 023/698-090, 098/429-193 (mobil), www.opg-figurica.com. <<<

Konoba Nono, nett an der Ortsdurchgangsstraße im Osten, hübsch mit Fischernetzen. Es gibt Käse und Schinken, Fleisch und Fisch. Rudina 1, ✆ 023/698-059, 098/449-228 (mobil).

Zum Inselberg Sv. Vid

Der Inselberg Sv. Vid mit seinen 348 m ist von etlichen Seiten aus erreichbar. Von Kolan aus benötigt man rund 1:30 Std., die Strecke führt durch ein kleines Tal mit etwas Landwirtschaft, aber vor allem mit Schafspferchen, und dann den kahlen Berg aufwärts. Kürzer bergan geht es von der Südseite bei Šimuni aus (kurz nach dem Campingplatz beginnt der Aufstieg). Eine weitere Möglichkeit besteht von der Nordseite, östlich von Sv. Duh. Die Aussicht ist von allen Seiten spektakulär, hat man den Gipfel erreicht, genießt jeder den schönen Weitblick (→ Kleiner Wanderführer/Wanderung 16, S. 440).

Insel Pag → Karte S. 292/293

Idyllisch blieb es am kleinen Hafen von Mandre

Mandre

Rund um den gut geschützten, von Kiefern umstandenen Hafen findet man noch die Fischerortidylle mit ausgebreiteten Fischernetzen und schaukelnden Kähnen im Wasser. Ein Bauboom hat auch hier in den letzten Jahren eingesetzt und den Ort an der Südküste nach beiden Seiten durch große Neubaugebiete erweitert. Eine kilometerlange Uferpromenade mit vielen aufgeschütteten, gepflegten Kiesbadebuchten zieht sich von Ost nach West, für Familien mit Kindern und Kinderwagenschieber bestens, allerdings meist schattenlos. Überall werden Appartements und Zimmer vermietet. Gegenüber liegen die **Inseln Skrda** und **Maun** und in der Ferne Olib.

Information Touristinformation am Hafenbecken, 23293 Kolan-Mandre, ☎ 023/682-203. Nur Juli/Aug. 7–12/18–20 Uhr (sonst in Kolan).

Agentur Đuza, Ortszufahrt und -beginn (links), ☎ 023/697-285, 098/273-268 (mobil). Gut organisiert, Zimmervermittlung.

Verbindungen Regelmäßig **Busse** nach Pag und Novalja.

Essen/Übernachten Es gibt etliche Restaurants, Cafébars, eine Bäckerei und Konditorei. Zudem ein breites Übernachtungsangebot, am besten über den Tourismusverband oder die Agentur.

Empfohlen werden u. a.: **Restaurant/Pension Pet Ferala**, hier stimmen das Preis-Leistungs-Verhältnis, der Service und das Essen, das man auf der großen Terrasse des 2-stöckigen Neubaus am Meer genießt. Auch Zimmer-/Appartementvermietung. Lungomare 18, ☎ 023/682-123.

Konoba Gira, netter Familienbetrieb ca. 1,5 km nördlich von Mandre an der Buchtwestseite. Schönes Sitzen unter schattigen Bäumen am Meer und Strand mit Sonnenuntergängen, dazu guter Service. Die Spezialitäten sind fangfrischer Fisch, Oktopus, grilltes Gemüse, Salat, Meeresfrüchte und süffiger Wein; auch Anlegeplätze. Zur Saison tägl. 11–21 Uhr. Put Girenice 1, ☎ 091/520-9834 (mobil).

Gostiona Lanterna, gute Fischgerichte, nett zum Sitzen. Kralja Tomislava 2 (vor dem Hafen-Zentrum nach Westen), ☎ 023/697-168, -005.

Baden Beidseitig des Ortes entlang der Uferpromenade an mit Feinkies aufgefüllten Badebuchten, auch nach der Bebauung, jedoch teils schlechterer Zugang zum Meer. Wer ein Boot hat, findet sicherlich seinen Platz, vor allem auch auf der **Insel Maun** gibt es schöne Badestellen.

Šimuni

Der Ort liegt an der Südküste an einer fjordartigen Bucht und einer kleinen Landzunge mit kiefernbewachsenen Hängen, die wenigen Häuser verstecken sich hinter dem Grün der Büsche und Bäume. Das große Hafenbecken bietet Jachten geschützte Ankerplätze und wurde zu einer ACI-Marina ausgebaut. Östlich vom Ort, in der *Suha-Bucht,* liegt der gut ausgestattete Campingplatz.

Information Touristinformation, 23293 Kolan-Šimuni, ☎ 023/697-437. Nur Juli/Aug.

Verbindungen Busse nach Pag und Novalja. Busstopp an der Straße oberhalb des Campingplatzes.

Übernachten Privatzimmer ab 12 €/Pers.

*** Hotel-Restaurant & Pizzeria Olea,** nettes 10-Zimmer-Hotel mit guter Pizzeria, ca. 50 m vorm Strand. Schöne Zimmer und kleiner Pool. DZ/F ca. 70 €. Mai–Sept. Šimuni 101, ☎ 023/697-439, www.villaolea.hr.

Camping **** Camping Village Šimuni,** 1 km nördlich von Šimuni, in der Bucht von Suha mit Blick auf die Insel Maun. Großer 48-ha-Platz in einem Pinienwäldchen, leichte Hanglage, steiniger Untergrund; Fels- und Kiesstrand. Minimarkt, Café, Restaurant, Windsurf- und Tauchschule Foka, Bootsanlegeplätze und Massagecenter. Im Hochsommer wenig Freiraum, da zu kleine Parzellen. Mobilheime , auch neue Deluxe, Bungalow- und Wohnwagenvermietung. 10 €/Pers. (TS 11,50 €), Parzelle 25–42 € (TS 27–44 €). Ganzjährig. Šimuni b. b., ☎ 023/97-441, www.camping-simuni.hr.

Essen & Trinken Rund um den Fjord und das Hafenbecken gibt es einige Lokale. U. a.

》》 Mein Tipp: Restaurant Didova kuća, schönes Sitzen am Hafen (auch Anlegemöglichkeiten) mit Ethnoflair und Liebe zum Detail. Lauschige, weinumrankte Terrasse am Meer, bester Service und frische Produkte; u. a. hausgemachtes Brot und Pasta, Pasteten und Frischkäseprodukte angereichert mit Oliven, Sardellen etc., regionaler Käse und Pršut, fangfrischer Fisch, Meeresfrüchte, auch gute Steaks, zum Nachtisch Palatschinken mit Frischkäse; dazu süffiger, regionaler Wein. Ca. Mai–Mitte Okt. tägl. 13–23 Uhr. Šimuni 39, ☎ 023/697-219. **《《**

Ribarska koliba, auch hier sitzt man schön am Hafen unter der weinbelaubten Terrasse des einfachen Lokals. Fangfrischer Fisch und Grillteller. In der Saison tägl. ab 9 Uhr. Šimuni 28 a, ☎ 091/586-8068 u. 091/348-3982 (mobil).

Beachbar Kokopelli, südlich vom Ort an der Landzunge und am Strand mit Bühne. Unter Segeln und geschnitzten großen Holzfiguren sitzt man bestens, genießt seine Drinks und Konzerte. Ca. Juni–Sept. ab 11 Uhr. Šimuni 64, ☎ 091/153-3424 (mobil), www.kokopelli.hr.

Tauchen Tauchcenter Foka (Hr. Vedran Dorušić) am Campingplatz Šimuni, ☎ 091/5302-072 (mobil), www.foka.hr.

Jachthafen ACI-Marina Šimuni, 220 Liegeplätze im Meer, 30 an Land, Slip, 15-t-Kran. Die Liegeplätze verfügen über Wasser- und Stromanschluss, bewachten Parkplatz, sanitäre Anlagen, Wäscherei, Restaurant, Minimarkt. Ganzjährig. ☎ 023/697-457, www.aci-club.hr.

Wandern Bergtour zum Sv. Vid: Es gibt viele Wege zum Sv. Vid, so auch von Šimuni. Abzweig ist an der Hauptstraße östlich vom Campingplatz (ausgeschildert); von hier benötigt man ca. 1 Std. einfach, d. h. etwas kürzer als von Kolan aus, teils läuft man aber auch nur auf breiterem Makadam (Wanderung von Kolan → Kleiner Wanderführer/Wanderung 16, S. 440).

Insel Pag → Karte S. 292/293

Košljun

Von der Inselhauptstraße schwingt sich eine schmale Straße durch eine kahle Landschaft, nur von Steinmäuerchen durchsetzt, nach Košljun hinab. Der Ort liegt an der großen *Bucht von Košljun* und war einst Schiffsstation des österreichischen Lloyd. Aus dieser Zeit stammen der Leuchtturm und das Aleppokiefernwäldchen mit seiner sturmzerzausten Frisur. Steiniger Strand mit ein paar Bootsstegen, gegenüber die Insel Vir. Auch 7 km östlich von Pag, kurz nach Gorica, besteht eine Zufahrt nach Košljun, allerdings nur über Makadam. Nur in der Saison herrscht hier etwas Leben.

Übernachten/Essen   Privatzimmer (ab 15 €/Pers.) und **Appartements** (ab 40 €) in den Häusern mit Gärten an der Uferstraße oder Ferienhäuschen in der neu erbauten Sommersiedlung.

Camp Košljun, kleiner Privatplatz im Garten, im Osten des Ortes; auch Zimmervermietung. Gegenüber gibt es Juli/Aug. Kiosk (Brot, Obst etc.). 6,20 €/Pers., Camper 8,80 €. Nur Juni–Sept. Fam. Brenko, Haus-Nr. 83, ☏ 023/699-007, www.camp-kosljun.com.

Pag

Der Hauptort der Insel (3200 Einwohner) breitet sich am Ende der gleichnamigen Bucht aus, die sich nach der Landbrücke in den rechteckigen Formen der Salinen fortsetzt. Das Städtchen besitzt einen gut erhaltenen Altstadtkern.

Streng geometrisch wie die Salinen ist auch der Grundriss der Altstadt, den *Juraj Dalmatinac*, ein großer dalmatinischer Baumeister, entworfen hat. 1483 wurde mit dem Bau begonnen, 20 Jahre später stand die Stadt. Die nach Dalmatinac benannte Hauptstraße, zu der die Gässchen parallel verlaufen, kreuzt sich mit einer Querstraße am Hauptplatz, dem *Trg kralja Petra Krešimira IV*. Hier steht ein Denkmal für den Baumeister und die *Basilika Velika Gospa* mit prachtvoller Fassade. Pag wirkt ruhig, es gibt wenig Unterhaltungsprogramm. In den schnurgeraden, engen Gassen, in die die geöffneten Fensterläden ragen, sitzen nur noch wenige schwarz gekleidete Frauen Spitzendeckchen häkelnd vor den Haustüren, äugen, plauschen und bewegen virtuos ihre Nadeln.

Die *Vela ulica (Große Straße)*, die eigentlich auch nur eine Gasse ist, führt vom Hauptplatz gerade nach unten zur Uferpromenade. Nachts leuchten bunte Lämpchen zwischen den grauen Natursteinhäusern. Dazwischen Laubbäume, ein Mar-

Blick auf Pag an seinen Salinen und das hoch aufragende Velebit-Gebirge

morbrunnen, dessen Geplätscher das Geplauder der Gäste im Café untermalt. An der Uferpromenade Cafés und Restaurants und eine hübsche, für Boote durchlässige hohe Brücke, die zur Südstadtseite mit Museum führt.

Reticella-Spitzen – Čipka

Schon im alten Venedig waren die Pager Reticella-Spitzen, schlicht Čipka genannt, berühmt und begehrt, und zu österreichischen Zeiten nähten Pagerinnen am Wiener Hof von Kaiser Franz-Joseph. Die Spitzen aus feinem Garn wurden später auch in Klöppeltechnik hergestellt, es gab im Ort auch eine Spitzenklöppelschule – sie wurde wieder eröffnet, um auch jungen Frauen die alte Handarbeitskunst innerhalb von neun Monaten zu vermitteln. Im kleinen *Museum* (Trg kralja Petra Krešimira IV) sind filigrane Spitzendeckchen ausgestellt (Juni–Sept. 10–12, Juli/Aug. noch 20–22 Uhr; 10 KN).

Basis-Infos

Information Tourismusverband (TIC), Vela ulica, 23290 Pag, ☎ 023/611-286, www.tzgpag.hr. Juli/Aug. tägl. 8–22 Uhr, Mai/Juni u. Sept. Mo–Fr 8–19, Sa/So 9–13/17–19 Uhr; sonst Mo–Fr 8–15 Uhr.

Pag Tours, Zagrebačka 12, ☎ 023/646-722, www.pagtours.hr. HS ganztägig, NS nur morgens. Fahrräder, Ausflüge, Zimmer.

Agentur Mediteran, Vl. Nazora b. b., ☎ 023/600-042, www.mediteranpag.com. Juni–Sept. Zimmer, Ausflüge.

Agentur Perla, J. B. Jelačića 21, ☎ 023/600-003, www.perla-pag.hr. Zimmervermittlung.

Verbindungen Busse nach Novalja (5- bis 10-mal tägl., 32 KN), Rijeka (1- bis 2-mal tägl., 180 KN), Zagreb, Zadar, Split. Busbahnhof am alter Fährhafen (Verbindungen/Preise → Novalja).

Einkaufen Shop Paška sirana, es gibt neben Käse auch Wein, Schnaps etc. – alles Produkte von der Insel Pag. Vela ulica.

⟫ Mein Tipp: Paška sirana, Zadarska ul. 5, ☎ 023/600-810, www.paskasirana.hr. Es ist die älteste Käsefabrik auf der Insel, sie arbeitet seit 1946 und erhielt mehrfach Auszeichnungen. 6 verschiedene Käsesorten sind erhältlich, neben dem Paški sir (reiner Schafskäse, sehr pikant) auch die Sorten Pramenko, Dalmatinac, Primorac, Trapist und Mediterano. Seit 2011 werden diese Kä-sesorten auch jährlich mit dem Worldcheese Award prämiert (→ Kasten S. 294). ⟪

Gesundheit Hinter dem Campingplatz ein Bassin für **Schlammpackungen** (gut gegen Rheuma und Abnützungserscheinungen), aber ohne ärztliche Aufsicht.

Ambulanz, Prosika (südl. der Fußgängerbrücke), ☎ 023/611-001. **Apotheke**, Stjepana Radića (östl. der Fußgängerbrücke), ☎ 023/611-043.

Tankstelle Östl. vom Zentrum (Zadarska ul.), hinter Kreuzung nach Novalja.

Veranstaltungen Stadt- und Kirchenfest Velika Gospa, 5. Aug.

Kirchenfest Mariä Himmelfahrt, 15. Aug., große Prozession, Beginn 18 Uhr an der alten Kirche in Stari Grad.

Kirchenfest Mala Gospa, 8. Sept. (kleine Prozession → Kasten „Madonna von Stari Grad"), Beginn um 17 Uhr am Hauptplatz von Pag, 18.30 Uhr Messe in Stari Grad.

Spitzenfestival, 4 Tage Mitte Juni.

Pag-Art-Festival, ca. 1.–15. Aug., in der Kirche Sv. Frane; klassische Musik mit international renommierten Interpreten. Die Programmleitung liegt in den Händen des bekannten Pianisten Lovro Pogorelić.

Klapa-Konzerte, wöchentlich im Juli/Aug.

Sommerkarneval, letzten Fr/Sa im Juli am Kirchenplatz.

Insel Pag → Karte S. 292/293

Übernachten

1 Pension Frane
2 Aparthotel Belveder
4 Hotel Tony
6 Hotel-Restaurant Pagus
11 Hotel Park Smokva
15 Appartements Fam.
   Marija & Ivo Kauriot
16 Hotel-Restaurant Biser
17 Hotel Plaža

Essen & Trinken

3 Konoba Bile
5 Taverna Mišković
6 Restaurant Pagus
7 Rest. Bodulo
8 Konoba Barcarola
9 Wein- & Käsebar
   Trapula
10 Rest. Na Tale
12 Rest. Dubrava
16 Restaurant Biser

Cafés

3 Konoba Bile

Nachtleben

13 Vanga-Club
14 Discothek Magazin
   No 5

Übernachten/Essen & Trinken/Nachtleben

Übernachten Privatzimmer ab 15 €/Pers. Die schönsten liegen nördl. der Stadt, an der Bašaca-Bucht oder im Süden an der Pager Bucht. **Appartements** ab 35 €/ 2 Pers.

Fam. Marija & Ivo Kauriot **15**, freundlicher Familienbetrieb, nette Zimmer/Appartements, große Gemeinschaftsküche und

großes Gelände, auch gut zum Parken; nebenan vermietet die Schwägerin. DZ ca. 42 €. Prosika 19, ☎ 023/611-183.

*** Pension Frane **1**, netter Familienbetrieb am nördlichen Ortsrand mit Restaurant und Terrassen am Meer und Badestrand. 20 schöne Zimmer mit Balkon im Neubau; auch Apppartements (2–6 Pers.).

DZ/F 66 € (TS 70 €). April–Okt. Dubrovačka
ul. 1, ☎ 023/611-359, www.hotel-frane.com.

*** Hotel Park Smokva 11, altstadtnahes,
nettes Hotel (Ltg. auch von Belveder) mit 20
ansprechenden Zimmern/Appartements
und gutem Restaurant mit schöner baum-
bestandener Terrasse. DZ/F und Meerblick
ab ca. 100 € (TS ab 130 €). Juni–Sept. Golija
b. b., ☎ 098/410-239 (mobil).

*** Aparthotel Belveder 2, mehrstöckiges
Haus nordwestlich der Altstadt nahe dem
Meer, mit Restaurant, Pool, Sauna, Fitness.

Zimmer und Appartements. DZ/F ab ca.
100 €. Mitte Juni–Mitte Sept. Veli Brig 20,
☎ 023/612-564, www.belveder-pag.com.hr.

** Hotel Tony 4, klein, einfach und familiär,
mit guter Küche, nördlich des Hotels Pagus
in ruhiger Lage oberhalb schöner Badebucht. DZ/HP ca. 80 € (TS ca. 90 €). Juni–
Sept. Dubrovačka ul. 39, ☎ 023/611-370,
www.hotel-tony.com.

**** Hotel-Restaurant Pagus 6, nordwestlich der Stadt direkt am Feinkiesstrand.
Komfortabel mit 117 Zimmern, auch

Familienzimmer, schönes Spa-Center mit Meerblick, Innen- und Außenpools. Sehr gutes Restaurant mit großer Terrasse (Sonnenuntergänge!) und Lounge-Bar. DZ/F mit Balkon zum Meer ab ca. 130 € (TS ab 160 €). Ostern–Okt. Šet. A. Starčevića, ✆ 023/611-310, www.hotel-pagus.hr.

**** **Hotel Plaža** 🔟, direkt am Meer in Richtung alte Straße nach Novalja. Komfortable Zimmer, großer Außenpool, Sauna, Fitness und Restaurant. DZ/F ab 140 €. Mitte Juni–Mitte Sept. Ul. Marka Marulić 14, ✆ 023/600-855, www.plaza-croatia.com.

*** **Hotel-Restaurant Biser** 🔟, westlich von Hotel Plaža, nicht weit vom Meer, schön und ruhig gelegen, mit Restaurant und schöner Terrasse, Kiesstrand. Nach Anfrage auch ganzjährig geöffnet. DZ mit Balkon 66 € (TS 90 €), auch preiswerte HP 80 €/ 2 Pers. (TS 104 €) möglich. A.G. Matroša 10, ✆ 023/611-333, www.hotel-biser.com.

Essen & Trinken   Eine Vielzahl von Restaurants verwöhnt den Gaumen.

⟫⟫ Mein Tipp: Restaurant Na Tale 🔟, wer üppige Portionen auf seinem Teller liebt, dazu von guter Qualität und von hilfsbereitem, charmanten Personal serviert, ist hier richtig. Die Küche ist vielfältig, mit frischen Produkten, lecker u. a. die Medaillons mit Pager Käse und Pršut gefüllt oder fangfrischer Fisch. Einziges Manko: Nur ein kleiner Essbereich ist unter freiem Himmel. Die Besitzer leiten auch einen Tauchclub – d. h. frische Fische garantiert. Ganzjährig. Stepana Radića 2, ✆ 023/611-194. ⟪⟪

Restaurant Dubrava 🔟, an der Uferpromenade bei der Fußgängerbrücke liegt das alteingesessene Lokal. Preiswerte, gute Tagesgerichte, flinker, freundlicher Service und leckere Fischgerichte. April–Okt. Branimira obala, ✆ 023/611-317.

Konoba Barcarola 🔟, beim Hafen. Von der Terrasse unter der Laube Blick aufs Meer. Preiswerte Fisch- und Fleischgerichte. Ganzjährig. V. Nažora 12, ✆ 023/611-239.

Taverna Mišković 🔟, gegenüber vom Hotel Pagus mit gemütlicher, pflanzenumrankter Terrasse. Fisch- u. Fleischgerichte. Ganzjährig. Šet. A. Starčevića 6, ✆ 023/611-363.

Restaurant Bodulo 🔟, nördl. der Altstadtmauer mit lauschigem Innenhof, nettem Ambiente und guten Gerichten. Mitte Juni–Sept. Vangrada 19, ✆ 023/611-989.

⟫⟫ Mein Tipp: Konoba Bile 🔟, nördl. des Kirchplatzes. Typische Weinstube, gemütlich und rustikal im Innern, Sitzgelegenheiten auch vor der Tür. Treffpunkt Einheimischer. Guter hauseigener Zutica-Wein und Grappas, zudem Schinken und Käse. Ganzjährig 7–1 Uhr. Ul. Jurja Dalmatinca 35. ⟪⟪

Wein- & Käsebar Trapula 🔟, am Hauptplatz sitzt man bestens und lässt sich den guten Tropfen und die guten Häppchen schmecken. Es gibt auch **** Appartements in diesem hübschen Altstadthaus. Trg Kralja Krešimira IV 1, ✆ 099/2719-014 (mobil).

Nachtleben   Discothek Magazin No 5 🔟, Prosika (südl. der Fußgängerbrücke), große Tanzfläche im hohen Raum, Natursteinmauern; ab und zu Livemusik. Juli/Aug. tägl. 22–3 Uhr, Juni/Sept. nur Fr/Sa.

Vanga-Club 🔟, Open-Air-Terrasse, direkt an der Fußgängerbrücke. Mai–Anf. Sept.

Baden/Sport

Baden   Rund um Pag gibt es Sand-Feinkies-Strände. Am Kiesstrand **Prosika** (Stadtstrand) weht die „Blaue Flagge" und man kann sich mit Peloid, dem heilsamen Schlamm einschmieren. Meist ist es hier aber sehr voll. Wer es ruhiger mag, geht zu den Buchten Richtung Novalja, in die **Bašaca-Bucht** im Norden, oder umrundet die unbewohnte Landspitze mit einer Vielzahl an Buchten.

Nautik   Anlegemöglichkeiten (mit Strom/Wasser) am Stadthafen, bis zu 15 Boote. Hafenkapitän, ✆ 023/611-023. Bootsverleih.

Fahrrad   Verleih bei Pag Tours. **Fahrradmarathon** 53 km, 1. Sa im Juli.

Sehenswertes

Das Mittelschiff der dreischiffigen **Basilika Velika Gospa** am Hauptplatz Trg Kralja Pedra Krešimira IV. wird von acht sehenswerten Arkadenbögen getragen – von den Kapitellen gleicht keines dem anderen. Schön auch die filigrane große Rosette, die

Der schöne Trg Kralja Pedra Krešimira IV. mit der Basilika Velika GospaU

an Pager Spitzen erinnert; der Glockenturm aus dem Jahr 1562 wurde nie vollendet. Unvollendet blieb auch der *Bischofspalast,* der Plan dazu entsprang reinem Wunschdenken – Pag wurde nie Bischofssitz. Gegenüber der Basilika steht der **Fürstenpalast,** im dazugehörigen Uhrturm war früher das Stadtgefängnis. An der Uferstraße Reste der städtischen Befestigung, ein Stück weiter das **Benediktiner- kloster,** das 1318 in Alt-Pag gegründet wurde und wertvolle Kunstschätze birgt. Östlich der Basilika kann man schöne Reticella-Spitzen im kleinen Museum bewundern (→ Kasten S. 309).

Gegenüber der Altstadt, über die hohe Fußgängerbrücke zu erreichen, steht das große Magazin, hier ist das **Salzmuseum** untergebracht (Juli/Aug. 10–13/19– 23 Uhr, Juni u. Sept. nur vormittags; 10 KN).

Salzgärten: Sie erstrecken sich hinter Pag ostwärts. Schon 1215 wurden sie urkundlich erwähnt. Auch im Jugoslawischen Staat war Pag nach Ulicinj (Montenegro) das wichtigste Salinenwerk des Landes. Salinen (lat. *salinus* = „zum Salz gehörig") bestehen aus flachen, betonierten oder früher mit Ton ausgestampften Becken, in die man Meerwasser einleitet. Durch die Sonnenwärme verdunstet das Wasser und der hochwertige Rückstand, die Sole, wird in Sudpfannen gepumpt und durch Verdampfersysteme zur beschleunigten Kristallisation gebracht. Früher überließ man diesen Prozess ebenfalls der Sonne. Die Pager *Salzfabrik Solana* ist modernisiert und bringt mit 30.000 t die größte Jahresproduktion Kroatiens. Kleinere Betriebe sind in Nin und Ston.

Stari Grad: Stadtauswärts Richtung Novalja zweigt östlich ein Sträßchen ab und führt entlang der Saline nach Stari Grad. Breite Steinstufen ziehen sich den Hang hinauf. Auf dem Kirchplatz mit großen Schatten spendenden Bäumen die romanische *Basilika* aus dem 13. Jh., daneben die Ruinen eines Franziskanerklosters und der Stadtbefestigung, die sorgsam rekonstruiert wird. Bis auf die Kirche wurde Stari

Grad im 15. Jh. für den Bau des heutigen Pag abgetragen. Seit der Pestepidemie führt alljährlich eine Prozession aus Pag hierher (→ Kasten). Dann werden die Kirchenpforten geöffnet und man kann den geschnitzten Madonnenaltar in Blau und Gold bestaunen.

Die Madonna von Stari Grad

Als im 15. Jh. die Pest wütete und die Pager sich nicht anders zu helfen wussten, holten sie die holzgeschnitzte gotische Madonna aus der Kirche von Alt-Pag (Stari Grad) in ihre Stadt – und die Epidemie klang ab. Zum Dank feiert die Bevölkerung das Ereignis alljährlich an Mariä Himmelfahrt (15. August) mit einer Prozession. Die Madonnenskulptur steht dann bis 8. September am Ort ihres wundersamen Wirkens, in der Basilika zu Pag. Bei der kleinen Prozession Mala Gospa wird sie wieder zurückgetragen, um ihren Platz für ein weiteres Jahr in Stari Grad einzunehmen.

Vom Hauptort Pag zum südöstlichen Inselende

Von Pag führt die Inselstraße entlang der langen flachen Meeresbucht mit ihren Salzgärten: alte graue Häuser und von Schilf überwucherte Ruinen. Rund 7 km später, bei **Gorica**, folgt eine Abzweigung nach Süden. Bereits nach einem knappen Kilometer zweigt ein Makadam in Richtung Westen zu den Salinen und zurück nach Stari Grad (Pag) sowie auch nach Košljun ab – diese Strecke ist aber nur für Mountainbiker zu empfehlen. Geradeaus weiter verläuft nun die Asphaltstraße, von hölzernen Strommasten gesäumt, entlang der *Bucht von Košljun*, die sich fjordartig verengt. Vorbei an Sumpfgebieten des *Malo Blato*, Karstwüsten und Natursteinhäuschen gelangt man zu einem fruchtbareren Landstrich und zum Touristenort **Povljana** an seiner gleichnamigen Bucht.

Wieder auf der Inselhauptstraße, bietet sich kurz hinter **Stara vas** ein letzter Abzweig zur Südküste. Dichtes Schilfgras wuchert entlang dem Sträßchen, das sich nach einem halben Kilometer verzweigt: Westwärts, vorbei am Süßwassersee **Velo Blato**, erreicht man nach 5 km nochmals **Povljana**. Ostwärts windet sich das Sträßchen durch eine nun ungewöhnliche grüne Landschaft gen **Vlašići** und **Smokvica**. Über **Dinjiška** führt die Inselhauptstraße ihrem Ende entgegen, bis sie auf die Brücke zum Festland stößt.

Povljana

Kleiner, von Wein- und fruchtbaren Gemüsefeldern umgebener Touristenort an der Südwestküste, der stetig durch Neubau-Feriensiedlungen wächst. Für Badefreuden sorgen zahlreiche ruhige Buchten mit schönen Sand-, Kies- und Felsstränden und die flache Landschaft lädt zum gemütlichen Fahrradfahren ein.

Das kleine alte Ortszentrum bietet Läden, Obst- und Gemüsestände. Alte Frauen und Männer verkaufen mit breitem Lachen Produkte aus eigenem Anbau wie Öl, Essig

Um Povljana finden sich viele Sandbuchten, ideal für Familien mit Kleinkindern

Insel Pag → Karte S. 292/293

und Wein, aber auch selbst gestrickte Wollsocken. Auf den Mauern liegen riesige Kürbisse und warten auf Käufer. Vor allem nach Westen hat sich Povljana leider fast großstadtmäßig mit Neubauten erweitert. Diese Siedlung heißt nun Dubrovnik und erhielt auch einen Feinkiesstrand und eine Uferpromenade.

Gegenüber die **Insel Vir**, nur durch den Kanal von Povljana getrennt. Fast einsam und verlassen steht die alte kroatische *Sv.-Nikola-Kapelle* aus dem 11. Jh. am Meer. Sie wurde von Kroaten erbaut, die im Osten von Povljana, jenseits der Feldflur, an der Bucht Stara Povljana lebten.

Basis-Infos

Information Tourismusverband, Stjepana Radića 20 (westlich vom Hauptplatz), 23292 Povljana, ☏ 023/692-003, www.tz-povljana.hr. Juni–Aug. Mo–Sa 8–21, So 9–13 Uhr; sonst Mo–Fr 8–14 Uhr.

Agentur Porat Povljana, neben Tourismusverband; großes Angebot an Privatunterkünften. ☏ 023/692-003, www.povljana.eu.

Touristagentur P&M, weiter westlich. ☏ 023/692-054.

Verbindungen Regelmäßig **Busse** nach Pag und Zadar.

Baden Rund um den Ort gute Bademöglichkeiten und drei Mal weht an allen großen Buchten die „Blaue Flagge". Ganz im Westen gibt es Sandbuchten, u. a. die **Plaža Dubrovnik** mit Uferpromenade, Cafés und Restaurants. Fußwege führen ostwärts über die Stara Povljana zur Sandbucht **Plaža Perila** und weiter zur spitz ins Meer ragenden **Halbinsel Prutna**. Auch über die Halbinsel führen Fußwege zum Südzipfel – direkt gegenüberliegend die Insel Vir mit ihrer Landbrücke.

Gesundheit Ambulanz, Ante Starčevića, ☏ 023/692-952. **Apotheke**, Ante Starčevića, ☏ 023/692-913.

Übernachten/Essen & Trinken

Übernachten Privatzimmer ab 40 €, **Appartements** ab 50 €. Wer nur eine Nacht bleiben möchte, hat Schwierigkeiten, ein Zimmer zu bekommen – und wenn, ist es teuer.

Pension Lanterna, nahe dem Strand Dubrovnik. Für die Hausgäste wird im lauschigen Garten lecker gekocht. Kralja Tomislava b. b., ☎ 098/165-3636 (mobil).

Nahe Perilo-Strand (südlich vom Zentrum) u. a. **Appartements Sirena**, ☎ 099/4143-198 (mobil).

**** Villa Kaštel, netter Neubau am Strand Dubrovnik mit beheiztem Pool und Blick aufs Meer. Mit dem guten Restaurant Jardin. Es gibt 8 Zimmer und 3 Suiten. DZ/F ab 110 € (TS ab 130 €). Juni–Sept. Kralja Tomislava b. b., ☎ 023/692-830, www.villa-kastel.hr.

Camping * Mali Dubrovnik, kleiner Platz westlich des Orts an der Bootsanlegestelle. Pers. 4 €, Zelt 6,50 €, Parken 4 €. Mai–Sept. Kralja Petra Svačića b. b., ☎ 023/692-331.

* **Camp Tomi**, großer Platz mit Zelt-, Caravan- und Mobilheimverleih. An der Rezeption erhält man gute Auskünfte, es werden auch Appartements vermittelt. Im Juli/Aug. Animation. Ca. 6 €/Pers., Auto 4 €, Zelt 4 €. April–Sept. Stjepana Radića b. b., ☎ 023/692-114, www.campingtomi.com.

Essen & Trinken Leider ist die Restaurantsaison in Povljana sehr kurz, meist von Mai/Juni bis Ende Sept. So ist es sinnvoll evtl. Pensionen mit HP zu finden.

Restaurant Jardin, gehört zur Villa Kaštel (s. o.), schöne Terrasse und Meerblick oder Sonnenuntergang. Es gibt franz.-dalm. Küche, frischen Fisch, Lobster, Muscheln. ☎ 098/228-061 (mobil).

Gute Küche wird v. a. im Zentrum serviert: **Restaurant Leut**, mit überdachter Laube, Ul. V. Nazora; oder auch im **Restaurant Mornar**, östlich des Zentrums, Ul. M. Krleže 11.

Restaurant Nirvana, schöne Terrasse unter Pinien mit weitem Blick über die Bucht. Fisch- und Fleischgerichte. Juni–Mitte Sept. Stjepana Radića 43 (Hafen vor Dubrovnik).

In Richtung Perilo-Strand (südlich des Orts) **Pizzeria Perilo**.

Nach Vlašići und Smokvica und von Dinjiška zum Inselende

Kurz nach dem Abzweig von der Inselhauptstraße begleiten Schwärme fliegender Ameisen, schwarz wie Windsäulen, die Fahrt.

Im Schilf versteckt liegt der Süßwassersee **Velo Blato**, der im Winter auf das Fünffache seiner Fläche anschwillt – Lebensraum für viele verschiedene Wasservögel. Es wurde ein Hochstand zur Vogelbeobachtung errichtet.

Vlašići: Schon in der Nachsaison schläft der Ort den Schlaf der Gerechten – die Eisdiele verriegelt, das Touristenbüro geschlossen, ein paar Esel auf dem Fußballplatz. Im Umkreis gedeihen die grünsten und saftigsten Wiesen auf Pag, dahinter ein paar Neubauten mit Zimmervermietung, ein Steilhang und die *Bucht von Vlašići* mit kleinem Anleger und gepflegtem Feinkiesstrand, der seicht ins Meer geht.

Information Touristinformation, Vlašići-Smokvica, Ortsmitte, ☎ 023/616-002. Mitte Juni–Aug. tägl. 9–12/19–21 Uhr.

Übernachten Es gibt etliche **Privatzimmer/Appartements**, u. a. **Pension Miljenko Žunić**, direkt oberhalb vom Strand. Einfache, preiswerte Zimmer (DZ/F 50 €), Appartements (4 Pers. 60 €). Für Hausgäste wird auch gekocht. Magazina 35, ☎ 099/8766-701 (mobil).

Pension Dupin, südlich des Strandes, etliche Appartements und große Terrasse. Put Magazina b. b., ☎ 098/228-929 (mobil), dupin vlasic@gmail.

Essen & Trinken In der **Konoba-Bar** oberhalb des Strandes auf luftiger, schattiger Terrasse.

Wer eine Weiterreise nach Dalmatien plant, dem seien die Reisebücher **Norddalmatien**, 2. Auflage 2016, ISBN 978-3-95654-216-9, 19,90 €, und **Kroatische Inseln**, 9. Auflage 2018, ISBN 978-3-95654-477-4, 24,90 €, empfohlen. Erhältlich im Buchhandel oder auf unserer Homepage www.michael-mueller-verlag.de.

Smokvica: Vor Vlašići zweigt die Straße ab zu dem Örtchen am Ende der Stara-Povljana-Bucht. Etliche Neubauten gruppieren sich auf einem Plateau oberhalb des Meeres, von hier bietet sich ein herrliches Panorama: Gegenüber ragt die Halbinsel Prutna ins Meer, dahinter liegt das Festland mit dem uralten Städtchen Nin.

Auch in Smokvica gibt es Privatzimmer und Appartements; Wein- und Käse werden angeboten. Pfade führen zu schönen Badebuchten hinab – in der Nebensaison wirkt alles wie ausgestorben.

Die Inselstraße führt nun am Westende der schlauchartigen Meereseinbuchtung *Dinjiška uvala* entlang, dann folgt das alte Salinendorf **Dinjiška** mit Lokalen (u. a. die gute *Konoba Dudo*, Zadarska ul. 71, ☎ 023/691-055; Fisch, Scampi, Peka-Gerichte`, Privatzimmern, Minicamp und netten, neu gestalteten Feinkiesstränden direkt an der Straße. Wer noch einen kurzen Sprung ins Meer wagen möchte, kann dies hier bestens tun.

Fast schnurgerade verläuft nun die Inselhauptstraße durch die Fischer- und Sommersiedlung **Miškovići** und ihrem Ende entgegen. Wir blicken auf die nun stark zerklüftete Südküste der Insel Pag, gen Inseln und Festland. Kahler Fels und Steinhalden dominieren, gen Norden fällt der Blick auf das sich majestätisch erhebende Küstengebirge Velebit.

Die **Inselbrücke** schwingt sich über die Meerenge *Ljubačka vrata* zum Festland. Unten am Meer erinnert eine malerische Burgruine an vergangene Zeiten, als strategisch wichtige Kaps noch bewacht wurden. Gen Süden weitet sich die Bucht, darin verstreut ein paar Inselchen, in der Ferne schimmert der Küstensaum der dalmatinischen Halbinsel Ravni kotari und viele weitere Inseln.

Insel Pag → Karte S. 292/293

Die Ruine der einstmals strategisch wichtigen Burg

Zagreb – das wappenverzierte Dach der prächtigen Markuskirche

Zentralkroatien

Kultur- und kunstliebende Urlauber werden sich im Inneren von Kroatien sehr wohlfühlen. Hauptattraktion ist die Hauptstadt Zagreb mit ihrem reichen Kulturerbe und der großen Kunstszene. Aber auch die weinreichen Regionen Zagorje, Samobor-Zumberak und Moslavina, das schmucke Varaždin sowie Čakovec und Umgebung bieten Museen, Galerien und viele Burgen. Einen Blick wert ist auch die Bierstadt Karlovac. Naturparks zum Wandern und viele Gewässer finden sich hier ebenfalls.

Zentralkroatien wird von der sehenswerten kroatischen **Hauptstadt Zagreb** dominiert. Zahlreiche Museen, Galerien und viele Musik- und Kulturevents machen die Stadt mit ihren Gründerzeitpalästen und ihrem k.-&-k.-Charme für einen Stopp absolut lohnenswert.

Auch das „Hinterland von Zagreb", die nördlich gelegene Zagorje-Region, ist besuchenswert: Im Nordwesten, einer weinreichen hügeligen Landschaft, lohnen die malerische Festung **Veliki Tabor**, Kumrovec mit dem Geburtshaus von Tito, das hübsche **Kloster Lužnica** und um **Tuheljske Toplice**, ein Thermenort, nette Schlösschen zum Nächtigen oder Speisen. Im Nordosten dieser Region sind die Attraktionen das Märchenschloss **Trakošćan**, das **Paulinerkloster Lepoglava** und die Kreis- und Barockstadt **Varaždin**. Im nördlichsten Eck Kroatiens und Grenzgebiet

zu Slowenien und Ungarn liegt das von den Flüssen Mura und Drava geprägte Međimurje mit Regionalpark und dem Hauptort **Čakovec**. Südlich liegt die Region **Podravina**, es ist die Heimat der Naivmaler, viele Galerien gibt es u. a. in **Hlebine**, **Koprivnica** und **Đurđevac**. Die angrenzende hügelige **Prigorje-Region** mit Zentrum **Križevci** bietet viele Sakralbauten und Wein. Südwestlich noch die hübsche Kreisstadt **Bjelovar**.

Ein nahes Erholungsgebiet der Zagreber ist der Naturpark Medvednica, der sich über der Hauptstadt erhebt, aber auch der **Naturpark Samobor-Zumberak** mit seinem idyllischen Hauptort **Samobor**.

Im Südosten von Zagreb liegen **Sisak**, eine der ältesten kroatischen Städte, und das bekannte Weinanbaugebiet **Kutina** in der **Moslavina**. Storchenliebhaber sollten in die Region **Posavina** mit dem **Naturpark Lonjsko polje** und ins zum europäischen Storchendorf gekürte **Čigoč** fahren, auch die hübschen Holzhäuser sind sehenswert.

Auf dem Weg zur Küste passiert man die bekannte große Bierstadt **Karlovac**, nördlich liegt das hübsche, mit einer Burg bestückte **Ožalj**, südlich davon, schon in Richtung Lika, bietet **Slunj** einen kleinen Vorgeschmack auf die nahen Nationalpark Plitvicer Seen, der mit seinen zahlreichen Wasserfällen einen weiteren Aufenthalt lohnt.

Die gesamte Gegend bietet Wander- und Mountainbikefreunden ein herrliches Revier, ob entlang von Flüssen oder im hügeligen bis bergigen Terrain. Auch Kajakfreunde finden hier viele Flüsse zum Erkunden.

Zagreb

Kroatiens Hauptstadt ist eine junge europäische Kultur-, Wirtschafts- und Geschäftsmetropole – dynamisch und expandierend. Ihre Schönheit und ihren Charme verdankt sie dem Erbe unterschiedlichster kultureller Einflüsse aus vergangenen Epochen. Zagreb ist ein Ganzjahresziel und mehr als einen Zwischenstopp auf dem Weg zur Küste wert.

Zagreb zählt knapp 800.000 Einwohner und liegt im Osten des Landes überschaubar im Talkessel zwischen dem Sava-Fluss und den Abhängen des Mittelgebirges Medvednica. Auch ist Kroatiens Metropole wichtiges Bindeglied zwischen Zentralkroatien, der Pannonischen Tiefebene und dem mediterranen Kroatien. Die geruhsame Altstadt bietet den Besuchern in Laufweite eine Fülle von Sehenswürdigkeiten: prachtvolle Kirchen und Paläste, eine Vielzahl an Museen und Galerien und große, schön gestaltete Parkanlagen. Relaxen kann man am Zagreber Meer, dem Jarun-See, wer's sportlich mag, begibt sich auf Schuster's Rappen oder per Mountainbike hinauf ins Medvednica-Gebirge, das im Winter auch die Ski- und Snowboardfahrer anlockt. Kulinarisch wird man hier nichts vermissen, die Küche bietet einen vielfältigen und guten Mix und auch die Kaffeehäuser haben Tradition. Wer sich ins Nachtleben stürzen will, findet hier das größte und beste Angebot des Landes. Der Name Zagreb soll angeblich positionsbezogen von *za bregom* kommen, „hinter dem Berg". Nun, auch diese Titulierung ist sicherlich Vergangenheit.

Die Altstadt ist mit nur 900 Jahren relativ jung, birgt aber dennoch reichhaltiges Kulturgut. Beziehungen zum Balkan, dem Osmanischen und Deutschen Reich, Österreich, Ungarn und Italien prägten das vielfältige Stadtbild Zagrebs – man blickt auf Mittelalter, Renaissance, Barock, Klassizismus, Neugotik, Gründerzeit und Jugendstil. Eine stadtbekannte Parabel besagt: „Wien ist die Mutter Zagrebs, Budapest die Tante, Graz und Ljubljana die lieblichen Schwestern".

Mit der ältesten Universität des Landes, der Vielfalt an Museen, Galerien, dem Nationaltheater, Musik- und Sportveranstaltungen ist kulturell einiges geboten. Die Lebendigkeit der Stadt und der im Sommer spürbare südliche Charme durch viele hübsche, einladende Cafés machen die Stadt sehr anziehend. Auch ihr Kontrastreichtum macht Zagreb attraktiv: So findet man alte Handwerksläden neben schicken Boutiquen, altehrwürdige Kaffeehäuser neben trendigen Bars – das Publikum wechselt die Plätze ganz ungeniert. Ebenso unkompliziert und ausdrucksstark ist die Kunstszene: Alte Meister finden ebenso Bewunderung wie junge Avantgardekünstler, schon in den 1960er-Jahren etablierte sich Zagreb als Zentrum des Projekts „Neue Tendenzen". Wer sich ins Nachtleben stürzen möchte, findet hier, wie nirgendwo in Kroatien, Clubs, Bars, Kneipen und Konzertveranstaltungen der unterschiedlichsten Musikrichtungen und neuesten Trends – das Großstadtleben pulsiert bis in die frühen Morgenstunden. Auch ans Heimkommen wurde gedacht – die Straßenbahnen verkehren rund um die Uhr.

Das Altstadtzentrum ist in drei Bezirke unterteilt, die Unterstadt *Donji Grad,* die ältere Oberstadt *Gornji Grad* und den angrenzenden Bezirk *Kaptol.* Reisende treffen zuerst auf die Unterstadt, die im 18. und 19. Jh. entstand. Hier, in den belebten Einkaufsstraßen und ruhigen Parkanlagen mit ihren monumentalen Bauten schlägt die Geschäftsader des modernen Zagreb. Mittelpunkt ist der Trg bana Jelačića, mit dem Säbel schwingenden Nationalhelden *Ban Jelačića* auf seinem Pferd.

Für das Stadtbild zeichnen u. a. der Architekt *Hermann Bollé* (1845–1926) und vor allem der Bauingenieur *Milan Lenuci* (1849–1924) verantwortlich, der das „grüne Hufeisen", eine Aneinanderreihung von acht Parks und Grünflächen vor allem für die Unterstadt entwarf. In Zagreb versuchte man Wohn- und Geschäftsviertel in Grünflächen einzubetten und attraktiv zu gestalten. Das Auto lässt man am besten außerhalb stehen – ein schönes altes Transportmittel, die ratternde Straßenbahn, zeigt dem Besucher unbeschwert die ganze Stadt, ebenso der kleine Touristenzug, der vor allem für Familien mit Kindern ein tolle Sache ist.

Die Neustadt hat schon längst die Sava, die traditionelle Begrenzungslinie, überquert und begrüßt den Autofahrer beim Abzweig von der Autobahn mit unattraktiven Hochhäusern und Wohnsilos. Hier im Süden befindet sich auch das riesige Messegelände, auf dem im Frühjahr und Herbst rund 30 Messen abgehalten werden – mit großer Bedeutung im gesamten südosteuropäischen Raum und mit internationaler Tradition seit 1864 bzw. 1256 (→ Geschichte).

Über der Stadt erhebt sich das *Bergmassiv Medvednica*, das im Winter Schutzwall gegen die eisigen Nordwinde ist. Am Fuße des Berges herrscht angenehm mildes Klima, das einen ausgezeichneten Weißwein gedeihen lässt. Medvednica ist Zagrebs beliebtestes, ganzjähriges Wochenendausflugsziel, hier kann man wandern, mountainbiken, Ski oder Snowboard fahren.

Zagreb versprüht eine erfrischende Mischung aus heimeligem, intimem Charakter und unbändigem Freigeist mit avantgardistischen Zügen sowie die Großzügigkeit einer aufstrebenden Großstadt nach dem Motto „leben und leben lassen". Ein Fremder wird sich in Zagreb auf jeden Fall schnell wohl fühlen.

Geschichte

Kaptol und die Oberstadt Gradec, auf zwei Hügeln gelegen und mit ihren engen Gassen und Sehenswürdigkeiten heute Hauptanziehungspunkt für Besucher Zagrebs, waren lange Zeit unabhängige, sich befehdende Siedlungen. Mit der Gründung eines Bistums im bischöflichen Kaptol 1094 ging Zagreb in die Geschichte ein. Dem bischöflichen Kaptol war das weltliche Gradec mit seinem hier ansässigen Adel, seinen Handwerkern und Kaufleuten und deren Wunsch nach Eigenständigkeit ständig ein Dorn im Auge. Die *Krvavi most* (Blutige Brücke, s. u.) erinnert an die erbitterten Kämpfe, für deren Ende ein lachender Dritter sorgte: die Tataren, die 1242 beide Hügel verwüsteten. Das war die Zeit, als sich *König Bela IV.* auf seiner Flucht vor den Tataren in Gradec versteckte und versuchte, von dort die Verteidigung zu organisieren. Gradec war zwar verwüstet, aber Bela lebte und aus Dankbarkeit verlieh er 1242 den Einwohnern von Gradec die *Bulla Aurea*. Mit diesem Dokument erhielt Gradec den Titel einer freien königlichen Stadt. Nun begann die Blütezeit der Stadt, die man zugleich mit dicken Mauern und Türmen befestigte. 1256 wurde bereits die erste Handwerksmesse abgehalten. Das bürgerlich-weltliche Gradec und das bischöflich-geistliche Kaptol rückten aber nach wie vor nur in Zeiten der Gefahr, wie etwa im 15. Jh. zur Verteidigung gegen die Türken, zusammen. Erst zu dieser Zeit erhielt auch der Bischofshügel unter *König Mathias Corvinus* die Genehmigung zur Befestigung. Für eine weitere Annäherung der beiden Kontrahenten bedurfte es aber noch weiterer 250 Jahre, erst in der Mitte des 19. Jh. wurde aus den beiden Siedlungen eine Stadt.

Zwischen dem 17. und 18. Jh. wurde Zagreb wiederholt durch Brände und Seuchen verwüstet, erholte sich trotz allem immer wieder und wurde zum wissenschaftlichen und wirtschaftlichen Zentrum des Landes. Man entfernte die alten Holzhäuser und baute im Stil des Barock Paläste und Sakralbauten. Reiche Adelige zogen ebenso wie Würdenträger, Beamte und Kaufleute aus ganz Europa in die Stadt. Auch die Bildung wurde angekurbelt, es wurden Schulen gegründet, 1607 unter den Jesuiten ein Gymnasium und 1632 eine Akademie, aus der später die Universität hervorging.

1776 zog das Generalat (die Regierung unter Habsburger Monarchie) von Varaždin, das seit 1756 die Führungsposition in Kroatien hatte, nach Zagreb.

1850 wurden die beiden Städte Kaptol und Gradec vereint und mit der Unterstadt offiziell zu Agram zusammengeschlossen. Man lernte friedlich miteinander zu leben – das Symbol des Streites, die „Blutige Brücke" (= Graben mit Brücke), die den Zugang zu den Stadtteilen gewährte, wurde zugeschüttet und betoniert. 1862 erreichte eine Eisenbahnlinie Zagreb, die Stadt wurde dadurch mit der wichtigen aufstrebenden Küstenstadt Rijeka und mit Wien verbunden. Der Bauboom war nun unaufhaltsam. Das Ende dieser Blütezeit bereitete das schwere Erdbeben von 1880. Erneut musste aufgebaut und saniert werden, dafür engagierte man nun die besten europäischen Fachkräfte. Auch die Reiselust der Betuchten begann, der Orient-Express, ein Luxuszug, der Paris und Wien mit Istanbul verband, machte mit seinen Gästen Zwischenstopp in Zagreb. Doch trotz allem, Großstadtflair, wie ihn die Hofkreise liebten, umwehte die Stadt damals noch nicht – eher ein dörflicher Charme.

Der Erste Weltkrieg beendete jäh die sorglose, aufstrebende Stimmung und mit dem Zerfall der k.-&-k.-Monarchie veränderte sich auch schlagartig die Staatenkarte Südosteuropas. 1918 beendete das Parlament in Zagreb das langjährige politische Bündnis mit der Österreichisch-Ungarischen Monarchie und proklamierte das Königreich der Serben, Kroaten und Slowenen (SHS), das später in Königreich Jugoslawien umbenannt wurde, mit Zagreb als Hauptstadt.

Nach dem Zweiten Weltkrieg wurde Zagreb im anschließenden Vielvölkerstaat ab 1945 Hauptstadt der Teilrepublik Kroatien.

Die Unabhängigkeitserklärung Kroatiens 1991 mit Zagreb als Hauptstadt und Regierungssitz löste einen militärischen Flächenbrand aus. Der jüngste Heimatkrieg (1991–1995), dessen Frontlinie nur 40 km südlich der Stadt verlief, schonte Zagreb bis auf einen Angriff aber weitgehend. Am 7. Oktober 1991 verübte die Jugoslawische Volksarmee einen Anschlag auf den damaligen Präsidenten Tudman in seinem Regierungssitz, der allerdings zu diesem Zeitpunkt nicht anwesend war. Raketen zerstörten das Dach des Regierungsgebäudes und auch weitere Bauwerke. Verletzte und Tote gab es nochmals am 2. Mai 1995, als sogenannte „Glöckchen", auf Personen zielende Minibomben, über der Altstadt abgeworfen wurden. Zahlreiche Flüchtlinge aus den Kriegsgebieten fanden in Zagreb ihre neue Heimat.

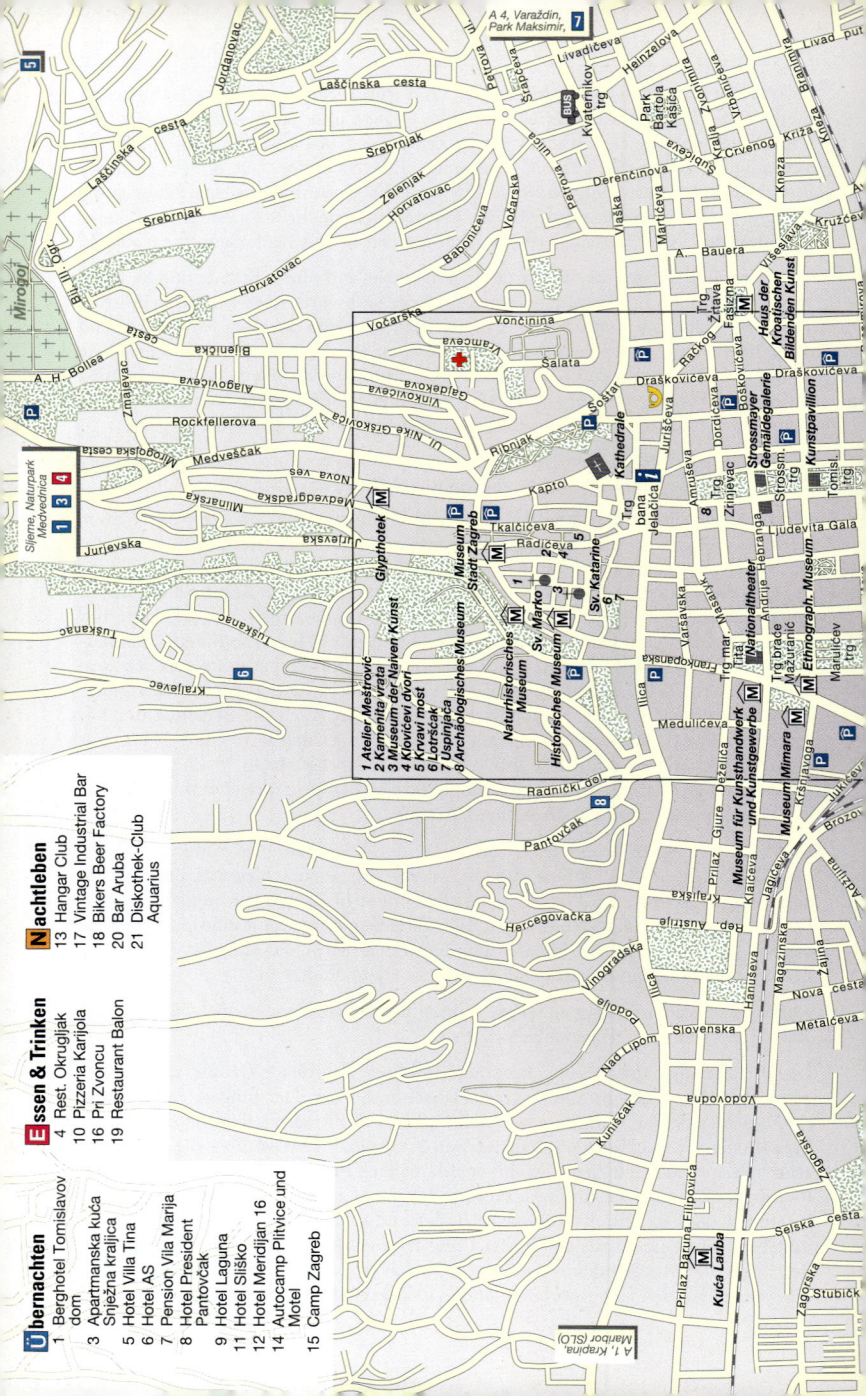

Übernachten
1 Berghotel Tomislavov dom
3 Apartmanska kuća Snježna kraljica
5 Hotel Villa Tina
6 Hotel AS
7 Pension Vila Marija
8 Hotel President Pantovčak
9 Hotel Laguna
11 Hotel Sliško
12 Hotel Meridijan 16
14 Autocamp Plitvice und Motel
15 Camp Zagreb

Essen & Trinken
4 Rest. Okrugljak
10 Pizzeria Karijola
16 Pri Zvoncu
19 Restaurant Balon

Nachtleben
13 Hangar Club
17 Vintage Industrial Bar
18 Bikers Beer Factory
20 Bar Aruba
21 Diskothek-Club Aquarius

A 4, Varaždin, Park Maksimir **7**

5

Mirogoj

Sljeme, Naturpark Medvednica **1 3 4**

1 Atelier Meštrović
2 Kamenita vrata
3 Museum der Naiven Kunst
4 Klovićevi dvori
5 Lrvavi most
6 Lotrščak
7 Uspinjača
8 Archäologisches Museum

Museum Stadt Zagreb
Sv. Marko
Glyptothek
Naturhistorisches Museum
Historisches Museum
Sv. Katarine
Kathedrale
Haus der Kroatischen Bildenden Kunst
Strossmayer Gemäldegalerie
Kunstpavillon
Nationaltheater
Ethnograph. Museum
Museum für Kunsthandwerk und Kunstgewerbe
Museum Mimara
Kuća Lauba

A 1, Krapina, Maribor (SLO)

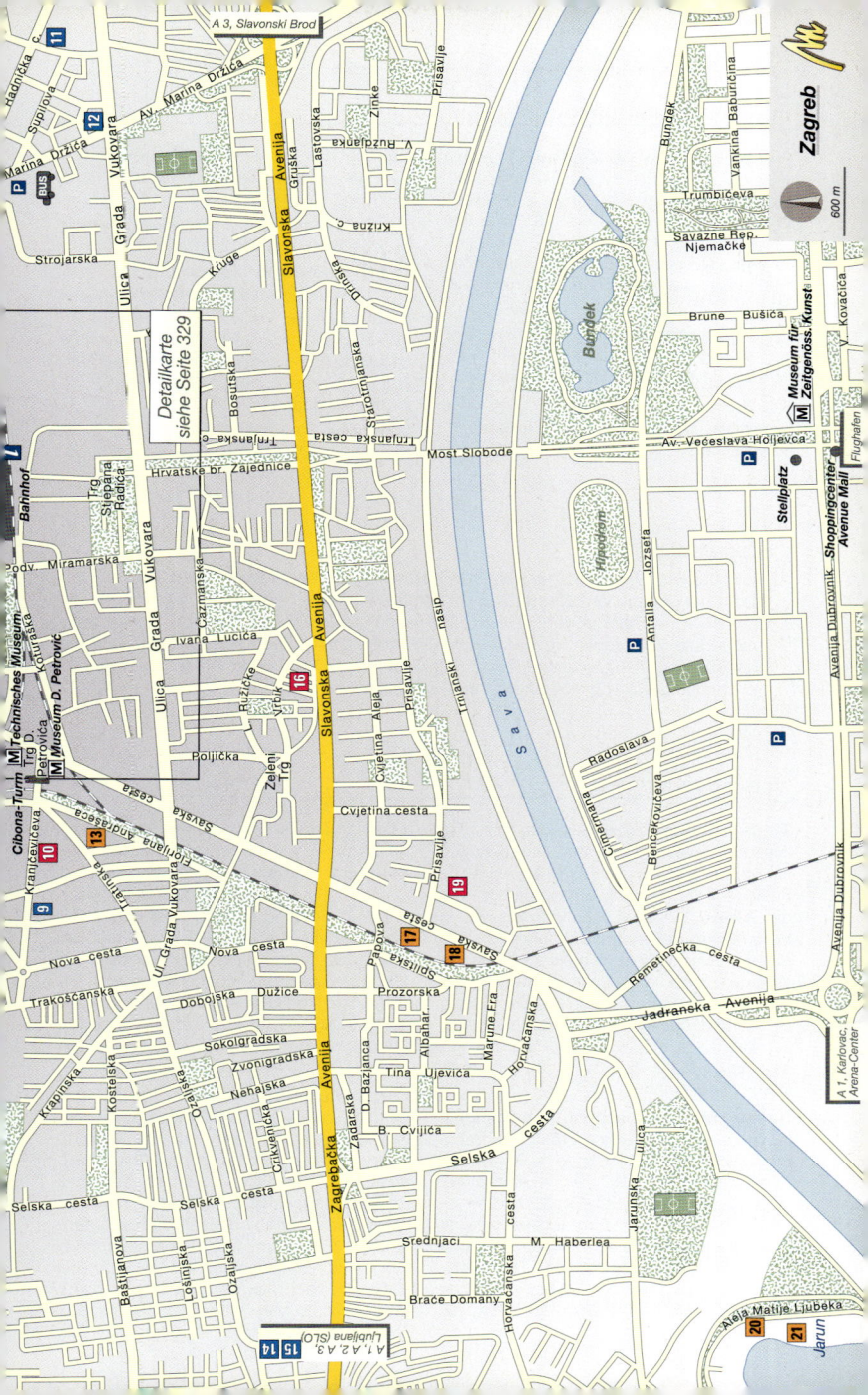

Information

Touristinformation TIC Zentrum, Trg bana J. Jelačića 11, 10000 Zagreb, ☎ 01/4814-051, -053, www.infozagreb.hr. Gratis-Info-☎ 0800/5353. Mai–Sept. Mo–Fr 8.30–21, Sa/So u. Feiertag 9–18 Uhr; Okt.–April Mo–Fr 8.30–20, Sa 9–18, So/Feiertag 10–16 Uhr. Gute Informationen, Übernachtungen, Kartenmaterial, Stadtführungen.

TIC Busbahnhof (Autobusni kolodvor), Avenija M. Držića 4. Ganzjährig Mo–Fr 9–21, Sa/So u. Feiertag 10–17 Uhr. Informationen.

TIC Bahnhof (Glavni kolodvor), Trg kralja Tomislava 12. Geöffnet wie Busbahnhof. Informationen.

Info Lotrščak Turm, Strossmayerovo šet. 9. Ganzjährig Mo–Fr 9–21, Sa/So u. Feiertag 10–21 Uhr.

TIC Flughafen (Zračna luka Pleso), Mo–Fr 9–21, Sa/So u. Feiertag 10–17 Uhr.

Tourismusverband Zagreb (TZG), www.infozagreb.hr. Für die Region: www.tzzz.hr.

Croatia Airlines, Trg N. Š. Zrinskog 17, ☎ 01/6160-215, Fluginfos ☎ 01/6676-555, www.croatiaairlines.com. Mo–Fr 8–20, Sa 9–14 Uhr. Zudem Flughafenbüro. Auch Tickets für Lufthansa-Flüge etc.

Lufthansa, Flughafen Zagreb, Pleso b. b., Schalter H2, ☎ 072/220-220, www.lufthansa.com. Tägl. 10–18 Uhr.

Zagreb Card

Für eine Besichtigungstour sehr von Vorteil: uneingeschränkte Gratis-Nutzung des öffentlichen Verkehrsnetzes (18 Straßenbahnen!). Museen, Galerien und Zoo gewähren bei Vorlage bis zu 50 % ermäßigten Eintritt. Auch bei Theater- und Konzertbesuchen, in Restaurants, Hotels, Geschäften gibt es 5 bis 50 % Ermäßigung. 72-Std.-Karte (bzw. 3 Tage) 135 KN; 24-Std.-Karte 98 KN. Erhältlich u. a. in Hotels, Infobüros und unter www.zagrebcard.com.

Verbindungen

Züge Bahnhof (Željeznički kolodvor), Trg kralja Tomislava 12 (zentral in Laufweite südlich der Altstadt), ☎ 01/3782-583, www.hzpp.hr. 24-Std.-Gepäckaufbewahrung. Es gibt Kioske. Die Straßenbahnen Nr. 6 u. 13 halten vor dem Bahnhof und fahren bis Trg Bana J. Jelačića. Wer schnell an die Küste möchte, sollte den Bus nehmen! Nach Rijeka 3-mal tägl., Fahrzeit 3:38–4:21 Std., ca. 118 KN; Zagreb–Split, 3- bis 4-mal tägl., 6–7:43 Std., ca. 210 KN. Zagreb–München, 2-mal tägl. 8:36 bzw.8:52 Std., im Sommer ab 39 € im Sparangebot.

Busse Hauptbusbahnhof (Autobusni kolodvor), Avenija M. Držića 4 (östl. des Bahnhofs), www.akz.hr. Businfos ☎ 060/313-333. Info-Büro Fenster Nr. 3 (Ticketschalter), nonstop; ebenso 24-Std.-Gepäckaufbewahrung. Mehrmals tägl. Expressbusse zu allen Küstenstädten: u. a. mindestens stündlich nach Rijeka, ab 2:15 Std., 56–121 KN; stündlich nach Zadar, ab 3:30 Std. (Preis wie Rijeka); stündlich nach Split, ab 5 Std., ca.

130 KN. Auch Verbindungen auf die Inseln – im Sommer werden zu bestimmten Küsten- und Inselorten zudem Sonderlinien eingesetzt. Gute Verbindungen auch nach Varaždin (7-mal, 1:45 Std.), Karlovac (mind. 9-mal, 50 Min.) oder Osijek (ca. 4-mal, ab 3:45 Std.). Städtischer **Flughafenbus Nr. 290** (www.zet.hr), ab Kvaternikov trg (2 km östl. vom Trg Bana J. Jelačića), im 30- bis 60-Min.-Takt (nach 16 Stopps Ausstieg Zrčna luka), Fahrtzeit ca. 35 Min., ab 4.20 (So ab 5.20 Uhr) bis ca. 23.30 Uhr.

Flüge Flughafen (Zrčna luka Zagreb), Pleso b. b., Info-☎ 01/6265-222 (nonstop), www.zagreb-airport.hr. 17 km südl. der Altstadt. Autovermietung, Informationsbüro. Mehrmals tägl. Linienflüge innerhalb Kroatiens (mit Croatia Airlines u. Lufthansa) sowie internationale Anbindungen. **Flughafenshuttle** (Pleso prijevoz, www.plesoprijevoz.hr) ab Busbahnhof, ab ca. 4.30 bis 20 Uhr (je nach Flugplan), 30 KN (Fahrkarte im Bus, ca. 35 Min. Fahrzeit). **Flughafenbus**

Nr. 29C (s. o.) oder per **Taxi** von der Altstadt, ca. 200 KN.

Innerstädtischer Verkehr Stadtbusse (www.zet.hr), Businfos ✆ 0800/200-060 oder ✆ 060/100-001. Z. B. zum Friedhof Mirogoj (Nr. 106, Mihaljevac-Endstation) ab Kaptol (nördl. der Kathedrale). Preise wie bei Straßenbahn. Fahrpläne bei TIC.

Straßenbahn (www.zet.hr): Ein breites Tramnetz verbindet die Stadt tagsüber zwischen 4.30 und 23.30 Uhr; ab Mitternacht gibt es auf den Hauptlinien halbstündliche Verbindungen. Vom Bahnhofsplatz Trg kralja Tomislava gelangt man mit Nr. 6 oder westl. vor dem Hotel Regent Esplanade mit Nr. 13 zum zentralen Altstadtplatz Trg Bana J. Jelačića. Vom Busbahnhof ebenfalls Nr. 6 oder Nr. 2 und dann am Bahnhof in Nr. 6 umsteigen. Fahrkarte 10 KN (preisgleich bei Schaffner oder am Kiosk), allerdings nur in den alten Trams. Tageskarte 30 KN. Fahrpläne bei TIC.

Zahnradbahn (Uspinjača): verbindet Ober- und Unterstadt; fährt von 6.30 bis 24 Uhr (Okt.–April nur bis 22 Uhr) im 10-Min.-Takt von Tomćeva b. b. hoch bis Turm Lotrščak. Fahrpreis 4 KN.

Gondelbahn Sljeme: in Planung (→ Naturpark Medvednica).

Taxis Preiswert u. a. **Taxi Cammeo** (www.taxi-cammeo.net), ✆ 1212 u. ✆ 060/ 7100; ebenso **Ekotaxi** (www.ekotaxi.hr), ✆ 1414 u. ✆ 060/7777. Innerhalb der Stadt ca. 20 KN Startgebühr und ca. 7 KN/km (Nacht-, Sonn- u. Feiertagszuschlag von 20 %); zum Flughafen ca. 200 KN.

Touristenzug Für Familien mit Kindern – ohne Erklärungen. Abfahrt vom Trg Bana J. Jelačića (bei TIC) Richtung Tomislavov trg, dann nach Westen vorbei am Botanischen Garten und über Trg maršala Tita wieder retour. Zu- u. Ausstieg unterwegs nicht möglich. Abfahrt ganzjährig Sa/So stündl. zwischen 10 und 19 Uhr. Gratis.

Touristenbus U. a. **City-Tour-Bus**: von Juni bis Sept. fahren 2 Linien: die **Rote Linie** (Kaptol–Zrnjevac–Glavni kolovdor–Trg Mažuranića–Katarinin trg–Ilrski trg–Mirogoj; 12,5 km), um 10, 12, 14 u. 16 Uhr; die **Grüne Linie** (Kaptol–Glavni kolodvro Mladost–Hrvatskog sokola–Petrine–Muzej suvremene umjet.–Seen Bundek u. Jarun–Park Maksimir, 32,5 km), um 12 u. 15 Uhr. Fahrkarten u. a. im Bus für 70 KN, Kinder 7–18 J. 35 KN, bis 7 J. gratis. Abfahrtsort: Ul. Bakačeva (unterhalb vom Kaptol), Info-✆ 01/3651-555, www.zet.hr.

Touristen-Fahrradtour Verschiedene geführte Stadttouren per Rad, u. a. mit **Blue Bike**, Trg Bana J. Jelačića 15, ✆ 098/ 188-3344 (mobil, Alida Mezić), www.zagreb bybike.com.

(Weitere Basis-Infos

Autovermietung Viele gängige Anbieter, u. a. am Flughafen.

Einkaufen Dolac, Markt (7 Uhr bis nachmittags); die Bauern bieten neben Obst und Gemüse auch Saison-Produkte aus der Umgebung an: u. a. Käse, Würste, Feigen, Olivenöl, Honig, Marmeladen, Waldfrüchte.

Floh- und Antikmarkt (nur So 7.30 bis 14.30 Uhr), Britanski trg.

Einkaufsstraße ist vor allem die Ilica ulica, hier reihen sich die Shops und auch sehr viele Schuhgeschäfte; zudem gibt es hier Markengeschäfte wie *Concept* und *Sisley & And*. Aber auch Schuster, Juweliere und Hutmacher gibt es in der 5 km langen Straße! Krawattenläden (typisch kroatisches Souvenir) sind *Croata*, Kaptol 13 oder Ilica 5. Des Weiteren: *Escada*, Gundulićeva 15; *Lacoste*, Frankopanska ul. 12; *Delikatessen Bakina kuća*, Strossmayerov trg 7 (tägl. 9–21, Sa bis 17 Uhr), Großmutters Souve-

nirladen hat beste Produkte, ob Honig, Seifen, Tinkturen, Heilkräutertees oder Hochprozentiges. **Boutiquemeile Oktogon**, Ilica 5 (im Jugendstilgebäude der Privredna bank), Passage mit Boutiquen (u. a. *Croata, Max Mara*). Gegenüber von Oktogon **Kaufhaus Nama**.

Altstadt-Shoppingcenter (mit Parkhäusern) u. a. **Cascade**, Tkalčićeva 88 und etwas nördlich Kaptol, Nova ves 11; beide Mo–Sa 9–21, So 9–14 Uhr. Zudem die großen **Shoppingcenter Avenue Mall**, Av. Dubrovnik 16, tägl. 8–22 Uhr (manche Geschäfte auch kürzer) und **Arena-Center**, Ul. Vice Vukova 6, Mo–Fr 10–21, Sa/So 9–21 Uhr.

Öffnungszeiten der Geschäfte: Meist Mo–Fr 8.30/9–20, Sa 8/9–15 Uhr.

Outlet-Center Roses, Ausfahrt Sv. Križ Začretje (ca. 55 km nördl. von Zagreb an der A 2). Hübsch gestaltet, über 30 Firmen, u. a. Tom Tailor, Nike, Benetton, Diesel, Puma etc. Wer auf der An- oder Rückreise noch Shoppen oder Kaffeetrinken möchte, wird hier sicherlich fündig – für Kinder gibt es die Fantasiewelt, www.rosesdesignoutlet.hr. Tägl. außer Mo (ab 13 Uhr) 10–21 Uhr.

Fahrrad/-verleih In Zagreb wurden etliche Fahrradwege geschaffen, sodass es durchaus lohnt sich ein Rad zu mieten. U. a. **Pedaloo**, Obrtnički prolaz 4 (nahe Ul. Ilica/Gudulićeva), ℘ 097/6111-222 (mobil), www.pedaloo.eu. Tägl. 9–21 Uhr. Es gibt auch Kinderräder u. Kindersitze, zudem Offline-maps.

Cityräder Nextbike, viele Verleihstationen in der Stadt. ℘ 01/7776-534, www.nextbike.hr.

Geldwechsel An jeder Ecke gibt es in der Altstadt Banken, ebenso Bankomaten.

Gesundheit Apotheken (ljekarna): Trg bana J. Jelačića, ℘ 01/4816-198; Ilica 301, ℘ 01/3750-321. Beide haben 24-Std.-Bereitschaft. **Krankenhäuser** (bolnica): Hospital Sv. Duh, Sv. Duh 64, ℘ 01/3712-111; Kinderkrankenhaus, Klaićeva 16, ℘ 01/4600-111. Zudem gibt es alle Fachkliniken.

Internetcafés **Sublink Cypercafé**, Nikole Tesle 12. Mo–Sa 9–22, So 15–22 Uhr. Es gibt auch Drucker und Scanner.

Internetcenter, Tkalčićeva 80; mit Café und Drucker.

Hotspot, u. a. am Hauptplatz Trg bana J. Jelačića (Code: Grad Zagreb).

Parken Das Parkproblem ist in der Altstadt groß, jedoch verfügen die meisten Hotels über eigene abgesperrte Parkzonen. Für einen Kurzbesuch parkt man seinen Pkw am besten an den Zufahrtsstraßen um den Altstadtkern und steigt dann in die Straßenbahn. Es gibt auch Parkhäuser und Garagen: Ilica 45, Martićeva 69, Palmotićeva 25, Petrinjska 59; zudem bei den Einkaufscentern Cascade, Tkalčićeva 88; Kaptol Centar, Nova Ves 11 und Branimir Centar, Branimirova 29 (→ Stadtplan).

Post Hauptpostamt, Branimirova 4, ℘ 0800/303-304; tägl. 24 Std. geöffnet. **Postamt**, Jurišićeva 13 (östl. Trg bana J. Jelačića); Mo–Fr 7–21, Sa 7.30–14 Uhr.

Nachtleben/Veranstaltungen

→ Karten S. 324/325 und S. 329

Nachtleben Unzählige Discos, Bars etc. Einige Lokale haben im Hochsommer geschlossen, denn dann fahren auch die jungen Zagreber ans Meer, u. a. nach Pag (→ Novalja), Zaton, Insel Krk (Malinska). Viele Cafés (→ Essen & Trinken/Cafés) haben auch abends geöffnet.

In der Altstadt locken im Sommer vor allem die angesagten Szene-Café-Bars **um den Preradovićeva trg** (am Blumenmarkt) – hier tobt der Bär tagsüber und abends: u. a. **Café-Bar Pif 47**, Ul. Preradovićeva 4; 7.30–1, Fr/Sa bis 2, So ab 10 Uhr. Beliebt ist auch die **Peper Cafébar & Disko 44**, Jugendliche und Junggebliebene bevölkern das Lokal im Innen- und Außenbereich – gute Atmosphäre und Musik auf 2 Ebenen (Funk, Disco, House, RnB); 7–1 Uhr, Mi–Sa bis ca. 4/5 Uhr; Ilica 5. Etwas südlich **Bulldog Pub 48**, gemütlich mit Bar, Restaurant und Caféterrasse, im Keller Musikclub mit Konzerten, gemischtes Publikum; Bogovićeva 6, www.bulldog-pub-zagreb.com.

Der „Treff" tagsüber und abends für alle Altersklassen ist die Fußgängerzone und **Kneipenstraße Tkalčićeva**: ein Café und Lokal neben dem anderen mit Freisitzterrassen. Auch nach dem Einkauf trifft man sich hier gern auf ein Tässchen Kaffee zum Plausch. U. a. **Rock Beer Club Alcatraz 28**, Bier- u. Rockfans werden sich hier wohlfühlen. Auch Events. Tkalčićeva 15.

The Place 50, in die modern gehaltene Bar mit Freisitz zieht es vor allem Brandy-Liebhaber: u. a. 35 Sorten Bourbon und Whiskey, 12 Sorten Gin, 10 Sorten Cognac und über 60 verschiedene Weinsorten. Aber auch der Espresso ist lecker. Mo–Do 7.30–24, Fr/Sa bis 2, So 10–22 Uhr. Teslina 12, ℘ 01/6586-557.

≫ Mein Tipp: Swanky Monkey Garden 36, gleiche Ltg. wie Hostel, mitten in der Stadt und doch im Grünen – von früh bis spät bestes Sitzen auf der lauschigen Terrasse, an kreativ gestylten Bars und mit angesagter Musik. Es gibt Kaffee, Drinks, Snacks (u. a. Salate, Nudelgerichte, Maultaschen), einen Pool und Events. Tägl. 8–24, Fr/Sa bis 1 Uhr, in NS kürzer. Ul. Ilica 50, ℘ 01/4004-248. **≪**

Lounge Bar Hemingway 56, großzügiges, in dunklem Holz gehaltenes Kaffeehaus mit großen Fenstern und Hemingway-Gemälden, auch beliebt am Abend auf ein Glas Wein oder einen Cocktail. Tägl. 7–1 Uhr, Fr/Sa bis 3 Uhr. Trg maršala Tita 1 (gegenüber Nationaltheater).

Cafés

24 Café Torte i to
27 Lav - Galeri a i Caffe
29 Café Velvet
34 Café Amélie
35 Café Mala Kavana
40 Café Johann Franck
43 Café K & K

Essen & Trinken

22 Restaurant Baltazar
23 Rest. Agava
26 Bistro Mali Medo
30 Bistro Amfora
31 Restaurant Kerempuh
32 Pod Gričkim topom
36 Swanky Monkey Garden
38 Slastičarnice Vincek und Vis à Vis by Vincek
42 Pivnica Medvedgrad
49 Rest. Vinodol
52 Imbiss Good Food
53 Bistro Ribice i tri točkice
54 Fast Food Pinguin
55 Vegetarisches Rest. Nishta

Nachtleben

28 Rock & Beer Club Alcatraz
44 Cafébar & Disko Peper
45 Café-Bar Zagreb 360°
47 Café-Bar Pif
48 Bulldog Pub
50 The Place
51 Club Sax
56 Lounge-Bar Hemingway
59 Bacchus Jazz Bar

Übernachten

25 Hostel Taban
33 Hostel Chillout
36 Hostel Swanky Mint
37 Hotel Jadran
39 Hotel Jägerhorn
41 B & B Kairos
46 Hotel Dubrovnik
57 Hotel Palace
58 Hotel The Westin Zagreb
60 Hotel Central
61 Arcotel Allegra
62 Hotel Esplanade
63 Hotel International

Zagreb
Innenstadt

150 m

Bacchus Jazz Bar 🔢, durch eine Hauseinfahrt verlässt man die hektische Stadt und gelangt in einen begrünten, lauschigen Innenhof oder hinab in den kleinen dunklen Keller mit Nischen; guter dalmatinischer Wein bei guter Musik oder Konzerten. Tägl. außer So 11–24 Uhr (Sa ab 12 Uhr). Trg kralja Tomislava 16, ✆ 098/322-804 (mobil).

Club Sax 🔢, guter, großer Musikclub mit Bühne für Jazz, Rock, Soul, Blues, Pop mit fast täglicher Livemusik. Tägl. außer So 20–4 Uhr, im Sommer geschlossen. Palmotićeva 22/2, ✆ 01/4872-836, www.sax-zg.hr.

Vintage Industrial Bar 🔢, sehr beliebt bei den Zagrebern und v. a. auch bei etwas älteren Ausgehfreudigen; mit Bar und großem Raum für Konzerte (lokale Rock- und Blues-Bands von Do bis Sa), zudem Partys – alles im Retro-Stil. Tägl. ca. 20.30–2, Fr/Sa bis 5, So bis 1 Uhr. Savska cesta 160, ✆ 01/619-1715, www.vintageindustrial-bar.com.

Bikers Beer Factory 🔢, Motorrad- und Bierfans (viele Sorten) werden sich hier wohlfühlen. Tägl. 8–24 Uhr, Fr/Sa bis 2 Uhr. Savska cesta 150, ✆ 099/8485-663, www. bikersbeerfactory.

Hangar Club 🔢, angesagter Club für Jüngere zum Abfeiern und Abtanzen, immer gut gefüllt, zudem Shows und Konzerte. Fr/Sa 23–6 Uhr. Ul. Florijana Andrašeca 14, ✆ 099/333-3006 (mobil), www.hangarclub.hr.

Am Jarun-See Südwestlich der Stadt gibt es etliche Clubs und Bars zum Abfeiern, hier wechseln häufig die Besitzer. U. a.:

Café-Bar Aruba 🔢, schöne Theke und lauschige Terrasse hinter Bambus. April–Okt. tägl. ab 10 Uhr. Jarunsko jezero b. b.

》Mein Tipp: Diskothek-Club Aquarius 🔢, verschiedenste Musikrichtungen (RnB), Hip Hop, Rap, House), 3 schöne Lounge-Bars (mit Glastüren für den Winter) und große Terrasse, hier finden auch Open-Air-Konzerte statt. Die Cafébar hat tägl. 9–21 Uhr geöffnet, der Club Fr/Sa 22–6 Uhr. Von Juni bis Sept. trifft sich die Szene bei angesagten Events am Zrće-Strand in Novalja (→ Insel Pag), daher dann keine speziellen Musikevents. Jarunsko jezero, Aleja Matije Ljubeka b. b., www.aquarius.hr. 《

Veranstaltungen In Zagreb gibt es ganzjährig gute Kulturveranstaltungen und v. a. im Sommer viele Konzerte (www.infozagreb. hr/events) und Messen – das Angebot ist riesig!

Kroatisches Nationaltheater, Trg maršala Tita 15, ✆ 01/4888-415, www.hnk.hr. Sommerpause (Juli–Anf. Sept.)!

Jazz spielt eine große Rolle in Zagreb, ganzjährig gibt es zahlreiche Jazzevents (www. jazz.hr), u. a. im Nov. das **VIP-Zagreb-Jazzfestival** (www.vipzagrebjazzfestival.com).

Tkalčićeva ulica, einstige Handwerkermeile, heute Kneipenstraße

Promenadenkonzerte u. a. im **Musikpavillon** im Park Zrinjevac, Sa 11–13 Uhr (Ende April bis Anf. Okt.) oder auch im Maksimir-Park.

„**Ljeto na Strossu**", Mitte Juni–Mitte Sept. tägl. Konzerte (Blues, Jazz, Folk) an der Strossmayerevo šet. (Promenade).

》》 Mein Tipp: Zagrebački vremeplov (Zagreb-Zeitmaschine), Ende April bis Anf. Okt., vormittags und abends ab Fr Nachmittag bis So Abend. Zagrebs Geschichte und Geschichten werden in historischen Kostümen an verschiedenen markanten Altstadtplätzen nachgespielt; zudem auch Konzerte. www.infozagreb.hr/zagreb-time-maschine. 《《

Amadeo Musical- u. Theateraufführungen im Juli/Aug. Veranstaltungsorte sind das Atrium im Naturhistorischen Museum (hier Info) und das Museum für Kunst und Handwerk. Bei Regen wird ins Mimara-Museum umgezogen. Infostand: Trg maršala Tita 10, ℡ 091/1685795 (mobil, engl.-sprach. Info). 10–21 Uhr (außer Mo).

Internationales Feuerwerksfest, 3-Tages-Event Mitte Juni mit zahlreichen Veranstaltungen am Bundek-Park.

PIF – Internationales Puppenfestival, eine Woche im Sept. Seit 1968 tanzen die Puppen mit ca. 20 int. Puppentheatern in den Straßen, auf Plätzen und im Theater. Zagreber Puppentheater, Trg kralja Tomislava 19, ℡ 01/6601-626, www.pif.hr.

EUROKAZ, 9-Tages-Event Ende Juni/Anf. Juli; Festival der Avantgarde-Theater. www.eurokaz.hr.

Anima-Filmfestival, 5 Tage Anf. Juni; Weltfestival des Zeichentrickfilms. www.animafest.hr.

In Music, 3. Juniwochenende am Jarun-See.

Vintage Festival, am Trg Europe, ca. 1. Okt.-Woche; zurück zur Kultur zwischen den 40ern und 70ern. Musik, Tanz, Shows.

Exklusive Boutiquenmeile, Oktogon

Zagreb Marathon, Anfang Okt., Infos unter www.zagreb-marathon.com.

FIS Weltcup – „Snow Queen Trophy", im Jan. (bei Schnee!) auf dem Sljeme (→ Medvednica), ein Nachtlauf mit den besten Skiläuferinnen.

Messen Zagreber Messe, Av. Dubrovnik 15, ℡ 01/6503-111, www.zv.hr. Südlich des Sava-Ufers finden v. a. im Frühjahr u. Herbst alle wichtigen Messen statt.

ⓒ Übernachten   → Karten S. 324/325 und S. 329

Das Bettenangebot in Zagreb ist vielfältig und groß, trotzdem ist die Stadt oft ausgebucht, vor allem zu Messezeiten – dann unbedingt vorab buchen! Anders ist es im Hochsommer, zu Kroatiens Ferienzeit – dann sind alle, auch die Geschäftsleute, am Meer. In Zagreb gibt es keine saisonabhängigen Zimmerpreise, außer zu Messezeiten im Frühjahr und Herbst 20 % Aufschlag, teils Preisminderung in Hotels im Hochsommer bzw. -erhöhung am Wochenende (u. a. in Hostels). Kleinere Hotels werben außerhalb von Messezeiten mit günstigen Angeboten, aber auch exklusive Hotels bieten ganzjährig Online-Schnäppchen. Zimmerpreise schwanken daher bei großen Hotels teils bis 50 %. Übernachtungen im Medvednica-Gebirge (siehe dort).

In der Altstadt ★★★★★★ **Hotel The Westin Zagreb** 59, im Hochhausstil, zentral nahe den Museen. Knapp 400 Zimmer, von den oberen Stockwerken herrlicher Rundblick auf die Altstadt. Gutes Restaurant und Bar, großer neu gestalteter Wellness- und Fitnessbereich mit schönem Pool. Komfortable, auch technisch bestens ausgestattete DZ ab 140 €. Parkplatz 20 €. Izidora Kršnjavoga 1, ☏ 01/4892-000, www.westin zagreb.com.

≫ Mein Tipp: ★★★★★ **Hotel Esplanade** 62, in Bahnhofsnähe. Prunkvoller modernisierter neoklassizistischer Prachtbau von 1920 mit erlesenem Interieur wie dem einzigartigen Emerald Ballroom und Sitzecken und Aufgängen aus weißem Marmor. Wer hier nächtigt, kann in alten Zeiten schwelgen, hier stiegen schon die betuchten Orient-Express-Reisenden und Berühmtheiten des 20. Jh. wie Josephine Baker, Charles Lindbergh und Jason Wells ab. Im Restaurant Zinfandel gibt es erlesene mediterrane und orientalische Küche, die Lounge- & Cocktailbar Esplanade lockt zu Drinks, ebenso die Sommerterrasse Oleander. 209 luxuriös mit modernster Technik ausgestattete Zimmer, Wellnesscenter. Haustiere erlaubt, 20 €. Sehr unterschiedliche Preisstaffelungen, Sa/So preiswerter, Superior-DZ ab 135 €. Mihanovićeva 1, ☏ 01/4566-666, www.esplanade.hr. ≪

★★★★ **Hotel Palace** 57, zentral gelegener Gründerzeitprachtbau von 1891 am Park. Es ist Zagrebs ältestes Hotel und beherbergt seit 1907 Gäste. Herrliche Lobby und gutes Restaurant, guter Service, auch Haustiere erlaubt, 15 €. Gemütliche DZ/F ab 120 €. Wenige Parkplätze, 18 €/Tag vor dem Haus. Trg J. J. Strossmayera 10, ☏ 01/4899-600, www.palace.hr.

★★★★ **Hotel Dubrovnik** 46, seit 1929 hat das Hotel seine Pforten für Gäste geöffnet. Zentral in der Kaffeehausszene mit schönem Blick auf die Obere Altstadt mit Dom und die Berge. 258 Zimmer und 8 Appartements; sehr gute Ausstattung und Service, Minifitnesscenter. Gutes Restaurant und das bekannt gute Café. Ausreichend Parkplätze in der Seitenstraße, 15 €/Tag. DZ/F ab 125 €. Ljudevita Gaja 1, ☏ 01/4863-555, www.hotel-dubrovnik.hr.

★★★★ **Hotel International** 63, modernisierter 10-stöckiger Bau mit 205 Zimmern und Appartements. Von den oberen Etagen fantastischer Weitblick über Zagrebs Altstadt. Gut ausgestattete Standard-DZ/F ab 80 €.

In Luxushotels nächtigen – schon Josephine Baker träumte im Hotel Esplanade

Parkplätze gegen Gebühr. Mirmarska cesta 24, ☎ 01/6108-000, www.hotel-international.hr.

**** Hotel AS 6, für Ruhebedürftige. Sehr gut geführtes 22-Zimmer-Hotel im grünen Villenviertel, nördlich der Altstadt, aber dennoch schnell zu erreichen. Ein schöner Baum bestandener Park umgibt das Hotel mit Restaurant und herrlicher Frühstücksterrasse. Elegante Ausstattung im Biedermeierstil. Kleine Haustiere möglich, gratis. DZ/F 130 €. Zelengaj 2a, ☎ 01/4609-111, www.hotel-as.hr.

**** Hotel President Pantovčak 8, kleines Designerhotel abseits und doch zentral im Grünen. Luftiger, architektonisch gelungener Bau mit Art-déco-Elementen im Innern. 10 individuell gestaltete Zimmer mit Balkonen, zudem Restaurant und Lounge-Bar und schöne Gartenterrasse. DZ ab 125 €. Gratisparkplatz. Pantovčak 52, ☎ 01/4881-480, www.president-zagreb.com.

**** Arcotel Allegra 61, erstes Designerhotel in zentraler Stadtlage, modern und trotzdem zum Wohlfühlen; mit gutem Restaurant, Dachterrasse. DZ/F ab 84 € (nach Ausstattung). Parkplatz 13 €. Branimirova ul. 29, ☎ 01/4696-000, www.arcotelhotels.com.

*** Hotel-Pension Jägerhorn 39, seit 1827 werden Gäste beherbergt und verköstigt. Zentral beim Hauptplatz und der Vergnügungsmeile gelegen. 18 stilvoll modernisierte Zimmer, oft ausgebucht. Angeschlossen ein nettes Café mit hübscher Terrasse, zudem Parkolatz. DZ/F 116 € (auch verschiedene preiswerte Angebote), Gratisparken. Ilica 14, ☎ 01/4833-877, www.hotel-jagerhorn.hr.

*** Hotel Laguna 9, etwas abseits, aber nahe der Museen, per Tram (Nr. 12, 4 Haltestellen) in die Altstadt. 155 behagliche, moderne Zimmer mit AC, Minibar. Zudem Fitness, Sauna, Minishop etc. Haustiere möglich, 20 €. DZ/F ab 80 €. Kranjčevićeva 29, ☎ 01/3047-003, www.hotel-laguna.hr.

*** Hotel Central 60, gegenüber dem Bahnhof. Moderner 5-stöckiger Bau mit 76 gut ausgestatteten Zimmern mit AC, auch DSL-Anschluss und einige mit Kühlschrank. DZ/F ab ca. 82 € (franz. Bett). Parkplätze gegen Gebühr. Kneza Branimira 3, ☎ 01/4841-122, www.hotel-central.hr.

*** Hotel Jadran 37, zentral gelegenes, modernisiertes 49-Zimmer-Hotel mit AC und Restaurant. DZ/F ab 63 €. Vlaška 50, ☎ 01/4553-777, www.hoteljadran.com.hr.

*** Hotel Meridijan 16 12, südlich des Busbahnhofs. 25 gut ausgestattete Zimmer, Internet, AC. DZ/F 78 €. Gratis Parkplatz, mit Überwachung 10 €. Ul. Grada Vukovara 241, ☎ 01/6065-200, www.meridijan16.com.

** Hotel Sliško 11, zentrale Lage gegenüber dem Busbahnhof. 49 moderne und neu gestaltete Zimmer und 3 Appartements, mit WiFi, nettem Restaurant und Cafébar. DZ/F ab 64 €. Bunićeva 7, ☎ 01/6184-777, www.slisko.hr.

Außerhalb der Altstadt   ***** Hotel Vila Tina 5**, östlich des Friedhofs Mirogoj im Stadtteil Gornji Bukovac. 25 freundliche Zimmer mit WiFi, es gibt ein gutes Restaurant und gratis viel Ruhe. DZ/F 85 €, Gratis-Parken (bewacht). Bukovačka cesta 213 (Bus Nr. 227 u. Tram 12), ☎ 01/2445-204, www.hotelvilatina.hr.

**** Pension Vila Marija 7, mehrstöckiger Neubau zwei Hauptstraßen östlich vom Maksimir-Park in ruhiger Lage – eine preiswerte und gute Wahl; Zimmer und Appartements, WiFi, Fitnessraum, Gratis-Fahrradverleih, Parkplatz, zudem Garten und Pool. DZ 48 €, Frühstück 5 €. Potočka 18, ☎ 01/2917-928, www.vila-marija.info.

Naturpark Medvednica → S. 352.

Jugendherbergen- und Jugendhotels
Zagreb bietet Jugendlichen und Junggebliebenen inzwischen ein riesiges Angebot an Hostels, hier eine kleine Auswahl der neueren. Im Sommer unbedingt reservieren.

Hostel Chillout 33, zentral bei der Zahnradbahn, ausgestattet mit Bar, Waschmaschine, Küche, WiFi. Es gibt neue, farbenfrohe 2-Bett-Zimmer mit eigenem Bad für 52 €, zudem 4-, 6- und 8-Bett-Zimmer zu 18,50, 17 und 16 €/Pers. Parkplatz 13 €/Tag. Tomićeva ul. 5A, ☎ 01/4849-605, www.chillout-hostel-zagreb.com.

*** B & B Studio Kairos 41, zentral nahe Hotel Jadran gelegen. Sehr schöne 2- bis 4-Bett-Zimmer mit Frühstück, Flatscreen, WiFi, 51 €/Pers./F, 65/2 Pers./F, 95 €/4 Pers./F. Auch Wäscheservice und Fahrradverleih. Vlaška ul. 92, ☎ 01/4640-680, www.studio-kairos.com.

Hostel Taban 25, neu, schön und klein, am Ende der Kneipenstraße, mit Bar. 1- bis 6-Bett-Zimmer mit eigenem oder Gemeinschaftsbad. EZ 24 € (ohne eigenes Bad), im 6-Bett-Zimmer 11 €/Pers. Ul. Tkalčićeva 82, ☎ 01/5533-527, www.tabanzagreb.com.

Hostel Swanky Mint 36, in der ehemaligen Textilfärberei gibt es für 1 bis 11 Pers. Zimmer in Studios und großen Schlafsälen (16–60 €

im DZ), alles etwas ökologisch ausgelegt. Wäscherei, Transfer, Küche, WiFi, Café-Bar und schöne Terrassen, Pool. Für 40 KN gibt's ein gutes Frühstück. Ilica ul. 50, ✆ 01/4004-248, www.swanky-hostel.com.

Camping **** Camp Zagreb , neuer, ansprechender, kreisförmig gestalteter Platz direkt am Jezero Rakitje (ca. 14 km westlich von Zagreb, nahe dem Autobahnkreuz A 3/A 2, Ausfahrt Zagreb Zapad/A 3). Es gibt 50 Stellplätze, Öko-Holzbungalows, Glamping-Zelt, eine Pizzeria; Sauna, Massagen, Angelmöglichkeit, Fahrradverleih. Haustiere erlaubt. 7,50 €/Pers., Stellplatz mit Fahrzeug 12 €. Ganzjährig. Jezerska ul. 6, 10437 Rakitje, ✆ 01/3324-506, www.campzagreb.com.

** Autocamp Plitvice und ** Motel ⑭, südlich von obigem Camp, im Stadtteil Lučko, an der Autobahn (Autobahnausfahrt u. -kreuz A 1/A 3). 1,4 -ha-Platz im Grünen unter schattigen Bäumen. Für einen Stopp auf jeden Fall in Ordnung. 7,40 €/Pers., Camper 8,20 €. Die Rezeption ist non-stopp und ganzjährig geöffnet. Mit Cafébar, Shops und Autobahnrestaurant, das über den Übergang erreicht werden kann. Wer nicht campieren möchte, geht ins Motel mit 56 einfachen Zimmern (DZ/F 75 €). 10250 Lučko, Lučko b. b., ✆ 01/6530-444, www.motel-plitvice.hr.

Stellplatz   In Zagreb (südlich der Sava), gegenüber dem Museum für Zeitgenössische Kunst, Ecke Avenija Dubrovnik/Av. V. Holjevca. 100 KN inkl. Strom/Wasser.

(Essen & Trinken

→ Karten S. 324/325 und S. 329

Die Zagreber Küche – Zagorje – ist eine Mischung aus österreichisch-ungarischer Rezeptur. Wer deftige Küche mag, ist hier richtig: Gefüllte Paprika oder gefüllter Truthahn, Wiener Schnitzel oder Wiener Backhendl, aber auch Wild- und Pilzgerichte mit Semmelknödeln und Tafelspitz mit Meerrettich werden angeboten; als

Ein stiller Zeitzeuge an der Strossmayer Promenade

Beilagen werden Nudelteigblätter (*Mlinci*) und auch *Štrukli* (gekochte Hefeteigquarktaschen, pikant) gern gegessen, zudem Weißkraut mit Würsten. An Fischgerichten sind Karpfen und Forellen beliebt, aber natürlich auch Seefisch. Als Nachspeise verführen Mohn-, Nuss-, oder Pflaumennudeln (aus Hefeteig) oder auch Apfel- und Kirschstrudel, zudem Cremeschnitten. Gute Snacks, auch bio und vegan, gibt es an Kiosken oder am Markt, u. a. *Burek* (Blätterteig pikant mit Quark oder Hackfleisch oder süß mit Apfel gefüllt); meist wird auch Apfel- oder Quarkstrudel angeboten. Eine süße Zagreber Spezialität ist *Paprenjaci*, eine Art Pfefferkuchen, und die Zagreber Torte, ähnlich der Sacher Torte.

Restaurants   Restaurant Kerempuh ③, vom Lokal schöner Blick auf das Marktgeschehen. Mittags werden hier von den Berufstätigen gerne Snacks und die guten preiswerten Tagesgerichte verspeist. Tägl. 7–23, So 7.30–16 Uhr. Kaptol 3, ✆ 01/4819-000.

Pivnica Medvedgrad ㊷, bietet im netten Inneren oder auf der Gartenterrasse preiswerte Hausmannskost u. a. Eintopf mit Würsten, Gulasch, Wiener Schnitzel oder

Kalbshaxen mit Kraut, und selbstgebrautes gutes Bier. Tägl. 10–24, So ab 12 Uhr. Ilica 49, ☏ 01⁄4846-922.

Pod Gričkim topom 🔢, schöne Atmosphäre vor allem auf der Gartenterrasse mit Blick auf die obere Altstadt. Gute Küche, ob frischer Seefisch oder leckere Steaks, alles bestens ebenso der Service. Tägl. 11–23 Uhr, So Ruhetag. Im Aug. geschlossen. Zakmarcijeve stube 5, ☏ 01/4833-607.

»» Mein Tipp: Restaurant Okrugljak 🔢, am Fuße des Sljeme liegt dieses exzellente Restaurant mit hervorragendem Service. Das lange L-förmige Gebäude ist im Innern stilvoll eingerichtet; im Freien tafelt man auf der großen Terrasse mit mächtigen Bäumen. Traditionelle, beste Zagorje-Küche, dazu hervorragende Weine aus allen Landesteilen. Reservierung sinnvoll. Tägl. 11–24 Uhr. Mlinovci 28, ☏ 01/4674-112. Per Straßenbahn Nr. 14 bis Endstation, weiter zu Fuß oder 1 Haltestelle per Bus Richtung Sljeme. ««

Restaurant Baltazar 🔢, beliebtes Zagreber Feier- und Esslokal in einem stattlichen Herrschaftshaus mit Innenhof und Terrasse. Gediegenes Inneres mit Gewölbe, beste Zagreber Spezialitätenküche mit saisonalen frischen Zutaten und gutem Service. Es gibt drei Abteilungen: für Fleisch- und Fischliebhaber, zudem die gut sortierte Vinothek Melkior. Ab mittags bis 24 Uhr, So Ruhetag. Nova Vez 4, ☏ 01/4666-999.

Restaurant Agava 🔢, ruhig, fast am Ende der Tkalčićeva ul. mit netter Terrasse. Hier isst man gute mediterrane Gerichte. Tägl. ab 9 Uhr. Tkalčićeva ul. 39, ☏ 01/4829-826.

Restaurant Vinodol 🔢, man sitzt im großen Wintergarten, im dunkleren Innern oder vor dem Haus an der Straße. Immer sehr gut von Urlaubern und Geschäftsleuten besucht. Die Hausspezialitäten sind Lammgerichte oder u. a. Zagreber Schnitzel. Tägl. 10–23.30 Uhr. Jl. Nikole Tesle 10, ☏ 01/4811-427.

Bistro Ribice i tri točkice 🔢, die kleine, moderne Fischstube „Drei Pünktlein" mit farbenprächtigen Wandgemälden und Interieur bietet preiswerte, frische Fischgerichte, auch Schalentiere, bei gutem Service vom jungen Team. Auch Tische vor der Straße. Tägl. geöffnet. Ul. Petra Preradovića 7/1 (Ecke Ul. Nikole Tesle), ☏ 01/5635-479.

»» Mein Tipp: Vegetarisches Restaurant Nishta 🔢, in einem Hinterhaus im ersten Stock, im Sommer auch einige Tische vor dem Haus. Hier kommen Gesundheitsbewusste auf ihre Kosten: rund 20 saisonale vegetarische, vegane und glutenfreie Gerichte können gewählt werden, u. a. leckere Salate, Suppen, frisch gepresste Säfte und leckere Desserts. Tägl. außer So 11–23 Uhr. Masarykova 11/1, ☏ 01/8897-444. ««

Restaurant Pri Zvoncu 🔢, gutbürgerliches Lokal im rustikalen Stil und mit romantischem Laubengarten. Serviert wird Zagorje-Küche mit frischen Zutaten, u. a. Gulasch, verschiedenste Steaks, Lungenbraten, Peka-Gerichte (Lamm, Kalb) und leckere Pfannkuchen zur Nachspeise. Tägl. außer So 8–23 Uhr. Xl Vrbik 1, ☏ 01/6198-473.

Restaurant Balon 🔢, etwas außerhalb der Altstadt. Beste kroatische und internationale Küche zu vernünftigen Preisen. Sitzmöglichkeiten auch im Sommergarten. Reichhaltige Speisekarte, Vorspeisen, u. a. Štrukli, es gibt gute Steaks, Peka-Gerichte (Lamm), gefüllten Truthahn mit Pilzen, hausgemachten Schinken und Mozarella; zum Nachtisch vielleicht Panna Cotta mit Waldfrüchten. Die Kinder können sich nebenan am Spielplatz austoben. Tägl. 11–24 Uhr. Prisavlje 2 (östl. Savska cesta), ☏ 01/6040-918.

Bistro Amfora 🔢, kleines Fischlokal am Marktplatz mit preiswerten und frischen Fischgerichten. 7–15 Uhr.

Restaurant Mali Medo 🔢, das Brauhaus bietet neben Bier v. a. preiswerten Mittagstisch auch Hausmannsart. Innen- und Außenbetrieb, beliebt auch bei Fußballübertragungen, zudem WiFi. Tägl. 10–24 Uhr (So erst ab 12 Uhr). Tkalčićeva 36, ☏ 01/4929-613.

Pizzeria Karijola 🔢, zählt mit zu den besten Pizzerien der Stadt; Holzofen, gute Preise, nette Atmosphäre. Tägl. 11.30–24 Uhr. Kranjčevićeva 7 (nahe Hotel Laguna), ☏ 01/3667-044.

Fast Food Pinguin 🔢, der „Kult-Imbiss" beim Eingang zum Kino. Bis 2 Uhr morgens gute, preiswerte Sandwiches und Hot Dogs, Pizzen. Teslina 7.

Imbiss Good Food 🔢, von der Theke gibt es zum Mitnehmen für Gesundheitsbewusste u. a. Hühnchen, Burger, Sandwiches und viel Salat, Gemüse und frische Säfte. Mo–Do 11–1, Fr 11–2, Sa 10–2, So–So 11–24 Uhr. Ul. Nikole Tesle 7.

Cafés Zagreb ist bekannt für seine Kaffeehäuser mit vielfältigsten Eis- und Kuchenkreationen – bei den Köstlichkeiten kann man fast das Abendessen auslassen. Sich auf einen Plausch im Kaffeehaus zu treffen, hat Tradition und ist nicht nur bei Kaffeetanten beliebt, sondern auch bei den Jüngeren. Spezialität ist die **Zagreber Torte** (Sacherica oder sacher torta), ähnlich der Sacher Torte, aber mit mehr Schokocreme; ebenso die Cremeschnitte (Kremšnite), manchmal mit Waldbeeren verfeinert. In Souvenirshops erhältlich und ein gutes Mitbringsel ist **Paprenjak**, eine Art kleiner Lebkuchen.

Café-Bar Zagreb 360° 45, vom 16. Stockwerk des Hochhauses mitten im Zentrum genießt man bei Kaffee oder Drinks einen herrlichen Rund- und Weitblick. Leider muss die Aussicht bezahlt werden: Erw. 30 KN, Kinder bis 150 cm (!) 15 KN, darunter gratis. Tägl. 10–23.45 Uhr (Do 17–21.30 Uhr Pause). Ilica 1 a, ℡ 01/4876-587.

Café Mala Kavana 35, direkt am Hauptplatz. Hier gibt es gute Kuchen und die Zagreber Torte und man kann dem Treiben am Platz zusehen. Tägl. 9–19 Uhr. Trg bana Josipa Jelačića 5.

Zagreb – die schmucke Mariensäule

Café Johann Franck 40, einstiges Traditionskaffeehaus mit großem Saal und ausladendem Aufgang in den 1. Stock – hier residiert nun die bekannte Kaffeemarke; auch Bestuhlung am Hauptplatz, nett zum Frühstücken. Tägl. 8.30–23.30 Uhr (So 9–22 Uhr). Trg bana Jelačića 9.

Slašticarnice Vincek 38, zwar nicht am Hauptplatz und nicht gemütlich, dafür beste Qualität: v. a. die hausgemachte Eiscreme ist lecker, zudem Törtchen, Kuchen, Macarons und Schokolade. Tägl. außer So/Feiertag 8.30–23 Uhr. Ilica 18.

Vis à Vis by Vincek 38, gleich um die Ecke eine Zweigstelle mit kleiner Terrasse zum Draußensitzen. Hier gibt es auch glutenoder laktosefreie Kuchen und Törtchen sowie natürlich die leckere Eiscreme. Mo–Fr 9–22 Uhr. Matoiceva ul. 2.

Café K & K 43, kleines, beliebtes, stilvolles Kaffeehaus und Treff auch für den Abend, auf zwei Ebenen, dementsprechend voll. Unzählige Gemälde an den Wänden und schöne Bücher über Zagreb. Tägl. 8–23 Uhr, So Ruhetag. Jurišićeva 5.

»» **Mein Tipp:** Café Amélie 34, kleines nettes Café im Retrostil, auch im Hinterhof kann man sitzen. Aus der eigenen Konditorei kommen gehaltvolle leckere Torten, Kuchen, Eiscreme und auch Quiche. Tägl. außer So 10–22 Uhr. Vlaska 6. ««

Lav – Galerija i Caffe 27, mit kleinem Balkon. Zwischen Kunstwerken und in bequemen Ledersesseln kann man in Ruhe seinen Kaffee, verschiedene Teesorten, Bier und Wein genießen. Samstags gibt's auf Akustikgitarren Swing und Zigeunermusik. Mo–Sa 9–23, So 10–15 Uhr. Ecke Ul. Kamenita/Opatička, ℡ 01/4922-108.

Café Torte i to 24, „Torten und alles andere" im Kaptol-Shopping-Centar, hier gibt es laut Einheimischen die besten und preiswertesten Torten und Kuchen. Tägl. außer So 9–21 Uhr. Nova ves 11 (zu Fuß über die Tkalčićeva ul.).

Café Velvet 29, luftiges, kreativ gestaltetes Café und ein von Blumen umhüllter Freisitz – wer tagsüber Ruhe sucht, ist hier richtig. Der Besitzer Nik Orosi hat auch einen Blumenladen und das kleine alternative **Eli's Café** in der Ul. Ilica (nur tagsüber geöffnet). Tägl 8–22, Sa nur bis 15, So bis 14 Uhr. Dežmanova 9.

Der Nationalheld Ban Josip Jelačić thront am gleichnamigen Hauptplatz

Sehenswertes

Die drei Stadtteile liegen eng beisammen und können gut bei einem Spaziergang besichtigt werden. Bei der Stadterkundung muss man sich zudem nicht durch Häuserschluchten quälen, sondern kann ganz entspannt durch hintereinander liegende grüne Parkanlagen, das sog. *Lenuci Hufeisen*, schlendern – eine Kette von acht Parks von Trg Zrinjevac und Tomislavov trg über den Botanischen Garten wieder hoch zum Trg maršala Tita. Für Grün sorgen auch die von Norden in die Stadt reichenden Hügel und Parks, die eine Fortsetzung des Medvednica-Gebirges bilden. Ganz bequem kann man auch per Straßenbahn ab Trg bana Jelačića in alle Stadtrichtungen fahren, und wer keine Treppchen steigen mag, nimmt zwischen Ober- und Unterstadt die Zahnradbahn. Das kulturelle Erbe Zagrebs ist riesig, ebenso die Anzahl an Museen und Galerien; die unten aufgeführten sind nur die wichtigsten, mindestens 40 weitere warten auf Besucher. Interessierte sollten sich also eingehend erkundigen und viel Zeit einplanen. Einen ersten Eindruck über die Unterstadt vermittelt eine Fahrt mit dem Touristenzug. Achtung: Die meisten Museen und Galerien sind an Montagen und Feiertagen geschlossen.

Stadtführungen

Mit den täglichen Stadtführungen in unterschiedlichen Längen, ob zu Fuß, per Segway, per Bus oder auch per Fahrrad, lässt sich die Vielfalt der kulturellen Denkmäler der Stadt am besten kennenlernen. Tickets und Reservierungen vorab bei TIC, in Hotels und Agenturen. Ermäßigungen gibt es mit der Zagreb Card. Auch individuelle Stadtführer können über TIC engagiert werden.

Zentralkroatien → Karte S. 321

Kaptol

Der Kaptol-Hügel (bischöfliche Hügel), ist der älteste Teil Zagrebs, von hier ging die Besiedelung aus. Der Hügel mit seiner Kirche wurde schnell bedeutend, als ihn König Ladislavs I. 1094 zum Bistum (Kaptol) erhob. Das damals beliebte Götzentum sollte ein Ende haben. Noch heute ist die *Kathedrale* (s. u.) mit ihren beiden Türmen das alles überragende Wahrzeichen der Stadt und ein Muss auf jeder Besichtigungstour.

Nördlich der Kathedrale erstreckt sich der schöne *Ribnjak-Park* mit Musikpavillon, der im Sommer für Theateraufführungen und Open-Air-Konzerte genutzt wird. Wir schlendern hinab zum Markt *Dolac*, Herz und Seele der Zagreber. Im Innern wird um Fisch und Fleisch gefeilscht, auf dem Freigelände oberhalb, unter Marktschirmen geschützt, biegen sich die Tische unter Bergen von frischem Obst und Gemüse – wenn irgendwie möglich, wird hier eingekauft, zumindest ein Sträußchen frisch geschnittener Blumen für die Lieben. Eine weitere Oase ist die abzweigende Kneipengasse *Tkalčićeva ulica* (s. u.), eine Café-Bar reiht sich an die andere in diesem heute idyllischen Viertel, das sich prächtig für einen Plausch oder Snack nach dem Markteinkauf anbietet. Ab Spätnachmittag bis spät in die Nacht wechselt dann die Szene hin zu Jugendlichen und Studenten, die in den Bars zu verschiedensten Musikrichtungen diskutieren und sich vergnügen. Geht man die *Tkalčićeva ulica* nordwärts bis ans Ende, kann man in der Glyptothek interessante Steindenkmäler betrachten. Vom Markt südwärts geht's hinab zum zentralen Platz der Stadt, dem großen *Trg bana Jelačića* (s. u.) mit der Reiterstatue des Fürsten (Ban), umringt von stattlichen Häusern der k.-&-k.-Monarchie und deren Kaffeehauskultur. Der Platz ist Treffpunkt der Jungen und Alten, die von dort in eines der nahe gelegenen Cafés oder zu den zig Boutiquen und Schuhläden, die entlang der Ilica ulica liegen, entschwinden. Der Platz ist ein guter Ausgangspunkt für Stadtbesichtigungen, zudem Verkehrsknotenpunkt der ratternden, von allen Seiten kommenden Straßenbahnen. Dieser Platz trennt auch die Unter- von der Oberstadt.

Trg bana Jelačića: Die Reiterstatue, gefertigt vom Bildhauer *Anton Fernkorn*, zeigt den treuen Diener der k. &. k.-Monarchie, Ban Josip Jelačić, der 1848, im Jahr der Revolution, gegen die Ungarische Krone und für die kroatische Unabhängigkeit kämpfte. 1947 wurde der Nationalheld unter Titos Anweisung demontiert, seit 1991 bildet die Statue wieder den Mittelpunkt des beliebten Platzes. Prachtvolle Fassaden und Gebäude ab Mitte des 19. Jh. zieren den Platz, zudem der Brunnen Manduševac, der mit vielen Wünschen in Form von Münzen gefüllt ist. Hier soll laut einer Legende einst eine Quelle gewesen sein.

Kathedrale Mariä Himmelfahrt (Katedrala Marijinog uznezenja): Die im gotischen Stil zwischen dem 12. und 18. Jh. errichtete dreischiffige Kathedrale besitzt zwei 105 m hohe Glockentürme (erst im 20. Jh. unter H. Bollé entstanden), damit die höchsten Kirchtürme und das größte Kirchengebäude der Balkanhalbinsel. Die Grundsteine der Kirche wurden bereits 1093 gelegt. Durch die Erhebung des Kirchensprengels 1094 zur Diözese füllte sich in den folgenden Jahrzehnten auch der Kirchensäckel und man beschloss, eine standesgemäße Kirche zu erbauen. Sie wurde der Jungfrau Maria und den beiden Königen Stephan und Ladislaus geweiht, 1217 erfolgte die Einweihung der Kathedrale unter *König Andrija II.* Nach den Verwüstungen der Tataren 1242 wurden die Kathedrale und die angrenzenden Bischofsgemäuer erneuert. Es folgten immer wieder Zerstörungen durch kriegerische Auseinandersetzungen. Den Garaus gab dem Kirchenschiff und den Türmen das

gewaltige Erdbeben von 1880. Der
Architekt *Herrmann Bollé* erhielt Ende
des 19. Jh. die Aufgabe, die Fassade der
Kathedrale originalgetreu zu restaurieren – noch heute glänzt sie im neugoti-
schen Stil. Die Innenausstattung und
Kunstschätze datieren aus dem 16. und
dem 19. Jh., von den Renaissancebän-
ken kann man den Blick rundum
schweifen lassen. Prunkstück ist die
barocke Kanzel, 1696 gefertigt, die von
einem Engel gehalten wird. Besucher-
magnet von Gläubigen, Pilgern und
Kunstliebhabern ist der Sarkophag des
heilig gesprochenen Kardinals *Alizija
Stepinac* im Chor der Kathedrale, mit
silbernen Reliefs verziert, kreiert vom
Bildhauer *Ivan Meštrović*. Ein monu-
mentales Klangwerk ertönt aus der
zweistöckigen E. F. Walcker-Orgel
(Ludwigsburg), die 1852, als Zagreb
zum Erzbistum erhoben wurde, in
Auftrag gegeben wurde. Wer ein Werk
Albrecht Dürers sehen möchte, geht in
die Sakristei, dort steht sein Golgota-
Altar vom Ende des 15. Jh. Die Schatzkammer hinter der Sakristei birgt wertvolle Kunstwerke, unter anderem ein
byzantinisches Elfenbein-Diptychon aus
dem 10. Jh. und den „Umhang von Ladislaus", eine Stickerei aus dem 11. Jh.
(aus Regensburg), die im 14. Jh. zu einem
Messgewand umgeschneidert wurde.
Zur Kathedrale gehört auch der barocke
Erzbischöfliche Palast, 1730 erbaut.
Kaptol 31. Tägl. 8–19 Uhr. Messen um 7, 8,
9 Uhr; zusätzlich am So noch 10 und
11.30 Uhr.

Tkalčićeva ulica: ein idyllisches Eck Zagrebs und beliebte Kneipenstraße. Auf
das Getümmel blickt eine resolute Dame mit Schirm und Hut, es ist die
Bronzefigur der ersten südosteuropäischen Journalistin, *Marija Jurić Zagorka* (geboren Ende des 19. Jh., gestorben
1956). Sie berichtete aus Budapest, war
Lehrerin und schrieb historische Roma-
ne, ihr größter Erfolg war „Die Hexe
von Grić". Die kleine, nach Westen abzweigende Gasse *Krvavi most* (= Blutige

Die beeindruckende Kathedrale –
Sarkophag und Eingangsportal

Brücke) erinnert an die ehemals hier verlaufende heiß umkämpfte Grenze der beiden sich im 13. Jh. befehdenden Städte Gradac und Kaptol. Hier floss einst der Bach Medveščak, an dem sich die Mühlen drehten und die Zagreber Industrie mit der Textilmanufaktur ihren Anfang nahm. Der Bach wurde 1898 zugeschüttet und ist heute die Radićeva ulica.

Glyptothek: 1937 wurde die Glyptothek der Kroatischen Akademie der Wissenschaft und Künste (HAZU) gegründet. Aufgabe war es, wertvolle Denkmäler zu sammeln und von wichtigen kulturhistorischen Denkmälern (u. a. Tafel von Baška) und Skulpturen aus Kroatien und aus der Antike Gipsabdrücke zu fertigen. Die Sammlung birgt nun über 13.000 Werke der Bildhauerkunst vom 5. Jh. v. Chr. bis heute. Das Museum richtet auch die Triennale der kroatischen Bildhauer aus.

Medvedgradska 2, ℡ 01/4686-050, www.hazu.hr. Di–Fr 11–19, Sa/So 10–14 Uhr. Eintritt 10 KN, Kinder 5 KN.

Hermann Bollé (geb. 1845 in Köln, gest. 1926 in Zagreb)

Bollé lernte an der Berufsbildenden Schule für Bauwesen in Köln und war anschließend Planzeichner für Sakralbauten im Atelier Heinrich Wiethase. Ab 1872 studierte er in Wien Architektur, war Schüler von Otto Wagner und arbeitete gleichzeitig, um sich seinen Lebensunterhalt zu verdienen, beim Dombaumeister Freiherr Friedrich von Schmidt (geb. 1825 in Frickenhofen, Baden-Württemberg). Dieser hatte kurze Zeit in Mailand gewirkt, ab 1959 bis zu seinem Tod 1891 in Wien, wo er ein Atelier besaß und einen Stuhl an der Akademie der Bildenden Künste innehatte, zudem Vorlesungen an der TH gab und neben Burgen- und Kirchenrestaurierungen etliche bedeutende Gebäude, u. a. das Wiener Rathaus, errichtete. So vermittelte Friedrich von Schmidt seinem Zögling Hermann Bollé ein wegweisendes Basiswissen. Bei Italienaufenthalten 1875 und 1876 lernte Hermann Bollé den deutschstämmigen Josef Georg Strossmayer, Bischof von Dakovo, kennen. Dieses Treffen war bedeutsam für seinen weiteren Lebensweg. Nach dem Italienaufenthalt begab er sich sofort nach Dakovo, um einen bereits angefangenen Kirchenbau zu übernehmen – weitere Bauten, auch in anderen Städten und auf dem Land, folgten. So auch in Zagreb, das zu seinem Hauptwirkungsfeld und Wohnsitz ab 1878 wurde: Er restaurierte nach Plänen seines Lehrmeisters Schmidt u. a. die Kathedrale, den Bischofssitz, Sv. Markus, erbaute das Museum für Kunst und Gewerbe und die Berufsbildende Schule (hier gründete und leitete er die Abteilung Bauwesen), war für Planung und Bau des Friedhofs Mirogoj zuständig. Der engagierte Kunstfreund Hermann Bollé prägte durch Planung und Details das Stadtbild Zagrebs.

Gornji Grad (Oberstadt)/Gradec

Westlich vom Kaptols-Hügel, auf dem Hügel Vlaška Ves, aus dem dann Gradec wurde, entwickelte sich parallel zum Bistum ein Wirtschafts- und Handwerkszentrum. Noch heute werden die Geschicke des Landes in dieser Oberstadt entschieden und die Zeit scheint stehen geblieben zu sein, schlendert man durch die ruhigen Gassen. Mit der *Zahnradbahn Uspinjača*, 1888 nach Grazer Vorbild erbaut, kommt man ab Tomičeva Ulica ganz bequem hinauf. Schon beim Ausstieg fällt der Blick auf den *Turm Lotrščak*, ein Überbleibsel der Befestigungsanlage. Man kann hinaufsteigen und die Aussicht genießen (tägl. außer Mo 11–19, Juni–Okt. 9–19, Sa/So ab 10 Uhr; Eintritt 20 KN/10 KN). Wer schreckhaft ist, sollte nicht zur Mittagszeit hier oben weilen – Punkt 12 Uhr donnert es aus der Kanone. Hier um die Oberstadt verläuft auch die Baum bestandene *Strossmayer-Promenade* – einer sitzt hier immer und genießt die Aussicht auf die Unterstadt, es ist der in Stein verewigte Dichter *Antun G. Matoš* (1873–1914). Weiter nördlich stoßen wir auf den großen Katharinenplatz mit den *Palais Kulmer* (s. u. Museum der Zeitgenössischen Kunst) und *Dverce* und auf die schöne Namen gebende *Katharinenkirche* (s. u.). Nördlich, am Jezuiski trg mit schönem Springbrunnen „Fischer mit Schlange" von *Simeon Roksandić,* steht das Jesuitenkloster; es wurde zu einer sehr sehenswerten Galerie umgebaut und heißt heute *Klovićevi dvori*. Hier sind wechselnde Ausstellungen zu sehen, am Abend finden im Sommer im schönen Innenhof Konzerte statt, auch gibt es ein nettes Café, um sich für die weitere Besichtigungstour zu stärken. Weiter nördlich erreichen wir den Regierungsbezirk mit Parlament und den Markusplatz mit Markuskirche (s. u.), alles nah beieinander, ebenso die lohnenswerten Museen (s. u.), z. B. das *Museum der Stadt Zagreb*, das *Museum Meštrović* und das *Museum der Naiven Malerei;* auch das *Museum zerbrochener Beziehungen* ist einen Blick wert. Des Weiteren gibt es noch das *Historische Museum* und das *Naturhistorische Museum*. Wer genug hat, verlässt den kulturträchtigen Stadtteil durch das *Steinerne Tor* mit Kapelle der Muttergottes (s. u.). Kurz vor dem Tor kann man noch einen Blick in die alte *Apotheke* werfen (s. u.).

Markuskirche (Sv. Marko): Die Pfarrkirche steht am gleichnamigen großen Platz und bildet den Mittelpunkt des Stadtteils Gradec. Sie wurde 1242 erbaut und danach mehrmals umgebaut. Das Südportal ist mit zahlreichen Statuen aus dem 14. Jh. verziert. Schmuckstück ist die auffällige und schon von weitem sichtbare Dachverzierung aus rot-weiß-blau emaillierten Ziegeln von 1880 – sie zeigen das Stadtwappen von Gradec, bzw. des heutigen Zagrebs und das Wappen Kroatiens mit seinen Regionen (Kroatien-Gesamt, Dalmatien und Slawonien, s. a. Foto S. 20). Auch hier hinterließ das Erdbeben schwere Schäden, unter Leitung von Hermann Bollé wurde im 19. Jh. renoviert, auch das bunte Ziegeldach war sein Einfall. Mit den Renovierungen im Kircheninneren im Jahr 1936 beauftragte man *Ivan Meštrović,* der auch ein Kruzifix fertigte. Die gewaltigen Fresken mit Motiven aus dem Alten und Neuen Testament sind Arbeiten von *Jozo Klajković*.

Trg Sv. Marka 5.

Blick gen Sv. Marko u. Medvednica

Rund um die Markuskirche befindet sich das Regierungsviertel: an der Ostseite des Markov Trg (Markusplatz) das kroatische Parlament, der *Sabor;* rechts gegenüber der Regierungssitz, *Banski dvori.*

Katharinenkirche (Sveta Katarine): Sie ist sicherlich die schönste Barockkirche der Stadt, unter den Jesuiten von 1620 bis 1632 erbaut. Vorbild war die Kirche Il Gesù in Rom. Namensgeberin ist *Katharina Zrinski,* Schwester von Fran Krsto Frankopan und Ehefrau von Petar Zrinski, die wegen Verschwörung gegen die Habsburger 1671 hingerichtet wurden. Der einschiffige Gottesbau birgt sechs Seitenkapellen mit Holzaltären, Mitte bis Ende des 17. Jh. gefertigt, zudem das große Prachtstück im hinteren Kirchenteil, einen marmorisierten Altar von 1729, sowie beeindruckende Reliefs, Stuckausschmückungen und illusionistische Gemälde. Die Kirche sollte vor allem dem 1607 nebenan eröffneten Jesuitengymnasium dienen, dem ersten der Stadt. Es wurde im späten Renaissancestil errichtet, die Schülerpulte waren ein Geschenk aus Paderborn. Das zugehörige *Jesuitenkloster,* im 17. Jh. erbaut, steht nördlich der Katharinenkirche (s. o.).
Katarinin trg b. b.

Steinernes Tor (Kamenita vrata): das einzige erhaltene von vier Toren aus dem 13. Jh. und Zugang zur damals befestigten Oberstadt. Bei dem Erdbeben 1731 und einem darauf folgenden Brand wurde ein Großteil der Oberstadt zerstört. Einer Legende zufolge blieb ein Bild der Muttergottes mit dem Jesuskind inmitten der Asche unversehrt. Seitdem gilt es als wundertätig. Um 1760, eine eingelassene Steintafel weist darauf hin, wurde das Stadttor saniert und im Torinnern eine kleine Kapelle errichtet, das Muttergottes-Bild angebracht und ein schützendes schmiedeeisernes Gitter davor aufgestellt. Blickt man in die Nische an der Westfassade, entdeckt man noch eine Frauenskulptur, 1929 von *Ivo Kerdić* gefertigt. Sie zeigt Dora Krupić, die unglücklich verliebte Tochter des Goldschmieds, die hier im Tor heimlich ihren Geliebten traf. Diese Liebesgeschichte á la Romeo & Julia wurde in *August Šenoas* Roman „Das Gold des Goldschmieds" berühmt. Viele Menschen, vor allem Frauen, beten in dem Torinnern, legen Gelübde ab, gedenken der Toten und zünden ihre gespendeten Kerzen an – meist brennt ein Meer von Lichtern.

Stadtapotheke: Kurz vor dem Steinernen Tor kann man die Innenausstattung der drittältesten Apotheke (nach Rab und Dubrovnik), die bereits 1355 erwähnt wurde, bewundern – vielleicht auch einen heilenden Kräutermix gegen Liebeskummer erstehen, falls die Gebete bei der Jungfrau Maria nicht halfen. Seit dem 14. Jh. werden hier Arzneimittel verkauft, zu jener Zeit arbeitete hier auch Niccolo Alighieri, ein Enkel des berühmten Dante Alighieri („Göttliche Komödie"). Das Gebäude selbst stammt aus dem 19. Jh.
Kamenita 9.

Museen in Gornji Grad (Oberstadt)

Museum der Stadt Zagreb (Muzej grada Zagreba): ein modern gestaltetes Museum zur Stadtgeschichte Zagrebs von der prähistorischen Zeit bis heute. Zu sehen sind u. a. eine Kopie der Felicijans-Urkunde, die erstmalige Namensgebung Zagrebs von 1134 (Zagrabiensem episcopatus), des Weiteren Nachbildungen eines Dorfes aus der Eisenzeit, Plastiken des gotischen Doms und die 13 Figuren des Barockportals.
Opatička 20 (im ehemaligen Klarissinnenkloster), ☎ 01/4851-361, www.mgz.hr. Di–Fr 10–18, Sa 11–19, So 10–14 Uhr; Mo/Feiertag geschlossen. Eintritt 30 KN, Schüler/Stud. 20 KN.

Ivan Meštrović – Bildhauer, Architekt und Mystiker

Es gibt wohl kaum eine kroatische Stadt, die sich nicht mit einer Arbeit des großen kroatischen Bildhauers schmückt. Geboren wurde Ivan Meštrović am 15. August 1883 in Vrpolje, einem Städtchen im Nordosten Kroatiens. Seine Kindheit verbrachte er in Otavice, einem Dorf östlich von Drniš. Schon als kleiner Junge schnitzte und meißelte er auf dem Feld kleine Figuren aus Holz und Stein. Seine sehr gläubigen, aber nicht eben mit Geld gesegneten Eltern ließen den Jungen bald ziehen. Nach der Steinmetzlehre in Split ging der 17-Jährige nach Wien und studierte dort von 1901 bis 1906 an der Akademie der Schönen Künste. Von 1903 bis 1910 war er Mitglied der Wiener Sezession, einer Vereinigung von Künstlern des Jugendstils.

Besonders der österreichische Architekt Otto Wagner und der französische Bildhauer Auguste Rodin inspirierten den jungen Künstler. Die geistige Basis seines Schaffens fand Meštrović in der Religion, im Humanismus, in der Mythologie und der Liebe zu seiner Heimat, nicht aber im kroatischen Patriotismus. Schon 1911 – er arbeitete gerade am Tempel von Kosovo – begeisterten seine Skulpturen auf der Weltausstellung in Rom. Ein beeindruckendes Werk gelang ihm mit der *Statue von Bischof Gregorius* (Variationen des Werks stehen in Split und Nin); zwei seiner *Pferdeskulpturen* zieren den Park von Chicago – eine Hommage an die indianischen Ureinwohner Nordamerikas.

Meštrović symbolisiert die „kroatische Geschichte"

Meštrovićs Plastiken und Reliefs aus Marmor, Holz und Bronze fesseln nicht allein durch Ausdruckskraft, sie spiegeln die Psyche der Dargestellten, ihr Leid, ihre Sehnsucht in jedem Körperdetail, in der Mimik, in Händen und Füßen.

Meštrovićs künstlerisches Wirken reichte über die Bildhauerei weit hinaus – seit seiner Wiener Zeit faszinierte ihn die Kombination von bildender Kunst und Architektur. Beispiele für seine architektonischen Werke sind neben seinem *Atelier in Zagreb* und dem *Haus der kroatischen Bildenden Kunst* vor allem auch das *Kastell Meštrović* und die *Galerie Meštrović*, beide in Split, sowie die *Mausoleen* in Cavtat und Otavice.

1947 emigrierte Ivan Meštrović in die USA. In den letzten Lebensjahren widmete er seine Arbeit ausschließlich religiösen und spirituellen Themen. Am 16. Januar 1962 starb Meštrović in South Bend, USA. Beigesetzt wurde er in dem von ihm entworfenen Familiengrab in Otavice. Mit Ivan Meštrović starb „das beeindruckendste Phänomen unter den Bildhauern unserer Zeit", so Auguste Rodin über den wohl größten bildenden Künstler Kroatiens im 20. Jh.

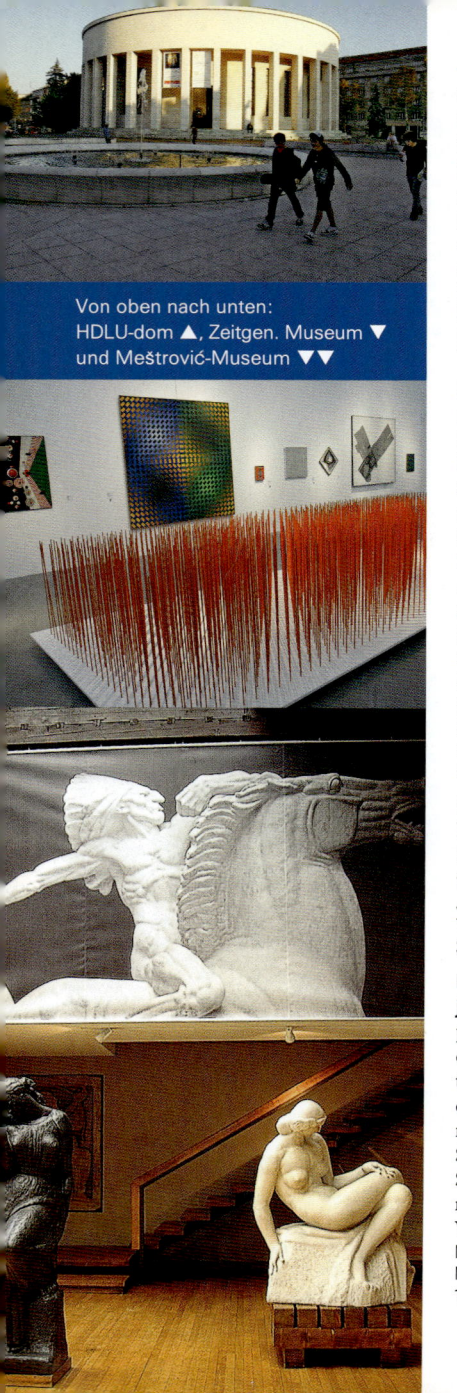

Museum Ivan Meštrović (Muzeji Ivana Meštrovića): In dem lichtdurchfluteten Haus mit kleinem Garten lebte und arbeitete der große kroatische Skulpturenmeister (→ Kasten) zu Beginn des 20. Jh. Viele seiner ersten Arbeiten wurden hier gefertigt. Gezeigt wird eine schöne Sammlung seiner Werke.
Mletačka 8, ✆ 01/4851-123, www.mestrovic. hr. Di–Fr 10–18, Sa/So 10–14 Uhr; Mo/Feiertag geschlossen. Eintritt 30 KN, Schüler/Stud. 15 KN.

Museum der Naiven Malerei (Hrvatski muzej naivne umjetnosti): Der Raffay-Plavšić-Palast aus dem 18. Jh. beherbergt das bedeutende und weltweit einzige Museum für Naive Kunst. Gegründet 1931, werden hier 1600 Bilder, Plastiken und Zeichnungen, vor allem von kroatischen Künstlern, verwaltet. Die Ausstellung zeigt ca. 80 bedeutende, zum Teil farbenfrohe Werke aus der Zeit der Gründung bis heute, u. a. von Ivan Generalić, Mirko Virius, M. Kovačić, Ivan Lacković, Ivan Rabuzin.
Sv. Ćirila i Metoda 3 (auch Ćirilometodska) 3, ✆ 01/4851-911, www.hmnu.hr. Di–Fr 10–18, Sa/So 10–13 Uhr. Eintritt 25 KN, Schüler/ Stud. 15 KN.

Galerie Klovićevi dvor: Gewidmet dem berühmten Maler Juraj Julije Klović (→ Grižane). Hier stoppen die bedeutenden Wanderausstellungen.
Jezutski trg 4, ✆ 01/4851-926, www.gkd.hr. Tägl. außer Mo/Feiertag 11–19 Uhr. Eintritt 30 KN, Kinder/Stud. 20 KN.

Historisches Museum (Hrvatski povijesni muzej): Im prachtvollen Barockpalast Oršić-Rauch wird in wechselnden Ausstellungen das reichhaltige Kulturerbe vom frühen Mittelalter bis in die heutige Zeit gezeigt, u. a. ein schönes Barockzimmer. Zudem gibt es 15 Sammlungen, hervorzuheben sind die Sammlungen von Landkarten und Plänen aus dem 16. bis 18. Jh. und die Wappensammlung.
Matoševa 9, ✆ 01/4851-900, www.hismus.hr. Mo–Fr 10–18, Sa/So 10–13 Uhr. Eintritt 10 KN, Schüler/Stud. 5 KN.

Naturhistorisches Museum (Hrvatski prirodoslovni muzej): Gezeigt werden botanische, zoologische und mineralogische Sammlungen.

Demetrova 1, ℅ 01/4851-700, www.hpm.hr. Di–Fr 10–17 (Do bis 20 Uhr), Sa 10–19, So 10–13 Uhr Eintritt 20 KN, Kinder/Stud. 15 KN.

Museum zerbrochener Beziehungen (Muzej Prekinutih Veza): Liebevoll gestaltetes und prämiertes Museum, das anschaulich Trennungen, gescheiterte Beziehungen und schmerzliche Liebesverluste in Form von Briefen und erinnerungsvollen Requisiten thematisiert. Angegliedert ein Shop und ein Café.

Sv. Ćir la i Metoda 2, ℅ 01/4851-021, www.brokenships.com. Juni–Sept. 9–22.30 Uhr, Okt.–Mai 9–21 Uhr. Eintritt 30 KN, Schüler/Stud. 20 KN.

Donji Grad (Unterstadt)

Die Unterstadt liegt südlich vom Zentralplatz Trg bana Jelačića und der 6 km langen Einkaufsmeile Ilica ulica. Sie entstand im 18. und 19. Jh. – hier kann man deutlich die durchdachte grüne Stadtplanung in Form eines Hufeisens oder großen „U" erkennen. Die grünen Parkoasen bilden einen schönen Kontrast zu den alten Bauwerken. In Richtung Bahnhof finden sich prachtvolle Paläste aus der Gründerzeit, die zum Teil noble Hotels beherbergen, in denen damals wie heute gut betuchte Gäste logieren. Gesäumt ist die Hauptachse von drei großen angelegten und hintereinander folgenden Parks und Plätzen (s. u.): *Trg Zrinjevac*, mit mächtigen Schatten spendenden Platanen und Ahornbäumen, Springbrunnen, meteorologischer Station von 1893 und Musikpavillon, gesäumt von Büsten und Skulpturen berühmter Kroaten. Am Samstag gibt es hier Konzerte (→ Veranstaltungen), Kinderanimation und es fahren die Fijaker. Dann folgt der *Strossmayerov trg* mit der Strossmayer-Galerie und Blumenrabatten. Den angrenzenden *Tomislavov trg* ziert neben Skulpturen der schöne Kunstpavillon. Am Parkende das Reiterstandbild König Tomislavs, des ersten kroatischen Königs, 925 gekrönt. Nur wenige Gehminuten voneinander entfernt haben hier auch drei sehenswerte und landesweit bedeutende Museen (s. u.) angemessene Standorte: das *Archäologische Museum,* die *Moderne Galerie* und die *Galerie der Alten Meister,* auch *Strossmayer-Galerie* genannt. Ein paar Straßenzüge östlich vom *Strossmayerov trg* der Rundbau, bzw. das *Haus der Kroatischen Bildenden Kunst,* für Kunstliebhaber interessant.

Am Bahnhofsplatz mit *Bahnhofsgebäude* (Glavni Kolodvor) – ein bauliches Schmuckstück, Ende des 19. Jh. vom Architekten Pfaff errichtet – flanierte die Hautevolee bei einem Zwischenstopp des legendären Orient-Express.

Im Zrinjevac-Park

Dem ankommenden Reisenden wird durch den schönen Blick auf die Altstadt und die Berge Großstadtflair vermittelt. Westlich vom Bahnhof lockt eine weitere grüne Oase, der *Botanische Garten*, durch den man kostenlos schlendern kann. Dem grünen Hufeisen nach Norden folgend erreicht man die großen majestätischen Plätze *Marulićev trg*, *Mažuranićev trg* und *Trg maršala Tita* mit dem National-theater. Das prachtvolle gelbe *Nationaltheater* mit eindrucksvoller Fassade ist ein Bauwerk der Architekten Helmer und Fellner und wurde 1895 eröffnet. Das Innere wurde von kroatischen und österreichischen Künstlern u. a. mit 5 Bühnenvorhän-gen ausgeschmückt; darunter auch „Die kroatische Erneuerung" von Vlado Buko-vac. Sehenswert auch der runde Lebensbrunnen mit einer bronzenen Figuren-gruppe von Ivan Meštrović in der Mittelachse des Parks. Die Paläste beherbergen weitere besuchenswerte Museen (s. u.) wie das *Museum für Kunsthandwerk und Gewerbe*, das *Ethnografische Museum* und das schöne *Museum Mimara*. Westlich der Altstadt liegt für Interessierte der Zeitgenössischen Kunst das *Lauba-Haus*.

Museen in Donji Grad

Archäologisches Museum (Arheološki muzej): Es ist Kroatiens wichtigstes kultur-geschichtliches Museum mit 460.000 Exponaten. Es zeigt archäologische Funde, die bis ins Paläolithikum zurückreichen. Bedeutsam und in Südosteuropa einzigar-tig ist auch die Ägyptische Sammlung, die u. a. drei Mumien mit Sarkophagen aus der Zeit von 332 v. Chr. bis zum Jahr 30 zeigt. Einzigartig ist auch die in Leintücher gewickelte *Zagreber Mumie*, bei der man einen langen, gut erhaltenen Text in etruskischer Sprache fand. Eine der schönsten Steinskulpturen ist der *Kopf einer Frau aus Solin*. Die reichhaltige Münzsammlung zählt europaweit zu den wichtig-sten. Den schönen Hinterhof ziert ein Lapidarium mit römischen Denkmälern; im Sommer gibt es hier ein nettes Café.
Trg Nikole Šubića Zrinskog 19, ✆ 01/4873-101, www.amz.hr. Di–Sa 10–18 (Do bis 20 Uhr), So 10–14 Uhr. Eintritt 30 KN, Kinder/Stud. 15 KN.

Strossmayer Gemäldegalerie alter Meister (Strossmayerova Galerija starih majstora): Die älteste Galerie Südosteuropas für Renaissance- und Barockkunst be-findet sich im 1. Stock des renovierten Palastes der Künstlerfamilie Francesi. Auch die Kroatische Akademie für Wissenschaft und Kunst, gegründet 1861, hat hier ih-ren Sitz. Den Prachtbau im italienischen Renaissancestil entwarf Freiherr Friedrich von Schmidt, gebaut wurde er von *Bollé* (→ Kasten „Hermann Bollé"). Einzug in die schönen Räumlichkeiten hielt die Galerie 1884. Vor dem Aufgang steht das Denkmal des Gründers, Stifters und Mäzens *Bischof Strossmayer*, gestaltet von *Ivan Meštrović*. Im Atrium des Gebäudes ist die berühmte Schenkungsurkunde König Zvonimirs aufgestellt, die Tafel von Baška, Bašćanska ploča (→ Insel Krk/Baška). Gezeigt werden Werke namhafter europäischer Schulen und verschiedenster Epo-chen vom 14. bis zum 19. Jh. Gemälde von Pieter Bruegel, Carpeaux, Giovanni Bel-lini, Anton van Dyck, Albrecht Dürer, El Greco und Eugène Delacroix sind zu be-wundern. Hervorzuhebendes frühes Renaissancewerk ist das Gemälde „Virgo inter Virgines" aus der niederländischen Schule des 15. Jh.
Trg Nikole Šubića Zrinskog 11, ✆ 01/4895-117, www.hazu.hr. Di 10–19, Mi–Fr 10–16, Sa/So 10–13 Uhr. Eintritt 10 KN, Kinder/Stud. 5 KN.

Kunstpavillon (Umjetnički paviljon): Mitten im Park im sog. Wiener Schönbrun-nergelb residiert die Kunstgalerie. Hier finden und fanden hervorragende Ausstel-lungen nationaler wie internationaler Künstler (Henry Moore, Auguste Rodin) statt, zudem auch der „Zagreber Salon". Das Gebäude selbst, eines der ersten sog. Fertigbauhäuser, wurde auf einer mobilen Stahlkonstruktion erbaut und war Teil

Zagreb – der prachtvolle Kunstpavillon ist weit gereist

des kroatischen Beitrags 1896 auf der Weltausstellung in Budapest. Anschließend wurde es hier in Zagreb wieder aufgebaut. Die Statue des bedeutenden Renaissancemalers Andrija Medulić, von *Ivan Meštrović* gefertigt, wacht über die Kunstszene vor dem Pavillon.

Trg kralja Tomislava 22, ☎ 01/4841-070, www.umjetnicki-paviljon.hr. Tägl. außer Mo/Feiertag 11–20 Uhr (Do bis 21 Uhr). Erwachsene 40 KN, Schüler/Stud. 25 KN.

Moderne Galerie (Moderna galerija): eine bedeutende Sammlung kroatischer Gemälde und Skulpturen vom 19 bis ins 21. Jh. sowie im 2. Stock von 1930 bis 2010.

Hebrangova 1, ☎ 01/6041-044. Di–Fr 11–19, Sa/So 11–14 Uhr. Eintritt 30 KN, Kinder/Stud. 10 KN.

Haus der Kroatischen Bildenden Kunst (HDLU-dom hrvatskih likovnih umjetnika): ein schlichter, funktionalistischer Rundbau aus dem Jahr 1938, erbaut von *Ivan Meštrović*. Wechselnde Ausstellungen. Vertreten sind neben der Bildenden Kunst alle Ausdrucksmedien, d. h. von Malerei, Grafik, Bildhauerei, Installationen, Fotografie bis hin zu Internetprojekten. Die besten Arbeiten werden vom Komitee prämiert. Seit Ende der 1960er-Jahre gibt es den „Salon junger Künstler" (Salon mladih).

Trg žrtava fašizma b. b., ☎ 01/4611-818, www.hdlu.hr. Mo–Fr 11–20 (Do bis 22), Sa/So 10–18 Uhr. Eintritt 20 KN, Kinder/Stud. 10 KN.

Botanischer Garten: Das 4,7 ha große Gelände bildet den westlichen Teil des Zagreber Hufeisens. Die grüne Oase beherbergt rund 10.000 einheimische und internationale, auch vom Aussterben bedrohte Pflanzenarten. Es gibt kleine Seen und Brückchen, schöne Wege und Bänke zum Ausruhen, themenbezogene Blumenrabatten und einen großen Baumbestand.

Trg Marka Marulića 9 a, ☎ 01/4844-002. Mai–Sept. tägl. 9–19/20 Uhr, im April/Okt. bis 17 Uhr, Mo/Di 9–14.30 Uhr. Eintritt frei.

Ethnografisches Museum (Etnografski muzej): Große Sammlung zur Volkskunde ganz Kroatiens, u. a. typische Trachten, Stickereien (auch von der Insel Pag), Schmuck und handwerkliche Geräte. Auch eine Sammlung zu den unterschiedlichsten weltweiten Kulturen, u. a. mit Kleidung, Schmuck, Waffen und Musikinstrumenten, ist zu sehen.

Mažuranićev trg 14, ☎ 01/4826-220, www.emz.hr. Di–Fr 10–18, Sa/So 10–13 Uhr. Eintritt 20 KN, Kinder/Stud. 10 KN.

Museum Mimara (Muzej mimara): ein auffallendes, langes Neorenaissancegebäude aus dem 19. Jh., das vom Gymnasium zum Kunstmuseum wurde. Namensgeber und Stifter ist der Maler und Restaurator *Ante Topić Mimara* (1898–1987). Nach seinem Tod hinterließ er der Stadt Zagreb sein riesiges Kunstvermächtnis, das hier in 42 Sälen zu bewundern ist und weltweit als eine der größten Privatsammlungen gilt. Sein Lebenslauf scheint wie aus einer Hollywood-Soap: Als armer Kroate zog er nach dem Ersten Weltkrieg in die Welt und verdiente sich zuerst als Restaurator seine Lire in Italien. Weltweit suchte und kaufte er dann auf Flohmärkten und in Antiquariaten Kunstobjekte – sein gutes Gespür für wertvolle Kunst brachte ihn zu Reichtum. Die Sammlung von ca. 3750 Exponaten umfasst Gemälde, Skulpturen und Kunsthandwerk aus den verschiedensten Materialien, Kunstrichtungen und Epochen aus aller Welt. Gotische Plastiken neben Glaskollektionen, Gemälde alter und neuer Meister, u. a. Raffael, Velázquez, Rubens, Rembrandt, Goya. Bedeutsam die „Infanta Margarita" von Diego Velázquez um 1654; ebenso der „Erzengel Gabriel mit den Engeln", eine gotische Holzschnitzerei aus Flandern aus der ersten Hälfte des 15. Jh. Angeschlossen ist eine Fachbibliothek mit 4500 Titeln.
Rooseveltov trg 5, ✆ 01/4828-100, www.mimara.hr. Juli–Sept. Di–Fr 10–19, Sa/So 10–14 Uhr; Okt.–Juni Di–Sa 10–17 (Do bis 19 Uhr), So 10–14 Uhr; Mo/Feiertag geschlossen. Eintritt 40 KN, Kinder/Stud. 30 KN.

Museum für Kunsthandwerk und Kunstgewerbe (Muzej za Umjetnost i Obrt): Im prachtvollen gelben Gebäude hat dieses Museum seit 1880 seinen Sitz. Die Intention war und ist, bedeutsames Kunsthandwerk und Unikate vor dem Untergang zu bewahren. Auf drei Stockwerken kann man über 3000 Exponate besichtigen, darunter kroatische und europäische Kunst und Kunsthandwerk von der Gotik bis zu Art-déco, ebenso gewährt die Sammlung Einblicke in Inneneinrichtungen, Dekorationen und Gebrauchsgegenstände von Schlössern etc., u. a. Möbel, Uhren, Musikinstrumente, Buchdruckkunst, Glas, Keramik, Textilien.
Trg maršala Tita 10, ✆ 01/4882-111, www.muo.hr. Di–Sa 10–19, So 10–14 Uhr. Eintritt 40 KN, Kinder/Stud. 20 KN.

Am Eingang des Stadtmuseums

Technisches Museum Nikola Tesla (Tehnički muzej): für technisch Interessierte sicherlich eine nette Abwechslung zur reichhaltigen Kunstwelt Zagrebs. Der Sprung nach Süden, westlich des Bahnhofs, lohnt. Gezeigt werden technische Errungenschaften und eine naturwissenschaftliche Abteilung.
Savska cesta 18, ✆ 01/4844-050, www.tehnicki-muzej.hr. Di–Fr 9–17, Sa/So 9–13 Uhr. Eintritt 20 KN, Kinder/Stud. 15 KN, Planetarium 15 KN.

Dražen Petrović Museum: Südlich des Technischen Museums, im Erdgeschoss des Cibona-Turms, wurde in Gedenken an die 1993 verstorbene Handballikone Dražen Petrović dieses Museum eingerichtet.

Trg Dražena Petrovića 3, ☎ 01/4843-146, www.drazenpetrovic.net. Mo–Fr 10–17 Uhr. Eintritt 20 KN, Kinder/Stud. 10 KN.

Lauba-Haus (Kuća Lauba) – Zeitgenössische Kunst: Auf dem ehemaligen Textilfabrikgelände rund 4 km östlich der Altstadt gibt es in der großen Halle sehenswerte, wechselnde Kunstausstellungen (auch montags). Ein nettes kleines Café/Bistro verwöhnt zusätzlich.

Baruna Filipovića 23 a, ☎ 01/6302-115, www.lauba.hr. Tägl. außer So 14–22 Uhr (Sa ab 11 Uhr). Anfahrt ab Hauptplatz Jelačić mit Tram Nr. 6 und 11 bis Haltestelle Sv. Duh (ca. 10 Min.).

Außerhalb der Altstadt

Südlich der Sava liegen der Badesee *Bundek* mit Freizeitpark, die Pferderennbahn, das *Messezentrum* und das sehenswerte *Museum der Zeitgenössischen Kunst*(alle gut mit öffentlichen Verkehrsmitteln erreichbar). Nicht weit von der Altstadt entfernt und ebenfalls gut mit öffentlichen Verkehrsmitteln zu erreichen ist der *Friedhof Mirogoj,* der zu Europas schönsten Totenparks zählt. Ebenso hübsch ist der schön angelegte Park *Maksimir.* An heißen Sommertagen lohnt der Ausflug hinaus zum großen *Jarun-See,* hier kann man schwimmen, joggen, rudern, Inliner fahren oder einfach nur faulenzen und sich dann abends ins dort stattfindende Nachtleben stürzen. Sportfans und Naturfreunde zieht es hinauf zum *Naturpark Medvednica.*

Museum der Zeitgenössischen Kunst (Muzej suvremene umjetnosti): Südlich der Sava hat das modern gestaltete Museum seinen Sitz. Gezeigt werden in den großzügigen Räumlichkeiten auf 3 Ebenen Zeichnungen, Grafiken und Drucke nationaler und internationaler Künstler ab 1954. Zudem gibt es interessante Installationen, eine Film- und Videosammlung ab 1960, Skulpturen auf dem Freigelände, das Archiv von Tošo Dabas mit Schwarzweißaufnahmen und u. a. auch eine Benko-Horvat-Kollektion. Daneben finden wechselnde themenbezogene Ausstellungen statt. Über zwei Rutschen (im Winter nicht in Betrieb) können sich jung gebliebene Kunstliebhaber wieder ins Erdgeschoss befördern lassen. Der Audioguide (Englisch, 15 KN) gibt gute Hintergrundinfos. Zudem hat ein Café geöffnet (11–19 Uhr, Do bis 20 Uhr).

Av. Dubrovnik 12, ☎ 01/6052-700, www.msu. hr. Di–So 11–18 Uhr (Sa bis 20 Uhr), Mo/Feiertag geschlossen. Eintritt 30 KN, Schüler/Stud. 15 KN, Fam.-Ticket 50 KN. Anfahrt: u. a. Bus-Nr. 166, 219, 220, 221, 229, 268, 310; Tram Nr. 7 ab Busbahnhof in Richtung Sava-Brücke, Haltestelle Sopot; ab Bahnhof Tram Nr. 6, Haltestelle Sopot.

Friedhof Mirogoj (Gradska groblja): Er zählt zu den beeindruckendsten Park-Friedhofsanlagen Europas und zu den Highlights der Stadtbesichtigung. Er liegt außerhalb der Stadt, auf einer Anhöhe am Fuß des Medvednica-Gebirges, umgeben von üppigem Grün, und gleicht mit seinen Türmchen und hohen Mauern einer großen Festung. Der große Friedhof wurde im Jahr 1876 auf dem Grundstück des Sprachgelehrten *Ljudevit Gaj* angelegt und sollte die vielen kleinen, um Kirchen liegenden Grabstätten ersetzen. Der Architekt *Hermann Bollé* (→ Kasten „Hermann Bollé") gestaltete die Anlage und entwarf die Hauptgebäude. Der Bau der Arkaden, der Kuppeln und der Kirche im Eingangsportal wurde im Jahr 1879 begonnen, erst 1929 war die gesamte Anlage fertig gestellt. Interessant ist neben

Zentralkroatien → Karte S. 321

der baulichen Symmetrie und der Landschaftsgestaltung auch die Gleichstellung der verschiedenen Religionen – auf den Kuppeln sind Religionssymbole vereint, das katholische und orthodoxe Kreuz und der Davidstern. Auf Zagrebs Monumentalfriedhof und in seinen Arkaden fanden viele bedeutende kroatische Persönlichkeiten ihre letzte Ruhestätte. Auch der ehemalige Präsident Dr. Franjo Tuđman wurde hier 1999 vor der Kuppelkirche beigesetzt. Der Friedhof birgt prachtvoll gestaltete Grabmale und Skulpturen kroatischer Bildhauer, u. a. auch von *Ivan Rendić*, und gleicht einem Freilandmuseum.

Aleja Hermanna Bollea 27. April–Sept. 6–20 Uhr, Okt.–März 7.30–18 Uhr. Anfahrt: Bus Nr. 106 ab Kaptolsplatz bis Endstation.

Parkanlage Maksimir: Im Osten der Stadt, auf einer Fläche von rund 18 ha, erstreckt sich dieser Landschaftspark, einer der bedeutendsten im südöstlichen Mitteleuropa. 1787 hatte der Namen gebende *Maksimilijan Vrhovac de Ehrenberg et Rakitovec* nach seiner Ernennung zum Zagreber Bischof die Idee, den alten Diözesenwald, bewachsen nur mit Eichen, in einen ganz unchristlichen „Lustgarten" mit

Friedhof Mirogoj – einer der schönsten Landschaftsfriedhöfe Europas …

Promenaden, Nischen, Rosentoren etc. nach französischem Vorbild anlegen zu lassen. 1794 wurde der Park eingeweiht. Nach dem Tod von Bischof Vrhovac fand der nachfolgende Bischof Aleksandar Alagović Gefallen an der Parkgestaltung und setzte das Werk seines Vorgängers fort. Sein heutiges Aussehen verdankt der Park dem im Jahr 1837 ernannten *Erzbischof Juraj von Haulik de Varallya*, der zwischen 1839 und 1843 nochmals Hand anlegte. Er engagierte erfahrene österreichische Landschafts- und Schlossgartengestalter und gewann *Michael Sebastian Riedl* (1793–1872) für die Bauleitung. Die Parkfläche wurde nun im Stil eines Englischen Gartens umgestaltet. Ein Spaziergang vorbei am Belvedere mit Türmchen und einem Café-Restaurant, einem Echopavillon, am Schweizerhaus oder rund um die beiden künstlich angelegten Seen mit kleinem Wasserfall ist auch heute zu jeder Jahreszeit nett – im Winter übrigens ein herrliches Rodelgebiet. Zum Park gehört der **Zoologische Garten** (Zoološki vrt).

Anfahrt Maksimirski perivoj b. b. Mit Straßenbahn Nr. 11 oder 12 (ab Trg bana Je- lačića) oder Nr. 7 (ab Busbahnhof); Haltestelle Bukovačka ulica.

… hier ruhen Kroatiens Persönlichkeiten

Öffnungszeiten Zoologischer Garten, ☏ 01/2302-199, www.zoo.hr. Mai–Aug. 9–20 Uhr, April u. Sept. bis 19 Uhr, März u. Okt. bis 18 Uhr, Febr. bis 17 Uhr und Nov.–Jan. bis 16 Uhr. Eintritt 30 KN, Kinder 7–14 J. 20 KN, bis 7 J. gratis.

Jarun-See: Das „Zagreber Meer" ist ein künstlich angelegter, über 4 km lang gezogener See mit Inselchen. Er wurde 1987 zur *Universiade*, der internationalen Jugendolympiade, errichtet. Eingebettet in Wiesen und Bäume, umgeben von schmaler Teerstraße und Fußwegen, kann man hier gut inlinern, mountainbiken und joggen. Der See mit seinen aufgeschütteten Sandstränden lockt im Sommer zum Baden und Relaxen, zudem gibt es am östlichen Ende ein Wakeboard-Center. Es gibt Fahrrad-, Kanu-, und Surfbrettverleih, man kann reiten und Tennis spielen und es finden u. a. Ruderwettbewerbe, Veranstaltungen und Konzerte statt. Kinder können sich auf den großen Spielplätzen austoben, die Älteren nachts in den zahlreichen Clubs, Cafébars und Pizzerien. Die Zufahrt verwehrt eine gebührenpflichtige Schranke (6–21 Uhr 5 KN/1 Std., ab 21 Uhr 10 KN für die ganze Nacht) und dezimiert so den Autoverkehr. Wild zelten oder im Auto übernachten ist natürlich verboten (Kontrollen!). Mit Straßenbahn 5 und 17 und wenige Meter laufen.

Zentralkroatien → Karte S. 321

Umgebung von Zagreb

In der hügeligen Umgebung laden nahe gelegene Ausflugsziele zum Wandern, Mountainbiken und sogar zum Skifahren ein: der hohe Gebirgszug, der **Naturpark Medvednica** oberhalb der Stadt, oder im Westen der **Naturpark Žumberak-Samoborske gorje** – hier lockt nicht nur die Natur, sondern auch guter Wein.

Naturpark Medvednica

Nördlich der Stadt erhebt sich dieser schützende Gebirgszug. Er ist ganzjährig ein beliebtes Ausflugsziel der Zagreber. Viele schöne Wanderwege durchziehen die sattgrünen Buchen-, Eichen-, Kastanien- und Tannenwälder. Zahlreiche Höhlen, Schluchten und Wasserfälle machen Medvednica zu einem attraktiven und erholsamen Kontrastprogramm zur Metropole. Die Bären, die Namensgeber, sind schon lange abgewandert.

Burganlage Medvedgrad: Schon von Zagreb kann man die große *Burganlage Medvedgrad* erkennen, die vom Adelsgeschlecht Cilli (Celje, Slowenien) bis ins 15. Jh. verwaltet wurde, bevor sie ein Erdbeben im 16. Jh. komplett zerstörte. Der Aufbau der Außenmauern, der Kapelle und des Turmes (von Fachleuten sehr kritisiert) wurde erst 1993 in der Tudman-Ära veranlasst. Am Heimataltar brennt das ewige Licht, die verschiedenen Steinquader aus allen Teilen Kroatiens symbolisieren die Flagge. Auf dem Gelände gibt es eine Gaststätte (s. u.) und bei guter Sicht bietet sich ein herrlicher Weitblick über Zagreb.

Sljeme: Einen Rundblick genießt man vom Gipfel *Sljeme* (1033 m) mit Kroatiens größtem Skigebiet. Hier wird u. a. jährlich der Damenweltcup *Snow Queen Trophy* ausgetragen und hier trainierten erfolgreich die *Kostelič-Geschwister Janica* und *Ivica*. Janica, heute nicht mehr aktiv (nun von ihrem Bruder vertreten), war mehrfache Olympia- und Weltcupsiegerin (Slalom, Abfahrt). Hier oben kann man rodeln oder langlaufen, Wanderwege durchziehen auf ca. 500 km das Ausflugsgebiet, was natürlich auch ideal für Mountainbiker ist. Die Gondelbahn, deren Talstation am Rande Zagrebs liegt, ist seit vielen Jahren außer Betrieb, eine Neuplanung gibt es schon lange, aber wie überall fehlt das Geld zur Realisierung. Allerdings kann man den Berg auch in 3:30 Std. erklimmen. Wer sich lieber fahren lässt, nimmt den Bus. Neben der Straße verläuft auch eine Down-Hill-Strecke. Rund 15 Hütten, ein paar nette Pensionen und ein Berghotel versorgen oben die Gäste. Bei TIC gibt es gute Wander- und Fahrradkarten.

Information Park Prirode Medvednica, www.pp.medvednica.hr.

Anfahrt Straßenbahn/Bus: Mit Straßenbahn Nr. 14 (ab Trg bana Jelačića) oder Nr. 8 (ab Busbahnhof) bis Endstation Mihaljevac, dann weiter mit Bus (Sljeme) hoch bis Berghotel Tomislavov dom (ca. 25 Min.). Der Bus pendelt im Sommer halbstündlich von 7 bis 22.30 Uhr.

Auto oder Mountainbike (gut ausgeschildert!): Ab Kaptol nordwärts über die Ribnjak ulica und Medveščak ulica bis zum Stadtteil Mihaljevac. Wer zur Burganlage Medvedgrad möchte, muss sich hier links halten und fährt über Mlinovi nach Lukšići, dann bergan bis zum Parkplatz. Die Straße ist sehr schmal. Wer zur Talstation der Gondelbahn Sljeme möchte (noch immer außer Betrieb!), fährt ab Mihaljevac rechts nach Remete und Abzweig links hinauf nach Pilana Bliznec zur Talstation (Žičara Sljeme) und parken oder weiter bis hoch. Ein Wanderweg führt ab der Talstation in gut 3:30 Std. hinauf bis zum Berghotel. Die Nordseite des Gebirgszuges erreicht man über Straße oder Autobahn Zagreb–Donja Stubica.

Gut platziert mit Weitblick – die Burganlage Medvedgrad

Übernachten/Essen (→ Karte 324/325)
*** Berghotel Tomislavov dom ∎, auf
1000 m. 4* nette Zimmer mit WiFi, gemütliches Restaurant; gegen Gebühr gibt es Fitness, Sauna, Massagen und einen großen
Swimmingpool. DZ/F ca. 60 €. Sljeme b. b.,
✆ 01/4560-400, www.sljeme.hr.

****** Apartmanska kuća Snježna kraljica
(Snow Queen) ∎**, 17 hübsche und gut ausgestattete 4- bis 8-Pers.-Appartements östlich vom Berghotel, mit Küche und teils mit
Kamin. Für 2 Pers./F ca. 66 € (Sommer).
✆ 01/4604-555, www.sljeme.hr.

Das Medvednica-Gebirge bietet noch mehr Sehenswertes: Die ca. 7 km lange
Veternica-Höhle *(Špilja Veternica)* im Nordwesten am Südhang erinnert wieder
daran, dass wir uns im Karstland befinden. Hier lebten vor 42.000 Jahren Neandertaler. Funde, u. a. der Schädel von einem Höhlenbären und Knochen, kann man im
Naturkundemuseum besichtigen. Nur der vordere Höhlenteil ist für Besucher zugänglich und wird mit einem Führer in ca. 45 bis 60 Min. besichtigt. Die Höhle ist
ganzjährig ca. 10 Grad warm, d. h. an warme Kleidung und rutschfeste Wanderschuhe denken. Zudem müssen immer wieder enge Passagen durchlaufen werden.
Über Stadtteil Gornji Stenjevec erreichbar, Straßenbahn Nr. 6 oder 11, dann Bus Nr. 124. April–
Okt. Sa/So u. Feiertag (nicht Ostern) 10–16 Uhr. Letzte Führung 15:10 Uhr. Bei sehr schlechtem
Wetter bleibt die Höhle geschlossen. ✆ 01/4586-317. Eintritt: 40 KN, Stud. 25 KN, Kinder 20 KN.

Ein weitere Besonderheit ist die **Zrinski Mine** (Rudnik Zrinski), nach dem gleichnamigen Grafen benannt, der 1463 das Silberbergwerk im Medvednica-Gebirge erwarb. 1527 gingen die Rechte an reiche Zagreber über, Mitte des 18. Jh. wurde die Mine geschlossen. Heute ist Kroatiens einziges Bergwerk für die Öffentlichkeit zugänglich gemacht worden, die Führung dauert 30 Min. Die Mine ist ganzjährig 12 Grad
warm, d. h. an warme Kleidung und auch an rutschfeste Sportschuhe denken.

Ab Tomislavov dom nach Westen in Richtung Berghütte Grafičar (tägl. außer Mo 9–
21 Uhr). Ab dort wenige Meter zu Fuß
weiter und der Ausschilderung folgen.

April–Okt. Sa/So u. Feiertag (nicht Ostern)
11–17 Uhr, Juli/Aug. nur So. ✆ 01/4586-317.
Eintritt 23 KN, Studenten 20 KN, Kinder
18 KN.

Zentralkroatien → Karte S. 321

Naturpark Žumberak-Samoborske gorje

Ein beliebtes, sehr nahes Wochenendziel der Zagreber ist der bergige, waldreiche und von Schluchten durchzogene **Naturpark Žumberak-Samoborske gorje** (www. pp-zumberak-samoborsko-gorje.hr), westlich der Hauptstadt gelegen. Leicht kann man sich in dem Gewirr kleiner Straßen verfahren, sich aber auch überraschen lassen, denn die hügelige Landschaft ist beeindruckend. Der Hauptort **Samobor**, eine schmucke Kleinstadt, lädt zum ruhigen Verweilen oder einem Stopp durchaus ein.

Samobor

Das alte Weinstädtchen ist vor allem zur Zeit des Heurigen und für Sonntagsspaziergänge ein beliebtes, nur rund 20 km entferntes Ausflugsziel der Zagreber.

Samobor (37.500 Einwohner) ist das kleine touristische Zentrum der Samoborske gorje, am östlichen Rand gelegen. Die Gegend ist seit der frühen Steinzeit besiedelt, was durch Funde belegt ist. Während der Eisenzeit war Žumberak ein wichtiges Zentrum, keltische Silbermünzen, Samoborci, waren die Namensgeber. Später lebten hier die Römer. Bereits 1242 erhielt Samobor von König Béla IV. die Ernennung zum freien Marktflecken. Ab 1491 verwüsteten die Türken die Gegend bei ihren Überfällen, die sich nach und nach ansiedelnden Uskoken bekämpften diese erfolgreich.

Den Ort ziert heute ein hübscher Altstadtplatz, der *Trg kralja Tomislava I*, eingerahmt von stattlichen Häusern aus dem 18. Jh. und einem überdachten Brunnen. Sehenswert ist das **Stadtmuseum** in malerischer Lage westlich der Altstadt und über die alte überdachte Holzbrücke zu erreichen; es wurde im prachtvollen Haus des Musikers, Komponisten und Anführers der illyrischen Bewegung *Ferdo Livadić* (1798–1879) eingerichtet, der seinen deutschen Namen Ferdinand Weisner kroatisierte. Es birgt eine schön gestaltete geologische und ethnologische Sammlung, auch schöne Kristallglasexponate und das Motorfahrrad (Fa. Puch), das E-Bike von 1920 (Livadićeva 7; Di–Fr 9–15, Sa 9–13, So 10–17 Uhr).

Die große **Pfarrkirche Hl. Anastasia** (Sv. Anastazije) wurde um 1675 im Barockstil errichtet, ihre Vorgängerin stand dort bereits um 1335. Etwas höher ragt die **Franziskanerkirche Maria Himmelfahrt** empor, die zum Klosterkomplex gehört und zwischen 1712 und 1721 erbaut wurde. Sehr klangvoll ist hier die Orgel, von Johannes A. Weiner 1737 gefertigt.

Vom Städtchen aus kann man einen schönen 20-Minuten-Spaziergang, vorbei am Stadtmuseum und entlang des Flüsschens Gradna, unternehmen und weiter hoch durch Buchenwald zum Hügel Tepec wandern, wo die große **Burgruine Stari Grad** empor ragt, erbaut vom böhmischen König Otokar um 1270. Bis ins 18. Jh. herrschten an dieser strategisch guten Lage die Grafen von Celje, die Frankopanen, Tržačkis, Tahis, Erdödys, Auersbergs, Kulmers, Kiepachs und schließlich die Montecuccolis, die die Festung 1902 an die Stadt gegen Bares verkauften. Von oben genießt man einen herrlichen Blick auf Samobor, gen Sava-Tal mit Zagreb und dem Medvednica-Gebirge im Osten, auf die dicht bewaldeten Hügel im Westen sowie auf die Bäche Rudarska gradna und Lipavačka gradna, die hier unterhalb in die Gradna münden.

Auch die **Kristall-Glasfabrik**, die in Samobor seit 1839 ihren Sitz hat, lohnt einen Besuch – schöne Exponate sind zu besichtigen (Lagnova 63, ✆ 01/3367-101; Mo–Fr 8–15 Uhr).

Samobor – sonntags füllt sich der idyllische Marktplatz mit Gästen aus Zagreb

Information Tourismusverband/TIC Samobor, 10430 Samobor, Trg kralja Tomislava 5, ✆ 01/3360-044, www.tz-samobor.hr. Mo–Fr 8–16, Sa/So 9–17 Uhr.

Verbindungen Bus: Busbahnhof, Dobriše Cesarića 26 (1 km östlich der Altstadt, ca. 15-Min.-Fußweg), ✆ 01/3367-276. Im 30-Min.-Takt nach Zagreb; ca. alle 2 Std. nach Mali Lipovec.

Übernachten Pension Golubić, im Altstadtnordwesten, preiswerte, einfache Zimmer (DZ ca. 30 €) und sehr nette, etwas Deutsch sprechende Vermieter. Obrtnička 12, ✆ 01/3360-937.

»» Mein Tipp: *** Hotel-Café Livadić, 12 stilvolle komfortable Zimmer mitten in der Stadt, zudem Traditionscafé mit schöner Terrasse zum Hauptplatz und hübschem Innenhof mit Blick auf die Rundbogenfenster. Hier kommen Naschkatzen auf ihre Kosten, lecker die Cremeschnitten. Sehr guter Service. Schöne DZ/F ab 70 €, Parkplatzgebühren. Ganzjährig geöffnet. Trg kralja Tomislava 1, ✆ 01/3365-850, www.hotel-livadic.hr. **«**

*** Hotel Lavica, schöne Lage nahe Stadtmuseum, mit Restaurant und lauschigem Biergarten, Parkplätze. Einfachere DZ/F ca. 40 €. Ferde Livadića 5, ✆ 01/3368-000, www.lavica-hote .hr.

Hostel Samobor, an der Hauptstraße stadtauswärts nach Westen. Nette 2- bis 10-Bett-Zimmer (17 €/Bett), Internet, Fahrradverleih. Obrtnička 34, ✆ 01/3374-107, www.hostel-samobor.hr.

Essen & Trinken Neben einigen Brauereien rühmt sich Samobor für seine Salami, seine **Rudarska greblice** (eine Art Hefeteig-

wähe gefüllt mit Quark und Schinken oder Spinat, zudem die beliebte **Samoborska Kremšnite** (Cremeschnitten). Flüssig trumpft die Rarität **Bermet** auf, ein Dessertwein aus dem hiesigen Rotwein, verfeinert mit Früchten wie Zitronen, Johannisbeeren und dem Pelin – er wird auf Eis getrunken und schmeckt etwas nach Pflaume, Sauerkirsche und Zimt.

Es gibt viele Gasthäuser, u. a.:

Restaurant Samoborska Pivnica, hinter dem dazugehörigen Hotel am Parkplatz. Gegessen wird im großen Gewölbe des Bierkellers oder auf der Terrasse. Hier gibt es deftige regionale Küche wie kalte Platte mit hausgemachter Salami, Schinken und Käse, Forelle oder das Samoborski kotlet. Tägl. 9–23/24 Uhr. Šmidhenova 3, ✆ 01/3361-623.

Gostilna Pri Staroj Vuri, „bei der alten Uhr" sitzt man v. a. im Sommer gemütlich im lauschigen Garten und lässt sich das Samoborski kotlet oder auch Štruklj schmecken. Tägl. 11–22/23 Uhr. Giznik 2 (oberhalb der Pfarrkirche), ✆ 01/3360-548.

Gostilna Gabreku 1929, altes Gasthaus in malerischer Lage am Fluss Gradna und mit Blick auf Stari Grad, ca. 800 m westlich der Altstadt (Str. nach Mali Lipovec). Auch hier gibt es deftige Hausmannskost wie Schnitzel, Schlachtplatten. Tägl. 12–24 Uhr. Starogradska 46, ✆ 01/3360-722.

Wandern Zur **Burgruine Stari Grad** wandert man in rund 20 Min. Wer eine Rundtour machen möchte, kann von der Ruine in rund 15 Min. zur Sv. Jurja-Kapelle gelangen, indem man den Pfad ab der Burgruine nicht bergab, sondern ostwärts am Hang entlangläuft und dann nochmals ein kurzes

Stück bergan. Von der Sv. Jurja-Kapelle führt ein schöner Prozessionsweg in 10 Min. hinab zur Sv. Ana-Kapelle. In weiteren 5 Min. gelangt man ins Städtchen, geht vorbei am Privatmuseum Marton, passiert die Pfarrkirche Sv. Anastasia und erreicht wieder den Hauptplatz im Zentrum.

Samobor/Umgebung

Rund 5 km südlich von Samobor in **Rude** lohnt die *Mine (= Rudnik) Sv. Barbara* einen Besuch. Die ehemalige Kupfermine – später wurde dann auch Sederit abgebaut – arbeitete von 1210 bis 1850. Sie kann in einer 40-Min.-Führung durch den 350 m langen Stollen von Ende März bis Anfang Dezember besichtigt werden (Rude b. b., ✆ 098/185-5912 mobil, www.rudnik.hr; Sa/So und Feiertage 10–18 Uhr; Eintritt 30 KN, Kinder 7–18 J. 25 KN). Achtung, nur konstante 12 Grad!

Die Umgebung lädt zum Mountainbiken oder Wandern ein – es gibt Übersichts- und auch Wanderkarten. Lohnende, aussichtsreiche Ziele sind u. a. der höchste **Berg Japetić** mit 879 m oder der näher bei Samobor gelegene Gipfel **Oštrc** mit 752 m, der als erster „Berg" 1875 vom kroatischen Bergsteigerverband bestiegen wurde.

Der süffige Rotwein Plešivica gedeiht an den abfallenden Südhängen der knapp 800 m hohen *Berge Plešivica* mit dem gleichnamigen Hauptort **Plešivica**, der rund 15 km südlich von Sambor liegt. Weitere 7 km südlich erreicht man über die malerische hügelige Weinstraße, wo aber auch viele Obstbäume gedeihen, den Ort **Jastrebarsko**, nahe der Autobahn A 1.

Übernachten/Essen   Weingut Krežimir Režek, die Winzerfamilie zählt zu den ältesten dieser Region, hier kann man Wein verkosten, alles über Weinanbau lernen; zudem Zimmervermietung und gute Hausmannskost. Plešivica 39, ✆ 01/6294-836, www.rezek.hr.

**** Obitelj Kolarić, hübsches Weingut, wo man nach Bestellung auch essen kann und vor allem wunderbar nächtigen. DZ/F ca. 50 €. Hrastje Plešivičko 24, ✆ 01/6281-865, www.kolaric-vina.hr.

🥾 **Wanderung 17:**
Samoborsko gorje – zum Aussichtsberg Japetić   → S. 442
Mittelschwerer Rundweg durch satten Buchenwald zum Gipfel mit Weitsicht.

Samobor – ein Spaziergang hinauf nach Stari Grad lohnt

Die Zagorje

Auch das Zagreber Umland birgt reichhaltiges Kulturgut und landschaftliche Schönheiten – Hügellandschaft, Weinberge, Mittelgebirge und Schwemmland, unzählige Burgen und Schlösser und viele malerische Dörfer – per Mountainbike und auf Wanderwegen gut zu erkunden.

Nördlich von Zagreb und dem Medvednica-Gebirgszug, zwischen den Autobahnen A 2 und A 4, liegt das Bauernland **Zagorje**, was ebenfalls „hinter den Bergen" bedeutet (za gorom) – eine sanft bewaldete Hügel- und Berglandschaft, die im *Ivanščica-Bergzug* bis auf 1060 m ansteigt, durchsetzt von Weiden, Feldern, Obstgärten, Weinbergen und Wiesen, auf denen Wildblumen gedeihen. Der Verwaltungsbezirk dieser Region ist seit 800 Jahren Krapina. Die Landschaft mit den hübschen Holzhäusern und Barockbauten, den Zwiebelhauben-Kirchtürmen, den weißen Türmen zahlreicher alter Schlösser und vor allem die Küche Zagorjes erinnern stark an Österreich. In diesem malerischen Ambiente ließ sich der Dichter *Mihanović* für die kroatische Nationalhymne „Unser schönes Vaterland" inspirieren, auch *August Šenoa* fand hier seine Inspiration und die Schriftstellerin und erste kroatische Journalistin *Marija Jurić Zagorka* wählte gar den Beinamen wegen der Liebe zu dieser Landschaft und ihren Bewohnern. Zagorje ist mit mildem Klima gesegnet, zudem gibt es eine Reihe altbekannter Kurorte mit rund 15 heilsamen Thermalquellen, u. a *Tuheljske Toplice, Krapinske Toplice, Sutinske Toplice* und *Stubičke Toplice*.

Die hügelige Region eignet sich außerdem hervorragend für den Weinanbau, verschiedenste Weiß- und Rotweine gedeihen an den Hängen, darunter sehr alte autochthone Sorten wie *Stara krapinska belina* (Alter Krapiner Heunisch weiß), *Začretska belina* (Heunisch weiß aus Sveti Križ Začretje), der *Starohorvatska črnina* (auch Kavčina genannt, ein blauer Kölner) oder *Sokol* (Gelbe Seidentraube), ein Muskateller. Auch die Küche ist sehr schmackhaft, v. a. das Hefeteiggebäck, süß oder pikant: u. a. *Jutartica* (Strudelteig gefüllt mit Mohn, Walnuss, Quark), *Moja roža* (Quarkkuchentörtchen, ähnlich einer Rose), *Seljačka pita* (ein pikanter Kuchen mit Brennnesseln und Quark); ebenso schmackhaft Gerichte mit Pute, Schwein oder Wild. **Tourismusverband der Region Zagorje**, www.visitzagorje.hr.

Am Nordostrand der Zagorje, ca. 85 km von Zagreb entfernt, liegt die überaus hübsche, barocke Bezirksstadt **Varaždin** (→ Varaždin, S. 361).

Von Zagreb nach Krapina

Kloster Lužnica: Bei Zaprešić, ca. 20 km nordwestlich von Zagreb (A 2, Ausfahrt Zaprešić), liegt das Kloster, das der Ordensgemeinschaft *Barmherzige Schwestern Hl. Vinzenz von Paul* gehört, die sich seit ihrer Gründung im Elsass 1734 auch im deutschsprachigen Raum ausbreiteten. Die Ordensgemeinschaft in Kroatien, mit Zweigstellen neben Zagreb auch in Rijeka und Split, kamen um 1845 aus Tirol. Seit 1856 waren sie in Zagreb tätig, arbeiteten in Krankenhäusern, Schulen, Altenheimen und Kindergärten, die sie z. T. selbst gründeten. Das heutige große *Kloster Lužnica* entstand, als der deutsche Baron Rauch im Spätbarock einen kleineren Vorgängerbau zu einem Schloss umbauen ließ – das einzige erhaltene Dokument ist von 1761 und wird in der Kapelle aufbewahrt. 1925 kauften die Barmherzigen Schwestern dieses Schloss außerhalb von Zagreb für Verwaltungszwecke, renovierten

Zentralkroatien → Karte S. 321

es und erweiterten den Komplex mit einem Neubau für ein Bildungszentrum (auch Übernachtungsmöglichkeiten bei Seminaren) in Zusammenarbeit mit der Diözese Freising. Das Kloster ist nach englischem Vorbild von einem Landschaftspark von 18 ha umgeben, hat einen See und 35 ha Wald. Rund 30 gut organisierte Nonnen bewohnen das Kloster. Im kleinen Souvenirladen gibt es Liköre und Tees.

Besichtigung: Sa/So 14 Uhr bis Sonnenuntergang. **Schlossführung**: So um 16 Uhr (nur kroatisch), auf Deutsch nach tel. Vereinbarung. Lužnički odvojak 3, 10290 Zaprešić, ✆ 01/3350-944, ✆ 099/2473-124 (mobil, Schwester Berislava Grabovac, deutschsprachig), www.luznica.hr.

Marija Bistrica: Etwa 41 km nordöstlich von Zagreb an den Abhängen des Medvednica liegt einer der bedeutendsten Wallfahrtsorte Kroatiens. Seit dem 16. Jh. wird hier die „Schwarze Madonna", eine Holzstatue der Muttergottes mit Jesuskind verehrt, die als wundertätig gilt. Bei einem Brand im Jahr 1880 wurde die Kirche bis auf den Altar mit der Statue zerstört. Unter den Architekten Schmidt und *Hermann Bollé* (→ Zagreb) wurde sie wieder aufgebaut und zu einem großen Komplex erweitert. 1923 erhielt die Kirche unter Papst Pius XI. den Titel einer Basilika minor. Papst Paul II., dessen Büste 2003 hier errichtet wurde, sprach 1998 an diesem Ort Kardinal Stepinac selig.

Tuheljske Toplice: Schon in der Antike wurde diese Therme genutzt. Der Kurkomplex liegt 48 km nordwestlich von Zagreb und ist über die A 2 (Ausfahrt Zabok) erreichbar. Hier kann man Rheumaleiden lindern, bei Massagen und in Saunen sowie im Spabereich entspannen und in der groß angelegten Wasserlandschaft planschen. Ganz in der Nähe liegt das Schloss **Dvorac Mihanović** aus dem 18. Jh., das 1983 zu einem schönen Schlossrestaurant umgebaut wurde. Ebenso sehenswert und nahe an der Autobahn gelegen (Ausfahrt Zabok) ist das Schloss **Dvorac Gjalski** aus dem Jahr 1700.

Therme   Therme Tuhelj, 49215 Tuhelj, ✆ 049/203-000, www.terme-tuhelj.hr.

Übernachten/Essen   Hier liegen auch das moderne **** **Hotel Well** und das **Hostel Vila**, zudem der hübsche **Campingplatz Tuhelj** (April–Okt.).

Dvorac Mihanović, gleiche Ltg. wie Therme; das Schlossrestaurant bietet beste traditionelle Zagorje-Küche und exzellente Weine. Tägl. 11–23 Uhr. Ul. Ljudevita Gaja 4, ✆ 049/556-224.

*** **Dvorac Gjalski**, in Alleinlage idyllisch auf einem Hügel mit wunderbarer Terrasse. In dem im Jahr 1700 erbauten Schloss gibt es 19 Zimmer (DZ/F 78 €), einen hübschen, in Dunkelviolett gehaltenen Speiseraum und einen riesigen Keller, einst als Diskothek und heute für Hochzeiten genutzt. Speziali-täten sind Steakgerichte, Lungenbraten Gjalski oder Lamm. Es gibt gute Weine. Als Stopp ein lohnender, ruhiger Platz. Gredice Zaboče 7, ✆ 049/201-100, www.dvorac-gjalski.hr.

》》 Mein Tipp: **Klet Kozjak**, kurz nach der Ausfahrt Začretje und dem Outletcenter Roses (→ Zagreb), in Alleinlage auf einem Weinhügel. Schöner Neubau mit altem Inventar, Terrassen, Innen- und Kellerräume. Hier gibt es gute Küche und Weine aus eigenem Anbau. 8 hübsche Zimmer und 2 Appartements werden vermietet. DZ/F 63 €. Ganzjährig geöffnet. Sv. Križ Začretje, Kozjak 18 a, ✆ 049/228-800, 098/55-414 (mobil), www.klet-kozjak.hr. 《《

Kumrovec: 55 km nördlich von Zagreb (Anreise wie Tuheljske Toplice) liegt der winzige Ort an der Grenze zu Slowenien und am ruhigen, zum Angeln einladenden Fluss Sutla. Kumrovec ist der Geburtsort des langjährigen jugoslawischen Staatspräsidenten *Tito* (1892–1980). Sein Geburtshaus sowie weitere Häuser im Ort wurden zum *Freilandmuseum Staro selo* umgestaltet. Am Tag der Jugend, dem 25. Mai, sollte man die Anlage meiden, aus ganz Kroatien kommen dann Jugendliche mit Bussen zur Besichtigung.

Muzej Staro selo, 49295 Kumrovec, ✆ 049/225-830, www.mss.mhz.hr. April–Sept. tägl. 9–19 Uhr; März u. Okt. tägl. 9–16, Sa/So bis 18 Uhr; Nov.–Febr. tägl. 9–16 Uhr. Eintritt 20 KN, Kinder 10 KN.

Veliki Tabor: Die malerische alte Festung liegt nördlich von Kumrovec, ebenfalls fast an der slowenischen Grenze (ca. 28 km westlich von Krapina). Schon im 2. Jh. von Römern bewohnt, stammt ihr heutiges Aussehen aus dem 15./16. Jh. Bauherren waren die Grafen Rattkayi, die die Burg im gotischen Renaissancestil errichten ließen, einzigartig in Zentralkroatien. Die Burg mit ihren ca. 3000 m² birgt einen herrlichen Arkadenhof, Holzbrückchen, Kachelofen mit Motiven der Meerjungfrau, sogar eine Toilette aus dem 16. Jh. Seit 2000 wurde die Burganlage aufwändig restauriert und steht nun seit 2011 mit ihrem hübsch gestalteten Museum auf der UNESCO-Liste. Beim jährlich stattfindenden Mittelalterfest (Samstag um den 14. Sept.) wird die Legende um die schöne Veronika Desinić nachgespielt, die sich in einen Cilli-Grafen verliebte und damit dem Vater widersetzte. Sie soll hier eingemauert worden sein, während ihr Liebhaber, im Turm eingesperrt, den Hungertod starb. Mehr Leichtigkeit versprechen da die jährlich stattfindenden Filmfestspiele in der ersten Juliwoche (www.taborfilmfestival.com).

Grad Veliki Tabor, Desinić, ☏ 049/343-963, www.veliki-tabor.hr. April–Sept. Di–Fr 9–17, Sa/So bis 19 Uhr; Okt. u. März Di–Fr 9–16, Sa/So bis 17 Uhr; Nov.–Febr. Di–So 9–16 Uhr; montags, Ostern u. Weihnachten geschlossen. Eintritt 20 KN, Kinder 6–18 J./Stud. 10 KN.

Essen & Trinken » Mein Tipp: Gostiona Grešna Gorica, ca. 1 km vor Veliki Tabor, auf einem Hügel gegenüber der Burg gelegen. Es gibt schmackhafte traditionelle Hausmannskost (u. a. Salami, Blutwürste, Frischkäse, Kalbs- u. Putensteaks, Hirschgulasch und Zagorje-Strudel) und leckeren Wein – alles aus eigener Produktion. Ganzjährig 9–22 Uhr (im Winter 10–20 Uhr). Desinić, ☏ 049/343-001. «

Krapina: Krapina ist das Verwaltungszentrum der Zagorje und liegt an der A 2 (ca. 70 km nördlich von Zagreb). Der Ort ist zudem Geburtsstadt von *Ljudevit Gaj* (1809–1872), der als Begründer des kroatischen Schriftwesens und eines Nationalgefühls gilt. Der kleine Kurort mit der Therme *Krapinske Toplice* (www.aquae-vivae.hr) hat neben den Überresten einer mittelalterlichen Festung noch einiges zu bieten, u. a. die *Pfarrkirche Sv. Nikola* von 1311, erhalten blieben Gefäße und Reliquien aus dem 17. bis 19. Jh. sowie das barocke *Franziskanerkloster*

Veliki Tabor – die mächtige Burganlage wurde bestens restauriert

Zentralkroatien → Karte S. 321

mit der Kirche Sv. Katarina, das 1641 Ana Marija Keglevič-Erdödy und ihr Bruder gründeten.

Rund 1,5 km oberhalb des Städtchens, in *Trški vrh*, steht die große *Wallfahrtskirche der Muttergottes von Jerusalem* (Crkva Majke Božje Jeruzalemske). Sie wurde im Achteck befriedet und mit Arkadengängen versehen, wo kleine Kapellen und Deckengemälde zu sehen sind – leider bröckeln die Farbe und der Putz, das liebe Geld fehlt auch hier. In der Mitte des Ensembles prunkt die herrliche, um 1750 erbaute Kirche, im Innern üppig im Barockstil ausgeschmückt, mit der wundertätigen Marienstatue, die von Jerusalem hierher gebracht wurde, steht.

Öffnungszeiten der Kirche: Sie ist meist verschlossen, die ältere Dame Fr. Antuna Gumbasa öffnet die Pforten (gegenüber im gelben Haus läuten oder ✆ 049/370-285) oder beim Pfarramt nachfragen: Di–Fr 9–10.30/16–16.45 u. Sa 9–10.30 Uhr.

Interessant und mit modernster Technologie ausgestattet ist das *Museum der Neandertaler*. Im Neubau mitten in der Natur wird auf 1200 m² die Besiedlung zu prähistorischen Zeiten dokumentiert, Funde werden präsentiert, zudem gelangt man auf Spazierwegen hinauf zum Hügel Hušnjakovoa – ein weltweit bedeutender Neandertaler-Fundort.

Museum Muzej krapinski neandertalaca, Šet. Vilibalda Sluge b. b., ✆ 049/371-491, www.mkn.mhz.hr. April–Sept. tägl. 9–19 Uhr (Juli/Aug. bis 18, Sa/So bis 19 Uhr); März u. Okt. tägl. 9–18 Uhr; Nov.–Febr. tägl. 9–16 Uhr (Sa/So bis 17 Uhr); montags, Ostern u. Weihnachten geschlossen. Eintritt 50 KN, Kinder 25 KN.

Information Tourismusverband, 49000 Krapina, Magistratska ul. 11, ✆ 049/371-330, www.tzg-krapina.hr. Mo–Fr 7–15 Uhr.

Die Wallfahrtskirche in Trški vrh

»› Weiterfahrt nach Varaždin: Lohnenswert ist die Fahrt in Richtung Kreisstadt Varaždin (insg. ca. 55 bis 59 km je nach Route) durch prachtvolle Buchenwälder, verbunden mit dem Besuch u. a. des Schlosses Trakošćan. Am besten über die A 2 bis Gornji Macelj (Grenzort zu Slowenien), dann über die N 508 bis Trakošćan – eine landschaftlich reizvolle Strecke. Weiter über Lepoglava oder über Donja Voća gen Varaždin (→ Varaždin und Varaždin/Umgebung).

»› Übernachten/Essen   »› Mein Tipp: *** Touristfarm Vuglec Breg, ca. 5 km westlich von Krapina, auf einem Hügel zwischen Obstbäumen und Wiesen mit herrlichem Weitblick, stehen auf dem 12-ha-Gelände die liebevoll restaurierten Holzhäuser, teils noch schilfgedeckt, wo man bestens nächtigen kann. Das Restaurant verwöhnt mit lokalen Produkten und hauseigenem Wein, von der Terrasse schweift der Blick auf die hügelige Landschaft. Pferdestall, Tennis, Kinderspielplatz, Fahrradverleih. Es gibt Zimmer (DZ/F ab 71 €) und Appartements (ab 85 €), eines mit eigener Sauna und kleinem Pool (DZ/F 145 €). Škarićevo 151, 49224 Škarićevo-Krapina, ✆ 049/345-015, www.vuglec-breg.hr. «‹

Varaždin

Die Barockstadt mit ihrer hübschen Burg, ihren idyllischen Gassen und Plätzen mit einladenden Cafés lohnt einen Besuch nicht nur zum Špancir-Fest. Sie ist das wirtschaftliche und kulturelle Zentrum Nordkroatiens. Die hügelige, grüne Umgebung und die nahe Drava bieten sich für schöne Wander- und Radtouren an.

Die malerische 47.000 Einwohner-Stadt (mit Gemeinden 176.000) mit ihrer bestens erhaltenen Bausubstanz ist Operettenfreunden aus „Gräfin Mariza" von Emmerich Kálmán bekannt. Eines ihrer Wahrzeichen sind die blau uniformierten Wachsoldaten, die Purgari oder Grenadiere, die bei Festivitäten heute noch ihren Auftritt haben. 20 Jahre lang, von 1756 bis 1776, war Varaždin auch Hauptstadt Kroatiens. Heute zählt die Verwaltungsstadt Varaždin neben Zagreb zu den wirtschaftlich gut aufgestellten Städten Kroatiens. Es gibt Bekleidungs-, Lebensmittel- und metallverarbeitende Industrie und eine Freihandelszone, wo sich etliche Firmen angesiedelt haben. Urlauber erreichen die Kleinstadt in nur 70 Minuten über die A 4 von Zagreb (85 km nordöstlich).

Der Altstadtkern mit ausnehmend hübschen Gassen prunkt mit Barockbauten, prachtvollen Kirchen und Palästen, einem parkähnlichen Friedhof und dem beliebten Fotomotiv, der großen **Renaissanceburg** – ein ehemals wichtiges Bollwerk zur Türkenabwehr. Im 15. Jh. war die Burg Sitz der Cilli-Grafen (Celje), ab 1585 wohnten hier die ungarischen Grafen Erdödy und bauten nach allen Seiten auch mit Türmen an, zudem umgab damals ein Wassergraben die Anlage. Heute ist die *Burg* (Stari grad) trocken gelegt und nur noch von Erdwällen umgeben, auf denen Kinder tollen. In der Burg residiert das **Stadtmuseum**; gezeigt werden u. a. Möbel, Kunsthandwerk, Waffen. Neben dem Stadtmuseum in der Burg gibt es noch die dazugehörigen Zweigstellen (s. u.).

Gradski muzej, Strossmayerovo šet. 7, ☎ 042/658-754. April–Sept. Di–So 10–18 Uhr; Okt.–März Di–Fr 10–17 Uhr, Sa/So bis 13 Uhr; Mo/Feiertag geschlossen. Eintritt 25 KN, Kinder und Stud. 15 KN.

Dominanter Mittelpunkt in der Barockstadt Varaždin – die Renaissanceburg Varaždin

Zentralkroatien → Karte S. 321

Im barocken **Sermage Palast** werden „Alte Meister" (vom 15. bis Ende 19. Jh.) und „Kroatische Meister des 20. Jh." gezeigt (Palače Sermage, Trg Miljenka Stančića 3, ✆ 042/214-172; geöffnet wie Burg; Eintritt 15 KN, Kinder und Stud. 10 KN).

Der klassizistische **Palast Herczer** wurde 1791 von der gleichnamigen Familie, die durch Postgeschäfte reich wurde, erbaut. Hier ist eine reichhaltige Insektensammlung zu besichtigen (Palača Herczer, Franjevački trg 6, ✆ 042/658-760; geöffnet wie Burg; Eintritt 15 KN, Kinder und Stud. 10 KN).

Die nette Privatgalerie **Goldener Engel** zeigt zeitgenössische Kunst in den Bereichen Malerei, Fotografie, Bildhauerei (Zlatni Ajngel, Gajeva 15; Di–Fr 17–20, Sa/So 10–13 Uhr).

Ein Brand um 1700 schädigte das aus dem 15. Jh. stammende, mit Uhrturm versehene **Rathaus** (Vijećnica, Trg kralje Tomislava), das man 1793 wieder aufbaute – es ist immer noch der Stolz der Stadt; zudem sitzt man hier auch bestens in einem der Cafés. Das *Theater am Park* (Trg slobode) baute Hermann Helmer 1873.

Einen Besuch lohnt auch der unter Denkmalschutz stehende **Friedhof** (Groblje) mit seinen prachtvollen Grabmälern, die von kunstvoll geschnittenen Hecken und Bäumen eingefasst sind, wie Inseln der Ruhe. Er wurde 1773 wie ein Landschaftspark angelegt und befindet sich ca. 600 m westlich der Burg (Hallerova aleja/Ul. Ratimira Hercega).

Nicht nur beim jährlichen *Špancir-Fest,* das sich über die gesamte Altstadt ausdehnt, wirkt Varaždin quirlig – auch sonst sind die netten Cafés auf lauschigen Plätzen, wie dem Trg kralja Tomislava mit Rathaus oder dem Trg M. Stančića mit Burgblick, gut besucht.

Wer baden möchte, fährt zum 3 km entfernten **Varaždinsko jezero**, einem Stausee bei Gornji Kuršanec oder nach Varaždinske Toplice (s. u.).

Varaždin – der hübsche Hauptplatz Trg kralja Tomislava mit Rathaus

Basis-Infos

Information Touristinformation TIC, 42000 Varaždin, Ul. Ivana Padovca 3, ✆ 042/210-987, www.tourism-varazdin.hr und www. turizam-vzz.hr (Region). Mitte April–Sept. Mo–Fr 8–18, Sa 10–17 Uhr; sonst Mo–Fr 8–16, Sa 10–13 Uhr.

Verbindungen Bus: stündlich mit Zagreb (1:20 Std., ca. 80 KN). Busbahnhof, Zrinskih i Frankopana b. b., ✆ 042/407-888.

Zug: im 2-Std.-Takt mit Zagreb, jedoch langsam (2:30–3 Std.!, 65 KN). Kolodvorska 17, ✆ 060/333-444.

Veranstaltungen Barockmusik-Abende, 2 Wochen (letzte Sept.- u. 1. Okt.-Woche). In Kirchen und auch in der Burg.

Špancir-Fest (www.spancirfest.com), 10 Tage, 3. Aug.-Woche. In der gesamten Altstadt werden an Buden Kunsthandwerk und kulinarische Köstlichkeiten angeboten, zudem kann man in die Handwerksläden blicken. Auf unzähligen Bühnen verschiedenste Musik- u. Theateraufführungen.

Übernachten/Essen & Trinken/Nachtleben

Übernachten *** **Pension Maltar,** familiär und gut geführt, südlich des Theaters, mit Zimmern, Appartements und netter Terrasse zum Frühstücken; Gratis-Parkplätze am Haus. DZ/F 65 €. Ul. Franca Prešerna 1, ✆ 042/311-100, www.maltar.hr.

*** **Hotel Turist,** am Rande der Altstadt. 104 Zimmer, zweckmäßig modernisiert, mit Restaurant, Bar, Internet und Gratis-Parkplätzen. DZ/F ab 62 €. Aleja kralja Zvonimira 1, ✆ 042/395-395, www.hotel-turist.hr.

**** **Hotel Istra,** nettes renoviertes Altstadthaus von 1911, einst das Grand Hotel Novak, mit 1 gut ausgestatteten Zimmern, WiFi, Restaurant und Café; keine eigenen Parkplätze DZ/F ab 80 €. Ul. Ivana Kukuljevića 6, ✆ 042/659-659, www.istra-hotel.hr.

»»» Mein Tipp: **** **Hotel Park Boutique,** gelungener Neubau am Jatrosvlav-Jagić-Park mit 11 ansprechenden Zimmern (bis 4 Pers.), sehr gutem Restaurant und Café mit Terrasse ins Grüne sowie kleinem Wellnesscenter, WiFi; eigene Parkplätze in der Tiefgarage. DZ/F ab 10€ €. Ul. Juraja Habdelića 6, ✆ 042/420-300, www.park-boutique-hotel.eu. ««

Hostel Varaždin (Studenski dom), im gelben langgezogenen Bau (auch Wohnheim) östlich der Stadt. Insg. 158 Zimmer (1–3 Betten, alle mit DU/WC, Internet, Kühlschrank); es gibt 6 Küchen, Wasch- u. Trockenraum und Parkplätze. EZ 27 €, DZ 40 €. J. Merlića, ✆ 042/332-910, www.hostel.hr.

Essen & Trinken »»» Mein Tipp: Restaurant **Verglec,** gemütlich und gut, mit Innenhof. Es gibt traditionelle Gerichte, gebratene, gefüllte Ente mit Buchweizensterz, Kalbsfleisch aus dem Tontopf, gefüllten Truthahn mit *Mlinci,* Suppen, Süßwasser- und Meeresfisch, Quarkstrudel oder Maisgrütze mit Walnüssen, zudem hausgemachtes Brot. Tägl. 10–22 (Fr/Sa bis 24), So/Feiertag ab 12 Uhr. Ul. Silvija Strahimira Kranjčevića 14, ✆ 042/211-131. ««

Restaurant Bedem, Liebhaber der feinen, kreativen Küche werden hier fündig. Von 10–15 Uhr gibt es zudem preiswerten Mittagstisch. Von der überdachten Terrasse blickt man ins Grüne und auf die Burg. Tägl. 10–23 Uhr. Vladimira Nazora 9, ✆ 042/557-545.

Kavana Grofica Marica, im hübschen Altstadthaus am Rathausplatz gibt es leckere Kuchen, Torten, Eiscreme sowie eine eigene Schokoladenmanufaktur. Tägl. 7–22 Uhr. Trg kralja Tomislava 2.

Vila Donata & Restaurant Zlatne Gorice, ca. 6 km südlich in Richtung Varaždinske Toplice liegt das hübsche Weinschlösschen mit Weitblick. Auf der Terrasse oder im Wintergarten speist man traditionell und gut, u. a. Buchweizensterz, Kalbsrouladen, hausgemachte Pasta und u. a. Gibanica, dazu trinkt man süffigen Hauswein. Auch Zimmervermietung. Tägl. außer Mo 12–22 (Fr/Sa bis 23), So bis 20 Uhr. Fam. Jambriško, Banjščina 104, Turčin, ✆ 042/666-054, www.zlatne-gorice.com.

Kneginečka hiža, ca. 7 km Richtung Varaždinske Toplice. Hier gibt es gute Hausmannskost, u. a. deftige Suppen, Schlachtplatte, gefüllten Truthahn, Strudel. Mo–Fr

10–22, Sa 11–23, So 11–22 Uhr. Toplička 136, Gornji Kneginec, ☎ 042/631-925.

Cafébars/Nachtleben   Rund um den idyllischen Altstadtplatz Trg Miljenka Stančića (kurz vor der Burg) gibt es eine Reihe von Cafébars, u. a. **My Way**, die tagsüber und abends gut besucht sind.

Medina Škrinja, schöne Lage am südlichen Stadtparkrand auf der Terrasse und im Ge-wölbekeller des Palastes Zakmardy, Ende des 17. Jh. erbaut. Im bunt angestrahlten Keller gibt es u. a. Bier, Cocktails, Events und Konzerte. Tägl. ab 7/8–24, Fr/Sa bis 3 Uhr. Ul. Juraja Habdelića 4, ☎ 042/350-894.

Bard Varaždin, beliebter Nachtclub, Cafébar und Musikkeller für Konzerte etc. Tägl. ab 8 Uhr. Ul. Ivana Kukuljevića Sakcinskog 13.

Varaždin/Umgebung

Ludbreg: Die strategisch günstige Lage ca. 27 km östlich von Varaždin nutzten bereits die Römer und nannten ihr Castrum *Iovia*. Seit über 600 Jahren ist Ludbreg ein bekannter *Wallfahrtsort*. 1411 sollen Priester gesehen haben, wie sich der Wein im Abendmahlskelch in Blut verwandelte. 1513 wurde dieses Wunder durch Papst Leo X. und die Kirche anerkannt. Der Kelch wird heute im Pfarramt aufbewahrt. Die Pilgerstätte mit neuer Kirche und Kreuzweg liegt östlich vom Schloss (s. u.), an der Ul. Kardinala Alojzija Stepinca. Hübsch anzusehen ist auch die Pfarrkiche *Sv. Trojstva* mit Arkadengang. Sie wurde bereits 1334 erwähnt und einige Male umgebaut, ihr heutiges Aussehen ist von 1829. Im Zentrum steht das hübsche *Schloss Batthyány*. Um 1320 soll hier eine Burg gewesen sein, die bereits in der Zeit der Osmanenangriffe ausgebaut wurde. Ende des 17. Jh. bezog das Adelsgeschlecht der Batthyány die Burg, die nächsten Generationen bauten sie zu einem prunkvollen Barockschloss um. Außerdem fühlt sich Ludbreg als zumindest europäischer Mittelpunkt, was man am hübsch gepflasterten Hauptplatz sehen kann; durch die teils gleichen Entfernungen zu den Hauptstädten Wien und Budapest (je 225 km) kamen die Stadtväter zu dieser Überzeugung und verewigten diese im Pflaster.

Varaždinske Toplice: Der Kurort liegt rund 16 km südlich von Varaždin im grünen Hügelland und ist bekannt für seine Schwefelquellen mit einer Temperatur von konstanten 58 Grad. Schon unter den Römern war die Quelle als *Aquae Isae* bekannt und wurde genutzt, was Ausgrabungen mit der Freilegung von Becken, Mauern, Forum und der Skulptur der Göttin Minerva bezeugen.

Information   Touristinformation, 42223 Varaždinske Toplice, Trg slobode 16, ☎ 042/633-133, www.toplice-vz.hr. Mo–Fr 8–16 Uhr.

Übernachten/Essen   Es gibt einige Privatpensionen (s. a. Varaždin).

Restaurant Vila Toplissa, hier wird der Gaumen mit bester Zagorje-Küche verwöhnt; vom Wintergarten oder der Terrasse fällt der Blick weit über die grüne, hügelige Landschaft und die Weinberge unterhalb. Tägl. außer Mo 11–22/23 Uhr. Vinogradska 20 a, ☎ 042/601-780.

Lepoglava: Rund 30 km westlich von Varaždin hat der Paulaner-Orden ein großes Kloster. Die Fresken sollen freigelegt, die Räume renoviert werden. Das gegenüberliegende, einst zum Kloster gehörige große Gebäude haben einige Berühmtheiten wie Tito, Kardinal Stepinac und Stipe Mesić bereits von innen besichtigt, mussten aber länger bleiben: Es ist Kroatiens größtes Gefängnis. Hübsch dagegen sind die Spitzen *(čipka)* aus Lepoglava anzusehen (Galerie im Tourismusverband), die zum Weltkulturerbe erklärt wurden. Vor allem beim internationalen *Spitzenfestival* im September kann man diese Klöppelkunst bewundern.

Tourismusverband Lepoglava, 42250 Lepoglava, Hrvatskih pavlina 7, ☎ 042/770-427, www.lepoglava-info.hr. Mo–Fr 8–15 Uhr.

Schloss Trakošćan liegt malerisch am See und eingebettet im Waldpark

Dvorac Trakošćan: rund 40 km westlich von Varaždin, nahe der slowenischen Grenze. Wer von der A 2 (Grenzort Gornji Macelj) kommt, fährt rund 20 km ein kurvenreiches Sträßchen, das sich durch üppigen, prachtvollen Laubwald auf ca. 600 m hoch zum Schloss windet – wir durchfahren das Naturschutzgebiet des *Parkwaldes Trakošćan* mit einer Fläche von 450 ha. Das prachtvolle Schloss, einst als Jagd- oder Sommersitz gedacht, steht auf der Hochebene idyllisch auf einem Hügel, Neuschwanstein von der Ferne nicht unähnlich. Zu Füßen ein großer See, umgeben von alten Buchenwäldern – es zählt zu den schönsten kroatischen Schlössern und lohnt auf jeden Fall einen Stopp. Trakošćan wurde in der 2. Hälfte des 13. Jh. als Kontrollposten der hier durchlaufenden Handelswege (Ptuj–Bednja-Tal) errichtet. Es gab einige Besitzer, prägend war allerdings die wohlhabende Adelsfamilie *Drašković*, die hier ab 1584 fast 400 Jahre residierte. Im 18. Jh. verwahrloste die Burg, nach einem Besuch Titos um 1952 veranlasste dieser die Renovierung und Umgestaltung zum Museum. Auf vier Stockwerken und ca. 1200 m² kann man wertvolles Mobiliar aus dem 19. Jh. in verschieden eingerichteten Salons bewundern, ebenso Gemälde.

Die Parkanlage mit dem großen See um das Schloss und seine Nebengebäude umfasst rund 87 ha und steht nochmals unter besonderem Schutz. Zum Spazierengehen laden markierte Wege mit Infotafeln rund um den See ein, zudem gibt es auch einen Ruderbootverleih.

Dvorac Trakošćan, Trakošćan 1, 42253 Trakošćan, ✆ 042/796-281, www.trakoscan.hr. Tägl. 9–18 Uhr (Nov.–März bis 16 Uhr). Eintritt 30 KN, Kinder/Stud. 15 KN, Vorschulkinder 10 KN. Bistro **(s. u)**.

Essen/Übernachten **Bistro Trakošćan,** unterhalb des Schlosses beim Eingang, alter hübscher Innenraum, Biergarten. Einfache Gerichte, Kaffee und manchmal Kuchen. Das Bistro hat jeweils morgens und abends eine Stunde länger geöffnet als das Schloss, zudem Sa/So (April–Okt.) 8–21 Uhr.

**** Hotel Trakošćan, modernes, angenehmes Hotel auf dem Hügel gegenüber dem Schloss. Gemütliche, gut ausgestattete Zimmer, Restaurant, Innenpool, Spa-Bereich. DZ/F ab 60 €. Ganzjährig. Trakošćan b. b., ✆ 042/440-800, www.hotel-trakoscan.hr.

Guesthouse Tonkina kuća, Holzhaus in idyllischer Lage ca. 3 km westlich des Schlosses (Richt. Autobahn). Es gibt 2- bis 4-Bett-Zimmer mit Terrassen und eine Gemeinschaftsküche. Ab ca. 57 €. Brezova Gora 1/i, ✆ 091/2353-400 (mobil).

Regionen Međimurje, Podravina und Prigorje

Die nördlichste Spitze Kroatiens, das kleine Halbrund im Grenzgebiet zu Slowenien und Ungarn zwischen dem breiten Fluss Drava und der schmaleren Mura, die bei Donje Dubrava in die Drava mündet, heißt Međimurje (www.visitmedimurje. com). Zum Schutz der Flussauen wurde der *Regionalpark Mura-Drava* gegründet (www.medjimurska-priroda.info), er wurde auch auf der *Natura 2000* gelistet. Das Gebiet um diese Flüsse kann man bestens und grenzüberschreitend auf den ausgeschilderten *Drau- und Mura-Radwegen* erkunden (www.mura-drava.eu). Mitten drin liegt der Hauptort dieser Region, das Städtchen **Čakovec** (s. u.).

Südlich von Čakovec bzw. östlich von Zagreb liegt die Region **Podravina** mit dem Hauptort **Koprivnica** und den nahen Dörfern **Hlebine** und **Đurđevac**. Diese dörfliche Gegend nahe der Drava-Auen, von Kanälen und Feldern durchzogen, ist die Heimat der Naivmaler und des Hahnes als Symbol. Die Landschaft mit ihren hübschen Holzhäusern, das einfache Leben der Bauern und Fischer, deren Feste und auch ihr Leid inspirierten die Naivmaler. Etliche Maler gruppierten sich, einige errangen Weltruhm.

Südwestlich folgt das Städtchen **Križevci**, das man schon zur Region **Prigorje** zählt. Es ist bedeutend wegen seiner zahlreichen Kirchen und auch wegen seines Weines, der an den Abhängen des Kalnik-Bergzuges wächst, wo die großen Festungsruinen **Veliki Kalnik** stehen. Fast schon an der Grenze zu Slawonien liegt die hübsche Verwaltungsstadt **Bjelovar**.

Čakovec

Die beschauliche Kleinstadt mit ihren 17.000 Einwohnern (mit Gemeinden 27.000) liegt 15 km nordöstlich von Varaždin und ist Verwaltungszentrum der Međimurje.

Im kleinen Altstadtzentrum dominiert die große Burganlage, zudem gibt es Textil- und Baustofffabriken und eine Philosophische Fakultät. Nicht verwunderlich, denn nahe Čakovec, in Donji Kraljevec, ist der Anthroposoph *Rudolf Steiner* geboren (1861–1925), sein Geburtshaus kann besichtigt werden (Ludbreška 13, www. center-rudolf-steiner.com).

Persönlichkeiten zeigten sich einst auch bei einem Stopp des legendären Orient-Expresses, hier fuhr 1860 Kroatiens erste Eisenbahn auf der Linie Ptuj–Budapest. Wichtigste Sehenswürdigkeit der Stadt ist allerdings die große Burg **Grad Zrinskih**, in der ersten Hälfte des 14. Jh. erbaut und mit einem Graben sowie einer großen Parkanlage umgeben. Sie beherbergt das *Regionalmuseum* mit ethnografischer und archäologischer Abteilung sowie eine *Gemäldesammlung*. Hier residierte ab 1546 die Grafenfamilie *Zrinski*. Wegen drohender Türkengefahr wurde die Festung zunächst erweitert und später prachtvoll zu einem Renaissancepalast umgebaut. Auch ein gutes Restaurant und Café haben in der Burg ihren Sitz.

Muzej Međimurje, Trg Republike 5, ☎ 040/313-499, www.mmc.hr. April–Sept. Mo–Fr 7–18, Sa/So 10–14 Uhr; sonst Mo–Fr 7–15, Sa/So 10–14 Uhr; Ferien/Feiertag geschlossen. Eintritt 20 KN, Kinder/Stud. 12 KN).

Čakovec – das hübsche Handelsgebäude am Trg republike

Augenfällig in der Altstadt am Trg republike ist das bis heute genutzte Handelsgebäude **Trgovački kasino**, 1903 im Sezessionsstil erbaut. Um die Ecke sitzt man gemütlich im hübschen *Stadtcafé* (Gradska Kavana) von 1913 und isst vielleicht die *Medjumorska Gibanica* (→ Essen). Am Trg Franjevački steht das *Franziskanerkloster mit Kirche* aus dem 18. Jh.

Ca. 20 km nördlich liegt der kleine Ort **Sv. Martin na Muri** in schöner Lage an der Mur mit einer alte Mühle und Lehrpfad. Zudem gibt es ein Thermalbad mit Aquapark und wunderschöne Radwege. Das Gebiet gehört zum *Regionalpark Mura-Drava* (www.medjimurska-priroda.info).

Information Tourismusverband TIC, 40000 Čakovec, Kralja Tomislava 1, ☎ 040/313-319, www.tourism-cakovec.hr, www.visit medimurje.com (Region). April–Sept. Mo–Fr 8–19, Sa 8–13 Uhr; sonst Mo–Fr 8–16 Uhr.

Verbindungen Bus, Ul. Tome Masaryka 26, ☎ 040/313-947. Zug, Kolodvorska b. b. (1 km südl.), ☎ 040/384-332. Beide im 2-Std.-Takt nach Zagreb.

Sport Baden: u. a. am Varadininžko jezero (→ Varaždin) oder in Sv. Martine

Übernachten *** Pension Aurora, westlich vom Busbahnhof, mit Terrasse und Parkflächen. DZ/F 30 €. F. Punčeca 2, ☎ 040/310-700.

*** Hotel Royal, gegenüber dem Bahnhof mit Parkplätzen. DZ 45 €, auf Wunsch Frühstück für 4 €. Kolodvorska 13, Čakovec, ☎ 040/384-196.

** Hotel Park, nördlich gegenüber Burg und Park, mit Restaurant, Café und Gratis-Parkflächen. DZ/F 60 €. Ul. Zrinsko Frankopanska 14, ☎ 040/311-255, www.hotel-park.info.

*** Hotel Panorama, 15 km südöstlich am Stausee Donja Dubrava bei Prelog. Mit Restaurant-Terrasse, Tennis, Parkflächen, WiFi. DZ/F mit Seeblick 80 €. Matije Gupca 102, Prelog, ☎ 040/648-090, www.hotel-prelog.hr.

Hostel Omnibus, neu und zentral. Zimmer bzw. Schlafräume bis zu 8 Pers., ab 17 €/Pers., Frühstück 3 €. Športska ul. 6 a, ☎ 098/241-232 (mobil), www.omnibus.com.hr.

**** Lifeclass Therme Sveti Marin, ca. 20 km nördlich, moderne Kur- und Wellnessanlage mit großem Aquapark, Innenpool, Golfplatz, Restaurants, Cafés; zudem Fahrradverleih und auch insg. auf Radler eingestellt. Genächtigt wird im Hotel Spa Golfer (DZ/F ab 102 €) oder in den **Appartementhäusern Regina** (2–3 oder 4–5 Pers.), ab 84 €/2 Pers./F. Izvorska 3, 40313 Sv. Martin na Muri, ✆ 040/371-111, www.termesvetimartin.com oder www.spa-sport.hr.

Essen & Trinken Spezialitäten sind neben Saisongemüse wie Spargel und Kürbis u. a. hausgemachtes Maisbrot oder -kuchen, *Meso s tiplice* (Aufschnitt von fünf verschiedenen Fleischsorten) auch mit dem *Medjimurje mangulice*, einer hier typischen Schweineart, gefüttert mit Biokost. Als Nachtisch *Medjumorska Gibanica* mit vier Schichten Strudelteig, gefüllt u. a. mit Mohn, Apfel, Quark, Rosinen und Nüssen (dem slowenischen *Gibanica* ähnlich) oder *Potice* (Heferolle mit Walnüssen oder Mohn). Der süffige autochthone Weißwein *Pušipel* wächst an den Hängen nordwestlich von Čakovec.

Restaurant Mundoaka, am Parkrand mit schöner Terrasse, innen hell und freundlich. Hier speist man bestens traditionelle, verfeinerte Gerichte, dazu guten Wein oder leckere Desserts. Tägl. 8–23, So 9–17 Uhr. Trg Republike 5, ✆ 040/385-035.

Restaurant Rustica, östlich vom Busbahnhof im Kellergeschoss oder auf der Terrasse im Hinterhof. Guter Service, gute Pizzen,

mediterrane und lokale Gerichte wie gefüllter Truthahn. Tägl. 9–23/24 Uhr. Ul. Ivana G. Kovačića 6, ✆ 040/311-207.

Restaurant & Vinothek Shamper, edles Sitzen in der Burg oder auf der Terrasse zwischen alten Büsten. Auch hier herrscht die verfeinerte, moderne Medimurje-Küche oder frischer See- oder Thunfisch (Insel Kornat) vor, passend zum Gericht u. a. ein Glas hauseigener Champagner. Beliebt bei Familienevents. Etwas hochpreisiger. Tägl. 10–23 Uhr. Stari Grad, ✆ 040/390-777, www.shamper.hr.

》》 Mein Tipp: Restaurant Mala Hiža, 3 km nördlich von Čakovec versteckt sich eines der landesweit besten Lokale. In einem wieder aufgebauten alten Holzhaus von 1887, mit lauschigen Terrassen und Garten, verwöhnen Branimir Tomašić und sein Team den Gast mit feinster Küchenraffinesse. Gekocht wird mit regionalen, frischen Produkten im monatlichen und saisonellen Wechsel. Im Weinkeller lagern neben regionalem Wein auch edle Tröpfchen aus dem ganzen Land und Hausschnäpse. Gehobenes Preisniveau. Tägl. 10–22, Fr/Sa bis 23 Uhr. Auch Zimmer/Appartements werden vermietet. Balagovec 1, Mačkovec, ✆ 040/341-101, www.mala-hiza.hr. 《《

Koprivnica

Der Ort und seine Umgebung sind Heimat der Naivmaler, die in vielen Dörfern rundum lebten und arbeiteten bzw. noch heute aktiv sind. Ihre Werke können in vielen Galerien bewundert werden.

Die knapp 31.000-Einwohner-Stadt inklusive ihrer vielen Gemeinden (53 km südöstlich von Čakovec, 50 km von Varaždin u. knapp 100 km von Zagreb) liegt am nördlichen Ende der Region *Podravina*, die sich entlang der ungarischen Grenze südostwärts zieht, eine flache Landschaft, von der Drau und ihren Kanälen geprägt. Die Stadt erhielt den Namen nach der Brennessel, die hier zuhauf wuchs. Eine Besonderheit sind die Naivmaler – 18 Galerien können besichtigt werden. Jedes Jahr in der ersten Juliwoche trifft sich diese Kunstszene für vier Tage unter dem Motto „Motive aus dem Drautal" und stellt Werke u. a. auf dem Hauptplatz *Glavni trg* aus. Einige Barockhäuser säumen den Platz, auch der angrenzende Stadtpark mit seinem Pavillon aus dem 19. Jh.

Bereits 1272 wurde Koprivnica im Zusamenhang mit der großen Burg *(Stari Grad)* erwähnt, rund 1 km südlich vom heutigen Zentrum am Hang gelegen. Heute sieht man nur noch Ruinen. 1356 erhielt Koprivnica den Status einer freien Königsstadt und der Handel begann. Auch ein Franziskanerkloster wurde Ende des 13. Jh. gegründet. Im 15. und 16. Jh. störten Osmanenangriffe den Aufschwung, bis kurz vor Đurđevac (s. u.) waren sie schon vorgedrungen. Um die nahe Grenze zu sichern, wurde ab Ende des 16. Jh. auch hier eine groß angelegte Verteidigungsburg in Form eines Fünfecks und mit Wällen im heutigen Stadtgebiet um die Kirchen Sv. Trojica, Sv. Nikola und das Franziskanerkloster errichtet, sie galt derzeit als eine der modernsten – heute blickt man auf begrünte Steinwälle und Parks. Ab dem 17. Jh. begann erneut die Entwicklung zur Handelsstadt. Unter Maria Theresia wurde der bis dahin wichtige Militärstützpunkt 1765 nach Bjelovar verlagert. Einen erneuten Aufschwung erfuhr die Stadt ab 1840, als die Eisenbahnlinie Budapest–Koprivnica–Zagreb eröffnet wurde.

1934 wurde ein Obst verarbeitender Industriezweig gegründet, aus dem der im In- und Ausland bekannte Lebensmittelkonzern *Podravka* (u. a. die Gewürzmischung und Suppen Vegeta, Babynahrung und Kekse) hervorging. Im kleinen **Stadtmuseum** kann man in die Geschichte und das Leben von einst eintauchen.

Muzej Koprivnica, Trg dr. Leandera Brozovića 1, ☎ 099/733-6026, www.muzej-koprivnica.hr. Di–Fr 8–15, Sa/So 10–13 Uhr. Eintritt Erw. 15 KN, Kinder/Stud. 8 KN.

Naive Malerei in Koprivnica

Grafische Drucke, alte Meister und temporäre Ausstellungen zeitgenössischer Künstler sind in der **Galerie Koprivnica** zu finden (Zrinski trg 9, ☎ 048/622-564; Di–Fr 8–16, Sa/So 10–14 Uhr; gratis).

Einen Besuch lohnen zudem die **Franziskanerkirche Sv. Antuna** aus dem 17. Jh. und die Franziskanerkapelle **Sv. Salvator** mit ihrem Barockaltar.

Die hügelige weinreiche Umgebung, u. a. von **Kalnik**, *Bilogora* und **Crna šuma** laden zum Wandern und Mountainbiken ein. Wer eine Erfrischung sucht, fährt zum künstlich angelegten **See Šoderica**, ca. 16 km nordöstlich, nahe der Drava und von dieser gespeist.

Information Tourismusverband-TIC, 48000 Koprivnica, Trg bana J. Jelačića 7, ☎ 048/621-433, www. koprivnicatourism.com und www.tz-koprivnicko-krizevacka.hr (Region). Ganzjährig Mo–Fr 8–16, Sa 9–12 Uhr.

Verbindungen Bus, Kolodvorska ul. 31, ☎ 048/220-880. Über Varaždin 6-mal tägl. u. a. nach Zagreb. Zug, Kolodvorska ul. Koprivnica liegt an der Strecke Varaždin–Đurđevac–Virovitica. Tägl. mehrere Verbindungen.

Veranstaltungen Renaissance-Festival (www.renesansnifestival.hr) Ende Aug., u. a. mit Ritterspielen. Fischerfeste, beliebte Events im Sommer. Motive aus dem Drautal, Anfang Juli (s. o.). Rockfestival, Ende Juli, am See Šoderica.

Übernachten Wer mehr Komfort und Behaglichkeit möchte, sucht sich am besten Privatzimmer. Für einen Stopp geeignete Hotels u. a.:

*** **Hotel Zlatan**, kleines einfach ausgestattetes 12-Zimmer-Hotel mit Restaurant und Gartenterrasse und freundlichem Personal. DZ/F 50 €. Auch Parkplätze und WiFi. Varaždinska cesta 177 a, ☎ 048/665-129, www.hotel-zlatan.com.

*** **Hotel Bjela kuća**, beim Bahnhof im Westen der Stadt, mit Restaurant. Ebenfalls einfache Ausstattung, DZ/F 54 €. Gleiche Ltg. wie Hotel Podravina. Kolodvorska ul. 12, ☎ 048/240-320.

*** **Hotel Podravina**, im Zentrum nahe dem Park, mit Restaurant. DZ/F 64 €. Ul. Hrvatske državnosti 9, ☎ 048/621-025, www.hotelpodravina.hr.

Essen & Trinken   Neben guten Weinen (s. u.), die an den Hängen von Kalnik und Bilogora wachsen, gibt es in Koprivnica auch eine Brauerei. Spezialitäten sind Flussfische und die Nachspeisen *Bregovska pita* (wie *Gibanica*; Strudelteig mit verschiedenen Füllungen: Rosinen, Nüsse, Quark, Äpfel) und *Zlevanka* (eine Art Käsekuchen).

⟩⟩⟩ Mein Tipp: Restaurant & Pivnica Krauluš, beim Park. Im 250-jährigen traditionsreichen Haus mit Gewölberäumen, rustikaler

Einrichtung und Gemälden von bekannten Künstlern sitzt und isst man bestens, ebenso auf der schönen Terrasse vor dem Haus, teils unter den Arkaden. Hier gibt es traditionelle Hausmannskost, Spezialitäten sind Kutteln, Würste, gefüllter Truthahn mit Frischkäse, Flussfisch, Strudel süß und salzig; dazu hauseigenes Bier oder süffige Weine aus der Umgebung. Tägl. 8–23 Uhr. Zrinski trg 10, ☎ 048/622-302. ⟨⟨⟨

Restaurant Klas, westlich des Zentrums (unter der Ltg. des Konzerns Podravka (s. o.). Flussfische, deftige Hausmannskost und leckere Kuchen und Desserts. Tägl. 8–22 Uhr. Križevačka ul. 64, ☎ 048/671-500

⟩⟩⟩ Mein Tipp: Podravska klet (Ltg. ebenfalls Podravka-Konzern), das hübsche, schilfgedeckte Haus mit Terrasse und Garten besticht durch seine sehr schöne Lage und das angenehme Ambiente im Ortsteil Starigrad (südlich der Stadt) an den Hängen des Bilogora. Hier speist man beste traditionelle Hausmannskost. Tägl. außer Mo 8–20/22 Uhr. Prvomajska 46 a, ☎ 048/634-069. ⟨⟨⟨

Koprivnica/Umgebung

Hlebine: Das Dorf mit etlichen Galerien liegt rund 15 km östlich von Koprivnica und ist die Wiege der kroatischen Naivmalerei. Vor allem *Ivan Generalić*, der hier aufwuchs (1914–1992), machte diese Art zu malen weltbekannt. Detailgetreu wird das Dorfleben oft farbenfroh gezeichnet (→ Zagreb/Museum der Naiven Malerei, S. 344). Die Begabung Ivans erkannte und förderte Krsto Hegedušić. Bis heute gibt es viele Naivmaler und kleine Galerien in dieser ländlichen Region.

Die *Galerie der Naiven Kunst* liegt mitten im Ort an der Durchgangsstraße, zu erkennen an den großen Holzskulpturen, die den Garten säumen. Rund 900 Gemälde zieren den lichtdurchfluteten Flachbau, rund 30 Werke sind von Ivan Generalić zu sehen, aber auch von seinem Malerfreund *Mirko Virius* oder *Franjo Mraz*, zudem auch von *Josip Generalić*, dem Sohn.

Galerija Naivne Umjetnosti, Trg dr Leandera Brozovića 1, 48323 Hlebine, ☎ 099/733-6026 (mobil). Di–Fr 10–16, Sa/So 10–14 Uhr. Eintritt 20 KN, Kinder 10 KN.

Am südlichen Dorfende werden in der *Galerie Josip Generalić* die Werke von Ivans Sohn Josip ausgestellt. Die Kinder von Josip Generalić haben diese Galerie ins Leben gerufen. Zu sehen sind u. a. in der großen Scheune riesige Gemälde von Josip, auch ein paar von dessen Vater. Auch Josips Atelier im alten, traditionellen Bauernhaus kann besichtigt werden, ebenso eine kleine ethnologische Sammlung.

Galerija Josip Generalić, Ljudevita Gaja 75, ☎ 098/971-3846 (mobil, Fr. Marijana), Mo–Fr 9.30–16.30, Sa 10.30–15.30, So 11–15 Uhr. Eintritt 30 KN.

Đurđevac: Der kleine Ort liegt rund 28 km südöstlich von Koprivnica und ist bekannt wegen seiner gut erhaltenen einstigen Wasserburg aus dem 13. Jh., im

Galerie Josip Generalić in Hlebine – das einstige Atelier vom Vater Ivan

15. Jh. restauriert. Einer Legende zufolge ist die Verteidigung des Ortes gegen die Osmanen und ihre Belagerung der List der Einwohner und insbesondere einem Hahn zu verdanken, den die fast Verhungerten opferten, indem sie ihn als Kanonenfutter abschossen – es sollte demonstriert werden, dass immer noch reichlich an Essen vorhanden war. So zogen die Osmanen wieder ab. Das Fest *Picokijada* in Erinnerung an dieses Ereignis wird bis heute drei Tage Ende Juni groß gefeiert.

In der hübschen Burg lohnt sich der Besuch der *Galerie Ivan Laković Croata* (Mo–Fr 8–16, Sa/So 9–17; Eintritt Erw. 20 KN, Schüler/Stud. 15 KN). Hier werden seine Werke wie auch u. a. die von *Vladimir Becić, Tomislav Krizman, Vlaho Bukovac* gezeigt. Für Naturliebhaber interessant ist das Naturreservat *Đurđevački pijesci*, ein 19,5 ha großes Sandgebiet, die „kroatische Sahara" genannt, mit spezieller Fauna und Flora (südöstlich Richtung Kalinovac). Die Bewohner dieser Gegend haben durch ihren fleißigen Ackerbau die meisten Flächen durch Bewässerungskanäle in hunderten von Jahren nutzbar gemacht.

Križevci: Die rund 20.000 Einwohner zählende Stadt liegt 33 km südwestlich von Koprivnica und ist die älteste Stadt dieser Gespannschaft (www.tz-koprivnicko-krizevacka.hr). Das schmucke Städtchen mit seinen vielen Kirchturmspitzen, umgeben von Hügeln mit Weinanbau, hatte ähnlich wie Zagreb eine Ober- und Unterstadt. 1193 wurde die Oberstadt erstmals erwähnt, eine freie Königsstadt wurde sie 1252 durch Ban Stjepan und König Bela IV. 1405 erhielt diese Rechte auch die Unterstadt. Erst 1752 wurden durch die Resolution von Kaiserin Maria Theresia beide Städte vereint. 1777 wurde Križevci auch Bistumsstadt, von Maria Theresia iniziert, von Papst Pius VI. gegründet und dem Erzbistum Zagreb unterstellt. Križevci war auch der Geburtsort von Marko von Križevci, einem katholischen Märtyrer, der 1619 von den Calvinisten in Košice (heutige Slowakei) ermordet und kurze Zeit später heilig gesprochen wurde. Jährlich am 7. September wird dieser Gedenktag gefeiert.

Bedeutsam für die Stadt ist die große Anzahl an Sakralbauten, insgesamt acht mittelalterliche und barocke sind zu verzeichnen. Ihre älteste, die gotische Kirche *Sv.*

Zentralkroatien → Karte S. 321

Križ (Šetalište Dragutina Novaka), birgt wertvolle Barockgemälde und den beeindruckenden Marmoraltar des Venezianers Francesco Robba von 1756. Die Kirche wurde mehrmals restauriert, erweitert und verschönert, so u. a. 1817 durch Bartol Felbinger (auch Bauten in Zagreb) und Ende des 19. Jh. von Hermann Bollé (→ Zagreb) im heute dominierenden neogotischen Stil sowie von Johann Ranger, der den prachtvollen Altaraufsatz malte.

Die Kirche *Sv. Ana* (Ul. Ivana Zakmardija Dijankovečkog 1) mit einem Holzkruzifix aus dem 18. Jh. wurde 1689 erbaut und gehörte zum Pauliner-Kloster. Das Kloster wurde nach der Abschaffung des Ordens 1674 durch König Leopold II. zur Pfarrkirche, der restliche Komplex dient als Stadthalle.

Auch die griechisch-katholische Kathedrale *Presvetoga Trojstva* (Ul. Franje Račkog 12), 1777 erbaut, ist ein Schmuckstück. Sie ging aus einer Franziskanerkirche hervor und wurde Ende des 19. Jh. umgebaut und erweitert, zuletzt von Hermann Bollé im neoklassizistischen Stil. Die Ikonostasen im Kirchenraum wurden u. a. von Bela Čikoš, Ivan Tišov und Celestin Mato Medović gefertigt. Der angebaute *Bischofspalast* birgt eine reichhaltige und wertvolle Bibliothek von rund 5000 Büchern aus dem 15. bis 20. Jh.

Das modernisierte *Stadtmuseum* im ehemaligen Pauliner-Hospiz zeigt die Stadtentwicklung sowie eine archäologische und ethnologische Sammlung; im Innenhof ist ein kleiner Ethno-Park (Trg Antuna Nemčića 6, ☎ 048/711-210, www.gradski-muzej-krizevci.hr).

Nicht zu vergessen die erst neu gegründete *Weinstraße Križevci–Kalnik–Orehovec*, wo man unterwegs die traditionellen Holzhäuser betrachten kann (Info-Material über den Tourismusverband).

Information   Tourismusverband, 48260 Križevci, Trg Josipa Jurja Strossmayera 5, ☎ 048/681-199, www.tz-krizevci.hr.

Wein   An den Hängen der Weinstraße (s. o.) gedeihen u. a. Chardonnay, Pinot bijeli, Graševina, Frankovka, Rajnski rizling.

In Križevci u. a. folgende Winzer: **Podolski**, Prigorska 68, ☎ 098/249-093 (mobil). **Šafran**, Zagorska 161, ☎ 098/249-702 (mobil). **OPG Posavec**, Zagorska 60, ☎ 099/317-8457 (mobil). **Dragutin Kamenjak**, Kalnička 82, ☎ 091/523-7252 (mobil).

Kalnik: Der Ort liegt ca. 17 km nordöstlich von Križevci am Südrand des 640 m hohen Kalnik-Bergzuges, des *Kalničko gorje*. Hier steht malerisch am Fels die teils renovierte große Festungsanlage *Veliki Kalnik* aus dem 13. Jh., die nie eingenommen werden konnte. Die Natur am Kalnik ist auf 4200 ha geschützt, auf 5,35 ha ist das botanische Reservat *Mali Kalnik* eingerichtet – auf einem Lehrpfad kann man die landschaftliche Schönheit erkunden und herrliche Weitblicke genießen. An den geschützten Hängen wachsen die guten Tropfen, der *Kalničko vino*, der in der Umgebung gekeltert wird. Nur 60 km von Zagreb entfernt und schnell über die A 4 erreichbar, ist Kalnik auch ein sehr beliebtes Ausflugsziel der Zagreber zum Wandern, Mountainbiken, Paragliden und Klettern in den Kalksteinfelsen.

Information   Tourismusverband, 48269 Kalnik, Trg Stjepana Radića 5/II, ☎ 048/857-249, www.tz.kalnik.hr.

Übernachten/Essen   Planinarski dom Kalnik, die hübsche Berghütte liegt auf 480 m am Lehrpfad und bietet 34 Betten (EZ, DZ u. Mehrbettzimmer), ein Restaurant mit lokalen Spezialitäten, u. a. Peka-Gerichte (nach Vorbestellung), Pute, Lammsteaks, Polenta, hausgemachtes Brot, lokaler Käse und Schinken und gute regionale Weine. Di–Fr 13–20, Sa/So u. Feiertag 9–20 Uhr. Starogradska 64, ☎ 091/9444-711 (mobil), www.pldom-kalnik.hr.

Bjelovar

Die hübsche Kreisstadt mit 40.300 Einwohnern ist Zentrum der Region Bjelovar-Bilogora und wird teils schon zu Slawonien gerechnet, ist aber mit dem Drautal sehr verwurzelt.

Bjelovar liegt ca. 30 km südwestlich von Đurđevac, 40 km südlich von Koprivnica und ca. 83 km östlich von Zagreb. Belebt wird die Stadt durch die vielen Studenten, die an den Fachschulen und der Universität für Wirtschaftswissenschaften studieren. Bedeutsam wurde der Ort erst, als Maria Theresa 1756 beschloss, den Militärstützpunkt von Koprivnica nach Bjelovar zu verlagern und hier die Festung auszubauen. 1874 erhielt sie den Status einer freien Königsstadt. Im Heimatkrieg wurde die Stadt schwer beschossen, inzwischen sind die meisten Gebäude aber bestens restauriert.

Rund um den *Kvaternik-Park* mit hübschem Pavillon stehen prachtvolle Gebäude wie das **Stadtmuseum** (Trg Eugena Kvaternika 1) – von hier aus wurde die Stadt im Schachbrett angelegt. Viele Feste gibt es, u. a. *Terezijana* Anfang Juni, das einen satirischen Rückblick darauf bietet, dass die Kaiserin niemals einen Fuß in diese Stadt gesetzt hat; man sieht viele historische Kostüme.

Information   Tourismusverband, 43000 Bjelovar, Trg Eugena Kvaternika 2, ☎ 043/243-944, www.tzbbz.hr. Mo–Fr 8–15 Uhr.

Übernachten   *** Hotel Central, 50-Zimmer-Hotel im Stadtzentrum, meist von Geschäftsleuten gebucht. Zweckmäßige Ausstattung ohne Flair, DZ/F 75 €. Parkplätze gratis. Ul. Vatroslava Lisinskog 2, ☎ 043/243-133, www.hotel-central-bjelovar.com.hr.

Essen & Trinken 》》 Mein Tipp: Café & Bistro Franz, am Stadtpark. Modernes, stilvolles Lokal mit Außenterrasse, freundlicher Service, für tagsüber und abends. Die Küche bietet frische und leckere Saisongerichte mit Fisch und Fleisch, Pizzen, auch für Vegetarier eine gute Essensauswahl, hausgemachte Desserts und Törtchen, guten Café, Bier, Weine und Cocktails. Tägl. 7–23/24 Uhr, So ab 8 Uhr. Trg Eugena Kvaternika 7, ☎ 043/628-000. 《《

Bjelovar – Park Kvaternik und Kathedrale Sv. Terezije Avilske

Zentralkroatien → Karte S. 321

Regionen Sisak und Moslavina

Neben der sehenswerten Bezirksstadt **Sisak** mit Burg und Industriekultur gibt es für Natur-, Vogel- und Weinliebhaber nette Gebiete zum Entdecken. So zum Beispiel den **Naturpark Lonjsko polje**, das größte mitteleuropäische Schwemmland entlang der Sava, mit einer reichhaltigen Vogelwelt und hübschen Dörfern in traditioneller Holzarchitektur. Um **Kutina** liegen an den Südlagen der **Moslovačka gora** etliche Weindörfer, wo der weiße autochthone *Škrlet* und der rote *Frankovka* gekeltert werden. Wer gerne Rad fährt, findet in den flachen Sava-Auen ein Netz ausgewiesener Radwege (u. a. den Fernradweg Sava), im **Regionalpark Moslovačka gora** kann man auch sein Mountainbike auspacken und die grüne, teils mit dichten Wäldern bewachsene, hügelige Gegend erkunden.

Sisak

Die Bezirksstadt (48.000 Einwohner) mit Burg, Museen und nennenswerter Industriekultur ist umschlungen von Flüssen. Sie zählt zu den ältesten Städten Zentralkroatiens und ist durchaus einen Stopp wert.

Sisak liegt 57 km südlich von Zagreb an der Flussmündung der kleinen Odra in die Kupa sowie dieser in die Sava, die ab hier schiffbar ist und somit den Industriestandort mit großem Hafen förderte – ein Netz von Flussschleifen, wo noch die traditionellen alten Holzboote *Lađa* ankern, grüne Auen durchziehen das Stadtgebiet. Es gibt hübsche Uferwege, die zum Radeln einladen, ein Flussbad, einen sehr aktiven Kajakclub (auch Verleih) und den 1906 gegründeten Fußballclub *Segesta*, der erste Kroatiens. Sisak ist auch der Hauptort der Gespannschaft *Sisak-Mosla-*

Sisak – die Burg Stari Grad zwischen Kupa und Sava

vina, die neben ihrer Industrie auch Naturparks und bekannte Weinanbaugebiete aufzuweisen hat (→ Sisak/Umgebung und Kutina).

Unter den Kelten hieß der Ort Segestia, die Römer bauten hier ihre große Stadt Siscia, prägten Münzen und bauten Straßen. Im 9. Jh. regierte unter fränkischer Oberhoheit das Fürstentum unter Ljudevit, ab 925 herrschte König Tomislav, ab 1094 war die Stadt Eigentum der Diozöse Zagreb. König Bela IV. gab Sisak das Stadtrecht. 1593 fand hier die für die Habsburger ruhmreiche Schlacht gegen die Osmanen statt. Das ruhige 18. Jh. ließ die Stadt wirtschaftlich gedeihen und sie expandierte. 1842 wurden Sava und Kupa schiffbar gemacht und ein großer Hafen gebaut, 1862 folgte die Eisenbahnlinie – ein wichtiger Standort der Eisen-, Stahl-, Holz-, Chemie- und Lebensmittelindustrie entstand, auch INA hat hier seine Ölraffinerie. Neben einer Glasmanufaktur und -Schule ist das Kul-in (Kulinarische Institut) ansässig sowie Applied Ceramics, hier werden Halbleiter hergestellt, – „Klein Silicon Valley", der Stolz der Stadt. Sie alle liegen im Süden der Altstadt, in der Kupa-Schleife, hier ist auch ein Skulpturenpark (s. u.).

Einen Besuch lohnt die Burg **Stari Grad**, die 1550 im Dreieck mit wuchtigen runden Wachttürmen und massiven Außenmauern 2 km südlich der Stadt, strategisch günstig zwischen Kupa und Sava gelegen, errichtet wurde. Sie diente der Verteidigung gegen osmanische Invasoren. Als Baumaterial nutzte man vorwiegend die Überreste des antiken Siscia. Ein *Museum*, das in einigen Räumen eingerichtet wurde, dokumentiert die Geschichte. Im großen Innenhof finden Konzerte und Theateraufführungen statt. Rund 45 Minuten läuft man vom Zentrum Mali Kaptol (s. u.) entlang dem Kupa-Uferweg.

Stari Grad, Obala Tome Bakača Erdödya b. b., ✆ 044/811-811, www.muzej-sisak.hr. Juni–Mitte Okt. Di–Fr 12–18, Sa/So bis 20 Uhr; danach nur nach Voranmeldung. Eintritt 15 KN, Kinder 7 KN.

Das markante hübsche weiße Gebäude *Veliki Kaptol*, nahe der Kopa und der *Alten Brücke* (Stari most), wurde um 1830 errichtet und war früher eine Gaststätte mit Theaterraum, heute residiert darin die Diozöse Sisak. *Mali Kaptol*, ein schönes Backsteingebäude direkt am Kopa-Ufer, ist das älteste Haus der Stadt, 1799 erbaut. Früher diente es den Schiffern als Herberge, heute ist darin der Sitz des Tourismusverbandes, auf der Rückseite ein Restaurant und beliebter Jazzclub. Wenige Meter nördlich steht der wiederaufgebaute alte Dampfkran, der bis zum Zweiten Weltkrieg im Einsatz war.

Das **Stadtmuseum** zeigt anschaulich die reiche Geschichte von Sisak (Ul. kralja Tomislava 10, www.muzej-sisak.hr; Eintritt wie Burg; geöffnet Di–Fr 10–18, Sa/So 9–12 Uhr). Am Trg Bana Jelečića, im **Archäologischen Park Siscia**, sind römische Mauern aus dem 2. bis 3. Jh. v. Chr. zu sehen. In der Nähe steht auch die Kathedrale **Uzivišenja svetog Križa**, die in 50 Jahren ab 1702 erbaut wurde, die barocke Fassade allerdings im Erdbeben von 1909 verlor und im neoklassizistischen Stil restauriert wurde. Wer in die Geschichte eintauchen möchte, besucht Anfang September die „Keltische Nacht".

Kunstinteressierte können den **Skulpturenpark** der ehemaligen „Künstlerkolonie Željezara Sisak" im Industrieviertel Sisak-Caprag (s. o.) im Süden der Altstadt besuchen. Auf den großen Grünflächen zwischen den Straßenzügen Ul. kneza Branimira (im Norden), Ul. Marijana Cvetkovića (im Osten) und Ul. Braće Kavurić (im Süden) finden sich 38 Stahlskulpturen, die Künstler zwischen den Jahren 1971 und 1980 fertigten – es wurde diese authentische Umgebung gewählt, um Kunst auch den Industriearbeitern in ihren Lebensräumen nahe zu bringen.

Zentralkroatien → Karte S. 321

Basis-Infos

Information　Tourismusverband-TIC, 44000 Sisak, im Gebäude Mali Kaptol, Rimska 13 a, ℡ 044/524-911, www.sisakturist.com. Mo–Fr 7–17 Uhr.

Tourismusverband Sisak-Moslavina (für die Region), Stepana i Antuna Radića 28/II., ℡ 044/540-163, www.turizam-smz.hr.

Verbindungen　**Zug**: Bahnhof, Trg Republike 1, ℡ 044/524-724. Stündl. Züge nach Zagreb (1 Std. Fahrtzeit). **Bus**: Busbahnhof, Zagrebačka 19 (südlich vom Bahnhof), ℡ 044/521-756. Halbstündl. nach Zagreb, Fahrtzeit rund 70 Min. Die Bahnhöfe liegen 800 m nördlich vom Zentrum.

Veranstaltungen　**Keltische Nacht**, Anf. Sept., mit historischen Kostümen, Ritterrüstungen, Trommeln und Flößen auf und an der Kupa. **Jazz- und Bluesfestival**, Ende Juni mit bekannten kroatischen Musikern.

Baden　U. a. im Flussbad Zibel (ŠRC-Klizalište Zibel), an der westlichen Kupa-Schleife mit Bistro-Café.

Sport　**Kajak-Kanu-Club Odra** (Dom Kajakaša), hier auch Verleih. Obala Ruđera Boškovića 6 (nordwestlich der Alten Brücke), ℡ 091/4972-034 (mobil). Kajak 10 KN/Std.

Übernachten/Essen & Trinken/Nachtleben

Die traditionelle Küche besteht zum Großteil aus den Flussfischen (Wels, Waller, Karpfen, Hecht, Schwarzbarsch). Die Fische werden gebraten oder zu *Riblji paprikaš* (Fischeintopf) verarbeitet. Es gibt auch Würste und deftige Braten. Aus Strudelteig wird auch hier *Štrukli*, süß und salzig, gegessen; zudem viel Frischkäse und Hefeblechkuchen mit Quark oder Obst. Aus Mais werden Suppen, die Polenta oder Brot hergestellt. Dazu die süffigen Weine aus der Moslavina.

Übernachten/Essen　*** **Hotel Panonija**, modernisiertes großes Gebäude mit gutem Restaurant. DZ/F ab ca. 70 €. Ivana Kukuljevića Sakdinskog 21, ℡ 044/515-600, www. hotel-panonija.hr.

»» Mein Tipp: **Appartements/Restaurant Bijela lađa**, der langgezogene Backsteinbau liegt südlich der Kupa und Stari most; im Innern großzügig und modern, zudem Terrassen mit Flussblick und im netten Hinterhof. Es gibt u. a. sehr gute Fleischspeisen, zudem *Sablja Bjela lađa* (verschiedene Würste und Fleisch auf großem Brett serviert), Gulasch mit Knödel, Pizzen. Große Appartements (2–4 Pers.) ab 47 €, Frühstück 5 €, auch Gratis-Parkplätze. Lađarska 9, ℡ 044/530-074, www.bijelaladja.com. **««**

Restaurant Cocktail, modernes Interieur mit Wintergarten und sehr gutem Service. Verfeinerte, traditionelle Küche, u. a. Käse- und Wurstplatten, Rumpsteaks, Lammkeulen, Fluss- und Meeresfisch und leckere Desserts, dazu regionaler Wein. Mo–Fr 10–22, Sa 12–22, So 10–17 Uhr. Ul. A. Starčevića 27, ℡ 044/549-137.

Restaurant Barun, gutes, elegantes und modern gehaltenes Lokal mit lauschiger Gartenterrasse. Spezialitäten sind Fleischgerichte, u. a. Steaks mit Pilzen oder Käse und Schinken. Tägl. 9–22 Uhr. Ul. A. Starčevića 27, ℡ 044/544-641.

Restaurant Stari grad, auf dem Burggelände. Hier isst man traditionelle Hausmannskost, u. a. Fischgerichte (Wels), aus der Vinothek gibts süffige Weine. Tägl. 10–22 Uhr. Obala Tome Bakača b. b., ℡ 044/543-700.

Bistro Mali Kaptol, schönes Sitzen nahe der Kupa. Neben Kaffee und Drinks auch Gerichte wie das Sisak-Steak (Hühnchensteak gefüllt mit Pilzen und Schinken). Tägl. 7–23.30 Uhr. Rimska 13 a.

Nachtleben　**Jazzclub Siscia**, im Mali Kaptol (→ TIC) an der Kupa. Im Gewölbekeller fast tägl. Konzerte. Rimska b. b.

Entlang dem Kupa-Ufer gibt es eine Reihe von netten Cafébars.

Cubano Bar, auch mit Sitzmöglichkeiten vor der Tür, am Wochenende Salsa-Disco. Tägl. 8–23, Fr/Sa bis 2 Uhr. Ul. Silvija Strahimira Kranjčevića 6.

Sisak/Umgebung

Petrinja: Die Kleinstadt westlich von Sisak ist wegen ihrer Fleischwarenfabrik *Gavrilović* (www.gavrilovic.hr) bekannt, deren Salami, Würste, Pasteten, Frühstücksfleisch etc. über Kroatiens Grenzen hinaus bekannt sind.

Naturpark Lonjsko polje: Rund 20 km südöstlich von Sisak (von Zagreb ca. 70 km, A 3) erstreckt sich entlang der Sava der 506 km² große Naturpark auf einer Länge von rund 70 km und Breite zwischen 2 und 15 km – das größte mitteleuropäische Schwemmgebiet, umgeben von uralten Eichenwäldern. Hier leben und brüten 250 Vogelarten, v. a. zahlreiche Störche, auch Schwarzstörche, Kormorane, Rohrweihen, See- und Schreiadler und etliche Reiherarten wie Silber-, Grau-Seiden-, Purpur- und Löffelreiher, zudem verschiedenste Wildenten und Singvögel, 38 Libellenarten. Es gedeihen 550 Pflanzenarten – ein Paradies sicherlich nicht nur für Ornithologen. Wer Störche sehen möchte, muss allerdings in der Zeit von Mitte März bis Mitte August in diese Gegend kommen, danach fliegen sie zum Überwintern nach Südafrika. Reizvoll sind auch die Dörfer mit ihren Storchennestern auf den Hausdächern, verewigt auf Briefmarken. Hervorzuheben ist hier **Čigoč**, rund 25 km südöstlich von Sisak, das zum „Europäischen Storchendorf" ernannt wurde. Aber auch in allen weiteren Weilern stehen diese hier typischen, langen, oft 200 Jahre alten Holzhäuser mit ihren hübsch geschnitzten Balkonen, Balustraden und Verandas, meist noch blumenverziert; in einigen Häusern kann auch genächtigt werden. Der Sava-Radweg verläuft hier auf dem schmalen Asphaltsträßchen, zudem gibt es viele weitere markierte Radwege auch auf Makadam.

Information Park prirode Lonjsko polje, Verwaltung und Besucherzentrum, 44325 Krapje (südl. Eingang), Krapje 16, ☎ 044/672-080, www.pp-lonjsko-polje.hr. April–Okt. tägl. 8–16 Uhr, Nov.–März nur Mo–Fr.

Info und Besuchszentrum **Čigoč** (nördl. Eingang), Čigoč 26, ☎ 044/715-115. April–Sept. tägl. 9–17 Uhr (Juli/Aug. bis 19 Uhr).

Eingang/Eintritt: In Krapje ist die Naturpark-Hauptstelle mit Infotafeln, traditionellen

Čigoč – das Storchendorf mit seinen traditionellen Holzhäusern

Zentralkroatien → Karte S. 321

Häusern und einem 3 km langen Lehrpfad mit Tafeln zum Sumpfgebiet. Naturpark-Eintritt 40 KN, Kinder 10–18 J. 35 KN. Es werden Vogelbeobachtungen (April–Juli) nach Anmeldung angeboten, zudem Bootstouren, auch organisierte Fahrradtouren und Fahrradvermietung.

Übernachten/Essen   >>> Mein Tipp:
Landgut Tradicije Čigoč, sehr schönes, 200-jähriges Holzhaus in versetzter mehrstöckiger Bauweise mit Restaurant und schöner Gartenterrasse mitten im Grünen – hier herrscht absolute Ruhe. Aus der Küche kommen Hirschgulasch, *Posavski pot*, Fischeintopf oder auch Forellen, Karpfen und *Čigočicu* (Hefeteigkuchen, mit Quark und saurer Sahne gefüllt). Es gibt 5 Zimmer mit DU/WC, ausgestattet mit altem Mobiliar wie geschnitzten Betten (DZ/F 50 €). Man kann auf der Wiese auch zelten. 15. März–15. Nov. (danach nur nach Voranmeldung). Fam. Barić, Čigoč 7 a, 44203 Gušće-Sisak, ☎ 044/715-124, 099/2644-555 (mobil), www.tradicije-cigoc.hr. <<<

Appartements Kuvarna, im hübschen Häuschen mit Garten und Kinderspielplatz gibt es preiswerte Appartements. Čigoč 62, 44203 Gušće-Sisak, ☎ 044/715-296, www.apartman-kuvarna.hr.

🌿 Ekoturizam Veselić, im südlich folgenden Weiler Mužilovčica, im hübschen alten Holzhaus mit Ethnostube. Es gibt Zimmer zu mieten, das Essen kommt aus organischem Anbau und Aufzucht (u. a. Gemüse, Früchte, hausgemachte Marmeladen, Säfte, Fleisch, Wurst und Käse), zudem gibt es frische Flussfische. Mužilovčica 8, 44203 Gušće-Sisak, ☎ 044/776-353, www.ekoveselic.com. ■

Ekoturizam Ravlic, ebenfalls im Weiler Mužilovčica und in einem 200-jährigen Haus, sehr netter Familienbetrieb. Es gibt die hier typischen Gerichte, zudem werden Bioprodukte angeboten und auch verkauft. Nette Zimmer (1 bis 4 Betten mit DU) mit restaurierten alten Holzmöbeln; WiFi. Mužilovčica 72, 44203 Gušće-Sisak, ☎ 099/8274-847 (mobil), www.obitelj-ravlic.hr.

Etno selo Stara Lonja, netter Familienbetrieb in einem hübschen alten Gebäude umgeben von Wiesen und Obstbäumen. Die Appartements (44 €/2 Pers.) sind mit Möbeln von 1892 eingerichtet und voll ausgestattet, Frühstück und Abendessen kann gebucht werden, zudem organisierte Ausflüge, Fahrräder, Boote. 44203 Gušće-Sisak, ☎ 091/505-5543 (mobil), www.etnoselo-staralonja.com.

Eco-Ethnodorf Strug, auf 10 ha stehen 4 schöne Holzbungalows mit je 2 Zimmern (DZ/F 56 €), auch Campinggelände (Strom/Wasseranschluss) und ein Süßwassersee, wo sich 12 verschiedene Fischsorten tummeln. Hier steht auch das Restaurant mit schöner Terrasse, das hausgemachtes Brot, Nudeln, Fisch- und Wildgerichte und die regionalen Weine anbietet. Zudem ein kleiner Pool und Wellnesscenter, Fahrrad-, Kajak- und Holzbootverleih. Fam. Mlinarević, Plesmo 26, 44325 Krapje, ☎ 044/611-212, -215, www.ekoetno-selo-strug.hr.

Ekoturizam Bistrički, im Weiler Osekovo (→ Kutina/Umgeb.) am nördl. Rande des Naturparks. Auf dem Gelände mit den hübschen alten Holzhäusern kann man preiswert nächtigen, campen und essen. Ul. Hrvatskih branitelja 14, 44317 Popovača, ☎ 099/878-0085 (mobil).

Jasenovac: Auf der Fahrt Richtung Novska und A 3 passiert man diesen Ort am Zusammenfluss von der Una in die Sava. Es ist zwar ein malerischer Flecken, jedoch mit schrecklicher Geschichte, an die das große Friedensdenkmal in Form einer Blüte erinnert (nördliches Ortsende), ebenso eine Gedenk- und Infostätte. Hier wurde 1941 ein Konzentrationslager (KZ Jasenovac) auf Anweisung der kroatischen Ustaša nach „deutschem Vorbild" errichtet; rund 85.000 Menschen ließen hier ihr Leben (ca. 50.000 Serben, 13.000 Juden, 12.000 Kroaten und 10.000 Roma und viele weitere Personen und ethnische Gruppen – diese Daten sind angeblich international akzeptiert, jedoch nie richtig bewiesen). 1945 wurden die Baracken von der Ustaša gesprengt und die Unterlagen zum Großteil vernichtet. Der Ort musste ab 1941 viermal die Nationalität wechseln, zuletzt beim Heimatkrieg.
Spomen Područje Jasenovac, Braće Radić 147, 44324 Jasenovac, ☎ 044/672-319, www.jusp-jasenovac.hr. März–Nov. Mo–Fr 9–17, Sa/So 10–16 Uhr, Feiertag geschlossen; Dez.–Febr. Mo–Fr 9–16 Uhr, Feiertag geschlossen. Eintritt frei.

>>> **Weiterfahrt durch Bosnien-Herzegovina zu den Plitvicer Seen** (→ S. 141): Eine landschaftlich sehr schöne Strecke führt entlang der malerischen türkisfarbenen *Una* (sie mündet bei Jasenovac in die Sava), die unterwegs zahlreiche Wasserfälle, Stromschnellen und Canyons bildet. Auch die sehenswerte Stadt *Bihać* wird passiert, westwärts geht es weiter Richtung Grenze bei *Ličko Petrovo selo* und *Plitvice* (insg. rund 155 km, ca. 2:45 Std. Fahrtzeit). Grenzübergang für diese Strecke ist *Hrvatska Kostajnica* (südlich von Čigoč), hier führt die Straße über die Una nach *Bosanska Kostajnica* mit Burg (Achtung oft Staus, Kroaten shoppen und tanken im preiswerteren BIH); ansonsten unbedingt Höchstgeschwindigkeiten beachten – Radar!

Kutina und Moslovačka gora

Wer gerne die Aussicht ins Weinglas genießt, dem sei ca. 35 km östlich von Sisak und Autobahn A 3 die Weingegend um **Kutina** empfohlen. Das Städtchen liegt an den Südwesthängen der *Moslovačka gora*, ein auf knapp 500 m aufsteigender Regionalpark, der Mineralresources aufweist, von dichten Laubwäldern (Buche, Eiche, Ulme, Kastanie, Erle und Birke) bewachsen ist und eine seltene Fauna und Flora bietet. An den geschützten Südhängen mit herrlichem Weitblick gedeihen Obstbäume und Wein, u. a. der autochtone weiße *Škrlet* und der rote *Frankovka*, des Weiteren *Graševina, Pinot bijeli* und *sivi* sowie *Sauvignon bijeli* und *crni*. Zwischen Kutina und Popovača wurde eine Weinstraße ins Leben gerufen, per Rad bestens zu erkunden. Wer höher in die Berge möchte, findet beste Mountainbikebedingungen (Radkarten bei TIC). Besichtigen kann man in Kutina das *Moslavina Museum* mit Galerie, das im Palast von Erdödy untergbracht ist (Trg kralja Tomislava 13, ✆ 044/683-569, www.muzej-moslavine.hr; Mo–Fr 10–13 Uhr; Eintritt 10 KN/5 KN). Zudem auch die große weiße *Kirche Sv. Marije Snježne* von 1729; von Mauern und Türmchen eingehüllt, steht sie am Hügel oberhalb vom Ort (über TIC zu besichtigen oder zur Messe Mo–Sa 18–18.30, So 9, 11, 18 Uhr).

Im Weiler **Popovača**, ca. 16 km nordwestlich von Kutina, steht ein hübsch restauriertes, traditionell erbautes Holzhaus „Mali trijem" (Zagrebačka ul.) mit Verandas und überdachtem Aufgang im 1. Stock.

Information   Tourismusverband-TIC, Tržna 8 (beim Busbahnhof u. Markt), 44320 Kutina, ✆ 044/681-004, www.turizam-kutina. hr. Mo–Fr 8–20, Sa 8–12 Uhr. Hier auch Souvenirshop mit lokalen Produkten. **Infostelle** auch in der Altstadt, Crkvena ul. 42.

Verbindungen   Kutina liegt an der A 3 sowie am Bus- u. Eisenbahnnetz Zagreb–Slavonski brod/Osijek, d. h. beste Verbindungen. **Bus**, Kralja Petra Krešimira IV 4, ✆ 044/682-615. Stündl. nach Zagreb, 50 Min., ca. 85 KN. **Zug**, Metanska 4, ✆ 060/333-444. Stündl. nach Zagreb, 1:30 Std., ca. 85 KN.

Einkaufen   **Markt** (→ TIC), jeden Samstag mit lokalen, selbstgemachten Produkten von den Bauern.

Wein   Bei den umliegenden Weingütern (Anbieterverzeichnis bei TIC). U. a. **Klet Mikša**, Vinogradska 113, ✆ 091/5019-123 (mobil); prämierter Familienbetrieb in 3. Generation, hier gibt es sehr guten *Škrlet, Frankovka, Pino crni, Pinot bijeli* und *Graševina*. **OPG Florijanović**, Sredanija 3, Potok, Popovača, ✆ 098/1304-111 (mobil); auch hier prämierte Weine wie oben, zudem *Moslavac, Dišeća rnina* und *Muškat*. **Vinarija Prpić**, Moslavca 64, 44318 Voloder; mit Restaurant. Zudem **OPG Tušek** (s. u.).

Übernachten/Essen   Es gibt viele hübsche und familiäre Übernachtungsmöglichkeiten, am besten über TIC. U. a.

*** Hotel Vila Garić, 17 km nordöstlich von Popovača in den Moslaviner-Bergen direkt am See. Ruhiges 19-Zimmer-Haus mit Restaurant und schöner Terrasse. Am See gibts Ruderbootverleih. DZ/F ca. 60 €. Podgarić 6, 43233 Podgarić, ✆ 043/220-977, www.hotelgaric.com.

Weingut Tušek & Restaurant/Pension August, das hübsche Familienanwesen von

Dijana & Marko Sušac liegt auf einem Hügel bei Popovača (s. o.). Umringt vom hauseigenen Weingarten, Obstbäumen und Blumen steht das über 200-jährige Holzhaus mit Weinkeller; von der Terrasse bietet sich eine herrliche Fernsicht. Auf den Tisch kommen ökologisch angebautes Gemüse und frische regionale Produkte, traditionell, aber verfeinert zubereitet. U. a. *Moslavačka juha* (Kohlrabi, Erbsen, Karotten, Schalotten und Klösschen), Käse (u. a. mit Thymian), hausgemachtes Maisbrot, *Štrukli* mit Käse, gebackene Ente mit Schupfnudeln, Fiorentina-Steak (vom Kalb), Polenta mit Fischgulasch, zum Dessert u. a. Buttermilchtarte mit Saisonfrüchten, dazu den hauseigenen weißen *Škrlet* oder roten *Frankovka* oder auch *Graševina, Pinot bijeli, Sauvignon bijeli.* Zum Nächtigen gibt es 4 gemütliche, im Landhausstil eingerichtete Zimmer, DZ/F 53 € (Fr/Sa 66 €). Tägl. außer Mo April–Sept. 8–23 Uhr, sonst 10–21 Uhr.

44317 Popovača, Trnovka 29, ☎ 044/664-200, 097/7771-000 (mobil), www.august.hr. ■

OPG Kašner, das Weingut bietet neben schöner Aussicht nach Anmeldung Essen, u. a. die *Kotlovina*-Platte oder *Moslavačka juha* (mit Gemüse, Pilzen und Speck) und Weinverkostung; u. a. *Graševina* (angeblich den besten), *Škrlet, Frankovka, Chardonnay, Pjenušac 2M* und *Cabernet Sauvignon.* Kutinska lipa 135 (oberhalb von Kutina), ☎ 098/261-179 (mobil), www.vina-kasner.hr.

** Repušnička Klet – OPG Kohek, im Weiler Repusnića, im typischen Stil errichtetes Holzhaus mitten im Grünen, familiär geführt, es gibt leckeren Hauswein, gute Hausmannskost und herrlichen Weitblick. 4 nette Zimmer, DZ/F ca. 60 €; zudem Pool. Fam. Dario Kohek, Vinogradska 119, Repusnića (7 km nordwestlich von Kutina), ☎ 044/683-000, 098/222-500 (mobil), www.repusnicka-klet.com.

Natur- und Geopark Papuk und Umgebung

Wer sich von Kutina rund 40 km östlich hält, erreicht bereits Slawonien und ein weiteres Weißweinanbaugebiet Kroatiens, das an den Südlagen des hügeligen **Natur- und Geoparks Papuk** liegt. Hier gedeihen Graševina, Traminer und Rheinischer Riesling. Rundum liegen der Hauptort **Požega** und der bekannte Weinort **Kutjevo**, zudem Daruvar mit seiner schönen alten Therme und Lipik. Die Gegend ist auch bestes Wander- und Mountainbikegebiet.

Der **Natur- und Geopark Papuk**, 1999 gegründet, beträgt 336 km² und ist der einzige kroatische Geopark (seit 2007). Es ist ein mit Buchen, Eichen und Fichten bewaldetes, hügeliges Terrain mit dem Berg *Papuk* (953 m, hier jedoch Militär u. Radar) als höchster Erhebung. Die Aussicht genießen kann man vom *Ivačka glava* (913 m). Der Naturpark weist eine reiche Flora und Fauna auf, auch endemische Arten, viele Bäche, die hier entspringen, Seen und Höhlen. Besonderheiten sind das ca. 400 Mio. Jahre alte vielfältige Gestein, das auf das Paläozoikum (metamorphose Gesteine wie Tonglimmer- und Chloritschiefer, Gneis) sowie auf magmatisches und sedimentäres Gestein bis hin zum jüngeren Tuff- und Kalkstein, der sich an den Barrieren der Wasserfälle zeigt, hinweist. Ebenso findet man hier u. a. zwei sehr hohe und ca. 420 bis 500 Jahre alte Traubeneichen (Quercus petraea) und neun mittelalterliche Festungsruinen; die größte ist die *Ružica-Festung* nahe der Stadt Orahovica im Nordosten. Sehr schön zum Wandern und auch leicht per Auto von dem kleinen Ort **Velika** aus zu erreichen (s. u.) ist der *Waldpark Jankovac*, auf 475 m gelegen, mit der gleichnamigen schönen *Berghütte* und einem *Informationszentrum.* Das Gebiet wurde nach dem Grafen Janković benannt, der hier um 1801 eine Jagdhütte besaß. Von der Berghütte führt ein ausgewiesener, ca. 30-Min.-Lehrpfad (Count-Trail) durch hundertjährigen Buchenwald, entlang einem malerischen See mit Forellen, Höhlen, einem 30 m hohen Wasserfall, einer Quelle und geologischen Besonderheiten. Wer mag, läuft auf dem ca. dreistündigen Wanderpfad ab Velika (über Kovačev hinauf und über Duboka retour) zur Berghütte Jankovac. Zum Klettern locken *Sokoline stijene* nördlich der Jankovac-Berghütte. Des Weiteren gibt es im gesamten Naturpark 200 km markierte Wanderwege und 100 km markierte Mountainbikestrecken.

Information Natur- und Geopark Papuk (Verwaltung), S. Radića 46, 34330 Velika, ☎ 034/3ʹ3-030, www.pp-papuk.hr und www.papukgeopark.com. Mo–Fr 8–15 Uhr. Hier gibt es Infomaterial, Wander- und Fahrradkarten, Unterkünfte etc. Ein **Infocenter** ist auch am Parkplatz vor der Berghütte Jakovac, Mo–Fr 8–15 Uhr, April–Okt. 9–17 Uhr.

Anfahrt Der Ort **Velika** liegt ca. 16 km nördlich von Požega. Die **Berghütte Jankovac** ist auf gutem Makadam in ca. 15 km zu erreichen; nach ca. 10 km kommt ein Abzweig nach links zum Aussichtsberg *Ivačka glava* (wenige Meter nach dem Abzweig parken u. hochlaufen, markiert). In Velika ist auch eine **Tankstelle** (tägl. 7–14 Uhr).

Übernachten/Essen **Planinarski Dom Jankovac**, hübsche große Berghütte in herrlicher Lage im Waldpark mit 54 Betten (2- bis 14-Bett-Zimmer), zudem mit Frühstück, Halb- oder Vollpension. Hier gibt es gute Hausmannskost, v. a. deftige Suppen. ☎ 033/554-553 oder 098/9826-564 (mobil).

Camp Duboka, ca. 1 km nördlich vom Naturpark-Infocenter in Velika. Schöner Wiesen- u. Waldplatz mit 11 Parzellen, Sanitäranlagen. F. Cirakija 21 k. Infos zum Naturpark.

Der Lehrpfad im Waldpark Jankovac-

Ein weiteres **Camp** am Ortsende mit Thermalwasserbecken soll bis Ende 2018 fertig sein.

Weitere Übernachtungen oder Restaurants (→ Požega).

Požega: Das sehenswerte Städtchen mit rund 26.000 Einwohnern liegt nur 16 km südlich des Naturparks Papuk und ist Kultur-, Wirtschafts- und Verwaltungszentrum dieser Region, zudem auch Bischofssitz. 1227 wurde Požega erstmals schriftlich erwähnt. Im kleinen Altstadtzentrum gibt es eine Reihe von Altstadtplätzen mit imposanten Gebäuden. Am großen, neu gestalteten autofreien Platz Trg Sv. Terezija steht die *Kathedrale Sv. Terezije Avilska* (Mitte des 18. Jh.), das Innere zieren Gemälde von Celestin Medović und Oton Iveković. Vor der Kirche ragt das Denkmal des Paters *Luka Ibrišimović* (1626–1698) empor, der erfolgreich Widerstand 1689 gegen die Osmanen leistete und damit zur Befreiung Slawoniens beitrug. Südwärts steht das schöne Gymnasium, 1877 von Jesuiten erbaut. Die Mitte des Stadtplatzes Trg Sv. Trojstva ziert die barocke *Pestsäule* von 1749, westlich steht das schmucke Rathaus, ein Palast mit Arkadengang von 1785. An der Südseite steht das *Franziskanerkloster* mit der Kirche *Sv. Duh* aus dem 13. Jh., ihr heutiges Aussehen erhielt die Kirche nach einem Brand Mitte des 19. Jh. Etwas nördlich an der Hauptdurchgangsstraße Ul. Antuna Kanižlića steht das drei stöckige Gebäude der *Diozöse*, 1709–1711 unter den Jesuiten erbaut. Als diese gehen mussten, diente es als Militärbasis, Krankenhaus und Warenhaus, bis es Bischof Alagović

1835 restaurieren ließ. Etwas weiter nördlich steht das Nonnenkloster *Sv. Vinka* von 1726, hier war einst die Academia Possegana, eine Hochschule, die jedoch nur von 1763 bis 1774 existierte. Hübsch anzusehen ist auch der riesige dreitürmige Grafschaftspalast *Palača Požeško* aus dem 19. Jh. in der Županijska ulica. Interressant vielleicht noch das *Stadtmuseum* (Gradski Muzej) im schönen barocken Gebäude mit Arkadengang (Ul. Matice hrvatske 1, Mo–Fr 9–14 Uhr). Viele weitere hübsche Gebäude stehen in der Stadt.

Information   Tourismusverband, 34000 Požega, Županijska 7, ☏ 034/290-262, www.tzzps.hr. Mo–Fr 7–15 Uhr. Infos, Kartenmaterial.

Übernachten/Essen   *** Villa Staničić, wenige Gehminuten nordöstlich vom Altstadtzentrum mit gemütlichen, gut ausgestatteten Zimmern (DZ/F 52 €) und Restaurant mit überdachter Terrasse. Es gibt gute, traditionelle Hausmannskost, u. a. Kalbs- oder Schweinefleisch mit Fingernudeln und Sauerkraut, zum Dessert u. a. Zwetschgen-knödel mit Mousse. Nebenan ist auch die hauseigene Bäckerei. Ul. dr. Franje Tuđmana 10, ☏ 034/312-168, www.vilastanisic.hr.

*** Pension Zlatni Lug, ca. 4 km westlich von Požega liegt der hübsche, modernisierte Gutshof mit Restaurant, Vinothek mit hauseigenem Wein und Pool in Alleinlage auf 70 ha. Zudem Fischteiche, Kinderspielplatz, Fahrradvermietung. Es gibt Zimmer und Appartements (DZ/F ab 50 €). Donji Emovci 32, ☏ 034/202-020.

Kutjevo: Der Ort ist landesweit bekannt als „das" Weißweinanbaugebiet im sog. „Goldenen Tal" und vor allem für seinen *Kutjevačka graševina*. Kutjevo liegt am Südosthang des Naturparks Papuk, rund 10 km von Velika (s. o.) entfernt. Die *Winzergenossenschaft Kutjevo* besteht bereits seit dem 13. Jh. und hat ihren Sitz und Weinkellerei (www.kutjevo.com), die jährlich prämierte Weine keltert, neben dem dreiflügeligen, komplett restaurierten Schloss *Dvorac Kutjevo*. Das Schloss wurde auf den Überresten einer mittelalterlichen Zisterzienserabtei ab 1721 als Jesuitenresidenz erbaut. Ein unterirdischer Gang verbindet die Gebäude. Im Schloss weilten auch der Baron Franjo Trenk und Kaiserin Maria Theresia, heute bietet es u. a. Konferenzräume und komfortable Zimmer sowie einen Weinkeller für besondere Gäste. Auf dem Hauptplatz *Trg graševina* wird Ende November das Graševina-Fest und am 3. Januar-Samstag das Weinlesefest *Kutjevačko Vincelovo* gefeiert (für Eisweine). Neben der Winzergenossenschaft *Kutjevo d. d.* und *Krauthaker* gibt es weitere gute Winzer, u. a. *Enjingi* (www.enjingi.hr), *Galić* (www.galicvina.hr), *Markota* (www.kutjevacki-vinari.hr) und *Adžić* (www.adzic.hr).

Information   Tourismusverband, 34340 Kutjevo, Trg graševina 1, ☏ 034/255-288, www.tz-kujevo.hr. Mo–Fr 8–15 Uhr.

Übernachten/Essen   Wer nicht mehr fahren möchte oder kann: *** Weingut Sontacchi, der Familienbetrieb Zdenko Turković Estate ist seit 1900 tätig; neben hausgekeltertem Wein wie *Graševina, Pinot crni, Cabernet*, ist die Spezialität die rote *Kutjevački Kitokret*. Zudem gibt es hier sehr hübsch eingerichtete und gemütliche Zimmer, DZ/F 46 €, WiFi, Fahrradverleih und Weinverkostung. Trg graševina 4, ☏ 099/512-2312 (mobil), www.sontacchi-vinarija.hr.

Wein   ⟩⟩⟩ **Mein Tipp:** Weingut Krauthaker, seit 1902 wird im nicht nur landesweit bekannten Familienbetrieb gekeltert.

Auf 44 ha eigener Anbaufläche gedeihen 39 Weinsorten, auch im Bioanbau; dazu kommen 75 ha gemeinsame Anbaufläche mit der Winzergenossenschaft – 1 Mio. Liter Rebensaft jährlich. Die Hauptproduktion besteht mit ca. 62 % aus *Graševina* (Mitrovac, Kasna herba, Šampion, Klassik); daneben je ca. 5 % *Chardonnay* (Goldmedaillengewinner 2012 in FRA, Chardonnay Rosenber, 1 Jahr im Barriquefass ausgereift), *Sauvignon, Pinot crni, Shiraz, Cabernet Sauvignon, Merlot*, zudem ca. 3 % *Pinot sivi* und *Zelenac*, der im Anbau hier sehr kompliziert ist. Auch Rosé- und Orangeweine gibt es. Mo–Fr 8–18, Sa 9–14 Uhr. Fam. Vlado Krauthaker, Ivana Jambrovića 6 (westl. Ortsbeginn am Hang), ☏ 034/315-000, www.krauthaker.hr. ⟨⟨⟨

Das prachtvolle Theater

Karlovac

Die von vier Flüssen umringte und im Sechseck angelegte Verwaltungs-stadt mit rund 56.000 Einwohnern ist Touristen meist nur von der Durch-fahrt oder wegen ihres guten, seit 1854 gebrauten Bieres Karlovačko und dem 10-Tages-Bierfestes bekannt.

Karlovac liegt lediglich 55 km südlich von Zagreb und ist die nächst größere Stadt in Richtung Rijeka (130 km) und Küste, auch auf dem Weg zu den Plitvicer Seen passiert man mit Karlovac eine der jüngsten kroatischen Städte. Sie war schon immer ein wichtiger Verkehrsknotenpunkt zwischen Binnenland und Küste und auch im letzten Krieg bildete die Stadt eine Pufferzone und wurde durch Artil-leriebeschuss stark beschädigt. Für einen Übernachtungsstopp bietet Karlovac auf jeden Fall einige nette Plätze.

Die Vier-Flüsse-Stadt Carlstatt (Kupa, Korana, Mrežnica und Dobra) wurde 1579 durch ihren Namensgeber Erzherzog Karl II. vor allem zur Sicherung der habsbur-gischen Grenze gegründet und entwickelte sich aus einer Renaissancefestung, die sechseckig, also sternförmig im Innern, und einst uneinnehmbar auf dem sumpfigen, teils unzugänglichen Gelände mit Wassergräben errichtet und später auch ausgebaut wurde. Ein Brand 1682 richtete großen Schaden an und nach dem Rückzug der Türken 1686 verlor Karlovac an Bedeutung. Erst durch den Straßen-bau wurde Karlovac ab dem 18. Jh. als Verkehrsknotenpunkt und später auch als Industriestandort für Leder- und Metallverarbeitung wieder bedeutend.

Schnell ist man durch die kleine teilweise sanierte Altstadt gelaufen, deren „Fes-tungsstern", *Zvijezda* genannt, heute aus trockenen, grünen Gräben besteht, die zu Parks wurden und von Promenaden umgeben sind – sie dienen zum Fußballspielen und Entspannen. Hübsch sind die prächtigen Gebäude von Schule und dem Theater von 1892, davor steht eine Skulptur von Ivan Meštrović. Der große Altstadtplatz *Trg bana J. Jelačića* ist immer noch verwaist, die stattlichen barocken Häuser, die ihn säumen – u. a der *Waffenpalast* von 1783 –, zeigen immer noch die Kriegsspuren und fanden noch keine Geldgeber. Hübsch ist ein Spaziergang durch den *Park Vrbanić*, der 1896 zu einem botanischen Garten angelegt wurde, und weiter entlang dem Fluss Korana, von schönen Holzbrücken überspannt, zum Flussbadeplatz *Foginovo*.

Einen Blick wert ist das **Stadtmuseum** im ehemaligen Frankopan-Zrinski-Palast aus dem 17. Jh., das die Entstehungsgeschichte aufzeigt (Strossmayerov trg 7; Di–Fr 8–16, Mi bis 19, Sa 10–16, So 10–12 Uhr; Eintritt 10 KN, Kinder 5 KN – dieser Eintritt ist auch für die Burg Dubovac gültig). Vor dem Gebäude am Platz blicken wir wieder auf die Grundmauern eines Sterns, diesmal auf ein Malteserkreuz, hier ließ der Vorstand des Ordens Josip Herberstein 1680 eine Kapelle erbauen. Ehe man diese 1833 wieder abreißen ließ, diente sie auch als Munitionslager und als Kneipe.

Im Stadtteil Rakovac an der Ostseite der Korana liegt das Ende 2016 eröffnete **Aquatica** (Frischwasser-Aquarium und Flüssemuseum). Auf 5000 m^2 wurden 25 Aquarien angelegt, wo sich 100 Fischarten tummeln, davon 40 endemische. Zudem wird die Flora und Fauna kroatischer Flüsse und Seen aufgezeigt, ebenso auch die der vier Flüsse, die Karlovac umgeben. Mit Lehrzentrum, Cafébar und Spielplatz.

Slatkovodni Akvarij Karlovac, Ul. Branka Čavlovića Čavleka 1A, ☎ 047/628-197, www. aquariumkarlovac.com. Mo–So 10–18 Uhr. Eintritt 60 KN, Stud. 40 KN, Kinder 3–18 J. 35 KN, auch Familienkarten.

Einen schönen Weitblick auf Stadt und Umgebung genießt man von der im Stadtwesten gelegenen, renovierten **Burg Dubovac**. Die Burg mit ihren Beobachtungstürmen steht oberhalb der Kupa und wurde Ende des 12./Anfang des 13. Jh. errichtet. Die Besitzer wechselten. Ab Mitte des 15. Jh. bis ins 16. Jh. lebten hier die Adelsgeschlechter Frankopan-Zrinski, die ihr Domizil ausbauten und ihm das heutige Aussehen verliehen. Auch diese Burg diente der Türkenabwehr. Zu besichtigen ist ein gut gestaltetes *Museum* mit Restaurant (Zagrad 10; April–Sept. Mo u. So 14–19 Uhr; Restaurant ab 10 Uhr, sonst nach Absprache mit Stadtmuseum; Eintritt 10 KN, Kinder 5 KN, s. o.). Unterhalb der Burg hat seit 1854 eine der größten und bekanntesten kroatischen Brauereien, die *Karlovačka pivovara* ihren Sitz; sie gehört seit 2003 zur Heinecken Group.

Basis-Infos

Information Tourismusverband (TZG), 47000 Karlovac, Petra Zrinskog 3, ☎ 047/615-115, www.karlovac-touristinfo.hr. Mitte Juni–Mitte Sept. Mo–Fr 8–20, Sa 9–19, So 9–12 Uhr; sonst Mo–Fr 8–16, Sa 9–13 Uhr.

Verbindungen Entfernungen: Zagreb 50 km, Rijeka 90 km, Plitvicer Seen ca. 65 km, Slunj 35 km.

Zug: Bahnhof, Mahično b. b. (im Norden der Stadt im Stadtteil Banija), ☎ 060/333-444. Nach Zagreb rund 16-mal tägl., ca. 1 Std. Fahrtzeit, 36 KN; nach Rijeka nur 1-mal tägl., 3:24 Std. Fahrtzeit (!), 97 KN.

Bus: Busbahnhof, Prilaz Vjećeslava Holjevca 2 (nahe Zugbahnhof), ☎ 060/338-833. Nach Zagreb rund 50-mal tägl., 55 Min., ca. 38 KN; nach Rijeka 11-mal tägl. (im Winter weniger), ca. 1:40 Std., ca. 75 KN.

Veranstaltungen Karlovački dani piva (Brauereifestival), 10 Tage Ende Aug. mit viel Bier und Musik (etliche Bühnen in der Stadt).

Ethno-Jazz-Festival, Ende Juni Fr–So.

Johannisfeier, zur Sonnwende im Juni, an der Kupa im Stadtteil Gaza mit großem Feuer und finalem Feuerwerk – ein Wettstreit zwischen den Stadtteilen Banija und Gaza.

Baden Das schöne Flussbad mit dem Strand Foginovo liegt an der Korana, südlich vom Hotel Korana Srakovčić.

Sport **Kanu- und Rafting-Touren:** Am Flussbad kann man ein Kanu mieten. Zudem locken die vielen Flüsse zu organisierten Touren, u. a. buchbar bei Agentur 4 Rivers Adventure, ✆ 047/851-012, www.4river sadventure.com.

Radfahren: Rund um Karlovac wurden 11 verschieden lange Strecken angelegt; Gratisbroschüre bei TIC erhältlich. Verleih u. a. beim Hotel Korana Srakovčić.

Übernachten/Essen & Trinken

Übernachten Es gibt einige Privatzimmer in der Stadt, u. a. **Pension Grgas** (auch Šu Šu genannt). Das nette DZ/F kostet 66 €. Vladimira Nazora 4, ✆ 047/600-214.

*** Hotel Carlstadt, kleines Altstadthotel mit Restaurant, meist von Geschäftsleuten gebucht. DZ ca. 62 €. Vraniczanya, Ambroza 1, ✆ 047/611-111, www.carlstadt.hr.

*** Hotel Europa, am nördlichen Stadtrand nahe der Autobahn, also gut für einen nächtlichen kurzen Stopp. DZ/F ab 92 €. Banija 161, ✆ 047/609-666, www.hotel-europa. com.hr.

>>> Mein Tipp: **** Hotel Korana Srakovčić, im Schlösschen von 1906 nächtigen? Es steht am Rande eines naturgeschützten Parks und direkt am Fluss Korana. 19 gut ausgestattete Zimmer, gutes Restaurant mit Slow-Food-Küche und v. a. eine wunderschöne Terrasse mit Flussblick. Zudem Innenpool, Sauna, Fahrradverleih. Auch das Parken ist hier kein Problem. DZ/F 138 €, Deluxe 142 €. Perivoj Josipa Vrbanića 8, ✆ 047/609-090, www.hotelkorana.hr. **<<<**

Öko-Landresort und Camp Srakovčić, nördlich von Karlovac (insg. 29 km) und der Autobahn auf dem Weg nach Metlika (SLO) liegt 4,5 km östlich von Rinik diese Anlage (auch unter Srakovčić-Ltg.) mitten in der Natur. Holzbungalows gibt es 12 gemütliche Zimmer, mit Naturmaterialien ausgestattet (DZ/F 85 €). Zudem Campingarea (April–Okt.) auf ca. 3,5 ha, alle Plätze mit Strom- und Wasseranschluss. Das Restaurant (nach Vorbestellung) verwöhnt mit regionalen ökologischen Produkten, u. a. Ente, Lamm, Käse, Wurst, sowie süffigen Weinen oder Säften. Zudem Pool und Fahrradverleih. Ribnik, Gorica Lipnička 8, ✆ 047/609-090, 091/1810-182 (mobil), www.srceprirode.hr.

Hostel na putu, am inneren Altstadtrand liegt das hübsche Gebäude mit 3 netten Zimmern (20 Betten); es gibt WiFi, Kaffee/Tee, Gepäckaufbewahrung. Auch Transfer im Angebot. Trg bana Petra Zrinskog 17, ✆ 047/296-235, www.hostelnaputu.com.

Camping **>>> Mein Tipp:** **Autocamp Slapić,** 15 km südlich in Richtung Duga Resa (N 23) und Ogulin. Wunderschöne Lage am Flüsschen Mrežnica auf 4 ha Wiesengelände. Es gibt Restaurant, Cafébar, Kanuverleih, Kinderspielplatz. Man kann im Fluss schwimmen und in der Nähe reiten. Gut für einen Stopp oder auch für länger. 6 €/Pers., Camper 6 €. April–Okt. Mrežnički Brig, 47250 Duga Resa, ✆ 047/854-700, www.campslapic.hr. **<<<**

* Autocamp Radonja, an der Hauptstraße auf einem Wiesengelände, einfacher 3-ha-Platz 13 km in Richtung Plitvice. Für Camper-Stopp o.k. In der Nähe Laden u. Restaurant. Pers. 4,80 €, Camper ca. 9 €. April–Nov. 47241 Tušilović, Tušilović 45, ✆ 047/718-295.

Essen & Trinken Es gibt eine Vielzahl von Restaurants in der Stadt, u. a.

Restaurant im Hotel Korana Srakovčić (→ Übernachten).

Restaurant-Café Tempo, gegenüber der Kupa. Im netten Ambiente werden mediterrane Gerichte wie Pasta oder Fisch serviert. Mo–Fr 7–23, Sa ab 8, So ab 12 Uhr. Mažuranićeva obala 1, ✆ 047/600-168.

Konoba Kostanjac, östl. der Kupa-Brücke (Ul. Ljudevita Gaja) im inneren Altstadtring; rustikales Ambiente mit schönem Garten. Es gibt Fluss- und Seefisch, Steaks. Auch beliebt am Abend. 7.30/8–22/23 Uhr. Ul. Janka Draškovića 1, ✆ 047/613-740.

Restaurant Mirna, schöne Lage an der Korana im Stadtsüden (südl. vom Hotel Korana). Hier isst man besten Fisch – süß und salzig. Rakovačko šetalište b. b., ✆ 047/654-172.

Pizzeria Tiffany, in der Altstadt gibt es hier für den schnellen Hunger gute Pizzen. Vladka Mačeka 6.

Slatki centar, im gleichen Haus wie Tiffany gibt es guten Kaffee, Eis und Torten – also bestens für die Nachspeise.

Zentralkroatien → Karte S. 321

Karlovac/Umgebung

Ozalj: Rund 13 km nördlich von Karlovac, die Kupa flussaufwärts, liegt der 10.000-Einwohner-Ort mit sehenswerter, auf einem Felsen aufragenden *Burganlage*, die man über die alte Holzbrücke, bis 1821 war sie beweglich, betritt. Bereits 1244 wurde Ozalj als freie königliche Stadt erwähnt. Ab 1398 lebten die Adelsgeschlechter Frankopan, ab 1550 bis 1671 die Zrinski, die durch Heirat verwandt wurden, in der Burg – die Adeligen waren bekannt für ihre Vaterlandsliebe und ihren Mut. 1543 heiratete Nikola Šubić Zrinski (1508–1566) Katrina Frankopan, die Schwester des Fürsten Stjepan Frankopan von Ozalj, die Enkel machten die Burg geschichtsträchtig. Vor allem *Ban Petar Zrinski* (1621–1671) und sein Schwager, der Dichter und Schriftsteller *Fran Krsto Frankopan* (1643–1671), machten auf sich aufmerksam, regten das Kulturleben und Literaturkreise an und setzten sich für mehr Rechte und die Unabhängigkeit Kroatiens von der Habsburger Monarchie ein. Sie mobilisierten den Widerstand, knüpften wohl auch Kontakte zu den Osmanen, was 1670 König Leopold I. erfuhr, woraufhin er beide 1671 wegen Landesverrat in Wien hinrichten ließ, ihren Adelstitel aberkannte und alle Ländereien einzog. Im 18. Jh. wurde die Burg von den Adeligen Perlas und dann von den Batthyans erworben und barock um- und ausgebaut, Thurn & Taxis gaben sie 1928 an den Kulturverein. Heute ist in Teilen der renovierten Burg Ozalj ein *Regionalmuseum* eingerichtet. Hier ist auch ein Jalba-Käppchen zu sehen, eine alte Frauenhandwerkskunst, geflochten und gewoben. Der Blick gen Fluss ist herrlich.

Stari grad, Cesta Zrinskih i Frankopana 2, ☎ 047/732-271, www.ozalj-tz.hr. April–Okt. Mo–Fr 8–18, Sa/So ab 11 Uhr. Eintritt 20 KN, Kinder 10 KN.

Malerisch an der hier geschützten Kupa liegt auch das Wasserkraftwerk, *Munjara* genannt, das Hermann Bollé 1908 im märchenhaften neoklassizistischen Palaststil erbauen ließ. Es war derzeit das erste Kraftwerk im Inland, ist noch heute in Betrieb und kann nach Absprache mit TIC (oder ☎ 047/731-135, www.proizvodnja.hep.hr) besichtigt werden.

Im Weiler **Trg**, ca. 2 km östlich von Ozalj, sind im *Etnopark* traditionelle schilfgedeckte Häuser zu sehen. Hier verläuft auch die Weinstraße Ozalj–Vivodina, etwas nördlich von Ozalj und an den Südwesthängen des Žumberak-Gebirges (Anbieterliste bei TIC u. Webpage). Naschkatzen kommen zum jährlichen Strudelfest am 1. September-Sonntag – 20 verschiedene Sorten, süß und salzig, warten (s. u. Restaurant-Pension Žganjer/Apfelstrudelguinessrekord).

Information Tourismusverband, Kurlovac 1, 47280 Ozalj, ☎ 047/731-400, -196, www.ozalj-tz.hr. Mo–Fr 8–15 Uhr.

Übernachten/Essen Es gibt einige Privatanbieter, am besten über TIC.

Viki Grill, gemütlich und mit Garten. Hier gibt es v. a. gute Fleischspezialitäten. Auch Übernachtungen sind möglich. Ilovac 1a, www.seoski-turizam-viki.com.

≫ Mein Tipp: Restaurant-Pension Žganjer, ca. 6 km südlich in Jaškovo (Richtung Karlovac), Abzweig bei Mali Erjavec. Das versteckt gelegene, modern gehaltene Lokal zählt zu den besten dieser Region. Die meisten verwendeten Produkte werden ökologisch angebaut oder kommen von regionalen Anbietern. Es gibt von den hauseigenen Schweinen Braten, Pršut, Salami, auch eigene Lämmer; zudem eigene Käseherstellung. Lecker sind auch die hausgemachten Kuchen, Torten, u. a. die Zrinksi Torte nach einem Rezept aus dem 17. Jh. (30 Zutaten werden verwendet) und verschiedenste Strudel; hier wurde 2015 der 1479,38 m lange Apfelstrudel für den Eintrag im Guinessbuch gebacken. Zum Nächtigen gibt es 5 schöne Zimmer, DZ/F 55 €. Tägl. 9–22 Uhr. Jaškovo 51, ☎ 047/751-200, www.restoran-zganjer.hr. ≪

Die Burg Ozalj an der Kupa

Wein Es wachsen *Graševina, Rajnski riz-ling, Chardonnay, Pinot sivi, Frankovka, Traminac mirisni.* Die Öffnungszeiten zur Verkostung sind: Sa 10–20 Uhr, sonst nach Vereinbarung. U. a.

Weingut Lešćanec, Vrškovac 1 d, 47283 Vivodina, ☎ 098/695-600 (mobil); **Weingut Šoštar**, Vrhovac 63, 47280 Ozalj, ☎ 091/506-9632 (mobil). **Weinkeller Vrbanek**, Obrež 1 c, 47283 Vivodina, ☎ 098/283-666 (mobil); hier auch Mo–Fr 7–15 Uhr.

Turanj: Nur 5 km südlich von Karlovac, an der Straße N 1, liegt auf dem ehemaligen Habsburger Kasernengelände ein frei zugängliches und nicht zu übersehendes Open-Air-Museum zum Heimatkrieg. Auf der Freifläche stehen Panzer, Geschütze, Flugzeuge etc., die von der kroatischen Armee zwischen 1991 und 1995 benutzt wurden.

Slunj: Einen Vorgeschmack auf die Plitvicer Seen bieten die „Wasserfälle von Slunj", die 52 km südlich von Karlovac (N 1) in *Rastoke*, einem Ortsteil von Slunj, jeden Besucher in ihren Bann ziehen. Von der Straße fällt der Blick tief hinab auf das Korana-Flusstal. Gegenüber erblickt man die verzweigten Flussarme (= Rastoke)

Slunj – die Slunjčica ergießt sich in Kaskaden in die Korana

der Slunjčica, die auf ihrem Weg bergab viele größere und kleinere Kaskaden bildet und sich in den Fluss Korana ergießt. Idyllisch liegen hübsche, alte Holzhäuser, Wassermühlen, Stege und Gärten mit prachtvollen Eichen- und Walnussbäumen mitten in dieser malerischen Flusslandschaft. Das gesamte Gebiet steht unter Denkmal- und Naturschutz. Zwischen dem 17. und 20. Jh. standen hier rund 50 Wassermühlen, die das Getreide für die gesamte Region mahlten. Bis 1962 standen noch 22, heute drehen sich noch drei Mühlen. In zwei Mühlen wurden Restaurants mit Sitzbänken im Freien eingerichtet, die an den rauschenden Bächen zum Verweilen einladen – ein beliebtes Touristenziel.

Slunj, das erstmals 1390 schriftlich erwähnt wurde, diente ab 1579 ebenfalls mit seiner Burg, heute eine Ruine, zur Grenzsicherung der Habsburger und erlebte eine ähnliche Geschichte wie Karlovac.

Information   Tourismusverband Slunj, Braće Radića 7, 47240 Slunj, ☏ 047/777-630, www.tz-slunj.hr.   Mo–Fr 8–16 Uhr. Eine Infostelle gibt es auch bei der Fußgänger-

brücke in Rastoke (unterhalb der großen Straßenbrücke), Juni–Sept. 8–20 Uhr.

Verbindungen Bus: im 2-Std.-Takt nach Karlovac und Plitvice.

Übernachten/Essen   Taverne/Guest-house Pod Rastočim Krovom („Unter dem Wasserfall"), hier sitzt man wunderschön, genießt leckere Forellen, Käse und Wein. Man kann auch in gemütlichen Holzbunga-lows (75 €/3 Pers., 58 €/2 Pers.) im großen Garten zwischen den rauschenden Wasser-fällen nächtigen. Rastoke 25 b, ☏ 047/801-460, www.slunj-rastoke.com.

*** Hotel Mirjana-Rastoke, 4 km nördlich Richtung Karlovac liegt an der Straße das rosafarbene Gebäude mit 30 gut ausgestat-teten Zimmern (DZ/F 98 €) und gutem Res-taurant, das mit Bio-Produkten kocht; es gibt u. a. Lamm, Kalb, Forellen und leckere süße Strudel. Von hier können Rafting- und Kanutouren gebucht werden und es gibt Fahrräder zu mieten. D. Nikšić 101, ☏ 047/787-205, www.mirjana-rastoke.com.

Baraćeve špilje: Die schöne Höhle liegt in Nova Kršlja, rund 20 km in Richtung Plitvice (ausgeschildert). Es handelt sich um ein verzweigtes System, das organi-siert in Führungen besichtigt werden kann.

Juli/Aug. tägl. 9–19 Uhr, April–Juni u. Sept. tägl. 10–18 Uhr, Okt. 10–17 Uhr, März Fr–So 10–17 Uhr. Eintritt f. Juni–Sept. (danach) 60 KN (50 KN), Kinder 7–18 J. 30 KN (25 KN). Nova Kršlja b. b., 47245 Rakovica, ☏ 047/782-007, www.baraceve-spilje.hr.

Nationalpark Plitvicer Seen: Von Slunj erreicht man diese bekannten Wasser-fälle in rund 30 km (→ S. 141).

Zentralkroatien → Karte S. 321

Bergzug Osoršćica (Insel Lošinj) – gigantischer Weitblick vom Berggipfel Sv. Mikul

Kleiner Wanderführer

Kleiner Wanderführer

Nordkroatien ist ein attraktives Wanderziel. Geboten werden imposante Weitblicke von Bergen und Inselbergen, Touren durch Schluchten oder entlang verschlungener Küstenwege. Flora und Fauna sind vielfältig und interessant, vor allem in den Nationalparks Risnjak, Nord-Velebit und Paklenica, aber auch in den Naturparks Učka, Samobor-Zumberak und Velebit.

Diese sonnenverwöhnte Region ist natürlich bestens für Wanderungen in der Vor- und Nachsaison geeignet. Im Frühjahr ab April genießt man die Touren bei angenehmen 15 °C und taucht ein in ein traumhaftes Blütenmeer. Der Herbst und Spätherbst ab September bis November bieten immer noch angenehme 23 bis 15 °C und dabei ein noch warmes Meer. Hinzu kommt, dass nur noch wenige Touristen unterwegs sind, d. h. es herrscht kein Gedrängel in Städten und an Fähren und es gibt preiswerte Übernachtungen.

Roter Kreis mit weißem Punkt (gängige Markierung), 4 blaue Tupfen (historische Markierung, sehr selten)

Das Gebiet lockt mit einfachen Familientouren am Meer entlang, zu Inselbergen oder für Konditionsstarke hinauf in die über 1700 m hohe Bergwelt.

17 schöne, unterschiedliche Touren habe ich für Sie ausgesucht: Im **Nationalpark Risnjak** führt eine Kurzwanderung zum höchsten Gipfel, dem Veliki Risnjak, der einen Weitblick in das Inland Gorski Kotar, aber auch gen Meer bietet. Im **Naturpark Učka** sind es Wanderwege und Lehrpfade für Familien oder konditionsstarke Wanderer, mit herrlichen Weitblicken gen Istrien und Kvarner-Inseln. Ebenfalls zum Lehrpfad ausgebaut ist der beeindruckende Premužić-Wanderweg, der Sie durch den **Nationalpark Nord-Velebit** führt. Etwas südlicher, im **Naturpark Velebit** bei Baške Oštarje, können Sie den Berg Kiza erklimmen, der Weitblicke gen Lika und Meer bietet. Ein Highlight im Süden des Velebit ist der **Nationalpark Paklenica**, Wanderwege führen Sie durch die Wildwestschluchten Veliki und Mala Paklenica. Auf den **Inseln Cres, Lošinj, Krk** und **Pag** können Sie herrliche Wanderungen auf Inselberge und entlang verschlungener Küstenwege unternehmen. Interessante Geopfade und einen Inselberg gibt es auf der **Insel Rab** zu erkunden. Im **Naturpark Samobor** wartet eine Wanderung zum Berg Japetić, der einen weiten Blick gen Zentralkroatien bietet.

Unter den von mir aufgeführten Touren werden Sie über das Gebiet sowie alle wichtigen Fragen zu Weg, Dauer, Charakter, Anfahrt etc. vorab informiert. Zudem sind etliche Wanderungen auch mit dem Moutainbike machbar.

Betonen möchte ich: Überschätzen Sie sich bitte nicht, dies kann fatale Folgen haben. Nicht zu unterschätzen ist die Hitze, d. h. zur Ausrüstung gehören unbedingt

Sonnenschutz und ausreichend Wasser – für eine 4-Stunden-Tour bei Hitze pro Kopf mindestens 2 Liter Wasser mit sich führen! Meist gibt es in diesen einsamen Gebieten keine Versorgungsstationen oder Unterstellhütten. Ebenso unabdingbar sind rutschfeste Schuhe, auch Wanderstöcke sind sehr hilfreich.

Auf längeren Touren sollte man zudem nie alleine gehen, ein Mobiltelefon mit sich führen (**Kroatische Bergrettung** ☎ 112, www.gss.hr), im Hotel, Camp oder der Pension Bescheid geben. Auch eine Taschenlampe, Windschutz und kleine Wundversorgung sollten ins Tourengepäck. Bei schlechten Wetterverhältnissen sollte man Wanderungen schon vorab unterlassen, bei plötzlich aufkommenden Nebelfeldern am besten stehen bleiben und abwarten.

Achtung: Ebenfalls auf die giftige Hornotter (vipera ammodytes) achten.

Wer all dies berücksichtigt, vielleicht erst einmal mit kleinen Touren um den Ort beginnt, wird sicherlich sein Vergnügen haben. Es versteht sich von selbst, dass man auch Kinder nicht überfordert und diese ebenso gut ausstattet.

Die Wege sind mit dem in Kroatien durchgängigen Zeichen roter Kreis mit weißem Punkt oder rot-weiß-roter Strich versehen, oft aber auch beschildert. Zum Teil wird auch das Fahrradsymbol für Markierungen verwendet. Der Bergtourismus ist im Aufbau und setzt aktuell viele Arbeitskräfte für Wegsäuberung und Wegmarkierung ein.

Die aufgeführten Wanderungen sind Vorschläge, können oft verkürzt oder verlängert werden, was im Text beschrieben wird. Die Touren weisen Unterschiede in Länge und Schwierigkeitsgrad auf. Die Zeitangaben sind reine Gehzeiten, Pausen nicht mitgerechnet, und nur als Richtwerte zu verstehen. Die Karten wurden mit Hilfe von GPS (Global Positioning System) erstellt. Wer ein GPS-Gerät besitzt, kann vor Ort eine genaue Standortbestimmung vornehmen. Wann immer es aber möglich ist, geben wir auffällige Orientierungspunkte an, die allerdings auch Veränderungen unterliegen können.

Zusätzlich zu den hier ausführlich vorgestellten Touren finden Sie im Reiseteil viele weitere Hinweise auf lohnende Wanderungen oder Mountainbiketouren.

Wanderung 1: Auf dem Wander- und Lehrpfad zum Berg Vojak (1401 m)

Charakteristik: leichte bis mittelschwere Familienwanderung vom Poklon-Sattel auf 922 m durch schattigen Buchenwald zum Učka-Gipfel Vojak auf 1401 m – Weitsicht über Istrien und die Kvarner-Inseln zumindest bei schönem Wetter garantiert. Im oberen Teil der Wanderung befindet sich der interessante Lehrpfad Plas, der auch Kleinkinder an den Infotafeln spielen lässt. **Länge/Dauer:** Hin- und Rückweg inkl. Lehrpfad Plas 9 km, Wegzeit ca. 2:30–3 Std. – Bergläufer sicherlich nur 1 Std.! **Verlängerung/Abkürzung:** Wer noch weiter wandern möchte, kann u. a. hinab in Richtung Mala Učka gehen (ca. 0:30 Std.). Abgekürzt werden kann, indem man nur den Rundweg des Lehrpfad läuft (0:45 Std.), dazu parkt man bei **7** und kann anschließend noch zum Gipfel fahren. **Markierung/Information:** roter Kreis auf weißem Punkt oder rot-weiß-roter Balken. Am Poklon-Sattel wie am Vojak-Gipfel sind Info-Stationen (Öffnungszeiten → Naturpark Učka-Gebirge/Information). **Einkehr:** am Poklon-Sattel Restaurant Pension Učka (→ Naturpark Učka-Gebirge/Übernachten/Essen). **Ausgangspunkt:** Parkplatz am Poklon-Sattel. **Anfahrt:** am besten von Ičići über Veprinac auf einer alten Bergstraße in Richtung Učka zum Bergsattel Poklon. Auch Busse Nr. 33, 34, 37 fahren von Opatija zum Poklon-Sattel (→ Naturpark Učka-Gebirge/Anfahrt zum Poklon-Bergsattel). **Ausrüstung:** rutschfeste Schuhe, Verpflegung und ausreichend Wasser; je nach Jahreszeit Windjacke/Anorak (oben ist es beträchtlich kühler als an der Küste!), Kopfbedeckung. **Karte:** Wanderkarte Učka 1:30.000.

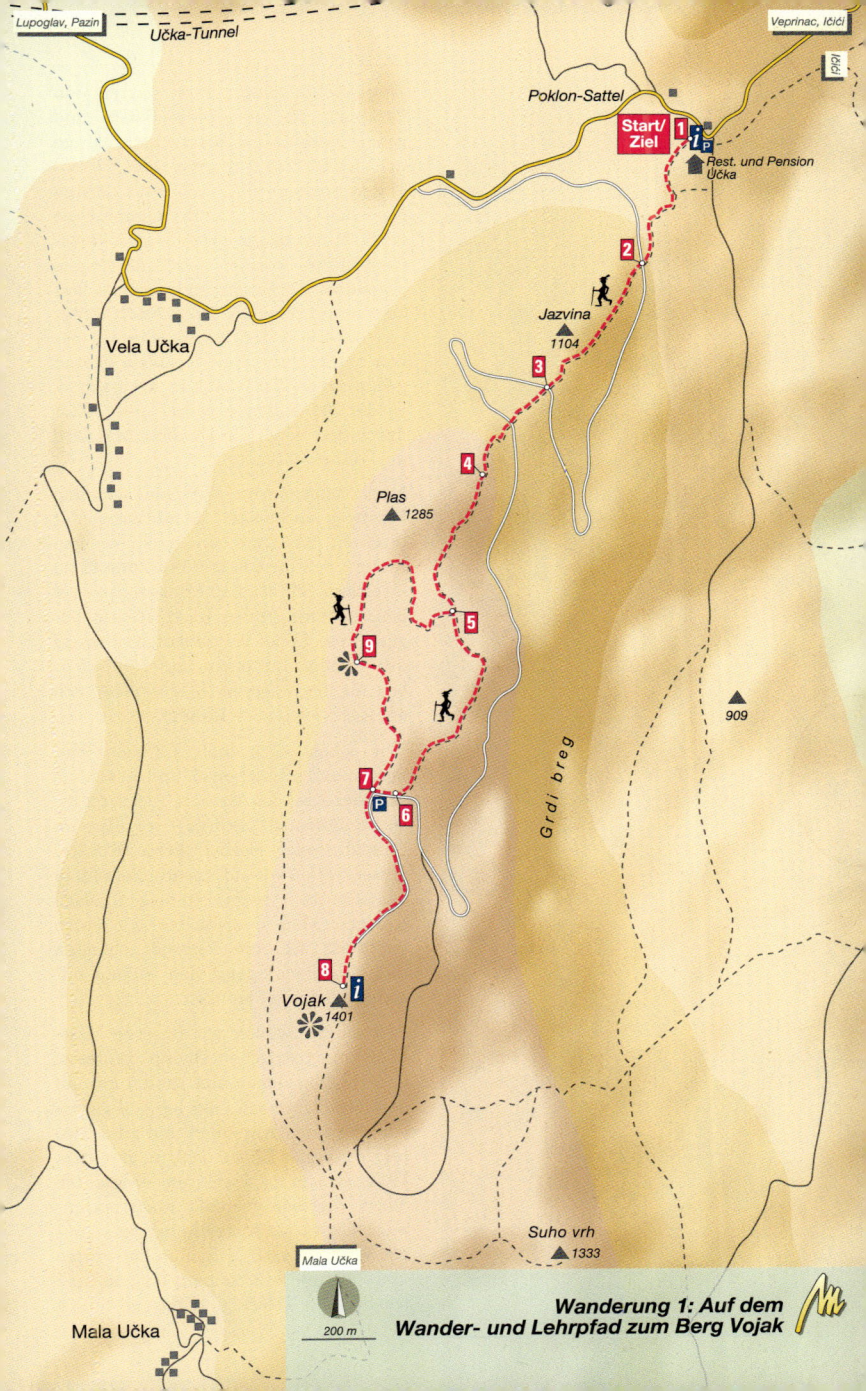

Lupoglav, Pazin
Učka-Tunnel
Veprinac, Ičići
Ičići

Poklon-Sattel

Start/Ziel 1

Rest. und Pension Učka

2

Jazvina
1104

3

4

Plas
1285

5

9

7

P

6

Vela Učka

Grdi breg

909

8 _i_

Vojak
1401

Suho vrh
1333

Mala Učka

Mala Učka

200 m

Wanderung 1: Auf dem
Wander- und Lehrpfad zum Berg Vojak

Herrliche Ausblicke warten – gen Kvarner-Inseln ▲ und über Istrien ▼

Wegbeschreibung: Wir starten am **Parkplatz** 🔢 am **Poklon-Sattel** und gehen beim Info-Haus rechts auf den markierten Pfad (rot-weiß-roter Balken) in den Buchenwald. Nach rund 10 Min. erreichen wir die von unten kommende kleine Straße 🔢, die ebenfalls zum Vojak-Gipfel führt, kreuzen diese und steigen gegenüber auf Felsstufen bergan. Weiter geht es auf dem Waldweg. Nach weiteren 10 Min. treffen wir wieder auf das von unten kommende Sträßlein 🔢 und gehen gegenüber, etwas rechts haltend, wieder die Stufen aufwärts und weiter durch den Wald. Ein weiteres Mal wird die Straße gekreuzt.

Nach rund 5 Min. kreuzen wir den Forstweg und folgen geradeaus weiter unserem Waldpfad, um nach wenigen Metern den **Rastplatz Pitka Voda** 🔢 zu erreichen. Für etwa 10 Min. geht es jetzt bergauf zum großen Rastplatz am Beginn bzw. Ende des **Lehrpfads Plas** 🔢 mit etlichen Infotafeln und Drehscheiben für die Jüngeren (hier schließt sich am Rückweg unsere Runde).

Wir gehen leicht links auf dem Pfad bergan und erhaschen ab und an schöne Ausblicke auf das Meer, in Richtung Rijeka und Risnjak-Gebirge – vor allem im Frühjahr oder Herbst. Etwa 0:15 Std. später treffen wir auf das Sträßlein 🔢, in das wir nach rechts einbiegen. Nach wenigen Metern erreichen wir einen **Rastplatz** 🔢 mit Parkmöglichkeiten und Lehrpfadeingang, den wir auf unserem Rückweg benutzen.

Erst einmal wollen wir unseren Weitblick vom „istrischen Olymp" genießen und müssen daher nun rund 1 km auf dem Sträßlein nach links bergauf gehen, vorbei an den Antennen und zum **Gipfel des Vojak** 🔢 auf 1401 m mit dem 1911 erbauten, aber nun erneuerten Turm, den wir ebenfalls noch erklimmen, um einige Meter höher zu sein – der Weitblick über Istrien im Südwesten und Westen mit seinen Hügeln und fruchtbaren Tälern und das im Süden glitzernde, funkelnde Meer und die endlosen Inseln und Inselchen in ihren graublauen Schattierung sowie auf Küste und Küstengebirge der Kvarner-Region ist überwältigend. Im Info-Stübchen unten im Turm kann man sich je nach Jahreszeit etwas aufwärmen und u. a. mit Souvenirs eindecken.

Nach einer aussichtsreichen, beeindruckenden Rast auf den Felsen gehen wir zurück bis zum Beginn bzw. Ende des Lehrpfads **7**, ein schmaler Pfad, der sich hier nahe dem Bergabhang durch den Buchenwald auf und ab windet. In 5 Min. erreichen wir einen Info-Punkt – auf Tafeln werden Pflanzen und Pilze erklärt.

Eine weitere Info-Tafel wenige Minuten später vermittelt v. a. Kindern anschaulich die hiesige Tierwelt, u. a. den Siebenschläfer. Zwischen den Bäumen hindurch kann man auf die Nordwestseite des hügeligen Istrien blicken – unterhalb erkennt man den Canyon des Vela-Draga-Tals, die Berge des Ćićarija-Gebirges und die slowenischen Karstberge wie Nanos und die vielen, in allen Grün-Blau-Tönen schimmernden Hügelketten sowie die Westküste und das Meer.

Kurz danach erreichen wir einen Rastplatz **9** mit weiteren Infotafeln zur Tierwelt, u. a. zu Gänsegeiern und Gebirgseidechse sowie zu hier wachsenden Pflanzen. Nach 5 Min. blicken wir auf die Infotafeln zu Buche und Steinadler – zudem gibt der Wald hier schöne Blicke auf die Hügelkette von Istrien und den steilen Felsabhang des namensgebenden Gipfels Plas frei. Der Pfad führt nun wieder in den Wald hinein und nach wenigen Minuten geben die Infotafeln Erläuterungen zu Rehen und Buchenwald. An einem kleinen markierten Abzweig erhalten wir Infos zu Höhlen und treffen dann wieder auf den End- bzw. Startpunkt **5** dieses Lehrpfads.

Etwa 0:45 Std. benötigen wir für danach für unseren Abstieg zurück zum **Parkplatz 1**, ab und an begegnen wir Bergläufern, die hier trainieren und leichten Fußes den An- und Abstieg bewältigen.

Wanderung 2: Von Medveja über Mala Učka nach Mošćenićka Draga
→ Karte S. 400/401

Charakteristik: mittelschwere, lange, aber aussichtsreiche Streckenwanderung von Medveja durch den Mittelteil des Učka-Gebirges und über das trutzige Örtchen Mošćenice (hier wartet neben gutem Essen auch ein kleines Museum) wieder hinab zur Küste nach Mošćenićka Draga. Vor allem im Frühjahr ein Genuss durch die reichhaltige Flora auf den Bergwiesen, zudem warten imposante Weitblicke. Der Rückweg von Mošćenićka Draga nach Medveja kann per Bus zurückgelegt werden. **Länge/Dauer:** 19,3 km, ca. 6:30 Std. Gehzeit. **Markierung:** sehr gut mit vielen Holztafeln markiert, zudem weißer Punkt auf rotem Kreis. **Einkehr:** unterwegs keine Einkehrmöglichkeit, nur am Beginn (Konoba Kali, Kali 39, ☎ 051/293-268, 098/563-872 mobil, www.konobakali.hr, geöffnet tägl. 11–24 Uhr) und am Ende z. B. in Mošćenice (Restaurant-Pension Perun → Mošćenice) oder in einem der vielen Lokale in Mošćenićka Draga. **Ausgangspunkt:** Medveja-Strand und Campingplatz oder auch erst ab Konoba Kali im gleichnamigen Ortsteil. **Anfahrt/Rückfahrt:** N 66 Opatija–Medveja, Parkplatz in Medveja beim Campingplatz. Rückfahrt von Mošćenićka Draga mit Bus Nr. 32 in Richtung Lovran im 1- bis 2-Stundentakt (Wochenende seltener), ca. 10 Min. Fahrzeit. **Ausrüstung:** rutschfeste Wanderschuhe, Verpflegung und ausreichend Wasser, je nach Jahreszeit Windjacke/Anorak (oben ist es beträchtlich kühler als an der Küste!); Kopfbedeckung, da teils wenig Schatten. **Karte:** Wanderkarte Učka 1:30.000.

Ein herrlicher Kvarner-Inselblick belohnt den steilen Aufstieg

Wegbeschreibung: Wir starten in **Medveja** am **Campingplatz** ■ und folgen links davon dem kleinen Sträßchen, das uns in rund 10 Min. ab der Hauptstraße N 66 bergan zur ausgeschilderten Konoba Kali bringt: Dazu halten wir uns nach 200 m an der ersten Gabelung rechts, gehen an der nächsten Gabelung Punta nach rund 100 m geradeaus, ebenso am nächsten Abzweig. Nach einer scharfen Rechtskurve passieren wir die **Konoba Kali** ■.

Vom Parkplatz gegenüber der Konoba gehen wir die Stufen hoch und kreuzen die bisher benutzte Straße, um gegenüber weiter auf alten Stufen bergan zu gehen – es ist der alte Verbindungsweg zum Weiler Visoče und zu den Almen. Die nächste halbe Stunde führt unser Pfad an ein paar Häusern vorbei und dann durch Misch-wald kontinuierlich rund 300 Höhenmeter aufwärts, bis wir das hübsche alte Ge-höft ■ von **Visoče** erreichen. Es scheint nur noch für kurze Aufenthalte von seinen Besitzern genutzt zu werden – für die Gemüse-, Obst- und Heuernte. Der Ausblick von hier gen Kvarner-Bucht mit den Inseln ist fantastisch.

Nach dem Gehöft gehen wir die alten Stufen auf dem Steinweg durch lichten Mischwald weiter bergan. Nach wenigen Minuten halten wir uns an der nächsten kleinen Weggabelung leicht rechts und folgen den Schildern „Vojak", „M. Učka" – es ist weiterhin ein schöner Wiesenweg, an den Seiten wachsen Eichen, Haselnuss-sträucher, Christrosen und viele Kräuter. Rund 5 Min. später gehen wir am nächs-ten beschilderten Abzweig ■ links (rechts kämen wir nach Lovranska Draga). Nach etwa. 0:20 Std. erreichen wir den Beginn des **Naturparks Učka**, rund 600 Höhen-meter haben wir geschafft – die Aussicht auf das Meer und die Kvarner-Inseln, u. a. Cres und Lošinj, wird immer imposanter, ebenso der Blick auf die sich vor uns er-hebenden Berge wie den Vojak in der Ferne.

Über würzig duftende Wiesen geht es weiter bergauf, dann durch Laubwald mit Buchen, Maronenbäumen, Hartriegel und Wacholder – im Gras zeigen sich Orchi-deen und viele Kräuter. Früher fraßen diese schmackhaften und gehaltvollen Grä-ser Schafe, heute blickt man nur noch auf deren einstige Einfriedungen, die alten, halb verfallenen Trockenmauern. Bereits ab 1940 gaben die Bauern die Schafhaltung auf, lediglich in Mala Učka ist noch eine Familie mit diesem Broterwerb und einer Käserei tätig.

Nach rund 1 Std. stetigen Anstiegs lassen wir die hohe Vegetation hinter uns und der Weitblick übers Meer wird noch beeindruckender – neben den Inseln Cres, Lošinj und vielen weiteren kleinen Eilanden im Dunst erkennen wir Rijeka-Stadt, weiter im Osten die Bergwelt vom Gorski kotar mit dem Nationalpark Risnjak, zudem den Küstensaum der gesamten Kvarner-Region. Unter uns liegt die grünsamtene Draga-Schlucht, die wir Meter um Meter umrunden, oberhalb von uns der felsige Gipfel des 1333 m hohen Suho vrh – wir der Name besagt „sehr karg und trocken". Immerzu steigt unser Pfad bergan. Wir passieren ein im Wald eingezäuntes Wasserreservoir und wandern nun durch alten Buchenwald, weiter durch Fichten und Kiefern, bis diese uns den Blick gen Istrien freigeben und wir auf einen Makadam **5** stoßen, der von Mala Učka kommt und als Forstweg nordostwärts weiterführt – wir haben hier mit etwa 1000 m den höchsten Punkt unserer Wanderung erreicht und etwa 3 Std. Wegzeit hinter uns.

Wir biegen nach links in den Makadam ein und folgen ihm rund 10 Min. nach **Mala Učka**. Wir treffen auf die vom Tal bzw. vom Dorf Vela Učka kommende Asphaltstraße **6** und eine Ansammlung von verstreut stehenden Häusern. Hier gehen wir links, wenige Meter weiter hinab und an der Kreuzung geradeaus weiter (hier würde es links direkt nach Mošćenićka Draga gehen). Wir durchwandern den alten Dorfkern von Mala Učka mit Käserei: Ob man Käse erhält, kommt auf die Jahreszeit an – also Verpflegung selbst mitbringen und am Dorfrand mit Brunnen (Trinkwasser) unter einem idyllischen Baum eine stärkende Rast einlegen.

Beschwingt machen wir uns auf den Weiterweg, vorbei an Walnuss-, Obstbäumen und Weiden und blicken gen Vojak und Suho vrh im Nordosten. An der Gabelung **7** gehen wir links und halten uns danach leicht rechts – die Schafe haben einen Pfad nach links getrampelt – und weiter geradeaus leicht bergab. Nach etwa 10 Min. gelangen wir in das verlassen Dorf **Podmaj** mit Hausruinen und Schafweiden. Nach wenigen Minuten treffen wir auf einen steinigen, breiten Makadam

Von Mala Učka talwärts – herrlicher Blick gen Rijeka und auf die Insel Cres

und einen Rastplatz 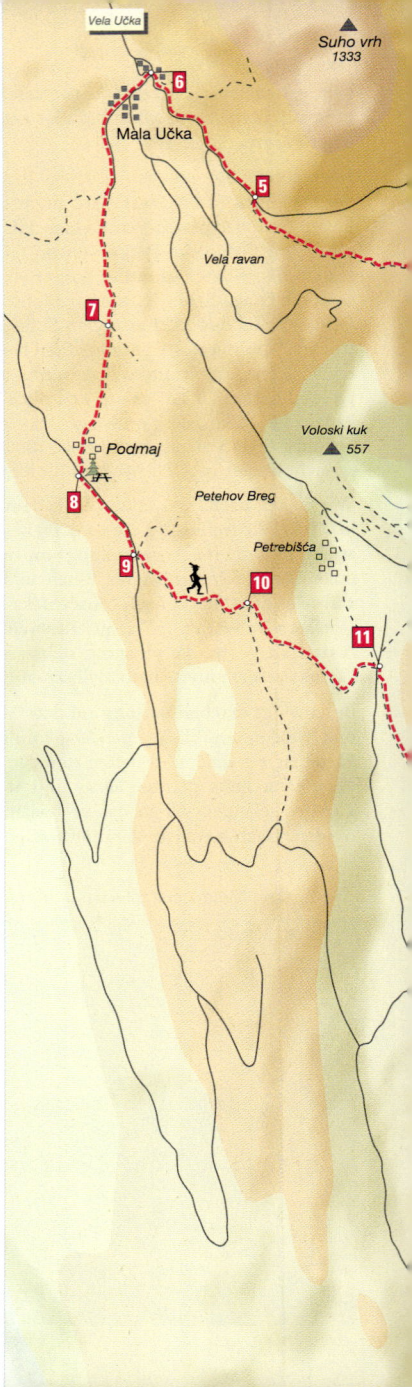 und halten uns hier links.

Nach rund 10 Min. auf dem Makadam biegen wir an einer Gabelung **9** links in den Wanderweg ein (Holzschilder), der uns in Richtung Berg Perun bringt. Wir genießen den Weitblick gen Berg Vojak und nach Istrien, auf den trockenen Wiesen gedeihen Wildrosen, wilde Nelken, Disteln – nur vereinzelt steht ein Busch oder Baum. Etwa 0:15 Std. später wandern wir an einer Weggabelung **10** leicht links weiter (ausgeschildert mit „Perun" und „Mošćenice"). Von hier haben wir noch einmal einen herrlichen Blick auf die Stadt Rijeka, gegenüber von uns erhebt sich der bewaldete Berg Perun, einst mythischer Platz der Slawen (→ Wanderung 3).

Die nächste halbe Stunde führt uns nun talwärts durch Buchen- und Kiefernwald, bis sich wieder ein Freiblick gen Suho vrh auftut und wir die Weggabelung **11** (Petrebišća-Trebišća, Perun und Mošćenice) erreichen – wer von hier aus zum Berg Perun (881 m) aufsteigen möchte, muss mit einer knappen Stunde extra Gesamtwegzeit rechnen.

Wir gehen auf dem hier breiten Makadam an der Gabelung rechts ab, um nach wenigen Metern links in den Waldweg einzubiegen, der an der Südwestflanke des Perun durch Schwarzkiefer- und Eschenwald talwärts führt. Nach etwa 0:15 Std. kreuzen wir einen Makadam und folgen unserem Pfad rund 300 Höhenmeter etwas steiler talwärts Richtung Mošćenice (Schild). Nach weiteren 0:15 Std. wird es flacher und wir stoßen auf Trockenmauern im unbewohnten Weiler **Marasi**. Hier gibt es etliche Trampelpfade, wir folgen dem entlang der Steinmauer, passieren eine Kapelle **12** von 1947 mit einem Bänkchen. Wenige Meter danach gehen wir an der Gabelung leicht rechts und folgen unserem Pfad weitere 5 Min. bis zu einem breiteren Forstweg.

Babin grob

Lovranska Draga

Lovran

Medveja

Start 1

4 3 2

Visoče

Konoba Kali

N 66

Naturpark Učka

Sv. Anton

Kraj

Trebišća

Draga

Sučići

Kuk

Obrš

Perun
▲ 881

Sv. Petar

Mošćenićka Draga

19
Ziel

Marasi

12

Sv. Ivan

13

14

18

Mošćenice

Mihani

17

Kalac

15

N 66

16

Rovini

Plomin, Labin

400 m

Wanderung 2: Von Medveja
nach Mošćenićka Draga

Hier geht es kurz links und gleich danach wieder rechts in unseren markierten Pfad leicht bergab. An einer weiteren kleinen Gabelung **13** nehmen wir den linken Pfad, um nach wenigen Metern auf einen Makadam zu stoßen. Gegenüber folgen wir dem Waldpfad und gelangen zum Weiler **Mihani**, der einen schönen Meerblick bietet, und setzen unseren Weg auf Asphalt talwärts fort.

Auch in der Kurve **14** folgen wir rechts dem Sträßlein, das uns in das hübsche Dorf **Kalac** bringt. Am Dorfende biegen wir an der Gabelung links in den Wanderweg ein. Kurz darauf halten wir uns bei der Kapelle **15** rechts – wir wandern über einen Wiesenpfad hinab – das Meer und Mošćenice am Hang im Blick. Nach 10 Min. nehmen wir den markierten, alten Verbindungsweg links hinab und treffen wenige Meter später auf die Asphaltstraße **16**, die von Kalac kommt.

Links gelangen wir zum Dorf **Rovini** und gehen in der Kurve und Gabelung links den Weg zwischen den Häusern und der Kapelle talwärts. Auch bei den letzten Häusern von Rovini gehen wir nach links und steil hinab – wir blicken auf das Meer, zur Insel Cres und nach Rijeka.

Nach weiteren 10 Min. erreichen wir den malerischen alten Ort **Mošćenice** – ein Bummel durch die Gassen lohnt sich, man kann das Museum besuchen (→ Mošćenice) oder sich auf der Terrasse des Restaurants Perun stärken und den imposanten Weitblick genießen.

Bei der Dorf-Loggia **17** etwas östlich des Restaurants Perun führt uns der alte Verbindungsweg über Stufen tief hinab in Richtung Meer. Wir queren die Hauptstraße N 66 und erreichen nach 700 kniebelastenden Stufen das Meer bei der Villa Rubin **18** im Ortsteil **Sv. Ivan**. Gemütlich auf dem Uferweg gelangen wir in etwa 10 Min. nordwärts zum **Hafen 19** und Zentrum von **Mošćenićka Draga**.

Der Bus bringt uns in etwa 10 Min. zurück zu unserem Ausgangspunkt in Medveja (vorab letzte Rückfahrt klären).

Abendstimmung und Ziel in Sicht –
Blick auf das alte Mošćenice und das moderne Rijeka

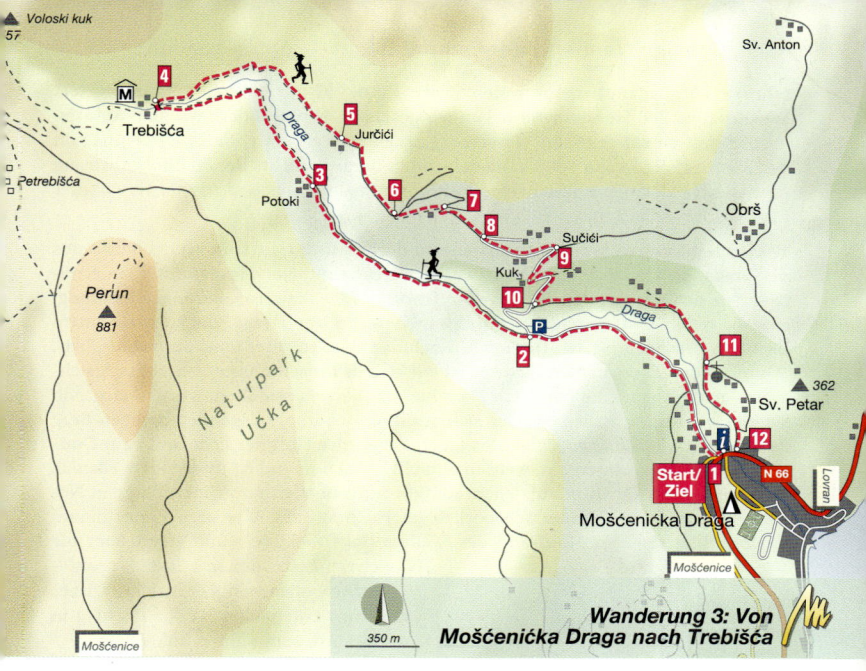

Wanderung 3: Von Mošćenićka Draga nach Trebišća

Charakteristik: leichte Familienrundwanderung von Mošćenićka Draga hinauf nach Potoki und weiter auf dem „mythisch-historischen Pfad" (Mitsko povijesna staza) nach Trebišća und ostwärts oberhalb des Draga-Tals wieder talwärts – rund 400 Höhenmeter sind zu überwinden. Es gibt nach Anfrage bei TIC in Mošćenićka Draga ein kleines ethnografisches Museum zu besichtigen. Bis Potoki könnte auch das Mountainbike benutzt werden. **Länge/Dauer:** 8,2 km, ca. 3 Std. Gesamtwegzeit. **Verlängerung:** In rund 1 Std. erreicht man von Trebišća den Voloski kuk, in etwa 2 Std. einfachen (!) Weges über die Hochalm Petrebišća den mystischen Berg Perun. **Markierung:** Holztafel mit „Mitsko povijesna staza", blauer Stern auf weißem Grund, rot-weiß-roter Balken. **Einkehr:** unterwegs keine Einkehrmöglichkeit. **Ausgangspunkt:** Parkplatz und Touristinfo Annalinea an der N 66 von Mošćenićka Draga. **Ausrüstung:** rutschfeste Schuhe, Verpflegung und ausreichend Wasser; je nach Jahreszeit Windjacke/Anorak (oben ist es beträchtlich kühler als an der Küste!); Kopfbedeckung. **Karte:** Wanderkarte Učka 1:30.000.

Wegbeschreibung: Wir starten am Parkplatz an der **Touristinformation Annalinea 1** an der Hauptstraße N 66, oberhalb des Ortskerns von **Mošćenićka Draga**. Wir gehen auf dem Asphaltsträßchen (ausgeschildert mit „Trebišća", bzw. „Mitsko povijesna staza") den „mythisch-historischen Pfad" rund 2 km bergan durch den alten Ortsteil von Mošćenićka Draga – auf insgesamt 13 Tafeln werden die Herkunft, der Glauben und die mythischen Besonderheiten der Slawen erklärt.

Wir gehen durch Laubwald ca. 100 Höhenmeter aufwärts bis zur Straßenkreuzung mit Parkplatz **2**, tief unten fließt die Draga in ihrer Schlucht (nach rechts würde es zum gegenüberliegenden Weiler Kuk gehen). Wir folgen geradeaus dem nun sehr schmalen Makadam bergauf in den Weiler **Potoki** ▪3 mit hübschen Bauerngärten. Weitere rund 200 Höhenmeter haben wir geschafft. Nun wandern wir ab Potoki gemütlich auf einem schönen Wiesenweg an Gemüsegärten entlang – vor uns fällt der Blick auf die knapp 1000 m ansteigenden Berge – rechts im Tal blicken wir auf terrassiertes Gelände und einzelne Gehöfte in malerischer und sonnenverwöhnter Lage – dort verläuft unser Rückweg.

Wir setzen unseren Weg leicht ansteigend durch Mischwald fort, rechts neben uns die Draga, die sich in Stufen ihren Weg talwärts bahnt. Nach insgesamt 4 km erreichen wir den alten verlassenen Weiler **Trebišća** ▪4 – malerisch auf einer Lichtung, eingebettet in den lauschigen Mischwald und an der Draga, die nun zu einem Bächlein geschrumpft ist. In einem der hübschen Gehöfte, umsäumt von Obst-, Walnuss- und Esskastanienbäumen, ist ein kleines Museum untergebracht (Besichtigung nach Absprache bei TIC). Dass hier die Slawen siedelten, wurde belegt, ob sie hier bei Ritualen tanzten oder sich auf ihrem oberhalb liegenden heiligen Berg Perun (891 m) trafen, wo sich Volos (auch Veles), der Gott der Erde, mit dem Donnergott Perun gemessen hat, weiß man nicht – faszinierend ist dieser Platz allemal, vor allem, wenn Gewitter aufziehen, sich die umgebenden sattgrünen Berge in Nebel hüllen und der Donner schauerlich im Hochtal hallt. Wer zum Perun hinauf möchte, hält sich am Nordrand des Weilers links (Schilder) und steigt über die Hochalm Petrebišća in 1:30–2 Std. auf – leider von oben wenig Fernsicht. Kürzer und aussichtsreicher ist der Aufstieg in rund 1 Std. zum Voloski kuk, 557 m.

Der mystische Weiler Trebišća

Wir treten den Rückweg an, gehen ostwärts über das Holzbrückchen über der hier vor allem im Spätsommer nur noch wenig Wasser führenden Draga und folgen einem lauschigen schmalen Pfad durch Laubwald mit Buchen und Esskastanienbäumen und erreichen nach etwa 0:20 Std. den Weiler **Jurčići** ▪5. Nun können wir westwärts auf Potoki und den mit Wald überzogenen Berg Perun blicken.

Nach dem Weiler verbreitet sich der Weg zu einem Makadam, nach rund 10 Min. nehmen wir in einer Kurve den markierten Wanderpfad ▪6 nach rechts unten. Wir folgen dem Weg, der uns leicht links über Jahrzehnte alte abgewetzte Steine talwärts bringt. Hier stehen auch alte malerische Gehöfte. Man blickt auf das Meer und zu den Inseln Cres und Lošinj. 10 Min. später lassen wir die letzten einzeln stehenden alten Häuser von Jurčići hinter uns. Man sieht hinab auf Sv. Petar und Mošćenićka Draga. Nach weiteren 10 Min. stoßen wir auf ein Asphaltsträßchen **7** und gehen auf diesem rechts hinab. Wir blicken über das grüne Tal gen Westen und Höhlen am Hang und erreichen bald eine breitere Straße **8**. Auf dieser wandern wir weiter rechts hinab, vorbei an den ersten Häusern des Weilers **Kuk**, immerzu Mošćenićka Draga im Blick.

Nach rund 10 Min. stoßen wir auf eine Kreuzung **9** und gehen die Asphaltstraße rechts hinab (links bergan würde es zu den Weilern Obrš und Sv. Anton gehen). Gleich darauf wenden wir uns an der Gabelung **10** nach links in den Makadam in Richtung **Sv. Petar**, das wir nach rund 0:20 Std. erreichen.

An einer Gabelung erwartet uns die alte **Kirche Sv. Petar 11** von 1454, an der Kirchentüre mit glagolitischer Inschrift versehen. Die Grundmauern des einstigen Klosters sieht man gegenüber. Der idyllische Platz bietet sich für eine Rast an.

Weiter geht die Straße nun für einen knappen Kilometer talwärts, bis wir bei der Brücke **12** auf die Hauptstraße stoßen und hier rechts die wenigen Meter zum **Infohaus 1** gehen.

Wanderung 4: Nationalpark Risnjak – zum aussichtsreichen Gipfel Veliki Risnjak (1528 m) → Karte S. 406

Charakteristik: leichte Familienwanderung vom Parkplatz Velo Vilje – von hier erreicht man den schönen Gipfel Veliki Risnjak in kürzester Zeit und genießt den weiten Ausblick gen Gorski Kotar und in alle Himmelsrichtungen. **Länge/Dauer:** 3,5 km einfach, gesamte Gehzeit vom Parkplatz Velo Vilje ca. 1 Std. bis Berghütte, weitere max. 0:20 Std. bis zum Gipfel. **Verlängerung/Alternativen:** Ein Weg führt weiter zur Planina Lazac (unten beschrieben), einfach 0:45 Std. Dort gibt es einen Parkplatz, man kann die Wanderung auch dort starten und zum Veliki Risnjak wandern. Wer die Möglichkeit hat, sich mit dem Auto nach Velo Vilje bringen zu lassen, kann auch auf dem schönen „Horvatova staza" in rund 3:30 Std. zur Nationalparkverwaltung in Bela Vodica zurückgehen. Vom Veliki Risnjak erreicht man in rund 2–2:30 Std. den Gipfel Snežnik (1505 m), die Berghütte M. Albahari ist jedoch geschlossen. **Markierung:** weißer Punkt auf rotem Kreis und Schilder. **Information/Übernachten:** Nationalparkverwaltung Risnjak, Bela Vodica Nr. 48, 51317 Crni Lug, ✆ 051/8361-133, www.np-risnjak.hr. Die N. P.-Verwaltung liegt 1 km westlich von Crni Lug. Hier gibt es auch einige Übernachtungsmöglichkeiten, u. a. im N. P.-Gästehaus mit Restaurant, einfache aber nette Zimmer (DZ/F 65 €), ganzjährig geöffnet. Von der N. P.-Verwaltung zum Gipfel Risnjak auf dem Horvatova staza sind es rund 3:30 Std. **Einkehr/Übernachten:** *Berghütte Pl. Dom Risnjak* (= Šloserov dom; 1415 m), ✆ 099/4282-072; es gibt 6 Zimmer für insg. 45 Pers. (80 KN/ Pers., mit AVA 55 KN), zudem ein Winter-Zimmer (Zimska soba) und gutes Essen wie Schnitzel, Pasta-Gerichte und Pfannkuchen; Mai–Okt. tägl. außer Di. *Unterkunftshütte Lazac*, muss im Voraus an der Nationalparkverwaltung gebucht werden. Zudem Übernachtungen in Bela Vodica. **Ausgangspunkt:** Parkplatz Velo Vilje. **Anfahrt:** Von Rijeka auf der Autobahn A 6 bis Ausfahrt Ostrovica (ca. 21 km), dann 5 km nach Gornje Jelenje. Von dort rund 7 km halb Asphalt, halb Makadam bis zum Parkplatz Velo Vilje (ausgeschildert). *Achtung!* Leser haben mich darauf hingewiesen, dass sich die Makadamstrecke in einem sehr schlechten Zustand befindet und nur mit Jeep zu befahren wäre; d. h. man besten vorab parken und auch bis Parkplatz Velo Vilje laufen. Von Rijeka nach Crni Lug rund 40 km. Anfahrt zur Lazac-Hütte: von Crni Lug 16 km bis Gerovo, dann westlicher Abzweig und 10 km bis Hütte Lazac. **Ausrüstung:** Bergschuhe, Sonnenschutz, wind- bzw. wetterfeste Jacke, ausreichend zu trinken. **Karte:** Nacionalni Park Risnjak, 1:23.000.

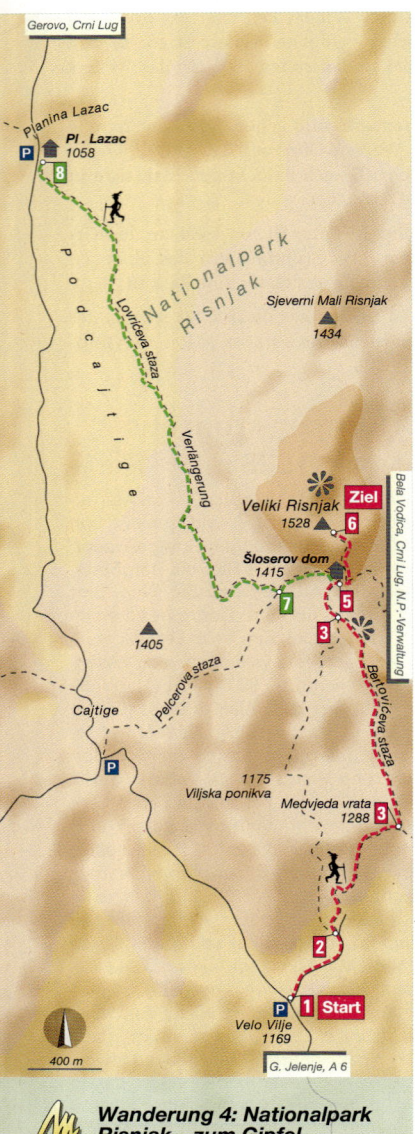

Wanderung 4: Nationalpark Risnjak – zum Gipfel Veliki Risnjak

Wegbeschreibung: Wir starten am **Parkplatz Velo Vilje** ■1 auf 1169 m oder vorab (s. o.) und gehen den Schotter-Makadam rund 500 m durch Buchenwald bergan. An der Gabelung ■2 nehmen wir den schmalen Pfad links bergan. Nach rund 1 km halten wir uns an der nächsten Gabelung ■3 wieder links – hier sind wir nun am **Medvjeda vrata** – am Bären-Tor auf 1288 m. Für rund 0:30 Std. wandern wir auf dem „Bertovićeva staza" – ein schöner Wanderpfad, von Latschenkiefern gesäumt –, nur einzelne Tannen versperren die Sicht auf die hügelige Bergwelt des Nationalparks Risnjak und gen Slowenien. Nach rund 0:45 Std. passieren wir einen kleinen Abzweig ■4 nach links, wir gehen geradeaus weiter. Nach insgesamt 1 Std. Wanderzeit erreichen wir die **Berghütte Šloserov dom** ■5 auf 1415 m, benannt nach Dr. Josip Schlosser Klekovski, auf der **Planina Risnjak** – hier kann man erst einmal gemütlich verschnaufen und den Gipfelblick genießen.

Wir gehen von der Berghütte auf dem markierten Pfad nordwärts, der sich bald in Serpentinen, vorbei an Latschenkiefern, steil bergauf über das Gestein schlängelt. Nach 0:20 Std. stehen wir am Gipfel **Veliki Risnjak** ■6 auf 1528 m. Der Weitblick nach allen Seiten mit den schier endlos verlaufenden Hügelketten in allen grün-blau-grauen Nuancen ist gigantisch: Im Süden liegen uns ausgestreckt die Kvarner-Inseln wie Krk, Rab und Cres-Lošinj im schimmernden Meer zu Füßen, im Westen der Berg Snežnik, im Norden und im Osten erstrecken sich unendliche Hügel und Berge – eine Tafel informiert über alle Gipfel.

Wir steigen wieder hinab – Vorsicht, die Felsen sind blankgewetzt, leicht kann man abrutschen – und erreichen nach Kurzem wieder die **Berghütte** ■5. Von dort gehen wir auf derselben Route zurück.

Verlängerung: Wer noch fit ist, macht noch einen Abstecher zur Lazac-Hütte.

Der Gipfel Veliki Risnjak bietet eine weiteFernsicht rundum

Dazu nimmt man nordwestlichen Wanderweg, folgt diesem rund 200 m und biegt dann rechts **7** talwärts ab. Der Weg führt durch Föhrenwald immerzu auf dem „Lovrićeva staza" leicht talwärts. Nach rund 0:45 Std. erreichen wir eine malerische Lichtung, die **Planina Lazac** mit der **Unterkunftshütte Lazac 8** (nicht bewirtschaftet, nur nach Voranmeldung buchbar). Hier kann man, wer sehr viel Glück hat, Bären beobachten, die aber erst spätabends zur Futtersuche auf die Lichtung kommen. Der Rückweg erfolgt auf derselben Route.

Wanderung 5: Nationalpark Nord-Velebit – auf dem Premužić-Lehrpfad vom Dom Zavižan bis zur Rossijeva koliba   → Karte S. 409

Charakteristik: familienfreundliche, informative Streckenwanderung auf dem Premužićeva staza, dem Premužić-Lehrpfad im Nationalpark Nord-Velebit. Diesen bestens präparierten Wanderpfad ließ in den 1930er-Jahren der Fortsingenieur und Bergsteiger Ante Premužić in den Fels schlagen und im Trockenmauerstil befestigen – der Weg gilt als Meisterwerk dieser Baukunst. Der schöne Wanderpfad führt vom Parkplatz unterhalb der Berghütte Zavižan am Botanischen Garten vorbei, schlängelt sich meist eben durch Buchenwälder, entlang interessanter Felsformationen bis hin zur Unterstellhütte Rossijeva – unterwegs bieten sich herrliche Weitblicke gen Meer und auf die Lika-Region im Hinterland. **Länge/Dauer:** 14,1 km hin und zurück, gesamte Gehzeit rund 4 Std. **Abkürzung/Verlängerung:** Man kann jederzeit umkehren. Weiter wandern kann man in weiteren 2 bis 2:30 Std. bis zur Berghütte Alan. Konditionsstarke können die gesamte Premužić-Strecke von 57 km bis Baške Oštarje erwandern. **Markierung:** weißer Punkt auf rotem Kreis, bestens ausgeschildert und mit Lehrtafeln versehen. **Information:** Nationalparkverwaltung Nord-Velebit, Zentrale in 53274 Krasno, Krasno 96, ☏ 053/665-380, www.np-sjeverni-velebit.hr (→ auch N. P. Nord-Velebit S. 315). **Einkehr/**

Übernachten: *Berghütte Zavižan* (1594 m), ☎ 053/614-209, -203; ganzjährig geöffnet, 28 Betten, eine Dusche und Strom und einfaches Essen nach Absprache. Unterstellhütte Rossijeva koliba, immer geöffnet; Wasser aus Zisterne, Holz und Feuerstelle, Schlaflager (Schlafsack, Essen, Trinkwasser etc. muss selbst mitgebracht werden). *Berghütte Alan* (für die Verlängerung), ☎ 099/515-4999 (mobil), geöffnet tägl. Ende Mai–Okt., danach nur evtl. bei schönem Wetter an Sonntagen; 40 Betten, einfache Gerichte und Getränke, keine Dusche und Strom. **Ausgangspunkt:** Parkplatz Zavižan (Ende der Makadamzufahrt). **Anfahrt:** von Sv. Juraj (ca. 5 km südlich von Senj) nach Oltarj, dort rechter Abzweig (ausgeschildert mit Zavižan), 10 km zum Nationalpark-Eingang Babić Siča (Eintritt 45 KN/Pers., Kinder 25 KN), dann rund 7 km auf Makadam bis zum Parkplatz Zavižan, unterhalb der gleichnamigen Hütte. **Ausrüstung:** Bergschuhe, Wind- und Sonnenschutz, ausreichend zu trinken und zu essen – nur am Anfang Zavižan-Hütte. *Achtung*: im Gegensatz zur Küste ist es hier oben im Gebirge je nach Jahreszeit bis zu 10 Grad kälter, also unbedingt immer an warme Kleidung denken. **Karte:** Wanderkarte Nr. 16, Nacionalni Park Sjeverni Velebit, 1:30.000.

Wegbeschreibung: Wir starten am **Parkplatz Zavižan** ❶ und folgen dem Makadam, einer Forststraße, wenige Meter südwärts. Wer sich in der Berghütte Zavižan stärken oder den kleinen 5-Minuten-Anstieg von der Berghütte zum Berg Vučjak (1644 m) unternehmen möchte, um einen ersten Blick auf das Meer und das Inland zu genießen, kann hier beim Parkplatz gleich rechts in den kleinen markierten Pfad bergan abzweigen (oder geht wenige Minuten geradeaus und nimmt den breiten Makadam rechts bergan, siehe unten). Seit 1953 steht hier Kroatiens höchste meteorologische Bergstation, die aufgrund ihrer spezifischen Lage zwischen mediterraner und kontinentaler Zone an die internationale Klimaregisterstationen angeschlossen ist und tägliche Zustandsänderungen der physischen und chemischen Zusammensetzung der hiesigen Atmosphäre misst.

Wanderer auf dem Premužićeva staza

Wer den Abstecher nicht machen möchte, geht vom Parkplatz auf dem Makadam geradeaus und südwärts, passiert nach rund 250 m einen rechten Abzweig ❷ (Zufahrt zur Berghütte Zavižan) und kurz darauf auch die **Sv.-Ante-Kapelle** am Wegesrand.

Nach weiteren 150 m gehen wir auch geradeaus am Eingang des Botanischen Gartens ❸ vorbei, der rechts liegt. Wer mag, macht diesen lohnenden Abstecher (oder auch auf dem Rückweg). Es ist ein verschlungener, 600 m langer Pfad, wo rund 500 Pflanzenarten gedeihen – beste Zeit ist Ende Mai bis Mitte August, um die Blumenvielfalt in ihrer Blüte zu erleben.

Wir gehen geradeaus auf dem Makadam weiter, passieren nach Kurzem eine Schranke (für Forstfahrzeuge) und gehen einen weiteren knappen Kilometer, bis wir am Abzweig **4** rechts in den ausgeschilderten **Premužićeva staza**, unseren Wander- und Lehrpfad, einbiegen. Hier steht auch bereits die erste Infotafel, die über den Lehrpfad aufklärt; in Abständen von ca. 1 km werden wir auf den Info-Tafeln Auskunft über die Besonderheiten dieser Gegend erhalten.

Wir folgen nun unserem Lehrpfad, einem schmalen Wanderpfad, und erreichen nach 5 Min. eine Lehrtafel **5**, die uns über Karstphänomene informiert, nach weiteren 10 Min. **6** steht eine Tafel zu den Velebit-Muscheln. Es folgt nach 5 Min. die Tafel „Novi Život", Neues Leben **7**. Wir wandern die nächsten 10 Min. durch satten Buchenwald, dann wird der Blick frei auf die graublauen Berge im Osten, vor uns türmen sich Felsen.

Etwa 10 Min. später erreichen wir die Infotafel „Giganten am Fels" **8**. Bald lassen wir auch den Buchenwald hinter uns und gehen durch das Felsgestein. 5 Min. später informiert eine Tafel **9** über die Karstform und diesen Weg. Nach weiteren 10 Min. wird die Aussicht frei auf die Lika mit ihren in vielen Graublautönen leuchtenden Hügeln und Bergen.

Dann führt der Weg wieder in den Wald und in 0:15 Std. zur nächsten Infotafel **10** „Fichte oder Kiefer?". Nach weiteren 5 Min. folgt die Tafel „Ein nackter Stein?" **11**, hier wird auf die Pflanzen- und Tierwelt hingewiesen. Nach weiteren 10 Min. und rund 3,8 km ab dem Lehrpfadbeginn folgt die Infotafel „Kannst du den Primärwald sehen?" **12**. Nun haben wir einen herrlichen Blick gen Nordwesten auf die Insel Krk und auf das Učka-Gebirge und unser Weg zieht sich bergan.

Etwa 10 Min. später erreichen wir die Tafel „Die Geschicke der alten Hand-

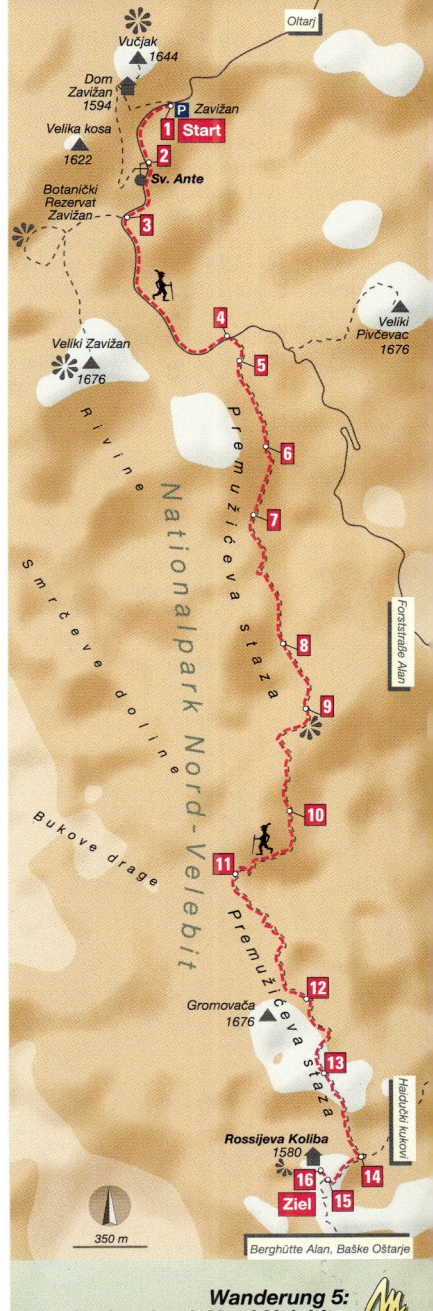

Wanderung 5:
Nationalpark Nord-Velebit –
auf dem Premužić-Lehrpfad

werkskunst" **13**, zudem auch den höchsten Punkt unserer Wanderung – rund 4,5 km liegen hinter uns.

Nach weiteren 10 Min. gehen wir am Abzweig **14** geradeaus (links würde der schmale Pfad sehr steil hinab in rund 1:30 Std. in Richtung Forststraße und ins Haiducki kukovi führen). Wir umrunden anschließend den Fels- und Berghang auf seiner Ostseite, der hier steil abfällt. 10 Min. später passieren wir eine Weggabelung **15**, wo wir geradeaus weitergehen (links führt der Wanderweg in Richtung Alan) und nach wenigen Metern die Unterstellhütte Rossijevo Sklonište bzw. **Rossijeva Koliba** **16** auf 1580 m erreichen. Sie wurde hier in den Fels gehauen und ist ein fantastischer Platz mit Weitblick auf das Meer und die Inseln Rab, Krk, Cres und Lošinj. Rund 1:30 bis 2 Std. Gehzeit haben wir zurückgelegt, auf gleichem Weg müssen wir wieder zurück oder gehen in weiteren 2:30 Std. zur Berghütte Alan.

Wanderung 6: Naturpark Velebit – von Baške Oštarije zum Berg Kiza (1274 m)

Charakteristik: mittelschwere Wanderung durch Buchenwälder und entlang schöner Felsformationen hinauf zum aussichtsreichen Berg Kiza (1274 m). Von hier bietet sich ein herrlicher Blick auf den Naturpark Velebit und gen Meer. Auch mit Mountainbike z. B. bis **5** machbar. **Länge/Dauer:** 7,1 km hin und zurück, gesamte Gehzeit rund 4 Std. **Abkürzung/Verlängerung:** Wer im Weiler Stupačinovo (nahe **3**) sein Auto parkt, spart 2,1 km. Von hier aus bietet sich nordwärts der Premuzić-Wanderweg (Premužićeva staza) an. **Markierung:** weißer Punkt auf rotem Kreis. **Einkehr/Übernachten:** keine Versorgung unterwegs. Auch das Hotel Velebno war im April 2014 geschlossen (aktuell weiß niemand, ob und wann es wieder öffnet). **Ausgangs-/Endpunkt:** Parkplatz des Hotels Velebno in Baške Oštarije (das Hotel ist aktuell geschlossen), an der N 25. **Anfahrt:** von Karlobag nach Baške Oštarije, rund 21 km. **Ausrüstung:** Bergschuhe, Sonnenschutz, ausreichend zu trinken und zu essen. **Karte:** Wanderkarte Nr. 17, Srednji Velebit, Park Prirode Velebit, 1:30.000.

Eine bizarre Felslandschaft wartet

Wegbeschreibung: Wir starten am **Parkplatz** **1** vor dem aktuell geschlossenen Hotel Velebno, gehen an der Hauptstraße N 25 Gospić–Karlobag 400 m rechts, also westlich bis zum Abzweig **2**, ausgeschildert mit „Stupačinovo".

Wir folgen dem schmalen Asphaltsträßchen rund 1,7 km durch lichten Buchenwald, bis wir die Häuser des Weilers **Stupačinovo** erblicken, zu dem links ein Abzweig **3** hinab führt (im weiteren Verlauf auch auf den Premužićeva staza) – hier könnten wir auch das Auto parken, wir sind nun auf 924 m.

Wir bleiben auf dem Hauptweg, leicht rechts haltend, der nun zum Makadam wird, und gehen weitere 50 m bergan. Dort treffen wir auf den nächsten Abzweig **4** und gehen geradeaus weiter (nach links führt der Weg ebenfalls nach Stupačinovo). Die nächsten 400 m führt der Makadam steil und steinig bergauf – im Nordwesten sehen wir schon unser Ziel, den Berg Kiza, im Westen liegt die Ebene von Baške Oštarije. In der spitzen Rechtskurve **5** biegen wir nun nach links auf unseren mit „Kiza" ausgeschilderten Wanderpfad ab. Rund 0:45 Std. sind wir bisher gelaufen.

Der Pfad führt nun über den Fels bergan, wir passieren rund 5 Min. später einen kleinen Abzweig **6**, wo wir rechts bleiben (nach links ginge es zu einem Aussichtspunkt, Vidikovac). Wir gehen weiter bergan auf dem Hauptpfad nun hinein in den Buchenwald. 0:15 Std. nach dem Wanderpfadbeginn halten wir uns links (rechts Richtung Kuk od Špiljić plane).

Weiter führt der Pfad durch Buchenwald, wo im Frühjahr Anemonen und Veilchen blühen. Etwa 0:15 Std. später halten wir uns am Abzweig **7** nochmals links und gehen bergan (rechts würde der Weg nach Grabar Alaginac führen). Wenige Minuten später kommen wir aus dem Wald und laufen nun über Bergwiesen mit Wacholder. Am nächsten Abzweig **8** gehen wir geradeaus weiter bergan (nach links geht ein Pfad zum Kuk od Pečica). Nun tun sich Felstürme auf und wir müssen über Felsen klettern. Der Blick nach rechts wird frei auf den Crni Dabar. Unser Bergpfad windet sich nun auf die Nordseite des Kiza und wir blicken auf die Hügelkette des Crni Dabar. Der Pfad führt bergan und bergab im Wechsel, bis wir nach rund 1 Std. ab Wanderpfadbeginn den kleinen **Sattel des Kiza** **9** auf 1230 m erreichen – hier gibt es Stempel.

Wer zum **Gipfel** **10** möchte, muss ab hier den Fels erklettern und steht dann in 3 Min. auf 1278 m. Am Kiza-Sattel lässt es sich bequem rasten und den schönen Weitblick über die Oštarijska vrata und gen Meer genießen, sowie auf die Bergkette und Hügel des Dabarski kukovi und gen Nord-Velebit (siehe Foto S. 64).

Der Rückweg erfolgt auf derselben Route.

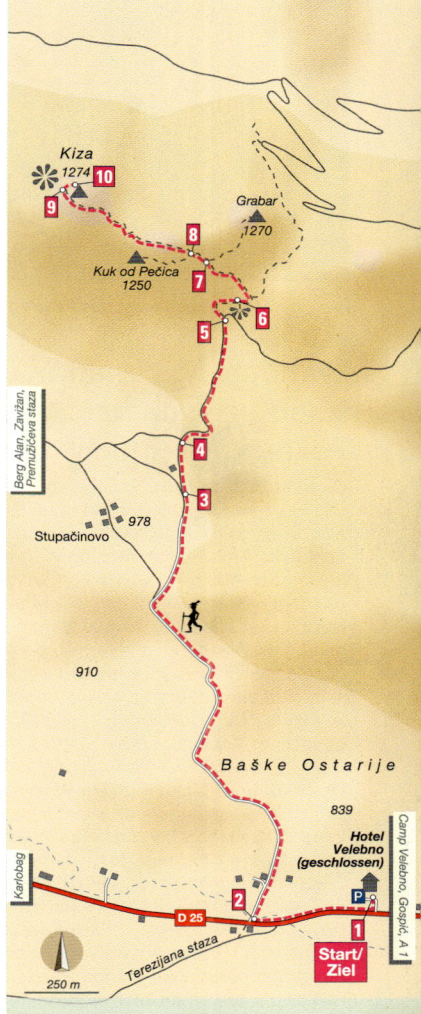

Wanderung 6: Naturpark Velebit – von Baške Oštarije zum Berg Kiza

Von der Hochebene folgt der Abstieg hinab in die Velika-Paklenica-Schlucht

Wanderung 7: Nationalpark Paklenica – Rundweg von der Mala- zur Velika-Paklenica-Schlucht

→ Karte S. 414

Charakteristik: eindrucksvolle, mittelschwere Rundtour mit schönen Weitblicken und Höhlen. Es geht von der touristisch weniger besuchten Schlucht Mala Paklenica über das Bergplateau hinüber und hinab in die populäre Velika-Paklenica-Schlucht. Am Beginn der Wanderung müssen einige anstrengende und steile Felspartien (400 m) überwunden werden, zudem gibt es eine steilere 45-minütige Abstiegspassage (60 m) ins Velika-Paklenica-Tal. Diese hier beschriebene Wanderrichtung ist einfacher zu bewältigen als von der Velika-Paklenica-Schlucht beginnend. Der Wanderweg innerhalb der Schluchten verläuft teils im Schatten, teils in der Sonne. Da die Tour relativ lang ist, zudem Felsen überwunden werden müssen, ist diese Tour für sportlich Ungeübte und Kleinkinder nicht geeignet (empfehlenswert dann Wanderung 2). Viel Spaß dabei haben aber vielleicht sportliche Jugendliche! **Vorsicht:** Diese Route sollte nicht bei oder nach Starkregen begangen werden, da von den Felswänden loses Gestein abfallen kann. Ebenso führt das Flussbett im zeitigen Frühjahr Wasser! D. h. diese Tour kann nur von Frühsommer bis Frühherbst begangen werden (evtl. auch vorab am Eingang 2 informieren). **Länge/Dauer:** 16,9 km, ca. 6 Std. **Verlängerung:** Eine Verlängerung dieser Strecke ist ab **12** möglich, man folgt dann dem Velika-Paklenica-Tal talaufwärts bis Dom Paklenica (→ Wanderung Nr. 2). **Markierung:** roter Kreis mit weißem Punkt, auch rot-weiß gestreift, zudem beschriftet (gute Markierung). **Einkehr:** Es gibt einige Hütten (→ Reiseteil/N. P. Paklenica/Übernachten/Essen, S. 173). Wer die Tour verlängert, hat weitere Auswahlmöglichkeiten (→ Reiseteil/Starigrad Paklenica, S. 167). **Ausgangs-/Endpunkt:** Startpunkt ist Eingang 2 des N. P. Paklenica (hier gibt es auch Parkplätze. bzw. man kann sein Fahrrad abstellen). Endpunkt ist Eingang 1 des N. P. Zwischen Eingang 1 und dem 2 km entfernten Schluchteingang kann man auf dem Wanderpfad entlang dem Bach laufen. Zwischen Eingang 1 und Eingang 2 verläuft

der 3 km lange Ökotrail (Poučna staza), den man zum Schluss gehen kann (→ Reiseteil/Starigrad Paklenica/Wandern, S. 171). **Ausrüstung:** rutschfeste, gute Bergschuhe, evtl. Wanderstöcke, funktionale Kleidung, Sonnenschutz, ausreichend Trinkwasser.
Karte: Nationalpark Paklenica (Nacionalni Paklenica), mit Wanderwegen, 1:25.000.

Wegbeschreibung: Wir starten an der **Info-Station/Kasse von Eingang 2 ❶** des Nationalparks Paklenica, die imposante Bergwelt vor uns im Blick. Der Weg führt erst einmal leicht links und oberhalb des Bachbetts entlang, der Pfad wird felsig. Bald schon verengt sich die Schlucht, steile Felswände tun sich auf und unser Weg verläuft nun im Trockenbett der **Mala Paklenica**, die nur im zeitigen Frühjahr Wasser führt und von ein paar Büschen begrünt ist. Links oben liegt nach 0:15 Std. Wegzeit die sog. **Willkommenshöhle**, Poždravača pećina (nicht zu besichtigen).

Wir folgen der Markierung im groben Kiesbett steil bergan – rund 120 Höhenmeter sind zu überwinden, größere Steinquader stellen sich in den Weg, der aus grobem Gestein besteht. Nach weiteren 10 Min. erreichen wir eine **Staustufe ❷** – schöne Felsfindlinge bilden eine herrliche Kulisse. Das Tal verengt sich zunehmend und wir folgen nun rechts dem **Klettersteig** mit Drahtseil bergan, gegenüber sind wieder Höhlen. Wir müssen klettern und es geht die nächsten 0:30 Std. stetig steil bergan, bis wir nach ca. insgesamt 1 Std. die höchste Steigung von rund 350 m auf dieser Strecke überwunden haben – von oben ❸ bietet sich ein letzter Blick zurück gen Seline und übers Meer gen Vinjerac.

Danach führt der Weg auf grobem Kies und Felsbrocken hinein in die Schlucht, die Felswände ragen beidseitig in die Höhe. Wir müssen noch etwas weiter über die Felsen bergauf klettern und passieren nach weiteren 0:20 Std. die große **Höhle Kapljuvača ❹** mit Stalagmiten, die ab und an auch Trinkwasser führt (man sollte sich nicht darauf verlassen!). Nun folgen noch einige größere Felsblöcke, über die wir uns hinaufziehen müssen – seit Tourbeginn haben wir 400 Höhenmeter geschafft, ehe wir die nächste und letzte **Staustufe ❺** erreichen.

Ab nun verläuft der Weg relativ flach im Kiesbett der Schlucht, die sich etwas weitet, bis wir nach rund 0:30 Std. entspannten Wanderns eine Weggabelung ❻ und den nach rechts verlaufenden alten Verbindungsweg (gen Vlaškograd) entlang dem Bach Orljača erreichen. Wir halten uns leicht links bzw. folgen dem kiesigen und felsigen Flussbett der Mala Paklenica. Bereits über 2 Std. sind wir nun unterwegs. Nach weiteren 0:15 Std. kreuzen an den Felsen befestigte und gespannte Seile ❼ das Flussbett – die Einheimischen (Jäger etc.) können sich daran, wenn der Fluss Wasser führt, trockenen Fußes zur anderen Seite hangeln. Wir folgen dem Flussbettweg, es wachsen nun Buchen und Akazien und bald heißt es Abschied nehmen von der Mala Paklenica.

Nach rund 3 Std. Wegzeit verlassen wir das Flussbett und folgen dem Weg nach links ❽, der uns durch Buchenwald und in 0:30 Std. zum **Hochplateau** mit Blick auf die Bergwelt des Veliki kom und Borovnik bringt – hier haben wir auf 667 m unseren höchsten Punkt erreicht und gehen an der Weggabelung ❾ geradeaus weiter (markiert mit „Paklenica/Seline"). Den anstrengendsten Teil dieser Wanderung haben wir hinter uns.

Wir spazieren auf einem Pfad über die Hochebene des **Jasenara-Massivs**, es wachsen Schwarzkiefern, Wacholder, Salbei und andere Kräuter, auch hübsches hohes Gras, das in der Sonne funkelt und zwischen dem sich Orchideen verstecken. Nach 0:30 Std. laufen wir erstmalig leicht bergab – ein herrlicher Blick aufs Meer und auf die Zacken der Velika-Paklenica-Schlucht in der Fernebietet sich uns. Nach weiteren 0:15 Std. erreichen wir das verlassene Dorf **Jurline ❿** mit alten

Wanderung 7: Rundweg von der Mala- zur Velika-Paklenica-Schlucht
Wanderung 8: In die Velika-Paklenica-Schlucht

600 m

Häusern, heute von Bienen bevölkert. Wir gehen hier beim Weiler kurz links (auch wenn Schilder den Weg nach rechts weisen!) und dann halbrechts bergab – rund 5 Std. sind wir nun schon unterwegs (der Weg an der Gabelung nach links führt zum Kletterfelsen Anića kuk, bzw. auch in rund 2:30 Std. zurück nach Seline). Wir aber gehen bergab, dann auf und ab auf einem steinigen Pfad zwischen Rotbuchen.

An der nächsten Weggabelung **11** geht es links hinab zur **Velika-Paklenica-Schlucht** (rechts führt ein Weg über den Mala-Močila-Höhenzug und im weiteren Verlauf in gut 1:30 Std. zur Dom Paklenica). Der Weg ist steil und verläuft über Fels und teils loses Gestein in Serpentinen talwärts – der Blick auf die Schlucht, die umgebenden Berge und dann auch Richtung Meer bis auf die gegenüberliegende Halbinsel Ravni kotari ist fantastisch.

Nach 0:45 Std. treffen wir auf den Hauptweg **12** durch die Velika-Paklenica-Schlucht. Hier hätten wir die Möglichkeit, bergauf zur Dom Paklenica zu gehen (→ Verlängerung und Wanderung 2), wenden uns aber talwärts, bis wir den Schluchtabsatz mit einem **Trinkwasserbrunnen 13** erreichen. Dann führt der alte Stufenweg bergab in die nun immer enger werdende Schlucht mit ihren hoch aufragenden Felswänden. Nach rund 10 Min. passieren wir einen weiteren Abzweig **14** links zur Felswand „Anića kuk" – meist sieht man waghalsige Kletterer an der Wand. Wir folgen dem breiten Wanderweg talwärts, passieren die Climber-Herausforderung „Debili kuk" (6a+) und erreichen nach knapp 0:30 Std. den „Bunker" (Bunkeri) mit Café, schattigen Rastplätzen und 5 Min. später das Ende der Schlucht **15**, die Parkplätze und den Beginn der Asphaltstraße. Ein schmaler Wanderpfad führt uns neben und unterhalb der Straße in 2 km zum **Eingang 1 16** des Nationalparks.

Wanderung 8: Nationalpark Paklenica – in die Velika-Paklenica-Schlucht

Charakteristik: Diese leichte bis mittelschwere Familienwanderung verläuft ohne Schwierigkeiten auf breitem, meist schattigem Pfad talaufwärts entlang der Velika Paklenica zur Unterkunftshütte Dom Paklenica; lediglich ein halbstündiger steilerer Aufstieg (rund 480 Höhenmeter) bis zum Schluchtabsatz **4** muss absolviert werden. Gleich zu Beginn gibt es alte Mühlen zu besichtigen, zudem kann man den Kletterern zusehen. Schöne Rastplätze am Bach laden zu einer Erfrischung ein (evtl. Badesachen mitnehmen). Der Rückweg erfolgt auf derselben Strecke. **Länge/Dauer:** hin und zurück 19,8 km, ca. 6:30 Std. **Markierung:** roter Kreis mit weißem Punkt, zudem beschriftet (gute Markierung). **Verkürzung:** Man kann die Wanderung problemlos verkürzen, indem man z. B. nur bis zum Forsthaus **9** wandert. **Verlängerung/Bemerkung:** Von der Dom Paklenica kann man noch höher in die einsame Bergwelt des Velebit bis auf über 1700 m wandern, fantastische Ausblicke über das Bergmassiv und das Meer genießen, Gänsegeier beobachten, vielleicht einem Wildschwein begegnen. Aber Vorsicht: Nur erfahrene Alpinisten sollten dieses Gebiet bewandern, und der gefürchtete Fallwind, die Bora, tritt hier ebenso mächtig wie unbarmherzig auf. **Einkehr/Übernachten:** im Forsthaus (Lugarnica) **9** oder Dom Paklenica **11**. 10 Min. nordwärts vom Dom Paklenica liegen die gut geführten Berghütten Ramića Dvori – Kod Marija und Ivančev Dom (→ Nationalpark Paklenica/Übernachten/Essen, S. 173). **Ausgangspunkt:** Nationalparkeingang 1, dort erwirbt man auch das N. P.-Ticket. Hier sind Parkplätze; die weiteren 2 km bis Schluchteingang kann man auf dem Wanderpfad entlang der Velika Paklenica oder auf dem schmalen, kurvenreichen Asphaltsträßchen mit dem Auto (10 KN) zurücklegen; am Straßenende sind jedoch nur wenige Parkflächen. **Ausrüstung:** Für die Familienwanderung rutschfeste leichte Bergwanderschuhe oder Trekkingsandalen (wer höher geht, komplette Bergausrüstung!); evtl. Sonnenhut, Wanderstöcke, ausreichend Trinkwasser, Snacks für die schönen Stopps unterwegs. Es gibt zwar unterwegs Trinkwasserstellen, aber verlassen sollte man sich nie darauf (v. a. nicht nach längeren Hitzeperioden)! **Karte:** Nationalpark Paklenica (Nacionalni Paklenica), mit Wanderwegen, 1:25.000.

Wegbeschreibung: Kurz hinter dem Weiler Marasovići liegt die **Info-Station/Kasse von Eingang 1 1** mit Shop und Ticketverkauf, östlich steht die alte Paklenica-Mühle,

▲ Aufstieg zum Dom Paklenica

▼ Hingucker – Kletterer am Anića kuk

hier führt der Ökotrail gen Osten. Zu Fuß auf dem Wanderpfad oder per Fahrrad/Pkw geht es nun 2 km nordwärts, die Berge rücken imposant in die Nähe. Am Straßenende mit kleinem Parkplatz und Klettershop haben wir den **Schluchteingang der Velika Paklenica** 2 erreicht.

Die Felswände türmen sich bereits senkrecht in die Höhe, viele Kletterer versuchen sich hier. Das im Sommer und Herbst trockene Bächlein Velika Paklenica, das im Frühjahr zu einem Fluss anschwillt, liegt rechts unterhalb. Der Hauptweg führt entlang der Felswand, viele große und kleine Kletterer üben sich, wir hören das Klirren und Klicken der Karabiner und schauen nach oben zu den Profis.

Den kleinen Pfad nach links ignorieren wir, er führt zum oben liegenden „Debili kuk" 6a+, einer Herausforderung für Freeclimber. Unser Weg verläuft nun stetig bergauf, über in den Fels gehauene Stufen, am Velika Paklenica entlang. Nach etwa 0:40 Std. folgt ein Abzweig 3, den nur Kletterer nutzen – rechts oberhalb erblickt man das gewaltige weiße Massiv des „Anića kuk", das Highlight in dieser Region, wo selbst erfahrene Kletterer schon mit ihrem Leben bezahlten. Wir gehen geradeaus weiter und erreichen kurz nach dem Abzweig an einem **Trinkwasserbrunnen** 4 den Schluchtrand und haben 400 Höhenmeter überwunden – der anspruchsvollste Teil dieser Strecke liegt nun hinter uns.

Danach verläuft der Weg ebener, nach ca. 1:15 Std. ignorieren wir rechts den Abzweig 5 hinauf über Jurline zur Mala-Paklenica-Schlucht (→ Wanderung 7). Wir bleiben auf dem Hauptweg, wo 5 Min. später ein Abzweig 6 links zur Grotte Manita peć (→ Reiseteil/N. P. Paklenica/Öffnungszeiten, S. 172) folgt. Wer mag, kann sie in 0:40 Std. steilen Aufstiegs erreichen.

Unser Hauptweg aber folgt dem Wildbach, der mal nahe, mal tiefer unten plätschert. Kleine Kaskaden beschleunigen seinen Lauf, er überwindet größere Felsbrocken und stürzt dann mit Getöse in ein Becken. Am Wegrand geben Flaumeichen und Rotbuchen Schatten. Ab und zu bietet sich die Möglichkeit, sich im Bach zu erfrischen, an einigen Stellen kann man auch unter einem Wasserfall und in den Becken ein Bad nehmen oder die Kinder plantschen lassen – rundum nichts als Stille (allerdings nur in der Nebensaison!).

Auf dem Hauptweg passieren wir etwa 10 Min. nach dem letzten Abzweig die alte Mühle **Markov mlin** **7** etwas unterhalb, kurz darauf einen **Trinkwasserbrunnen** und unterhalb am Bächlein die halb verfallene Mühle **Katica mlin**.

Wir folgen dem breiten Weg durch herrlichen Rotbuchenwald talaufwärts, bis wir nach weiteren 10 Min. einen Abzweig **8** nach links unbeachtet lassen (er führt über das aussichtsreiche Hochplateau Njive zum 1000 m hohen Veliko Rujno und zum Kirchlein Gospa od Rujno aus dem 15. Jh.). Weiter leicht bergauf erreichen wir nach kurzer Zeit das Forsthaus **Lugarnica** **9** (400 m) am Bach, das zu einem Stopp nach insgesamt 2 bis 2:30 Std. Wegzeit einlädt. Hier bekommt man Getränke und teils auch Snacks (→ Reiseteil/N. P. Paklenica/Essen).

Der breite Steinweg bringt uns bergauf, nach 10 Min. passieren wir einen Abzweig **10** (in 2 Std. zum aussichtsreichen 1109 m hohen Crni vrh oder in 1 Std. zum Höhenzug Mala Močila). Wir aber folgen dem Hauptweg, nun wird der Blick frei auf die bis über 1200 m ansteigende Bergwelt. Wir passieren noch eine tiefer unten liegende alte Mühle am Bach, bis wir nach 10 Min. über eine Brücke die Unterkunftshütte **Dom Paklenica** **11** (480 m) erreichen – ein idyllischer Platz mit Holzbänkchen. Wir haben nach gut 3 Std. Wanderzeit auf jeden Fall eine Pause verdient, bevor wir uns wieder auf den Rückweg machen.

Wer mag, geht noch 10 Min. weiter bergan, dort sind zwei hübsche, aussichtsreiche und privat geführte Berghütten (→ Reiseteil/N. P. Paklenica/Übernachten/Essen).

Wanderung 9:
Insel Cres – von Cres zur Uvala Sv. Blaž   → Karte S. 419

Charakteristik: familienfreundliche Tageswanderung von Cres über die Kirche Sv. Salvadur zur hübschen Badebucht Uvala Sv. Blaž. Bis zur Kirche Sv. Salvadur wandern wir auf dem alten Prozessionsweg, weiter geht es dann auf einem schmalen Pfad oberhalb der Küste mit schönen Freiblicken und schattigem Steineichenwald. Anschließend wartet eine einladende Badebucht zur Erfrischung. Der Rückweg erfolgt bis Sv. Salvadur gleich, danach geht es hinab ans Meer und über den Campingplatz an der Küste und die Hafenbucht entlang zurück zur Stadt. **Länge/Dauer:** Stadtturm–Sv. Salvadur (einfach 3,2 km, ca. 1 Std.), Sv. Salvadur–Sv. Blaž (4,3 km, ca. 1:15 Std.), Sv. Salvadur–Cres/Hafen (4,8 km, ca. 1:15 Std.). Gesamte Wegstrecke 16,6 km, ca. 4:40 Std. Gehzeit. **Abkürzung:** nur bis zur Kirche Sv. Salvadur **9** wandern und den Küstenweg über den Campingplatz zurück nehmen oder Rück- oder Hinweg zur Uv. Sv. Blaž per Fischer- oder Speedboot (ca. 50 € einfach, z. B. beim Geschäft Mandrač, Mob.-Tel. 099/8232-087). **Markierung:** weißer Punkt auf rotem Kreis oder Balken, auch Schilder. **Einkehr:** keine Versorgungsmöglichkeit unterwegs. **Ausgangs-/Endpunkt:** Cres am Stadtturm (Ul. Melin I br. 13)/Cres am Altstadthafen. **Ausrüstung:** Wanderschuhe, Kopfbedeckung, evtl. Wanderstöcke, Badesachen, ausreichend Wasser und Essen. **Karte:** Wander- und Radkarte Cres & Lošinj 1:50.000.

Wegbeschreibung: Wir starten am wuchtigen, hübsch renovierten venezianischen **Stadtturm**  im Nordwesten der Altstadt von Cres und folgen der Ul. Melin I br. 13 wenige Minuten nordwärts, bis wir auf die Ul. Turion, die Zufahrtsstraße  zum Campingplatz und TN Stara Gavza stoßen. Hier gehen wir kurz rechts und dann links, also quasi gegenüber in unseren markierten Wanderweg (Schild) – ein alter **Prozessionsweg**, der zwischen mühevoll aufgeschichteten Trockenmauern verläuft. Malerisch begrünt, die dahinterliegenden Felder teils verwaist, teils wachsen Oliven und Feigen. Wir erreichen nach 2 Min. ein Gatter (bitte wegen der weidenden Schafe wieder schließen), kurz danach eine kleine Kreuzung  mit kleiner **Wegkapelle**, wo wir unseren Weg geradeaus fortsetzen (links würde es zum Helikopter-Flugplatz gehen). 5 Min. später passieren wir die Kircheruine **Sv. Simeon** , im 12. Jh. von der Petris-Familie erbaut. An der nächsten Gabelung  folgen wir weiter geradeaus und nordwärts dem alten Steinweg, der zwischen hohen Trockenmauern verläuft (nach links führt der Pfad nach Stara Gavza, nach rechts nur zu Olivenhainen).

Wenige Minuten später wenden wir uns an der nächsten Gabelung  nach rechts (links führt der Weg an einem Teich vorbei und Richtung Stara Gavza) – hier ist auf der gesamten Wegstrecke die einzige unklare und nicht markierte Stelle! Nach wenigen Metern macht unser Hauptweg eine leichte Linkskurve (der Flurweg nach rechts führt zu Olivenhainen). Ein **Holzkreuz** ziert nun unseren Weg und in der Ferne blicken wir auf einen alten, verfallenen, auf einem Hügel aufragenden Beobachtungsturm aus dem 16. Jh. Rund 0:20 Std. später bleiben wir an einer Gabelung  weiter geradeaus. Hier nun ein weiteres Holzkreuz, kurz drauf eine kleine Kapelle, auf Steinmauern errichtet. Die nächsten knapp 10 Min. führt der Weg leicht bergan, nach einer Weile können wir zurück auf Cres und Valun blicken. Dann folgen ein Eisengatter (bitte wieder schließen!) und eine Gabelung , an der wir geradeaus weitergehen (nach rechts führt der Weg zum Olivenhain).

Die Kirchenruine Sv. Blaž

Nun setzen wir unsere Wanderung auf breitem Makadam und durch Olivenhaine bergan fort – links unten das Meer und im Süden liegen ausgebreitet vor uns Cres und Valun in der großen Bucht. Wir passieren eine weitere schöne kleine **Wegkapelle**, gestiftet 2008 von S & M Fixl, bis wir nach knapp 0:15 Std. ab dem letzten Abzweig die schöne große **Kirche Sv. Salvadur**  von 1857 mit ihrer schattigen Vorhalle erreichen. Ein lauschiger Platz, um an den Steinmäuerchen zu rasten und die Aussicht zu genießen: tief unter uns das Meer, im Süden die Landspitze der Bucht von Valun, im Westen erblicken wir Istrien mit seiner Landzunge Koromačno, die alte Bergwerksstadt Labin und Rabac am Meer. Rund 1 bis 1:15 Std. haben wir hinter uns, rund 1 bis 1:15 Std. noch vor uns. (Hinab zum Meer führt ein kleiner Pfad, auf dem man zurück in Richtung Feriensiedlung Stara Gavza, Campingplatz und Stadt

Wanderung 9: Insel Cres –
von Cres zur Uvala Sv. Blaž

450 m

gehen kann – hier ist später unser rund 1-stündiger Rückweg, bzw. der Wanderweg für diejenigen, die abkürzen möchten.)

Wir setzen unsere Wanderung nun oberhalb der Meeresküste auf einem schmalen Pfad durch duftende Macchia fort – es wachsen Imortelle, Zistrosen, Salbei, Bohnenkraut, Steineichen, Wacholder, mal geht es leicht abwärts, dann wieder bergan, immer wieder bieten einzelne Bäume Schatten. Nach rund 1 Std. auf diesem Pfad durchwandern wir einen alten Steineichenwald, teils ist die Erde von Wildschweinen aufgewühlt. Zu den Steineichen gesellen sich knorrige, alte Olivenbäume und Wacholder, bald auch dornige Rankgewächse – wie in einem verwunschenen Märchenland wirkt die Landschaft.

Nach knapp 0:30 Std. wird der Wald wieder lichter und durch die spärlicher stehenden Steineichen erblickt man auch wieder das Meer. Bald führt auch der Waldpfad meerwärts und wir erreichen 10 Min. später die **Ruinen der Kirche Sv. Blaž** 🔟, im 12. Jh. erbaut – das Gerippe des Glockenturms ist noch schön zu erkennen, ebenso die begrünten Gebäudemauerreste.

Unser Weg führt weiter hinab Richtung Meer, wo nun Granatapfelbäume, wilde Oliven und Wolfsmilchgewächse gedeihen, bis der Blick frei wird auf die schöne Kiesbucht, die **Uvala Sv. Blaž** 🔟, die wir in wenigen Minuten erreichen. Hier lohnt es sich auf jeden Fall ein erfrischendes Bad zu nehmen und eine ausgiebige Rast einzulegen, ehe der Rückweg auf gleicher Route bis Sv. Salvadur erfolgt. Ruhe hat man hier allerdings nur in der Nebensaison – zur Hauptsaison wird die beliebte Bucht von vielen Booten angefahren.

Zurück an der Kirche **Sv. Salvadur** 🔟 nehmen wir den markierten Wanderpfad hinab zur Küste, d. h. wir gehen rechts. Der Pfad windet sich an Trockenmauern entlang und durch Olivenhaine gen Meer, teils gibt es auch steile Passagen mit felsigem, schotterigen Untergrund – die Aussicht auf Valun ist herrlich. Ab und an werden durch unsere Geräusche Schafherden aufgeschreckt. Nach rund 0:20 Std. erreichen wir das Meer 🔟. Nun können wir unseren Weg eben fortsetzen, der sich entlang der Küste schlängelt. Nach weiteren 10 Min. erreichen wir noch eine schöne kleine Kiesbucht 🔟, die zum Erfrischen lockt. Wir folgen dem Küstenweg, der nach weiteren 10 Min. und nun asphaltiert zur **Feriensiedlung Gavza** 🔟 mit dem kleinen Hafen führt, rund 5 Min. später zum Eingang des **Campingplatzes Kovačine** 🔟 mit seinen Badebuchten.

Der inzwischen gepflasterte Küstenweg passiert 5 Min. später den **Leuchtturm** 🔟 und das Kap Kovačine, nach weiteren 5 Min. wird das Campingplatzende und Hotel Kimen 🔟 erreicht. Ostwärts führt uns nun die Uferpromenade entlang der Hafeneinfahrt und nach wenigen Minuten zur romanischen **Kapelle Sv. Lucija** mit Loggia 🔟. Entlang des Wegs gibt es viele kleine aufgeschüttete Feinkiesbuchten, wer spät aufgebrochen ist, kann noch den herrlichen Sonnenuntergang und die ausfahrenden Fischerboote bewundern. Die Uferpromenade bringt uns in weiteren 5 Min. zum Ende unserer Tour, zum **Hafen** und Altstadtzentrum 🔟.

Blick gen Istrien und die Badebucht Sv. Blaž – im Sommer voll mit Badegästen

Aufstieg vom Berg Sv. Nikola (Sv. Mikul) zum Televrin

Wanderung 10: Insel Lošinj – von Nerezine über den Televrin (589 m) nach Osor → Karte S. 423

Charakteristik: mittelschwere bis schwere, da lange Streckenwanderung über den Bergzug Osoršićica. Der Wanderweg führt von Nerezine zur aussichtsreichen Kapelle und gleichnamigen Berg Sv. Nikola (= Sv. Mikul) auf 558 m, dann weiter nordwärts zum Berggipfel Televrin (589 m) und über die Berghütte Sv. Gavdent hinab zum Städtchen Osor. Die Wanderung bietet fantastische Weitblicke nach allen Himmelsrichtungen und führt durch Aleppokiefern- und Steineichenwald sowie durch duftende, blumenübersäte Macchia. **Länge/Dauer:** 12,5 km gesamte Wegstrecke, rund 5 Std. Gehzeit. **Abkürzung:** Wer sich z. B. von Nerezine/Parkplatz bis zum Parkplatz **5** unterhalb des Bergzuges bringen lässt, spart rund 1,5 km. Wer mit Kindern oder Ungeübten wandert, sollte nur bis zur Kapelle Sv. Nikola **9** gehen und diesen Weg auch wieder zurück nehmen, insg. rund 3 Std. Gehzeit. **Markierung:** weißer Punkt auf rotem Kreis. Wenn mit „OX" gekennzeichnet, dann weist die Markierung darauf hin, dass in Kürze eine Weggabelung erfolgt! Vier blaue Punkte im Quadrat sind ein heiliger Platz. **Einkehr/Übernachten:** Berghütte Planinski dom Sv. Gavdent Osoršićica, fast ganzjährig außer Mo 8– 22 Uhr geöffnet; ✆ 098/1826-150 (mobil) – bei schlechtem Wetter besser vorab anrufen; es gibt auch ein Schlaflager. **Ausgangs-/Endpunkt:** Startpunkt ist der Parkplatz beim kleinen Einkaufszentrum in Nerezine (oder **5**), Endpunkt dieser Tour ist das Autocamp Preko Mosta südlich der Drehbrücke von Osor. **Anfahrt/Rückfahrt:** Parkplatz Nerezine oder Wanderpfadbeginn; von Osor zurück mit dem Inselbus (8- mal tägl.). **Ausrüstung:** Bergschuhe, Sonnenschutz, ausreichend zu trinken und zu essen. **Karte:** Wanderkarte Otok Lošinj, 1:25.000 (u. a. in den Tourismusverbänden Lošinj/Osor/Nerezine erhältlich).

Wegbeschreibung: Wir starten am **Parkplatz 1** des kleinen Einkaufscenters in **Nerezine**, etwas unterhalb der alten Inseldurchgangsstraße gelegen, wo auch am Straßeneck der Busstopp ist, und gehen rund 200 m südwärts, vorbei an der Ambulanz und biegen danach rechts in ein Sträßlein **2** ab (Schild „Osoršćica" sowie Ort „Peštine").

An der nächsten Gabelung **3** rund 200 m weiter halten wir uns links, folgen der Markierung „Osorćica" und stoßen nach weiteren 100 m auf die neue Inselhauptstraße **4**, die wir überqueren (Ausschilderung „Klarić" und „Osorśćica"). Nach rund 500 m erreichen wir einen kleinen **Parkplatz 5**. Dort führt der ausgeschilderte felsige Wanderpfad nun links bergan durch Macchia. Bereits 10 Min. später haben wir einen Blick auf Nerezine, der um jeden Höhenmeter mehr von diesem schönen Küstenstreifen frei gibt. Der Weg wurde 1886 für den Thronfolger Erzherzog Rudolf angelegt, der im März 1887 von hier die herrliche Aussicht genoss.

Wir steigen durch duftende Salbeibüsche und Imortellen bergan, bis wir nach rund 0:30 Std. in den schattigen Steineichenwald gelangen und das nun kurzzeitig flachere Gelände den Beinen etwas Erholung verschafft. Dann geht es wieder steil aufwärts und auch der Blick wird wieder frei – unter uns nun in voller Breite Nerezine mit seinen Häfen. Nach weiteren 10 Min. wandern wir wieder hinein in den Steineichenwald und gelangen an einen schattigen **Picknickplatz 6** mit Regenwasserbecken – auch die Tiere lieben diesen Platz.

Weiter führt unser Wanderpfad stetig in Serpentinen aufwärts, nun durch schattige Föhren, Steineichen und Wacholder und mit einem immer imposanteren Weitblick auf die Küste um Nerezine, auf die Landzunge von Punta Križa und das Küstengebirge Velebit. Wir erreichen nach rund 1 Std. ab Wanderbeginn in einer Wegkehre einen gemütlichen Platz **7** im Föhrenwald, wo anscheinend auch 1887 Prinz Rudolf rastete, gehen danach noch 0:15 Std. weiter und wenden uns an der Weggabelung **8** nach links, um einen lohnenden Abstecher zu machen, ausgeschildert mit „Sv. Mikul" (rechts Richtung Televrin). Nach nur 5 Min. erreichen wir das Plateau mit der **Kapelle Sv. Mikul 9** auf 577 m, wie das *Sv.-Nikola-Kirchlein* im hiesigen Dialekt heißt und damit oft für Verwirrung sorgt.

Diesen imposanten Ausblick sollte man sich nicht entgehen lassen: Die grüne Hügelkette von Lošinj mit ihrer zerlappten Küste liegt südlich vor einem, wie auch das zu erkennende Städtchen Mali Lošinj, u. a. die Inseln Susak und Ilovik, in der Ferne flimmern die graublauen Inseln vor Zadar, östlich erhebt sich das Küstengebirge Velebit; im Westen erstreckt sich der grüne ausgefranste Fladen Unije und gen Norden blicken wir auf Istrien mit Pula und Medulin mit seinem hohen Kirchturm – bei klarer Sicht ist auch Italiens Küste erkennbar. Ein Platz, an dem man lange verweilen kann.

Wir setzen unsere Wanderung nordwärts fort (südwärts verläuft ein steiler und nicht einfach zu gehender Wanderpfad auf Rundkurs über Podgora zurück nach Nerezine), gehen zurück bis zum Abzweig **8** und geradeaus weiter, zuerst durch Föhrenwald, dann entlang der westlichen Bergkante leicht bergan in Richtung der Antennen. Wir blicken zurück gen Mali Lošinj und auf unter uns liegende Buchten sowie nach Unije – das Meer leuchtet in allen Blau- und Türkistönen.

Nach rund 0:15 Std. und unterhalb der Antennen erreichen wir einen Abzweig **10**, der nach rechts hinab zur Gaudentius-Höhle führt, ausgeschildert mit „Špilija" (Höhle). (Wer diesen 10-Min.-Abstecher nicht machen mag, mit Kleinkindern unterwegs ist oder nicht kletterfreudig ist, setzt den Weg geradeaus zu den Antennen fort.) Wir folgen nun den vier blauen Punkten, die für einen heiligen Platz stehen und gehen/klettern den Berg steil hinab. Nach 10 Min. stehen wir vor dem kleinen Eingang der **Hl.-Gaudentius-Höhle** (Sv. Gavdent) **11**, in die man auch hineinkrabbeln kann. Dem hl. Gaudentius, ein Osorer Bischof, der sich hier zurückzog, ist es angeblich auch zu verdanken, dass die Inselgruppe Cres–Lošinj frei von Giftschlangen ist, da er die Inseln segnete ... Übrigens halten sich hier in diesem Gebiet gerne

Wanderung 10: Insel Lošinj – von Nerezine über den Televrin nach Osor

350 m

die langen hübschen rotbraun gefleckten Schlangen Crvenkrpica (Leoparden-schlange) auf, die nicht giftig sind.

Wir gehen den steilen Anstieg zurück, halten uns der Markierung folgend leicht rechts und erreichen dann das **Plateau** beim kleinen Transformatorhäuschen bei den eingezäunten Antennen – die große Antenne dient übrigens für die Gasplatt-form im Meer, die kleine dem Seefunk.

Wir gehen über dieses Plateau mit **Hubschrauberlandeplatz** (hier würde links hin-ab ein schwieriger, steiler und schmaler Pfad in 2 Std. zur Velika Jama führen), ge-nießen ein letztes Mal den Blick gen Süden und folgen dem bis hierher führenden

breiten Makadam wenige Meter nordwärts, um dann nach links in den Wander-
pfad **12** einzubiegen. Dieser verläuft zuerst durch Wald und dann wieder am
Kammrand nordwärts und bergan, unter uns der Küstensaum und die Insel Unije
im Blickfeld, bis wir nach rund 10 Min. den **Gipfel Televrin 13** auf 588 m erreichen
(→ Foto S. 445). Ein imposanter Weitblick gen Westen bietet sich von hier – die
Insel Unije und Istrien mit seiner Süd- und Westküste im Blickfeld und bei guter
Sicht auch Italien.

Wir setzen unseren Weg auf dem markierten Wanderpfad nordwärts und leicht
bergab über den Bergkamm fort, viele Kräuter wie Salbei, Thymian, Bergbohnen-
kraut wachsen hier und duften. Nach rund 0:20 Std. erreichen wir einen kleinen
Klettersteig mit Stahlseil, wo als Wanderzeichen ein rot-weißes Herz prangt. Weiter
führt der Pfad über Felsen mit Kiefern- und Wacholderbewuchs bergab, auch wird
der Blick auf Kletterfelsen frei. Nach rund 10 Min. gehen wir an einer Weggabelung
14 geradeaus weiter (nach links hinab führt ein steiler Pfad in 1 Std. zur Vela Jama,
ausgeschildert mit V. J.). Der Weg verläuft weitere 10 Min. bergab und wir passieren den Berggipfel **Kalec** – jeder nimmt sich übrigens einen Stein und schlichtet ihn
zu den bisherigen, um diesen weiteren Osoršićica-Gipfel zu markieren. Der Blick
von hier ist nun nochmals imposant – der gesamte Norden mit dem Städtchen
Osor unter uns, die Inseln Cres, Krk und Rab, das Velebit-Gebirge und Istrien liegen vor uns ausgestreckt. Nach weiteren rund 5 Min. entlang dieses Landvor-
sprungs und etwas tiefer wird **Mali Kalec** erreicht – ein Steinhaufen markiert diesen kleinen Gipfel. Wir wandern weiter den Abhang hinab gen Berghütte, das beeindruckende Panorama nach Norden, Osten und Westen im Blickfeld.

Nach rund 10 Min. treffen wir auf den Makadam **15** und gehen hier links weiter
bergab, passieren nach wenigen Metern einen Abzweig **16**, der links hinab zu den
Kletterfelsen führen würde. Wir aber setzen unseren Weg geradeaus auf dem Makadam fort, passieren auch einen kleinen Abzweig zum Berg Križić (327 m) mit seinem großen Kreuz – aufsteigen müssen wir nun nicht mehr, um einen Ausblick zu
erhaschen – und erreichen nach 0:15 Std. die **Berghütte Sv. Gavdent Osoršićica 17**

Bergzug Osoršćica – auf dem Wanderweg talwärts zur Berghütte

am nördlichen Bergrand der Landzunge Mažova gora. Wir lassen uns auf dem mit Wurzeln verzierten Gelände nieder und genießen schmackhaften Bohneneintopf und u. a. ein Apfeltiramisú.

Gestärkt passieren wir das Holzschild mit „Goodbye/Dovidjenja" und treten unseren Weiterweg auf dem markierten Wanderpfad talwärts an, kreuzen nach rund 0:15 Std. den Makadam **18** und wandern durch hohe Macchia und Eichenwald bergab. Der steinige Weg wird bald komfortabel weich zum Waldpfad und auch etwas ebener. Nach 10 Min. stoßen wir wieder auf den Makadam **19** und wenden uns nach rechts. Wir folgen diesem rund 5 Min., bis uns die Markierung nach rechts in einen Wanderpfad **20** führt. Er verläuft wieder etwas bergan, dann eben. Nach wenigen Minuten gehen wir an einer Gabelung **21** geradeaus weiter (rechts ist der Pfad mit „Osoršićica" ausgeschildert).

Nun wird der Weg sehr komfortabel, fast eben führt er durch Steineichen- und Lorbeerwälder, vorbei an Weidewiesen, wo Schafe grasen und teils durch Trockensteinmauern. Nach 0:15 Std. treffen wir auf eine Wegkreuzung **22** und gehen geradeaus weiter – noch 0:30 Std. sind es nach Osor (laut Beschilderung; nach links würde es zum Makadam Osor–Berghütte und einem kleinen Parkplatz gehen, nach rechts in 1:30 Std. nach Nerezine). Wir gehen auf unserem bestens ausgeschilderten Wanderpfad zwischen Trockensteinmauern – an einem prangt ein Gesicht als Markierung. Am Abzweig **23** 5 Min. später bleiben wir geradeaus (nach links führt der Pfad zum Berg Mali Tržić auf 142 m, wo der hl. Gaudentius Ende des 10. Jh. geboren wurde, heute sind nur noch begrünte Hausruinen sichtbar).

Unser schattiger Wanderpfad führt nun wieder über Felsen talwärts, ein kurzer Ausblick aufs Meer wird frei, bis wir 10 Min. nach dem letzten Abzweig auf den Makadam **24** treffen und rechts hinab zum Autocamp gehen. Nach weiteren 10 Min. erreichen wir das Gatter des **Autocamps 25**, gehen hindurch und nach unten zur Straße und zur Kanalbrücke **26** von **Osor**.

Ein Bus bringt uns nach Stadtbesichtigung und Stärkung in Osor zurück nach Nerezine. Achtung: Von 17 bis 17.30 Uhr ist die bewegliche Brücke für den Autoverkehr gesperrt.

Wanderung 11: Insel Lošinj – von Mali Lošinj über die Sv.-Ivan-Kapelle nach Veli Lošinj   → Karte S. 427

Charakteristik: familienfreundliche Rundwanderung entlang dem Küstenweg von Mali Lošinj bis zur Badebucht Krivica – unterwegs laden schöne Kiesbadebuchten zum Schwimmen ein. Von dort ein steilerer Aufstieg zum aussichtsreichen Berg Kalvarija (230 m) mit Kapelle Sv. Ivan und wieder hinab zum lauschigen Ort Veli Lošinj. Ab dort auf der Uferpromenade zurück nach Mali Lošinj, wo man gegen Abend eventuell auch Delfine springen sieht. **Länge/Dauer:** 10,6 km und rund 5 Std. Gehzeit. **Abkürzung:** von Veli Lošinj zurück nach Mali Lošinj per Hotelbus (fährt von 5.30–22 Uhr im 30–60 Min.-Takt, Pause von 15–17 Uhr) bis Busbahnhof-Zentrum oder per Lokalbus (fährt nur 4-mal tägl. und man muss dem Schaffner sagen, dass man bis Haltestelle Zentrum bzw. „Police" möchte, ansonsten fährt dieser Bus bis zum Fährhafen). Wegeinsparung von Veli nach Mali Lošinj 3,2 km. **Markierung:** weißer Punkt auf rotem Kreis, bzw. rot-weißer Strich. **Einkehr:** am Start beim Hotel Vespera und dem Restaurant Borik am Meer; zudem viele Cafés und Restaurants in Veli Lošinj. **Ausgangs-/Endpunkt:** Parkplatz Hotel Vespera, Sunčana uvala; Busbahnhof-Zentrum Mali Lošinj. **Anfahrt:** bis Hotel Vespera zur

Südseite der Landzunge laufen oder vom Stadtzentrum Taxi (60 KN) nehmen – je nachdem, wo man wohnt. **Ausrüstung:** Sportschuhe mit gutem Profil, Sonnenhut, ausreichend zu trinken mitführen und Badesachen nicht vergessen. **Karte:** Wanderkarte Otok Lošinj, 1:25.000 (u. a. im Tourismusverband Lošinj erhältlich).

Wegbeschreibung: Wir starten unsere Wanderung am Parkplatz **1** des **Hotels Vespera** und gehen anschließend auf dem Asphaltweg wenige Meter hinab zum **Restaurant Borik 2** am Meer. Nun gehen wir links bzw. ostwärts und folgen dem markierten Küstenweg, ausgeschildert auch mit „Porto Šešula" und „Konoba Belvanida". Nach wenigen Metern zweigt dieser Weg vom Meer ab, da der Durchgang im Sommer (FKK-Zone) verboten ist, bzw. 10 KN bezahlt werden müssen.

Unser Wanderpfad führt uns etwas abseits des Meeres durch schattigen Mischwald, bis wir nach 0:15 Std. die **Uvala Šešula 3** erreichen (links hoch führt ein Pfad zurück nach Mali Lošinj). An der netten Kiesbucht steht auch das Haus von Hr. Lia, der im Sommer Käse, Schinken, Bier und Wein verkauft. Wir folgen dem Wanderweg, der kurz über Felsen entlang der Küste verläuft und sich dann wieder durch Strandföhrenwald schlängelt, bis wir nach knapp 10 Min. die **Uvala Cvanguski 4** mit Kies und Sand erreichen (links hoch führt der Weg zurück nach Mali Lošinj). Dieser Wanderweg wird übrigens auch **Put Delfina** genannt, da man, wenn man Glück hat, auch Delfine springen sieht.

Unser Wanderweg führt weiter südostwärts schattig durch Wald, ab und an mit Freiblick gen Meer. Nach rund 0:15 Std. stoßen wir wieder an die Küste und erreichen die **Uvala Mala draga 5** (auch hier führt links hoch wieder ein Weg zurück nach Mali Lošinj). Wir folgen weiter unserem Wanderpfad in 5 Min. zur größeren Kiesbucht **Uvala Vela draga 6** mit einem Haus und Anlegestelle. An der Mauer steht, dass FKK verboten ist (vor dem Haus führt ein Pfad bergan nach Veli Lošinj). Von der Bucht bietet sich ein Blick auf die Insel Susak. Rund 1 Std. Wegzeit haben wir ab Wanderbeginn nun hinter uns.

Der Weg verläuft etwas entlang der Küste, dann wieder hinein in den schattigen Wald mit hoher Macchia – es wachsen Mastix-Sträucher, Steineichen, Erdbeer-

Uvala Šešula – viele weitere Buchten werden erwandert …

Wanderung 11: Insel Lošinj – von Mali Lošinj nach Veli Lošinj

300 m

baum, Heidekraut. Nach rund 0:15 Std. stoßen wir auf eine Steinmauer, an der wir uns rechts halten müssen, der Markierung folgend (geht man geradeaus zum Privatgrund, blickt man auf ein verfallenes Privathaus, eine alte Olivenmühle und eine alte Zisterne). Wir setzen unseren Weg fort durch Steineichenwald, der immer wieder Meerblicke zulässt, und blicken nach 0:15 Std. auf zwei Kiesbuchten. Diese umrunden wir über Felsen, dann durch Wald – wir haben die **Uvala Sunfarni 7** erreicht.

Nun führt der Weg ins Innere durch dichten schattigen Wald, wir passieren eine Hausruine und einen kleinen tiefen Brunnen am Wegrand. Knapp 0:15 Std. später erreichen wir leicht bergab die von Föhren umstandene **Uvala Krivica 8**. Smaragdfarben leuchtet das Meer in der fjordartigen Bucht, auch Millionenbucht genannt, da meist viele große Jachten hier windgeschützt ankern.

Wir setzen unseren Weg an der Küste wenige Meter fort, gehen vorbei an der begrünte Ruine der einstigen Villa Alberta, bis wir in der Mitte der Bucht stehen und nun links **9** bergan abzweigen. Rund 1:30 Std. Wegzeit liegen hinter uns und wer rasten, baden oder sich erfrischen möchte, sollte dies hier an diesem lauschigen Platz tun.

(Alternativ kann man auch südostwärts 0:15 Std. in Richtung Uvala Balvanida gehen, wo dann links ein zwar etwas längerer, dafür aber nicht so steiler und auch
teils aussichtsreicherer Pfad bergan zur Straße führt; in weiteren 10 Min. erreicht
man dort auch die nette Konoba Balvanida, kurz vor der Bucht; Juni–Mitte Sept.)

Der markierte Wanderpfad führt uns nun sehr steil den Kalvarija-Berg durch Steinmäuerchen hinauf – nach rund 0:20 Std. genießt man immer höher steigend den
herrlichen Weitblick auf die Krivica-Bucht und das Meer und gen Insel Susak. Nach
rund 0:30 Std. erreichen wir die Straße **10** über den Bergkamm und gehen hier
250 m nach links entlang der Straße. Dies ist ein kurzer Abstecher zur **Kapelle Sv.
Ivan 11** auf 250 m, im Jahr 1755 erbaut und mit einem nun auch fantastischen Ausblick auf die Nordseite mit dem Städtchen Veli Lošinj und die vorgelagerten Inseln
Vele und Male Orulje wie auch auf die Südseite mit der Insel Susak.

Um auf den alten markierten Kreuzweg Richtung Veli Lošinj zu gelangen, laufen
wir wenige Meter von der Kapelle Sv. Ivan wieder zurück und gehen dann am kleinen **Prozessionskapellchen** links, steil über Steinstufen und zwischen Trocken-
mauern und weiteren kleinen Kapellen talwärts, das Städtchen im Blickfeld. An der
Gabelung **12** 10 Min. später folgen wir weiterhin geradeaus dem Hauptweg (nach
links kämen wir zum Parkplatz am Krankenhaus und Ortsbeginn). Nach wenigen
Metern treffen wir auf die ersten Häuser von **Veli Lošinj** und auf die kleine **Kapelle
Herz Jesu 13**, halten uns leicht links und stoßen kurz danach auf einen kreuzenden
Gehweg und die **Kapelle Sv. Petar 14**. Hier gehen wir nun links und treffen wenige
Meter später auf die Hauptstraße **15**, die wir kreuzen (rechts von hier wäre auch
eine Busstation).

Aufstieg zum Kalvarija-Berg –
Blick hinab zur Krivica-Bucht

Wir folgen dem schmalen Gehweg
Richtung Städtchen, passieren die
wuchtige Pfarrkirche der **Engelhaften
Madonna** von 1510 und den **Kirchenplatz** und folgen geradeaus weiter dem
Fußweg hinab Richtung Hafenplatz,
zwischen wuchtigen Natursteinmauern
– dahinter stattliche Villen im üppigen
Grün von Palmen, duftendem Jasmin
und Zitrusgewächsen. Nach rund
0:30 Std. ab dem Bergkamm erreichen wir
die hübsche **Hafenbucht 16** von
Veli Lošinj und blicken auf die **Basilika
Sv. Antun**, deren Baubeginn auf das
Jahr 1480 zurückgeht und die in ihrer
heutigen barocken Form von 1774 die
kleine Hafeneinfahrt dominiert.

Hier am Hafenplatz lässt es sich nun
bestens in einem der Cafés oder Restaurants einkehren oder man unternimmt noch einen kurzen Spaziergang
hinüber zur östlichen Rovenska-Bucht.

Für unseren Rückweg Richtung Mali
Lošinj halten wir uns an der Hafenbucht links, also westlich, gehen bis

zum **Fischmarktgebäude** , wo das Schild „Ribanica" prangt, und gehen das schmale Sträßchen Ul. Predjec Garina leicht bergan und weiter Richtung Hotelkomplex Punta. Oben angelangt, genießt man noch einmal einen hübschen Blick auf das zumindest in der Nebensaison lauschige Fischerstädtchen mit seinen Kirchen, bunten Häusern und stattlichen Villen.

Wir gehen nun durch den **Hotelkomplex Punta** und setzen unsere Wanderung auf der asphaltierten Uferpromenade an der Küste fort. Nach 0:20 Std. passieren wir die mit großen Fischerbooten gefüllte **Uvala Jakovja**, dann das **Kap Baldarka** und in weiteren 10 Min. umrunden wir die **Uvala Baldarka**, um dann an der Weggabelung links die Stufen aufwärts zu nehmen. Oben an der Zufahrtsstraße gehen wir rechts (alternativ kann man, geht man an der Gabelung rechts, die Halbinsel umrunden und gelangt zur Bucht Sv. Martin mit dem alten Friedhof, der durchaus einen Besuch lohnt).

Uvala Baldarka an der Nordküste

Wir gehen Richtung Stadtzentrum, also oben rechts, bis wir nach wenigen Minuten die **Straßenkreuzung** von Veli Lošinj/Čikat/Mali Lošinj erreichen, halten uns hier nochmals rechts und gelangen nach rund 200 m zum **Busbahnhof**, der linksseitig der Straße liegt.

Ab hier läuft man entweder direkt ins Altstadtzentrum oder wieder zurück zum Ausgangspunkt **Hotel Vespera** oder nimmt sich dorthin ein Taxi.

Wanderung 12: Insel Krk – von Batomalj über Lipica zum Veliki Hlam (482 m) → Karte S. 431

Charakteristik: Die relativ kurze Wanderung enthält einen steilen Aufstieg, daher ist sie als mittelschwer bis schwer einzustufen. Die aussichtsreiche Tour führt von der Wallfahrtskirche Svetište Gospe Goričke oberhalb von Batomalj steil bergauf nach Lipica, wo man die *Mrgari*, kunstvoll aufgeschichtete Trockenmauern, die wie Blütenblätter aus der Vogelperspektive wirken, bewundern kann. Weiter verläuft die Wanderung aussichtsreich und mit wenig Anstieg bis zum Veliki Hlam. Dieser Weg ist nicht in der Sommerhitze zu empfehlen, da fast schattenlos. **Länge/Dauer:** ca. 2 km einfache Gehstrecke, rund 1 bis 1:15 Std. **Verlängerung:** Diese Wanderung kann ab Baška beim Campingplatz Zablaće begonnen werden, führt durch das Tal des Baches Vela rika, im unteren Teil ausgetrocknet, und dann zum Weiler Batomalj. Von dort ca. 1 km über die schmale Asphaltstraße oder über 237 Stufen hoch zur Wallfahrtskirche Goričke, was die Tour um zusätzliche 3,5 km, rund

Kleiner Wanderführer

1:30 Std. Gehzeit auf einfacher Wegstrecke verlängert (auch per Mountainbike gut machbar). Vom Veliki Hlam kann man die Wanderung südwärts erweitern und steil über Iznad Batomlja retour bis Batomalj gehen (gute Trittsicherheit erforderlich!), rund 2:30 Std. **Markierung:** gelbe Markierung bis Lipica, dann rote Markierung bis Veliki Hlam; auch weißer Punkt auf rotem Kreis. **Einkehr:** keine Versorgungsmöglichkeit unterwegs! **Ausgangspunkt:** Kirchenparkplatz Svetište Gospe Goričke in Batomalj. **Anfahrt:** von Baška rund 2,5 km nordwärts bis Jurandvor, links Abzweig und rund 1 km nach Batomalj und dort rechts ca. 1 km hoch bis zum Kirchenparkplatz Sv. Gospe Goričke. **Ausrüstung:** gute Bergschuhe, Sonnenschutz, ausreichend zu trinken und zu essen. **Karte:** Touristische Wanderkarte des Tourismusverbands Baška (gratis).

Wegbeschreibung: Wir starten am **Parkplatz 1** der großen Wallfahrtskirche **Svetiše Gospe Goričke** aus dem 15. Jh. und folgen an der Westseite dem gelb markierten schmalen Wanderpfad, der uns durch Wald und zwischen Trockenmauern nach wenigen Minuten an ein Gatter führt (bitte wegen der Tiere wieder schließen!). Bald wird der Pfad, der durch Föhren- und Laubwald führt, steiler, kurz wieder flacher, bis wir nach 5 Min. erneut auf ein Gatter treffen (bitte wieder schließen!) und uns anschließend leicht links auf dem markierten Weg halten. Auch die Schafe hinterlassen ihre Trampelpfade und schnell verliert man seinen Weg – also immer auf die Markierung achten.

▲ Steil geht es aufwärts, dafür bester Blick hinab gen Jurandvor, Baška und zur Insel Grgur

▼ Wie Blütenblätter wirken diese Steineinfassungen, Mrgari genannt

Nun heißt es Höhenmeter erklimmen, auf felsigem Untergrund geht es bergan – die Ausblicke zurück im Osten auf Jurandvor und die dahinterliegende Hochebene entschädigen. Wir passieren eine **Hausruine** und eine **Zisterne**, halten uns dort rechts bergan. Der Blick wird von Höhenmeter zu Höhenmeter weiter – nun können wir schon Baška sehen. Der Wanderpfad windet sich steil bergan, Föhren und Laubbäume spenden Schatten. Über terrassiertes Gelände, wo Schafe weiden, geht es weiter. Nur noch vereinzelt stehen ausladende Strandföhren und nach insgesamt rund 0:20 Std. bietet sich bereits ein herrlicher Blick auf das Tal von Baška und die Stadt.

Anschließend ist die Baumgrenze erreicht, bei Hitze kann es ziemlich unerträglich werden, der Pfad windet sich nun übers Gestein. Nach rund einer halben Stunde führt der Weg leicht nördlich in den Fels, wo Schafe ängstlich äugen, und bald erreichen

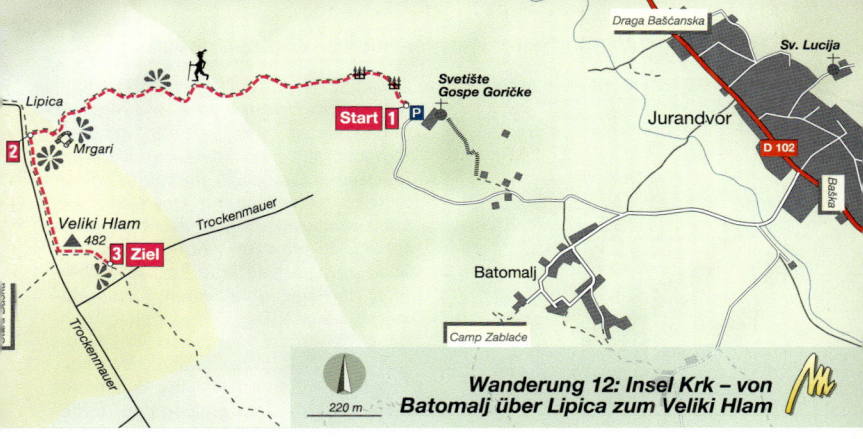

Wanderung 12: Insel Krk – von Batomalj über Lipica zum Veliki Hlam

wir die Kante eines Taleinschnittes und können nun zurück und hinab blicken auf Jurandvor, Baška und seine Hochebene und nun auch auf den dahinter liegenden Velebit.

Nach weiteren 0:15 Std. passieren wir einen **Betonbunker**, ein Unterstand für Schafe, und wandern weiter gen Hochebene. Blickt man links hinab, fällt der Blick auf aufgeschichtete Trockenmauern, die in ihrer Konstruktion wie Blütenblätter wirken: Es gibt einen großen Steinkreis, an den kleinere angebaut sind. Der große Innenraum dient zum Einfangen der Tiere, die kleineren Einfassungen dienen den Schäfern zum Sortieren ihrer Tiere für die Schur oder Kennzeichnung. Diese von den Schäfern aufgeschichteten Steineinfassungen werden **Mrgari** genannt und finden sich nur hier auf den kahlen Hochebenen um Baška.

Wir folgen dem gelb markierten Pfad weiter aufwärts, bis wir auf eine lange, die ganze Hochebene durchziehende Trockenmauer **2** stoßen, wo in roten Lettern **Lipica** steht. Rund 1 Std. Gehzeit haben wir ab Wanderbeginn hinter uns. Eine fast unwirkliche Landschaft bietet sich hier – Stein und Fels in allen Formationen.

Wir gehen nun links auf rot markiertem Pfad weiter gen Süden und blicken hinab in die Senke auf das schön geformte Mrgari. Nach erneutem leichten Anstieg stehen wir 10 bis 15 Min. später am höchsten Punkt am **Veliki Hlam 3** auf 482 m. Nun haben wir einen herrlichen Weitblick – vor uns im Süden liegen die Inseln Privić, Goli und Rab, dahinter im Osten der Velebit, im Westen die Inselkette Cres-Lošinj. Hier gehen viele Pfade ab (westwärts in Richtung Stara Baška, südwärts Richtung Vradudih). Wir gehen auf gleichem Weg zurück oder verlängern die Tour (s. o.).

Wanderung 13: Insel Krk – von der Badebucht Vela Luka nach Baška → Karte S. 433

Charakteristik: Per Taxiboot geht es zur Badebucht Vela Luka mit dem oberhalb liegenden alten Corinthia, ab dort beginnt die familienfreundliche, mittelschwere, aber fast schattenlose Wanderung zurück über die Hochebene nach Baška. Wer als Familie mit Kleinkindern unterwegs ist, kann auch wieder per Boot zurückfahren und lässt nur die Wanderfreudigen den Rückweg zu Fuß antreten. **Länge/Dauer:** 7,1 km einfache Wegstrecke, rund 2:30–3 Std. Gehzeit. **Verlängerung:** Man kann in Baška starten und auf gleichem Weg zurückgehen oder ab **7** über die

▲   Blick auf Mala und Vela Luka

▼   Hochebene

▼ ▼ Blick auf Baška und Autocamp

Schlucht Vrženica (gelbe Markierung), die gleichnamige Bucht und entlang und oberhalb von weiteren schönen Badebuchten den Rückweg bis zum Autocamp Bunculuka nehmen – diese Strecke ist jedoch für Ungeübte wie auch Kinder/Kleinkinder nicht zu empfehlen, da man viel klettern muss und auch der schmale Pfad sich teils oberhalb der steil abfallenden Küste entlangschlängelt. Der Campingplatzdurchgang kostet zur Hauptsaison für Nichtgäste 20 KN – in der Nebensaison kein Problem; zudem ist dies auch der schönere Weg, der entlang der Promenade das Kap Kričin umrundet. **Markierung:** weißer Punkt auf rotem Kreis. **Einkehr:** Konoba in der Bucht Vela Luka. **Ausgangs-/Endpunkt:** Bucht Vela Luka/Baška. **Anfahrt:** Per Taxiboot von Baška nach Vela Luka für rund 60 KN (Retourticket ca. 100 KN); am Hafen bieten viele Taxiboote in der Saison diesen Service an (→ Reiseteil Baška/Verbindungen/Taxiboote). Gerade morgens ist eine Bootsfahrt wetterbedingt sicher, da kein oder wenig Wellengang herrscht. Nachmittags kann sich die Situation oft ändern, daher ist die Hinfahrt per Boot zu empfehlen. **Ausrüstung:** Bergschuhe, Sonnenschutz, ausreichend zu trinken und zu essen und Badesachen. **Karte:** Touristische Wanderkarte des Tourismusverbands Baška (gratis).

Wegbeschreibung: Nachdem wir mit dem Taxiboot (von Baška kommend) an der malerischen **Vela Luka-Bucht** nahe der **Konoba 1** angelegt haben, vielleicht noch ins hier herrliche klare Meer gesprungen sind, machen wir einen lohnenden 30-Minuten-Abstecher zum alten Corinthia. Dazu gehen wir am Kiesstrand ostwärts und biegen am Ende nach links in den markierten Pfad 2 ab. Diesem folgen wir knapp 500 m landeinwärts. Kaum vorstellbar, dass hier zwischen Disteln und Fels einst Wein wuchs. Am Abzweig 3 gehen wir rechts bergan (nach links bzw. geradeaus würden wir zur ebenfalls hübschen und etwas ruhigeren Mala-Luka-Bucht gelangen).

Unser Pfad schlängelt sich über Felsen und Disteln hinauf zur byzantinischen **Festung Corinthia 4**, die Kaiser Justinian (527–565) errichten ließ – heute stehen

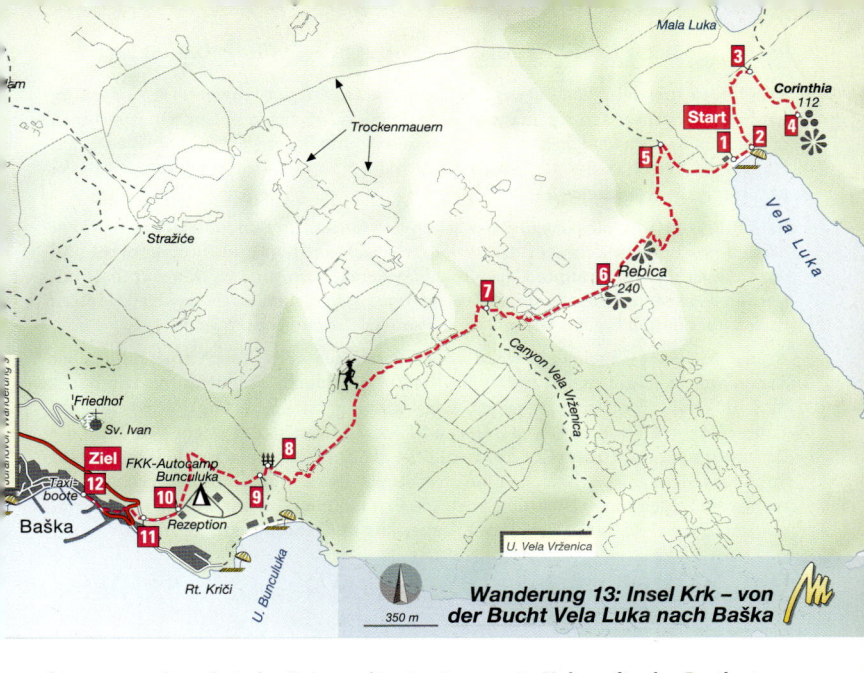

350 m

hier nur noch malerische Ruinen, die eine imposante Kulisse für das Postkarten-
motiv zur weißgesäumten türkis schimmernden Bucht Vela Luka bieten. Die Aussicht ist imposant und wieder einmal zeigt sich, dass schöne Plätze schon immer
begehrt waren – wir blicken gen Süden auf Privić und Goli, im Westen auf die
Hochebene, die es später zu erklimmen gilt, im Osten gen Velebit-Gebirge und im
Norden auf eine weitere malerische Bucht, Mala Luka (die kleine Bucht) – um
diese geschützte Bucht lebten das sogenannte Fußvolk und Händler, die den
Adeligen dienten. Man erkennt auch von oben gut die Ruinen der Kapelle Sv.
Nikola und Hausruinen an der fjordartigen Meereseinbuchtung – wie auch schon
früher ein beliebter windgeschützter Ankerplatz für Boote.

Wir gehen den gleichen Weg zurück zur **Konoba** 1 an der Anlegestelle und nehmen nun den Pfad westwärts, der sich kurz etwas landeinwärts zieht und dann an
kleiner Gabelung 5 links bergan führt. Den nächsten guten Kilometer führt der
Geröllpfad nur aufwärts – wir genießen den Blick hinab auf die herrliche Bucht
Vela Luka und auf die mit Trockenmauern durchzogene kahle Landschaft, die nur
im Frühjahr und nach Regen mit zartgrünen Grashalmen und Blumen übersät ist.
Nach rund 0:30 Std. erreichen wir den hier höchsten Punkt **Rebica** 6 und blicken
durch Steinmauern auf die Inseln Privić und die dahinter liegenden Inseln Goli, Sv.
Grugur und Rab und hinab auf das von Bootsbesitzern gefürchtete Tor von Senj, das
Senjska vrata –in dieser Meerespassage bläst die kräftige Bora oft in Orkanstärke,
peitscht die Wellen meterhoch und macht ein Durchkommen unmöglich.

Nach einem weiteren Kilometer, nun auf fast ebener Wegstrecke, erreichen wir
eine Gabelung 7, an der wir rechts unserem rot markierten Hauptwanderweg folgen (nach links führt die gelbe Markierung hinab in die Schlucht Vrženica bis zur
gleichnamigen Bucht – dieser Pfad ist sehr felsig und es muss auch etwas geklettert
werden – nur für Geübte, → Verlängerung).

Wir folgen unserem Wanderweg, der bald durch ein paar Kiefern etwas schattig wird und zwischen Trockenmauern gen Westen führt. Dann gehen wir kurz hinab durch ein Kieferwäldchen und durchqueren eine kleine Schlucht. Wieder am Hang wird der Blick frei gen Meer. Nach rund 1:30 Std. wird der Blick gen Baška und Kirche Sv. Ivan frei.

Bald führt der Weg talwärts und wir sehen das Autocamp Bunculuka in seiner idyllischen geschützten Schlucht. Der Pfad zieht sich am Kap und Kamm vorbei und wir müssen das eingezäunte Camp rechts gehend **8** umrunden. Wir durchschreiten ein Gatter, halten uns anschließend links und gehen nach wenigen Metern rechts über Stufen hoch – wir müssen diesen Taleinschnitt umrunden.

An der nächsten Gabelung **9** wandern wir geradeaus weiter (nach links hinab über Stufen würde es auf den Wanderpfad Richtung Schlucht Vrženica und zur Bucht Bunculuka am Campingplatz gehen, s. o. Campingplatzdurchgang). Wir gehen am Zaun entlang, bis wir nach weiteren rund 2 Std. Gehzeit ab der Bucht Vela Luka die **Campingplatz-Rezeption 10** erreichen, dort die Zufahrtsstraße rund 300 m bis zur Straßenkreuzung **11** gehen, hier an der Straße links und nach wenigen Metern rechts die Stufen hinab Richtung Stadt (Baška) nehmen, bis wir wieder auf die Hafenpromenade von **Baška** und zum **Anlegeplatz der Taxiboote 12** gelangen.

Wanderung 14: Insel Rab – von Rab bzw. Sv. Petar auf dem Premužić-Geopfad 1 nach Lopar

Charakteristik: familienfreundliche, mittelschwere, da längere Wanderung auf dem bestens präparierten und sehr informativen Premužić-Geopfad 1 (Premužiće-

Grotte Jamina – es fehlt nur Tarzan

va staza 1) – herrliche Weitblicke von der Hochebene nach Lopar, Goli, Grgur und gen Küste und Velebit warten. Der Weg wurde nach seinem Baumeister, dem Forstingenieur Ante Premužić benannt (→ Reiseteil/Nationalpark Nord-Velebit). **Länge/Dauer:** 11,4 km einfache Gehstrecke; einfache Gehzeit rund 4:30 Std. Ab Sv. Petar **V1** nur 7 km und ca. 3–3:30 Std. einfache Gehstrecke und -zeit. **Abkürzung:** Indem man am Kloster Sv. Petar **V1** sein Auto parkt oder sich bis dorthin bringen lässt, spart man rund 3,5 km Wegstrecke. Rückfahrt mit dem Inselbus von Lopar nach Sv. Petar (der Busstopp ist gegenüber dem Straßenabzweig nach Sv. Petar) oder bis Rab. Alternativ: Per Mountainbike bis Sv. Petar und dann zu Fuß weiter (der Geo-Lehrpfad ist absolut nicht für das Rad geeignet, auch wenn es ausgewiesen ist) und zurück mit Bus (in der Saison 11-mal tägl., danach weniger). **Markierung:** weißer Punkt auf rotem Kreis, Schilder und Lehrtafeln. **Einkehr:** keine Versorgung

Wanderung 14: Insel Rab – auf dem Premužić-Geopfad 1 nach Lopar
Wanderung 15: Insel Rab – von Rab zum Berg Kamenjak

450 m

unterwegs, an ausreichend Trinkwasser denken. **Ausgangs-/Endpunkt:** Busbahnhof Rab in Mali Palit oder Kloster Sv. Petar/Endpunkt in Lopar. **Anfahrt:** Wer in Sv. Petar startet, fährt rund 5 km von Rab in Richtung Lopar und zweigt dann rechts ab. Hier auch Parkplätze, an der Hauptstraße der Busstopp. **Ausrüstung:** am besten knöchelhohe, rutschfeste Sportschuhe, Sonnenschutz, ausreichend zu trinken und zu essen. **Karte:** Insel Rab 1:25.000; Rad- und Wanderkarte des Tourismusverbands Rab; zudem Broschüre „Premužić-Pfad 1".

Wegbeschreibung: Wir starten am **Busbahnhof Rab** ∎, zweigen dort an der Westseite in die schmale Asphaltstraße Ulica Mali Palit ein und folgen dieser immer steiler werdenden Straße rund 800 m aufwärts, bis wir die **Kirche Sv. Ilija** ∎ erreichen. An dieser Kreuzung gehen wir nun nordwärts geradeaus und rund 300 m bergab, bis wir auf die Inselhauptstraße Rab–Lopar ∎ treffen. Hier biegen wir links ab und schräg gegenüber wieder rechts ∎ in einen schmalen Fahrweg und halten uns in der Kurve links. Dieser Fahrweg verläuft zwischen vereinzelt stehenden Häusern und an Feldern vorbei. Nach rund 2,5 km erreichen wir eine Kreuzung im Weiler **Matkići**. Hier startet der **Geo-Lehrpfad** ∎ (ausgeschildert mit Fruga).

Wer am **Kloster Sv. Petar** ❶❶ die Wanderung beginnt, folgt der Straße 500 m bergauf, hält sich in der Kurve rechts, bis er auf den Wanderbeginn an der Kreuzung ∎ stößt.

Wir starten nun auf unserem Geo-Lehrpfad, einem schmalen Waldpfad durch Steineichen, bis wir nach wenigen Minuten den **Geopunkt 10** ∎ erreichen und rechts neben uns auf den Staudamm blicken. Wir laufen das Tal bergan auf einem schönen steingepflasterten Pfad, bis wir nach rund 0:15 Std. auf einen Abzweig ∎ stoßen und hier geradeaus weiter gehen (nach rechts führt der markierte Pfad in rund 3 Std. Richtung Kamenjak, kein einfach zu gehender Weg).

Wir folgen dem schönen Steinpfad, dem Raber „Premužićeva staza" (→ Wanderung 5/Nationalpark Nord-Velebit), bestens durch eine Trockenmauer befestigt. Auch diesen Weg ließ der Forstingenieur Ante Premužić anlegen. Bald erreichen wir die Hochebene und das fruchtbare **Hochtal Fruga**, wo zwischen Steinmäuerchen etwas Wein gedeiht und Schafe blöken.

Etwa 0:15 Std. später treffen wir auf den **Geopunkt 9** ∎, einen steinernen Pilz, entstanden durch Erosion. Wir laufen weiter auf unserem durch Trockenmauern begrenzten Wanderweg und gelangen auf eine weitere Freifläche mit etlichen Wassertümpeln und Schafen. Hier halten wir uns rechts, der Markierung folgend, bis wir nach den Freiflächen leicht links zwischen Steinmäuerchen und Privatgrund gehen, vorbei an einem Transformatorenhaus und unter den Hochspannungsleitungen hindurch.

Nach 0:20 Std. treffen wir auf den etwas links abseits liegenden **Geopunkt 8** ∎, der die Bodenerosion erklärt (Geopunkt 7 liegt südlicher und nicht auf unserem Weg). Wir gehen am Hauptpfad geradeaus weiter und stoßen nach 0:15 Std. auf das von Trockenmauern begrenzte Grüne Tor, **Zelena vrata** ∎. Hier nehmen wir rechts und nördlich den gut befestigten Steinpfad talwärts – vor uns liegen das Meer mit dem Jachthafen von Lopar und die weiße kahle Insel Grgur, in der Ferne die Berge des Nationalparks Risnjak. Bald wird auch der malerische Blick auf die ebenfalls weiße Insel Goli und den Velebit-Kanal frei – das Meer schimmert nun in allen Blaunuancen.

Der schöne Steinpfad führt uns talwärts und wir erreichen in wenigen Minuten den **Geopunkt 6** ∎, der uns die „Kamenitzas" erklärt – Einbuchtungen im Karstgestein, entstanden durch Lösungsverwitterung, wo sich das Wasser halten kann. Etwas tiefer genießen wir nun den Weitblick auf Lopar, auf die große Einbuchtung und auf

Premužićeva staza (Geopfad 1, Rab–Lopar) – herrlicher Weitblick auf Lopar

den seichten Paradiesstrand. Nach weiteren 0:15 Std. informiert der **Geopunkt 5** 🔢 über Fossilien – diese wurden hier leider aus dem Fels geschlagen. Unser Blick schweift nun über das Autocamp und den Aquapark und gen Küste mit dem Velebit-Gebirge.

Etwa 5 Min. später werden am **Geopunkt 4** Rudisten (Fossilienart) erklärt. Dann wird es schattiger, wir wandern zwischen Föhren, bis wir wenige Minuten später **Geopunkt 3** erreichen, der uns über Foraminiferenkalke (schalentragende Amöben) aufklärt. Nach weiteren 5 Min. bergab informiert der **Geopunkt 2** über Bauxitminen – eine stillgelegte Höhle liegt etwas oberhalb. Wenige Minuten später treffen wir auf **Geopunkt 1** 🔢 mit Informationen über Brekzie, Trümmergestein.

Nach weiteren 5 Min. erreichen wir im Tal einen netten **Rastplatz** 🔢 am Brückchen.

(Wer noch einen 5-Minuten-Abstecher zur Grotte unternehmen möchte, geht an der Brücke kurz links und wenige Meter durch Föhrenwald das Tal aufwärts bis zu einem lauschigen schattigen Rastplatz – hier unterhalb liegt neben dem trockenen Bachbett die schöne Grotte **Jamina**, vom Fels umhüllt und mit Wasser gefüllt. Am Wanderweg ist aktuell leider keine Ausschilderung und somit verpasst man sie auch leicht – wer mag, kann dieses schöne Bachbett auch noch weiter bis zur Hochebene bergan laufen, auch hier verlieren sich aktuell noch die Markierungen. Der Geopfad sollte oben weiter in einem Rundweg verlaufen (die Markierungen sind in Bearbeitung.)

Wenige Meter nach dem Rastplatz können wir rechts durch das Südtor zum Gelände des **Autocamps San Marino** 🔢 gehen (von Lopar kommend ist auch hier nur Fruga ausgeschildert).

Nach dem Tor auf der Südseite des Campingplatzes gehen wir, uns leicht links haltend, durch das Campinggelände bis zur Rezeption, dort die Campingzufahrtsstraße rund 100 m entlang, bis wir auf die **Ortsstraße** 🔢 treffen. Rechts ist ein Konsum und in weiteren 100 m am Kreisverkehr ist **Lopars** kleines Zentrum und die Bushaltestelle.

Wanderung 15: Insel Rab – von Rab zum Berg Kamenjak (408 m)

→ Karte S. 435

Charakteristik: leichte bis mittelschwere Familienwanderung auf die höchste Erhebung der Insel, den Berg Kamenjak auf 408 m. Aufwärts über das Asphaltsträßchen bei Pahlinići, retour über den steinigen Wanderpfad (auch umgekehrt möglich) – bei Regen oder nasser Witterung ist die Asphaltstraße vorzuziehen. Der Weitblick über Rab, die Küste und das Gebirge Velebit ist beeindruckend. **Länge/Dauer:** 8,1 km hin und zurück, gesamte Gehzeit rund 3–3:30 Std. **Abkürzung:** mit dem Auto z. B. bis zum Weiler Mundanije **4** oder Pahlinići **5**. **Markierung:** weißer Punkt auf rotem Kreis. **Einkehr:** Restaurant Kamenjak, Banjol 286 A, ☏ 098/9733-170 (mobil); geöffnet Ende April–Sept. 10–14 und 17–20 Uhr (Juli/Aug. bis 24 Uhr). **Ausgangspunkt:** Busbahnhof Rab, beim Einkaufscenter Mali Palit. **Ausrüstung:** Bergschuhe, Sonnenschutz, ausreichend zu trinken. **Karte:** Insel Rab 1:25.000; Rad- und Wanderkarte des Tourismusverbands Rab.

Wegbeschreibung: Wir starten am **Busbahnhof 1** in **Rab** und zweigen an der Westseite rechts in die Ulica Mali Palit ein und folgen dieser immer steiler werdenden Straße rund 800 m aufwärts, bis wir die **Kirche Sv. Ilija 2** erreichen.

Hier wenden wir uns nach rechts und folgen für rund 400 m eben der kleinen Asphaltstraße bis zur nächsten Kreuzung **3**, an der wir links bergab wandern (von rechts würde der Fußweg von unten kommen). In rund 150 m treffen wir auf die Inselstraße Rab–Supetarska Draga und gehen auf dieser knapp 50 m nach links, um in der Linkskurve **4** nach rechts in das mit „Kamenjak" ausgeschilderte Sträßlein abzuzweigen. Wir sind bis hierher rund 0:45 Std. gelaufen.

Wir passieren eine Trockenmarina und folgen dem Fahrweg zwischen den Häusern von **Mundanije** rund 1 km bergan, passieren den bei **Pahlinići** abzweigenden Wanderweg **5** (hier schließt sich unsere Runde am Rückweg) und gehen geradeaus weiter und weitere 2 km (oder max. 0:15 Std.) bergan – die Aussicht und der Weitblick

Aufstieg zum Berg Kamenjak – ausgebreitet liegt Rab und die Inselwestseite zu Füßen

Der Gipfel Kamenjak, 408 m

wird von Meter zu Meter schöner. Am Abzweig **6** nach links gelangt man zum **Restaurant Kamenjak 7**, von dessen Terrasse wir den Weitblick genießen können – unter uns breitet sich Rab auf seiner Landzunge mit den vier Kirchtürmen wie ein Spielzeugstädtchen aus, dahinter liegt die Sv. Eufemija-Bucht und begrenzt die zerlappte grüne Halbinsel Kalifront.

Gestärkt laufen wir nun auf einem Steinweg vom Restaurant weitere 100 m bergan bis zu den **Antennen** für TV/Telefon. Hier gehen wir leicht links zwischen Stacheldrahtzaun zur **Steinpyramide 8**, die den Gipfel markiert – hier gibt es einen Stempel und der Blick über die weiße gleißende Steinwüste ist grandios, sie gleicht einer Mondlandschaft. Wir genießen den Ausblick gen Velebit-Gebirge, zu den Inseln Goli, Privić, Krk und Lošinj, ehe wir uns talwärts aufmachen.

Unser Wanderweg, der sich nun westwärts zieht, erfordert etwas Trittsicherheit auf dem groben Schotter. Bald blicken wir gen Lopar und auf die grüne Halbinsel Kalifront. Nur spärlich ist hier die Vegetation – vor allem Disteln gedeihen und setzen gelbe Farbtupfer. Bald passieren wir ein Gatter (bitte wieder schließen!) und treffen nach rund 500 m auf einen kleinen Abzweig **9** zum **Aussichtsrondell**, ausgeschildert mit „Vidikovac" (Aussichtspunkt). Dafür geht man am Abzweig kurz rechts – nun liegt die buchtenreiche Westseite der Insel Rab zu Füßen: Wir blicken gen Lopar, Supetarska Draga und die Halbinsel Kalifront.

Weiter talwärts wird die karge Vegetation nun durch schattige Föhren und Steineichen ersetzt und wir treffen nach 500 m sogar auf eine **Quelle** (Izvor), sie ist in einer Felsvertiefung rund 10 m rechts vom Weg. Unser Wanderweg führt weiter bergab durch Föhrenwald, aber weiterhin auf felsigem Untergrund. Nach rund 300 m laufen wir dann bequem auf einem fast lieblich anmutendem Wald- und Wiesenweg, bis wir Häuser sichten. Weiter geht es entlang der Felder, dann zwischen Häusern, wir passieren ein orangefarbenes, ehe wir nach ca. 0:35 bis 0:45 Std. ab dem Gipfel wieder auf die Straße **5** in **Mundanije** stoßen. Hier gehen wir rechts und bis zur Inselhauptstraße Rab–Lopar und setzen gegenüber unseren Weg Richtung Rab-Stadt fort, auf der Route unseres Hinwegs, bis wir wieder den Busbahnhof **1** erreichen.

Kleiner Wanderführer

Wanderung 16: Insel Pag –
Bergtour von Kolan zum Sv. Vid (348 m)

Charakteristik: leichte, aussichtsreiche Bergtour; bei Hitze, da schattenlos, nicht zu empfehlen. Der Rückweg erfolgt auf derselben Strecke. **Länge/Dauer:** hin und zurück 6,4 km, ca. 3 Std. **Markierung:** roter Kreis mit weißem Punkt, auch rot-weiß gestreift, zudem beschriftet (gute Markierung). **Einkehr:** keine Versorgungsmöglichkeit unterwegs! **Ausgangspunkt:** Inselstraße am Beginn des Schotterwegs in der scharfen Rechtskurve von Kolan in Richtung Pag. Geparkt werden kann an der Inselstraße nach der Käsefabrik Gligora oder im Ort. **Ausrüstung:** rutschfeste Bergschuhe, Wanderstöcke, Sonnenschutz, ausreichend Trinkwasser. **Karte:** nur Inselübersichtskarten.

Wegbeschreibung: Etwa 300 m nach dem Ortsende von **Kolan** in Richtung Pag zweigt in der großen Rechtskurve ein Schotterweg (rote Kreismarkierung) links ab. Wir starten am Schotterweg **1** und wandern rund 0:20 Std. durch die Bergsenke, vorbei an Schafweiden und -pferchen sowie Gemüse- und Weingärten, die von niedrigen Mauern umgeben sind. Der Makadam verengt sich zu einem felsigen Pfad und verläuft zwischen alten Trockenmauern, teils kratzen Brombeeren und Hagebutten an den Beinen, es wächst auch Wacholder. Nach rund 0:30 Std. Wanderzeit versperrt ein **Gatter 2** den Weg und bittet mit der Aufschrift um das erneute Schließen des Tores (= Zatvaraj vrata) – es dient als Umzäunung für Schafe. Anschließend setzen wir unseren Weg auf dem nach links verlaufenden und immer steiniger werdenden Pfad fort.

Die Landschaft verändert sich nun schlagartig, die Vegetation wird immer kahler, der Fels tritt immer mehr zu Tage, es wächst Salbei, dann auch Disteln. Nach weiteren 0:15 Std. stoßen wir auf eine Weggabelung **3**, wo wir nun links bergan gehen (geradeaus gelangt man in rund 0:35 Std. nach Šimuni). Halbzeit!

Nun geht es steil bergauf und es begrüßt uns Steinwüste mit nur noch kleinen Kräuterbüscheln. Blaue und gelbe Disteln und Salbei bedecken die Steinhalden aus teils scharfkantigem Gestein, kratziges Gebüsch gesellt sich dazu. Kleine Steinpyramiden

Gipfel Sv. Vid – weiter Blick auf die Inselwelt vor Zadar und das Velebit-Gebirge

300 m

markieren zusätzlich den Weg. Weit fällt der Blick gen Süden über fast gerade verlaufende Trockenmauern, das Meer und die Inselkette des Archipels von Zadar in der Ferne. Der steinige Pfad führt leicht bergab. Eine kleine Ebene folgt und eine Weggabelung **4**. Wir gehen rechts an der halb verfallenen Steinmauer vorbei, wo sich eine Schafherde an die Mauern drückt, um etwas Schatten zu finden – ein Wassertümpel, blökende Schafe. Nach dem **Wassertümpel 5** verläuft der Steinweg links bergan (rechts hinab geht es Richtung Šimuni) – von hier aus erblicken wir auch schon unser Ziel, den Gipfel mit altem Gemäuer.

Zuvor aber müssen wir noch steil hinaufsteigen, vorbei an einem mehrere Meter langen liegenden **Steinkreuz**, das mit einer goldenen Kordel versehen ist; auf der Steintafel prangen die Lettern „Zavjetni Branimirov križ" – es soll die Geschichte der christlichen Kultur und des kroatischen Volkes darstellen. Weiter bergan haben wir nach etwa 1:30 Std. den **Gipfel des Sv. Vid 6** auf 348 m erreicht. Das alte halbrunde Gemäuer an der Bergspitze entpuppt sich als Kirchenruine **Sv. Vid** aus dem Jahr 1348 – daneben das Gipfelkreuz. Ein herrlicher Rundblick belohnt für den Aufstieg: Unten liegen im Osten Pag an den Salzfeldern, im Süden in der Ferne Cres, Lošinj und die Inseln bis nach Zadar; die Pager Bucht, Halbinsel Lun und Insel Rab erstrecken sich gen Westen, im Norden begrenzt das hohe Küstengebirge Velebit den Horizont. Hier am Nordhang finden Freeclimber ein Aktionsfeld.

Für den Rückweg können wir wieder den Weg geradeaus talwärts nehmen oder leicht gen Westen **7** starten und dann geradeaus bis zur leicht eingefriedeten Schafweide **4** laufen, um dann auf bekanntem Weg zurückzuwandern.

Wanderung 17: Samoborsko gorje – zum Aussichtsberg Japetić (879 m)

Charakteristik: leichter bis mittelschwerer Rundweg von Mala Lipovec durch das hügelige bewaldete Samoborsko gorje, die Berge von Samobor, mit dem aussichtsreichen Gipfel Japetić (879 m) und der unterhalb gelegenen Berghütte, die bestens zum Rasten einlädt. **Länge/Dauer:** 14,1 km hin und zurück, gesamte Gehzeit rund 4 Std. **Abkürzung:** Wanderung ab Asphaltstraße bergan bei **12** oder auch ab Ortsbeginn von Mali Lipovec **15**. **Markierung:** weißer Punkt auf rotem Kreis. **Einkehr/Übernachten:** *Šoićeva kuća*, Mali Lipovec, Nr. 1 (vor dem Ort an der Straße), leider aktuell geschlossen. Berghütte *Planinarski dom Žitnica–Japetić* (815 m), ✆ 098/9053-018 (mobil); es gibt Zimmer mit 4-mal 5–10 Betten, zudem leckeres Essen wie Apfel- und Quarkstrudel, Fleischgerichte, Bohnensuppe und hausgemachtes Brot. Hierher kommen v. a. gerne Paraglider; geöffnet ganzjährig Fr 15–23 Uhr, Sa/So 6–23 Uhr. **Ausgangs-/Endpunkt:** Unterkunftshütte Šoićeva kuća (derzeit geschlossen), ca. 1 km nördlich vom Ortskern von Mali Lipovec. **Anfahrt:** mit dem Auto von Samobor über Smerovišće nach Mali Lipovec, ca. 12 km; es gibt auch eine Busverbindung (werktags alle 2 Std.) von/nach Samobor. **Ausrüstung:** rutschfeste leichte Bergwanderschuhe, Sonnenschutz, ausreichend zu trinken. **Karte:** Wanderkarte Nr. 08 Samoborsko gorje, 1:25.000.

Wegbeschreibung: Wir starten an der **Šoićeva kuća 1** auf 385 m (derzeit geschlossen) und folgen der kleinen Asphaltstraße rund 50 m bis zur Gabelung **2**, gehen dort rechts (ausgeschildert mit Japetić), vorbei an der Kapelle und den Häusern (links führt die Asphaltstraße weiter nach M. Lipovec, V. Vrate und Japetić – von dort kommen wir auf dem Rückweg).

Samoborsko gorje – von der Berghütte Japetić (unterhalb vom Gipfel) bietet sich ein schöner Weitblick

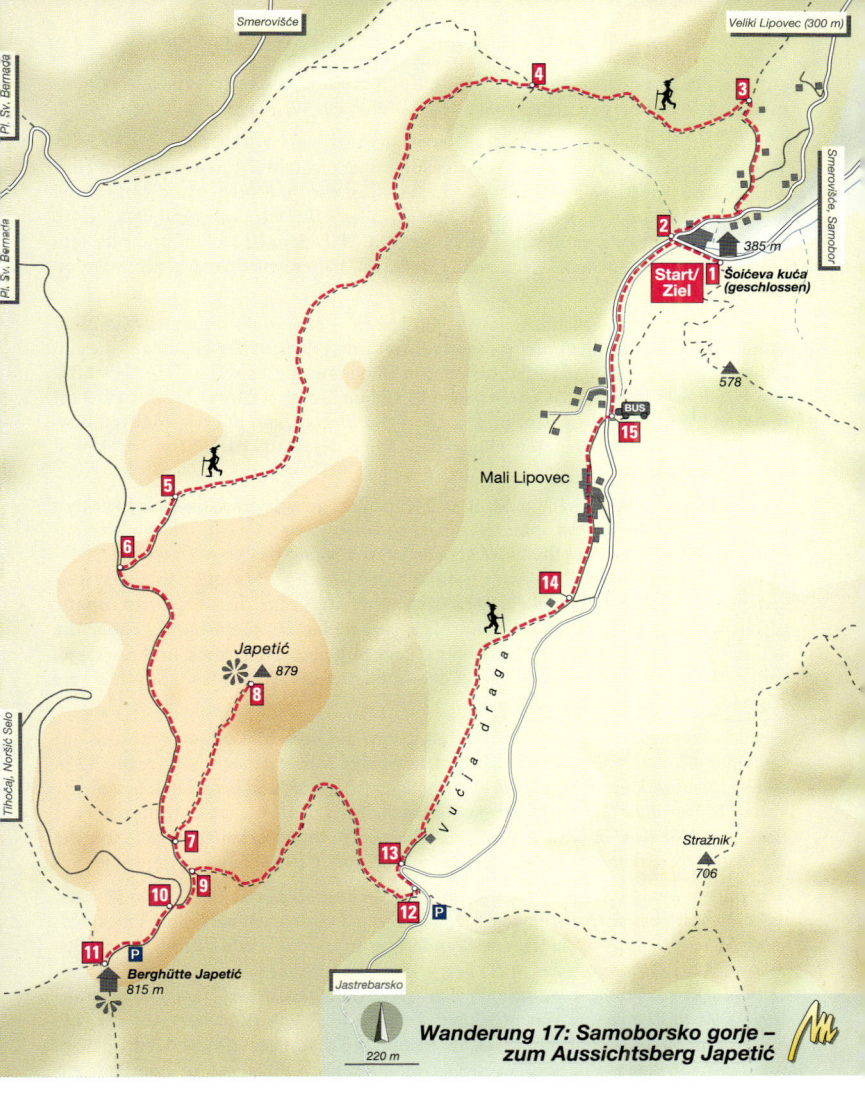

Wanderung 17: Samoborsko gorje – zum Aussichtsberg Japetić

Wir passieren die einzeln stehenden Häuser und halten uns links bergan. Nach den Häusern laufen wir auf einem breiteren schotterigen Makadam entlang von Wiesen und Äckern und blicken auf bewaldete Hügel. Nach 0:15 Std. ab dem letzten Abzweig gehen wir, dem Hauptweg folgend, links **3** (rechts Richtung V. Lipovec) und bergan am Rande des Buchenwaldes. Wir können nun auf die Südseite der bewaldeten Hügelketten der Samoborsko gorje blicken, bis der Weg in den dichten, schattigen Buchenwald führt. Nach weiteren 0:15 Std. stoßen wir auf eine Waldkreuzung **4**, wo wir mittig den breiten ausgeschilderten Weg nehmen und weiter bergan gehen (nach rechts führt ein Weg in rund 0:50 Std. zur Pl. Sv. Bernarda).

Wir laufen weiter aufwärts durch sattgrünen Buchen- und Tannenwald. Kein Hinweis gibt Auskunft, wo man geht – es fühlt sich an wie im Märchenland von Hänsel und Gretel, aus dem man nicht mehr hinausfindet –, bis wir nach rund 0:45 Std. ab dem letzten Abzweig endlich auf einen breiten Makadam **5** stoßen und hier nun links und südwärts gehen. Nach weiteren 5 Min. halten wir uns an einer weiteren Gabelung **6** links.

Nach rund 10 Min. – Achtung, etwas aufpassen – zweigt ein schmaler Waldpfad **7** nach links Richtung Gipfel (ausgeschildert mit Vrh) ab. Wir gehen auf diesem hübschen verschlungenen Pfad durch den Buchenwald, bis wir auf der Hochfläche mit dem stählernen **Aussichtsturm 8** stehen, der den **Gipfel Japetić** (879 m) markiert. Wir klettern hinauf und blicken gen Zagreb und auf das Medvednica-Gebirge, über die bewaldeten Hügel und Täler des Naturparks Zumberak und Somoborsko gorje.

Wieder zurück am Makadam **7**, dem Hauptweg, gehen wir südwärts, passieren nach 5 Min. auch unseren späteren Rückweg, einen kleinen nach links abzweigenden markierten Pfad **9**, gehen hier geradeaus weiter und treffen nach wenigen Metern auf eine Gabelung **10**, wo wir uns links halten (nach rechts unten führt der Makadam ins Tal Richtung Tihočaj), um nach weiteren 5 Min. die **Berghütte Japetić 11** auf 815 m zu erreichen. Der Ausblick gen Süden ist fantastisch – über die Wiesen fällt der Blick ins Tal und breite Becken gen Zagreb, Sisak und Karlovac, zudem ist hier eine beliebte Paraglider-Abflugrampe. Wir lassen uns hier die schmackhafte Küche schmecken.

Gestärkt treten wir unseren Rückweg an, gehen auf dem Makadam zurück bis zur Gabelung **10**, wo wir uns rechts halten, um wenige Meter danach nach rechts **9** in den kleinen markierten Waldpfad abzuzweigen (markiert und ausgeschildert mit V. Vrata). Dieser Pfad führt bald sehr steil bergab. Rund 0:20 Std. später treffen wir auf eine Asphaltstraße **12** und gehen links (hier wäre eine Parkmöglichkeit, um die Wanderung abzukürzen und nur zur Berghütte Japetić zu gehen).

Wir folgen wenige Meter dieser Asphaltstraße und biegen in der Kurve **13** nach links ab. Wir passieren ein einzeln stehendes Haus und gehen auch dort links (ausgeschildert mit Špićeva kuća), der Wanderweg führt nun rechts hinab durch Buchenwald, talwärts durch das Vućja draga, dann leicht links haltend durch eine kleine Schlucht (Achtung, hier verliert sich etwas die Markierung), dann hinaus aus dem Wald und vorbei an Walnussplantagen, bis wir nach rund 0:30 Std. auf eine kleine Asphaltstraße und ein Haus in Alleinlage **14** stoßen und hier links gehen. Wir kommen zum lang gezogenen Ort **Mali Lipovec**, links von uns verläuft ein Bächlein. Wir gehen durch diesen Ort nordostwärts auf der Ortsdurchfahrt, bis wir am Ortsende auf die Straße **15** treffen und hier links gehen. Gegenüber ist auch eine **Bushaltestelle**.

Den letzten knappen Kilometer müssen wir auf dieser Straße leicht bergab gehen, bis wir auf die kleine Gabelung **2** vom Hinweg treffen, hier rechts gehen und kurz darauf unseren Ausgangspunkt, die **Špićeva kuća 1** erreichen.

Bergzug Osoršćica (Insel Lošinj) – Blick vom Berggipfel Televrin gen Insel Unije

Etwas Kroatisch

Erfahrungsgemäß kommt man mit Deutsch und Englisch recht weit, an der Küste Sloweniens, auf dem Karst, im Soča-Tal und in Istrien hilft auch Italienisch.

Oft hört man die Worte „*dobro*" - „gut" (slow. und kroat.) und „*ni problem*" (slow.) oder „*nema problema*" (kroat.) - „kein Problem". Die meisten Slowenen und Kroaten sind lebenslustig und hilfsbereit, und wenn man sich unterhalten will, muß man entweder die Sprachen Slowenisch und Kroatisch richtig lernen oder mit Händen und Füßen reden – was für uns oft recht steife Mitteleuropäer vielleicht einmal eine gute Übung ist.

In unserem kleinen Sprachlexikon haben wir einige wichtige Wörter der kroatischen Sprache aufgeführt.

Aussprache

c	wird wie z ausgesprochen;	dj	wie dž (also mit stimmhaftem sch) aber mit einem folgendem j;
č	wie tsch;	e	wird breiter ausgesprochen, wie ä;
ć	wie tsch und einem folgenden j;	i	wird weicher ausgesprochen, wie ie;
h	wie in der deutschen Sprache, nach einem Vokal wie ch;	aj	wie ai;
š	wie sch;	ej	wie äj;
v	wie w;	oj	wie eu;
z	wie s;	r	kann ein Vokal sein: Krk - kärk.
ž	wie stimmhaft sch;		

Zahlen

0	nula	15	petnaest	300	tri stotine
1	jedan	16	šesnaest	400	četiri stotine
2	dva	17	sedamnaest	500	pet stotina
3	tri	18	osamnaest	600	šest stotina
4	četiri	19	devetnaest	700	sedam stotina
5	pet	20	dvadeset	800	osam stotina
6	šest	30	trideset	900	devet stotina
7	sedam	40	četrdeset	1000	jedna tisuća
8	osam	50	pedeset	5000	pet tisuća
9	devet	60	šezdeset	10.000	deset tisuća
10	deset	70	sedamdeset	50.000	pedeset tisuća
11	jedanaest	80	osamdeset	100.000	sto tisuća
12	dvanaest	90	devedeset	1.000.000	jedan milion
13	trinaest	100	sto		
14	četrnaest	200	dve stotine		

Gruß und Allgemeines

dobar dan	*Guten Tag*	da/ne	*ja/nein*
dovidjenja	*Auf Wiedersehen*	molim	*bitte*
dobro jutro	*Guten Morgen*	naravno	*selbstverständlich*
dobra večer	*Guten Abend*	veliko/malo	*groß/klein*
danas	*heute*	jeftino/skupo	*billig/teuer*
sutra	*morgen*	staro/novo	*alt/neu*
preko sutra	*übermorgen*	Pošto je?	*Wieviel kostet das?*
Kako ste?	*Wie geht es Ihnen?*	ovo mi se svidja	*das gefällt mir*
dobro/loše	*gut/schlecht*	ima	*es gibt*
hvala lijepa	*vielen Dank*	nema	*es gibt nicht/haben wir nicht*
oprostite molim	*entschuldigen Sie bitte*		

Kalender

nedjelja	*Sonntag*	veljača	*Februar*
ponedjeljak	*Montag*	ožujak	*März*
utorak	*Dienstag*	travanj	*April*
srijeda	*Mittwoch*	svibanj	*Mai*
četvrtak	*Donnerstag*	lipanj	*Juni*
petak	*Freitag*	srpanj	*Juli*
subota	*Samstag*	kolovoz	*August*
proljeće	*Frühling*	rujan	*September*
ljeto	*Sommer*	listopad	*Oktober*
jesen	*Herbst*	studeni	*November*
zima	*Winter*	prosinac	*Dezember*
siječanj	*Januar*		

Übernachten

imate li slobodnih soba?	*haben Sie Zimmer frei?*	voda	*Wasser*
želio bih dvokrevetnu/ jednokrevetnu sobu	*ich hätte gern ein Doppelzimmer/ Einzelzimmer*	toplo	*warm*
		hladno	*kalt*
		peškir/ručnik	*Handtuch*
Koliko košta soba sa dorućkom?	*Wieviel kostet das Zimmer mit Frühstück?*	prtljag	*Gepäck*
		račun	*Rechnung*
ključ od sobe	*Zimmerschlüssel*	boravišna taksa	*Kurtaxe*

Im Notfall

treba mi doktor, brzo	*ich brauche einen Arzt, schnell*	prehlade	*Erkältung*
trebam nešto protiv …	*ich möchte etwas gegen …*	kašlja	*Husten*
		pilule za grlo	*Halstabletten*
liječnik	*Arzt*	bolnica	*Krankenhaus*
ambulanta	*Erste Hilfe-Station*	apoteka/ljekarna	*Apotheke*
		opekotina od sunca	*Sonnenbrand*

Speisen

Je li ovaj stol slobodan?	*Ist dieser Tisch frei?*
nije, rezerviran je	*nein, er ist reserviert*
jelovnik, molim	*die Speisekarte, bitte*
dobar tek	*guten Appetit*
hladna predjela	*kalte Vorspeisen*
topla predjela	*warme Vorspeisen*
koktel od morskih plodova	*Cocktail mit Meeresfrüchten*
ovčji sir	*Schafskäse*
pohani sir	*panierter Käse*
pohani šampijoni	*panierte Champignons*
rižoto sa škampima	*Risotto mit Scampi*
špageti sa tartufima	*Spaghetti mit Trüffeln*
šparoge	*Spargel/Wildspargel*
juhe	*dünne Suppe*
maneštra	*Minestrone*
riblja juha/brodet	*Fischsuppe*

Fleisch

meso	*Fleisch*
svinjetina	*Schweinefleisch*
ovčetina	*Hammelfleisch*
jetra	*Leber*
kobasice	*Würstchen*
govedina	*Rindfleisch*
teletina	*Kalbfleisch*
jagnjetina	*Lammfleisch*
foširane šnicle	*Frikadellen*

Fisch

ribe	*Fisch*
bukva	*Gelbstriemen*
kavala	*schwarzer Schattenfisch*
komarča	*Goldbrasse*
murina	*Muräne*
marinirane sardele	*marinierte Sardellen*
hobotnica na salatu	*Tintenfischsalat*
dagnje	*Miesmuscheln*
oštrige	*Austern*
šarag	*Große Geisbrasse*
tuna	*Thunfisch*
zubatac	*Zahnbrasse*
arbun	*Rotbrasse*
cipal	*Meeräsche*
kirnja	*Brauner Serran*
lignja	*Kalamari*
skuša	*Makrele*
bakalar	*Stockfisch*
prstaci na buzaru	*Steinbohrermuscheln a la buzzara*
mušule	*Muscheln*
oslić	*Seehecht*
škarpin	*Drachenkopf*
ugor	*Meeraal*
rakovi	*Krebs*
račiči	*Garnelen*

Gemüse/Obst

krumpir	*Kartoffeln*
pirinač/riža	*Reis*
povrće	*Gemüse*
miješana povrće	*gemischtes Gemüse*
salata	*Salat*
masline	*Oliven*
bundera	*Kürbis*
groždje	*Weintrauben*
kruške	*Birnen*
mandarine	*Mandarinen*
smokve	*Feigen*
dinja	*Melone*

Beilagen/Gewürze

kruh	*Brot*
sir	*Käse*
burek	*gefüllte Pasteten*
sirče, ocat	*Essig*
papar	*Pfeffer*
šečer	*Zucker*
puter/maslac	*Butter*
šunka	*Schinken*
bijeli luk/češnjak	*Knoblauch*
senf	*Senf*
sol	*Salz*

Im Café

kava	*Kaffee*
mlijeko	*Milch*
sladoled	*Eis*
kolač	*Kuchen*
limunada	*Limonade*
sok od jabuka	*Apfelsaft*
sok od grepfruta	*Pampelmusensaft*
čaj	*Tee*
čokolada	*Schokolade*
kolači	*Gebäck*
voćni sok	*Fruchtsaft*
mineralna voda	*Mineralwasser*
sok od pomorandže	*Orangensaft*

In der Bar

pivo	*Bier*
bevanda, gemišt	*gespritzte Weinschorle*
kajsijevača	*Aprikosenschnaps*
šljivovica	*Zwetschgenwasser*
vino	*Wein*
prošek	*süßer, schwerer Dessertwein*
kruškovac	*Birnenschnaps*
vinjak	*einheimischer Kognak*

Unterwegs

obavještenja	*Auskunft*
otvoreno	*offen*
zatvoreno	*geschlossen*
praznik	*Feiertag*
rini	*drücken*
vuci	*ziehen*
stoj	*halt*
opasnost po život	*Lebensgefahr*

Im Flugzeug

aerodrom	*Flughafen*
ateritati spuštanje (spustati)	*landen*
uzletjeti	*starten*
dolazak polazak	*Ankunft Abflug*

Am Bahnhof

kolodvor, stanica	*Bahnhof*
odlazak	*Ankunft*
dolazak	*Abfahrt*
vlak	*Zug*
peroni	*zu den Bahnsteigen*
ulaz	*Eingang*
izlaz	*Ausgang*
pušači	*Raucher*
nepušači	*Nichtraucher*
pušenje zabranjeno	*Rauchen verboten*
ručavanj	*Speisewagen*
spavaća kola	*Schlafwagen*

Im Bus

autobusna stanica	*Bushaltestelle*
mjesto za sjedenje	*Sitzplatz*
svaki dan	*jeden Tag*
od … do	*von … bis*
radni dani	*werktags*

Im Auto

dajte mi …	*geben Sie mir …*
litara bezolovnog benzina	*Liter bleifreies Benzin*
Koliko će stajati popravka?	*Was wird die Reparatur kosten?*
hladnjak	*Kühler*
svjećica	*Zündkerze*
baterija	*Batterie*
ulje	*Öl*
starter	*Anlasser*
štitnik od vjetra	*Windschutzscheibe*
reflektor	*Scheinwerfer*
brisač stakla	*Scheibenwischer*
vanjski plašt	*Reifen*
centar grada	*Zentrum*
osim za vozila	*ausgenommen Fahrzeuge*
parkiranje zabranjeno	*Parken verboten*
nezgoda	*Unfall*
milicija	*Polizei*
kočiti	*bremsen*
preticati	*überholen*
automehaničar	*Werkstatt*
kola imaju kvar	*ich habe eine Panne*
nešto nije u redu …	*irgendetwas stimmt nicht …*
… sa motorom	*… mit dem Motor*
… sa kuplungom	*… mit der Kupplung*
… s kočnicima	*… mit der Bremse*
… s upravljačem	*… mit der Lenkung*

In Stadt und Land

grad	*Stadt*
trg	*Platz*
ulica/cesta	*Straße*
lijevo	*links*
desno	*rechts*
pravo	*geradeaus*
slastičarna	*Eisdiele, Konditorei*
gostiona/gostionica	*Gaststätte*
robna kuća	*Kaufhaus*
kupalište	*Schwimmbad*
jezero	*See*
polje/dolina	*Ebene/Tal*
rijeka/reka	*Fluß*
brdo	*Berg*
dom/doča	*Berghütte*

Am Hafen und am Meer

luka	*Hafen*
trajekt	*Autofähre*
mol/molo	*Mole*
jedrilica	*Segelboot*
roniti	*tauchen*
plivati	*schwimmen*
lada/brod	*Schiff*
čamac	*Boot*
sidro	*Anker*
obala	*Küste, Kai*
magistrale	*Küstenstraße*
jadran	*Adria*
otok/poluotok	*Insel/Halbinsel*
rt	*Kap*
draga	*Bucht, Tal*
privatna plaža	*Privatstrand*
kupanje zabranjeno	*Baden verboten*
kompavanje zabranjeno	*Zelten verboten*
zabranjen prolaz	*Betreten verboten*

Sehenswertes

razglednica	*Ansichtskarte*
ulaz slobodan	*Eintritt frei*
crkva	*Kirche*
samostan/manastir	*Kloster*
tvrdjava	*Festung*
razvaline	*Ruinen*
galerija	*Galerie*
muzej	*Museum*
toranj	*Turm*
zvonik	*Kirchturm*

Register

Lika-Region (bei Gospić) – eine malerische, fast menschenleere Landschaft
und guter Schafskäse warten …

ISBN 978-3-95654-385-2

© Copyright Michael Müller Verlag GmbH, Erlangen 2000–2018. Alle Rechte vorbehalten. Alle Angaben ohne Gewähr. Druck: hofmann infocom GmbH, Nürnberg.

Was haben Sie entdeckt?

Haben Sie eine gemütliche Konoba, eine schöne Wanderung oder ein nettes Hotel entdeckt? Wenn Sie Ergänzungen, Verbesserungen oder neue Tipps zum Buch haben, lassen Sie es uns bitte wissen!

Schreiben Sie an: Lore Marr-Bieger, Stichwort „Kvarner-Bucht & Zentralkroatien"
c/o Michael Müller Verlag GmbH | Gerberei 19, D – 91054 Erlangen
lore.marr-bieger@michael-mueller-verlag.de

Der Umwelt zuliebe

Unsere Reiseführer werden klimaneutral gedruckt.

Eine Kooperation des Michael Müller Verlags mit myclimate

Sämtliche Treibhausgase, die bei der Produktion der Bücher entstehen, werden durch Ausgleichszahlungen kompensiert. Unsere Kompensationen fließen in das Projekt »Kommunales Wiederaufforsten in Nicaragua«:

- Wiederaufforstung in Nicaragua
- Speicherung von CO_2
- Wasserspeicherung
- Überschwemmungsminimierung
- klimafreundliche Kochherde
- Verbesserung der sozio-ökonomischen und ökologischen Bedingungen
- Klimaschutzprojekte mit höchsten Qualitätsstandards
- zertifiziert durch Plan Vivo

Einzelheiten zum Projekt unter myclimate.org/nicaragua.

Michael Müller Reiseführer
So viel Handgepäck muss sein.

Die Webseite zum Thema:
www.michael-mueller-verlag.de/klima